Armin Risi

Der multidimensionale Kosmos • Band 1

Gott und die Götter

Armin Risi

Der multidimensionale Kosmos • Band 1

GOTT UND DIE GÖTTER

Das vedische Weltbild
revolutioniert die moderne Wissenschaft,
Esoterik und Theologie.

Govinda-Verlag
Neuhausen / Altenburg

Interessierte Leser sind herzlich eingeladen, sich mit dem Verlag in Verbindung zu setzen:

Schweiz:
Govinda-Verlag, Postfach 257, 8212 Neuhausen am Rheinfall

Deutschland:
Govinda-Verlag, Schellenberg 11, 79798 Altenburg am Hochrhein

Internet: http://govinda.ch

Erste Auflage – Oktober 1995
Zweite Auflage – März 1996
Dritte Auflage – Dezember 1999
Vierte Auflage – März 2001

Gestaltung: Mantra-Caitanya Cucuz
Einbandgestaltung: Bernd Feser, Hohentengen
Gesamtherstellung: Wiener Verlag, Himberg
Printed in Austria

ISBN 3-906347-30-3

Bildnachweis:

S. 195: © G. & H. Denzau, Essen
Bildseite 1 (unten): © Michael Freeman, ANA Paris
Bildseite 2 (oben): © K. Fischer (c/o Benedikt Taschen Verlag, Köln)
Bildseite 2 (unten): © A. Volwahsen (c/o Benedikt Taschen Verlag, Köln)
Bildseite 3 (oben): © Gaura-līlā Dāsa (Guido von Arx)
Bildseite 6 (unten): © César Nostradamus
Bildseite 7 (beide): © Mittelalterliche Zeichnungen, in: M. Hroch/A. Skýbová, *Die Inquisition im Zeitalter der Gegenreformation,* Kohlhammer 1985
Alle anderen Bilder: © The Bhaktivedanta Book Trust International, 1995

Inhalt

Kapitel 3

Die relative Realität 111

Kapitel 4

Multidimensionale Zeit und Ewigkeit 147

Teil II: Die höheren Naturgesetze

Kapitel 5

Dualität, Einheit und Transzendenz 193

„Die Voraussetzung für das Überleben unserer Zivilisation ist das Metadenken – die Synthese aus Vernunft und Gefühl, aus Glauben und Wissen; also das aus Glauben und Wissen gepaarte holistische Denken in Verbindung mit der Verantwortung für die gesamte Schöpfung. Wir sind gehalten, das Schicksal in die eigenen Hände zu nehmen und Gott zu bewegen, den Würfel günstig fallen zu lassen.“

– Johannes von Buttlar

Schlußworte im Buch

„Gottes Würfel – Schicksal oder Zufall“

Vorwort

Seit ihrem Bekanntwerden im Westen hat die indische Kultur Sprachforscher, Ethnologen, Philosophen, Theologen, aber auch Wahrheitssucher, Idealisten und Aussteiger in ihren Bann gezogen. In neuerer Zeit wurden die indischen Sanskritschriften, die Veden, auch von den Esoterikern, Präastronautikern und Ufologen entdeckt, denn in diesen jahrtausendealten Quellen lassen sich – wenn man sie ernst nimmt – verblüffende Informationen über den Kosmos finden. Da ist zwar von Göttern und Engelwesen, von Dämonen und Geistern die Rede, doch man zögert, dies alles vorschnell als Mythologie oder Aberglaube vom Tisch zu fegen, denn bei näherem Hinschauen entdeckt man, daß zusammen mit diesen so ungewohnten Beschreibungen auch ganz realistische und wissenschaftliche Details erwähnt werden.

Bekannt geworden sind die riesigen Zeitspannen, die die altindischen Kosmologietexte für das Alter des Universums angeben, erstaunlich vor allem für den Abendländer, der gemeint hat, heilige Schöpfungsberichte sprächen immer nur von einem jungen Universum, das vor ungefähr zehntausend Jahren von Gott im Alleingang erschaffen worden sei. In den altindischen Texten begegnen wir einer ganzen Hierarchie von Schöpfungsmächten, die Gott, aber auch Götter miteinbezieht und die dem Universum ein Alter zugestehen, das auch den modernen Kosmologen neugierig macht.

Ein anderer Aspekt, für den die indischen Texte in neuerer Zeit bekannt geworden sind, heißt „Vimānas". Das sind die Raumschiffe der Götter, mit denen sie – laut dieser Schriften – die Erde besuchten. Heute erregen diese Textstellen großes Aufsehen, weil immer mehr Menschen behaupten, am Himmel Flugobjekte zu sehen, die nicht irdischen Ursprungs zu sein scheinen. Skeptiker lehnen diese Beobachtungen pauschal ab und sprechen von Sinnestäuschungen, Verwechslungen oder Massenhalluzinationen. Wenn dem so wäre, dann müßten die alten Inder unter denselben Massenhalluzinationen gelitten haben, denn einige ihrer Berichte stimmen bis in Einzelheiten mit zeitgenössischen Reports von UFO-Sichtungen überein.

Neben den vielen Göttern, den riesigen Zeitspannen und den Gerüchten um die Vimānas und die außerirdischen Kontakte in der Vorzeit wissen wir eigentlich nicht viel über die altindische Kultur. Das Sanskrit ist eine unglaublich komplexe Sprache, die Sanskritschriften schrecken den Forscher nur schon durch ihre unüberschaubare Fülle ab, und in Indien sind die Spuren der alten Kultur heute weitgehend verdeckt oder verlorengegangen. Das mußte auch ich bei meinen bisherigen vier Indienbesuchen feststellen. Die Inder haben die westlichen Weltbilder übernommen und eifern dem Westen nach. Sie haben sich weitgehend von ihren eigenen Wurzeln getrennt.

Die altindische Kultur in ihrer Ursprünglichkeit kennenzulernen und all diese Schriften zu durchforschen, um das „vedische Weltbild" systematisch herauszukristallisieren – das alles ist nicht nur eine Frage von ein paar Indienbesuchen oder Universitätssemestern. Es ist eine Lebensaufgabe. Und wer von den westlichen Forschern hat die Zeit oder die Energie, sich eine solche Lebensaufgabe zu stellen? Deshalb ist bis zum heutigen Tag einer der größten Wissensschätze verborgen und verschlüsselt geblieben.

Armin Risi ist wahrscheinlich der erste Abendländer, der sich einerseits diese Lebensaufgabe gestellt hat und andererseits auch mit der modernen Philosophie, Esoterik und Theologie vertraut ist. Ich habe Armin Risi zum ersten Mal am Kongreß „Dialog mit dem Universum" in Düsseldorf 1992 getroffen, wo er mir als Dolmetscher auffiel. Er präsentierte mir damals sein erstes Buch, *Völkerwanderung*, in dem er zusammenfassend die wichtigsten Aspekte des altindischen Geschichtsbildes beschreibt. Bereits bei dieser ersten Begegnung ist mir seine stille Liebe und Leidenschaft für jene alte oder älteste Kultur aufgefallen, die er „vedische Hochkultur" nennt. In der Zwischenzeit durfte ich ihn als profunden Experten des altindischen Gedankengutes kennenlernen, das er nicht nur studiert, sondern auch lebt. Denn Armin Risi ist indischer Priester und eingeweihter Krishna-Mönch, und im vorliegenden Buch macht er auch keinen Hehl daraus. Ich hoffe, daß ihm aufgrund dieser ideologischen Verbundenheit mit der Krishna-Religion nicht das Hindernis der Vorurteile in den Weg gelegt wird. Ich kenne die Krishna-Religion von Begegnungen in Indien wie auch im Westen und habe persönlich nur gute, ja bereichernde Erfahrungen machen dürfen. Aufgrund dieser Begegnungen wurde mir klar, daß in dieser alten Tradition noch viele ungehobene Schätze vorhanden sind, und ich bin selbst schon nach Indien gereist, um als Schatzsucher vielleicht eine „Goldmine" zu entdecken.

Hat es nicht auch eine symbolische Bedeutung, daß wir fortgeschrittenen Menschen, die mit so vielen Problemen und Bedrohungen zu kämpfen haben, gerade heute von der Weisheit der ältesten Kulturen angesprochen werden? Das ist anspruchsvoll – und Armin Risis Buch legt Zeugnis davon ab –, aber im Spiegel unserer eigenen Vergangenheit können wir zweifellos viel über uns selbst und über unsere Zukunft erfahren.

Bartenstein, im September 1995

Johannes Frhr. von Buttlar-Brandenfels

Einleitung

Um die Welt, in der wir leben, zu verstehen, müssen wir uns selbst verstehen, und um uns selbst zu verstehen, müssen wir die Welt verstehen, in der wir leben – eine Welt, die eingeordnet ist in ein Universum voller Leben in unterschiedlichsten Dimensionen. Der Mensch befindet sich in einem multidimensionalen Kosmos und kann sich selbst erst dann wirklich verstehen, wenn er sich als Teil dieses Kosmos sieht. Der irdische Planet ist ein Atom im Körper des Universums, und das Universum ist ein Kosmos, eine „geordnete Einheit" (was die ursprüngliche Bedeutung des griechischen Wortes *kòsmos* ist). Teil der Vielfalt in dieser Einheit ist der Mensch.

Vereinzelte Pioniere der modernen Wissenschaft, Esoterik und Theologie nähern sich heute dieser ältesten Erkenntnis, so wie Wanderer am selben Berg von verschiedenen Seiten dem Gipfel näherkommen und sich dort letztlich treffen. Und überrascht es, daß sie dort, auf dem Höhepunkt der neusten Erkenntnisse, auf das älteste Wissen stoßen, jenes Wissen, das der Menschheit schon immer offenbar war? Plötzlich beginnt man zu verstehen, wovon die Weisen der alten Hochkulturen sprachen. Im Rundblick auf dieses ursprüngliche Panorama entdecken die Menschen wieder, daß Menschheit und Kosmos eine „geordnete Einheit" sind. Weil sie beide denselben Ursprung haben.

Ich habe das Glück, daß ich die Hälfte meines bisherigen Lebens vollzeitig für die Ergründung dieses ältesten und neusten Weltbildes verwenden konnte. Die erstaunlichsten und umfassendsten Darlegungen fand ich dabei in den altindischen Sanskritschriften, die durch die Jahrtausende hindurch das Zeugnis einer fern entrückten Vergangenheit überliefert haben. Die Kultur und Menschengröße dieser Epochen werden erst heute wieder entdeckt, was kein Zufall ist, denn die Vergangenheit ist ein Spiegel der Zukunft: Wie in der Vorzeit die vergangenen, versunkenen Zivilisationen, so stehen die Menschen auch heute wieder vor entscheidenden Bewährungsproben. Weil die Zeit in ihrer kosmischen Anlage zyklisch verläuft, wiederholen sich in spiralförmiger Entwicklung gewisse Szenen der Geschichte und wechseln sich ab, so wie überall in der Natur: in den Jahreszeiten, im Wechsel von Tag und Nacht, in der Wiederkehr der Planeten, im Rhythmus der universalen Schöpfung und Neuschöpfung.

Umgekehrt verrät die zyklische Anlage der Zeit auch einiges über die Vergangenheit. Aus dem gegenwärtigen Wechsel von Sommer und Winter können wir schließen, daß es auch früher schon Sommer und Winter gegeben hat, die in ihrem Grundmuster ähnlich verliefen wie der gegenwärtige Sommer und Winter. Ebenso können wir aus der gegenwärtigen Weltsituation schließen, daß es auch früher schon ähnliche Situationen und Zivilisationen gegeben hat. Denn im linearen Ablauf der Zeit verbergen sich zyklische Wiederholungen.

Dieses faszinierende und einleuchtende Weltbild fand ich nicht nur in den indischen Quellen, sondern auch in anderen Kulturkreisen: bei der ägyptischen Mysterienschule des Hermes, bei den Griechen in der Nachfolge des Pythagoras, in der urchristlichen Offenbarung und in gewissen mystischen Werken, um die mir am nächsten stehenden Wegweiser zu nennen. Heute, wo das letzte fehlende Glied, die Offenbarung der altindischen Kultur, wieder entdeckt wird, nähert sich die Menschheit der Erkenntnis, daß all diese Wege ursprünglich verbunden waren und auf dasselbe Ziel hinweisen.

Aus diesem Grund wollte ich das Unbekannteste von allem kennenlernen, um in der entferntesten Vergangenheit die nächste Zukunft zu erkennen. Während zwölf Jahren des Klosterlebens (vom 20. bis zum 32. Lebensjahr) bildete ich mich in dieser Weise durch Studium, Meditation und Initiation und trat dann, als nächste Phase meines Lebens, an die Öffentlichkeit, um das, was ich erhalten hatte, zu teilen und zu vertiefen.

Sehr schnell merkte ich, daß in den vergangenen Jahren viele Menschen für spirituelle Themen empfänglich geworden sind und sich ebenfalls für eine kosmische oder holistische („ganzheitliche") Weltsicht einsetzen. Wieder ein Beweis, daß Menschen über verschiedenste Wege zu ähnlichen Einsichten gelangen können, und gleichzeitig ein klarer Hinweis – neben vielen anderen, sich häufenden Hinweisen –, daß diese neuste und älteste Welteinsicht in der heutigen Entwicklungsphase der Menschheit zu einer dringend notwendigen Horizonterweiterung geworden ist.

Man kann angesichts der Lage der heutigen Erdzivilisation mit Recht viel Schlimmes sagen und noch Schlimmeres voraussagen. Doch trotz oder vielleicht gerade *wegen* der Vielzahl von Krisen gibt es auch einen hellen Hoffnungsschimmer: nämlich daß immer mehr Menschen einen Einblick in die lebendige Natur unseres Universums erlangen und nach einem neuen Bewußt-Sein verlangen.

In verschiedensten Kreisen hört man plötzlich Aussagen wie:

- Der Mensch ist nicht die einzige Intelligenz im Universum.
- Die Materie kann nicht die Grundlage des Lebens sein.
- Die Wissenschaft ist zu materialistisch.
- Die Religionen haben versagt.
- Es herrschen zu viele dunkle Einflüsse auf der Erde.

Angesichts dieser Mißstände beginnt Mutter Erde sich zu wehren, und das Individuum muß umdenken lernen, wenn es nicht dem Schicksal der Mehrheit folgen will ...

Individuen mit solchen Ansichten suchte ich, fand sie auch und stieß dabei auf überraschende Resonanz. Mehr noch, ich wurde immer wieder ermutigt, „meine“ revolutionären Ansichten in Form einer systematischen Abhandlung zu publizieren. Ich zögerte zuerst, weil mir die Thematik in ihrer Gesamtheit zu umfangreich erschien. Es war jedoch die praktische Notwendigkeit, die mich überzeugte, ein derartiges Buch zu verfassen, denn ich mußte feststellen, daß sowohl in indologischen als auch in esoterischen und wissenschaftlichen Kreisen zahllose, zum Teil widersprüchlichste Spekulationen über die altindische („vedische“) Kultur kursieren. Viele sprechen über sie, viele schreiben über sie, aber kaum jemand hat sich die Zeit genommen, sie persönlich zu erforschen und zu erleben, weshalb die großen Wissensschätze, die dort bereitliegen, statt gehoben eher noch zugeschüttet werden.

Um die Bedeutung der vedischen* Mysterien deuten zu können, bedarf es einer ganzheitlichen Einweihung, und eine solche durfte ich mittlerweile in der jahrtausendealten Kṛṣṇa-Tradition empfangen. Angesichts der weitgehend verkannten Bedeutung des vedi-

* vom Sanskritwort *veda,* „(heiliges) Wissen“: zeitlose Offenbarung der menschlichen und göttlichen Wahrheiten (im Gegensatz zu dogmatischem Glauben und spekulativer Wissenschaft).

schen Wissens fühle ich mich nunmehr sogar verpflichtet, dieses einem breiteren Publikum zugänglich zu machen.

Ich bin mir hierbei sehr wohl bewußt, daß mir die meisten Vertreter der Indologie wie auch der Esoterik und Theologie widersprechen werden, denn das vedische Weltbild stellt praktisch alle gängigen Ansichten der Geschichtsforschung, der Wissenschaft und der Religionen in Frage. Gemäß dem vedischen Weltbild besteht das Universum nämlich aus grobstofflich- und feinstofflich-materiellen Dimensionen und bildet eine kosmische Pyramide, in deren Hierarchie der Mensch relativ weit unten rangiert; über der Dimension der Menschen agieren göttliche und weniger göttliche Wesen, die sich alle über die Entwicklung der Menschheit bewußt sind und diese zum Teil sogar beeinflussen. Die Entwicklung der Menschheit verläuft zyklisch und hat ihren mittelbaren Anfang in höheren Dimensionen. Das Universum umfaßt vierzehn Planetensysteme (im Sinn von Dimensionsebenen), die allesamt von entsprechenden Lebensformen bewohnt werden. Die Erde gehört zum siebten Planetensystem. Bis vor fünftausend Jahren gab es auf der Erde offene interplanetarische Kontakte (mit Wesen verschiedenster Herkunft und Motivation), die sich bis heute fortsetzen. In der materiellen Welt herrscht ein Kampf der dualen Mächte, in den Gott – die Realität höchster Energie und Person – manchmal persönlich eingreift, um das kosmische Gleichgewicht wiederherzustellen. Die Sanskritschriften enthalten viele offenbarte Beschreibungen solcher Gott-Inkarnationen (Avatāras) sowie auch genauste Beschreibungen der Natur, Energie und Person Gottes und der Götter.

Angesichts dieser Vielschichtigkeit des vedischen Weltbildes kam ich nicht umhin, eine Vielzahl von Themen anzuschneiden, die gewöhnlich nur getrennt behandelt werden. Das vedische Weltbild zeigt jedoch, wie all diese Teilbereiche implizit zusammenhängen und erst über die Querverbindungen schlüssig verstanden werden können. Ich versuchte, mit dem vorliegenden Buch die Aktualität des vedischen Weltbildes aufzuzeigen, was in der Konsequenz bedeutete, daß ich vieles (leider) nur andeutungsweise erwähnen konnte. Dennoch bin ich zuversichtlich, daß diese ungewöhnliche Vielseitigkeit nicht verwirrend oder oberflächlich wirkt, sondern tatsächlich jene Einführung und Übersicht darstellt, die ich anstrebte.

Ich vertraue hierbei auf die Maxime Vyāsadevas, des „Redakteurs" der vedischen Schriften: „Schriften, die das zeitlose Wissen über Gott und Gottes Schöpfung vermitteln, sind eine spirituelle Offenbarung.

Sie erscheinen, um im gottlosen Dasein einer irregeleiteten Zivilisation eine Revolution einzuleiten. Selbst wenn solche Schriften Mängel und Unzulänglichkeiten aufweisen, werden sie von aufrichtigen Menschen gelesen und gehört." (Śrīmad-Bhāgavatam 1.5.11)

Ich bin vielen Helfern, Freunden und Beratern zu Dank verpflichtet. Insbesondere danke ich meinem Lehrer, Śrī Viṣṇupāda, der mich in die vedische Offenbarung einweihte und mir auf meinem Weg Zuversicht und Selbstvertrauen schenkt.

Am Entstehen dieses Buches waren auch viele andere hilfreich beteiligt, denen ich hiermit ebenfalls herzlich danken möchte, allen voran meinem Freund Bhakta Miro Cucuz, der mir während eines ganzen Jahres unermüdlich zur Seite stand, um mir bei den Recherchen, bei der Erstellung der Grafiken und bei der Textverarbeitung zu helfen. Besonderen Dank schulde ich auch Herrn Johannes von Buttlar, der mich publizistisch beriet und sich bereit erklärte, das Vorwort zu schreiben, sowie den Lektoren Dr. Bruno Kneubühler, Dr. Olivar Maoba, Marcus Schmieke, Wolfgang Wiedergut und Ronald Zürrer, der gleichzeitig auch der Verleger dieses Buches ist.

Ich danke auch allen Bewohnern der Kṛṣṇa-Klöster in Dole (Frankreich) und Rancate (Tessin) für das Tolerieren meines eremitischen Lebensstiles, während ich dieses Buch niederschrieb. Viele, die mir mit Hinweisen, Handreichungen und wohlwollenden Worten begegneten, waren für mich wichtige Quellen der Ermutigung, manchmal sogar, ohne sich dessen bewußt zu sein. Ebenfalls nicht unerwähnt lassen möchte ich all die unsichtbaren Gönner (wobei man *nn* mit *tt* ersetzen darf), die mir unaufdringlich zur Seite standen und mich immer wieder „zufällig" zu den richtigen Personen und Quellen führten und mit entscheidenden Einfällen bedachten, immer dann, wenn ich aus eigener Kraft nicht mehr weiterkam oder mich zu früh zufriedengab. Wie begrenzt die eigene Kraft ist, durfte ich bei der Arbeit an diesem Buch erkennen.

— Armin Risi, im September 1995

Teil I

Gott und die Götter

„Die Devas (Götter) und Ṛṣis (Weisen),
... die sieben großen Weisen, vor ihnen
die vier anderen göttlichen Weisen
und die Manus sind aus Mir,
aus Meinem Geist, hervorgegangen,
und alle Lebewesen,
die die verschiedenen Planeten bevölkern,
stammen von ihnen ab."

– Kṛṣṇa in der
Bhagavad-gītā, 10.2,6

Prolog

An das Göttliche glauben
Die allein, die es selber sind.
Friedrich Hölderlin (1770-1843)[1]

Gott und die Götter. Ein Titel, der die Hauptaussage des vedischen Weltbildes mit provokativer Prägnanz andeutet: Gott und die Götter *gibt's*.

Was wissen wir heute über Gott? Was wissen wir über die Götter? Warum erscheint Gott nicht einfach und sagt: „Hier bin ich. Hört nun endlich mit euren Religionskriegen auf!" Und wenn es die Götter[2] gibt, warum erscheinen sie nicht einfach und sagen: „Schaut her, ihr Menschen! Ihr seid nicht die einzigen intelligenten Wesen – und schon gar nicht die Krone der Schöpfung!"

Wäre das Erscheinen Gottes und der Götter nicht der endgültige Beweis für ihre Existenz? Der Mensch glaubt ja nur, was er sieht. Und was er sieht, glaubt er. Oder ist es doch nicht so einfach? Glaubt der Mensch tatsächlich, was er sieht? Nein! Wie die Geschichte gezeigt hat, glaubt der Mensch nur, was er glauben *will*.

Selbst wenn Gott und die Götter vor den Menschen sichtbar erschienen, wäre dies noch kein wirklicher „Beweis", weil die Menschen – wenn sie nicht bereit sind – Gott und die Götter gar nicht erkennen würden, ja gar nicht wahrhaben („glauben") könnten, daß „das" nun Gott ist. Wer jedoch eine göttliche Weltsicht entwickelt, vermag die Gegenwart Gottes und der Götter überall und immer wahrzunehmen.

Gott und die Götter müssen gar nicht erst erscheinen, denn sie sind schon erschienen; sie sind immer gegenwärtig. Heute wird die Menschheit einfach wieder reif, deren Gegenwart zu erkennen, ähnlich wie ein Kleinkind, das heranwächst und beginnt, seine Umgebung bewußter wahrzunehmen. Und sobald die Menschheit sich für höhere Realitäten öffnet, nimmt sie auf einmal Erscheinungen, Sichtungen, Spuren, ja sogar „Beweise" wahr – die schon immer da waren. Und durch diese Einblicke erweitert sich das Bewußtsein der Menschen, was wiederum die Beweise und die Erkenntnisse erweitert. Der Mensch bestimmt durch sein Bewußtsein seine „Realität", seine subjektive Weltsicht.

Wir leben in einer Welt der Relativität: Für jede These lassen sich Gegenthesen finden, für jeden Beweis Gegenbeweise, für jedes paranormale Phänomen eine normale Interpretation. In der relativen Welt wird es immer unterschiedliche Sichtweisen und Standpunkte geben. Deshalb obliegt es jedem Menschen, mit dem eigenen freien Willen – und deshalb auf eigene Verantwortung – zu entscheiden, was und wem er/sie glauben will.

Es ist auf dieses universale Gesetz des freien Willens zurückzuführen, daß es immer Gründe *für* und *gegen* die Existenz Gottes gibt. Sonst hätten die Philosophen der Weltgeschichte schon längst einen Gottes- oder Götterbeweis gefunden und definitiv entschieden: Gibt es Gott, oder gibt es ihn nicht? Gibt es Götter, oder gibt es sie nicht?

Dieses Bedürfnis, „handfeste" Beweise in der Hand zu haben, entspringt der einseitigen empirischen Weltsicht, die jede Erkenntnis von meßbarer, analysierbarer und wiederholbarer Sinneswahrnehmung abhängig macht. Doch kann man Gott und die Götter durch Experimente und Formeln beweisen? Was gilt bei dieser entscheidenden Frage überhaupt als Beweis?

Weil der freie Wille eine universale Realität ist, muß die Frage nach Gott und den Göttern jeder Mensch *für sich selbst* beantworten, denn jeder Mensch ist für sich selbst verantwortlich. Niemand kann uns diese Entscheidung abnehmen – nicht einmal Gott oder die Götter.

Solange ein Mensch nicht glauben will, daß es Gott und die Götter gibt, geben ihm Gott und die Götter genügend Gründe, um an ihrer Existenz zu zweifeln. Deswegen ist jeder Gottesbeweis und jede Götterspur wissenschaftlich nie schlüssig, denn es handelt sich hier nicht um eine Beweisfrage, sondern um eine Bewußtseinsfrage. Weil der Mensch nur glaubt, was er glauben will – *freiwillig*.*

Deshalb soll es in diesem Buch nicht um „Beweise" gehen, sondern um ebenjene Bewußtseinsfrage. Dies mag mir die Kritik einbringen, ich sei unwissenschaftlich; doch dieser Vorwurf übersieht mein eigentliches Anliegen. Ich bin nicht unwissenschaftlich, ich will es einfach vermeiden, mich einseitig und ausschließlich auf die empirische Wissenschaft zu beschränken, denn diese kann – auf sich allein gestellt – nur Beweise aus den dreidimensionalen Bereichen liefern. Was darüber hinausgeht, kann und darf sie nicht „glauben". Doch gerade die entscheidenden Fragen, die das Fundament eines jeden Weltbildes ausmachen (Fragen über Gott und die Götter, das Leben nach dem Tod, den Sinn unseres Daseins im Universum), sind nicht auf den dreidimensionalen Lebensbereich beschränkt. Wie das Wort „*Lebensbereich*" schon ausdrückt, handelt es sich hier nur um einen *Ausschnitt* der Realität. Aber es gibt noch viel mehr, als sich unsere Schulweisheit erträumt, und um dieses „viel mehr" geht es mir. Dafür muß man jedoch den Mut haben, die Grenzen der Schulweisheit hinter sich zu lassen.

Wenn ich das Wahrheitsmonopol der Wissenschaft anzweifle, will ich damit aber keineswegs sagen, daß alles gleich wahr und gleich gültig sei. Nur weil man alles „glauben" kann, heißt das noch lange nicht, daß deshalb alles *wahr* ist. Ich will nur sagen, daß die Wissenschaft nicht die einzige Wissensquelle ist. Denn die sichtbare, sinnlich erfaßbare Welt ist abhängig von höheren Existenzdimensionen, die eine höherdimensionale Forschung erfordern. Zwei mögliche *Wege* zu dieser höheren Erkenntnis (aber nicht die Erkenntnis selbst!) sind – ich nenne sie einmal – Esoterik und Theologie. Man könnte sie auch Grenzwissenschaften und Metaphysik, Mystik und Religion oder Meditation und Philosophie nennen. Die Begriffe sind nicht so wichtig und gehen fließend ineinander über.

Wissenschaft, Esoterik und Theologie dürfen sich nicht ausschließen, wie das in den vergangenen Jahrhunderten auf immer verhängnisvollere Weise geschehen ist. Wissenschaft, Esoterik und Theologie müssen sich zu einem Dreieck der Erkenntnis *ergänzen*, das heißt sich gegenseitig bereichern, aber auch sich stützen und sich gegenseitig *kontrollieren (!)*.

Dieses multidimensionale Weltbild verringert die Spekulation zugunsten einer höheren Erkenntnis, denn es bringt holistische Kriterien und Kritikpunkte in die Diskussion, was die Wahrheitssuche in allen Sparten vertieft und vorantreibt. Damit betreten wir die Ebene

* Es gibt auch Mächte, die die Menschen entgegen ihrem freien Willen manipulieren und ihnen einen bestimmten Glauben oder Unglauben aufzwingen wollen – seit einiger Zeit schon sehr erfolgreich. Die Tatsache, daß es solche Einflüsse gibt, widerlegt nicht das universale Gesetz des freien Willens; vielmehr wird ebendieses Gesetz bewirken, daß jene Mächte, die destruktive, versklavende Einflüsse ausüben, sich selbst zerstören werden – weil sie gegen die natürliche Harmonie des Kosmos verstoßen.

der spirituellen Forschung, und diese wendet sich zuallererst gegen wissenschaftliche Einseitigkeit, esoterische Halbwahrheit und religiösen Dogmatismus, die drei größten Anker der menschlichen Entwicklung. Im gegenwärtigen dunklen Zeitalter ist die Zeit nun reif, diese Anker als solche zu erkennen und zu lichten.

Glaube kann nicht diskutiert werden, wohl aber die *Gründe*, warum wir etwas glauben. Wenn wir die Gründe für das, was wir glauben, nicht hinterfragen, machen wir uns eines blinden religiösen, esoterischen oder wissenschaftlichen Glaubens schuldig.

Weshalb glauben wir etwas? Weshalb glauben wir der Wissenschaft? Weshalb der Kirche und den Religionen? Weshalb uns selbst? Und weshalb glauben wir etwas *nicht?*

Wenn wir die verschiedenen Weltbilder auf ihre Grundlage hin untersuchen und hinterfragen, werden wir des öfteren staunen, wie mangelhaft begründet und deshalb unglaubwürdig viele Annahmen sind, auf die sich unser heutiges „Wissen" stützt (insbesondere der Glaube an die Entstehung des Lebens aus Materie, die Evolution und die Nichtexistenz der Götter).

Viele bedrohliche Omen signalisieren heute, daß in unserem „normalen" Lebensstil etwas nicht stimmen kann. Die Menschen müssen ihr Weltbild – das, was sie zu wissen *glauben* –, neu hinterfragen. Eine Menschheit, die weltweit Zerstörung verursacht, glaubt offensichtlich an etwas Falsches. Zumindest so viel ist heute bewiesen ...

Das vedische Weltbild, das von Gott *und* Göttern ausgeht, revolutioniert die moderne Wissenschaft, Esoterik und Theologie: die moderne Wissenschaft, die weder an Gott noch an Götter glaubt, die moderne Esoterik, die nur an Götter (göttliche Energien), aber nicht an Gott glaubt, und die moderne Theologie, die nur an Gott, aber nicht an Götter glaubt.

Der Kosmos, in dem wir leben, ist eine multidimensionale Schöpfung. Deshalb müssen die Menschen wieder lernen, daß es mehr als nur drei oder vier Dimensionen gibt.

Kapitel 1

Was ist Veda?

Die klassisch-altindischen Lehrgedichte, die Upaniṣaden, illustrieren das Thema des vorliegenden Kapitels mit einer berühmten Geschichte:

Es gab einst einen stolzen Schüler namens Śvetaketu. Dieser Śvetaketu war sehr intelligent, und es fiel ihm leicht, die heiligen Schriften zu studieren und die Mantra-Verse auswendig zu lernen. Alles, was sein Guru (Lehrer) sprach, prägte er sich sogleich ein und wußte es jederzeit wörtlich zu wiederholen. Aber er war stolz, ehrgeizig und eingebildet.

Als die Schulzeit sich ihrem Ende näherte, sprach der Lehrer: „O Śvetaketu, schriftgelehrt bist du und wissensstolz; aber sage, hast du die Weisheit erlangt, durch die das Ungehörte gehört, das Ungedachte gedacht, das Unerkannte erkannt wird?"

„Ich verstehe nicht, was du meinst, erhabener Meister. Du sprichst in Rätseln."

Da sprach der Meister zum Jüngling: „Hole eine Nyagrodha-Frucht!"

Śvetaketu rannte zu einem nahegelegenen Banyanbaum und pflückte aus dem riesigen Gewirr von Ästen und Stämmen eine reife Feigenfrucht. Diese Frucht brachte er zurück in die Strohhütte des Meisters.

„Diese Nyagrodha-Frucht enthält ein Geheimnis", sprach der Meister. „Schneide sie entzwei und sage mir, was du siehst!"

„Ich sehe viele kleine Samenkörner!"

„Nun nimm ein Samenkorn, schneide es entzwei und sage mir, was du siehst!"

„Ich sehe nichts. Ich sehe die kleine weiße Schnittfläche, aber das wird es nicht sein, was du meinst, ehrwürdiger Meister."

„Schau genau hin und erforsche das Geheimnis! Schneide das halbe Samenkorn nochmals entzwei."

„Ich zerschneide es, aber ich sehe nichts Besonderes. O Meister, bitte enthülle das Geheimnis und sag mir, was *du* siehst."

Da sprach der Meister: „Mein lieber, stolzer Sohn, du siehst, und du siehst nicht. In diesem Samenkorn befindet sich ein großer Banyanbaum – mit seinem Stamm und seinen Ästen und Nebenästen, die im Boden Wurzeln schlagen und selbst wieder zu Stämmen werden. Aus diesem einen Samenkorn gehen tausend neue Früchte mit Tausenden von neuen Samen hervor, aus denen wieder Bäume mit Tausenden von Früchten und Samen hervorgehen werden."

„O Meister", antwortete Śvetaketu, „jetzt, nachdem du das Geheimnis enthüllt hast, seh' auch ich den Baum im Samenkorn. Aber dennoch sehe ich ihn nicht, und ich denke, auch du *siehst* ihn nicht in diesem Samenkorn."

Der Meister blickte den Schüler tief an und schwieg. Dann sprach er: „Wenn du wahrhaft weise bist, siehst du die Wahrheit überall, obwohl du sie nicht siehst."

„Ach, ich habe die heiligen Schriften studiert und die Mantra-Gebete gesungen, und dennoch sehe ich die Wahrheit nicht."

Abermals schwieg der Weise und sprach dann: „Mein lieber Sohn, so wie du das Samenkorn betrachtet hast, ohne den Baum zu sehen, so hast du die heiligen Schriften gelesen, ohne ihren Sinn zu verstehen. Der Sinn ist in Gottes Worten verborgen wie der Baum im Samen. Unendliche Wahrheit geht aus Gottes Worten hervor wie unendlich viele Bäume aus dem Samen. Doch du bist an die heiligen Schriften herangetreten wie an das Samenkorn, mit sehenden Augen, die das Wichtigste übersehen. Dieses Wichtigste ist die Kraft, die das ganze All zusammenhält. Das ist die Lebenskraft. Das ist das Selbst. Das bist du, Śvetaketu. Das Wichtigste, das du nicht kennst, bist du. *Tat tvam asi*. ‚Das bist du.'"[3]

Wissenschaft: die Problematik des einseitigen Wissens

„Menschen, die nicht wissen, daß es ein höchstes Ziel im Leben gibt, halten alles andere als das höchste Ziel für wertvoll. So irren sie wie Blinde umher, die von anderen Blinden geführt werden, und verstricken sich immer mehr ins Netz der Ziellosigkeit."

– Śrīmad-Bhāgavatam 7.5.31

Das Konzept von Veda („Wissen; Offenbarung") ist dem modernen Weltbild fremd. Das 20. Jahrhundert wird in die Geschichte eingehen als das Jahrhundert der Wissenschaft und des Fortschritts. Die Wissenschaft entscheidet heutzutage, was als „Wissen" und „Wahrheit" gilt, und der Fortschritt liefert den Beweis: Was die Wissenschaft sagt, stimmt, denn sie ist objektiv nachprüfbar und ermöglicht konkrete Erfindungen und Verbesserungen, eben *Fortschritt.*

Vom Mittelalter bis zur Aufklärung und zur industriellen Revolution sind über ein Jahrtausend vergangen, über dreißig Generationen; doch nun konnten die letzten drei Generationen innerhalb eines einzigen Jahrhunderts die Früchte dieser langen Entwicklung in atemberaubender Geschwindigkeit reifen sehen. Heute, am Ende des 20. Jahrhunderts, ist es jedoch ein offenes Geheimnis: Die Früchte hielten nicht, was die Gärtner versprachen.

Es fand ein Fortschritt statt, aber: Fortschritt wohin? In welche Richtung? Mit welchem Ziel?

Nach anfänglicher Zuversicht, ja Euphorie über die Zukunft der Menschheit angesichts des gefeierten Fortschritts bricht heute eine Phase der Ernüchterung an. Aufgrund von Einsicht oder aufgerüttelt durch die Zeichen der Zeit, werden sich die Menschen in den neunziger Jahren immer mehr der Mängel dieses blinden Fortschritts bewußt, ja es werden sogar sorgenvolle Stimmen hörbar, die bereits unheilvolle Konsequenzen voraussehen.

Der Fortschritt wurde durch die Wissenschaft ermöglicht. Die Wissenschaft will die Wahrheit erforschen – die Wahrheit über die Natur, die Naturgesetze und das Leben –, und durch den Fortschritt soll der Nutzen der Wissenschaft praktisch demonstriert werden. Die entscheidende Frage lautet hier jedoch: Was versteht man unter „Nutzen", „Wissen" und „Wahrheit"?

Diese Ziele – Nutzen, Wissen, Wahrheit – sind nicht klar definiert, und deshalb wissen Wissenschaft und Fortschritt nicht, was sie eigentlich anstreben. Wenn zuerst noch erforscht werden muß, was Wahrheit und, davon abhängig, wahres Wissen überhaupt ist, dann bedeutet dies, daß gegenwärtig noch Unklarheit oder sogar Unwahrheit herrscht. Und welche Hoffnung besteht, auf dieser Grundlage eine nicht bekannte Wahrheit zu finden? Oder geht es den Menschen, die Wissenschaft und Fortschritt betreiben, etwa gar nicht um solch hochgestochene, unprofitable Ziele wie Wissen und Wahrheit?

Wenn wir den Universitäten und Wirtschaftsimperien, den Förderern von Fortschritt und Wissenschaft, genauer auf die Finger schauen, drängt sich tatsächlich der Verdacht auf, daß heute viel kurzfristigere und kurzsichtigere Ziele Priorität bekommen haben. Im 20. Jahrhundert wurden zahlreiche kurzfristige Erfolge gemeldet und dabei die langfristigen Probleme aufgeschoben. Doch „die Zukunft hat schon begonnen". Heute konfrontiert uns das ehemals Langfristige bereits als kurzfristige Bedrohung: Umweltzerstörung, Kriege, Kriminalität, Zentralkontrolle, Naturkatastrophen, neue Krankheiten usw.

Diese Probleme, die die positiven Aspekte des Fortschritts empfindlich überschatten, können nicht pauschal der Wissenschaft angelastet werden; aber sie sind alarmierende Indizien dafür, daß im modernen Weltbild etwas nicht stimmt – und dieses wurde von der Wissenschaft entscheidend mitgeprägt.

Es geht hier nicht um eine Aburteilung der Wissenschaft, sondern um eine Kritik des von ihr abhängigen Weltbildes; denn es ist dieses ziellose, kurzsichtige Weltbild, das verursacht, daß auch die nützlichen und neutralen Errungenschaften des Fortschritts eine schädliche bis verheerende Wirkung zeitigen, eben weil sie von Menschen mit dieser falschen Weltsicht mißbraucht werden. Was zerstört, kann nicht richtig sein, nicht einmal natürlich, denn in der Natur ist jede Zerstörung immer auch Übergang zu einer neuen Harmonie, was man von der modernen Zerstörung nicht behaupten kann. Es läßt sich also nicht bestreiten, daß ein weniger einseitiges Weltbild auch die Unschuld von Wissenschaft und Fortschritt in Frage stellen wird – denn so unschuldig sind sie nicht.

Wissenschaft und Fortschritt sind die Götter des 20. Jahrhunderts, die von den Menschen und Nationen kritiklos verehrt werden. Unzählige Menschenopfer werden ihnen dargebracht (auf den Straßen, in den Fabriken, im Militäreinsatz, sogar bei Sport und Unterhaltung), weil alle überzeugt sind, daß dieser Kult sich lohnt. Früher diente man Gott, und heute dient man dem Fortschritt. Was dem

Fortschritt dient, kann mit Staatsgewalt erzwungen werden. Gesetze, Politik und Schulsystem werden dem Fortschritt angepaßt – doch fragt sich jemals jemand, wohin dieser Fortschritt führen soll?

Ohne Ziel hat man keine Richtung, und ohne Richtung ist jeder Schritt, auch „Fortschritt", ungewiß.

Die Götter namens Wissenschaft, Forschung und Fortschritt versprechen die Erkenntnis von Wissen und Wahrheit.

Doch mit welchen Mitteln bemühen sich deren Priester um diese Ziele? Damit ihre Götter eine unangefochtene Weltherrschaft genießen können, haben sie, die heimlichen Priester, den Glauben eingeführt, daß Realität – die „Wahrheit" – das sei, was man sehen, messen und analysieren könne. Dementsprechend wurden die Werkzeuge und Arbeitsmethoden gewählt. Übersehen wurde hierbei, daß diese Wahl von vornherein *ausschließlich* das Sichtbare, Meßbare und Analysierbare, nur das Materielle, berücksichtigt. Das wurde jedoch nicht als Problem angesehen. Was gibt es denn schon jenseits des Materiellen?

Wissenschaftsgläubige glauben deshalb, die Realität beschränke sich auf das Materielle. Und selbst wenn es etwas jenseits der Materie gäbe, dann sei dieses „Etwas" vernachlässigbar, und man könne Wissenschaft, Forschung und Fortschritt getrost ohne Berücksichtigung dieses „Etwas" vorantreiben.

Diese Weltsicht nennt sich selbst „Materialismus" oder, diplomatischer formuliert, „Realismus": Man glaubt, die Realität sei materiell. Man glaubt nur, was man wissenschaftlich erfassen kann; und was „wissenschaftlich" ist, hat man bereits anhand des Materialismus definiert. Diese Ansicht, daß nur das Materielle real sei, wurde von vornherein, *a priori,* zur Wahrheit erklärt, auf deren Grundlage man nach Wahrheit streben wollte – mittels Wissenschaft, Forschung und Fortschritt. Auf diese Weise drehen sich die Wissenschafts- und Fortschrittsgläubigen im Kreis und sind nicht in der Lage, das Schleudern der einseitigen Zivilisation zu bremsen – obwohl ihnen alle modernen Errungenschaften zur Verfügung stehen.

„Wissenschaft" und „Fortschritt" sind heute magische Worte, die praktisch alles erlauben. Denn ihre Erkenntnisse, so heißt es, nützten allen. Doch diese Erkenntnisse können nie eine vollständige Wahrheit vermitteln, da sie nur auf einen schmalen Realitätsausschnitt beschränkt sind, auf das Materielle, Meßbare, Nutzbare. Dementsprechend beschränkt sind auch die Instrumente, mit denen geforscht wird; und weil die Hilfsmittel wie auch die Personen, die sie handhaben, unvollkommen und mit Mängeln behaftet sind, sind auch die Erkenntnisse, zu denen sie gelangen, zwangsläufig unvollkommen und mangelhaft. Deshalb müssen wissenschaftliche Erkenntnisse immer wieder widerrufen oder korrigiert werden, und selbst die scheinbar bewiesenen Erkenntnisse sind nur relativ gültig. Hinzu kommt, daß selbst die *Grundlagen* dieser Erkenntnisse nur relative Gültigkeit haben; einige müssen sogar dringend relativiert werden, zum Beispiel die als Axiome* akzeptierten Glaubenssätze, daß nur das, was „wissenschaftlich" erfaßbar ist, real sei und daß umgekehrt alles Reale auch wissenschaftlich erfaßbar sein müsse. Dieser Glaube fußt auf der Annahme, daß nirgendwo im Universum Gesetze oder Faktoren wirken, die für die Wissenschaft unzugänglich sind (wie z.B. nichtphysische Dimensionen, interdimensionale Verbindungen oder unberechenbare Faktoren wie Gott und Götter).

Keiner dieser Glaubenssätze der Wissenschaft ist bewiesen, und dennoch baut die moderne Wissenschaft, zumindest die offizielle (die materialistische, empirische), auf ihnen ein Weltbild auf, das weltweit die Gesellschaftssysteme, die Politik, die Wirtschaft und die Forschung maßgebend beeinflußt. An allen Schulen wird diese materialistische Weltsicht – gemäß höherer Weisung – als anscheinend objektive Erkenntnis an die neuen Generationen von Schülern und Studenten weitergegeben und bei den Diplomprüfungen als „Wissen" vorausgesetzt. Das ist doch ein erstaunlicher Anspruch, vor allem, wenn man bedenkt, daß er auf der Grundlage von Axiomen erhoben wird, die nicht nur unbewiesen, sondern auch fragwürdig sind.

Die heute maßgebende Wissenschaft kann nur das Sichtbare und Meßbare erforschen und schließt daraus, daß es nichts anderes als das irdisch Sichtbare und Meßbare gibt. Zumindest forscht sie nach nichts anderem. Und dies hat sich mittlerweile als folgenschwere Blindheit erwiesen.

Aus all den genannten Gründen wird heute ein neuer Begriff von „Wahrheit", „Wissen" und „Wissenschaft" notwendig. Ein solcher neuer und gleichzeitig ältester Begriff ist *Veda,* der nun im folgenden näher betrachtet werden soll.

---

*Axiom: (in der Wissenschaft:) grundlegende Annahme, die keines weiteren Beweises bedarf (von griech. *àxioma,* „das für wahr Befundene").

Definition von „Wissen"

„Echtes Wissen (veda) umfaßt materielles und spirituelles Wissen (jñāna-vijñāna). Wenn du es verstanden hast, wird es für dich nichts weiteres mehr zu erkennen geben." – Bhagavad-gītā 7.2

Im Sanskrit, der altindischen Hochsprache, wird „echtes Wissen" Veda genannt. Die behelfsmäßige Übersetzung „echtes Wissen" weist bereits darauf hin, daß das Sanskritwort Veda mehr bedeutet als bloß „Wissen" im Sinn von gelernten Fakten und Daten. Letzteres entspricht dem modernen Konzept von „Wissenschaft", das auf den vorangegangenen Seiten diskutiert wurde. Fakten und Daten, die mit materiellen Mitteln und materialistischen Axiomen erfaßt werden, sind nur beschränkt gültig. Sie sind ausschließlich auf die materiellen Bereiche der Realität anwendbar, und sogar dort erweisen sie sich als unvollkommen und letztlich destruktiv, weil sie die wichtigsten Aspekte der Realität, die Faktoren „Leben" und „Bewußtsein", außer acht lassen bzw. falsch auffassen. Den materialistischen Axiomen zufolge wäre „Leben" nichts anderes als organische Materie. Veda lehrt als erstes, daß dem nicht so ist. Leben ist nicht nur organische Materie und entzieht sich deshalb dem Zugriff der materialistischen Wissenschaft. Ein lebender Körper ist mehr als nur Materie. Ein Samenkorn ist mehr als nur die Summe der Moleküle, die es konstituieren, denn sonst wäre die Wissenschaft längst imstande, ein Samenkorn synthetisch oder chemisch herzustellen. Die angeführte Samenkorn-Geschichte aus den Upaniṣaden zeigt, wie weit das einseitige, materialistische Wissen von Weisheit und Wahrheit entfernt ist.

Die Menschen forschen nach „Wissen" – es muß also ein Wissen geben, das *bereits* existiert. Wissenschaft und Forschung wollen dieses Wissen ja nur entdecken. Diese Art von Urwissen, Wahrheit (Veda) genannt, muß nicht erfunden, sondern nur *ge*funden werden, ist also unabhängig von Wissenschaft und Forschung. Wahrheit ist immer da, ist nicht an Ort und Zeit gebunden, ist immer gültig, universal wahr und zeitlos aktuell. Wahrheit muß nie korrigiert werden. Sie muß nur ent-deckt werden, d.h. befreit werden von den Bedeckungen, durch die sie (für die Sicht des Menschen) verdeckt wird. Wer sein Bewußtsein auf diese Weise befreit und auf die Frequenz von Wissen und Wahrheit – Veda – einstellt, wird auch die Außenwelt plötzlich in einem ganz anderen Licht sehen.

In diesem Sinn ist Veda bereits auf Seite 15 kurz definiert worden: „(heiliges) Wissen", eine zeitlose Offenbarung der menschlichen und göttlichen Wahrheiten (im Gegensatz zu dogmatischem Glauben und spekulativer Wissenschaft)."

Veda und vedisch

yasyāmataṁ tasya mataṁ / mataṁ yasya na veda saḥ

„Wahres Wissen (veda) hat der, der erkennt, daß man das Wahre nicht [aus eigener Kraft][4] *erkennen kann; wer denkt, das Wahre erkannt zu haben, kennt das Wahre nicht."* – Kena Upaniṣad 2.3

Veda bezieht sich gemäß Definition auf Wissen, das dauerhaften Charakter hat und nicht den sich ständig wandelnden Ideologie- und Wirtschaftsinteressen unterworfen ist. Echtes Wissen (Veda) muß demnach universal gültig sein und darf weder zeitlich noch geographisch, noch konfessionell begrenzt sein. Alles, was diese Veda-Wahrheit enthält oder in ihr gründet, nennt man „vedisch". Es muß demnach vedische Wissenschaft, vedische Literatur, vedische Religion, vedische Medizin, vedische Musik usw. geben, die alle ein harmonisches Ganzes darstellen. Diese Eigenschaften – harmonisch, universal gültig und in sich vollständig – sind die erforderlichen Indizien, die auf eine göttliche Inspiration hinweisen.

Spuren des Veda lassen sich überall finden. „Vedisch" bedeutet also nicht bloß „indisch" oder „östlich", wie fälschlicherweise oft geglaubt wird. Zu verschiedenen Zeiten und an verschiedenen Orten prägten die Menschen Ausdrücke wie „kosmisches Bewußtsein", „esoterische Wahrheit", „spirituelle Weisheit" oder „göttliche Offenbarung", um auf das hinzuweisen, was die Sanskritsprache mit dem Wort Veda umschreibt.

Im vorliegenden Buch werden viele Menschen zu Wort kommen, die nicht oder nicht direkt mit Indien und indischen Quellen verbunden waren, aber dennoch Veda-Wahrheiten intuitiv erkannten und formulierten. Wie Mosaiksteine lassen sich deren Erkenntnisse in ein Gesamtbild einfügen. Wer das Mosaik kennt, vermag die einzelnen Steinchen zu identifizieren und deren Beziehung zum *Gesamtbild* zu erkennen. Der Ausdruck Veda bezieht sich auf dieses Gesamtbild.

Das Mosaik-Beispiel läßt auch die tieferen Bedeutungen von Veda erkennbar werden: Veda ist eine Art von Geheimwissen, das man nicht bloß durch Forschung, Schriftstudium, Indologie, Theologie oder Askese und Meditation erlangen kann. Man kann ein einzelnes Mosaiksteinchen noch so lange untersuchen, aber es wird nie möglich sein, allein dadurch das Gesamtbild zu erkennen. „Geheimwissen" bedeutet jedoch nicht, daß niemand es kennt; man kann ein Geheimnis sehr wohl kennen, aber nur dann, wenn es *enthüllt* wird. Wir können über ein Geheimnis spekulieren, aber wir werden nie mit Sicherheit wissen, ob wir richtig spekulieren. Doch wenn jemand, der das Geheimnis kennt, es uns mitteilt – es mit uns teilt –, dann ist das „Geheimnis" für uns zu „Wissen" geworden.

Dasselbe Prinzip gilt beim Veda, der als das höchste Geheimnis bezeichnet werden kann, weil er Wissen über die Realität hinter allen Erscheinungen und über den höchsten Ursprung (Gott) vermittelt. Dieses göttliche Geheimwissen kann nur von einer entsprechenden Quelle enthüllt werden: von Gott (und göttlichen Quellen). Dadurch wird dieses Wissen einerseits zum Geheimnis und andererseits allen zugänglich, denn Gott ist überall.

Elemente des Veda sind deshalb auf der ganzen Welt, in allen Kulturen und Religionen, zu finden – auch in Indien. Ja Indien gilt sogar als die Heimat des Veda, weil der Veda dort in ursprünglicher Form und einzigartiger Fülle erschien. Dies macht den Veda jedoch nicht zu einer indischen Wahrheit, ebensowenig wie die Sonne indisch ist, nur weil sie im Osten erscheint.

Wenn man die verschiedenen Traditionen göttlicher Offenbarung objektiv gegenüberstellt, kann man vergleichend* feststellen, daß die umfassendste Offenbarung von Veda im Kreis der altindischen Hochkultur zu finden ist, die deshalb auch *vedische* Hochkultur genannt wird. Die schriftlichen Veda-Überlieferungen dieser Hochkultur (die „vedischen Schriften") sind sehr umfangreich. Es heißt, ein einziges Menschenleben genüge nicht, um sie auch nur einmal durchzulesen, ganz zu schweigen davon, sie zu studieren. Sie umfassen nicht nur die heiligen Schriften, sondern auch viele Schriften mit

* Die genannte Gegenüberstellung bedeutet in keiner Weise Gegnerschaft, sondern vielmehr – im wahrsten Sinne des Wortes – Ver-gleich. Das Gesamtbild des Veda kann zeigen, daß alle auch noch so ungleichen Offenbarungen letztlich auf das gleiche Ziel hinweisen. Wem es wahrhaftig um das *Ziel* und nicht nur um sein eigenes „Mosaiksteinchen" (= Dogma) geht, der wird dankbar auch im scheinbar Fremden das eigene erkennen.

praktischem weltlichem Wissen, das auch heute noch in vielerlei Hinsicht seine Gültigkeit hat.

Der Umfang dieses Wissens läßt die vedische Hochkultur und die gesamte Menschheitsgeschichte in einem völlig neuen Licht erscheinen. Die ältesten Wissensschätze fordern die Selbstkritik des modernen Menschen heraus. Waren die früheren Hochkulturen vielleicht gar nicht so primitiv und unterentwickelt? Hatten sie uns vielleicht sogar einiges voraus?

Zeugnisse der vedischen Hochkultur

„Wir Indianisten stehen eigentlich im Nachteil gegen negative Köpfe, die kein Sanskrit wissen. Denn es wird schwer halten, ihnen Erscheinungen anschaulich zu machen, die in der ganzen Geschichte des menschlichen Geistes u n v e r g l e i c h b a r *bleiben. ... Bei der kritischen Betrachtung jedes altindischen Geisteserzeugnisses wird man wie in einer Spirallinie gegen ein unerschwinglich hohes Altertum hinaufgewunden."* – August W. von Schlegel[5] (1767-1845), Sprachgenie und einer der Pioniere der Sanskritforschung*

Man mag die Realität von Gott und den Göttern bezweifeln; das Wissen jedoch, das die „alten Inder" diesen Quellen zuschreiben, ist erstaunlich und dürfte einer Kultur der damaligen Zeit – zumindest laut Evolutionsfahrplan der modernen Anthropologen – gar nicht bekannt gewesen sein. Doch wie wir sehen, verfügten sie über solches Wissen: eine fortgeschrittene Wissenschaft, eine metaphysische Esoterik und eine Theologie, die einen differenzierten Monotheismus kannte, lange vor dem Entstehen der jüdisch-christlichen Traditionen, die heute von sich behaupten, den ersten Monotheismus in die Welt gebracht zu haben.

Betrachten wir vorerst einmal die wissenschaftlichen Erkenntnisse der vedischen Hochkultur. Gerade diese Aspekte des vedischen Wissens sind bis heute Opfer des modernen Unglaubens ge-

---

* August Wilhelm von Schlegel sprach neben Deutsch, Englisch, Französisch, Spanisch und Italienisch auch Lateinisch, Griechisch, Hebräisch, Arabisch, Persisch und lernte am Schluß auch noch Sanskrit. Er übersetzte Shakespeare aus dem Englischen, Calderon aus dem Spanischen und Dante aus dem Italienischen. Sein Urteil „unvergleichbar" stützt sich also auf fundierte Vergleiche.

blieben, weil der moderne Mensch gern sich selbst als Höhepunkt der menschlichen Entwicklung sieht und ein dementsprechendes Geschichtsbild geschaffen hat. Alle früheren Kulturen werden von vornherein als primitiv und unwissenschaftlich abgestempelt; „früher" bedeutet automatisch „weniger fortgeschritten". Die vedische Wissenschaft war aber nicht nur fortgeschritten, sie arbeitete auch mit Energien, die der Mensch gegenwärtig nicht mehr kennt. Die vedischen Beschreibungen und Formeln bleiben deshalb weitgehend rätselhaft. Ihre Überlieferung ist über die Jahrtausende nicht vollständig geblieben, und die vedischen Weisen (im Sanskrit Ṛṣi, Muni oder Gosvāmī genannt), die Meister dieser Wissenschaft, sind nicht mehr gegenwärtig. Trotzdem ist es durchaus möglich, dieses Wissen wieder zu entwickeln, denn die Quellen, die der vedischen Hochkultur zugänglich waren, sind auch heute noch zugänglich!

Das folgende ist eine kurze Übersicht über die wichtigsten vedischen Wissenschaften:

- **Āyur-Veda:** „die Wissenschaft des langen Lebens", die vedische Medizin; eine fortgeschrittene, vielseitige Diagnostik, prophylaktische Methodik und Heilkunde, die nicht nur den grobstofflichen Körper berücksichtigt, sondern auch den energetischen („feinstofflichen") Körper. Der Āyur-Veda umfaßte ursprünglich ein großes Wissen über die psychosomatische Ursachenbehandlung, denn es war bekannt, daß viele Krankheiten feinstoffliche Ursachen haben. Krankheiten sind laut Āyur-Veda Signale des Körpers, die darauf hinweisen, daß das Verhältnis der Elemente im Körper gestört ist. Die Berichtigung des Gleichgewichtes beruht auf einer detaillierten Ernährungswissenschaft. Eine zentrale Bedeutung mißt der Āyur-Veda hierbei der vegetarischen Ernährungsweise, der angemessenen Rohkost und dem gezielten Fasten sowie der richtigen Atmung(!) bei.
  Die Āyur-Veda-Medizin ist kein verzweifelter Kampf gegen den Tod, sondern eine Unterstützung der natürlichen Gesundheit innerhalb eines vernünftigen Rahmens, wohl wissend, daß Gesundheit *nicht* das höchste Gut des Menschen ist. Denn der Tod ist unter keinen Umständen vermeidlich. Die verrückte Paarung von Leichtsinn, Genußsucht und krankhafter Angst vor dem Krankwerden ist heute zur Hauptursache vieler Krankheiten geworden. Der ursprüngliche Āyur-Veda ist heute nicht mehr vollständig zugänglich, weil viel Wissen verlorengegangen ist, weil viele Heilkräuter heute nicht mehr vorhanden sind oder einen Teil ihrer

Wirkungskraft verloren haben und weil den heutigen Āyur-Veda-Ärzten nur beschränkte Informationen und Ausbildungsmöglichkeiten zur Verfügung stehen.
Dennoch darf man die Kraft des Āyur-Veda nicht unterschätzen. Würden heute die Milliarden, die für die Entwicklung chemischer „Arzneien", für Vivisektion und fragwürdige Forschungen ausgegeben werden, in die Neuentwicklung des Āyur-Veda investiert (mit entsprechender Aufklärungsarbeit und Änderung der Lebens- und Ernährungsweise auf breiter Basis), würden sich innerhalb kürzester Zeit die körperliche und auch die geistige Gesundheit der Menschheit verbessern.

- **Jyotir-Veda:** „die Wissenschaft der leuchtenden Himmelskörper", die vedische Astronomie und Astrologie (das Wissen um die Zusammenhänge von kosmischen und irdischen Gegebenheiten).

- **Purāṇa-Kosmologie:** jahrtausendealte Angaben über das Universum mit Informationen, die die Wissenschaft weitgehend erst im 20. Jahrhundert wieder entdeckte, z.B. daß das Universum sich ausdehnt (oder ausgedehnt hat), daß der Raum in sich gekrümmt ist, daß Materie eine Form von Energie ist; daß das Universum schon seit Jahrmilliarden existiert, daß die Erde 4 bis 6 Milliarden Jahre alt ist und eine glühende Phase hinter sich hat, daß die Sonne zu einem gewissen Zeitpunkt zu einem „Roten Riesen" wird und verglüht. Wie kamen sie zu diesem Wissen? Bestimmt nicht durch eine Forschung mit technischen Mitteln. Daß sie nicht über solche Mittel verfügten, heißt aber nicht, daß sie rückständig waren. Vielmehr sagen die vedischen Quellentexte klar, daß sie eine solche aufwendige, umweltzerstörende Technologie gar nicht brauchten! Ihre Einsichten stammten aus höheren Quellen, und so kommt es, daß sie vieles wußten, was wir heute noch nicht wissen oder erst seit kurzem mit einem riesigen Aufwand (und in einem destruktiven Zusammenhang) wieder entdecken.
Wenn Quellen solch verblüffende Informationen geben, die erst Jahrtausende später mit technischen Mitteln entdeckt werden, dann sollte man auch die anderen Informationen ernst nehmen, die aus diesen Quellen stammen, selbst wenn sie dem heutigen Weltbild widersprechen. Tatsächlich liefern die vedischen Schriften viele solcher Informationen, vor allem die Offenbarungen über Gott und die Götter. Was die Kosmologie betrifft, so liefern

diese Quellen auch Informationen, die heute noch unbekannt sind oder vor der Öffentlichkeit verheimlicht werden, z.B. daß das Universum nicht leer, sondern multidimensional ist; daß sich in jeder Dimension eigene Welten mit höherdimensionalen Wesen, Zivilisationen und Energieformen befinden; daß es außerirdische Intelligenzen gibt, die von göttlicher und weniger göttlicher Gesinnung sind und die Erde schon seit unvordenklichen Zeiten besuchen, bis zum heutigen Tag.

- **Vimāna-Veda:** die Wissenschaft der planetarischen und interplanetarischen Flugobjekte, die Energieformen nutzten, die heute weitgehend unbekannt sind. Viele dieser Schriften sind verschollen oder wurden noch nicht übersetzt. Die erst vor kurzem wiederentdeckten Schriften (z.B. Samara Sūtradhara, Vaimānika-śāstra) sind bruchstückhaft und für den heutigen Menschen kaum verständlich, aber sie lassen erahnen, wie komplex und fortgeschritten das ursprüngliche Wissen war.[6] Diese Texte beschreiben verschiedenste Flugzeugtypen mit technischen Details (Bauanleitungen, rätselhafte Metallegierungen, verschlüsselte Formeln, Zusammenhänge zwischen geistigen und stofflichen Energien, usw.). Heute, wo sogar Regierungen und höchste Militärstellen die reale Existenz von „Unidentifizierten Flugobjekten" bestätigen,[17] wird auch dieser Teil des vedischen Wissens – existent seit über fünftausend Jahren – wieder rehabilitiert.

- **Sthāpatya-Veda:** „die Wissenschaft der Baukunst"; Architektur, Tempelbau, Statik, sakrale Geometrie, Geomantie (Berücksichtigung der irdischen Kraftpunkte). Noch heute gibt es Zeugnisse dieser erstaunlichen Baukunst, z.B. einige der südindischen Trapez-Pyramiden (sanskr. *gopuras*) oder Tempelpyramiden, wie die von Tanjore, auf deren Spitze in 70 Metern Höhe ein einziger Stein mit dem Gewicht von fast 100 Tonnen ruht. Heute müßten Großlastwagen mit kilometerlanger Betonrampe eingesetzt werden, um einen solchen Stein in diese Höhe zu bringen. Wie machten es die alten Inder?

- **Dhanur-Veda:** „die Wissenschaft des Kämpfens mit Waffen"; Beschreibungen von Kampfkünsten mit einfachen Waffen (Stock, Bogen, Keule) bis hin zum Kampf mit hochentwickelten Waffen. Das Sanskrit unterscheidet grundsätzlich zwischen zwei Kategorien von Waffen: *śastra,* Waffen, die mechanisch oder mit der Hand bedient werden, und *astra,* Waffen, die mit höherer Ener-

gie funktionieren und nur durch Mantras oder Gedankenkraft zum Einsatz gebracht werden können. Die Vernichtungskraft dieser Waffen erinnert an moderne Neutronen- und Atomwaffen, z.B. die Nārāyaṇāstra und Brahmāstra. Beim Einsatz gewisser Waffen gab es Explosionen, und Schriften wie das Mahābhārata berichten vom eigenartigen Detail, daß gewissen Überlebenden später die Haare ausfielen, was an die Folgen von Radioaktivität erinnert. In der ausgegrabenen Stadt Mohenjo-daro (am Indus) fand man sogar jahrtausendealte radioaktive Skelette. Die ursprüngliche Śastra-śāstra („Gesamtregister der Waffen") beschreibt, daß es zu jeder dieser Waffen auch eine Gegenwaffe gab, um deren Wirkung zu neutralisieren. Wieder andere Waffen konnten auf einzelne Ziele gerichtet werden, ohne daß die Umgebung in Mitleidenschaft gezogen wurde, oder waren in der Lage, ihre Ziele selbständig zu suchen (mittels Klang oder Temperatur, oder durch Gedanken gelenkt).*
Auch diese Waffen zeugen von der Höhe der vedischen Kultur, denn sie gelangten nur in Notfällen zum Einsatz, nämlich bei der Verteidigung des Friedens und im Kampf gegen dunkle Mächte, die dieses Wissen für eigene Machtansprüche mißbrauchten und technologische Kriege anzettelten (vor Jahrtausenden!).

- **Sāṅkhya:** „Analyse"; Struktur der Materie und der atomaren Aggregatzustände; Erklärung, daß die Materie eine Form von Energie ist, aber keine unabhängige Energie; die materiellen Formen gehen aus höherdimensionalen Feldern und letztlich aus Bewußtseinsstrukturen hervor.

- **Śilpa-śāstra:** „Buch der vielfältigen Umformung"; Geometrie, Mathematik, die Kunst des computer-schnellen Kopfrechnens, das Umsetzen von Sanskrit-Mantras in wissenschaftliche Formeln.

- **Naṭyā-śāstra:** „Buch des körperlichen Ausdrucks"; Regeln für das Schreiben von Theaterstücken, für Dramaturgie, Tanzkunst und Tempeltanz. Jede Mimik, jede Geste und Fußbewegung hat bei gewissen Tanzformen eine besondere Bedeutung oder stellt ein-

* All diese unglaublichen „Behauptungen" werden in Kapitel 2 und 4 und im Anhang mit Textstellen belegt und weiter ausgeführt werden.
Die physikalischen, kosmologischen und kulturellen Erkenntnise und Errungenschaften werde ich in Band 2 erörtern, weil diese nur zu verstehen sind, wenn man das vedische Weltbild und dessen Kosmogonie, Esoterik und Theologie kennt (die Themen des vorliegenden Bandes).

zelne Silben dar, so daß ganze Gedichte, Gebete oder Geschichten ohne Worte ausgedrückt werden können.

- **Gandharva-vidyā:** „Musik", wörtlich: „das von den Gandharvas* überbrachte Wissen"; Gesang, Beherrschung von Instrumenten, Raga-Tonkunst mit Stimme oder Instrumenten, Komposition, Improvisation und systematische Variation von Grundmelodien.
- **Saṁskṛti:** „die (nach kosmischen Mustern) geordnete Sprache" (Sanskrit); Sprachkunst, Grammatik, Metrik, Prosodie, Poetik.

Die letzte Kategorie zeigt, daß nicht nur der *Inhalt* der vedischen Schriften auf eine materiell und spirituell fortgeschrittene Kultur hinweist, sondern auch deren *Sprache.* Sanskrit ist nicht einfach eine „Bronzezeit-Sprache", und sie klingt auch nicht wie die Sprache von Höhlenbewohnern. Ist es nicht verwunderlich, daß die älteste Schriftsprache der Welt zugleich auch die hochstehendste Sprache ist? (Zwölf Jahre sind nötig nur für das seriöse Grundstudium.)

Das Sanskrit bezeichnet sich selbst als *devanagari,* was wörtlich bedeutet: „die Sprache, die in den Städten (*nagari*) der Götter (*deva*) gesprochen wird". Der unerschöpfliche Wortschatz des Sanskrit, seine Grammatik, Syntax und Metrik, die phonetischen Gesetzmäßigkeiten und vielschichtigen Wortbedeutungen – diese Faktoren weisen allesamt auf das hohe Niveau der vedischen Kultur hin. Heute kann man sich kaum vorstellen, daß das Sanskrit mit seiner Komplexität damals eine *gesprochene* Sprache war.

Die oben skizzierten Wissensgebiete entsprechen in vielen Fällen nicht einzelnen Büchern, sondern werden in Form verschiedenster Textstellen quer durch die einzelnen Schriften hindurch erwähnt. Diese Textstellen machen jedoch nur einen kleinen Teil der Gesamtheit der vedischen Schriften aus. Als viel wichtiger galt der vedischen Kultur die geistige Entwicklung des Menschen (angefangen bei magischen Ritualen über Halbgötterverehrung bis hin zur höchsten, persönlichen Gotteserkenntnis.) Deshalb sind diese Teile der vedischen Schriften viel umfangreicher.

Höchstes spirituelles Wissen vermitteln die Upaniṣaden, das Vedānta-sūtra, die Purāṇas, das Rāmāyaṇa, das Mahābhārata, die Bhagavad-gītā und das Śrīmad-Bhāgavatam. Diese heiligen Schriften enthalten detaillierte Offenbarungen der direkten Worte Gottes

* Gandharvas: Höherdimensionale Wesen, deren Aussehen an die biblischen Beschreibungen der Engel erinnert.

und auch die Worte vieler großer Gottgesandter. Sie beschreiben Gottes Inkarnationen und auch Gottes persönliches Erscheinen, wie z.B. das Erscheinen Kṛṣṇas vor fünftausend Jahren, das einen letzten Höhepunkt der vedischen Kultur darstellte und in der Offenbarung der Bhagavad-gītā („Der Gesang Gottes") gipfelte.

Seit jener Zeit wurde dieses spirituelle Wissen, ausgehend von Kṛṣṇa, in einer Lehrer-Schüler-Nachfolge (Paramparā) bis in die heutige Zeit herabgereicht. Paramparā und schriftliche Überlieferung verliefen parallel, das heißt, sie beschützten und kontrollierten sich gegenseitig. Dank dieses doppelten Rückhaltes blieb der Kern des Veda in Indien auch neben einer wachsenden Zahl von neuen Religionen und Philosophien immer in seiner Ursprünglichkeit erhalten und kann von den echten Paramparā-Vertretern auch heute noch interessierten Schülern vermittelt werden. (Auch der Autor ist Schüler einer solchen Paramparā.)

Der Mensch im Westen mag sich fragen, warum Gott gerade in Indien erschien und nicht im Abendland. Dieser Einwand entspringt offensichtlich einer begrenzten Weltsicht, denn der Veda ist nicht an einen bestimmten Ort gebunden und erscheint nicht nur in Indien. Oder ist die Sonne, nur weil sie für unsere Augen im Osten aufgeht, auf den Osten beschränkt?

Nicht alles, was aus Indien kommt, ist „vedisch". Veda hat nichts mit der indischen Nation zu tun, obwohl der Veda – in seiner Form als konkrete, ursprüngliche Offenbarung – im geographischen Bereich des indischen Subkontinentes niedergeschrieben wurde.

Zusammenfassend ergeben sich folgende Definitionen:

Veda: „Wissen, Offenbarung"; göttliches Wissen, das allein durch eigene Bemühung (wie durch Forschung, Spekulation oder Meditation) nicht erlangt werden kann. Veda ist nicht auf Schriften beschränkt, sondern kann noch auf viele andere Arten vermittelt bzw. erkannt oder erahnt werden.

Vedische Schriften: Sammelbegriff für jene Weisheitsbücher Indiens, die den Veda umfassend beschreiben, von allen Teilaspekten bis hin zur höchsten Offenbarung Gottes.

Veden: Die „vier Vedas" namens Yajur Veda, Ṛg Veda, Sāma Veda und Atharva Veda. (Manchmal wird der Begriff „Veden" ebenfalls als Sammelbegriff verwendet und bedeutet dann dasselbe wie „vedische Schriften".)

Vedische Wissenschaft

Prahlāda Mahārāja sprach: „Ich habe dieses Wissen von dem großen Weisen Nārada erhalten, der eine vollkommene göttliche Sicht hat (nāradad deva-darśaṇat). Dieses Wissen ist in jeder Hinsicht wissenschaftlich (jñānaṁ vijñāna-saṁyutam). Es ist auf Logik und Philosophie gegründet, und es ist frei von aller materiellen Verunreinigung." – Śrīmad-Bhāgavatam 7.6.28

Die moderne Wissenschaft wehrt sich gegen die Verbindung von Begriffen wie „Wissenschaft" und „Offenbarung", weil ihr der Glaube, daß es göttliche Quellen und Offenbarungen gibt, höchst dubios erscheint. Wissenschaft ist ein „geordnetes, folgerichtig aufgebautes, zusammenhängendes Gebiet von Erkenntnissen"[7], und sie zeichnet sich dadurch aus, daß jede ihrer Erkenntnisse beweisbar, da nachprüfbar ist. Weil die Existenz Gottes und der Götter sowie göttliche Offenbarungen nicht nachprüfbar sind, werden sie von der Wissenschaft nicht als wissenschaftliche Faktoren berücksichtigt. Andererseits darf auch nicht verschwiegen werden, daß viele Religionen die Erkenntnisse der Wissenschaft ablehnen und bekämpfen oder dies zumindest für eine lange Zeit getan haben. Viele Formen des religiösen (Aber)Glaubens haben sich im Lauf der Zeit als falsch, unheilvoll und dogmatisch erwiesen, weshalb es im Westen zu einer Trennung von Religion und Wissenschaft gekommen ist. Unter dem Einfluß gewisser historischer Epochen und ideologischer Strömungen kam es sogar zu einer offenen Gegnerschaft.

Wenn Religion und Wissenschaft sich entfremden, bedeutet dies, daß bei beiden etwas nicht stimmt. „Wissenschaft ohne Religion ist lahm, Religion ohne Wissenschaft ist blind." So lautete Albert Einsteins treffende Diagnose.[8]

Wissenschaft und Religion werden heute weitgehend als Gegensätze aufgefaßt, weil sich Wissenschaft mit dem sichtbaren Diesseits und Religion mit dem unsichtbaren Jenseits befaßt. Ein unvoreingenommener Mensch wird jedoch erkennen, daß sich beide Bereiche in der Mitte treffen und vieles gemein haben: Wissenschaft und Religion streben beide nach Erkenntnis der Wahrheit, und der Kern dieser Wahrheit ist das Leben an sich, denn ohne Leben gäbe es weder Bewußtsein noch Erkenntnis. Und zum Leben gehört das Sterben. Die zentralen Fragen, bei denen sich die wissenschaftlichen und religiösen Wahrheitssucher treffen sollten, lauten demnach: Was ist Sterben? Was ist Leben? Was ist Materie? Was ist der Ursprung der Materie? Was ist der Ursprung des Bewußtseins?

Dies sind die wichtigsten Fragen überhaupt, doch gerade diese Fragen werden von der Wissenschaft an die Philosophie und Theologie delegiert, mit der Begründung, es handle sich hier um wissenschaftlich nicht relevante Fragestellungen, weil man sie nur mit subjektiven Meinungen beantworten könne. Es zeigt sich aber schnell, daß bei diesen entscheidenden Fragen auch die Philosophen und Theologen hoffnungslos überfordert sind. Sie antworten entweder mit nichtssagenden Floskeln, unschlüssigen Spekulationen oder mit unsinnigen Dogmen, die sowohl mit echter Wissenschaft als auch mit echter Religion nur sehr wenig zu tun haben. Nötig wäre eine wissenschaftliche Religion oder eine religiöse Wissenschaft, wobei an diesem Punkt Wissenschaft und Religion nicht mehr verschieden wären, denn beiden ginge es um eine nachprüfbare, folgerichtige Beantwortung der wichtigsten Fragen des Menschseins.

Genau diese Ansprüche erfüllt die vedische Wissenschaft schon seit Menschen- und Göttergedenken, denn sie analysiert gleichzeitig die Vielfalt der Wege und die Einheit des Zieles.

Die Diskussion der vedischen Wissenschaft führt zu einem neuen Wissenschaftsbegriff. In der gängigen Wissenschaft hat es sich eingebürgert, daß man von direkter Beobachtung und Hypothese ausgeht, dann mit Experiment und Forschung eine Regelmäßigkeit entdeckt, was im Idealfall zur Formulierung eines Gesetzes führt. So wird eine Hypothese zu einer „bewiesenen Erkenntnis". Wie bereits erwähnt, weist diese wissenschaftliche Vorgehensweise einen großen Mangel auf: Sie geht nur vom Beobachtbaren aus und gilt deshalb nur für das Beobachtbare. Die Wissenschaft ist also nicht falsch oder schlecht, sondern *beschränkt*. Das Problem beginnt, wenn die beschränkten Erkenntnisse der Wissenschaft zur alleingültigen Wahrheit erhoben werden, was zu einem materialistischen Weltbild führt. Die vedische Kritik richtet sich nicht gegen die Erkenntnisse der Wissenschaft, sondern gegen die einseitig materialistische Interpretation dieser Erkenntnisse und die Ausschließung aller anderen Erkenntnisse, die nicht in dieses Weltbild passen.

Eine Erkenntnis wird heute nur dann wissenschaftlich anerkannt, wenn sie durch wiederholbare Manipulation der Materie gemäß einem formulierten Gesetz „bewiesen" werden kann. Aufgrund dieser Beschränkung auf die Materie ist die Wissenschaft in den letzten drei Jahrhunderten zur Technologie geschrumpft (Wissenschaft = Manipulation der Materie = Technologie). Auf einmal galt die Manipulation der Materie, d.h. der meßbare Nutzen (= Profit!), als wichtigstes Kriterium für Wissenschaftlichkeit. Daß in dieser materialistisch definierten Wissenschaft die „unwissenschaftlichen" Fragen nach Bewußtsein, Leben und Ursprung keinen Platz haben, ergibt sich nur schon aus professioneller Konsequenz. Denn jeder Wissenschaftler ist gezwungen, sein Wissen in Geld umzumünzen; und diese Forderung programmiert gänzlich die Zielsetzung und damit auch die Schulung und Forschung.

Die vedische Wissenschaft kennt andere Ziele und deshalb auch andere Methoden. Sie baut auf der Grunderkenntnis auf, daß die Wahrnehmung des Menschen und die durch sie erlangte „Wahrheit" immer unvollständig sind; deshalb unterliegt der Mensch Illusionen, Unvollkommenheiten, Täuschungen und (Selbst-)Betrug und kann letztlich immer nur *glauben*. Dies gilt ohne Einschränkung auch für die gegenwärtige Wissenschaft. Aufgrund von Beobachtung und Forschung gelangt sie zu gewissen Erkenntnissen; aber diese Erkenntnisse sind nie universal gültig, denn sie wurden in einem beschränkten dreidimensionalen Bereich gewonnen und gelten deshalb nur in diesem kleinen Ausschnitt der beobachtbaren Materie. Dazu sind sie abhängig von unbewiesenen Grundannahmen (Axiomen), wie zum Beispiel, ...

... daß die Materie die einzige Realität ist,
... daß überall im Universum nur die auf der Erde bekannten physikalischen Naturgesetze gelten,
... daß die Sinneswahrnehmung des Menschen die *gesamte* Realität erfaßt (und nicht etwa das Wichtigste übersieht).

Das Weltbild der materialistischen Wissenschaft steht und fällt mit dem Glauben, daß es nichts gibt, was nicht empirisch erfaßbar ist. Denn gäbe es etwas, das einen Einfluß auf uns ausübt, ohne daß wir es wahrnehmen, dann wäre die gesamte experimentelle Forschung nur beschränkt gültig, weil immer mit unberechenbaren Faktoren gerechnet werden müßte. Die vorrangigsten Faktoren dieser Art sind natürlich Gott und die Götter, weshalb die moderne Wissenschaft vom unbewiesenen Glauben ausgeht, daß Gott und die Götter nicht existieren oder zumindest keinen Einfluß auf die beobachtbare Materie haben.

Die materialistische Wissenschaft, die sich einer nachprüfbaren

Objektivität brüstet, baut in Wirklichkeit also auf einem blinden Glauben auf. *Jeder Mensch muß glauben*. Die entscheidende Frage lautet nur: Wem glaube ich? Meiner Sinneswahrnehmung? Meiner Weltsicht? Der Weltsicht anderer Menschen? Auch der vermeintlich objektive Mensch kommt nicht um das Glauben herum.

Die vedische Wissenschaft integriert diese Tatsache von allem Anfang an und zieht daraus einen wichtigen logischen Schluß: Wissenschaft bedeutet „Finden von wahrem Wissen" = Finden von Wahrheit, denn alles andere als Wahrheit ist Unwahrheit (falsches Wissen). Falsches Wissen ist unvollkommen, denn nur wahres Wissen ist vollkommen. Und weil der Mensch immer unvollkommen ist, kann er nur dann wahres Wissen erlangen, wenn er eine vollkommene Wissensquelle findet. Der Mensch selbst kann nie diese vollkommene Wissensquelle sein. Nur ein vollkommenes Wesen (= Gott) kann eine vollkommene Wissensquelle sein. Das bedeutet für uns unvollkommene Menschen: Entweder ist es möglich, Wissen von Gott zu bekommen, oder unser Wissen bleibt gezwungenermaßen immer unvollständig (unvollkommen). Aus diesem Grund hat sich die moderne Wissenschaft darauf beschränkt, Technologie zu sein und sich mit der Manipulation der erfaßbaren Materie zufriedenzugeben. Und die Menschheit wird geschult, sich ebenfalls damit zufriedenzugeben, trotz des hohen Preises ...

Nur schon die Tatsache, daß der Mensch den unaufhaltbaren Drang verspürt, zu forschen und die Gesetze der Natur zu entdekken, und auch tatsächlich einige dieser Gesetze entdeckt, beweist, daß es in der Materie höhere Gesetze gibt, die auf eine höchste Ordnung hinweisen. Volllkommenes Wissen über diese höchste Ordnung erhalten wir entweder von der vollkommenen Quelle (von Gott und den Gottgesandten) oder dann nirgendwo, was bedeuten würde, daß wir nie wirkliches Wissen über die höchste Ordnung (Kosmos) haben könnten.

So lautet die vedische Logik. Wenn der forschende Mensch nicht aus einer göttlichen Quelle Wissen bekommt, verliert er sich in einer endlosen Forschung, denn selbst wenn er einmal ein Prinzip der Wahrheit streift, erkennt er es nicht und spekuliert einfach weiter, ziellos, endlos, sinnlos.

Deshalb fordert die vedische Wissenschaft den Menschen mit einem klar definierten Ziel heraus: *vedaiś ca sarvair aham eva vedyaḥ*. So definiert Kṛṣṇa in der Bhagavad-gītā (15.15) das Ziel des Veda. „In jeder Form von Veda bin Ich (*aham*) das Ziel der Erkenntnis (*vedyaḥ*).“ Der Bogen von dem einen Veda-Wort (*vedaiś* ...) zum anderen (... *vedyaḥ*) weist auf eine doppelte Bedeutung hin. Die erste, wörtliche Bedeutung lautet: „Das Ziel aller vedischen Schriften ist es, Mich zu erkennen.“ Und die zweite – weil das zweite Veda-Wort (*vedyaḥ*) „erkennen“ bedeutet: „Das Ziel *aller Erkenntnis* ist es, Mich zu erkennen.“ Mit anderen Worten, das Ziel von allem Streben nach wahrem Wissen (= Wissenschaft) ist Gott, die vollkommene Wahrheit (im Vers: *a-ha-m,* das Alpha-und-Omega, der Ursprung von allem, in dem alles ruht). Oder noch prägnanter formuliert: Nur jenes Wissen, das Gott zum Ziel hat, ist Wissenschaft.

Die vedische Wissenschaft geht von der Erkenntnis aus, daß Gott existiert und sich deshalb offenbaren kann. Es bleibt natürlich die Frage, was man unter „Gott“ versteht. Hier an dieser Stelle geht es jedoch nur um das Prinzip: daß Gott, wenn Er existiert, sich auch offenbaren kann. Die vedischen Schriften bieten die einzigartige Möglichkeit, eine Wissenschaft kennenzulernen, die gleichzeitig die Existenz Gottes *und* die beobachtbaren Fakten berücksichtigt.

Die vedische Wissenschaft ist nicht ziellos, weil das Ziel bekannt ist; es wird offenbart, ebenso wie der Weg, der zu diesem Ziel führt, und zwar mit allen Zwischenstufen, so daß jeder Mensch die Möglichkeit hat, dieses Ziel zu erkennen und zu erreichen.

Wahre Wissenschaft ist schlüssig, einleuchtend und in ihren Hauptaussagen einfach zu verstehen. Die komplizierten Formeln, die man braucht, um eine Erkenntnis materiell nutzbar zu machen, fehlen auch in der vedischen Wissenschaft nicht, aber ihnen kommt nur eine untergeordnete Bedeutung zu. (Sie sind in Wortformeln als Nebenbedeutung gewisser Sanskritverse verschlüsselt.)

Bei der vedischen Wissenschaft handelt es sich also nicht um einen blinden Glauben oder um eine elitäre Universitätslehre, sondern um ein universales, klares und systematisches Wissen, das jeder Mensch, der will, erkennen, verstehen und in seinem eigenen Leben praktisch anwenden kann. Die Intelligenz wird hierbei als gottgegebenes Instrument eingesetzt, um das offenbarte vedische Wissen zu prüfen und nachzuvollziehen. Dies ist der eigentliche, richtige Gebrauch der Intelligenz. Alles andere ist ein Mißbrauch der Intelligenz. „Intelligenz wird von Gott gegeben, als Mittel, um zu Gott zu gelangen“ (Bhagavad-gītā 10.10b).

Der unvollkommene Mensch darf nur dann erwarten, echtes Wissen (Veda) zu finden, wenn er es von einer vollkommenen Quelle bekommt. Die vedischen Schriften bezeichnen sich selbst als solche

वेद **Veda, der:** (von der Wortwurzel *vid-*, wissen, verstehen, wahrnehmen, erfahren, kennen oder kennenlernen, sich bewußt sein über, eine richtige Vorstellung haben von, usw.) Wissen; wahres oder heiliges Wissen oder Lehre.[9]

„Dieses höchste Wissen wurde durch die Kette der Schülernachfolge (*paramparā*) herabgereicht, und die heiligen Könige empfingen es auf diese Weise. Aber im Laufe der Zeit wurde die Nachfolge unterbrochen, und daher scheint diese Wissenschaft des *yoga* (Beziehung zum Höchsten) verlorengegangen zu sein. Dieses selbe uralte Wissen teile Ich dir heute mit, weil du Mein Geweihter und Mein Freund bist und deshalb das transzendentale Mysterium dieser Wissenschaft verstehen kannst." (Bhagavad-gītā 4.2-3)

„Mein lieber Arjuna, weil du Mich niemals beneidest, werde Ich dir dieses vertraulichste Wissen und dessen Verwirklichung offenbaren, und durch dieses Verständnis wirst du von den Leiden des materiellen Daseins befreit werden." (Bhagavad-gītā 9.1-2)

„Menschen, die sich von Gott abgewandt haben [Asuras], sind sich selbst ausgeliefert und haben keine wahre Intelligenz. Deshalb vertreten sie ein gottloses Weltbild und gehen unheilvollen, abscheulichen Tätigkeiten nach, die dafür bestimmt sind, die Welt zu zerstören." (Bhagavad-gītā 16.9)

„Der Höchste Herr kann nicht durch gelehrte Worte, nicht durch große Intelligenz und nicht durch das Lesen vieler Schriften erreicht werden. Er kann nur erreicht werden, wenn Er sich aus Seinem eigenen Willen offenbart." (Kaṭha Upaniṣad 1.2.23)

„Die Gesamtheit der vedischen Schriften bildet einen großen Wunschbaum [mit verschiedensten Zweigen, Blüten und Früchten]; die reife Frucht an diesem Baum ist das Śrīmad-Bhāgavatam." (Śrīmad-Bhāgavatam 1.1.3a)

„Das Ziel der vedischen Schriften ist es, den eigenen höchsten Ursprung zu erkennen. Doch diejenigen, deren Intelligenz verblendet ist, wissen nichts von diesem höchsten Ziel, dem Reich von Janārdana [Ursprung aller Lebewesen], und halten in Unwissenheit die Rituale für das ein und alles." (Śrīmad-Bhāgavatam 4.29.48)

„Lieber Kṛṣṇa, die gelehrten Weisen, die die vedischen Schriften erklären, empfehlen verschiedenste Vorgänge zur Vervollkommnung des Lebens. Da es so viele Standpunkte gibt, bitte ich Dich, mein Herr, mir zu sagen, ob all diese verschiedenen vedischen Vorgänge gleichrangig sind oder ob einer von ihnen der höchste ist." (Śrīmad-Bhāgavatam 11.14.1)

Quellentexte: Wissen, Veda und vedische Schriften

Quelle, aber sie fordern keinen kritiklosen Glauben, sondern – im Gegenteil – fordern den Menschen heraus, mit seiner Intelligenz das vedische Wissen zu studieren und dadurch den göttlichen Ursprung dieser Offenbarung zu erkennen. Im Veda sind Wissenschaft und Religion nicht getrennt, sondern auf einer höchsten Stufe vereint. Jeder Mensch kann diese Behauptung wissenschaftlich nachprüfen. Wie? Indem er selbst diese Stufe erreicht. Wie in jedem wissenschaftlichen Experiment muß der forschende Mensch auch im vedischen Experiment *alle* Details beachten und alle Vorschriften erfüllen. Leider waren bisher im Westen nur wenige Menschen bereit, das vedische Experiment richtig auszuführen, weshalb nur wenige fähig waren, die wahre Bedeutung der vedischen Schriften zu erkennen.

Um das vedische Wissen richtig verstehen zu können, muß man erkannt haben, daß man selbst – als lebendes, bewußtes Wesen – kein Produkt von Materie ist. Sonst sieht man sich selbst und deshalb auch die Welt und den Kosmos nur als materielles Gebilde und übersieht das Wichtigste. Man hält den Schatten für Realität. „Der materielle Körper ist vergänglich. Doch das Leben [die Seele] ist unvergänglich, unmeßbar und ewig." (Bhagavad-gītā 2.18)

Erst in diesem Licht ist es überhaupt möglich zu verstehen, wovon die vedischen Schriften sprechen und worauf sie abzielen: Selbsterkenntnis und damit verbunden Gotteserkenntnis, d.h. die Erkenntnis der eigenen Identität und des eigenen Ursprungs. Wer dieses Ziel ins Auge faßt und verinnerlicht, entwickelt Loslösung von der Materie (wissend, daß Materie nicht unsere wahre Identität darstellt), und diese Loslösung wiederum ist das Kriterium für wahres Wissen:

> „Diejenigen, die diesen Pfad beschreiten, sind entschlossen in ihrem Vorhaben, und ihr Ziel ist eins. Die Intelligenz der Unentschlossenen jedoch ist vielverzweigt. ... Im Geist derer, die zu sehr an Sinnengenuß und materiellem Reichtum haften und das Ziel des Lebens nicht sehen, kommt es nie zu diesem festen Entschluß ..." (Bhagavad-gītā 2.41,44a)

Wer zu diesem Schritt nicht bereit ist, sollte zumindest bereit sein, von denjenigen zu lernen, die diesen Schritt bereits getan haben. Als Autor des vorliegenden Buches möchte ich mit Nachdruck betonen, daß ich nicht den Anspruch erhebe, zu denen zu gehören, die diesen Schritt bereits mit aller Konsequenz getan haben. Aber ich habe mich bemüht, bei echten Veda-Lehrern und -Lehrerinnen, die diesen konsequenten Fort-Schritt verkörpern, aufrichtig zu lernen, und nur dank ihrer Ermutigung habe ich es gewagt, das Werk *Der multidimensionale Kosmos* zu verfassen. Durch dieses Werk sollen nun auch all jene einen Zugang zum vedischen Wissen bekommen, die nicht die Zeit und nicht die Gelegenheit hatten, sich eingehend mit den Originalschriften zu beschäftigen.

Der Veda in seiner gesamten Systematik von den ersten bis zu den höchsten Stufen war bis vor kurzem nur noch in kleinen Kreisen von Eingeweihten bekannt gewesen, auch in Indien. Nur noch wenige Gelehrte verstanden die alte Sanskritsprache der vedischen Schriften, und diese wenigen waren größtenteils Angehörige der Brahmanen-Eliteklasse im Kastensystem, die gar nicht interessiert war, dem Volk die wahre Bedeutung der vedischen Schriften zu vermitteln. (Eine erste Konsequenz dieser wahren Bedeutung wäre nämlich die Enthüllung gewesen, daß das Kastensystem von den vedischen Schriften in dieser Form gar nicht gutgeheißen wird!)

Durch alle Zeiten hindurch, trotz aller Verwässerungen und Verfälschungen, blieb immer auch die ununterbrochene Nachfolge von echten Veda-Lehrern bestehen. Ihnen verdanken wir es, daß der ursprüngliche Veda heute wieder der gesamten Welt zugänglich geworden ist. Als bedeutendster Veda-Lehrer des 20. Jahrhunderts gilt His Divine Grace A.C. Bhaktivedanta Swami Prabhupāda (1896-1977). Prabhupāda übersetzte die zentralen Werke der vedischen Überlieferung (über fünfzig Bände) aus dem Sanskrit und Bengali ins Englische und zeigte durch sein persönliches Beispiel, was die vedische Schlußfolgerung praktisch bedeutet.

Nochmals weise ich darauf hin, daß ich im vorliegenden Buch die vedische Wissenschaft, Esoterik und Theologie gemäß der Überlieferung dieser ursprünglichen Veda-Quelle erkläre (und nicht gemäß der modernen indologischen Interpretation). Ich bitte alle, die dieses Buch lesen, zumindest theoretisch das vedische Experiment nachzuvollziehen, das heißt (1.) für die Möglichkeit offen zu sein, daß es einen Gott gibt, der sich offenbaren kann, und (2.) mit unvoreingenommener Intelligenz und Intuition nachzuprüfen, ob die vedische Offenbarung eine glaubwürdige Wissensquelle darstellt. Was mich betrifft, so bin ich davon überzeugt, aufgrund von logischer Überlegung, persönlicher Nachprüfung und praktischer Erkenntnis.

Pragmatisches oder praktisches Wissen?

„Unter vielen Tausenden von Menschen bemüht sich vielleicht einer um Vollkommenheit, und von denen, die die Vollkommenheit erreicht haben, kennt kaum einer Mich in Wahrheit." – Bhagavad-gītā 7.3

Der Begriff Veda bezieht sich auf das universale, göttliche Wissen und beschreibt die transzendentale („ursprüngliche, nicht von der menschlichen Sinneswahrnehmung abhängige") Realität. Dieses Urwissen existiert immer und muß vom Menschen nur gefunden werden. Es kann nicht erfunden, aber ent-deckt werden. Wie bereits erwähnt, bedeutet „entdecken" das Entfernen der Bedeckungen, die die Sicht des Menschen von der Realität trennen. Diese Bedeckungen liegen jedoch nicht außerhalb des Menschen, sondern innerhalb. Wahrheit entdecken bedeutet deshalb in erster Linie, die inneren Bedeckungen zu überwinden und das Bewußtsein zu erweitern. Es bedeutet, an sich selbst, am eigenen Charakter und an der eigenen Trägheit zu arbeiten. Dies zeigt, wie weit die vedische Ausbildung von einer bloß akademischen Bildung entfernt ist. In letzterer kann man weiterhin ein lasterhaftes Leben führen, lügen und betrügen, andere fertigmachen, über Tier- und Menschenleichen gehen und dennoch einen Doktortitel bekommen und als Wissenschaftler, Industrieller oder Politiker die Geschicke der Welt mitbestimmen.

Veda bedeutet eine göttliche Einsicht und eine Bewußtseinsveredelung. Eine solche innere Reife hat äußere Konsequenzen. Wer das Ziel kennt und den langen Weg vor sich sieht, wird nicht sein Bewußtsein zusätzlich benebeln und belasten wollen. Wer die göttlichen Gesetze des Kosmos kennt, wird sich hüten, negative Schwingungen auszusenden, denn diese kommen immer auf den Aussender zurück und werden zu neuen Ankern in der persönlichen Entwicklung.

Mit anderen Worten, die moderne Ausbildung ist pragmatisch, die vedische praktisch. Pragmatisch bedeutet „nutzorientiert", funktional. Praktisch bedeutet „zielorientiert", final. Der Veda lehrt, daß das Leben ein höchstes Ziel hat – Erkenntnis der Wahrheit –, und aus dieser Perspektive erst wird entschieden, was nutzvoll und nutzlos ist. Braucht noch besonders erwähnt zu werden, daß vieles, was heute als „nutzvoll" gelehrt und gefördert wird, im Hinblick auf den wahren Sinn des Lebens nutzlos ist?

Veda ist also nicht nur ein theoretisches, sondern auch ein praktisches, sinnvolles Wissen, denn es verleiht dem Leben Sinn und eine Erfüllung, die nicht von äußeren Umständen abhängig ist. Im Streben nach diesem Ziel treffen sich alle echten religiösen, esoterischen und wissenschaftlichen Wege.

Die Bedeutung von Mythologie

Arjuna sprach: „O Kṛṣṇa, ich sehe in Deinem Körper alle Götter und eine Vielfalt anderer Lebewesen. Ich sehe Brahmā auf der Lotosblume sitzen, und ich erblicke Śiva sowie alle Weisen und die göttlichen Schlangen. ... Du bist die ursprüngliche Persönlichkeit Gottes, der Älteste, die letztliche Ruhestätte der manifestierten kosmischen Welt. Du besitzt alles Wissen, und Du bist das Ziel allen Wissens (vettāsi vedyam).“ – Bhagavad-gītā 11.15,38a

Beim Lesen der vedischen Schriften fällt sofort auf, daß immer wieder von Gott und Göttern (oder „Halbgöttern“) die Rede ist. So erfreulich es ist, endlich ein Weltbild zu finden, in dem Gott und die Götter sich nicht ausschließen, so verwirrend ist es, sich einer Vielfalt von Gott- und Götternamen gegenüberzusehen. Der westliche Leser ist – aufgrund seiner wissenschaftlichen oder konfessionellen Programmierung – unvermeidlich versucht, die vedischen Texte als Mythologie abzutun oder sonstwie falsch zu verstehen.

Weil es auch im vorliegenden Buch um Gott und die Götter geht und bereits im nächsten Kapitel der vedische Schöpfungsmythos beschrieben wird, soll an dieser Stelle kurz erläutert werden, wie der Veda selbst den Begriff „Mythologie“ auffaßt. Durch diese Erläuterung kann auch das Verständnis des Begriffes Veda zusätzlich vertieft werden.

Das Wort „Mythologie“, wie viele andere Wörter und Phänomene auch, wird heute in weitesten Kreisen mißverstanden. Nur schon die Tatsache, daß die Bezeichnung „Mythologie“ genügt, um etwas Unerklärliches als „unwissenschaftlich, märchenhaft, unwirklich“ abzutun, ist symptomatisch für die moderne Oberflächlichkeit. Wie leichtsinnig verwenden wir Wörter wie mythisch, logisch, chaotisch, kosmisch, chronisch, gigantisch, panisch, ohne auch nur zu ahnen, welche Dimensionen wir durch den Gebrauch dieser Wörter anrufen: Mythos, Logos, Chaos, Kosmos, Chronos, Gigantos, Pan.

Was bedeutet Mythologie wirklich? Ursprünglich ist dies ein Wort, das durch eine paradoxe Ausdrucksweise auf einen tiefen Zusammenhang hinweist. Mytho-logie setzt sich nämlich aus zwei polaren Begriffen zusammen, *Mythos* und *Logos*. Polare Begriffe leben von ihrem scheinbaren Widerspruch und ergänzen sich auf einer höheren Ebene. Das zeigt sich sehr schön im Wort Mythologie, wo zwei polare Begriffe zu einem einzigen Wort verschmolzen sind.

Die Begriffe Mythos und Logos haben auch eine eigenständige Bedeutung und werden meistens als Einzelbegriffe verwendet, vor allem das Wort Mythos, mit dem heute unterschiedlichste Bedeutungen verbunden werden. Das Wort Logos erscheint z.B. in der berühmten Textstelle am Anfang des Johannes-Evangeliums: „Am Anfang war der Logos", meistens übersetzt als: „Am Anfang war das Wort."

Als Begriffspaar bekommen Mythos und Logos jedoch eine spezifische Bedeutung, die im Sanskrit den Begriffen Avāroha und Āroha entspricht, und hier soll nur diese eine Bedeutung von Mythos und Logos näher beleuchtet werden, um eine hilfreiche Parallele zum vedischen Weltbild aufzuzeigen.

Gemäß Wörterbuch bedeuten die beiden polaren Begriffe Mythos und Logos bezeichnenderweise dasselbe, nämlich „Wort" im Sinn von „Information", „Zeichen", „Erkenntnis", „Kunde", aber mit entgegengesetzten Vorzeichen. Mythos (im Sanskrit *avāroha,* das „Herabgereichte") bezieht sich auf göttliche Worte oder Zeichen, durch die sich die höhere, nicht sichtbare Wirklichkeit in dem für uns wahrnehmbaren Bereich kundtut. Logos hingegen (*āroha,* das „Hinaufstrebende") bezieht sich auf das, was der Mensch durch seine eigene induktive Bemühung erkennt oder zu erkennen glaubt. In diesem ursprünglichen Sinn sind die vedischen Schriften tatsächlich mythisch, da sie sich auf eine göttliche Offenbarung berufen und Einsichten vermitteln, die dem direkten Zugriff von Logik, Forschung und Phantasie nicht zugänglich sind.

Die eingangs erwähnte Einseitigkeit wird auch in der Diskussion des Mythischen und Logischen offensichtlich. Alles, was „logisch" ist, wird heute sogleich als Wahrheit akzeptiert. Was als „mythisch" bezeichnet wird, gilt als ein Produkt der Phantasie oder des Unterbewußtseins; es ist unglaubwürdig, unwahr oder unwirklich. Auch hier stellt sich die Frage: Was ist Wirklichkeit?

Herrscht der Logos, wird die Welt nur noch als Objekt gesehen und als Objekt gehandhabt (ausgebeutet). Eine der Hauptforderungen der wissenschaftlichen Objektivität ist heute ja gerde die vielgepriesene „Entmythologisierung" des Kosmos. Wo der Mythos auf das heilige Wirken der Götter hinweist, läßt der logische, wissenschaftliche Mensch nur noch die berechenbaren Naturgesetze gelten. Die Disharmonie, die durch eine derartige Weltsicht verursacht wird, ist ein deutliches Zeichen dafür, daß der Kosmos nicht nur auf Naturgesetze reduziert werden darf. Wahre Mytho-logie zeigt auf, daß die Naturgesetze und Schöpfungsvorgänge nie unabhängig funktionieren, sondern immer nur Auswirkung oder Ausdruck eines göttlichen Einflusses sind, ähnlich wie hinter dem Erklingen einer Glokke der Einfluß des (nicht sichtbaren) Glöckners steht.

Wenn nur noch das Logische geglaubt wird, wird das Mythische verdrängt, übergangen oder durch psycho-logische Interpretationen in abstrakte Symbole zerlegt. Wenn man aber eine mytho-logische Welteinsicht entwickelt, erkennt man auf einmal auch in allen mythischen Hinweisen einen logischen Sinn, ja erst das Mythische verleiht dem, was wir logisch erkennen, Sinn, denn beides sind zusammenhängende Wissensquellen, die sich gegenseitig ergänzen.

Im vedischen Weltbild geht es also nicht darum, das Mythische gegen das Logische auszuspielen, denn der Veda beinhaltet Mythos *und* Logos. Es wäre falsch zu sagen, Veda sei gleich Mythos (im Gegensatz zu Logos). Veda ist vielmehr die Synthese von Mythos und Logos und vereinigt beide im richtigen Verhältnis: Das Mythische eröffnet Dimensionen, die der logischen Erkenntnis verschlossen sind. Aber das Mythische schließt die Logik nicht aus, sondern erweitert sie, denn die Logik ist immer ein guter Maßstab für Wahrheit (Veda), aber nicht der einzige.

Mit anderen Worten, Intelligenz und Ratio werden durch den Veda zu Instrumenten, um den Mythos logisch nachzuvollziehen und zu verstehen – und nicht etwa um den Mythos auszuschalten, wie das heute der „wissenschaftliche" Intellekt gerne tut und darauf noch stolz ist, in der Ansicht, dieser Verlust von Mythos sei Fortschritt!

Die vedischen Schriften, obwohl mytho-logisch, beinhalten also nicht irrationale Spekulationen oder irreale Göttergeschichten, auch nicht nur symbolische Geschichten, sondern gewähren Einblick in die höheren Dimensionen der Realität, die der direkten („empirischen") Sinneswahrnehmung verschlossen ist. In diesem Licht soll der vedische Schöpfungsmythos in Kapitel 2 mit Logos nachvollzogen werden.

Der vedische Schöpfungsmythos (Ausblick auf Kapitel 2)

Alle bisherigen Aussagen über Veda und Mythologie beruhen auf einer nicht unumstrittenen Hypothese: daß es noch andere Möglichkeiten der Realitätserfahrung gibt als bloß die empirischen und logischen.

Diese Behauptung wird nicht nur die Vertreter der Wissenschaft befremden, sondern auch allgemein jeden „modernen" Menschen, da man heute gewohnt ist, nur das zu glauben, was man logisch beweisen kann und was innerhalb der bekannten Denkschemen Sinn macht. Gott und die Götter und der multidimensionale Kosmos passen kaum in diese Denkschemen*.

Das vedische Weltbild besagt, daß es Gott und die Götter gibt und daß diese sehr wohl erfahrbar sind. Der Veda, der aus diesem Ursprung kommt, vermittelt das Wissen, mit dem dieser Ursprung erkannt werden kann. Diese Dimension ist die eigentliche, ursprüngliche Realität, von der die Mehrheit der Menschen, die keine höhere Sicht hat, nur einen dreidimensionalen Ausschnitt sieht. Aber selbst dieser dreidimensionale Ausschnitt kann nur dann richtig verstanden werden, wenn er nicht nur logisch, sondern mytho-logisch betrachtet wird.

Wie bereits erwähnt, macht das Mythische, im richtigen Licht gesehen, auch logisch Sinn. Und das Logische bekommt dann erst wirklichen Sinn, wenn es im Licht des Mythischen gesehen wird. Wenn man etwas nur logisch versteht, heißt das noch lange nicht, daß man

---

* Auch das Schulfach, das sich mit der „logischen" Erforschung der altindischen Schriften und Kulturen befaßt, die Indologie, ist innerhalb dieser einseitigen Denkschemen entstanden (siehe Anhang: „Wie die indologischen Lehrmeinungen entstanden"). Ein Großteil der Indologen ist deshalb der Ansicht, die vedischen Schriften seien bloß „indische" Schriften, die alles andere als eine systematische und zusammenhängende Offenbarung Gottes darstellen. Sie sagen, diese indischen Schriften seien willkürliche und widersprüchliche Texte verschiedenster religiöser Richtungen, die weder eine gemeinsame Grundlage noch ein gemeinsames Ziel aufweisen. Sie werden sogar behaupten, daß es den Veda als Urwissen, so wie ich ihn definiere, gar nicht gebe.
Diese indologischen Lehrmeinungen entsprechen zwar den gegenwärtig herrschenden Ansichten, doch sie verkennen die klare Aussage der vedischen Schriften. Zum Beispiel: *vedam ekaṁ catur-vidham ... vedāś catvāra uddhṛtāḥ*. „Um die ursprüngliche Quelle des Wissens, den Veda, unter den Menschen zu verbreiten, schrieb Vyāsa den Veda nieder und gliederte ihn in vier Teile und in einen fünften." (Śrīmad-Bhāgavatam 1.4.19b-20)

dessen *Sinn* versteht. Und vieles, was in unserer Welt und in unserem Leben vorgeht, ist nicht „logisch"!

Das Logische – das aus der begrenzten Welt aufblickende Streben des Menschen – ist immer begrenzt. Um zum Sinn des Logischen vorzudringen, brauchen wir Avāroha, das „offenbarte Wissen", durch welches das Ursprüngliche, Göttliche erkennbar wird und uns entgegenkommt. Es liegt an uns, das Mythische aufzuspüren und zu entschlüsseln, das heißt zu lernen, hinter allem, was erscheint, das Wirken Gottes zu sehen. Wer das „mythische" Wirken Gottes mit inneren Augen schaut, macht eine *mystische* Erfahrung. Das Wort *mystisch* stammt vom griechischen Adjektiv *mystikos,* „die Mysterien betreffend; geheimnisvoll (mysteriös); geheim", und ist abgeleitet vom Verb *myein,* „(Augen und Mund) schließen", was ebenfalls darauf hinweist, daß Gottes Wirken nicht bloß durch die Kanäle der Sinnesorgane wahrgenommen werden kann.

Für ein ganzheitliches Verständnis der Welt ist eine höhere, göttliche Sicht unentbehrlich. Durch eine solche Sicht erkennt man unversehens auch im geringsten Detail der Schöpfung eine göttliche Bedeutung – und erst recht in den kosmischen Ereignissen wie Gottes Inkarnationen und Gottes Schöpfungsakten.

Heute ist diese Sicht gänzlich verkümmert. Die moderne Weltsicht ist ein intellektuelles Gedankengerüst, in dem nur noch das Platz hat, was logisch ist. Und deshalb wird versucht, auch die Schöpfung logisch zu erklären – ein aussichtsloser Versuch, der aufgrund der falschen Werkzeugwahl von vornherein zum Scheitern verurteilt ist. Denn logisch induktive Methoden be-greifen nur empirische Bereiche und bleiben deshalb immer den Begrenzungen der Sinneswahrnehmung und des Intellektes unterworfen.

Der Veda erklärt als erstes, daß das Leben und die Schöpfung, in der wir leben, einen Sinn haben. Dies wird insbesondere im vedischen Schöpfungsmythos ersichtlich, und deshalb ist es „logisch", als erstes diesen „Mythos" zu betrachten. Die vedische Erklärung von Materie, Universum und Leben berührt alle wichtigen Aspekte des Daseins, und zwar in ihrem natürlichen, „mytho-logischen" Zusammenhang.

Kapitel 2

Vedische Kosmogonie

„Am Anfang war das Nichts, weder Zeit noch Raum, weder Sterne noch Planeten, weder Gestein noch Pflanzen, Tiere und Menschen. Alles entstand aus dem Nichts, zuerst ein sehr heißes Plasma aus Quarks, Elektronen und anderen Teilchen, zusammen mit Raum und Zeit. Schnell kühlte dieses Plasma ab; es bildeten sich Protonen, Neutronen, Atomkerne, Atome, Sterne, Galaxien und Planeten. Schließlich entstand das Leben in vielen Sonnensystemen des Alls, darunter auch auf einem Planeten eines ganz gewöhnlichen Sterns in einem der Spiralarme einer Galaxie, die sich zufällig am Rande einer großen Ansammlung von Galaxien befand. Aus einfachsten Organismen entwickelten sich dort im Laufe von vier Milliarden Jahren Pflanzen und Tiere und schließlich der Mensch."[10]

So beginnt ein Standardwerk der modernen Physik und Kosmologie mit dem Titel *Vom Urknall zum Zerfall*. Dieses Szenario entspricht der heute allgemein akzeptierten Ansicht über die Entstehung des Universums, der Erde und des Menschen. In Detailfragen mögen die Meinungen einzelner Wissenschaftler auseinandergehen, doch kaum jemand zweifelt daran, daß die Entwicklung des Universums im großen und ganzen tatsächlich von den genannten Faktoren bestimmt wurde: Urknall, Zufall und dann Evolution des Lebens aus der Materie.

Außer ein paar unverbindlichen Relativierungen kennt diese herrschende Lehrmeinung kein anderes selbständiges Konzept der Kosmologie. Die einzige andere Darstellung, die überhaupt bekannt ist, stammt aus dem Lager der christlichen Kreationisten. Diese „Schöpfungsgläubigen" (vom lat. *creatio*, „Schöpfung") berufen sich auf den Schöpfungsbericht (Genesis) des Alten Testaments und meinen, dieser besage, es gebe nur ein einziges Universum und Gott habe dieses Universum vor nicht allzulanger Zeit innerhalb von sechs Tagen erschaffen. („Und am siebten Tage ruhte er sich aus."[11])

Wichtig hierbei ist zu wissen, daß beide Ansichten auf Glauben beruhen. Die Wissenschaftler glauben, daß ihre Beobachtungen des Universums der Realität entsprechen, daß es keine höheren, unsichtbaren Dimensionen gibt und daß die auf der Erde bekannten Gesetze der Physik im ganzen Universum gelten. Keiner von diesen drei Glaubenspunkten ist bewiesen.

Die Kreationisten glauben, daß ihre Interpretation der Bibel die richtige sei, daß im Alten Testament tatsächlich „Gott" spreche und daß Gott sich nur im Nahen Osten (im biblischen Palästina) offenbare und nicht auch im Fernen Osten (z.B. in Indien). Keiner von diesen drei Glaubenspunkten ist bewiesen.

Natürlich gibt es zwischen diesen beiden Standpunkten auch zahllose Zwischenstufen. Einige Theorien sprechen von einer theistischen Evolution, derzufolge „Gott" einfach den Urknall gezündet habe, um es danach der Materie zu überlassen, Leben zu erzeugen. Andere sagen, die Materie oder die Natur sei Gott, weshalb die Materie durch die ihr innewohnenden Kräfte zu einer Selbstorganisation fähig sei; und wieder andere sagen, Gott sei der Schöpfer, der Leben *aus der Materie* entstehen lasse (weshalb es keine ewige Seele und keine Reinkarnation geben könne).

Die Schattierungen dieser Zwischenstufen sind vielfältig, aber das ändert nichts an der Tatsache, daß sich all diese Theorien immer nur um die genannten zwei Standpunkte drehen, die letztlich beide einseitig und beschränkt sind.

Am Anfang war ... was?

Der Mensch scheint heute auf die Frage nach seiner Her- und Zukunft grundsätzlich nur zwei Antwortmöglichkeiten zu kennen: die wissenschaftliche Kosmologie, in der Gott ein vernachlässigbarer Faktor ist, oder die biblische Genesis, die mangels detaillierter oder mangels entschlüsselter Erklärungen nur geringe Informationen vermittelt (sie umfaßt nur eine einzige Buchseite).

Allerdings gibt es auch noch eine dritte Antwortmöglichkeit, die *Gleichgültigkeit*. Es sagen nämlich viele Zeitgenossen: „Keine Zeit für solche Fragen! Der liebe Gott oder der Urknall, Schöpfung oder Evolution, was ändert's? Deshalb muß ich meine Steuern und Schulden immer noch selbst bezahlen."

Obwohl die letzteren, die Zeit-genossen, heute eine überwältigende Mehrheit der Bevölkerung ausmachen, läßt sich die Wichtigkeit der Frage nach dem „Anfang" nicht leugnen, denn wie immer die Antwort ausfällt, die Konsequenzen sind fundamental. Die aktuelle Weltlage ist ja nichts anderes als die Konsequenz der dritten Möglichkeit, der Gleichgültigkeit, ihrerseits Konsequenz eines gottlosen Alltags in einem scheinbar gott-losen Weltall.

Die Erforschung des Anfangs von All und Erde scheint sich auf die Evolutionsthese und die Genesis als Antithese zu beschränken. Sogar die kühnsten Forscher, die aufgrund alter Mythen und „Götterspuren" zur Ansicht gelangen, die Evolution des primitiven Urmenschen sei in grauer Vorzeit durch Außerirdische genetisch manipuliert worden, glauben offensichtlich an die materialistische Evolutionstheorie. Diese „präastronautische" Hypothese ist keine Synthese, denn sie geht ebenfalls davon aus, daß alle Menschen früher primitiv waren und von den Tieren abstammen und diese von der organischen Materie.

Gibt es also nur die These der Evolution und die Antithese der biblischen Genesis? Der Streit zwischen den Evolutionisten und Kreationisten erweckt diesen Eindruck, lenkt dabei aber von einer wichtigen Frage ab: Was ist mit den Schöpfungsberichten anderer Kulturen? In deren Licht könnte vielleicht auch die Genesis des Alten Testaments besser verstanden werden.

Wenn man die heute zahlreich verfügbaren Lexika über Schöpfungsmythen zu Rate zieht, ist man eher ernüchtert als erleuchtet angesichts der Vielzahl von Völkern mit ihrer Unzahl von Göttern. Im Gegensatz zu dieser oberflächlichen Vermischung der „Mythen" möchte ich im vorliegenden Buch die „indische" Gottesoffenbarung (Veda) herausgreifen und als dritte Antwortmöglichkeit in die Diskussion einbringen; dabei wird schnell erkennbar, daß die vedische Genesis eine Sonderstellung einnimmt, denn sie ist nicht einfach nur eine weitere Antithese, sondern kann als *Synthese* aufgefaßt werden, gründet sie doch – nach eigener Aussage – im ursprünglichen universalen Wissen, das die Menschen von Gott und den Göttern erhalten haben.

Die vedische Genesis erschließt eine theistische Sicht des Universums und interpretiert auf verblüffende Weise auch die Erkenntnisse der modernen Kosmologie. Was die Naturwissenschaften über den Kosmos sagen, ist im Kern gar nicht so unreligiös, wie viele religiöse Fundamentalisten glauben. Und die indische „Mythologie" wiederum ist gar nicht so unwissenschaftlich, wie viele Wissenschaftler glauben.

Im folgenden wird die ursprüngliche Genesis, wie sie von den Veda-Quellen beschrieben wird, in Form einer Aufschlüsselung zusammengefaßt. Doch selbst in dieser Form bleibt die vedische Genesis eine Herausforderung an das mythische und logische Fassungsvermögen des Menschen. Kapitel 2 ist wahrscheinlich ein Kapitel, das man sowieso zweimal lesen muß.

Fürs erste gilt die beruhigende Regel: Bei vedischen Texten kann man weiterlesen, selbst wenn man nicht alles versteht, denn das Folgende klärt das Vorangegangene.

Ewigkeit und Gottes Augenblick

Die vedische Genesis erklärt, daß das materielle Universum von vier Faktoren abhängig ist: Īśvara (Gott/Ursprung), Kāla (Ewigkeit/Zeit), Jīva (Seele/Bewußtsein) und Prakṛti (Energie/Materie).

Diese vier Faktoren existieren allesamt *ewig*, das heißt, sie haben weder Anfang noch Ende. „Alles ist ewig." Dies mag überraschend klingen, da alles, was wir sehen, vergänglich ist. Die vedische Offenbarung betont jedoch: Nicht die Materie ist vergänglich, sondern nur die von ihr manifestierten Formen. Die materiellen Formen entstehen und vergehen, doch die Substanz an sich, die Materie, bleibt als göttliche Energie immer erhalten. Illusion (Māyā) ist, diese vergänglichen materiellen Formen, wie z.B. den eigenen Körper, für die eigentliche Realität zu halten – denn alles Reale ist ewig: Gott, wir und Gottes Energien.

Das Sanskritwort Prakṛti, „Materie", bedeutet wörtlich „das Vorangestellte" oder „das, was in einer Abfolge am Anfang steht". (Das Präfix *pra-* bedeutet „zuvor", „voran" und „vorher" und hat sich vom Sanskrit bis ins Lateinische erhalten. Wir finden es in Fremdwörtern wie z.B. Präfix, Prädestination und prädisponieren. Die Wurzel *-kṛti* bedeutet „gemacht", „getan", „gestellt" usw.)

Nur schon das Wort Prakṛti weist darauf hin, daß die Materie nie unabhängig ist. Prakṛti als ursprüngliche Gesamtheit der Materie steht am Anfang aller materiellen Formen, weil alle materiellen Formen aus ihr hervorgehen und aus ihr bestehen; aber Prakṛti selbst gehört ebenfalls schon zur Abfolge von Ursache und Wirkung. Prakṛti ist das Produzierende und ist selbst auch schon Produkt.

Die Materie bringt zahllose vergängliche Formen hervor, aber nicht unabhängig. In diesem Sinn bedeutet Prakṛti auch „weiblich" und entspricht damit genau dem deutschen Wort „Materie", das vom lateinischen Wort *mater,* „Mutter", abgeleitet ist. Prakṛti ist die Mutter der Schöpfung, und Gott ist der Vater. Gott ist der ursprüngliche Befruchter der materiellen Energie. Er* ist es, der es ermöglicht, daß die materielle Energie Form annehmen und sich umwandeln kann. Das Nichts oder der Zufall oder die ewige Materie allein sind hierzu nicht imstande, denn sie haben keine Eigendynamik. Materielle Substanzen können unmöglich aus sich selbst heraus irgendeine höhere Struktur bilden. Sie würden planlos und leblos in einem Urzustand verharren oder sogar in niedrigere Strukturen zerfallen, wie das die tote Materie auch heute noch tut.

Wenn die Materie aus sich selbst heraus nicht einmal Planeten und Galaxien bilden kann, dann erst recht nicht organische Körper und *Lebewesen.*

Der allgemeine Begriff Prakṛti wird im Sanskrit mit zwei weiteren Begriffen genauer umschrieben: Pradhāna und Mahat-tattva. Materie als ewige Ursubstanz wird im Sanskrit Pradhāna genannt. Das Pradhāna, das „Haupt-Sächliche" (das Neutrale, Unevolvierte), ist die unpolare, noch nicht aufgeteilte, potentielle materielle Energie, und diese bleibt als solche auch bestehen, wenn differenzierte Formen aus ihr hervorgehen. Energie und Form bilden eine gleichzeiti-

* Das maskuline Wort „Gott" verursacht manchmal Mißverständnisse. Obwohl „Gott" Bezugsworte wie „Er", „Ihm" und „Sein" erfordert, werden die Frauen und Männer, die dieses Buch lesen, bestimmt verstehen, daß Gott nichts mit der weltlichen, körperlichen Dualität von Mann und Frau zu tun hat.

ge Existenz (Synchronizität), ja erst aus dem Nebeneinander von ewiger Energie und vergänglicher Form entsteht das materielle Raum-Zeit-Kontinuum mit dem Zeitfluß Zukunft-Gegenwart-Vergangenheit.

Die ursprüngliche Pradhāna-Dimension der Materie entspricht einer zeitlosen Totalität, in der das Prinzip „Form" bereits potentiell* enthalten ist, ähnlich wie in einem Acker ein Brot potentiell enthalten ist. Nur die Zeit, der Same und die Kultivation fehlen, dann entsteht aus dem Acker das Getreide, das dann nach planvoller Verarbeitung zum Grundelement des Brotes wird.

Dieser Pradhāna-Zustand ist vergleichbar mit dem griechischen Begriff Chaos, dem „ungeordneten und ungeformten Weltzustand", in dem es keine Ordnung gibt, da noch gar keine Objekte vorhanden sind, die in einer Ordnung zusammengefügt sein könnten. Chaos bedeutet also nicht Unordnung, sondern Null-Ordnung. Es gibt noch „nichts", was Ordnung oder Unordnung (Dualität) bilden könnte. Aus materieller Sicht gesehen ist das Pradhāna das „Nichts" – weil noch nichts Materielles geschaffen wurde –, doch dieses „Nichts" ist gleichzeitig „Alles" und „Einheit", denn aus ihm wird die Gesamtheit aller geschaffenen Formen hervorgehen.

Das Sanskrit differenziert das Chaos und verwendet als nächstes den Ausdruck Mahat-tattva (die „große materielle Ur-Sache"), womit jener Zustand bezeichnet wird, in dem die Elemente bereits gesondert, aber noch nicht zu Formen zusammengefügt sind. Es ist nicht mehr nur potentielle, sondern programmierte Energie, und sie erst ermöglicht überhaupt einen Schöpfungsablauf. Im Ackerbeispiel wäre dies jener Zustand, in dem der Acker und der Getreidesame und auch das Brotrezept bereits vorhanden sind und der Produktionsablauf (angefangen mit dem Säen) gerade beginnt.

Das Pradhāna wird zum Mahat-tattva aufgrund des Blickes von *Viṣṇu,* der die Jīva-Seelen in das Mahat-tattva sät. Viṣṇu (der „Alldurchdringende") ist der transzendentale Urschöpfer (Gott), doch Viṣṇu ist nicht der ursprüngliche, höchste Aspekt Gottes, denn Gott (Kṛṣṇa, der „Allanziehende") ist „mehr" als „nur" der Schöpfer der materiellen, vergänglichen Welten. Kṛṣṇa und Viṣṇu existieren ewig, gleichzeitig und parallel in verschiedenen spirituellen Dimensio-

* potentiell: als Eigenschaft innewohnend; wirkungsfähig; anlagemäßig existent, aber noch nicht in Erscheinung getreten; z.B.: In jedem Stein ist potentiell eine Statue vorhanden. Jede Masse ist potentielle Energie. Pradhāna ist potentielle Materie (vom lat. *potentialis,* „die Fähigkeit, die Kapazität aufweisend").

nen. Kṛṣṇa ist der ursprüngliche, höchste Aspekt Gottes und umfaßt – weil Gott in jeder Hinsicht unbegrenzt ist – zahllose parallele Erweiterungen. Eine dieser Erweiterungen (Parallelformen) Gottes ist Viṣṇu, der mittelbare, weltzugewandte Aspekt Gottes.*

Viṣṇus Blick ist gleichbedeutend mit der Befruchtung der ewigen Urmaterie (Mahat-tattva). Einfach dadurch, daß Gott als Urschöpfer (Viṣṇu) die Materie anblickt, wird der Schöpfungsvorgang ausgelöst. Viṣṇus Blick grenzt innerhalb von Kṛṣṇas unbegrenztem Reich einen begrenzten Bereich der materiellen Schöpfung aus, in der die Jīva-Seelen in unterschiedlichsten materiellen Körpern geboren werden.

> „Die gesamte materielle Substanz, Brahman genannt, ist die Quelle der Geburt [Schöpfung], und es ist dieses Brahman [das ausgegrenzte Mahat-tattva], das Ich befruchte, wodurch die Geburt aller Lebewesen ermöglicht wird. Wisse, daß alle Lebensformen durch Geburt in der materiellen Natur ermöglicht werden und daß Ich [als Viṣṇu] der samengebende Vater bin." (Bhagavad-gītā 14.3-4).

Dadurch, daß der Blick Viṣṇus formend und organisierend wirkt, ist dieser Blick auch gleichbedeutend mit „Zeit" (Kāla). Auf diese Weise (wenn es Zeit „wird") wird Chaos (das „Ungeordnete") zu Kosmos (das „Geordnete"). Chaos und Kosmos sind nichts anderes als zwei verschiedene Aspekte derselben göttlichen Energie, doch Gott (der Ursprung der Energie) ist jenseits von Chaos und Kosmos.

Viṣṇus Blick setzt das Wirken der „Zeit" in Lauf, ohne die es gar nie zu einer Schöpfung kommen könnte. „Zeit" bedeutet „Zeitablauf"; erst im Mahat-tattva wird das Prinzip von Ursache und Wirkung (Kausalitätsprinzip) wirksam. Im Pradhāna, der zeit-losen materiellen Energie, gab es die Dualität von Ursache und Wirkung noch nicht. Diese Aktivierung wird durch die übergeordnete kosmische Intelligenz (Viṣṇus Schöpfungsplan) bewirkt, denn die Pradhāna-

---

* Gemäß der Veda-Offenbarung ist Gott (Īśvara) unbegrenzt und existiert ewig (= gleichzeitig) in unbegrenzt vielen Aspekten, die allesamt gleichzeitig Energie *und* Form (= Person) sind. Wäre Gott nur Energie oder nur Person, wäre Er nicht vollkommen, weil immer ein Aspekt der Vollständigkeit fehlen würde. Nur weil es im Ursprung Form, Bewußtsein und Individualität gibt, finden wir diese Eigenschaften auch in der Schöpfung.
Wenn im vedischen Weltbild von Gott gesprochen wird, muß man sich immer vor Augen halten, daß damit die ewige Einheit von höchster Person (Kṛṣṇa) und höchster Energie (Brahman) gemeint ist, vergleichbar mit der Einheit von Sonne (Energieursprung) und Sonnenstrahlen (Energie).

īśvaraḥ paramaḥ kṛṣṇaḥ sac-cid-ānanda vigrahaḥ
anādir ādir govindaḥ sarva-kāraṇa-kāraṇam

Brahmā betet: „Der höchste aller Herrscher (*īśvara*) ist Kṛṣṇa. Seine Gestalt (*vigraha*, Person) ist ewig, voller Wissen und Glückseligkeit (*sac-cid-ānanda*). Er ist anfanglos, denn Er selbst ist der höchste Ursprung, Govinda, die Ursache aller Ursachen." (Brahma-saṁhitā 5.1)

„Erde, Wasser, Feuer, Luft, Äther, Geist, Intelligenz und falsches Ich – all diese acht Elemente bilden zusammen Meine abgesonderten, materiellen Energien." (Bhagavad-gītā 7.4)

Adhibhūtaṁ kṣaro bhāvaḥ: „Die materielle Welt wandelt sich endlos." Wörtlich: „Schöpfungen (*adhibhūtam*), die *kṣaro* (endlos wandelbar, zeitweilig) sind, erzeugt die ewige materielle Energie (*bhāvaḥ*)." (Bh.-gītā 8.4)

Apareyam itas tv anyāṁ prakṛtiṁ viddhi me parāṁ jīva-bhūtam: „Es gibt zwei Arten von *prakṛti* (Energie): die materielle (*aparā*) und die spirituelle (*parā*). Die Seelen (*jīva*) sind von spiritueller Natur." (Bhagavad-gītā 7.5)

„Er blickte (*sa aikṣata*), und Er schuf alle materiellen Welten (*sa imal lokan asṛjata*)." (Aitereya Upaniṣad 1.1.1-2)

[Die Halbgötter beten zu Kṛṣṇa:] „O Höchster Herr, Mahā-Viṣṇu empfängt Seine Schöpfungskraft von Dir. Er befruchtet die Urmaterie mit unfehlbarer Energie und erzeugt das Mahat-tattva, das aus sich selbst heraus – beseelt durch die göttliche Energie – das goldene keimende Ei des Universums (*aṇḍa-kośa*) hervorbringt, das mit den Schichten der materiellen Elemente bedeckt ist." (Śrīmad-Bhāgavatam 11.6.16)

„Aus dem Mahat-tattva, das aus dem unmanifestierten Pradhāna hervorgeht, geht das falsche Ich hervor, das zur Ursache jeglicher materiellen Illusion und Dualität wird." (Śrīmad-Bhāgavatam 11.22.33b)

[Kṛṣṇa spricht zu Uddhava:] „Das materielle Universum kann als Realität aufgefaßt werden, weil Prakṛti [Materie, eine Energie Viṣṇus] dessen ursprüngliche Substanz und Endform ist. Mahā-Viṣṇu ist der Hinter-Grund der Materie, die durch die Macht der Zeit (Kāla) Form annimmt. Materie, der allmächtige Viṣṇu und Zeit sind nicht verschieden von Mir, dem höchsten ewigen Ursprung." (Śrīmad-Bhāgavatam 11.24.19)

„Der große Viṣṇu, obwohl eins, erscheint in drei Formen für Schöpfung, Erhaltung und Vernichtung [des Universums]. Obwohl Er transzendent ist und von den Guṇas in keiner Weise berührt wird, erscheint Er, der Eine, in zwei, drei und vielen Formen entsprechend dem Unterschied der Guṇas [als die Guṇa-avatāras Brahmā, Śiva und Viṣṇu selbst]." (Kūrma Purāṇa 1.4.53b-54)

Quellentexte: Ewigkeit und Gottes Augenblick

Materie selbst hätte weder Anlaß noch Kraft, sich selbst zu organisieren und Formen hervorzubringen.

Viṣṇu auf dem Meer der Ursachen

Viṣṇus Blick grenzt aus dem grenzenlosen und zeitlosen Reich einen begrenzten Bereich von Raum und Zeit aus, das Mahat-tattva. Erst in diesem Bereich kann von Schöpfung gesprochen werden, denn Schöpfung bedeutet Schöpfungsablauf mit Anfang und Ende, und das bedingt sowohl einen Ablauf von Zeit als auch die Funktion der Dualität von Ursache und Wirkung. All diese verschiedenen Ebenen (das transzendente Reich, das Pradhāna, das Mahat-tattva) existieren ewig und deshalb gleichzeitig. Diese ewige Gleichzeitigkeit von Gott und Seinen Energien ist *acintya* – für den menschlichen Verstand weder vorstellbar noch nachvollziehbar.

Das Mahat-tattva, die aktivierte Totalität der materiellen Energie, wird auch das „Meer der Ursachen" genannt, und auf diesem Meer liegt Viṣṇu, der durch Seine Poren ewig zahllose Universen aus- und einatmet. Das Pradhāna, das Mahat-tattva-Meer und der alldurchdringende Viṣṇu konstituieren das ursprüngliche kosmische Informationsfeld, die zeitlose „Kulisse", vor der alle Universen in einem ewigen Rhythmus, gemäß Gottes Atem, immer wieder geschaffen und aufgelöst werden.

Alles ist ewig: In Form der materiellen Universen bringt das Ewige das Vergängliche hervor, das in seiner konstanten zyklischen Erneuerung wiederum nur das Ewige spiegelt. Im Zyklischen spiegelt das Zeitweilige das Ewige.

Die Universen gehen in samengleicher Form aus Viṣṇu hervor. Sie wachsen bis zu einem gewissen Zeitpunkt, bleiben für eine lange Zeit bestehen und gehen dann wieder in den unmanifestierten Zustand (Avyakta) über. Die moderne Kosmologie spricht heute von einem expandierenden Universum, wobei jedoch umstritten ist, ob sich das Universum unendlich ausdehnen wird oder aber zu einem Punkt kommen wird, wo die Expansion in eine Kontraktion übergeht. Wie in Kapitel 4 (S. 165) erörtert wird, geht diese Theorie von ungewissen empirischen Beobachtungen aus und gerät daher sogar in den Kreisen der modernen Kosmologie unter Beschuß.[12]

Andere kosmologische Theorien gehen nicht von einem expandierenden Universum, sondern von einem stationären Universum

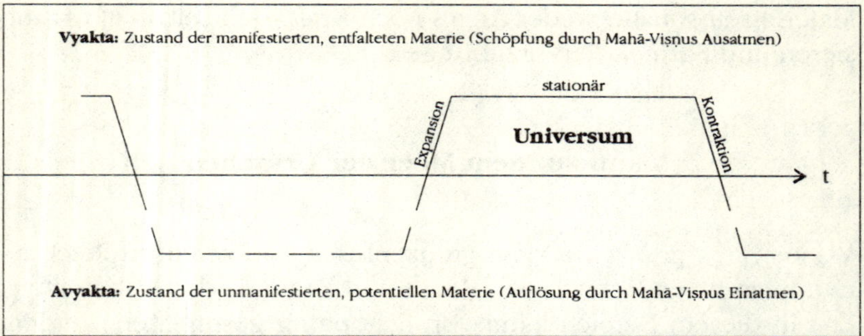

Die pulsierende Schöpfung in Zyklen: Mahā-Viṣṇu, der schöpfende Aspekt Gottes, „atmet" zahllose Universen aus und ein. Auflösung und Neuschöpfung lösen sich ab entlang der unendlichen Zeitachse t. Beim Zeit-Punkt der physikalischen Auflösung geht das materielle Universum vom manifestierten Zustand (Vyakta) in den unmanifestierten Zustand (Avyakta) über. Materie als Energie ist ewig, aber bringt durch Mahā-Viṣṇus Impuls in einem unendlichen Wandel zeitweilige Formen hervor.

aus. Gemäß diesen *steady state*-Theorien ist der Zustand des Universums in seiner Gesamtheit starr, oder aber die Materiedichte bleibt im Raum, trotz der Expansion des Weltalls, gleich, was jedoch voraussetzt, daß fortlaufend neue Materie entstehen muß.

Die vedische Kosmologie könnte man als Synthese dieser beiden Theorien bezeichnen. Die Gesamtheit des Universums, die aus Viṣṇu hervorgeht, dehnt sich aus, bis der voll entfaltete Zustand erreicht ist, und geht dann in einen stationären Zustand über. Erst gegen das Lebensende des Universums hin setzt wieder eine Kontraktion ein. Innerhalb des großen universalen Raumes, der stationär ist, finden jedoch konstant zyklische Teilauflösungen und -neuschöpfungen statt. Diese betreffen das gesamte *sichtbare* Universum, weshalb es durchaus möglich ist, daß aus irdischer Warte eine scheinbare Expansion gesehen wird. Doch sollte man nicht den Fehler machen, das gesamte Universum auf die beobachtbaren Dimensionen zu beschränken.

Die Gesamtheit der materiellen Bestandteile, aus denen die jeweiligen Universen bestehen, sind in diesen Urformen, die aus Viṣṇu hervorgehen, bereits enthalten. Es gibt unendlich viele solcher Uruniversen, die aus Viṣṇu hervorgehen und für die Dauer Seines Atemzuges existieren.

Das Sanskritwort für Universum, das in diesem Zusammenhang gebraucht wird, lautet *aṇḍa,* was wörtlich „Ei" bedeutet. Es weist darauf hin, daß das Universum ein keimender Organismus ist, der wächst, für eine gewisse Zeit bestehenbleibt und dann wieder vergeht. Die Universen, die von Mahā-Viṣṇu ausgehen und im Meer der Ursachen (Mahat-tattva) treiben, werden nicht nur während der Zeit ihrer Expansion, sondern während ihrer gesamten Existenz von außen genährt, d.h. durch göttliche Intelligenz mit Energie versorgt und gelenkt. Das Universum ist kein abgeschlossenes, isoliertes System, genauso wie die Materie keine unabhängige Energie ist. Wie jeder funktionierende Körper ist auch das Universum ein beseelter Organismus.

Das Wort *aṇḍa* bedeutet nicht nur „Ei", sondern auch „Dunkelheit", denn das Universum ist ein materieller Bereich mit „Schalen", eine kosmische Raum-Zeit-Blase innerhalb des spirituellen Reiches jenseits von Raum und Zeit. Die vedischen Schriften beschreiben, daß das Universum von sieben aufeinanderfolgenden Elementschichten umhüllt wird, von denen jede zehnmal ausgedehnter ist als die vorangegangene. Dadurch formt das Universum (*aṇḍa*) in seinem Inneren einen Bereich der Dunkelheit. Das Licht ist jedoch die ursprüngliche Kraft. Dunkelheit ist nichts anderes als die Abwesenheit von Licht und hat keine selbständige oder unabhängige Existenz.

Eine aufschlußreiche Parallele findet man im griechischen Mythos. Aus dem Chaos entstehen Nyx und Erebos, „Nacht" und „Dunkelheit". Das bedeutet, daß es im Chaos selbst Nacht und Dunkelheit noch nicht gibt. Nacht und Dunkelheit existieren ausschließlich innerhalb der materiellen Universen, die sich von Gott absondern, nur um „später" wieder in Ihn einzugehen.

Mit anderen Worten: Der Einheit Gottes, der ursprünglichen Individualität (Kṛṣṇa), tritt die materielle Form als Dualität gegenüber. Durch die Abtrennung von der unmittelbar selbstleuchtenden, spirituellen Dimension entsteht Dunkelheit. Erst nach der Erschaffung der Universen ist Dunkelheit und Nacht vorhanden, nämlich innerhalb des universalen Zeit-Raumes (*aṇḍa*).

Die gesamte materielle Welt mit der Vielzahl von Universen wird von den vedischen Schriften als *Gottes Traum* beschrieben. Dies ist kein physikalischer, sondern ein philosophischer Aspekt der Schöpfung, der in den nächsten Kapiteln aufgegriffen wird. Ebenfalls ein philosophischer Aspekt ist die Tatsache, daß das von Gott abgesonderte Ego-Bewußtsein der Individuen, die ihre Unabhängigkeit mißbrauchen, Anlaß (nicht Ursache!) der Schöpfung ist. Doch die Schöpfung an sich ist Gottes Traum, und weil Gott Realität ist, ist auch Sein Traum Realität. Diese Einsicht erhellt die geheimnisvolle Natur der Materie.

Die Erschaffung des Schöpfers

Der erste Viṣṇu (Mahā-Viṣṇu, der „große Viṣṇu"), von dem die zahllosen Universen ausgehen, geht in jedes dieser Universen ein, ohne jedoch Seine ungeteilte Existenz als Mahā-Viṣṇu außerhalb der Universen aufzulösen. Jedes Universum besteht zur Hälfte aus einem Garbhodaka (*garbha** und *udaka,* „Meer", „Energiefeld"), und auf diesem Garbha-Meer befindet sich der zweite Viṣṇu (Garbhodakaśāyī Viṣṇu). Das ist die Szene, in der die Welt wüst und leer ist und Gottes Geist über den Wassern schwebt (1. Mose 1.1-2). Die Genesis des Alten Testamentes setzt erst hier ein, spät und nur skizzenhaft.

Die ägyptische Kosmogonie spricht vom kosmischen Meer namens Nun, dem ein Lotos entsprießt, aus dem die Planeten wie Blütenblätter aus einer Knospe hervorgehen. Dies entspricht im Ansatz der vedischen Beschreibung; doch der Lotos mit seinen verschachtelten Dimensionen sprießt nicht einfach aus dem Nichts. Er geht aus der Leibesmitte Garbhodakaśāyī Viṣṇus hervor, der sich in der Mitte des Universums (auf dem „Garbha-Meer") befindet.

Gemäß der vedischen Erklärung handelt es sich beim Garbha-Meer um eine *höhere, transzendentale Materie,* die direkt mit Garbhodakaśāyī Viṣṇu verbunden ist. Das Śrīmad-Bhāgavatam (2.10.10) beschreibt dies mit der Formel *apaḥ asrakṣit suciḥ suciḥ:* „Wasser (*apaḥ*), das geschaffen (*asrakṣit*), aber vollkommen rein (*suciḥ*) und transzendental (*suciḥ* bei doppelter Nennung) ist". Der Einfluß der Garbha-Dimension auf die andere Hälfte des Universums ist nur in-

---

* Garbha: „das, was durch beseelende Zeugung (*gar-*) hervorbringt (*-bha*)"; „das, was Leben trägt". Die Silbenverbindung des Sanskritwortes *gar-bha* symbolisiert „das Verbundene, das zu Neuschöpfung (‚Geburt') führt" und bezeichnet sowohl die makrokosmischen als auch die mikrokosmischen „Lebensträger": die Gebärmutter; der gezeugte Embryo; die universelle Garbha-Materie. Die indogermanische Wurzel *gelbh-,* „(sich) ballen, klumpig werden, schwellen" (Embryobildung) und *g(u)elbh-,* „Gebärmutter; Mutterleib; Leibesfrucht" geht auf das Sanskritwort *garbha* zurück. (Duden Bd. 7, Herkunftswörterbuch, Stichwort „Kalb")

direkt erkennbar, nämlich in Form der zyklischen Erneuerung der grobstofflichen Materie durch Auflösung. Deshalb nennt das Śrīmad-Bhāgavatam (3.8.11) das Garbha-Meer auch das „Wasser der Auflösung", denn die Garbha-Dimension bleibt auch dann bestehen, wenn die physisch-materiellen Welten des Universums aufgelöst und neu geschaffen werden.

Viṣṇu ist die Quelle und das Zentrum aller Energie; aus Seinem „Nabel" geht der universale Lotos hervor, auf dessen Blüte das erste erschaffene Wesen, der Halbgott Brahmā, erscheint. Ein vergleichbarer Vorgang wiederholt sich innerhalb des irdischen Mikrokosmos im Leben eines jeden Menschen, weil auch das Entstehen des individuellen Körpers nur über eine Nabelschnur möglich ist. Der Aspekt Gottes als Garbhodakaśāyī Viṣṇu offenbart, daß Gott sowohl der „Vater" als auch die „Mutter" aller Lebewesen ist.

Auf dem Lotos, der aus Viṣṇus Mitte hervorgeht, erscheint das erste erschaffene Lebewesen im Universum. Sein Name Brahmā bedeutet der „Vollzieher der Schöpfung". Die Lotosblüte, auf der Brahmā die Dunkelheit der Welt erblickt, ist der Planet Brahmās, der höchste (und zu diesem Zeitpunkt einzige) Planet innerhalb des jungen Universums.

Brahmā befindet sich allein im Universum, das „wüst und leer" ist, wo „Finsternis über der Urflut" liegt. Doch Brahmā weiß, daß alles einen Ursprung hat, auch er und sein Lotos. So versucht er, seine Existenz „logisch" zu untersuchen. Er forscht nach der Wurzel des Lotos, er sucht, versucht und untersucht, doch die Struktur des Lotos erweist sich im Kleinen wie im Großen als nicht faßbar (*acintya*). Brahmā findet immer neue Dimensionen vor. Der Urgrund, aus dem der Lotos wächst, entzieht sich jedem empirischen Zugriff. Doch Brahmās Bemühung zeigt, daß seine Suche nach der Wahrheit ernsthaft und aufrichtig ist, und so erweist er sich als würdiger Empfänger von Gottes Hilfe.

Plötzlich hört Brahmā einen kosmischen Klang: *ta-pa ta-pa*. Der erste Klang im Universum, Gottes Wort. Es ist die Stimme Viṣṇus, und Brahmā vernimmt sie. Viṣṇu offenbart Brahmā auf diese Weise den wahren Sinn der universalen Schöpfung, noch bevor diese vorgenommen ist, ja bevor Brahmā überhaupt weiß, daß diese Schöpfungstätigkeit *seine* Aufgabe sein wird.

Brahmā, das erste und intelligenteste Wesen im Universum, versteht die Bedeutung dieses göttlichen Klanges. Die Silben *ta-pa* sind die Klangrepräsentation von Entsagung und Askese. (Im Sanskrit

[Brahmā betet:] *Aṇḍāntara-stha-paramāṇu-cayāntara-stham ... govindam ādi-puruṣaṁ tam ahaṁ bhajāmi.* „Ihm, Govinda [Kṛṣṇa], dem urersten Herrn und Gott, der in allen Universen (*aṇḍa*) und gleichzeitig in allen Atomen (*paramāṇu*) gegenwärtig ist, erweise ich meine demütigen Ehrerbietungen." (Brahma-saṁhitā 5.35)

„Aus dem *nabha* (Nabel) der Persönlichkeit Gottes, Garbhodakaśāyī Viṣṇu, sproß eine Lotosblume, so leuchtend wie tausend lodernde Sonnen. Dieser Lotos ist das Behältnis aller bedingten Seelen, und das erste Lebewesen, das aus dem Lotos erschien, war der allmächtige Brahmā. Als Viṣṇu in das Herz Brahmās einging, brachte Brahmā seine Intelligenz zur Reife und begann, das Universum so zu erschaffen, wie es zuvor gewesen war." (Śrīmad-Bhāgavatam 3.20.16-17)

„O Viṣṇu, o Höchste Persönlichkeit Gottes, die kosmische Manifestation, die materielle Welt, ist ebenfalls Dein Körper. Die Gesamtmasse der Materie (Prakṛti) wird von Deiner mächtigen Energie, dem Zeitfaktor (Kāla), aufgewühlt, und so entstehen die drei Guṇas (Erscheinungsweisen der materiellen Natur). Du liegst auf dem Ozean der Ursachen, und Du bist derselbe Viṣṇu, aus dessen Nabel die Lotosblume des Universums hervorgeht, genauso wie ein kleiner Same zu einem Banyanbaum heranwächst.
Aus dieser großen Lotosblume ging Brahmā hervor, aber außer dem Lotos vermochte er nichts zu sehen. Weil Brahmā dachte, er befände sich außerhalb, tauchte er in das Wasser und versuchte einhundert Jahre lang, den Ursprung des Lotos ausfindig zu machen. Es gelang ihm jedoch nicht, eine Spur von Dir zu finden, denn wenn sich ein Same zu einer Pflanze entwickelt, kann man den ursprünglichen Samen nicht mehr sehen." (Śrīmad-Bhāgavatam 7.9.33-34)

„Brahmā wurde aus dem Lotos geboren, der aus Viṣṇus Nabel hervorging. Der Weise Marīci war ein Sohn Brahmās, und sein Sohn war Kaśyapa. Von Kaśyapa wurde Sūrya (der Sonnengott) geboren und von diesem Vaivasvata Manu.
Vaivasvata Manus Sohn war der irdische König Ikṣvāku. In seiner Dynastie wurden Kakutstha und dessen Sohn Raghu geboren [der Begründer der berühmten Raghu-Dynastie]." (Agni Purāṇa 5.2-3)

„Brahmā ist der aus sich selbst leuchtende Herr des Universums, und mit Hilfe seiner eigenen Ausstrahlung manifestiert er die universale Schöpfung." (Śrīmad-Bhāgavatam 7.3.26b)

Quellentexte: Die Erschaffung des Schöpfers

der vedischen Schriften widerhallen diese Silben bis zum heutigen Tag im gleichbedeutenden Wort *tapasya,* „Entsagung; Buße".)

Eine logische Frage wäre hier: „Wie kann man Entsagung üben, wenn es im Universum noch gar nichts gibt? Welcher Sache soll Brahmā entsagen?" Brahmā ist immer noch allein im Universum, aber er versteht, was diese göttliche Offenbarung für ihn bedeutet. Er entsagt seiner falschen Haltung, der egozentrischen Haltung, die im Sanskrit *Ahaṅkāra* genannt wird.

Ahaṅkāra ist das grundlegende Prinzip der materiellen Welt, von dem die Seele gefangen wird, wenn sie ihren freien Willen mißbraucht und von Gott, ihrem Ursprung, unabhängig sein will. Die materielle Existenz beginnt, wenn das Ich (*aham*) denkt, der Handelnde (*kāra*) zu sein. Es ist diese aussichtslose Haltung des Ahaṅkāra, die die Seele endlos in die materielle Welt verstrickt. Brahmā erkannte dies, und er besann sich auf seine ursprüngliche Identität. Er gab seine von Gott unabhängigen Bemühungen auf und gebrauchte seinen freien Willen, um sich *freiwillig* von Gott abhängig zu machen. Diese vertrauensvolle, liebende Hingabe (*bhakti*) ist der Schlüssel, um vom Ahaṅkāra frei zu werden.

Der gewandelte Brahmā versenkte sich, auf seinem Lotos sitzend, in Meditation, und während dieser Meditation geschah es, daß er dieselbe Stimme, die er vormals von außen vernommen hatte, in seinem Inneren vernahm. Und dann erst verstand er, wozu er von Gott berufen war und welche Aufgabe ihm innerhalb des Schöpfungsplanes zukam. Vorher hatte er es noch nicht gewußt, obwohl er dieselbe Person gewesen war. Auch er, der direkte Sohn Viṣṇus (Gottes), mußte sich zuerst qualifizieren. Zusammen mit dieser offenbarten, „mystischen" Erkenntnis bekam Brahmā auch die Kraft und die Ermächtigung, seine Aufgabe zu erfüllen, die darin bestand, das leere Universum mit Planeten und Lebewesen auszustatten. Vorher, während seiner unabhängigen Anstrengung unter dem Einfluß der Ahaṅkāra-Haltung („Ich selbst bin der Handelnde"), hatte ihm beides gefehlt: die Erkenntnis seiner Sendung sowie die Kraft, dieser Sendung gemäß zu handeln.

Wenn Brahmā, erleuchtet durch Gottes Worte aus dem Herzen, seine Schöpfungsaufgabe angeht, „arbeitet" er mit den Elementen, die aus Viṣṇu hervorgehen. Auch dies ist ein klarer Hinweis auf Brahmās Abhängigkeit von Viṣṇu. Deshalb wird Brahmā auch als der „sekundäre Schöpfer" bezeichnet.

Die Hierarchie der Elemente

Im Universum gibt es grundsätzlich zwei Kategorien von materiellen Elementen: die feinstofflichen und die grobstofflichen. Die feinstofflichen Elemente bestehen aus verschiedensten Geist-, Mental- und Astralenergien, die grobstofflichen aus physischen Energien und dreidimensional-räumlichen Formen. Die grobstofflichen Elemente entstehen aus den feinstofflichen Elementen und bilden auf der universellen Ebene – gemäß den feinstofflichen Informationsmustern – die stofflichen Welten und auf der individuellen Ebene die vergänglichen Körper, die in den entsprechenden Dimensionen und Verdichtungsgraden existieren.

Die Menschen sind in ihrer Erkenntnisfähigkeit derart begrenzt, daß sie nicht einmal das gesamte Spektrum der *grobstofflichen* Materie wahrzunehmen vermögen, ganz zu schweigen also von den feinstofflichen Sphären. Alles, was die Menschen mit ihren körperlichen und technischen Mitteln begreifen, ist auf das Dreidimensionale beschränkt. Doch die grobstoffliche Materie umfaßt auch höherdimensionale Aspekte mit entsprechenden höherdimensionalen Welten und Wesen. Von der irdischen Warte aus sehen die Menschen nur die dreidimensionalen Welten und höchstens noch die dreidimensionalen Reflexionen der höherdimensionalen Welten. Der größte Teil des multidimensionalen Kosmos ist für die Menschen also unsichtbar.

Die Sāṅkhya-Wissenschaft, die Analyse des multidimensionalen Kosmos, erklärt, daß die grobstoffliche Materie aus den feinstofflichen Energien hervorgeht. Die grobstoffliche Materie wird entsprechend ihrer zunehmenden Verdichtung in fünf Kategorien unterteilt: Äther, Luft, Feuer, Wasser und Erde.

In Entsprechung zu diesen fünf Kategorien gibt es die Sinnesobjekte, die ebenfalls fünf an der Zahl sind: Schwingung/Klang, Verbindung/Berührung, Form/Farbe, Geschmack und Geruch. Warum entwickeln die Lebewesen in den grobstofflichen Welten gerade *fünf* Sinnesorgane? Weil es fünf Kategorien von grobstofflichen Elementen gibt!

Diese Unterteilung in fünf Elemente (Erde, Wasser, Feuer, Luft und Äther) wird heute meistens belächelt und als primitiv bezeichnet, denn „jedes Kind weiß doch mittlerweile, daß es nicht nur fünf, sondern über einhundert Elemente gibt“. Diese Feststellung ist na-

spezifische Attribute: / elementare Verdichtungsstufen:	Klang (Śabda)	Berührung (Sparṣa)	Form/Farbe (Rūpa)	Geschmack (Rasa)	Geruch (Gandha)
„Äther" (Kham/Akāśa) multidimensionaler Raum	■	□	□	□	□
„Luft" (Vāyu) gasförmige Materie	■	■	□	□	□
„Feuer" (Anala) energetische Materie	■	■	■	□	□
„Wasser" (Apaḥ) flüssige Materie	■	■	■	■	□
„Erde" (Bhūmi) feste Materie	■	■	■	■	■
Wahrnehmungsorgane:	Gehörsinn	Tastsinn	Sehsinn	Geschmacks-sinn	Geruchs-sinn

Die Strukturierung der grobstofflichen Materie:
□ unmanifestiert (potentiell); ■ manifestiert (entfaltet). Śabda ist das einzige Attribut, das auf allen fünf Ebenen manifestiert ist. „Erde" ist der schwerfälligste Aggregatzustand, weil in ihm alle Möglichkeiten bereits fest entfaltet sind.

türlich berechtigt, aber sie wird der Sāṅkhya-Wissenschaft nicht gerecht, denn diese will gar nicht chemische Elemente aufzählen, sondern physikalische Kategorien. Der Ausdruck „Element" darf in diesem Zusammenhang also nicht falsch verstanden werden. Mit den Begriffen Äther, Luft, Feuer, Wasser und Erde umschreibt die vedische Wissenschaft die fünf grundlegenden Entfaltungsstufen der Materie[13]:

- „Äther": der multidimensionale Raum; der Bereich aller grobstofflichen und inhärenten Beziehungen und Informationen.
- „Luft": gasförmige Materie mit dem spezifischen Attribut Berührung; dies bezieht sich nicht bloß auf die Atmosphäre, sondern auf alle nicht-richtungsgebundenen Energien, deren Wirkung in jedem diskontinuierlichen (quantisierten) Prozeß in der Natur wahrgenommen werden kann. „Luft" bringt die Polarität der strukturellen und dynamischen Aspekte der Materie hervor: „Aus dem Äther, der aus Klang hervorgeht, findet unter dem Einfluß der Zeit die nächste Umwandlung statt, und so werden das inhärente Element Berührung und darauf die Luft und der Tastsinn vor-

herrschend./ Weichheit und Härte [Struktur, Dichte] sowie Kälte und Wärme [Dynamik, Temperatur] sind die unterschiedlichen Aspekte der Berührung, des charakteristischen Attributes der Luft.“ (Śrīmad-Bhāgavatam 3.26.35-36)
Erstaunlich ist, daß in dieser vedischen Definition der Begriff der Temperatur nicht dem „Feuer“, sondern der „Luft“ zugeordnet wird. Dies ist ein weiterer Hinweis darauf, daß sich die Begriffe „Luft“ und „Äther“ nicht bloß auf die Aggregatzustände beziehen.

- „Feuer“ (energetische Materie): Geometrisch gesehen, bezieht sich der Begriff „Feuer“ auf die eindimensional gerichteten Energien. Die Entfaltung des dreidimensional meßbaren Raumes innerhalb der hierarchischen Materieverdichtung beginnt auf dieser Stufe.

- „Wasser“ (flüssige Materie): Dieser Begriff – er darf nicht mit dem gewöhnlichen Wasser (H_2O) gleichgesetzt werden – bezieht sich auf die zweidimensionale Entfaltung des geometrischen Raumes, d.h. auf jene Verdichtungsstufe, wo die Materie in zwei Richtungen gebunden ist. Dies zeigt sich z.B. beim H_2O, das sich in seinem Fließverhalten immer an Oberflächen orientiert.

- „Erde“ (feste Materie): der vollständig entfaltete dreidimensionale Raum, der die dichteste Form der Materie bildet, weil sie in allen drei Richtungen gebunden ist. Auf der Stufe der „Erde“ sind die Attribute der anderen vier Stufen in ihrer „geerdeten“ (physikalischen) Form manifestiert. Die Sanskritsprache differenziert hier ganz klar: Zum Beispiel hören wir vom ätherischen „Klang“ (*śabda*) nur jene Klangschwingung (*vaikāri*), die von einem bestimmten Klangträger übermittelt wird. Die übermittelte Information jedoch ist von der Luftschwingung, dem Bild, den Buchstaben usw. gänzlich verschieden.

Die materiellen Verdichtungsstufen sind hierarchisch ineinander verschachtelt. Die verdichteten Formen der Materie gehen aus den weniger verdichteten Formen hervor. Diese Perspektive läßt ahnen, daß es noch ganz andere, ungeahnte Zugänge zu Energie und Materieumformung gibt als die heute bekannten. Wenn man (wie die moderne Technologie) versucht, von den unteren Kategorien aus mit technischen Mitteln Leben und Materie zu manipulieren, stößt man schnell gegen die natürlichen Begrenzungen und richtet dabei große Zerstörungen an, weil diese verkehrte, unnatürliche Vorgehensweise mit Gewalt und Zerstörung arbeitet (Raubbau, Verbrennung, Spaltung usw.). Die Natur selbst arbeitet nur in dritter oder vierter Instanz mit mechanischen Mitteln aus den Kategorien „Feuer", „Wasser" und „Erde" (Knochen, Gelenke, Muskeln, Nervenimpulse, Energieströme usw.), denn all diese Mechanismen sind von höheren Energiemustern abhängig, die vom feinstofflichen und letztlich vom spirituellen Bereich ausgehen.

Wer den Fluß der kosmischen Energien richtig zu nutzen weiß, transformiert die Materie von den feineren Ebenen her, was die effektivste Form von Materiemanipulation darstellt. Über diese scheinbar übernatürlichen Kräfte verfügen alle Wesen der höheren Dimensionen und verfügten auch gewisse Menschen in früheren Zeitaltern. Diese Menschen waren keine Wissenschaftler im modernen Sinn, also keine Technologen, sondern Mystiker oder Magier, die einen feinstofflichen Zugang zur Materie hatten. Die Technologie, wie sie heute die Erde heimsucht, ist also kein Zeichen von Fortschritt, sondern ein Zeichen von Unkenntnis über die höheren Zusammenhänge im Kosmos. Die gegenwärtige Zivilisation beweist diese Unkenntnis auf Schritt und Tritt, indem sie ständig neue Wunden in die Natur reißt.

Die vedische Kultur hingegen befand sich im Einklang mit der Natur und hinterließ deshalb – trotz ihrer hohen, auch technischen Errungenschaften – keine Spuren. Die Geschichtsforscher sagen heute: „Wir finden nichts, und deshalb war da nichts!" Doch dies ist keine zwingende Logik.

Als Vermächtnis der vedischen Hochkultur finden wir nicht Trümmer, Ruinen, Knochen, Gift und Müll, sondern – Schriften! Diese blieben zurück, auch nachdem die vedische Kultur untergegangen war (vor fünftausend Jahren, als das Kali-yuga, das gegenwärtige „eiserne Zeitalter", anbrach und in dessen Verlauf immer mehr Kali-yuga-Kulturen überhandnahmen).

Die heute weltweit verbreitete Industrie und Technologie sind also nicht Zeichen eines Höhepunktes der menschlichen Entwicklung, sondern eines Tiefpunktes! Sie sind das typische Merkmal des Kali-yugas. Nur im „eisernen Zeitalter" können sich auf der Erde solche destruktiven Einflüsse breitmachen. Tatsächlich sind Industrie und Technologie die unantastbaren Götter der heutigen Zeit, denen die Bevölkerung des gesamten Planeten arglos und ziellos dient. Wer gegen sie ein Wort zu erheben wagt, gilt als abtrünnig,

„O bester der Brāhmaṇas, nach der letzten universalen Vernichtung gab es in den Schöpfungen nichts mehr. Es gab nur noch die Lichtenergie des Brahmans, der Ursache aller Ursachen, das unbegrenzte Meer der Freude und Reinheit, das Ziel all jener, die Erlösung suchen. Es ist die alldurchdringende Intelligenz, denn es ist Ausdruck des Wissens [Gottes, des Allwissenden]. Es ist unbegrenzt und unveränderlich. Es ist unzerstörbar, rein, unbegrenzt und alles Begrenzte enthaltend.
Zur Zeit der Neuschöpfung vermischt sich dieser Ausdruck des Wissens mit sich selbst und wird zur Grundlage aller materiellen Formen und Schöpfungen (Pradhāna). Daraus entfaltet sich das Mahat-tattva, das in drei Erscheinungsweisen wirksam wird: Sattva, Rajas und Tamas (erhaltend, aufbauend, abbauend). Genau wie ein Same von einer Hülle bedeckt wird, wird das Mahat-tattva vom Pradhāna umhüllt. Aus dem Mahat-tattva entfaltet sich das Prinzip des Ahaṅkāra (falsches Ich), und zwar gemäß den drei Erscheinungsweisen ebenfalls dreifach: Vaikārika, Taijasa und Bhutādi. Das Ahaṅkāra ist vom Mahat-tattva umhüllt, genauso wie das Mahat-tattva vom Pradhāna. Aus dem Bhutādi [Ahaṅkāra-Prinzip in Tamas, Erscheinungsweise der Unwissenheit] geht das feine Element Klang (*śabda,* „Schwingung") hervor. Aus diesem feinen Element entsteht Raum (*akāśa,* „Äther"), verbunden mit der Eigenschaft von Śabda. Aus dem feinen Element Klang und dem grobstofflichen Element Äther entsteht, beeinflußt durch Ahaṅkāra [in dessen Bereich die gesamte Schöpfung abläuft], das nächste Elementpaar, Berührung und Luft. Der Kontakt von Luft (*vāyu*) und Äther, nachdem jene aus diesem entstanden ist, bewirkt das Entstehen von Farbe, verbunden mit Feuer [Energie, potentielle Masse/Form]. Das feine Element von Vāyu wirkt auf das feine Element Farbe ein, wodurch Feuer durch eine weitere Verdichtung das grobstoffliche Element Wasser und das feine Element Geschmack hervorbringt. Das feine Element von Feuer wirkt auf das feine Element Geschmack ein, wodurch Wasser durch eine weitere Verdichtung das grobstoffliche Element Erde [feste irdische oder auch fleischliche Form] und das feine Element Geruch hervorbringt. ... Doch ohne Kombination und Beseelung wären diese materiellen Elemente unfähig, Formen und Lebewesen hervorzubringen." (Padma Purāṇa III.2.2-16, 24)

„Die ungeborene Seele befindet sich in der materiellen Welt in einem Kreislauf (*cakra*) und durchläuft verschiedenste Körper, die von der sich immer drehenden materiellen Energie geschaffen werden. Diese materiellen Formen gehen aus dem Feinstofflichen hervor (*manaḥ-mayam*). Die feinstoffliche Existenz des Lebewesens ist wie ein Wagen, dessen Rad der grobstoffliche Körper ist. Dieses Rad hat fünfzehn Speichen [2 mal 5 Sinne und 5 Prāṇa-Energien]. Die Guṇas sind die Naben, und die acht materiellen Elemente [Erde, Wasser usw.] sind die Felge dieses Rades, das sich sehr schnell um sein Zentrum dreht, die Überseele, die Höchste Persönlichkeit Gottes." (Śrīmad-Bhāgavatam 8.5.28)

Quellentexte: Die Hierarchie der Elemente

ketzerisch und als Fortschrittsfeind. „Willst du etwa zurück ins Mittelalter oder in die Steinzeit?“

Die Menschen kennen nur noch die Kali-yuga-Technologie und haben jeglichen Bezug zu den höheren Energien und Dimensionen verloren. Mit der Rückkehr des kosmischen Bewußtseins und der Harmonie mit Gott (Viṣṇu) und den Göttern (Brahmā usw.) werden auch die höheren Energiequellen wieder zugänglich werden. Ohne dieses höhere Bewußtsein könnte der Mensch mit diesen Mitteln gar nicht umgehen, sondern würde sich nur in seinem Materialismus bestätigt fühlen. Die sich heute anbahnenden Krisen und Katastrophen haben – neben all dem unbestreitbaren Leid – auch die gute Seite, daß sie die Erde von den niederen Energien befreien und die Menschheit für eine höhere Bewußtseinsstufe vorbereiten werden.

Die Überseele und der universale Lotos

Hinter jeder Schöpfung wirkt Bewußtsein und Intelligenz. Materie bildet und formt sich nur unter einem höheren Impuls. Materie ist verdichtete Energie, ist der Schatten des Bewußtseins. Dieses Prinzip gilt sowohl im individuellen als auch im universellen Bereich.

Die materielle Welt, so erklären die vedischen Schriften, stellt ein Spiegelbild der spirituellen Welt dar. In der vergänglichen Schöpfung spiegelt sich die ewige Welt des Urschöpfers, denn nach deren Vorbild wurde sie geschaffen. Spiegelbild bedeutet Abbild eines Vor-Bildes mit kategorischem Dimensionsunterschied. Das Spiegelbild einer Person „lebt“, weil die Person, die sich spiegelt, lebt; das Spiegelbild jedoch entspricht nur oberflächlich und scheinbar der Person. Das Abbild ist in jeder Hinsicht vom Vor-Bild programmiert und abhängig, und als solches Abbild enthält das Universum bereits von allem Anfang an ein vollkommenes „Schöpfungsprogramm“ gemäß der Anlage der spirituellen Welt. Nur auf Grund dieses alldurchdringenden Hintergrundes entfaltet sich die Materie zu einer geordneten Einheit mit grenzenloser Vielfalt (Kosmos).

Mahā-Viṣṇu geht in Seiner Parallelform als Garbhodakaśāyī Viṣṇu in jedes einzelne der zahllosen Universen ein, die von Ihm ausströmen. In jedem Universum ist Gott, der Schöpfer, als Garbhodakaśāyī Viṣṇu gegenwärtig, und von Ihm wird Brahmā „geboren“. Dank seines

„Brahmā, der aus der Lotosblüte geboren wurde, konnte die Welt nicht sehen, obwohl er sich im Zentrum des Lotos befand. Er bewegte sich daher durch das ganze All, und während er seine Augen nach allen Richtungen wandte, nahm er den vier Richtungen gemäß vier Köpfe an." (Śrīmad-Bhāgavatam 3.8.16)

Brahmā betet: „Ihm, dem urersten Herrn, Govinda [Kṛṣṇa], unter dessen Führung die materielle Energie sich wie Sein Schatten bewegt und Schöpfung, Erhaltung und Vernichtung verursacht, erweise ich meine demütigen Ehrerbietungen." (Brahma-saṁhitā 5.44)

„Brahmā, der erste spirituelle Meister, das höchste Wesen im Universum, konnte den Ursprung des Lotos, auf dem er sich befand, nicht herausfinden, und während er daran dachte, sein Schöpfungswerk vorzunehmen, konnte er die geeigneten Anweisungen nicht verstehen. ... Während Brahmā sich im Wasser befand und nachdachte, hörte er aus der Nähe zweimal zwei Silben. ... Als er nicht imstande war, jemanden außer sich selbst zu finden, hielt er es für klug, auf den Lotos zurückzukehren und der Anweisung gemäß seine Aufmerksamkeit auf Entsagung (*tapasya*) zu richten. ... Da Kṛṣṇa, die Persönlichkeit Gottes, mit Brahmās Tapasya sehr zufrieden war, gefiel es Ihm, Sein persönliches Reich sichtbar werden zu lassen." (Śrīmad-Bhāgavatam 2.9.5-9)

Kṛṣṇaṁ goloka-sthaṁ parat param ...: „Der lotosgeborene Brahmā sah in Meditation das höchste Reich der spirituellen Welt, das Reich Kṛṣṇas mit Namen Goloka [Vṛndāvana] – ein unendlicher Lotos, in dessen Zentrum Kṛṣṇa thront, die göttliche Gestalt ewiger Ausstrahlung (*jyotī-rūpaṁ sanātanam*), die von Ihm [Gott, dem Zentrum] ausgeht wie tausend Blütenblätter in Form von unendlichem Bewußt-Sein und Glücklich-Sein (*cit-ānandam*) und alleszeugendem Klang (*śabda-brahma*), erzeugt von Seiner Flöte und Seinem Lotosmund, spielend, und umgeben in Kreisen von Seinen eigenen Erweiterungen (*svaiḥ svair aṁśair*) in Liebe und Verehrung, von den Geliebten (*gopīs*) bis hin zur äußeren Energie, die alle gespiegelten Formen verkörpert und verkörpert Ihn verehrt (*prakṛtyā guṇa-rūpiṇyā rūpiṇyā paryupāsitam*)." (Brahma-saṁhitā 5.26)[14]

„So im Dienst der Höchsten Persönlichkeit Gottes beschäftigt, ging Brahmā in die Form des Lotos ein, und als der Lotos im ganzen Universum verbreitet wurde, gliederte er ihn in drei Einteilungen von Welten und später in vierzehn Einteilungen." (Śrīmad-Bhāgavatam 3.10.8)

Quellentexte: Die Überseele und der universale Lotos

göttlichen Ursprungs „erbt" Brahmā, das erste inkarnierte Wesen im Universum, das Schöpfungsmuster und die Schöpfungskapazität, worüber er sich anfangs selbst noch nicht bewußt ist. Erst die Offenbarung Viṣṇus in seinem Herzen erweckt ihn zu diesem Bewußtsein, und damit erwachen auch seine Kräfte.

Mit dem Erscheinen des ersten Geschöpfes im Universum erweitert sich der zweite Viṣṇu in die dritte Viṣṇu-Form, die als Seele des Universums oder „Überseele" (sanskr. Paramātmā) in jedes Atom und in das Herz eines jeden verkörperten Lebewesens eingeht. Durch diese dreifaltig-unbegrenzten Formen weilt Gott, der allumfassende Schöpfer (Viṣṇu), gleichzeitig außerhalb und innerhalb aller Universen und wirkt als Grundlage, Seele und Gedächtnis des Universums. Die Wirkungsweise des Paramātmā wird heute auch von der Naturwissenschaft auf abstrakte Weise erahnt und beschrieben (Stichworte wie: Instinkt, Entelechie, morphogenetische Felder, Synchronizität, holographisches Universum usw.).

Brahmās Schöpfungstätigkeit innerhalb des Universums ist nicht linear, sondern multidimensional. Sie ist ein göttliches Werk, das sich dem Intellekt und der Vorstellungskraft aller *nach* Brahmā geschaffenen Wesen (einschließlich der Menschen) entzieht.

In den höheren Sphären des Universums, wo es noch keine verdichtete, sondern nur subtile Materie gibt, stellen Bewußtseinseindrücke sogleich eine konkrete Realität dar. Deshalb sind in diesen Sphären die innere (geistige) und die äußere (physische) Welt nicht voneinander verschieden, so wie beispielsweise auf der Erde, wo die praktische Realisierung eines Gedankenbildes körperliche Tätigkeit (physische Arbeit) erfordert. Meditation und Gedanken sind für Brahmā also unmittelbare Realität. Dies zu wissen ist sehr wichtig, wenn man Brahmās Schöpfungswerk verstehen will.

Brahmās ursprüngliche Meditation wurde durch göttlichen Klang (*ta-pa*) angeleitet. Weil Brahmā hörte und gehorchte, wurde er befähigt, Viṣṇu und auch die spirituelle Welt zu sehen, die in ihrem höchsten Aspekt (Kṛṣṇas Reich Goloka-Vṛndāvana) lotosförmig ist. Durch diese Offenbarung wurde sich Brahmā vollkommen des spirituellen Lotos-Vorbildes bewußt, und gemäß diesem Ein-Druck in seinem gereinigten Bewußtsein materialisierte sich sein eigener Planet zu einem entsprechenden Abbild. Erst jetzt wurde dieser Planet zu einem vollausgestatteten Lebensraum,* und die Voraussetzung

* Der Planet selbst ist nicht Brahmās Schöpfung; er ging ja (als Lotos) direkt aus Viṣṇus spirituellem Körper hervor.

für die eigentliche universale Schöpfungstätigkeit Brahmās war gegeben.

Auf diese Weise manifestiert sich auf der höchsten Ebene des Universums das erste materielle Abbild der spirituellen Realität – eine „geistige", d.h. höherdimensionale Welt, aus der alle anderen Welten innerhalb des Universums hervorgehen. Diese ersten materiellen Formen, die Brahmā in seiner Sphäre vorfindet, ohne sie selbst geschaffen zu haben (dazu gehört auch sein eigener Körper), entstehen also nicht aus dem Nichts, sondern durch die Energie Viṣṇus gemäß Seinem göttlichen Schöpfungsplan.

Schöpfung durch Gedankenkraft

Wenn Brahmā im Universum neue, aus seiner Sicht niedrigere Existenzdimensionen erschafft, sind das für ihn nichts anderes als hierarchische Kopien ersten Grades, zweiten Grades, dritten Grades und so weiter. Auf diese Weise wird Brahmās Sphäre mit ihrer gesamten subtil-materiellen Vielfalt (Tiere, Pflanzen, Berge, Seen usw.) in die niedrigeren Sphären „hinunterkopiert", mit dem jeweiligen Qualitätsverlust, der sich von Mal zu Mal entsprechend potenziert: Je niedriger die Sphäre, desto niedriger, d.h. begrenzter wird die Bewußtseinsstufe der Lebewesen, was sich auch in ihren Erscheinungsformen äußert, die materiell immer dichter (weniger „vergeistigt") und in der Form immer gröber und beschränkter werden.

In den Uranfängen des Universums gab es also noch keine verdichteten Himmelskörper. Diese sind erst später, durch Brahmās Schöpfungstätigkeit, aus den höheren Dimensionswelten des Universums hervorgegangen und werden immer wieder geschaffen und aufgelöst, während die höheren Dimensionen wie eine unsichtbare, scheinbar zeitlose Kulisse weiterexistieren (bis auch sie, beim endgültigen Ende des Universums, wieder aufgelöst werden).

Diese höheren Dimensionen sind der dreidimensionalen Sinneswahrnehmung der Menschen nicht zugänglich, ebenso wie ein Radio keine Fernsehwellen empfangen kann. Sie sind also höherdimensional und für den Menschen unsichtbar, entweder völlig oder teilweise. Ebendiese Tatsache macht die empirischen Forschungen der Kosmologen im wahrsten Sinn des Wortes aussichtslos, da sie nie wissen, wieviel sie wahrnehmen und wieviel nicht. Ihre Sicht des Universums ist auf drei Dimensionen beschränkt, und nicht einmal in diesem Bereich sind ihnen alle Phänomene bekannt.

Obwohl heute kaum jemand die unsichtbaren, höheren Welten und Wesen in Betracht zieht, gehört die Existenz unsichtbarer Dimensionen eigentlich zur alltäglichen Erfahrung. Das unbestreitbare Beispiel ist die Gedankenwelt: Gedanken sind Teil der feinstofflichen Dimension, sind also unsichtbar und mit dreidimensionalen Mitteln nicht meßbar. (Oder gibt es 5 Meter Gedanken, 2 Kubikmeter Konzentration oder 300 Gramm Phantasie?) Die Gedankenwelt ist eine Parallelwelt zur dreidimensionalen Welt und ist nicht bloß auf das Gehirn oder den Kopf beschränkt, denn Gedanken haben einen viel größeren Einflußbereich und können auch unabhängig vom grobstofflichen Körper existieren. Gedanken gehören zum feinstofflichen Körper und bewegen als „Gedankenenergie" die grobstoffliche Materie, denn Gedanken lösen körperliche Reaktionen, Handlungen und Impulse aus. Das tägliche, fast schon unbewußte Zusammenspiel von Gedankenwelt und physischer Welt ist nichts anderes als ein leiser Nachhall der eigentlichen Kraft des Geistes.

Wie in Kapitel 3 beschrieben wird, ist Gottes Bewußtsein die Grundlage aller Realität, und Gottes (Viṣṇus) Gedanke oder „Traum" *ist* die materielle Schöpfung. Dieses göttliche Prinzip – daß Bewußtsein die Grundlage jeder Schöpfung ist – spiegelt sich in einem begrenzten Ausmaß auch in den Lebewesen der materiellen Welt. Wie weit sich die einzelnen Lebewesen dessen bewußt sind, hängt davon ab, wie sehr bzw. wie wenig sie der Materie verhaftet sind. Hierin offenbart sich eine weitere Bedeutung des Klanges *ta-pa* und des Prinzips von Tapasya:

Weil jede grobstoffliche Schöpfung aus höheren Dimensionen hervorgeht, ist es möglich, durch Kontakt mit diesen höheren Dimensionen und durch Loslösung von den niedrigeren Dimensionen selber zu höheren Kräften zu gelangen. Diese Loslösung oder Entsagung (Tapasya) ist der Schlüssel zu „Wunderkräften" aller Art, und deshalb gibt es nicht nur göttliche, sondern auch weniger göttliche Wesen, die Tapasya ausführen. Durch diese Kräfte wird es möglich, die Materie besser zu manipulieren – ob gemäß Gottes Willen oder gemäß selbstischen Wünschen, hängt von der Motivation des Individuums ab. Selbstsüchtige Wesen schöpfen aus anderen Quellen Kraft als selbstlose. Aber alle sind von irgendwelchen Kraftquellen abhängig, entweder von dunklen, von natürlichen oder von göttlichen.

Das vollkommene Beispiel hierfür ist Brahmā, weil er eine vollkommene Tapasya ausführte, nämlich die Entsagung des Ahaṅkāra. Deshalb wandte sich der Urschöpfer, Viṣṇu, persönlich an Brahmā, offenbarte sich diesem und sprach: „Ich erschaffe den Kosmos durch solche Tapasya [d.h. durch göttliche Wesen wie dich, die zu solcher Tapasya bereit sind]; Ich erhalte den Kosmos durch diese Energie, und Ich ziehe alles durch dieselbe Energie zurück. Daher ist die potentielle Kraft Tapasya allein" (Śrīmad-Bhāgavatam 2.9.24).

Aufgrund seiner aufrichtigen Tapasya wird Brahmā direkt von Gott bevollmächtigt, die Schöpfung innerhalb des Universums vorzunehmen. So bekommt er Zugang zu Energien, die es ihm ermöglichen, die erforderliche Vielfalt von materiellen Formen, Planetensystemen und entsprechenden Körpern entstehen zu lassen. Brahmā, als direkter Sohn Gottes (Viṣṇus), ist im Hinblick auf seine Schöpfungskräfte derart gottähnlich, daß er aus jedem Aspekt seiner Existenz (aus seinen Worten, Gedanken und Gefühlen, ja sogar aus seinem Körper und seinem Schatten) weitere Schöpfungen und Geschöpfe „materialisieren" kann. Brahmā vermag dies durch die Bindung und Verdichtung der freien kosmischen Energie. Die Brükke zwischen Energie und Produkt ist das Bewußtsein einer Person, denn nur eine bewußt gelenkte Kraft ist imstande, Energie zu kanalisieren und dadurch geordnete Formen zu bilden.

Energie (vom griechischen Wort *érgon,* „Werk, Wirkung", und *en-ergòs,* „das, was auf etwas anderes einwirkt") heißt im Sanskrit *śakti* und bedeutet wörtlich „die Kraft, etwas zu vollbringen". Dies weist darauf hin, daß mit jeder Energie eine Person verbunden ist, denn zu *śakti* gehören sowohl die Energie als auch die Person, die diese Kraft besitzt bzw. von der diese Kraft („Energie") ausgeht. Letztlich ist diese Person Viṣṇu (Kṛṣṇa), und nichts und niemand ist von dieser höchsten Person/Energie unabhängig. Mit anderen Worten, alle Lebewesen sind bewußt oder unbewußt mit dieser höchsten Quelle verbunden und verfügen über ein begrenztes Maß von Gottes unbegrenzten Energien. Einige sind ermächtigte Stellvertreter Gottes und verkörpern innerhalb des Universums bestimmte Energien Gottes. Andere wollen sich selbst Macht verschaffen und versuchen deshalb, gewisse Bereiche mit dämonischen Mitteln an sich zu reißen. Brahmā, das höchste Wesen im Universum, ist jedoch ein göttliches Wesen, bevollmächtigt, dem Willen Gottes in der materiellen Schöpfung zu dienen und diesem höchsten Willen Ausdruck zu verleihen.

In den höheren Dimensionen des Universums ist keine physische Manipulation der Elemente nötig, denn die Verwirklichung eines Gedankens geschieht dort durch die Gedankenkraft selbst. In der höchsten Dimension (Brahmās Welt) ist jeder Gedanke sogleich Realität, weil dort noch keine Elemente der tieferen Verdichtung vorhanden sind. In den nächstniedrigeren Dimensionen (jedoch immer noch weit jenseits der irdisch-dreidimensionalen Ebene) verursacht ein gedankliches Bild nicht mehr sogleich eine unmittelbare Realität, weil sich der Schleier der Materie bereits etwas verdichtet hat. Aber die Wesen in diesen Dimensionen haben die Fähigkeit, ein feinstoffliches Gedankenmuster (Matrix) durch Konzentration zu komprimieren und dadurch als Objekt in ihre Existenzebene herunterzukopieren.

Die vedischen Schriften weisen darauf hin, daß Materie in Wirklichkeit gebundene Energie ist und daß es verschiedenste Methoden der Energieverdichtung gibt. Jedes geschaffene Ding existiert zuerst in einer geistigen Form, auch in der Welt der Menschen. Wenn z.B. ein Ingenieur ein Flugzeug bauen will, existiert dieses Flugzeug zuerst in seiner Vorstellung, und aus dieser höherdimensionalen Form wird es dann zweidimensional (als Plan) und dreidimensional (als Modell und später als fertiges Flugzeug) manifestiert. Aber zuerst existierte es als geistiges Bild, und die Frage ist nur, wie dieses Bild in eine konkrete Form umgesetzt wird. Auf der Ebene Brahmās ist das geistige Bild bereits die konkrete Form. Die höherdimensionalen Wesen (unterhalb Brahmās) übertragen die Konzentration ihrer Gedanken (die feinstoffliche Matrix) auf die Konzentration der Energie, wodurch sie die ungebundenen kosmischen Elementarteilchen „einfangen" und in eine geordnete Form der Konsistenz bringen. Was ein Maurer physisch mit Backsteinen macht, macht ein kosmischer Baumeister durch Gedankenkraft mit Elementarteilchen.

Die vedischen Schriften sind voll von Beschreibungen, wie mächtige „Kosmotechniker" Raumschiffe, Energiegebilde, Waffen usw. durch ihre feinstofflichen Kräfte materialisierten. Heute verwendete Begriffe wie holographische Projektion, Magnetfelder, Antigravitation, freie Energie oder Ätherenergie lassen wieder solche Dimensionen erahnen.

Jede Schöpfung geht also von Bewußtsein aus, angefangen bei dem höchsten, unendlichen Bewußtsein (Viṣṇu) und beim höchsten Halbgott des Universums (Brahmā) bis hin zu den irdischen und außerirdischen Mächten. Je nach Dimension, Motivation und

„Alle feinstofflichen Elemente sind in ihren grobstofflichen Wirkungen gegenwärtig; ebenso sind alle grobstofflichen Elemente in ihren feinstofflichen Ursachen gegenwärtig, denn die materielle Schöpfung geschieht durch abfolgende Entfaltung von höheren zu niederen Elementen. So sind alle Elemente in jedem einzelnen Element zu sehen." (Śrīmad-Bhāgavatam 11.22.8)

„In den Anfangszeiten [bei Brahmā] geschieht die Schöpfung durch Willenskraft, Blick und Berührung. Erst die Prajāpatis, wie Pracetasā Dakṣa, erschaffen durch geschlechtliche Vereinigung." (Padma Purāṇa I.6.2)

„Nārada wurde aus der Überlegung Brahmās geboren, die der beste Teil seines Körpers ist. Vasiṣṭha wurde aus seinem Atem geboren. ... Der Weise Kardama wurde aus dem Schatten Brahmās manifestiert. So wurden alle entweder aus dem Körper oder aus dem Geist Brahmās manifestiert." (Śrīmad-Bhāgavatam 3.12.23,27)

„Als die Höchste Persönlichkeit Gottes, die auf dem Garbhodaka-Ozean lag, in das Herz Brahmās einging, brachte Brahmā seine Intelligenz zur Reife, und mit dieser hervorgerufenen Intelligenz begann er, das Universum so zu erschaffen, wie es zuvor gewesen war. Zunächst erschuf Brahmā aus seinem Schatten die fünf Arten von Unwissenheit der bedingten Seelen." (Śrīmad-Bhāgavatam 3.20.17-18)

„Eines Tages fühlte Brahmā, der Selbstgeborene, daß er das Ziel seines Lebens erreicht habe. Da brachte er aus seinem Geist (*manasā*) die Manus hervor, die für das Wohl des Universums sorgen. Der selbstbeherrschte Schöpfer gab ihnen eine Gestalt, die der seinen glich. Als diejenigen, die früher erschaffen worden waren, die Manus sahen, applaudierten sie Brahmā, dem Herrn des Universums." (Śrīmad-Bhāgavatam 3.20.49-50)

„Nachdem Brahmā durch enthaltsame Buße, Verehrung, geistige Sammlung und Versenkung in Hingabe, begleitet von Leidenschaftslosigkeit, seine Sinne beherrscht hatte, brachte er große Weise als seine geliebten Söhne hervor. Jedem seiner Söhne gab der ungeborene Schöpfer des Universums einen Teil seines Körpers, der durch tiefe Meditation, geistige Sammlung, übernatürliche Kraft, Tapasya, Verehrung und Entsagung gekennzeichnet war." (Śrīmad-Bhāgavatam 3.20.52-53)

„Da der Weise Kardama seine geliebte Frau erfreuen wollte, setzte er seine Yoga-Kraft ein und erzeugte auf der Stelle ein Vimāna, das nach seinem Willen reisen konnte (*kāma-gam*) ... Er reiste zu verschiedenen Planeten, ebenso wie sich die Luft ungehindert in jede Richtung bewegt. Während er in diesem großartigen Luftpalast, der nach seinem Willen fliegen konnte, durch das Universum reiste, übertraf er sogar die Halbgötter in ihren Vimānas." (Śrīmad-Bhāgavatam 3.23.12,41)

Quellentexte: Schöpfung durch Gedankenkraft

Mentalität wählen die Lebewesen verschiedene Methoden, um ihre Pläne durchzusetzen. Die technologische Form des Kampfes gegen die Natur ist offensichtlich eine der umständlichsten und destruktivsten Methoden.

Der Wunsch, diese Materialisationskräfte zu besitzen, entspringt dem materiell-archetypischen Wunsch aller gefallenen Seelen, Gottes unbegrenztes Wesen zu imitieren, um in der Lage zu sein, jeden Wunsch Wirklichkeit werden zu lassen. Denn Gott hat diese Kraft tatsächlich, und zwar in unendlichem, ewigem und unerschöpflichem Ausmaß, und Gottes Energien wirken „selbsttätig".

Viele Wesen des Universums besitzen diese Materialisationskräfte, über die herausragendsten verfügt Brahmā. Doch selbst er weiß nicht wirklich, wie diese Kräfte funktionieren – wie es ihm gelingt, aus seinen Worten, aus seinem Körper, ja sogar aus bloßer Energie Nachkommen, Planeten und Populationen zu erzeugen. Brahmā verwendet diese Schöpfungsenergien, ohne genau zu wissen, wie sie funktionieren, ähnlich wie ein Mensch Sprache, Gedanken, Körperenergien, Gleichgewicht, Gravitation, Elektrizität und viele andere Kräfte verwendet, ohne deren wahre Natur und Quelle wirklich zu verstehen. Letztlich sind alle Lebewesen von der Vermittlung des Paramātmā (S.77) abhängig, und Brahmā ist sich dessen vollkommen bewußt.

Das Śrīmad-Bhāgavatam, das eine detaillierte Beschreibung der Schöpfung des Universums gibt, betont, daß die Schöpfung letztlich sogar für Brahmā unbegreiflich ist:

> „Brahmā konnte nach eintausend himmlischen Jahren gereifter Meditation nur erkennen, daß die Herrlichkeit der Höchsten Seele [Paramātmā] unbegreiflich ist. Die wunderbare Kraft der Höchsten Persönlichkeit Gottes verwirrt alle. ... Worte, Verstand und Ego mit ihren jeweiligen beherrschenden Halbgöttern sind nicht in der Lage, Viṣṇu zu erkennen. Wir müssen daher einfach, als Akt der Vernunft, dem Herrn unsere achtungsvollen Ehrerbietungen erweisen." (3.6.38-40)

Viṣṇu, Brahmā, Śiva

Brahmā begann in der Folge, die Körper der Lebewesen und die entsprechenden Planeten zu erschaffen. So erschienen verschiedene wichtige Nachkommen Brahmās, allen voran der berühmte Śiva (Rudra), der in seiner ewigen Urform das Medium von Mahā-Viṣṇus Energie ist und außerhalb aller Universen weilt. Dieser ursprüngliche Śiva* geht ebenfalls (wie Viṣṇu) in alle Universen ein und inkarniert sich als Sohn Brahmās, genannt Rudra**. Ihm obliegt es, zur gegebenen Zeit die Auflösung des materiellen Universums zu vollziehen. So ist durch das göttliche Erscheinen Śivas bereits zu Beginn der Schöpfung die Auflösung vorprogrammiert.

Die Existenz eines jeden Universums ist abhängig von der Trinität Viṣṇu, Brahmā, Śiva (Rudra). Kṛṣṇa ist der Ursprung aller Energie und hält durch Seine drei Viṣṇu-Parallelformen die gesamte materielle Manifestation zusammen; Brahmā ist der universale Baumeister (Demiurg), und Śiva ist der Vernichter. In diesem Sinn ist es nicht falsch, wenn es in allen Nachschlagewerken heißt, Brahmā sei der „Schöpfer", Viṣṇu sei der „Erhalter", und Śiva sei der „Vernichter".

Weitere wichtige Söhne und Töchter Brahmās sind die großen Ṛṣi-Weisen (die sieben ursprünglichen Ṛṣis und von ihnen ausgehend viele weitere Generationen in allen Dimensionen) und die Ureltern der Menschen, die Prajāpatis und Manus, deren Nachkommen in verschiedensten Lebensformen das gesamte Universum weiter bevölkerten und bevölkern.

Von Brahmā gehen direkt oder indirekt alle Lebensformen im Universum aus, und er ist es, der sagt: „Es werde Licht! Es werde Tag! Es werde Nacht!" Diese sekundäre Schöpfung ist *Brahmās* Aufgabe. Er ist der mächtigste, erste Halbgott im Universum; aber wenn die Menschen zu Brahmā hochschauen, denken sie angesichts seiner Größe, Macht und Schöpfungskraft, er sei Gott. Aber Brahmā ist nicht Gott, sondern ein Halbgott. Gott, Kṛṣṇa, steht über Brahmā und sogar über Viṣṇu. Gott befindet sich jenseits von Kosmos und Chaos und ist nicht Teil der Dualität.

Eine der vielen Stellen in den vedischen Schriften, wo Brahmā selbst auf diese Tatsache hinweist, findet sich im Śrīmad-Bhāgavatam (2.5.10,12). Brahmā antwortet dort seinem Sohn Nārada, der ebenfalls die falsche Annahme geäußert hatte, Brahmā sei Gott. „Was immer du über mich gesagt hast", sprach Brahmā, „ist nicht falsch, denn solange man sich nicht des Herrn, der Höchsten Persönlichkeit Gottes, bewußt ist, der die endgültige Wahrheit jenseits von mir ist, unterliegt man gewiß der Täuschung, wenn man meine mächtigen Werke betrachtet. ... Ich erweise Vāsudeva, dem Alldurchdringen-

* Śiva: der „Wunscherfüller"; wörtlich: „derjenige, der Glück verheißt".

** Rudra: der „schrecklich Rufende"; derjenige, der durch (Klang-)Schwingung die materiellen Formen auflöst; derjenige, der durch Vernichtung immer die Vergänglichkeit der materiellen Formen in Erinnerung ruft.

den [einer der Sanskritnamen Kṛṣṇas], meine Ehrerbietung und meditiere über Ihn, dessen unüberwindliche Kraft die Menschen beeinflußt, so daß sie mich für den höchsten Herrscher halten."

Diese wichtigen Erklärungen sind in den Schriften der modernen Religionen nicht mehr vorhanden, weshalb viele Menschen Mühe bekunden, an diese Religionen zu glauben. Denn wenn man denkt, Brahmā sei Gott, dann glaubt man an einen „Gott", der gar nicht Gott ist! Dies führt zu großen theologischen Komplikationen, denn Brahmā ist nicht der absolute Schöpfer, sondern ist selbst schon Teil der polaren Schöpfung (vgl. Gott/Teufel-Dualität und Luzifer-Spekulationen, die genau aus diesem Dilemma entstehen).

Brahmā zu verehren wäre nicht so schlimm, denn immerhin ist Brahmā ein Sohn Viṣṇus und ist der höchste Schöpfer innerhalb des Universums. Wenn die Religionen jedoch nicht mehr wissen, was Gott in Wirklichkeit ist, dann sind sie auch nicht in der Lage, den Schöpfer (Brahmā) richtig zu verstehen. Solche Religionen sprechen zwar auch von „Gott", aber ihre Lehren vermitteln den Menschen nur ein verzerrtes Verständnis von Gott und auch ein verzerrtes Verständnis von Brahmā, denn sie haben längst schon irdische Motivationen in die Offenbarungen hineinprojiziert. Oder noch schlimmer: Ihre „Offenbarungen" kamen gar nie von Gott, sondern von irgendwelchen Göttern, die sich gern als Gott verehren lassen. Die vedischen Offenbarungen können den Menschen helfen, wieder ein ungetrübtes Unterscheidungsvermögen zu entwickeln.

Die kosmische Devolution

Von Viṣṇu erhält Brahmā die Kraft, die Schöpfung innerhalb des Universums vorzunehmen. Dank dieser Ermächtigung verfügt Brahmā über göttliche Schöpferkräfte, die er letztlich selbst nicht versteht. Er setzt sie jedoch vorbehaltlos in Gottes Dienst ein; nur aufgrund dieser Qualifikation hat er seine Kräfte überhaupt erst erhalten.

Mit diesen Kräften erschafft Brahmā sukzessive die verschiedenen Existenzdimensionen. Indirekt gehen alle Existenzdimensionen aus Brahmās Welt hervor, und diese wiederum ist nichts anderes als das erste materielle Abbild der unvergänglichen Welt Gottes, der einzigen *wirklichen* Realität.

„Die Schöpfung beginnt mit den Halbgöttern und geht hin bis zu den unbeweglichen Dingen; doch allesamt befinden sich diese Formen im dreifachen Einflußbereich der Prakṛti." (Padma Purāṇa 1.3.165)

[Brahmā spricht:] „Durch Seinen [Viṣṇus] Willen erschaffe ich, zerstört Śiva und erhält Er selbst alles in Seiner ewigen Gestalt als Höchste Person. Er ist der mächtige Beherrscher dieser drei Energien." (Śrīmad-Bhāgavatam 2.6.32)

„Etwas Geschaffenes schafft etwas anderes durch Umwandlung. Auf diese Weise wird es [das Höhere] Ursache und Grundlage eines anderen geschaffenen Objektes. Jedes geschaffene Objekt ist deshalb ebenfalls Realität, und zwar in dem Sinn, daß es das essentielle Wesen eines anderen [höheren] Ursprungs in sich birgt und dahin zurückkehren wird." (Śrīmad-Bhāgavatam 11.24.18)

„Die ersten drei Schöpfungen bilden die *prakṛta-sarga* [die natürliche Schöpfung der Elemente durch die drei Viṣṇu-Formen], angefangen mit der Schöpfung des Mahat-tattva. Die vierte Schöpfung heißt *mukhya-sarga* und besteht aus allem, was sich nicht bewegt [Planeten, Berge, Meere, Pflanzen]. Bei der fünften Schöpfung, *tiryak-srotas,* entstehen die Wesen unterhalb des Menschen [die Tiere]. Die Schöpfung der Wesen über den Menschen ist die sechste und heißt *ūrdhva-srotas*. Die Schöpfung der Menschen ist die siebte und heißt *arvāk-srotas*." (Garuḍa Purāṇa 1.4.15b-17)

„Die Schöpfung der Menschen (*arvāk-srotas*) ist die siebte Schöpfung. Die achte Schöpfung ist die geplante Formung aller Elemente [durch das bewußte Wirken von Brahmās Intelligenz]. Das Erscheinen der Söhne Brahmās, die aus seinem Geist hervorgehen, ist die neunte Schöpfung. Die ersten dieser Söhne waren die vier Kumāras, die Brahmā gleichkamen. Die ersten drei Schöpfungen entstanden ohne das bewußte Wirken von Brahmās Intelligenz (*abuddhi-purvaka*). Die weiteren sechs Schöpfungen, angefangen mit *mukhya,* geschehen durch das Wirken von Brahmās Intelligenz (*buddhi*)." (Kūrma Purāṇa 1.7.17-19)

„Das Unmanifestierte, das die Ursache der Schöpfung ist, ist ewig und hat sowohl absolute als auch relative Aspekte (*sat-asat*). Das ist die primäre Schöpfung Brahmās. Die sechs Schöpfungen, angefangen mit *mukhya,* sind sekundär. Sie existieren zu allen drei Zeiten [Vergangenheit, Gegenwart, Zukunft] in Brahmā, der sich mit ihnen identifiziert. Sind diese sechs Schöpfungen alle entfaltet, bilden sie die siebte Schöpfung, das bestehende Universum." (Vāyu Purāṇa 1.9.109-110)

Quellentexte: Die kosmische Devolution

Mit der Entfaltung der verschachtelten Dimensionen des Universums erblüht der kosmische Lotos zur vollen Pracht und manifestiert sich als leuchtendes, lebendiges Zentrum aller Galaxien. Aus diesem Lotos geht die universale Materie hervor und formt sich durch das Wirken Brahmās gemäß intelligenten Gesetzen zu phänomenalen Strukturen (man betrachte nur die Struktur eines Atoms, eines Lebewesens oder des Weltalls).

Der gesamte Schöpfungsvorgang vollzieht sich in zwei grundlegenden Unterteilungen: die erste ist diejenige, die von Viṣṇu ausgeht. Sie wird Prakṛta, die „primäre" Schöpfung, genannt. Die zweite ist diejenige, die von Brahmā ausgeht. Sie wird Vaikṛta, die „weitergeführte" (sekundäre) Schöpfung genannt, denn Brahmās Schöpfungstätigkeit entfaltet sich *innerhalb* des Universums, nachdem Viṣṇu bereits die Materie, die Universen und die Elemente hervorgebracht hat.

Über die Prakṛta- und Vaikṛta-Schöpfungen entstehen die vollausgestatteten Planetenwelten der jeweiligen Dimensionsebenen. Die einzelnen Phasen der Prakṛta- und Vaikṛta-Schöpfungen sind neun an der Zahl. Da diese neun Phasen z.T. gleichzeitig stattfinden oder sich über die verschiedenen Dimensionsebenen zyklisch wiederholen, werden sie in den Purāṇa-Schriften unterschiedlich analysiert. Meist werden die ersten drei Phasen Viṣṇus Prakṛta-Schöpfung zugeordnet (Entstehung des Mahat-tattva, des Ahaṅkāra und der Guṇa-Umwandlungen), und Brahmās Vaikṛta-Schöpfung gliedert sich dann in sechs Phasen. Diese führen zur Bildung der einzelnen Himmelskörper innerhalb der verschiedenen Dimensionsebenen, angefangen mit den jeweiligen mineralischen, pflanzlichen und tierischen Lebensformen. Dieses sechsphasige Schöpfungswerk führt zur siebten Phase, zur voll entfalteten Planetenwelt. In den genannten sechs Phasen ist Brahmā aktiv mit Schöpfungstätigkeiten beschäftigt, und danach ruhen seine Schöpfungstätigkeiten, weil das Universum die geplante Form angenommen hat.*

Die Himmelskörper entstehen nicht zufällig aus Materie, denn hinter jeder Schöpfung wirken bewußte Kräfte, d.h. Wesenheiten,

* Die Parallele mit der biblischen Genesis ist unübersehbar. Es scheint jedoch, daß dort die sieben Schöpfungsphasen als sieben Schöpfungstage aufgefaßt wurden. In diesem Fall wäre das erste Kapitel des 1. Buches Mose eine bruchstückhafte Wiedergabe der vedischen Genesis, wohingegen die folgenden Kapitel (Adam und Eva bis Noah) auf sumerische Quellen zurückgehen. Deshalb sollten diese Quellen nicht vermischt werden, wie dies der Kreationismus tut und dadurch zu einem verfälschten, dogmatischen Schöpfungsszenario gelangt.

die mit diesen Planeten verbunden sind: „Innerhalb der universalen Schöpfung teilt die Kraft des Höchsten eines in drei: die beherrschenden Wesen, die beherrschten Wesen und die materiellen Körper [die Himmelskörper und die Körper der dortigen Lebewesen]" (Śrīmad-Bhāgavatam 2.10.14).

Genauso wie die Geburt einer Seele auf der Erde die Bildung eines Körpers mit sich bringt, so bringt die „Geburt" von Brahmās Nachkommen auch die Bildung von Himmelskörpern mit sich. Jeder Himmelskörper ist beseelt, und diese inkarnierte Seele ist ein mächtiges, höherdimensionales Wesen. Die Erschaffung dieser planetaren Wesen bedingt die Erschaffung des entsprechenden Lebensraumes (eines Planeten oder einer ganzen Dimensionsebene, wenn das erschaffene Wesen ein Dimensionsherrscher ist).

Brahmā muß jedoch nicht alle Lebensformen und Planeten selbst erschaffen. Von ihm gehen unmittelbar erste Generationen aus, die sich selbständig vermehren. Aufgrund ihrer direkten Verwandtschaft tragen auch sie die Anlagen aller anderen Lebensformen in sich (vergleichbar mit einer Art feinstofflichem Gen-Code). Durch das Wirken dieser bevollmächtigten Generationen wächst im Universum allmählich ein multidimensionaler Stammbaum von Lebensformen und Lebewesen, die alle miteinander verwandt sind.

Mit anderen Worten, von Brahmā geht eine sich exponentiell vervielfältigende Schöpfung aus, wodurch sich eine universale Hierarchie von Existenzdimensionen und Galaxien materialisiert, in denen alle Arten von Lebewesen vorkommen (Mineralien, Pflanzen, Tiere, Menschen, Dämonen, Halbgötter usw.).

Das Leben im Universum entwickelt sich über eine *herabsteigende* Evolution (= Devolution) vom Höchsten und Hohen zum Niederen und Grobstofflichen – im Gegensatz zur Evolutionstheorie, die besagt, alle Formen, auch die lebendigen, seien zufällig aus lebloser, grobstofflicher Materie hervorgegangen und hätten sich über niedere zu höheren Formen entwickelt.

Wie das universale Urwissen auf die Erde kommt

Brahmā geht aus dem Lotos hervor, der aus Garbhodakaśāyī Viṣṇu hervorgeht, und empfängt Wissen vom Paramātmā (Kṣīrodakaśāyī Viṣṇu). Beide Viṣṇus sind Erweiterungen Mahā-Viṣṇus, der Seinerseits eine Erweiterung Kṛṣṇas ist. Über diesen Kanal, der die Schöpfungsenergie materialisiert, kommt auch das Urwissen, der Veda, in die materielle Welt. Brahmā, der als erstes Lebewesen im Universum dieses von Gott offenbarte Wissen empfängt, vermittelt es an die nachfolgenden Generationen weiter, die es ihrerseits – vollständig oder teilweise – an die nächsten Empfänger weiterreichen.

Auf diese Weise wird der Veda in verschiedenen Aspekten auf allen Planeten des Universums bekannt. Eine wichtige Aufgabe kommt hierbei den geistigen Söhnen Brahmās zu, allen voran dem großen Weisen Nārada, der in Brahmās bzw. Kṛṣṇas Auftrag durch das Universum reist, um das vedische Wissen an verschiedene Individuen weiterzugeben.

Manchmal geschieht es, daß auch Gott (Kṛṣṇa) persönlich innerhalb Seiner eigenen Schöpfung erscheint, wie z.B. vor fünftausend Jahren auf der Erde, als Er die Bhagavad-gītā sprach.

Das vedische Wissen ist eine zeitlose Offenbarung. Es wurde zwar erst vor einigen Jahrtausenden schriftlich festgehalten, aber das heißt nicht, daß das vedische Wissen damals *entstand*.

Die Menschheit stammt von höheren Planeten

Brahmā erschafft hierarchisch und devolutionär die Planetensysteme des Universums. Wie bereits beschrieben, entstehen mit der Erschaffung der einzelnen Planetensysteme auch die Körper der Lebensformen, die in der jeweiligen Dimension leben. Brahmā vollbringt dies entweder persönlich oder indirekt durch seine „Kinder" und die Generationsfolgen ihrer Nachkommen.

So erscheinen unterschiedlichste übermenschliche Wesen, angefangen mit den großen Weisen (Ṛṣis) und Halbgöttern (Suras oder Devas) der höheren Planetensysteme bis hin zu den Cherubim, Seraphim und Elohim, wie sie im Alten Testament genannt werden. Diese Wesen unterschiedlicher Herkunft und Gesinnung sind für die Menschen nicht sichtbar, obwohl *sie* die Menschen sehr wohl sehen und auf sie Einfluß nehmen können. (Die Elohim werden im Alten Testament mit Gott, dem „Herrn", gleichgestellt. Einige Altertumsforscher, Sumerologen usw. bezweifeln heute, ob diese Gleichstellung berechtigt ist, denn immerhin ist Elohim im Hebräischen ein Pluralbegriff und heißt nicht „Gott", sondern „Götter". Auch einige der Aussagen und Verhaltensweisen der Elohim lassen Zweifel an dieser Gleichstellung wachwerden.)

In der Entfaltung der Hierarchie von übermenschlichen Wesen wird, gemäß Brahmās Programm, im Laufe der Zeit auch die Sphäre der Menschen geschaffen, so daß die Seelen mit einer „irdischen" Bewußtseinsfrequenz ebenfalls eine Möglichkeit bekommen, geboren zu werden und in ihrer spirituellen Entwicklung Fortschritte zu machen.

Die Ureltern der Menschheit sind die Manu-Ehepaare, die selbst nicht auf der Erde leben, aber ihre Abkömmlinge auf die Erde senden, um dort die ersten irdischen Geschlechter zu erzeugen. Diese mächtigen göttlichen Wesen mit dem Titel „Manu" stellen den Ursprung der Menschheit dar, nicht nur genealogisch, sondern sogar etymologisch. (Der Ausdruck „Manu" prägte das Sanskritwort für „Menschheit", *manuṣya,* und lebt in der Wortwurzel *man-* weiter, die in vielen modernen Sprachen noch zu finden ist, z.B. im deutschen *Mann* und *Mensch* und im englischen *man* und *woman*.)

In diesem Zusammenhang heißt es in der Bhagavad-gītā (4.1):

> „Ich [Kṛṣṇa] unterwies den Sonnengott, Vivasvān, in dieser unvergänglichen Wissenschaft des *yoga;* Vivasvān unterwies Manu, den Vater der Menschheit, und Manu den [irdischen König] Ikṣvāku."

Die vierzehn Planetensysteme

Gemäß der vedischen Kosmologie unterteilt sich die Planetenstruktur des Universums in vierzehn Planetensysteme:

> „Folgendes sind die höheren sieben Welten (*lokas*) des Universums, angefangen mit der irdischen Dimension: Bhūrloka, Bhuvarloka, Svargaloka [auch Svarloka genannt], Maharloka, Janoloka, Tapoloka und Satyaloka. Daneben gibt es die sieben untergeordneten Welten [wo kein Sonnenlicht vorhanden ist]. Ihre Namen lauten, in absteigender Reihenfolge: Atala, Vitala, Sutala, Talātala, Mahātala, Rasātala und Pātāla." (Nārada Purāṇa 1.3.37-38)

Diese Unterteilung kann – ähnlich wie die der fünf „Elemente" – leicht mißverstanden werden. Der Sanskritausdruck Loka („Planetensystem") findet in der modernen Astronomie kein Synonym. Loka bedeutet nicht „Planetensystem" im Sinn von Sonnensystem oder Galaxie, sondern bezieht sich auf das, was bisher als „Dimensionsebene" umschrieben wurde. Die vedische Auflistung der vierzehn

Planetensysteme geht vom Verdichtungsgrad der jeweiligen Sternenwelt aus und nicht von deren Position auf der Sternkarte. Dieser Schlüssel öffnet das Tor zu einem neuen Verständnis des Universums.

Die vierzehn Planetensysteme bestehen aus sieben „unteren" und sieben „oberen" Bereichen. Diese Unterteilung in zwei Siebnerhälften spiegelt das universale Gleichgewicht der Pole wider. Das Thema der Polarität (Dualität) wird im weiteren Verlauf des vorliegenden Bandes von zentraler Bedeutung sein.

Die zwei Siebnerhälften des Universums entsprechen der Polarität der *gottzugewandten* und *gottabgewandten* Wesen. Bemerkenswert ist, daß beide Seiten gemäß Gottes Schöpfungsplan gleich viel kosmisches Terrain zugesprochen bekommen. Gott ist nicht rach- oder eifersüchtig, und deshalb gewährt Er denjenigen Wesen, die sich von Ihm abwenden oder Seine Existenz sogar leugnen, dieselben materiellen Voraussetzungen wie denjenigen, die verstehen bzw. zugeben, daß es einen Gott gibt, ein höchstes Wesen, von dem alles ausgeht.

Die Erde befindet sich genau in der Schnittstelle der beiden Hälften. Sie gehört zu Bhūrloka, dem siebten Planetensystem (von oben gezählt), das deshalb oft auch das „mittlere Planetensystem" genannt wird. Bhūrloka erstreckt sich quer durch das ganze Universum und umfaßt all jene Planeten, die direkt mit der irdischen Sphäre verbunden sind. Die meisten dieser vierzehn Lokas sind von der Erde aus nicht sichtbar. Sichtbar sind nur die nächsthöheren zwei oder drei Dimensionsebenen: Bhuvarloka, Svargaloka und vielleicht noch Teile von Maharloka. Wenn wir in den Nachthimmel hochschauen, sehen wir nur diese vier „Planetensysteme", und von ihnen ebenfalls nur Ausschnitte, nämlich die empirisch wahrnehmbaren. Viele Bereiche von Bhūr-, Bhuvar-, Svarga- und Maharloka sind bereits höherdimensional und deshalb für irdische Augen unsichtbar.

Beim Betrachten des Universums verhält es sich ähnlich wie beim Betrachten eines lebenden Menschen. Auch bei einem lebenden Menschen sehen wir nur den grobstofflichen Körper, während wir viele andere Aspekte nicht wahrnehmen, z.B. den feinstofflichen Körper, die Aura, die Psyche und die Seele. Wir vermögen nur den grobstofflichen Körper wahrzunehmen, obwohl zur gleichen Zeit am gleichen Ort auch all die anderen Aspekte vorhanden sind. Ebenso sehen wir überall im Universum nur „tote" und „leere" Planeten, denn deren höhere Aspekte sind unseren irdischen Augen nicht mehr zugänglich.

„Dreißig irdische Jahre sind ein Monat der Halbgötter. Einhundert irdische Jahre sind drei Monate und zehn Tage der Halbgötter. Dreihundertsechzig Jahre sind ein Jahr der Halbgötter. 3030 irdische Jahre sind ein Jahr auf den Planeten der sieben Weisen. 9090 irdische Jahre sind ein Jahr auf dem Planeten Dhruvas." (Liṅga Purāṇa 1.4.17-22)

„König Kakudmī begab sich von der Erde hinauf in Brahmās Reich. Weil Brahmā gerade ein Konzert der Gandharvas anhörte, mußte Kakudmī kurz warten. Als Brahmā kam, brachte Kakudmī ihm seine Ehrerbietung dar und trug sein Anliegen vor. Als der mächtige Brahmā dessen Anliegen hörte, lachte er und sprach: ‚O König, weißt du nicht? Während du hier auf Satyaloka kurz gewartet hast, sind auf der Erde bereits siebenundzwanzig Catur-yugas [27 x 4 320 000 Jahre] vergangen!'" (Śrīmad-Bhāgavatam 9.3.29-31)

„Auf den sieben Planetensystemen, die sich unterhalb von Bhūrloka befinden, gibt es wunderschöne Häuser, Gärten und Orte des Sinnengenusses, die sogar noch prunkvoller sind als die auf den höheren Planeten, denn die Dämonen genießen ein hohes Maß von Sinnenfreude, Reichtum und Macht. Die meisten der Bewohner dieser Planeten, die als Daityas [Dämonen], Dānavas [Riesen] und Nāgas [reptilienähnliche Humanoide] bekannt sind, sind mit ihren Frauen, Kindern und Freunden in ein trügerisches, materielles Glück versunken. In diesen Imitationshimmeln (*bila-svarga*) lebt ein großer Dämon namens Maya Dānava. Er ist ein Māyā-vinā, ein genialer Ingenieur und ein Meister der mystischen Kräfte. Er ist berühmt für seine Puras (Städte), die planetar oder auch fliegend sein können. ... Er residiert in Talātala, unterhalb von Sutala. Seine drei fliegenden Städte, die Tripuras, waren so mächtig, daß nur Śiva sie zu bezwingen vermochte." (Śrīmad-Bhāgavatam 5.24.8-9, 28) [Das Raumschiff des irdischen Königs Śālva, das im Kapitel „UFOs und das vedische Weltbild" im Anhang erwähnt wird, ist ebenfalls ein Werk des Maya Dānava, Baujahr rund 3000 v.Chr.]

„Die drei Welten Bhūr, Bhuvar und Svar werden von den Weisen *kṛtaka* (‚immer wieder geschaffen') genannt. Die drei Welten Jana, Tapa und Satya werden *akṛtaka* (‚nicht der konstanten Auflösung und Neuschöpfung unterworfen') genannt.
Dazwischen befindet sich Maharloka und wird *kṛtakākṛtaka* genannt. Am Ende eines Kalpas wird Maharloka leer, aber unterliegt keiner gänzlichen Vernichtung." (Brahma Purāṇa 21.19-20)

Quellentexte: Die vierzehn Planetensysteme

Bhuvar-, Svarga- und Maharloka sind für den astronomischen Betrachter nur als „ferne" elektromagnetische Strahlenquellen wahrnehmbar (Quasare? Pulsare?). Von den Dimensionsbereichen, die noch höher liegen, empfangen wir keine elektromagnetischen Signale mehr, und deshalb sind diese Lokas für die irdische Physik nicht mehr nachweisbar. Die Wesen dieser Welten sind viel weniger verdichtet als die irdischen, und ihr Zugang zu Materie und Energie entzieht sich sogar den kühnsten Science-fiction-Phantasien. In diesen Welten ist alles leuchtend und lebend, und niemand benötigt mechanische Technik, um die Materie zu manipulieren. Diese göttlichen Lichtwesen existieren in Harmonie mit ihrer natürlichen Umwelt und können deshalb – innerhalb des Spielraumes der göttlichen Naturgesetze – mit ihren Bewußtseinsimpulsen (Wille oder Vorstellungen) unmittelbar auf die Materie einwirken.

Die höchsten Dimensionen des Universums heißen Janoloka, Tapoloka und Satyaloka. Satyaloka wird oft auch Brahmaloka genannt, denn Satyaloka ist die Welt Brahmās, des ersten und höchsten Wesens innerhalb des Universums.

Die unteren sieben Planetensysteme sind im doppelten Sinn des Wortes die dunklen Bereiche des Universums. Überall, wo es Licht gibt, gibt es auch Schatten, und diese unteren Planetensysteme können tatsächlich als die Schatten der oberen Planetensysteme bezeichnet werden. Die dunklen, negativen Welten gehören aber genauso zur materiellen Welt wie die leuchtenden, positiven Welten, denn die materielle Welt ist eine Welt der Polarität. Die konstante Präsenz des Negativen weist darauf hin, daß auch die Seite des Positiven nicht das endgültige Ziel der spirituellen Entwicklung darstellt. Das Positive ist „gut", weil es das Sprungbrett zur Erkenntnis Gottes darstellt, und das Negative ist „böse", weil es genau diese göttliche Perspektive leugnet oder sogar bekämpft. Aber beide Pole befinden sich immer noch innerhalb der materiellen Welt.

Die Bewohner der höheren Dimensionen sind sich der Realität Gottes bewußt, und sie sehen sich als Diener und Vertreter Gottes innerhalb des Universums. Aus dem Vergleich mit ihren eigenen göttlichen Fähigkeiten erahnen sie die unendliche Allmacht und Liebe Gottes. Für sie ist Gott der kosmische Ursprung, der Weltenschöpfer, das höchste Lichtwesen, dem sich kein sterbliches Wesen, nicht einmal ein Halbgott, nähern kann. Diese liebende, ehrfürchtige Haltung, so beschreiben die vedischen Schriften, ist charakteristisch für die Beziehung der Halbgötter zu Gott:

„Als Kṣīrodakaśāyī Viṣṇu von den Halbgöttern und Brahmā mit Gebeten verehrt worden war, erschien Er vor ihnen. Seine Ausstrahlung glich dem gleichzeitigen Aufgang von Tausenden von Sonnen. Die Halbgötter waren durch die Ausstrahlung Viṣṇus wie geblendet und vermochten weder den Himmel noch die Himmelsrichtungen, noch den Planeten zu sehen. Sie sahen auch sich selbst nicht mehr, ganz zu schweigen vom Höchsten Herrn, der vor ihnen stand. Nur Brahmā und Śiva sahen die kristallklare Schönheit Viṣṇus, der Persönlichkeit Gottes ..." (Śrīmad-Bhāgavatam 8.6.1-3a)

In der holistischen Wissenschaft und in der Esoterik zeichnet sich die Entwicklung eines neuen „kosmischen Bewußtseins" ab, das auch die Existenz höherer Dimensionen in Betracht zieht. Es wird erkannt, daß der Mensch im Universum nicht isoliert ist, sondern als lebender Teil zur Gesamtheit des Kosmos gehört. Die Dimension der Menschen ist nur eine von vielen kosmischen Dimensionen, die alle ihre eigene Schwingungsfrequenz haben. Dementsprechend haben auch die Planeten dieser Dimensionen und die Körper der dortigen Wesen eine eigene Schwingungsfrequenz, die jenseits des irdischen Fassungsvermögens liegen. Viele Menschen träumen bereits vom Kontakt mit diesen Dimensionen, und einige behaupten sogar, diesen Kontakt bereits zu haben. Unter den Berichten, die auf solche Kontakte zurückgeführt werden, gibt es einige, die durchaus glaubwürdig klingen; und wenn sogar diese bloß der Phantasie des Mediums entsprungen wären, dann hätte es sich zumindest um eine göttlich ausgerichtete Phantasie gehandelt.

Ein erstaunlicher Bericht stammt von einem Autor, der die entsprechenden vedischen Texte nicht gekannt hat, der aber dennoch die Sanskritnamen der höheren Dimensionen erwähnt: Maharloka und Satyaloka. Diese Namen (die der Autor nicht als Sanskritbegriffe erkennt) seien ihm durch „tele-energetischen Traumkontakt" mitgeteilt worden, ebenso wie die Information, daß das Universum von einem grenzenlosen Meer zusammengehalten wird:

„Der Urkraftozean [Garbhodaka] des Weltraums verbindet Sterne, Galaxien und Metagalaxien, ... das Universum ist ein grenzenloses Meer von Bewußtseinszentren und Lebenskraftfeldern [Kṣīrodaka], ein geistdurchpulster Metakosmos, der selbst wiederum nur Teilorgan des Allwillens der Weltengottheit [Viṣṇu] ist. ... Wir von Maha sind keineswegs das steuernde Gehirn des Kosmos, sondern nur willige Diener des Ewigen. ... Das ganze dem Menschen sichtbare Universum ist Teil eines von schöpferischen Kräften durchpulsten und gelenkten metakosmischen Organismus – mit all seinen Strahlungs- und Wandlungsprozessen eine lebendige Verkörperung göttlicher Weisheit und Harmonie, ein biodynamisches Wunderwerk von für euch Menschen unvorstellbaren Ausmaßen, und dabei doch nur *einer* von ungezählten ähnlichen Lebensbereichen, die allesamt in einen unsichtbaren Hyperkosmos eingebettet sind, dessen Größe nur die Satya zu ermessen vermögen. Und über den Hyperkosmos spannen sich abermals höhere Einheiten des lebendigen Universums, von denen selbst die Satya sagen, sie wüßten ihre Größe nicht ...“[15]

„Wir verwenden den Begriff Gott, im Sinne des *einen* Gottes, kaum. Und wenn, dann beziehen wir ihn auf die Wesenheit, die wir als Urschöpfer kennen. ... Wir sind nie in die Nähe der Wesenheit Urschöpfer gelangt. Sogar diejenigen unter uns, die Wesen von höchster Lichtschwingung sind, wären dazu noch nicht weit genug entwickelt. Wir sind noch nicht darauf vorbereitet, die Intensität dieser Ausstrahlung auszuhalten. Es ist unser Wunsch, an einem bestimmten Punkt unserer Evolution einen Blick auf ‚Urschöpfer‘ [auf Viṣṇu] zu erhaschen ...“[16]

Diese höheren Welten bieten eine überwältigende Fülle von immer neuen Sinneseindrücken und Spielmöglichkeiten mit der Materie. Würden die Menschen konkrete Beschreibungen dieser himmlischen, paradiesischen Welten hören, würde dies in ihnen unersättliche Wünsche entfesseln, und sie wären wie gebannt von dem Gedanken, diese faszinierenden Welten zu erleben; doch diese Welten gehören immer noch zur Polarität der materiellen Welt. Sie stellen die positive, lichterfüllte Seite dar, im Gegensatz zu den negativen, dunklen Welten.

Die meisten Halbgötter sind sich bewußt, daß sie immer noch im Kreislauf der Reinkarnation gefangen sind, und sie erinnern die Menschen an den großen Vorteil des Erdendaseins: Auf der Erde hat man die Gelegenheit, sich ohne kosmische Verlockungen und Verantwortungen auf die höchste Gotteserkenntnis zu konzentrieren. Die Halbgötter wissen, daß sie selbst einmal Menschen auf der Erde waren, aber die Möglichkeit des direkten Gottesdienstes (Bhakti) verpaßten, weil sie den Wunsch entwickelten, in die höheren Welten zu gelangen. Deshalb betonen die höchsten Halbgötter, daß die jetzigen Menschen nicht denselben Umweg machen sollten. Ja sie sehnen sich danach, selbst wieder auf der Erde geboren zu werden:

Die Halbgötter singen (*devā gāyanti*): „Welch wunderbare, fromme Taten die Menschen in ihren vergangenen Leben ausgeführt haben müssen, um auf der Erde [in Bhārata] leben zu können. Der Höchste Gott selbst muß mit ihnen zufrieden gewesen sein. Wie sonst wäre es ihnen möglich, sich in so mannigfaltiger Weise im hingebungsvollen Dienst zu beschäftigen? Wir Halbgötter können nur hoffen, ebenfalls als Menschen in Bhārata-varṣa geboren zu werden./ Durch schwierige Rituale, Entsagungen, Gelübde und Spenden haben wir unsere Stellung auf den himmlischen Planeten erlangt; aber was ist der Wert? Aufgrund unseres genußreichen Lebens fällt es uns schwer, uns an das wahre, höchste Ziel zu erinnern. In der Tat, aufgrund unserer übermäßigen Zufriedenheit haben wir Nārāyaṇa [Viṣṇu, den höchsten Schöpfer] beinahe vergessen./ Ein kurzes Leben in Bhārata-varṣa ist einem Leben auf Brahmaloka vorzuziehen, denn selbst wenn man auf Brahmaloka erhoben wird, muß man in den Kreislauf von Geburt und Tod zurückkehren." (Śrīmad-Bhāgavatam 5.19.21-23a)

In der Bhagavad-gītā (8.16) offenbart Kṛṣṇa, der Ursprung Viṣṇus:

„Alle Planeten in der materiellen Welt – von Brahmaloka bis hinab zum niedrigsten – sind Orte des Leids, an denen sich Geburt und Tod wiederholen. Wer aber in Mein Reich gelangt, wird niemals wieder geboren."

Das Rätsel der UFOs – einst und jetzt

Die Erde gehört zur siebten von insgesamt vierzehn kosmischen Dimensionsebenen. Auf der Erde überschneiden sich die Einflüsse der oberen und unteren Dimensionen. Welche Einflüsse vorherrschen, hängt vom Bewußtsein der Menschen und vom jeweiligen Zeitalter (Yuga) ab. Im gegenwärtigen Zeitalter sind – was die Weltgeschichte betrifft – zweifellos die dunklen Mächte an der Macht.

Im vorigen Abschnitt sind die Bewohner der oberen Planetensysteme beschrieben worden. Genauso wie diese sich in verschiedenste Kategorien aufteilen (Brahmaloka-Bewohner, Ṛṣis, Suras, Devas, untergeordnete Halbgötter, Lichtwesen, Engel usw.), existieren auch auf den unteren Planetensystemen verschiedenste Kategorien von Wesen (Asuras, Dānavas, Rākṣasas, Nāgas usw.).

Die Bewohner der oberen, lichterfüllten Welten haben eine göttliche Gesinnung, das heißt, sie dienen Gottes Schöpfungsplan und leben in Harmonie mit der Schöpfung. Man könnte sie mit der Regierung des Universums vergleichen. Die Bewohner der unteren, dunklen Welten wären in diesem Vergleich der „Untergrund" des Universums. Viele Mächte aus diesen Bereichen wollen die Machthaber im Universum stürzen, weil sie denken, diese seien ungerecht und korrupt. Aus ihrer Sicht ist das Hauptmachtmittel dieser Regierung der „Mythos“ von Gott; mit dem Glauben an einen unsichtbaren, transzendenten Gott, der angeblich alle Lebewesen beobachte und richte, seien diese Machthaber in der Lage, ganze Zivilisationen auf vielen Planeten des Universums zu „gehirnwaschen“ und dienstbar zu halten. Die dunklen Mächte sprechen zwar auch von Gott, aber nur in einem symbolischen Sinn, denn für sie ist das Universum (d.h. die Materie) Gott. Sie glauben, das Universum sei ein sich selbst organisierender Apparat und sei nur die Summe seiner Teile. Obwohl sie materialistisch und atheistisch sind, wissen sie sehr wohl, daß die Materie nicht nur dreidimensionale, sondern auch höherdimensionale Aspekte umfaßt, denn sie sind Meister in der Manipulation gewisser höherdimensionaler Energien. Sie streben nach möglichst vollkommener Macht über diese Energien, denn sie glauben, das Universum sei nichts anderes als das Zusammenspiel solch universaler Kräfte und Energien; letztlich habe das Universum keine andere Ursache außer sich selbst.

All diese Ansichten, so wissenschaftlich, kosmisch oder esoterisch sie klingen mögen, sind Teil eines facettenreichen Atheismus, der von der Annahme ausgeht, ein transzendenter Gott sei unnötig und existiere auch nicht. Weil Wesen mit einem solchen Weltbild glauben, es gebe keinen Gott, vor dem man sich zu verantworten hat, schrecken sie bei ihren Machtbestrebungen auch vor nichts zurück. Sie glauben nur an die Naturgesetze und an das Wirken eines mechanischen, unpersönlichen Aktion-Reaktion-Gesetzes. Im Klartext besagt diese Philosophie: Der Stärkere hat recht.

Die Bewohner der unteren Planetensysteme sehen sich selbst jedoch nicht als dunkle Mächte. Sie sind von ihrem atheistischen Weltbild völlig überzeugt, weshalb sie auch überzeugt sind, daß das, was sie tun, „gut“ ist. Aus ihrer Sicht sind die Bewohner der oberen Welten die dunklen Mächte, weil diese viele Planetensysteme, vor allem das irdische Planetensystem, mit einem Gottglauben missionieren und den Bewohnern einen „fruchtlosen Gottesdienst“ abverlangen. Aus der Sicht der dunklen Mächte ist dies ein unverzeihlicher Betrug, aus dem einfachen Grund, weil es gar keinen Gott gibt. Deshalb senden auch sie ihre Missionen aus, um den (aus ihrer Sicht) dunklen Mächten den Kampf anzusagen. Dieser Kampf geht vor allem um das mittlere, das siebte Planetensystem.

So kommt es, daß auf der Erde Wesen aus den oberen und auch aus den unteren Welten Einfluß nehmen, geboren werden oder erscheinen. Der irdischen Bevölkerung bieten sich beide Seiten an, und jeder Mensch muß selbst entscheiden, mit wem er sich einlassen will. Die Vertreter beider Seiten sagen, daß sie göttlich sind und es nur gut meinen. Innerhalb der materiellen Welt der Dualität sind die Begriffe „göttlich“ und „gut“ relative Begriffe, denn jedes Wesen und jede Macht stellt sich darunter etwas anderes vor.

Aufschlußreich sind die Beschreibungen, die die vedischen Schriften von den dunklen Welten geben: In diesen Existenzdimensionen bietet sich unvorstellbarer materieller Genuß an, und die Bewohner verfügen über eine hochentwickelte mechanische Technik, mit der sie die Materie in vieler Hinsicht nach ihrem Willen beeinflussen können. Einige Aspekte dieser Technik sind mittlerweile auch auf der Erde eingeführt worden: Motorentechnologie, Atomspaltung, Nuklearenergie, Computer, Laser usw. Dies sind typische Entwicklungen des Kali-yugas, denn nur in diesem „eisernen Zeitalter“ gerät die Menschheit in die Abhängigkeit und Kontrolle solch technologischer Mächte. In anderen Zeitaltern verfügten die Menschen über andere, höhere Kräfte und waren nicht von der Gnade irgendwelcher Technologieproduzenten abhängig. Im Kali-yuga verschwinden diese Kräfte – aufgrund des Einflusses der genannten dunklen Mächte – und werden beschränkt durch technologische Hilfsmittel ersetzt. Wenn der Mensch diese Kräfte verloren hat, kann er leicht manipuliert und kontrolliert werden.

Je nach dem Zeitalter herrschen auf der Erde die einen oder die anderen Einflüsse vor. Meistens geschieht dies, indem Wesen aus den oberen oder unteren Welten auf der Erde inkarnieren und als Menschen wirksam werden, sei dies im positiven oder im negativen Sinn. Es ist aber auch möglich, daß Wesen aus den oberen und unteren Welten die Erde direkt „besuchen“. Wie den vedischen Schriften zu entnehmen ist, kommt dies tatsächlich immer wieder vor, und zwar schon seit es die Menschheit gibt. Zu verschiedenen Zeiten und in den verschiedenen Kulturen nannten die Menschen diese höherdimensionalen Wesen „aus anderen Welten“ Götter (Suras, Devas), Dämonen (Asuras, Dānavas, Nāgas), Giganten, Engel, Anunnaki, Nephilim, Elohim, Himmelssöhne, Außerirdische, Ufonauten usw. Viele dieser Begriffe sind Sammelbegriffe und sagen nichts über die Herkunft und Motivation dieser Wesen aus.

Obwohl die Menschheit immer wieder mit „Außerirdischen“ in Kontakt kommt, ist nicht zu übersehen, daß in den letzten fünfzig Jahren ein auffälliger Anstieg von Sichtungen und Kontakten zu verzeichnen war. Das Jahr 1947 gilt als der Beginn der modernen UFO-Epoche, die – wie vieles damals – von Amerika ausging. Das auslösende Ereignis war der Bericht eines Piloten gewesen, der während eines Fluges neun seltsame, runde Flugobjekte auf einmal gesehen haben wollte. Der Bericht dieses Piloten, Kenneth Arnold, war derart glaubwürdig oder zumindest aufsehenerregend, daß die amerikanische Presse landesweit über diesen Vorfall schrieb. Arnold prägte auch den Ausdruck „Fliegende Untertassen".

Mittlerweile wird die Existenz von sogenannten UFOs („Unidentifizierte Flugobjekte") kaum mehr bestritten. Seit Jahrzehnten werden sie weltweit gesehen und sogar von Flugplatz- und Militärradars geortet. Die dynamischen Flugeigenschaften dieser Objekte (Zickzack-Flug, Schweben, schlagartige Beschleunigung auf Tausende von Stundenkilometern, Unsichtbarwerden usw.) übertreffen jede heute bekannte Technik. Die Hypothese, daß geheime irdische Forschungsprojekte für das vermehrte Erscheinen solcher Flugobjekte verantwortlich seien, kann in keiner Weise die Zahl der Sichtungen und schon gar nicht den Charakter dieser Sichtungen erklären. Auf der Grundlage dieser Fakten geben heute sogar offizielle Stellen (wie die Militärbehörden Rußlands, Spaniens und der Schweiz[17]) zu, daß Flugobjekte gesichtet wurden, die nicht zu identifizieren waren. Was umstritten ist, ist nicht die *Existenz* von UFOs, sondern deren Herkunft. Daß es sich bei diesen unbekannten Flugobjekten um außerirdische Raumschiffe handelt, wird von den offiziellen Stellen (auch von den obengenannten) stark in Frage gestellt – weil außerirdische Raumschiffe nicht in das wissenschaftliche Weltbild passen.

Es ist unbestreitbar, daß Tausende von Menschen weltweit UFOs sehen, aber was diese UFOs sind, ist nicht klar. Sehr oft sind es Falschmeldungen, Verwechslungen oder Halluzinationen, aber diese „natürlichen" Erklärungen treffen in keiner Weise auf alle Sichtungen zu, vor allem nicht auf die Radaraufnahmen und auf die Berichte von Flughafenangestellten, Piloten, Astronauten und unabhängigen Zeugen (die von verschiedenen Stellen aus dasselbe Objekt sahen und sogar fotografierten oder filmten).

Wer in diesen UFOs außerirdische Raumschiffe sieht, läuft auch heute noch Gefahr, sich lächerlich zu machen. Auch in der wissenschaftlichen UFO-Diskussion wird die Theorie von der außerirdischen Herkunft der UFOs stark bezweifelt. Dabei gehen die Zweifler selber von zweifelhaften Annahmen aus. Sie sagen zum Beispiel, interplanetarische oder sogar intergalaktische Reisen seien schlicht-

„Es gibt zwei Pfade für die verkörperten Wesen, den göttlichen und den dämonischen. Konstante Hingabe zum Höchsten, Viṣṇu, ist göttlich, und das Gegenteil hiervon ist dämonisch." (Agni Purāṇa 383.12)

„Wenn die Halbgötter durch Opfer (*yajñas*) zufriedengestellt sind, werden sie auch euch [die Menschen] erfreuen, und wenn auf diese Weise die Menschen mit den Halbgöttern zusammenarbeiten, wird Wohlstand für alle herrschen." (Bhagavad-gītā 3.11)

[Die Halbgötter sprachen:] „Durch den Verlust des vedischen Wissens haben die Menschen auf der Erde die förderliche Tugend verloren. Dies bereitet uns große Sorge, und deshalb haben wir vor, uns auf die Ebene der Menschen zu begeben." (Mahābhārata, Śānti Parva, 59.24b-25)

„Das Universum besteht aus fünf grobstofflichen Elementen und vierundzwanzig Faktoren. Auf der Erde, wo die Materie durchgehend manifestiert ist, erheben sich die Lebewesen [zu höheren Welten], und zur Erde kehren sie zurück. ... Wer die Erde besitzt, besitzt das gesamte Universum, und nur deshalb streben viele Herrscher nach Macht über die Erde und töten sich gegenseitig." (Mahābhārata, Bhīṣma Parva 4.18-21)

„Nachdem Indra den Asura Vṛtra getötet hatte, ... flohen die Dānavas voller Schrecken auf die Erde und errichteten unter dem Meer eine Festung. Sie versammelten sich und planten voller Stolz eine Verschwörung, um alle drei Welten zu unterwerfen. Der erste Schritt sollte sein, all jene Menschen auf der Erde zu vernichten, die Tugend und Entsagung fördern. ‚Wenn Tugend und Entsagung auf der Erde verschwinden, verschwinden sie im ganzen Universum [denn von der Erde aus inkarnieren die Seelen in den höheren Welten].' Dieser Plan machte die Dānavas zuversichtlich und siegesgewiß" (Mahābhārata, Vana Parva 101.17-22a). „Vom Ozean aus begannen die Kalakeya-Dānavas ihre Aktionen. ... In der Nacht waren sie aktiv, und am Tag zogen sie sich in den Ozean zurück. ... So kam es, daß die Menschen am Morgen Leichen von jenen fanden, die Tugend und Entsagung üben – einigen fehlte das Fleisch, andere waren ohne jegliches Blut, andere zerteilt oder zerstümmelt. ... So breiteten sich auf der Erde Angst und Schrecken aus." (102.1-13)

„Yayāti war ein mächtiger, gottesbewußter König der Erde. Weil Indra, der König des Himmels, mit ihm außergewöhnlich zufrieden war, schenkte er ihm eine leuchtende, göttliche Kutsche aus Gold. Dieses Gefährt wurde von himmlischen [nicht-irdischen] weißen Pferden gezogen, die sich mit der Geschwindigkeit des Geistes fortbewegten. All seine Unternehmungen führte er mit der Hilfe dieser Kutsche aus. Es war diese Kutsche, mit der der unbezwingbare Yayāti die Erde in sechs Tagen eroberte und die Devas und Asuras in Schlachten besiegte." (Brahma Purāṇa 10.6-8)

Quellentexte: Außerirdische aus oberen und unteren Welten

weg nicht möglich. Diese Behauptung zieht jedoch nur die irdisch-konventionelle Raumfahrtmethode in Betracht. Mit dieser Technologie (Rückstoßantriebe) wäre es tatsächlich unmöglich, die riesigen Distanzen bis zu den nächsten Planeten und Galaxien zu überwinden. Aber zeigen die beobachteten UFOs nicht, daß sie ebengerade nicht mit Rückstoßantrieben fliegen?

Ein weiterer häufiger Einwand gegen die nicht-irdische Herkunft lautet: Die Wahrscheinlichkeit, daß an einer anderen Stelle im Universum Leben und dann noch eine Superzivilisation entstehen konnte (denn nur eine solche kann interplanetarische Raumfahrt betreiben), sei praktisch gleich null. Diese Behauptung beruht auf dem Glauben an die Evolutionstheorie und die Theorie des zufälligen Entstehens von Leben aus Materie. Würden diese Theorien stimmen, wäre es tatsächlich unmöglich, daß an einem anderen Ort im Universum nochmals zufällig Leben entstanden wäre. (Dabei muß jedoch beachtet werden, daß auch das *einmalige* Entstehen von Leben aus Materie unmöglich ist!)

Wenn die UFOs außerirdischer Herkunft sind, dann müssen die genannten wissenschaftlichen Annahmen als widerlegt betrachtet werden. Denn diese Erkenntnis würde beweisen, daß es nicht-irdische und höherdimensionale Welten mit entsprechenden Wesen gibt und daß Leben und Bewußtsein nicht aus zufälligen Atomverbindungen entstanden sind, denn ein Zufall, der überall im Universum stattfindet, ist kein Zufall mehr, sondern eine gezielte Schöpfung.

Genau diese Schlußfolgerung legen die vedischen Schriften nahe. Sie besagen unmißverständlich, daß die Menschen der damaligen Zeit mit außerirdischen und höherdimensionalen Wesen Kontakt hatten*. Derartige Kontakte sind durchaus möglich, denn das Universum ist nicht ein weites, leeres Weltall mit vereinzelten, isolierten Planeten, sondern ein multidimensionaler Raum mit verschachtelten Welten unterschiedlicher Verdichtung. Aus vedischer Sicht sind die sogenannten UFOs (zumindest ein Teil davon) physische Realitäten nicht-irdischen Ursprungs.

Diese Perspektiven passen nicht in das heute herrschende Weltbild, und deshalb sind die meisten Menschen (vor allem die Wissenschaftler) verwirrt, wenn sie mit der nicht-irdischen Herkunft der UFOs konfrontiert werden. Aber die Technologie der UFOs, ihre

* Eine Zusammenfassung dieses Themas enthält der im Anhang abgedruckte Vortrag „UFOs und das vedische Weltbild“.

Flugeigenschaften und andere Phänomene, die mit UFOs in Verbindung stehen, wie Kornkreise[18], Tierverstümmelungen[19], Entführungen und „fehlende Zeit“[20], lassen bei objektiver Betrachtung keine andere Erklärungsmöglichkeit zu als die Urheberschaft durch eine nicht-irdische, höhere Intelligenz (wobei noch nicht gesagt ist, ob es sich bei dieser höheren Intelligenz um göttliche oder dunkle, unter- oder außerirdische Mächte handelt).

Es gibt also viele Indizien, die zeigen, daß die Spur der UFOs von der Erdoberfläche wegführt. Dieser Verdacht verstärkt sich noch, wenn man zusätzlich die Berichte jener Menschen in Betracht zieht, die sagen, sie hätten mit UFOs und mit deren Besatzung Kontakt gehabt. So unterschiedlich die Berichte auch sind, ein gemeinsames Merkmal haben sie alle: Es werden Wesen beschrieben, die nicht von der Erde stammen. Einige Menschen erzählen von wunderbaren Begegnungen mit Lichtwesen, und andere erzählen von kleinen grauen Wesen, meist im Zusammenhang mit Entführungen und genetischen Fortpflanzungsexperimenten (Kreuzung von nicht-irdischen Humanoiden mit Menschen, Hybridenerzeugung).[20]

Auf der Erde üben Wesen aus oberen wie auch aus unteren Dimensionen ihren Einfluß aus. Der Einfluß der Lichtwesen aus den höheren Dimensionen unterscheidet sich drastisch von dem der dunklen Mächte, obwohl sich ihre Botschaften und Raumschiffe manchmal scheinbar ähnlich sind. Das Wirken der Lichtwesen ist unauffällig und uneigennützig. Auch sie besitzen „UFOs“, aber das sind Translichtschiffe, die sich auf der Grundlage von Bewußtsein und devolutionärer Energie bewegen und sich gegebenenfalls für irdische Kontakte materialisieren. Im materialisierten Zustand sehen einige dieser Raumschiffe ähnlich aus wie die High-Tech-Flugmaschinen der unteren Dimensionen.

Diese Lichtwesen sind sich über alle Vorgänge auf der Erde bewußt, aber sie halten sich im Hintergrund und respektieren den freien Willen der Menschen und auch den freien Willen der Wesen aus den dunklen Welten. Wenn die Menschen gewillt sind, ihr Bewußtsein mit Negativität zu füllen (durch konstante Negativinformation, Feindbilder, Konkurrenzdenken, Passivität, Konsumhaltung usw.) und über diese Frequenz die negativen Mächte einladen, dann mischen sich die höheren Wesen nicht ein und erlauben, daß die Menschen gewisse aufrüttelnde Erfahrungen machen. Die ersten Außerirdischen, die auftreten, werden also nicht die von „oben“, sondern die von „unten“ sein.

Dies ereignet sich bereits heute, wenn man den Berichten einer gewissen Kategorie von UFO-Zeugen Glauben schenken darf. Diese erzählen von Begegnungen mit Wesen, die lichtscheu und grau sind, ohne Ausstrahlung, und die entweder große dunkle Augen bzw. Linsen oder dann Augen mit katzen- oder reptilienähnlichen Pupillen haben. Diese Merkmale erinnern an die vedischen Beschreibungen der dunklen Welten, in denen kein Sonnenlicht vorhanden ist, weshalb es nur künstliches Licht gibt (erzeugt durch Elektrizität, Magnetismus, Kristalle, Juwelen usw.). Wenn die Wesen dieser Welten auf der Erde ihre Operationsstützpunkte errichten, tun sie das deshalb entweder unterirdisch oder unterseeisch.

Gewisse Geheimdokumente, so heißt es in UFO-Insider-Kreisen, sollen tatsächlich auch derartige Sachverhalte erwähnen. Der explosionsartige technologische Fortschritt der letzten fünfzig Jahre sei auf den Kontakt gewisser Menschen mit nicht-irdischen Interessengruppen zurückzuführen. Im Austausch gegen Technologie sei diesen erlaubt worden, sich am irdischen Gen-Material zu bedienen. Die Technologie, die dem Volk zur Verfügung gestellt wird, sei natürlich nur ein verächtlicher Bruchteil des gesamten Arsenals.

Dieses Szenario würde auch erklären, warum das UFO-Phänomen während der vergangenen fünfzig Jahre von offizieller Seite her mit allen Mitteln vertuscht oder lächerlich gemacht wurde.

Sollte sich herausstellen, daß irgend etwas an diesen oft zitierten Insider-Berichten wahr ist, dann wäre klar, daß wir es hier mit Wesen von der dunklen Seite zu tun haben. Göttliche Lichtwesen würden nie einen technologischen Kuhhandel einfädeln und hätten es auch nicht nötig, irgendwelche Experimente durchzuführen.

Hilfe von den Außerirdischen?

Woher auch immer die nicht-irdischen Wesen stammen mögen, sie bedeuten für den Menschen eine Konfrontation mit der Multidimensionalität des Kosmos, und diese Horizonterweiterung könnte das einseitige Weltbild der modernen Wissenschaften und Religionen ins Wanken bringen. Die Existenz außerirdischer und höherdimensionaler Zivilisationen gehört zu den wichtigsten Entdeckungen, die der Menschheit in nächster Zukunft bevorstehen. Die Konsequenzen für die moderne Kosmologie, die Physik, die Geschichtsforschung und die Evolutionstheorie, aber auch für die Religionen und die Politik sind kaum abzusehen.

Hierin besteht die große Chance, die das UFO-Phänomen der heutigen Menschheit eröffnet, und allein aus diesem Grund wird dieses Thema im vorliegenden Buch erwähnt; denn nur allzuleicht könnte dieser wichtigste, wahrhaft positive Nutzen im Sensationsrummel untergehen. Im einen Extrem weckt die weltweit zunehmende UFO-Aktivität bei zahlreichen Forschern und Enthusiasten hoffnungsschwangere Utopien; im anderen Extrem reagieren die Menschen mit Ängsten und Feindbildern. Angesichts der zunehmend bedrohlichen Entwicklungen auf der Erde verweisen die einen (nicht zu unrecht) auf die dunklen Mächte als Urheber, andere hoffen (nicht zu unrecht) auf die Hilfe der Lichtwesen. Aber diese Argumente ändern nichts an der Tatsache, daß die Menschen für ihr Schicksal selbst verantwortlich sind. Wenn es irgendwelchen dunklen Mächten gelingt, ihren Einfluß auszuüben, dann nur, weil die Menschen bereit sind, sich vom Göttlichen weglocken zu lassen oder Falsches für göttlich zu halten. Gott und die göttlichen Wesen werden die Menschen nie zwingen, sich zu „bekehren" und göttlich zu werden. Der Mensch muß diesen Schritt aus eigener Einsicht tun, und bei diesem Reifungsprozeß ist manchmal auch die Konfrontation mit dem Negativen notwendig.

Erst der bewußte Schritt ins Licht wird den Kurs der Destruktivität ändern, und diesen Schritt müssen die Menschen selbst tun. Wenn sie die Eigenverantwortung auf die „All-mächtigen" aus dem Weltall abschieben und wundersame Erlösungshoffnungen auf die Außerirdischen projizieren, dann ist genau dies die Naivität, die von negativen Kräften gesucht und ausgenützt wird. Bis die Menschen dies merken und mit bewußter Freiwilligkeit die Verbindung mit Gott suchen (z.B. bei extremer Not), verzichten die wahren Götter auf ein Erscheinen. Erst wenn die Menschen – dank dem Wirken der Gottgesandten und Gottgeweihten auf der Erde – ein göttliches Bewußtsein entwickelt haben, werden die göttlichen Wesen der höheren Dimensionen sich wieder offenbaren.

Das wichtigste Stichwort im Zusammenhang mit den außerirdischen Wesen und der universalen Polarität lautet *Unterscheidungsvermögen*. Ein geschärftes Unterscheidungsvermögen wird auch helfen, mit irdischen Geschehnissen, äußeren Konfrontationen und individuellen Situationen besser umzugehen.

Überall sind wir mit der Polarität konfrontiert, insbesondere mit der Polarität in uns selbst. Die Frequenz unseres Bewußtseins entscheidet, welche Schwingungen und Wesen wir anziehen.

Das Negative und das Positive wird es in der materiellen Welt immer geben. Es geht also nicht darum, die negativen Wesen zu verteufeln und die positiven Wesen zu vergöttern. Für uns Menschen geht es einzig und allein darum, daß wir lernen, mit unserem freien Willen richtig umzugehen und zu entscheiden, wo *wir* hingehören wollen.

Deshalb ist es entscheidend, unterscheiden zu können.

Was ist „positiv"? Was ist „negativ"? Und die wichtigste Frage: Wie kann man diese Polarität überwinden? Was befindet sich jenseits der Relativität? Was ist transzendental (spirituell)?

Erst aus der transzendentalen Perspektive wird es möglich, das illusorische Kräftespiel in der materiellen Welt zu durchschauen.

Das Revolutionäre des vedischen Weltbildes

Die Kosmologie, die Erforschung des Kosmos auf der Grundlage von Logos, kann in den entscheidenden Fragen nie zu schlüssigen Erkenntnissen gelangen. (Was ist Materie? Was ist jenseits der Materie?) Mit empirischen Mitteln kann man die Tiefen des Atomaren und Kosmischen zwar erforschen, aber nicht ergründen. Wer zu den Grenzen des Materiellen vordringen will, findet sich am Ufer des Unendlichen. „Alles, was wir kennen, hat seinen Ursprung in einem unendlichen Energiemeer, das so aussieht wie das Nichts."[21]

Was nützt diese Erkenntnis dem einzelnen Menschen? Welche praktischen Konsequenzen hat sie? Isoliert betrachtet, sind derartige Erkenntnisse praktisch nutzlos. Somit sind sie zumindest auch ungefährlich, denn wirtschaftlich und militärisch lassen sie sich nicht ohne weiteres ausschlachten.

„Was ist der Nutzen dieser Forschung?" fragte ich einmal einen Fraktal-Geometrie betreibenden Chaos-Forscher. „Das sind wir gerade am Erforschen – welchen Nutzen diese Erkenntnisse haben", lautete die schlagfertige Antwort.

Und tatsächlich können diese Erkenntnisse größten Nutzen – wahren Nutzen – für die gesamte Menschheit haben, denn in diesen Grenzbereichen öffnet der Logos die Tür zum Mythos, wodurch alle logischen Erkenntnisse auf einmal höchsten Sinn bekommen, ge-

„Alle Ehre sei Dir, o Herr, der Du die ursprüngliche Quelle des Pradhāna bist. Du bist der Schöpfer, der Beschützer und der Vernichter alles Geschaffenen. Du, Govinda [Kṛṣṇa], bist das Höchste Brahman. Immer wieder nimmst Du die gesamte Schöpfung in Dich auf, so daß nur noch das eine Meer existiert, auf dem Du als Mahā-Viṣṇu liegst, über den alle großen Weisen meditieren. Zu Beginn der [Neu-]Schöpfung erweiterst Du Dich in [Garbhodakaśāyī und Kṣīrodakaśāyī] Viṣṇu und in Rudra [Śiva]. Niemand vermag, diese Deine höchste Form zu verstehen." (Padma Purāṇa 1.3.34-36)

[Brahmā betet zu Viṣṇu:] „Du bist der Schöpfer der Welt, und aus Deinem Nabel ging der Lotos des Universums hervor. Auf diesem Lotos wurde ich geboren, und ich bin Dein Diener." (Padma Purāṇa 1.4.105)

„Der verehrungswürdige Viṣṇu allein tut alles und tut nichts, und dennoch bewirkt Er alles. Von Ihm werden die Handlungen all jener, die Raum ausfüllen [d.h. einen materiellen Körper haben], ermöglicht. Ihm, dem urersten Wesen, weihen wir alles. Er ist zufrieden mit der Entfaltung [Schöpfung]. Er ist der Sprecher von allem, was gesprochen wird, und auch von dem, was ich spreche. ... Dieser Nārāyaṇa [Viṣṇu, der auf dem universalen Gewässer liegt] ist das Universum und ist dessen Ursprung. Er, der Höchste Herr, ist der Beherrscher von allem, was Wahrheit ist, von allem, was Falschheit ist, von allem, was am Anfang, in der Mitte und am Ende existiert, von allem, was grenzenlos ist, und von allem, was in der Zukunft liegt." (Padma Purāṇa 1.39.21-25)

[Sūta Gosvāmī spricht:] „Auf diese Weise habe ich das gesamte kosmische Ei (*aṇḍa*) beschrieben. Man muß sich jedoch vor Augen halten, daß es Tausende von Millionen solcher Universen gibt. Das Pradhāna ist überall gegenwärtig [räumlich wie zeitlich!], denn es ist die urerste Ursache und unterliegt keinem Wandel. In all diesen Universen gibt es jeweils vierzehn Planetensysteme. Jedes Universum wird von sieben Schalen umhüllt, wobei jede Schale nach außen hin zehnmal dicker wird als die vorangegangene. Nur die spirituell Erleuchteten können in diese Bereiche gelangen.
Jenseits dieser Manifestationen existiert der transzendente Ursprung aller Universen, der groß (*mahat*), unbegrenzt, unmanifestiert sowie anfang- und endlos ist. Dieser Ursprung ist grenzenlos und endlos und entzieht sich jeder Berechnung. Man bezeichnet es als das immaterielle, ewige Höchste Brahman. Es ist ewige, überall gegenwärtige Gegenwart. Es ist alldurchdringend. Alle materiellen Formen ruhen in ihm und es in allem, in der Erde, in den niederen Welten, im Firmament, in den Winden, im Feuer, in den Meeren und in den himmlischen Sphären. Dies ist eine erfahrbare Tatsache." (Kūrma Purāṇa 1.50.17-24)

Quellentexte: Vedische Kosmogonie (Zusammenfassung)

nauso wie die scheinbar sinnlosen Worte eines fremden Menschen verständlich werden, wenn wir dessen *Sprache* lernen.

Die Sprache des vedischen Schöpfungsmythos ist für den modernen Menschen schwierig zu verstehen, weil sie eine letztlich unverständliche Realität verständlich machen will: Gottes gleichzeitige Immanenz und Transzendenz. Gott (Viṣṇu) ist in Seiner Schöpfung immanent allgegenwärtig, denn Er ist nicht von Seiner Energie verschieden. Gott ist in Seiner Vollkommenheit aber nicht auf die materielle Schöpfung beschränkt, und deshalb ist Er auch transzendent (von Seiner Schöpfung getrennt). Er ist gleichzeitig Energie *und* Form, Struktur *und* Intelligenz, Information *und* Person.

Die vedische Offenbarung enthält deshalb nicht nur eine Kosmologie, sondern auch eine Kosmogonie, denn sie vermag den Ursprung (*gonos*) des Kosmos zu erklären, weil sie selbst vom Ursprung (Viṣṇu) ausgegangen ist.[22]

Diese Betrachtungsweise ist dem modernen Menschen fremd, weil er nicht glaubt, daß Gott eine alldurchdringende Person sein kann. Obwohl er – der Mensch – sich selbst sehr wohl als Person empfindet, ist er sich nicht mehr seines Ursprungs, der ursprünglichen Person, bewußt. Das moderne Weltbild hat dadurch, daß es nur noch die sichtbare Materie als Realität gelten läßt, auch das Universum und den Menschen auf eine materielle Entität reduziert – mit fatalen Folgen. Dies ist kein Höhepunkt, sondern ein Tiefpunkt der menschlichen Entwicklung: Noch nie haben die Menschen so wenig über das Universum gewußt. Noch nie haben sie so wenig über sich selbst gewußt. Noch nie haben sie so wenig über Gott und die Götter gewußt. Noch nie haben sie deshalb die Existenz der Menschheit und des Planeten so sehr bedroht wie heute!

Das vedische Weltbild gewährt einen völlig neuen Einblick in die Ordnung des Universums, indem es Gott und die Götter als Realität erkennt und auch erklärt. Vor allem aber weist es auf einen höchsten Sinn des Lebens hin und hebt dadurch den Blick des Menschen über die vergängliche Äußerlichkeit der materiellen Welt.

Aus der vedischen Kosmogonie, die in diesem zweiten Kapitel dargestellt wurde, könnte man zahllose Aspekte für eine nähere Betrachtung herausgreifen. Die Darstellung auf der nächsten Doppelseite gibt eine kurze, zusammenfassende Übersicht. (Die Struktur des Buches wird jedoch nicht dieser Fachunterteilung folgen, weil all diese Bereiche ineinander übergreifen.)

Philosophischer Aspekt der vedischen Kosmogonie:
Materie (Prakṛti) hat einen Ursprung (Viṣṇu)

Hierher gehört die Frage nach relativer und absoluter Realität. Die erschaffene, materielle Welt ist eine abhängige, relative Realität. Ursprung der materiellen Welt ist Viṣṇu, die emanierte Parallelform Gottes (Kṛṣṇas) zum Zweck der Schöpfung. Gottes ewiges Reich ist Vor-Bild der vergänglichen Bilder, die sich in der Materie als relative Realität spiegeln.

Esoterischer Aspekt der vedischen Kosmogonie:
Mahā-Viṣṇus Atmen ist der Ursprung der Universen

Hierher gehört die Frage nach Dualität und Einheit. Die ewige Realität spiegelt sich im Vergänglichen in Form eines ewigen Zyklus von Schöpfung, Auflösung und Neuschöpfung, bewirkt durch Mahā-Viṣṇus Aus- und Einatmen. Dieses Ursache-Wirkung-Prinzip ist die Grundlage der materiellen Polarität. Jenseits dieser polaren Existenz gibt es eine nichtduale Einheit mit spiritueller Vielfalt.

Holistischer Aspekt der vedischen Kosmogonie:
Brahmās Intelligenz formt den Makro- und Mikrokosmos

Hierher gehört die Frage nach der Beschaffenheit von Materie und Energie. Das Universum ist ein multidimensionaler Kosmos, d.h. ein offenes System, in dem die verschiedenen (geistigen und grobstofflichen) Dimensionen ineinander übergehen und sich gegenseitig bedingen. Die feinste Form der Materie ist Schwingung (*śabda,* „Klang") und konstituiert alle anderen materiellen Formen. Materie ist letztlich eine göttliche Energie und wird geformt durch Brahmā und belebt durch Bewußtsein (Seele und Überseele).

Kosmologischer Aspekt der vedischen Kosmogonie:
Der Kosmos ist multidimensional und durchgehend bewohnt

Hierher gehört die Frage nach dem Aufbau des Kosmos. Der Ursprung der Materie ist Bewußtsein, deshalb ist Bewußtsein überall im materiellen Universum existent. Auf jeder Stufe der materiellen Verdichtung gibt es dimensionsspezifische Wesen mit unterschiedlichstem Charakter, von rein göttlicher bis extrem dämonischer Ausprägung. Außerirdische Welten, Telepathie, UFOs und interplanetarische Kontakte gehören zur multidimensionalen Realität. Interplanetar bedeutet interdimensional.

Biologischer Aspekt der vedischen Kosmogonie:
Viṣṇus Blick beseelt die Materie

Hierher gehört die Frage nach der Entwicklung der Lebensformen. Innerhalb des Bereiches von Prakṛti wird die Pradhāna-Energie – durch das Medium von Śiva und Brahmā – zu feinstofflicher Materie und diese zu grobstofflicher Materie verdichtet (universell wie individuell). Materie an sich hat weder Anlaß noch Kraft, sich selbst durch Zufall und Mutation zu lebenden Körpern zusammenzufügen, weil Leben kein Produkt von Materie ist.

Historischer Aspekt der vedischen Kosmogonie:
Manu und die zyklische Menschheitsgeschichte

Hierher gehört die Frage nach der Herkunft und Entwicklung der Menschheit. Der Stammbaum der Menschheit wurzelt nicht im Tierreich, sondern in den höheren Dimensionen des Universums (Manus Geschlecht). In Zyklen (*yugas*) wiederholen sich Aufstieg und Niedergang menschlicher Zivilisationen seit unvordenklichen Zeiten.

Politischer Aspekt der vedischen Kosmogonie:
Die Erde gehört zum siebten unter den vierzehn Planetensystemen

Hierher gehört die Frage nach den Hintergründen irdischer Ereignisse. Das gesamte Universum steht unter dem Prinzip Ursache-Wirkung. Nichts ist Zufall: Alle Ereignisse (individuell und kollektiv) sind Reaktionen auf konkrete Ursachen. Deshalb haben auch alle Ereignisse auf der Erde göttliche oder dämonische Ursachen, die nicht auf die Erde beschränkt sind. Die Erde im mittleren Planetensystem ist für viele Wesen mit unterschiedlichster Motivation besonders interessant.

Psychologischer Aspekt der vedischen Kosmogonie:
Die ewige Seele wird in der vergänglichen Welt geboren

Hierher gehört die Frage nach der spirituellen Identität des Menschen. Alle Lebewesen – Menschen, Tiere, Pflanzen – sind Seelen, d.h. Teile Gottes. So wie der Ursprung (Gott) ewig ist, ist auch die Seele ewig. Im Kreislauf von Geburt und Tod wandert die unsterbliche Seele gemäß ihren Handlungen (Karma) von einem Körper und Planeten zum anderen, bis sie durch Läuterung des Bewußtseins das höchste Ziel erkennt.

Theologischer Aspekt der vedischen Kosmogonie:
Die Seele als Teil Gottes hat einen freien Willen

Hierher gehört die Frage, warum es die Schöpfung überhaupt gibt. Die eigentliche Realität ist das ewige Reich Gottes; zu ihm gehört auch ein Bereich der ewigen Vergänglichkeit (materieller Kosmos), denn Gottes Vollkommenheit beinhaltet ewige *und* vergängliche Formen. Die Seelen haben die Freiheit zu wählen, ob sie freiwillig bei Gott sein wollen (= Liebe) oder ob sie scheinbar unabhängig sein wollen (= Prinzip des falschen Ichs).

Spiritueller Aspekt der vedischen Kosmogonie:
Brahmā hört Gottes Wort (ta-pa) und transzendiert das falsche Ich

Hierher gehört die Frage der Gotteserkenntnis. Gott kann nicht erforscht, aber ent-deckt werden. Dies erfordert Tapasya: Überwindung der materiellen Bedeckungen des Bewußtseins und Loslösung vom falschen Ich. Das wahre Ich ist die ewige Individualität der Seele als Teil Gottes. Das Wissen um das höchste Ziel und die Kraft, dieses Ziel zu erreichen, erhält der Mensch durch die Gnade Gottes, der sich offenbart, wie im Beispiel Brahmās, als dieser sich seiner göttlichen Aufgabe hingab.

Kapitel 3

Die relative Realität

„Warum gibt es überhaupt etwas und nicht nichts?" Eine schwierigere Frage kann sich der Mensch nicht stellen, und gerade deshalb reizt es ihn immer wieder, sie zu stellen. Der deutsche Philosoph Friedrich Schelling (1775-1854) hat diese Frage in der oben zitierten Prägnanz formuliert, und viele andere haben sie sinngemäß aufgegriffen, neuerdings sogar Vertreter der Naturwissenschaft, insbesondere diejenigen, die eine fachverbindende (holistische) Forschung betreiben und nicht mehr nur eine „fachidiotische".

„Warum gibt es überhaupt etwas und nicht nichts?" Fragen nach dem „Warum" entspringen dem Wunsch, Ursache und Sinn eines Dinges kennenzulernen, ja sie setzen voraus, daß das fragliche Ding eine Ursache und einen Sinn hat. Doch wenn man das betreffende „Ding" – in unserem Fall den Kosmos – einfach nur analysiert und seziert, kann man weder dessen Inhalt noch dessen Sinn erkennen, genausowenig wie man ein Buch versteht, wenn man es bloß als Objekt analysiert. Wer den Sinn des Universums in dessen Atomarstruktur sucht, greift ins Leere, ins Sinnlose. „Je begreiflicher uns das Universum wird, umso sinnloser erscheint es ..."[23]

Eine für die westliche Denkweise völlig neuartige Erklärung des Ursprungs, Aufbaus und Sinns des materiellen Kosmos liefert die vedische Kosmogonie (beschrieben in Kapitel 2). Sie befaßt sich nicht nur mit dem Ursprung des Lebens und der Materie, sondern sie fragt auch, wie und *warum* die Materie einen Kosmos formt, um zahllose Lebewesen immer und immer wieder erscheinen und sterben zu lassen.

Beim Lesen der vedischen Kosmogonie fällt als erstes auf, daß sie eine multidimensionale Wissenschaft voraussetzt, die nicht bloß von direkter Sinneswahrnehmung und physikalischer Berechnung ausgeht wie die moderne Wissenschaft. Diese verläßt sich ausschließlich auf „objektiv" erfaßbare Daten und versucht, auf deren Grundlage durch Verallgemeinerung (Induktion) zu allgemein gültigen Erkenntnissen zu gelangen. Denn welche verläßlichen Erfahrungswerte könnte es denn sonst noch geben außer den sichtbaren, nachprüfbaren?

Diese Frage ist berechtigt, insbesondere deshalb, weil auch das vedische Weltbild eine nachprüfbare und erfahrbare Wissenschaft (*jñāna-vijñāna*) postuliert. Doch ist das Erfahrbare nur auf das empirisch Wahrnehmbare beschränkt? In der Beantwortung dieser Frage unterscheidet sich die vedische Wissenschaft von der modernen.

Die vedische Wissenschaft versucht als erstes, die Faktoren „Bewußtsein" und „Leben" zu erklären, denn nur als bewußtes, lebendes Wesen ist der Mensch in der Lage, nach Wissen und Selbsterkenntnis zu streben. Das erste, was der Mensch erfährt, ist sein eigenes „Bewußtsein", und dieses ist nicht auf die dreidimensionale Realität beschränkt. Die vedische Wissenschaft beschreibt konkrete Methoden, wie der Mensch diese Tatsache individuell erfahren kann. Der modernen Wissenschaft ist dieser Aspekt weitgehend unbekannt, und deshalb versucht sie, die Entstehung von „Leben" als materielle Funktion zu erklären – mit dem Ergebnis, daß die Menschheit nun weltweit Leben und Lebensgrundlagen zerstört.

Da die existentielle Bedrohung der Menschheit noch nie so tiefgreifend war wie heute, muß auch die Lösung tiefgreifender sein als alle bisherigen Vorschläge. Wenn ein Zahn bis in die Wurzel faul ist, bedarf es einer wurzeltiefen, radikalen* Behandlung.

Die Leserinnen und Leser des vorliegenden Buches müssen also gefaßt sein, „radikalen" Konzepten und Idealen zu begegnen, die die gängigen Klischees unserer selbstmörderischen Zivilisation grundlegend in Frage stellen. Es sind dies die Ideale eines harmonischen, erfüllten Lebens im Einklang mit den Gesetzen Gottes – befreit von Industrie und Technokratie. Heute mag diese einfache Formel revolutionär und radikal erscheinen, doch ist dies nur ein weiteres Indiz, das zeigt, wie weit sich die gegenwärtige Gesellschaft von einem natürlichen, gottesbewußten Leben entfernt hat.

* vom lateinischen Wort *radix*, „Wurzel"

Die begrenzte Sinneswahrnehmung

„Erfahrung lehrt uns zwar, daß etwas so oder so beschaffen sei, aber nicht, daß es nicht anders sein könne ... Erfahrung gibt niemals ihren Urteilen wahre oder strenge, sondern nur angenommene und komparative A l l g e m e i n h e i t (durch Induktion), so daß es eigentlich heißen muß: so viel wir bisher wahrgenommen haben, findet sich von dieser oder jener Regel keine Ausnahme ... Denn wo wollte selbst Erfahrung ihre Gewißheit hernehmen, wenn alle Regeln, nach denen sie fortgeht, immer wieder empirisch, mithin zufällig wären; daher man diese schwerlich für erste Grundsätze gelten lassen kann." – Immanuel Kant, „Kritik der reinen Vernunft" (1787)[24]

Niemand bestreitet, daß der Mensch begrenzt ist; also ist es auch seine Sinneserfahrung. Warum sollte der Mensch dann nur das „glauben", was er mit seinem eigenen Begriffsvermögen erfassen kann? Spätestens seit Immanuel Kant sollten die Menschen auch im Abendland erkannt haben, daß die bloße Sinneserfahrung nie zur wahren Natur der Dinge vordringen kann. Dies ändert sich auch dann nicht, wenn die Sinneserfahrung durch technische Hilfsmittel erweitert wird. Und dennoch hat die abendländische Zivilisation in den letzten dreihundert Jahren ihre Energien einseitig in die Entwicklung solcher Hilfsmittel investiert – als Reaktion auf die andere Einseitigkeit, die mittelalterliche Bevormundung durch blinde Glaubenssysteme.

Die Realität wurde auf das irdisch Wahrnehmbare beschränkt, und deshalb glauben die meisten Menschen heute, ...

... das Weltall sei leblose Leere („Denn die Weltraumforschung hat noch auf keinem anderen Planeten Lebewesen entdeckt"),
... die Entstehung der Menschen sei die Ausnahme im Universum („Denn günstige Lebensbedingungen wie die auf der Erde sind höchst selten"),
... mit der Wissenschaft könne man alles erklären („Denn glauben heißt: nicht wissen"),
... paranormale Phänomene gebe es nicht („Denn wer glaubt schon an Geister, PSI-Kräfte, Astralreisen, Telepathie, UFOs und ähnliche Dinge?"),
... Gott sei höchstens ein Symbol oder eine kosmische Energie („Was denn sonst?"),
... alles sei relativ,
... und so weiter.

Gemäß der vedischen Kosmologie gehört die Erde zum mittleren (siebten) Planetensystem des Universums. Haben wir auf der Erde deswegen nur eine mittlere Aussicht? Hinauf in die galaktischen und hinunter in die subatomaren Welten können wir nicht steigen. Wir sind in einem mittleren Bereich zu Hause, sehen nur einen mittleren Ausschnitt des Universums und hören nur mittlere Frequenzen: Lichtwellen zwischen Infrarot und Ultraviolett und Klangschwingungen zwischen „hoch" und „tief". Sind wir von der Natur nur auf Mittelmaß und Durchschnitt programmiert?

Zahlreiche Abhandlungen sind schon über die Begrenztheit der menschlichen Erkenntnis geschrieben worden, und ich möchte an dieser Stelle nicht zuviel des Gesagten wiederholen; doch eine kurze Zusammenfassung kann nicht schaden, da wir nur allzugern unsere Begrenztheit vergessen.

Über die Sinnesorgane gelangen Klang-, Licht-, Berührungs-, Geschmacks- und Geruchsreize in unser Bewußtsein, und wir setzen mit unserer Wahrnehmung aus diesen Sinneseindrücken ein Bild zusammen. Wir sind dabei völlig von dem abhängig, was die Sinnesorgane melden.

Unser Verstand, der die Sinneseindrücke auswertet und kombiniert, läßt sich mit einem Menschen vergleichen, der in einem dunklen Raum sitzt und von der Außenwelt nichts anderes weiß als das, was ihm fünf verschiedene Boten übermitteln: Der eine bringt etwas Licht, der andere etwas Schall, die anderen lassen ihn etwas tasten, schmecken und riechen. Mit diesen dürftigen Eindrücken soll sich der besagte Mensch nun ein Bild von der Außenwelt machen!

Was wir wahrnehmen, ist also nur ein *Abbild* des Äußeren, so wie es durch die Filter unserer Sinnesorgane dringt und sich in unserem Bewußtsein *spiegelt*.

Wir sehen von der Realität nur das Sichtbare, hören nur das Hörbare, fühlen nur das Fühlbare. Und sogar bei den Dingen, die wir wahrnehmen, müssen wir annehmen, daß sie noch viele Aspekte umfassen, die sich unserem Fassungsvermögen entziehen.

„Ich glaube nur, was ich sehe." Aber was wir sehen, ist ausschließlich das, was unser begrenztes, optisches Sinnesorgan auffängt, und das ist überraschend wenig. Das meiste, was es gibt, sehen wir gar nicht. Ja es grenzt schon fast an „Zufall", wenn etwas überhaupt unsere unbedeutende Lichtbandbreite trifft. Wir Menschen blicken nur durch zwei kleine trübe Fensterchen in die Welt. Universal gesehen, sehen wir so gut wie nichts! (Siehe Schema auf S.119)

Wie anders sähe die Welt für jemanden aus, der andere Lichtfrequenzen oder Röntgenstrahlen, Gammastrahlen, Magnetfelder oder sogar Aura- und Astralwelten sehen könnte. Welche Formen, Erscheinungen, Gestalten und *Wesen* würde ein solcher Mensch sehen! Es mag Spekulation sein anzunehmen, daß es in diesen Bereichen, wo wir nichts mehr sehen, irgendwelche Wesen und Welten gibt; aber eine noch größere Spekulation ist es anzunehmen, daß es in diesen Bereichen nichts und niemanden gibt, nur weil *wir* nichts und niemanden sehen oder hören.

Die Sinneswahrnehmung ist also nicht nur begrenzt, sondern auch verzerrt, weil sie immer nur Ausschnitte aus der Realität herausgreift. Dadurch unterliegt der Mensch Täuschungen, Irrtümern und Illusionen, und er betrügt sich selbst und andere (z.B. wenn er vorgibt, durch diese Methode der Wahrnehmung etwas „objektiv" erkennen zu können).

Worin besteht die wahre Natur der Objekte, die wir als Subjekt immer nur „subjektiv" wahrnehmen? Das wahrgenommene Bild, das wir aus unseren materiellen Sinneseindrücken zusammenstellen, ist immer begrenzt, verzerrt und deshalb verfälscht. Das bezieht sich auf das Bild, das wir uns von den äußeren Objekten machen, und auch auf das Bild, das wir uns *von uns selbst* machen.

Es ist also ein großer Irrtum zu denken, daß das, was wir nicht wahrnehmen können, nicht existiert. Der größte Teil des multidimensionalen Kosmos bleibt unserer empirischen Wahrnehmung

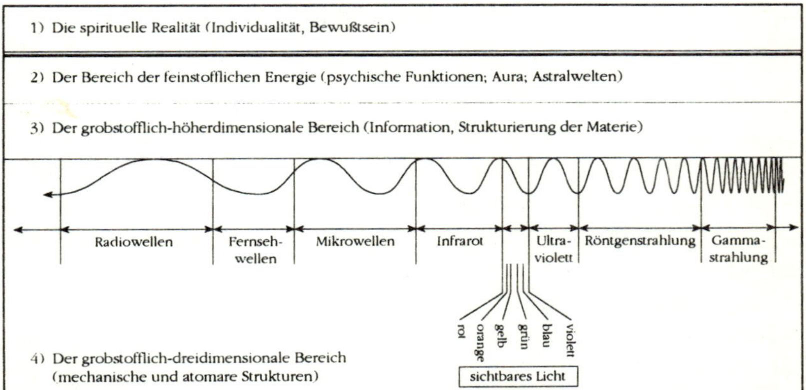

Die beschränkte Sinneswahrnehmung: Direkt erfaßbar ist nur der grobstofflich-dreidimensionale Bereich, und nur der kleinste Ausschnitt daraus ist sichtbar. Die höheren, parallelen Bereiche entziehen sich dem direkten empirischen Zugriff und sind nur noch indirekt, anhand der Symptome, wahrnehmbar.

verborgen. Und sogar bei dem, was wir wahrnehmen, wissen wir nicht genau, was wir wahrnehmen und welche Aspekte uns verborgen bleiben.

„Es gibt mehr Dinge im Himmel und auf Erden, /Als Eure Schulweisheit sich träumt", läßt William Shakespeare seinen Hamlet[25] sagen. Wie recht er damit hatte, ahnte er wahrscheinlich selbst nicht. Nicht nur die Sinneswahrnehmung, auch die Phantasie ist beschränkt. Die Menschen können sich nur das vorstellen, wovon sie direkt oder indirekt eine Erfahrung haben. Deshalb wehren sie sich instinktiv, wenn sie mit etwas konfrontiert werden, was nicht in ihr Vorstellungsvermögen paßt. Und man staunt oft, wie schnell dieses Vermögen überfordert ist.

Der Blickwinkel der Menschen auf dem mittleren Planetensystem gibt nur einen schmalen Ausschnitt der Realität frei, einen mittelmäßigen Durchschnitt. Wie die Geschichte zeigt, sind viele Menschen auch ethisch auf ein Mittelmaß programmiert; sie „glauben" nicht, daß es das rein Göttliche und das extrem Atheistische gibt, sondern gehen von der Annahme aus, alle Wesen seien so lauwarm und durchschnittlich wie sie. Oberflächlichkeit, leichte Manipulierbarkeit und Naivität sind die Folgen dieser beschränkten Sicht. Deshalb zweifeln und vertrauen solche Menschen jeweils am falschen Ort.

Aber was ist falsch? Und was ist richtig? Es ist doch alles relativ ...

Ist alles relativ?

Der Mensch ist begrenzt, doch er hat das Potential, das Unbegrenzte zu verstehen – allerdings nicht durch empirische Erkenntnis, sondern durch die Entwicklung einer höheren Erkenntnis. So lautet das Verdikt der vedischen Schriften.

Weil nur wenige Menschen heute ihr Potential, das Unbegrenzte zu verstehen, ausschöpfen, hat sich in weiten Kreisen folgende Weltanschauung eingebürgert: „Alles ist relativ. Was richtig für dich ist, muß nicht auch für die anderen richtig sein. Und was für dich falsch ist, muß nicht für alle anderen falsch sein."

Diese populäre Philosophie ist jedoch mit einer doppelten Problematik verbunden – mit einer Falle und mit einem Denkfehler.

Wenn alles relativ ist, gibt es keinen allgemein gültigen Maßstab; deshalb kann diese Situation leicht ausgenützt werden – von wem, ist klar: einmal mehr von den Mächtigen und Reichen im Hintergrund, die dadurch noch mächtiger und noch reicher werden. Natürlich gibt es „allgemein" verbindliche Gesetze, doch wie viele halten sich daran? Die Mächtigen – diejenigen, die die Gesetze aufstellen – fühlen sich jedenfalls nicht an sie gebunden. Wenn alles relativ ist, herrscht ein subtiles Faustrecht. Die Allgemeinheit mag z.B. der Meinung sein, das Verschmutzen der Meere, das Durchführen von Atomtests und das Abholzen der Regenwälder sei schlecht, doch wenn ein paar wenige Menschen – die stärker sind als die Allgemeinheit – denken, dies sei gut, findet diese Umweltzerstörung dennoch statt, trotz des Protestes der Mehrheit. Man hört das hämische Grinsen: „Ihr mögt denken, das sei schlecht, aber für unsere Pläne ist es gut, und weil wir stärker sind, geschieht, was *wir* wollen. Warum protestiert ihr? Ihr selbst sagt doch, daß alles relativ sei. Und nun zählt halt unsere relative Meinung mehr."

Man könnte noch viele andere Beispiele anführen: Kriegsinszenierungen, Waffenlieferungen, Drogenproduktion, Chemiepropaganda, Dritte-Welt-Ausbeutung, Verharmlosung der Radioaktivität und Genmanipulation, Menschenhandel, Tiermißhandlung ... Die Liste ist erschreckend lang. Überall geht es um das Interesse einiger weniger Leute; deshalb sind diese verborgenen Nutznießer sehr erfreut, wenn die ganze Welt denkt, alles sei relativ. Dann sind sie nämlich niemandem Rechenschaft schuldig, denn *sie* sagen, was geschieht und nicht geschieht. Und weil die Mehrheit in diese Falle läuft und tatsächlich glaubt, alles sei relativ, regiert heute eine destruktive Minderheit. Die oben genannten Mißstände sind ja nicht dunkle Prophezeiungen, sondern harte Tatsachen; und gewisse Leute müssen diese für gut befinden, denn sonst fänden sie nicht statt.

Die Menschheit ist so sehr in das Relative abgeglitten, daß sie nichts anderes mehr sieht. Wen interessiert es heute, daß es noch etwas anderes als das Relative gibt? Die meisten Menschen haben sogar eine angeborene oder anerzogene Abneigung gegen dieses „andere". Wenn ich dieses „andere" dennoch zu erwähnen wage, dann deshalb, weil ich denke, daß diejenigen, die bis hierher durchgehalten haben, auch diesen „Schock" überstehen werden: Denn hinter oder *über* dem Relativen ist – das Absolute. Die Wahrheit. Die „absolute Wahrheit".

Das Relative ist immer mit dem Absoluten verbunden (so wie Schatten mit dem Licht). Die Menschen ziehen es jedoch vor, sich einseitig auf das Relative zu beschränken und die Frage nach dem

Absoluten zu verdrängen. „Denn alles ist relativ." Und genau hier liegt auch der Denkfehler: Die Aussage „Alles ist relativ" (= „Es gibt nichts Absolutes") ist nämlich ebenfalls *eine absolute Aussage!*

Wer sagt, „*Alles* ist relativ", postuliert ebenfalls eine absolute Wahrheit, nämlich daß es *keine* absolute Wahrheit gibt.

„Absolute Wahrheit" bezieht sich auf die universal gültige Realität, die unabhängig davon existiert, was die einzelnen Menschen glauben. Was immer die absolute Wahrheit ist, sie gilt auch für diejenigen, die nicht an sie glauben. Wenn die absolute Wahrheit darin besteht, daß alles relativ ist, dann gilt dies auch für diejenigen, die glauben, es gebe etwas Absolutes. Und wenn es etwas Absolutes (Gott) gibt, dann gilt dies auch für diejenigen, die glauben, alles sei relativ.

Die entscheidende Frage lautet daher nicht: „Gibt es eine absolute Wahrheit?", sondern: „*Was* ist die absolute Wahrheit?" Denn es gibt auf jeden Fall eine absolute Wahrheit, und es wäre die vorrangigste Aufgabe der Philosophen, Esoteriker und Wissenschaftler, herauszufinden, worin diese besteht.

Die Realität hinter der Relativität

... Und immer
Ins Ungebundene gehet eine Sehnsucht. Vieles aber ist
Zu behalten. Und not die Treue.

– Friedrich Hölderlin[26]

Die weitverbreitete Abneigung gegen das Thema „Absolute Wahrheit" ist durchaus verständlich, denn man kommt nicht umhin, bei der Erwähnung des Wortes *absolut* sogleich an die Absolutheitsansprüche gewisser Religionen zu denken. Bis zum heutigen Tag treten immer wieder Leute „im Namen Gottes" auf, um ihren Weg als den einzigen und alleinseligmachenden anzubieten. Oft wird dieses barmherzige Angebot auch schmackhaft gemacht mit der Androhung von Weltuntergang, ewiger Hölle oder heiligem Krieg, falls man es versäume, sich zu bekehren. Aber solche Absolutheitsansprüche stellen nicht die „absolute Wahrheit" dar, sondern genau das Gegenteil: absolutistische Unwahrheit.

Absolut heißt nicht absolutistisch, diktatorisch, besserwisserisch oder alleinseligmachend, sondern ist ein rein philosophischer Begriff. Er wurzelt im lateinischen Wort *absolvere* („lösen; losbinden") und wurde vom Partizip Perfekt dieses Verbes abgeleitet: *absolutum*, „losgelöst; ungebunden; unabhängig; unbedingt".

Demgegenüber bedeutet das Wort *relativ* „das, was sich auf etwas anderes bezieht", das heißt: „das, was von etwas anderem abhängig ist". Nur schon aufgrund von Logik müßte man bei der Aussage „Alles ist relativ" sogleich fragen: Alles ist relativ = abhängig; *wovon* ist denn alles abhängig? Die logische Antwort lautet: vom Absoluten. Das ist ja gerade die Definition des Absoluten: „das, von dem alles Relative abhängig ist", und: „das, zu dem alles Relative in Beziehung steht".

Das Relative ist abhängig von Energie, Materie, Raum und Zeit und untersteht der Gesetzmäßigkeit von Ursache und Wirkung. Das Relative ist begrenzt und vergänglich, denn es ist materiell. Doch das Materielle ist ebenfalls ein Aspekt des Absoluten, denn das Absolute schließt alles Relative mit ein. In diesem Licht hat auch das Relative seine Gültigkeit und Bedeutung und stellt eine „relative Wahrheit" dar. Die relative Wahrheit besagt, in welcher Beziehung etwas Relatives zum Absoluten steht.

Heute bin ich jung – das stimmt, es ist eine relative Wahrheit –, doch bald bin ich alt, und auch das ist nur eine relative Wahrheit. Denn das Gegenteil des Relativen ist immer auch relativ. Absolut ist nicht bloß das Gegenteil von relativ, sondern ist das, was alle relativen Gegensätze in sich vereint. Krank, gesund; jung, alt; lebendig, tot – das alles sind nur relative Gegensätze und deshalb relative Wahrheiten; denn in der absoluten („ungebundenen") Dimension sind wir weder jung noch alt, weder „lebendig" noch „tot", sondern ewig (= nicht von Raum und Zeit abhängig).

Erst in der Beziehung zum Absoluten bekommt das Relative seinen wahren Sinn und seine wahre Bedeutung. Wenn der Mensch sich im Relativen – im Materiellen und Zeitweiligen – verliert, verliert seine Existenz die Beziehung zum Absoluten und deshalb auch ihren Sinn und ihre Bedeutung. In dieser Einseitigkeit erscheint das Universum plötzlich leer und sinnlos. (Siehe Weinberg-Zitat am Anfang dieses Kapitels, S. 111.)

Dennoch fühlt der Mensch, daß diese einseitige Ausrichtung auf das Relative (das Materielle) unnatürlich und unbefriedigend ist. Es ist die natürliche Anlage des Menschen, hinter die Kulissen, hinter das Oberflächliche, hinter das Vergängliche zu schauen, weil das innerste Selbst fühlt, daß es mehr ist als nur eine vergängliche materielle Form, und mehr will als nur eine mühselige, bedeutungslose Existenz. Zahllose Menschen, die unbekannt blieben, und auch viele berühmt gewordene Genies, Musiker, Maler, Dichter usw. haben diesem Streben Ausdruck verliehen und in einem kleineren oder größeren Kreis Schritte in diese Richtung getan. Denn „immer ins Ungebundene gehet eine Sehnsucht."

Ein Beispiel für den Ausdruck dieses Strebens ist das oben angeführte Zitat des Dichters Friedrich Hölderlin: Der Mensch lebt gebunden in einer relativen Welt, doch im Inneren fühlt er immer einen göttlichen Drang, die „Sehnsucht" nach dem Absoluten („Ungebundenen"). Doch trotz dieser Sehnsucht ist „vieles aber zu behalten". Das Materielle wird nicht verteufelt oder verleugnet, sondern wird als relative Wahrheit erkannt, die unseren Blick zum Absoluten lenken kann. Gleichzeitig enthält diese Aussage aber auch eine revolutionäre Konsequenz, denn sie besagt: Vieles, *aber nicht alles,* ist zu behalten. Vieles muß aufgegeben werden – alles Hinderliche und Ablenkende im eigenen Inneren und in der Gesellschaft –, aber nicht alles, vor allem nicht die „Treue". Das Leben in der relativen Welt bringt viele Pflichten und Prüfungen mit sich, und deshalb ist das wichtigste, was behalten werden muß, die Treue, nämlich die Treue zum ursprünglichen Ideal – das Streben nach dem Absoluten. Denn allzuleicht wird man diesem anspruchsvollen, höchsten Ziel untreu und geht Kompromisse ein: aus Inkonsequenz, sozialem Druck oder mangelndem Verständnis oder einfach, weil man wieder zufrieden ist, sich in der relativen Welt angenehm einzurichten. „Und not [= am notwendigsten] die Treue."

Yoga und Re-ligio – Jenseits von Atheismus und Fanatismus

„Alle Zwecke, die ein kleiner Brunnen erfüllt, können sogleich von einem großen Gewässer erfüllt werden. In ähnlicher Weise können alle Ziele der Veden von jemandem erreicht werden, der das Ziel hinter ihnen kennt." – Bhagavad-gītā 2.46

Unter den Menschen hat sich ein Phantom eingenistet und konnte größtes Unheil anrichten: das Phantom der religiösen Absolutheitsansprüche. Wie noch klar werden wird, kam es nicht zufällig zu dieser Entwicklung.

Dogmatismus und Fanatismus sind die machtvollsten Mittel, um

Religion von innen her zu untergraben. Daraus entsteht doppeltes Unheil: Einerseits wird die Heiligkeit der Religion an sich zerstört, das heißt, Gottes Offenbarung wird durch die Menschen verfälscht, und andererseits kann die Religion, ist sie einmal verfälscht, als despotisches Machtmittel eingesetzt werden – weil es plötzlich möglich ist, im Namen von „Gott" Feindbilder zu schaffen, blinde Leidenschaft zu schüren und jegliche Brutalität abzusegnen.

Fanatische Arroganz und Selbstherrlichkeit gelten dann plötzlich als Gottes Wille: „Wir sind die einzige Kaste/Religion/Nation, die von Gott auserwählt ist! Alle anderen, die nicht zu uns gehören, sind verloren. Also dürfen wir sie töten, erobern oder ausbeuten." Oder: „Es gibt nur *einen* wahren Glauben. Alle Andersgläubigen sind vom Satan irregeleitet, und deshalb ist es unsere heilige Pflicht, sie zu bekehren/zu vernichten." Oder: „Gott ist auf unserer Seite!" Oder: „Wir sind die einzigen, die Gottes Wort kennen dürfen. All ihr anderen, sündigen Leute dürft euch nicht direkt an Gott wenden, sondern müßt euch an uns wenden, denn allein durch die Gnade unserer Kaste/Kirche/Institution könnt ihr erlöst werden."

Diese Formulierungen mögen überspitzt sein, aber übertrieben sind sie nicht. Diskrimination, Inquisition, Kreuzzüge, „heilige" Kriege, Elitestreben, Absolutismus, Diktatur – wie die Geschichte zeigt und noch zeigen wird, kann im Namen von „Gott" und von „Göttern" viel Unglaubliches und Unerhörtes vorgetäuscht werden.

Die scheinbar entgegengesetzten Behauptungen „Alles ist relativ" und „Wir sind die einzigen" (= „Alles ist gut" bzw. „Nur wir sind gut") haben also eine auffällige Gemeinsamkeit: Beides sind Absolutheitsansprüche! Beides führt zur Verfälschung der Wahrheit und zur Verführung und/oder Verdummung der Massen, was sie gegen jede höhere Vernunft „immun", d.h. leicht manipulierbar macht.

Die vedische Definition von „absoluter Wahrheit" vermag all diese Bestrebungen im Keim zu entlarven, denn sie unterscheidet strikt zwischen *absolut* und *absolutistisch*. Absolut bedeutet „das, was *alles* Relative miteinbezieht". Absolutistisch bedeutet: „etwas Relatives, das absolut sein will und deshalb alles andere ausschließt".

Das Absolute ist das Allumfassende, das Alles-Vereinende. Das Absolutistische ist das Alles-Bekämpfende, ist das, was die Menschen und Religionen spaltet. Das Absolute ist göttlich. Das Absolutistische ist das Gegenteil von göttlich.

Was bedeutet das konkret? Eine absolutistische Macht (sei es ein

Individuum oder Imperium oder irgend etwas dazwischen) will absolute Macht, was letztlich bedeutet, daß sie selbst Gott sein will, weshalb sie den wahren Gott durch Propaganda verdrängen will. Hier zeigt sich, daß Atheismus (Relativierung des Absoluten) einerseits und Pseudoreligion (Dogmatismus, Fanatismus) andererseits nur zwei Seiten derselben Münze sind, zwei Tricks der gleichen absolutistischen Mächte.

Wer nur den lauen Durchschnitt der universalen Ordnung kennt, kann mit obiger Definition nicht viel anfangen. Doch das vedische Weltbild zeigt, daß das Gesamtbild nicht auf den Durchschnitt beschränkt ist. Die Skala setzt sich vom Durchschnitt aus nach oben und nach unten fort; der laue Durchschnitt ist ja nichts anderes als die Schnittmenge von „heiß" und „kalt", von „göttlich" und „gottlos".

Absolutistisch bedeutet also, daß sich jemand zum Gott seiner Untergebenen aufschwingen will. Das kann bereits in einer Familie der Fall sein oder in einer Gesellschaft oder Geheimgesellschaft, in einer Nation oder sogar auf einem ganzen Planeten. Diejenigen, die so denken, denken nicht, daß sie etwas Schlechtes tun, denn sie sind überzeugt, daß ihre (relative) Wahrheit absolut ist, und wenn sie sprechen, klingt alles sehr vielversprechend. In ihrem Vokabular finden sich ebenfalls Wörter wie Friede, Freiheit, Liebe, Einheit oder „göttliches", kosmisches Bewußtsein. Doch weil diese Ideale, die an sich absolut gut sind, zu einem absolutistischen Programm gehören, haben sie eine verfälschte Bedeutung und werden dadurch zur Ursache von Kampf und Manipulation. Denn man kann eine relative Wahrheit nur dann als absolut hinstellen, wenn man alle anderen relativen Wahrheiten unterwirft oder ausrottet. Wo nur noch *eine* Wahrheit gilt, ist sie die einzige „Wahrheit".

Die absolutistische Haltung ist typisch für ungöttliche Mächte, die beabsichtigen, die Beziehung der Menschen zum Absoluten abzuschneiden, um sie mit irgendeiner absolutistischen Unwahrheit zu ersetzen. Die weite Verbreitung solcher Einflüsse in religiösen, wirtschaftlichen und politischen Glaubenssystemen läßt erkennen, daß im „gegenwärtigen" Zeitalter (das gemäß vedischer Zeitrechnung schon seit fünftausend Jahren andauert) ungöttliche Mächte den Menschen sagen wollen, was göttlich sei.

Absolutistisch und absolut – diese beiden Konzepte mögen ähnlich klingen und manchmal auch sehr ähnlich erscheinen, doch in Wirklichkeit sind sie grundverschieden.

Nur das wahrhaft Absolute, das Allumfassende, vereinigt alles Relative in sich, denn es ist die vielfältige Einheit hinter der Vielfalt. Dies ist das vedische Hauptkriterium für die Unterscheidung zwischen absoluter Religion und absolutistischer Irreligion. (Das Absolutistische, eben weil es nicht absolut ist, kann nicht *alles* Relative in sich vereinen und kann sich nur durch das Niedermachen anderer relativer Wahrheiten als „absolut" aufspielen – was letztlich immer scheitern muß.)

Jede relative Situation in der materiellen Welt bekommt einen göttlichen Sinn und wird zu einer relativen *Wahrheit,* wenn sie in Beziehung zum Absoluten, zu Gott, gesehen wird. Diese Beziehung besteht immer, denn das Relative ist immer mit dem Absoluten verbunden (d.h. vom Absoluten abhängig).

Erst in Beziehung zum Absoluten bekommt das Relative seinen Sinn. Der Mensch kann diese Beziehung erkennen und anerkennen oder bestreiten und bekämpfen. Doch das ändert nichts an der absoluten Tatsache, daß wir immer abhängig sind.

Die ewige Beziehung zwischen dem Relativen und dem Absoluten wird im Sanskrit mit einem bekannten Wort umschrieben: *Yoga.* Wörtlich heißt Yoga „Verbindung". Der oft mißverstandene und mißbrauchte Sanskritbegriff Yoga bezieht sich auf die Verbindung zwischen dem Relativen und dem Absoluten, die Verbindung zwischen dem Individuum und Gott. Im Lateinischen gibt es hierfür ebenfalls ein bekanntes Wort mit derselben Bedeutung: *Re-ligio* (von *religare,* „sich wiederverbinden mit Gott"). Religion und Yoga bedeuten ursprünglich also dasselbe!

Die Verbindung mit Gott ist nicht etwas Starres oder Dogmatisches, sondern etwas höchst Individuelles, denn jedes Individuum hat eine einzigartige, persönliche Beziehung zu Gott (obwohl sich die meisten in der relativen Welt darüber nicht bewußt sind).

Die vedische Offenbarung bietet verschiedenen Individuen verschiedene Formen von Re-ligio und Yoga an, und jede dieser Formen hat ihre Berechtigung und ihren Wert. Unheil entsteht dann, wenn jemand die Form, die er vertritt, plötzlich als einzige Wahrheit herausstellen will.

Wer die absolute Wahrheit kennt, erkennt auch im Relativen immer die Wahrheit, nämlich dessen Verbindung zum Absoluten, und kann zeigen, wie das Absolute mit jeder relativen Wahrheit verbunden ist. Eine solche Person ist fähig, immer und überall zu lernen und deshalb auch zu lehren.

„Philosophisches Streben (Jñāna-yoga) gipfelt im Verständnis der Höchsten Persönlichkeit Gottes. Wenn man, nachdem man dieses Verständnis erlangt hat, von den Guṇas frei wird, erreicht man die Stufe des hingebungsvollen Dienstes (Bhakti). Entweder direkt durch Bhakti oder indirekt durch Jñāna muß man das gleiche Ziel, die Höchste Persönlichkeit Gottes, erkennen./ Ein Gegenstand wird von den verschiedenen Sinnesorganen aufgrund ihrer verschiedenen Eigenschaften unterschiedlich wahrgenommen. In ähnlicher Weise gibt es nur einen Gott, den Absoluten, doch gemäß der Beschreibung verschiedener Schriften scheint Er verschieden zu sein." (Śrīmad-Bhāgavatam 3.32.32-33)

„Durch allmählichen Fortschritt kann man die höchste Stufe, reine Hingabe (*bhaktim apy uttamā*), erreichen, wenn man mit stetiger Bemühung auf dieses Ziel zustrebt, und zwar mit Hilfe der vedischen Schriften, durch eigenes göttliches Verhalten und durch konsequente Übung." (Brahma-saṁhitā 5.59)

„Gemäß den verschiedenen Neigungen der Lebewesen gibt es verschiedene vedische Mantras, Rituale usw." (Śrīmad-Bhāgavatam 11.14.7b)

„Menschen mit geringem Wissen hängen sehr an den blumigen Worten der [vier] Veden, die verschiedenste Rituale empfehlen, sei es für die Erhebung auf die himmlischen Planeten, sei es für die Erlangung einer guten Geburt [auf der Erde] oder anderer guter Karma-Früchte. Da sie Sinnengenuß und ein Leben in Reichtum begehren, sagen sie, es gebe nichts, was darüber hinausgehe." (Bhagavad-gītā 2.42-43)

[Vyāsa sprach:] „Ich werde euch, o Brāhmaṇas, nun beschreiben, wie man im Verlauf verschiedener Leben Hingabe an Viṣṇu entwickelt./ Wenn sich jemand mit Geist, Worten oder Handlungen den Devas zuwendet, ist das sehr gut, denn das bedeutet, daß dieser Mensch sein Leben von den höheren Autoritäten des Universums lenken läßt. O erhabene Ṛṣis, auf diese Weise entwickelt dieser Mensch die Neigung, Yajñas auszuführen./ Dadurch entwickelt dieser Mensch mit unerschütterlicher Ausrichtung und Reinheit des Bewußtseins Liebe zum Feuergott [Agni]. Wenn man den Feuergott zufriedenstellt, erhebt man sich auf die Stufe eines Geweihten des Sonnengottes./ Wenn jemand den Sonnengott regelmäßig verehrt und ihn durch Hingabe erfreut, kann man ein Geweihter Śaṅkaras (Śivas) werden./ Dieser Mensch wird dann Śiva vorschriftsgemäß und pflichtbewußt verehren. Wenn Śiva, der dreiäugige höchste Halbgott, zufriedengestellt ist, entwickelt sich Hingabe an Keśava [Viṣṇu]./ Wenn man Vāsudeva, den unvergänglichen Höchsten Herrn des Universums, verehrt, erlangt man bereits im gegenwärtigen Leben höchste Freude und im nächsten Leben ewige Befreiung." (Brahma Purāṇa 121.8-13)

Quellentexte: Die vedischen Schriften als Treppe

Die vedischen Schriften als Treppe: die Stufen und das Ziel

Athāto brahma-jijñāsā: „Deshalb [weil du einen menschlichen Körper bekommen hast] solltest du jetzt nach der absoluten Wahrheit forschen!" – Vedānta-sūtra 1.1.1

Der Weg zum Absoluten ist eine Treppe mit vielen Stufen. Nicht alle Menschen sind bereit, sich sogleich auf die höchsten Stufen zu begeben. Wahre Nächstenliebe bedeutet, einem Menschen die nächsten Schritte, die für *ihn* wichtig sind, zu zeigen. Es mag viele Leben dauern, bis jemand zu den höchsten Stufen gelangt, denn auf dieser Treppe kann man aus eigenem freien Willen entscheiden, ob man aufwärts gehen, stehenbleiben oder wieder abwärts gehen will. Dem Menschen steht jede dieser Möglichkeiten offen.

In welche Richtung man auch geht, man ist nie vom Absoluten unabhängig. Dies ist eine tiefe Erkenntnis, zu der das vedische Weltbild verhilft. Kṛṣṇa faßt sie in der Bhagavad-gītā (4.11) wie folgt zusammen: „Allen offenbare Ich Mich in dem Maße, wie sie sich Mir hingeben. Alle befinden sich in jeder Hinsicht auf Meinem Pfad [d.h. auf irgendeiner Stufe der Treppe, die zu Mir führt]."

Es gibt zahllose Pfade, d.h. Möglichkeiten des Handelns. Die einen führen nach oben, andere führen im Kreis herum, und wieder andere führen nach unten. Die Pfade bestehen bereits – genauso wie auf einer Treppe die einzelnen Stufen –, doch der Mensch hat die Freiheit zu entscheiden, *welchen* Pfad er wählt.

Die vedischen Schriften wollen jeden Menschen ermutigen, nach *oben* zu gehen oder sich zumindest nicht zu erniedrigen. Dies tun sie, indem sie sowohl das Ziel (das Absolute) als auch die einzelnen Stufen (innerhalb des Relativen) beschreiben. Im vedischen Weltbild sind Theologie, Yoga und Religion deshalb letztlich identisch, weil sie alle zu demselben Ziel führen sollen.

Die vedische Theologie/Religion ist theistisch (monotheistisch) und universal, weil ihre Gottesoffenbarung nicht absolutistisch ist. Jenseits von konfessioneller Ausgrenzung bietet sie jedem Menschen die Möglichkeit, Schritte auf der Treppe des Fortschritts zu tun, egal, auf welcher Stufe sich der oder die Betreffende befindet. Selbst auf den unteren und untersten Stufen gibt es nächsthöhere Stufen, und auch diese werden in den vedischen Schriften berücksichtigt. Dies führt dazu, daß die vedischen Schriften in ihrer Gesamtheit widersprüchlich erscheinen mögen, doch nur für jemanden, der das Gesamtbild (Veda) nicht kennt.

Die vedischen Schriften beschreiben das Ziel und auch die vielen Stufen auf dem Weg zu diesem Ziel; tatsächlich ist es so, daß die meisten dieser Schriften (quasi gemäß dem Prinzip „Angebot und Nachfrage“) nicht das Ziel, sondern die Zwischenstufen beschreiben. Denn es ist ein Charakteristikum der materiellen Welt, daß sich nur die wenigsten unumwunden für das Ziel interessieren.

Jeder Stufe des Fortschritts sind ganz bestimmte vedische Schriften zugeordnet, mit ihren spezifischen Lehren und Unterweisungen für die Menschen auf der jeweiligen Stufe. Die vedischen Schriften beschreiben also einen aufsteigenden Pfad des spirituellen Fortschritts, angefangen bei magischen Ritualen und Tieropfern über Halbgötterverehrung bis hin zur höchsten Gotteserkenntnis.

Die magischen Rituale (z.B. der Tantra-Okkultismus) geben den Menschen, die nach materiellen Kräften und Reichtümern streben, die Möglichkeit, ein erstes Vertrauen in vedische Schriften zu entwickeln. Die Tieropfer (Schlachtrituale mit strikten Einschränkungen und Regeln) sollen den Menschen zur Einsicht führen, daß es besser ist, vom Tiereschlachten und Fleischessen gänzlich abzulassen. Diese Einsicht wird nicht etwa erzwungen, aber gefördert, denn Menschen, die Fleisch essen wollen, gibt es immer.

Ein großer Teil der vedischen Schriften enthält Anleitungen, wie man die Gunst bestimmter Halbgötter erlangen kann. Diese Verehrung der Halbgötter entspringt zwar eigennützigen Motiven, aber sie verhilft den Ausführenden zur wichtigen Erkenntnis, daß es im Universum höhere Autoritäten gibt.

Wenn sich ein Mensch von seinen ichbezogenen Wünschen löst, wird er sich um Yoga (Verbindung mit Gott) bemühen, angefangen bei frommen Taten (Karma-yoga) über mystischen Körper-yoga (Haṭha- oder Aṣṭāṅga-yoga) bis hin zur philosophischen und praktischen Erkenntnis des Absoluten (Jñāna- und Bhakti-yoga). Zu dieser höchsten Stufe gehören die zentralen heiligen Schriften des vedischen Monotheismus, die Bhagavad-gītā und das Śrīmad-Bhāgavatam.

Je mehr man sich der höchsten Stufe nähert, desto breiter wird der eigene Horizont – dank der Vielzahl der Stufen, die man bereits überblickt, und der Klarheit über die nächsten. Gott (oder Kṛṣṇa, wie Gott im Sanskrit genannt wird) zu erkennen ist die höchste Stufe, aber nicht die letzte, denn mit der Hinwendung zu Gott *beginnt* erst die wahre Spiritualität. Hinwendung ist der Anfang, Hingabe (sanskr. *bhakti*) das Ziel – und dieses Ziel wird umfassend und konsequent in den genannten Schriften beschrieben.

Wenn ich Gott öfters mit dem Sanskritnamen Kṛṣṇa identifiziere, tue ich das bewußt und in Übereinstimmung mit der vedischen Gottesoffenbarung, die in der Bhagavad-gītā und im Śrīmad-Bhāgavatam gipfelt. Der Name Kṛṣṇa ist noch nicht so vorbelastet wie der Begriff Gott, der sehr schnell verschiedenste absolutistische Konzepte in Erinnerung ruft. *Kṛṣṇa* hingegen (wörtlich: der „Allanziehende") bezieht sich gemäß vedischer Offenbarung auf das Absolute, das alles-einbeziehend und nichts-ausschließend ist.

Das Veda-Gesamtbild, so wie es im vorliegenden Buch präsentiert wird, entstammt diesen höchsten Veda-Quellen, Bhagavad-gītā und Śrīmad-Bhāgavatam. Im Licht dieser Schriften wird es möglich, die vedischen Offenbarungen in ihrem ursprünglichen Zusammenhang zu verstehen, denn sie beschreiben nicht nur die einzelnen Stufen, sondern auch das Ziel. Das Durchschreiten der einzelnen Stufen bekommt erst dann seinen wahren Sinn, wenn man auch das Ziel (Bhakti) kennt, das von Kṛṣṇa persönlich (in der Bhagavad-gītā) und von Seinen Gesandten (im Śrīmad-Bhāgavatam) beschrieben wird. Auch in allen anderen echten Offenbarungen der Welt wird auf dieses Ziel hingewiesen, z.B. von Jesus im Neuen Testament: „Liebe Gott, den Herrn, aus deinem ganzen Herzen und mit deiner ganzen Seele, mit all deiner Kraft und all deinen Gedanken. Und liebe deinen Nächsten wie dich selbst." (Luk. 10.27)

Wer dieses Ziel kennt, erkennt den Stellen*wert* aller offenbarten Schriften, die sich nun wie Mosaiksteine zu einem Bild oder wie Stufen zu einer Treppe zusammenfügen.

Deshalb ist in allen vedischen Schriften immer wieder die Aufforderung zu finden, nicht bloß die eigene Stufe als das ein und alles zu sehen, sondern das eigentliche Ziel ins Auge zu fassen und entschlossen darauf zuzugehen. Ein Beispiel ist der eingangs zitierte Vers aus dem Vedānta-sūtra: *athāto brahma-jijñāsā.*

Auch in anderen Kulturen findet man dieselbe Aufforderung, zum Beispiel in Griechenland im Tempel der Sieben Weisen: *gnōthi seautón,* „Erkenne dich selbst!"

Diese beiden berühmten Aphorismen aus Indien und Griechenland sind nicht nur inhaltlich, sondern auch etymologisch miteinander verwandt. *Jijñāsā* und *gnōthi* haben dieselbe Wortwurzel, nämlich *jña-* („Wissen; Erkenntnis"), sprich *gja-*. Sie erscheint in verschiedensten Wortbildungen, wie *jñāna*, „Wissen (über das Absolute)“, und *jijñāsā*, („strebe nach *jñāna!*“), aber auch im bekannten Wort *gnōsis* (dem griechischen Synonym für *jñāna*) und in abgeleiteten Wörtern wie *gnōthi* („erkenne!“) oder Prognose (das „Vorauswissen“). In all diesen Wörtern ist die Wurzel *jña-* noch deutlich zu erkennen. (Warum viele Sprachen in aller Welt mit dem Sanskrit verwandt sind, wird in Band 2 näher untersucht werden.)

Von der Relativität zur Realität

oṁ pūrṇām adaḥ pūrṇām idaṁ
pūrṇāt pūrṇām udacyate

„Das Absolute ist vollkommen und vollständig, und deshalb ist alles, was vom Absoluten ausgeht, wie diese Welt [die Erscheinungswelt], ebenfalls ein vollständiges Ganzes.“ – Īśa Upaniṣad 1.a.

Das Absolute ist nicht etwas Abstraktes, das nur in der Vorstellung des Menschen existiert. Der Mensch könnte sich das Absolute nicht einmal vorstellen, denn auch seine Vorstellungskraft ist begrenzt, wie bereits am Anfang dieses Kapitels erklärt wurde.

Das Absolute ist nicht etwas Identitätsloses, Substanzloses oder Irreales, sondern ist die konkrete Realität, von der alle Identität und Substanz ausgeht. Das ist die Bedeutung von „absolut“. Alles Relative ist in seiner Existenz vollkommen vom Absoluten abhängig. Ohne die absolute Realität gäbe es auch keine relative Realität.

Ein wichtiger Schlüssel zu diesem Verständnis ist der oben zitierte Vers aus der Īśa Upaniṣad. Weil das Absolute allumfassend ist, ist alles, was vom Absoluten ausgeht, auch die relative Welt, Teil des Absoluten. Alles, was es in den relativen Dimensionen gibt, gibt es auch im Absoluten, aber nicht in einer relativen, sondern in einer absoluten Form.

Der Unterschied (und der Zusammenhang) zwischen einem Ding in der relativen und der absoluten Dimension läßt sich vergleichen mit dem Unterschied (und Zusammenhang) zwischen einem Wort und dem bezeichneten Gegenstand. Das Wort „Apfel“ erweckt sogleich eine Vorstellung von diesem Gegenstand, doch das Wort ist noch nicht der Gegenstand. Auch ist das Wort „Apfel“ relativ, denn es ist nur in der deutschen Sprache verständlich. Ein Chinese kann mit dem Wort „Apfel" nichts anfangen, aber wenn wir ihm einen Apfel geben, versteht er sofort, was wir meinen.

Dieses Beispiel soll illustrieren, daß die vergänglichen Formen, die wir in der relativen Welt wahrnehmen, nur Hinweise auf die eigentlichen Formen in der absoluten Realität sind. „Die materielle Welt ist das Wörterbuch zur spirituellen Welt."[27]

Warum gibt es überhaupt etwas und nicht nichts? Weil es hinter allen relativen Erscheinungen eine ewige, absolute Realität gibt. Ohne diese Realität gäbe es tatsächlich *nichts,* auch keine Menschen, die sich irgend etwas vorstellen. Weil es uns aber gibt und viele andere Lebewesen auch, ist es einleuchtend, daß es hinter allen relativen Erscheinungen einen Ursprung, einen Hinter-Grund, gibt.

Wir sehen also nicht die Realität, sondern nur die Relativität, und innerhalb der Relativität ebenfalls nur jene Ausschnitte, die durch unsere Sinnesorgane in unserem Bewußtsein gespiegelt werden. Das Objekt selbst, das „Ding an sich" (Noumenon), sehen wir nicht, sondern nur das Erscheinungsbild (Phaenomenon), so wie wir es subjektiv wahrnehmen.

Wir leben also in einer Individualwirklichkeit oder, genauer gesagt, in einer Individualillusion. Nur weil wir Menschen die Welt allesamt ähnlich wahrnehmen, heißt das noch lange nicht, daß wir die Realität sehen. Vielmehr bedeutet dies, daß wir Menschen alle in einer ähnlichen *Illusion* leben. Die Menschen haben eine ganz bestimmte Sicht von der Welt, und die Pflanzen und Tiere haben *ihre* Sicht von der Welt. Und die „Außerirdischen" – die göttlichen und weniger göttlichen Wesen – sehen die Welt und das Universum nochmals auf eine ganz andere Weise. Alle Sichtweisen haben ihre individuelle Gültigkeit. Aber wie sieht die *objektive Realität* aus, die auf so viele subjektive Arten wahrgenommen werden kann?

Die „Welt an sich" kann über die sinnliche Wahrnehmung nicht erfaßt werden. Die objektive Wirklichkeit ist deshalb im wahrsten Sinn des Wortes über-sinnlich. Doch zwischen dieser Wirklichkeit und unserer subjektiven Wahrnehmung liegt ein Schleier der Illusion (Māyā), der unsere Sicht verdeckt. Aus den obigen Erläuterungen, aber auch aus der Weltgeschichte und aus der Erfahrung unseres eigenen Lebens geht hervor, daß wir diesen Māyā-Schleier nicht aus eigener Kraft zu heben vermögen, denn dieser Schleier hat seinen Ursprung ebenfalls in der absoluten Realität: „Diese Meine Māyā ist eine göttliche Energie (*daivī*), und sie ist sehr schwer zu überwinden (*mama māyā duratyayā*)." (Bhagavad-gītā 7.14a)

Jede wissenschaftliche oder philosophische Bemühung um die Erkenntnis der Realität muß an der eigenen Begrenztheit scheitern. Dennoch kann der Schleier, der uns von der Realität (Gott) trennt, überwunden werden: nicht durch eigene, aber durch höhere Kraft, letztlich nur durch die Gnade Gottes – wenn wir dies wollen.

Durch den Veda offenbart Gott, daß es unser eigener Wunsch war, den Bereich Māyās zu erfahren (im Kreislauf der Schöpfungen und Reinkarnationen), und daß es deshalb auch allein unser Wunsch ist, der entscheidet, wann wir von der Illusion (Māyā) befreit werden und die Realität so sehen, wie sie ist, und nicht, wie *wir* sie sehen *wollen*.

Weil das Absolute (Gott) allumfassend und unbeschränkt ist, ist es auch allgegenwärtig. Deshalb hat jeder Mensch jederzeit und überall Zugang zum Absoluten, sobald der Māyā-Schleier überwunden wird. Hinzu kommt, daß auch Gott sich jederzeit und überall offenbaren kann. Diese Offenbarungen geschehen universell und individuell – durch das Erscheinen der Gottesinkarnationen (Avatāras) und der Gottesvertreter. (Mit dieser Erkenntnis – daß Gott sich *jederzeit* und *überall* offenbaren kann – wird allen absolutistischen Ansprüchen die Grundlage entzogen.)

Dieses Prinzip der Offenbarung ist bereits in Kapitel 1 im Zusammenhang mit dem Thema Veda und Mythos erwähnt worden. Nun werden die tieferen Zusammenhänge hinter diesem Prinzip erkennbar. Als Bereich ist die materielle Welt begrenzt, doch als Energie erzeugt sie unbegrenzt viele relative Aspekte, weshalb das bloße Erforschen des Relativen endlos und daher sinnlos ist. Innerhalb des Relativen kann man das Absolute nicht finden, genauso wie man innerhalb der Dunkelheit kein Licht finden kann. Licht ist nicht ein Produkt von Dunkelheit. Dunkelheit ist von Licht abhängig, denn Dunkelheit ist die Abwesenheit von Licht. Ebenso ist das Relative vom Absoluten abhängig, und nicht umgekehrt. Sobald Licht erscheint, existiert die Dunkelheit nicht mehr. Man kann nicht „Dunkelheit“ an einen hellen Ort bringen. Dunkelheit entsteht nur, wenn das Licht verdeckt wird, entweder durch Fremdeingriff oder durch unseren Standpunkt.

Ebenso verhält es sich mit der Offenbarung von Veda: „Wenn jemand mit dem Wissen erleuchtet ist, durch das Unwissenheit zerstört wird, dann enthüllt sein Wissen alles, ebenso wie die Sonne am Tag alles erleuchtet.“ (Bhagavad-gītā 5.16)

Die materielle Schöpfung ist Gottes Traum

Brahmā betet: „Ich verehre den urersten Herrn, Govinda [Kṛṣṇa]. In Seiner vollständigen Teilerweiterung als Mahā-Viṣṇu liegt Er auf dem Meer der Ursachen, und aus Seinem transzendentalen Körper gehen alle Universen hervor, während Er im mystischen Schlummer der Ewigkeit (yoga-nidrā) liegt." – Brahma-saṁhitā 5.47[28]

Was bisher philosophisch erläutert worden ist, läßt sich auch auf das Universum übertragen. Die Schöpfung hat absolute und relative Aspekte, und das vedische Weltbild beschreibt beide. Wissenschaftliche Beobachtungen werden nicht ignoriert, sondern neu interpretiert, und zwar im Licht des gesamten multidimensionalen Hintergrundes, den man mit dreidimensionaler Beobachtung allein nicht erfassen kann. Die Daten, die der Wissenschaft heute bekannt sind, eröffnen wertvolle Einblicke in die Weite der dreidimensionalen, relativen Realität, doch die Interpretationen, die die Wissenschaftler diesen Daten verleihen, sind oft mangelhaft oder geradewegs falsch, weil sie diese Daten isoliert, d.h. ohne Kenntnisnahme des multidimensionalen Hintergrundes, auswerten. Die vedische Wissenschaft integriert die Beobachtungen der modernen Wissenschaft; deshalb vermag sie, wissenschaftlich fundiert – und nicht nur symbolisch oder archetypisch –, Gott und die Götter und den Ursprung des Universums zu erklären.

Die Existenz der relativen Welt weist auf den absoluten Hintergrund hin, denn das Absolute (Gott) ist das, wovon alles Relative abhängig ist. Gott (der zahllose Namen hat, im Sanskrit zum Beispiel Kṛṣṇa, Govinda, Bhagavān, Nārāyaṇa, Viṣṇu) ist unbegrenzt und vollkommen. Das Unbegrenzte enthält in seiner Vollkommenheit auch das Begrenzte. Wenn es im Unbegrenzten nichts Begrenztes gäbe, wäre das Unbegrenzte nicht vollkommen und vollständig. Es enthielte „nur" das Unbegrenzte und nicht auch das Begrenzte. Doch das Unbegreifliche ist, daß das Begrenzte – das Materielle – in seiner Anlage (als göttliche Energie) wiederum unbegrenzt ist! Das ist eine der zentralen Botschaften der Upaniṣaden.

Die Vollkommenheit Gottes ist so vollkommen, daß es in ihrer absoluten Realität auch Irrealität – Illusion – gibt. Die Illusion (Māyā) besteht darin, etwas getrennt vom Absoluten zu sehen oder das Absolute gar nicht zu sehen. Diese Illusion wird durch die Schöpfung der materiellen Welt ermöglicht, und so kann jedes Individuum mit freiem Willen wählen: Will ich im Bereich der Illusion leben oder im Reich der Realität?

Aus den genannten Gründen manifestiert Viṣṇu (Kṛṣṇas Parallelform als immaterieller Schöpfer) die materielle Welt. Vom ersten Viṣṇu (Mahā-Viṣṇu) gehen zahllose Universen aus. Er atmet sie aus, und wenn Er einatmet, gehen sie wieder in Ihn ein, und so werden ewig mit jedem Atemzug zahllose Universen geschaffen und wieder aufgelöst und neu geschaffen. Wenn die Lebewesen, die innerhalb der einzelnen Universen geboren werden, ihr Universum erforschen, erahnen sie irgendwie den geballten, unendlichen Ursprung des Universums und sprechen zum Beispiel von einem „Urknall".

Im unendlichen Ursprung ist die Materie nicht mehr Materie, sondern Energie, und zwar unendliche Energie, das heißt *göttliche* Energie, denn unendlich* ist nur das Absolute (Viṣṇu). Das vedische Weltbild betont, daß die Materie (Prakṛti mit ihren zwei Aspekten Pradhāna und Mahat-tattva) eine göttliche Energie ist. Materie ist als Energie unendlich und ewig, aber hat die göttliche Funktion, endlos zeitweilige Formen hervorzubringen: die Universen, die Atome, die Planeten, die Körper der Lebewesen, usw.

Die ursprüngliche Realität, Viṣṇus Dimension, befindet sich jenseits aller materiellen Begrenzungen, ist ewig und voller spiritueller Vielfalt. Die materielle Welt unterscheidet sich von dieser spirituellen Realität wie ein Traum vom Wachzustand. Deshalb heißt es in den vedischen Schriften auch, die materielle Welt sei *Viṣṇus Traum.*

Ein Traum stellt eine eigene Welt dar, die grundlegend verschieden ist von der Welt, die wir wahrnehmen, wenn wir wach sind. Während wir träumen, existieren beide Welten (die Traumwelt und die Wachwelt) parallel und gleichzeitig, doch in der Dimension sind sie völlig verschieden und dennoch verbunden, insofern daß der Mensch den Traum träumt, und nicht der Traum den Menschen.

Viṣṇus Traum spiegelt die absolute Welt in relativen, vergänglichen Formen. Das Begrenzte ist vom Unbegrenzten ausgegrenzt wie die Traumwelt von der Wachwelt. Die materielle Welt und die spirituelle Welt sind gänzlich verschieden und dennoch verbunden (wie die Traumwelt und die Wachwelt durch das Medium des Träumers).

---

* Auch die Wissenschaft kommt nicht umhin, den Begriff der Unendlichkeit zu verwenden: „Nach der maßgeblichen Urknalltheorie war das Universum zu Beginn der Zeit unendlich heiß und unendlich klein, eine mathematisch nicht mehr zu beschreibende Singularität." Dr. H. Friedmann, in: *Der Blick in die Unendlichkeit* (S. 388)

Deshalb ist es möglich – und die Veda-Offenbarung lehrt es –, in allen relativen Realitäten das Absolute zu sehen. „Sehen" bedeutet hier „wach sein", d.h. sich des Absoluten (Kṛṣṇa) bewußt sein.

Für Viṣṇu ist die materielle Welt nichts anderes als ein Traum. Aber weil Viṣṇu Realität ist, ist auch Sein Traum Realität*, und alle Wesen im Traum – wir! – sind ebenfalls Realität. Doch unser Problem ist, daß wir nicht merken, daß wir in einer Traumwelt leben, weshalb wir die Traumwelt des Relativen für die Realität halten – und das ist Illusion.

Illusion (Māyā) bedeutet, das Absolute (Gott) nicht zu sehen, das heißt, sich selbst und alles andere getrennt von Gott zu sehen. Im Traum haben wir keinen direkten Zugang zur Wachwelt. Der einzige Zugang zur Wachwelt ist das Erwachen; die Aktivität des Erwachens ist jedoch völlig anders als jede Traumaktivität. Was bedeutet dieses Erwachen? Und warum „schlafen" wir überhaupt? Dies ist das Thema der letzten drei Abschnitte dieses Kapitels und wird in den nachfolgenden Kapiteln weiter ausgeführt werden.

Vedische Psychologie (I): Der Schleier des falschen Ichs

Kṛṣṇa spricht zu Uddhava: „Das bewußte Individuum [Ātmā] ist in Wirklichkeit nie ein Teil der Materie, doch aufgrund des falschen Ichs [Ahaṅkāra] sieht es nur noch die Materie und sieht sich selbst als Zentrum aller Objekte. Es hält Illusion für Realität, genau wie jemand, der sich mit einem Traum identifiziert. Klage, Jubel, Angst, Zorn, Gier, Verwirrung und Verlangen – all diese Erfahrungen gehören zur Traumwelt des Ahaṅkāra und nicht zur Realität des Ātmā." – Śrīmad-Bhāgavatam 11.28.13-15

Weshalb halten wir das Relative für Realität? Die vedische Antwort auf diese Frage lautet: aufgrund des Ahaṅkāra.

Um dieses zentrale Konzept des vedischen Weltbildes verstehen zu können, müssen wir einige der bereits angeführten Gedankengänge neu aufrollen und weiter vertiefen.

---

* Hier zeigt sich auch, warum jedes Lebewesen die potentielle Fähigkeit hat, durch Gedankenkraft in begrenztem Maße Dinge zu manifestieren, wie in Kapitel 2 erwähnt wurde. Sie haben diese Kraft, weil sie *Teile Gottes* sind. Denn in Gott (im Absoluten) ist jeder „Gedanke" gleichbedeutend mit Realität, und die Teile spiegeln (teilweise) das Ganze.

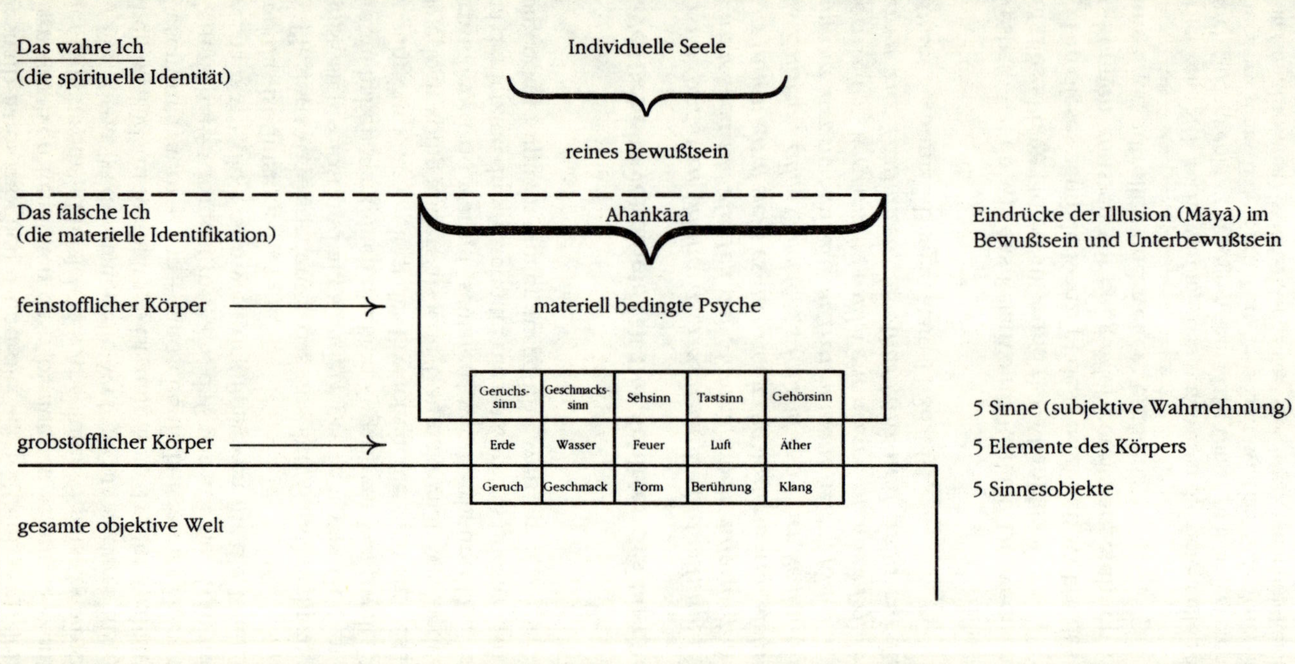

Die Verkörperung der Seele in der materiellen Dimension: Das zur Materie gerichtete Bewußtsein wird vom Ahaṅkāra, dem „falschen Ich", bedeckt und identifiziert sich mit den zwei Arten von materiellen Körpern. Mit den fünf Sinnen nimmt das Lebewesen einen kleinen Ausschnitt der gesamten objektiven Welt wahr.

Wahrnehmung und Wahrheit sind nicht dasselbe. Wir „sehen" zum Beispiel etwas, was wir „Baum" nennen, aber was ist dieser Baum in *Wirklichkeit?* Holz, Äste, Blätter? Produzent von Früchten und Sauerstoff? Chemielabor eines Photosynthese-Stoffwechsels von Licht, Wasser usw.? Ein Lebewesen mit eigener Sprache und Aura? Ein mikrokosmischer Teil des Makrokosmos? Eine stumpfe evolutive Form? Eine bewußtlose Existenz, zweckvoll, aber sinnlos?

Diese Fragen* sind nicht Spitzfindigkeiten eines realitätsfernen Philosophen, sondern betreffen direkt die Realität, denn von der Beantwortung dieser Fragen hängt es ab, wie wir mit der Welt und mit unserem eigenen Leben umgehen.

Ein Schleier liegt zwischen unserer Wahrnehmung (Relativität) und der Wahrheit (Realität). Die Wahrheit ist unabhängig von unserer Wahrnehmung; sie kann aber *entdeckt* werden. Ent-decken bedeutet: Entfernen der Bedeckungen, die unsere Sicht einschränken. Weil es sich bei diesen Bedeckungen jedoch nicht um Faktoren der äußeren Welt handelt, können sie auch nicht bloß durch das Bauen von immer größeren Mikroskopen, Teleskopen und Teilchenbeschleunigern überwunden werden. Forschung nach Wahrheit ist in erster Linie ein *innerer* Vorgang, denn die Bedeckungen befinden sich in unserem eigenen Bewußtsein.

Wie würde die Welt aussehen, wenn wir sie ohne Bedeckung sähen? Wenn wir uns selbst analysieren, finden wir nicht nur eine, sondern viele Bedeckungen: den Körper, der uns eine ganz bestimmte Perspektive aufzwingt (in unserem Fall die Erdling-Perspektive); die Sinnesorgane, die immer nur beschränkte Eindrücke vermitteln; den Verstand, der nur wenige der zahllosen Sinneseindrücke bewußt aufnimmt; den Intellekt, der das, was der Verstand projiziert, interpretiert; unsere Gefühle, die von all diesen Eindrücken beeinflußt werden und rückwirkend wieder die Wahrnehmung beeinflussen. Dies alles sind Schleier, die unsere Sicht bedecken. Aber *wer* lebt hinter den Schleiern? Wer „sieht"? Ich natürlich! Aber wer oder was ist dieses Ich? Hinter allen Schleiern – *wer bin ich?*

Das ist die erste und wichtigste Frage des Lebens. Doch wie viele Menschen stellen sich diese Frage? Die meisten Menschen – und auch die Tiere – identifizieren sich ganz „natürlich" mit ihren Rollen und Kostümen und geben sich damit zufrieden, weshalb diese Frage die meisten Menschen – und auch die Tiere – nicht berührt. Sonst wür-

---

* Die vedische Antwort finden Sie auf Seite 142, „Quellentexte: Relative und absolute Wahrheit (I)".

de sie zumindest an den Schulen und Hochschulen gestellt. Aber gerade dort hat man keine Zeit für diese Frage, da sie überflüssig erscheint und alles andere wichtiger.

Wenn eine Frage nicht gestellt wird, wird sie auch nicht beantwortet. Bei einer solch entscheidenden Frage wie „Wer bin ich" bedeutet dies, daß die Menschen nicht einmal wissen, wer sie sind. Natürlich bezeichnen wir uns als Mensch, Mann, Frau; jung, alt; Schweizer, Deutscher, Ausländer; Jude, Hindu, Christ, Atheist usw. Aber das sind nur Rollenspiele, mit denen wir uns identifizieren – entsprechend unserem Körper, dem Ort unserer Geburt, unseren Glaubensvorstellungen usw. Wir spielen eine Rolle, der Körper ist das Kostüm, und das Spiel ist eine Tragödie, denn die Identifikation mit der Rolle ist unnatürlich, genauso verrückt, wie wenn ein Schauspieler, der Wilhelm Tell spielt, denkt, er *sei* Wilhelm Tell. Wir identifizieren uns mit so vielen Dingen; aber wer sind *wir,* die wir uns identifizieren? Identifikation und Identität sind ja nicht dasselbe.

Weil die Beantwortung dieser Frage die Grundlage jeder wahren Erkenntnis darstellt, wird sie von Kṛṣṇa in der Bhagavad-gītā sogleich als erstes aufgegriffen. Er erklärt, daß die Eindrücke, die aus der Sinneswahrnehmung entstehen und mit denen wir uns identifizieren, nichts mit der Realität des wahren Ichs zu tun haben:

> „Das unbeständige Erscheinen von Glück und Leid und ihr Verschwinden im Laufe der Zeit gleichen dem Kommen und Gehen von Sommer und Winter. Sie entstehen durch Sinneswahrnehmung, o Bhārata [Arjuna], und man muß lernen, sie zu dulden, ohne sich verwirren zu lassen." (Bhagavad-gītā 2.14)

Die verschiedenen Eindrücke, die wir wahrnehmen, sind nichts anderes als äußere Erscheinungen auf dem Spiegel unseres Bewußtseins, und sie ziehen an uns – dem wahren Ich – vorbei wie Sommer und Winter, Glück und Leid, Jugend und Alter, „Leben" und „Tod". All diese Erscheinungen betreffen nur die äußeren Schleier (Körper, Sinnesorgane und die von ihnen projizierte Wahrnehmung), und jemand, der dies weiß, wird durch diese Erscheinungen nicht verwirrt, nicht einmal durch den Tod:

> „So wie die verkörperte Seele im gegenwärtigen Leben einen ständigen Körperwandel durchlebt – von der Kindheit zur Jugend zum Alter –, so ist auch der Tod für die Seele nur ein Wechsel des Körpers. Ein besonnener Mensch wird durch diese wechselnden Erscheinungen nicht verwirrt." (Bhagavad-gītā 2.13)

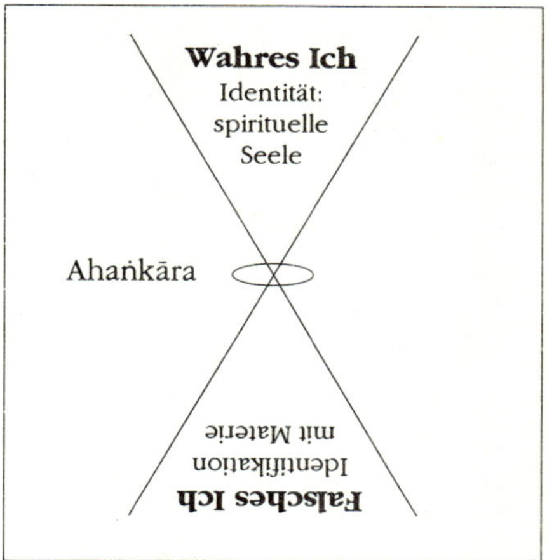

Das Ahaṅkāra richtet das Bewußtsein der Seele wie eine Linse auf die Materie, mit doppeltem Verzerreffekt: Das Individuum identifiziert sich mit Materie, und man hält die Relativität für Realität.

Das Ich, das Individuum, das die Neigung hat, sich mit etwas Äußerem zu identifizieren, wird im Sanskrit als Jīva, Ātmā oder Puruṣa bezeichnet. Diese Begriffe können allesamt als „Seele" übersetzt werden. Jīva bedeutet „Leben" im Sinn von „dem, was das Leben ausmacht", das „Lebewesen". Ātmā bedeutet „Selbst", das Individuum, das sich mit richtigen oder falschen Identitäten identifizieren kann, und Puruṣa bedeutet „Genießer", das Lebewesen, das einen materiellen Körper beseelt und ihn als (zeitweiliger) Besitzer genießt.

Es ist die Seele, die alles Wahrgenommene wahrnimmt, und dieser Kern von Bewußtsein sind *wir*. Die Energie der Seele ist das „Bewußtsein", und mit diesem Bewußtsein sind wir uns unseres Körpers und unserer Psyche bewußt. Ohne die Gegenwart dieses Bewußtseins würden alle Sinnesreize in einer Einbahn leerlaufen und in einem leblosen „Vakuum" verhallen, denn es wäre niemand da, der diese Sinnesreize entgegennimmt (wahr-nimmt).

Um nicht einem oberflächlichen Selbstverständnis anheimzufallen, muß man lernen, zwischen dem Selbst und falschen Identifikationen zu unterscheiden, und zwar im wahrsten Sinn des Wortes, denn es gibt einen Faktor, der das wahre Ich (die Seele) von der Realität scheidet: das Ahaṅkāra, das „falsche Ich".

Das Ahaṅkāra* ist das Prinzip, das es der Seele ermöglicht, eine falsche Identität anzunehmen und zu denken: „Ich bin das Zentrum meiner Existenz. Ich bin derjenige, der handelt, und die Materie ist von mir abhängig." So kommt es, daß wir (die Seelen) uns mit einem sterblichen Körper und mit allem, was physisch und psychisch mit ihm verbunden ist, identifizieren. Die meisten Menschen können sich eine Existenz außerhalb und unabhängig vom Körper gar nicht vorstellen. (Wenn ich nicht der Körper bin, was dann?)

---

* *aham:* ich; *kāra:* derjenige, der handelt/ausführt/verursacht.

Das Ahaṅkāra läßt sich mit einer Linse vergleichen, die das Bewußtsein der Seele auf die Materie lenkt und verursacht, daß man sich fälschlicherweise mit etwas identifiziert, was man nicht ist. Plötzlich hält man die Relativität für Realität.

Die Bhagavad-gītā (3.27) definiert das Ahaṅkāra wie folgt: *ahaṅkāra vimūḍhātmā*. „Das Ahaṅkāra (das falsche Ich) ist der Faktor, durch den der Ātmā (das wahre Ich) in Illusion versetzt wird."

Das Ahaṅkāra ist nicht nur ein psychologischer Faktor, sondern ein Element der materiellen Schöpfung, das aus dem Mahat-tattva hervorgeht; es ist das grundlegende materielle Schöpfungsprinzip, denn ohne dieses falsche Ich könnte es gar nicht zur Schöpfung kommen. Das Ahaṅkāra ist der subtile Faktor, der es ermöglicht, daß eine spirituelle Seele sich mit einer materiellen Rolle identifiziert und ihre spirituelle Identität vergißt. Erst mit der Schaffung dieses Elementes wird das „Geborenwerden" von Seelen überhaupt möglich, denn die Seele an sich (der Ātmā) wird nie geboren und stirbt nie.

Vedische Psychologie (II): Die drei Guṇas

mahat-tattvād vikurvānād bhagavat-vīrya-sambhavāt
kriya-śaktir ahaṅkāras tri-vidhaḥ samapadyata

„Das materielle Ego (ahaṅkāra) entsteht aus dem Mahat-tattva, das aus der Energie des Höchsten Herrn (bhagavat-vīrya) hervorgeht. Die Wirkungsweise (kriya-śakti) dieses Ahaṅkāra-Faktors äußert sich grundsätzlich auf drei Arten (ahaṅkāras tri-vidhaḥ): in Tugend, Leidenschaft und Unwissenheit." – Śrīmad-Bhāgavatam 3.26.23

Die materielle Energie bringt vergängliche Formen hervor und ermöglicht dadurch die Illusion jener Lebewesen, die irgend etwas anderes sein wollen als das, was sie in Wirklichkeit sind (nämlich Teile Gottes). Grundlegend wirkt die materielle Energie auf dreierlei Weise: Schöpfung, Erhaltung und Zerstörung (Auflösung), die vollzogen werden von Brahmā, Viṣṇu und Śiva. Diese drei Funktionen der materiellen Energie werden im Sanskrit *Guṇas* („Erscheinungsweisen") genannt. Die Guṇas sind mit der Materie (Prakṛti) verbunden wie die Wellen und Strömungen mit dem Meer.

Die materielle Energie wirkt immer entweder aufbauend, erhaltend oder zerstörend, und auch die Menschen müssen in ihrem materiellen Dasein konstant zwischen diesen *drei Erscheinungsweisen* wählen, die wie Programme sind, die vorprogrammierte Kettenreaktionen auslösen:

- Sattva-guṇa – „Erscheinungsweise der Tugend“, charakterisiert durch die Funktion der Aufrechterhaltung und Beständigkeit als Grundlage der göttlichen Ordnung auf universeller und individueller Ebene, d.h. der natürlichen Entwicklung, Erneuerung und Erweiterung, der Ausgeglichenheit, Harmonie, Einordnung, Gesetzmäßigkeit usw.
- Rajo-guṇa – „Erscheinungsweise der Leidenschaft“, charakterisiert durch die Funktion des Schöpfens, Aufbauens und Produzierens (als Gegenpol des Tamo-guṇa).
- Tamo-guṇa – „Erscheinungsweise der Unwissenheit/Dunkelheit“, charakterisiert durch die Funktion der Auflösung, des Zerfalls und der Zerstörung alles Erschaffenen.

Jegliche Existenz im Universum unterliegt dem Einfluß dieser drei Guṇas: das Universum selbst, die Schöpfungsphasen, die konstante Entstehung und Umwandlung der materiellen Formen, die Lebensbedingungen der Lebewesen und die Bedingtheit ihres Bewußtseins, durch die wiederum ihr Verhalten festgelegt wird – bei den Menschen weitgehend und bei den Tieren und Pflanzen vollständig.

Wörtlich bedeutet das Sanskritwort Guṇa „Seil“, was darauf hinweist, daß die Guṇas die Seile sind, die die verkörperten Seelen an die materielle Welt binden. Durch die Guṇas erfahren die Seelen das „Gebundene“, das Relative, und sind getrennt vom „Ungebundenen“, dem Absoluten.

> „Es existiert kein Wesen, weder hier [auf der Erde] noch unter den Halbgöttern auf den höheren Planeten, das von diesen drei aus der materiellen Natur geborenen Erscheinungsweisen frei ist.“ (Bg. 18.41)

Jedes Lebewesen wird konstant durch eine bestimmte Kombination der Guṇas beeinflußt, weshalb jeder Mensch und jedes höhere Wesen im Universum die Realität in unterschiedlichen Schattierungen wahrnimmt. Aber auch jedes Tier und jede Pflanze erlebt die Welt aus einer ganz spezifischen Perspektive. Jedes Lebewesen läuft mit einer Guṇa-Brille durchs Leben, die bestimmt, was es sieht und *nicht* sieht. Genauso wie ein Fernsehapparat nur auf Fernsehwellen und ein Radioapparat nur auf Radiowellen reagiert, so sprechen auch die Lebewesen nur auf Schwingungen ihrer „Wellenlänge“ an. Diese „Resonanz" des Bewußtseins ist abhängig von den Guṇas, von denen man sich beeinflussen läßt, und sie bestimmt die bewußte und unbewußte Art einer jeden Handlung: tugendhaft (konstruktiv, verbessernd, weitsichtig), leidenschaftlich (produktiv, aufbauend, manipulierend) oder unwissend (destruktiv, verschlimmernd, schadend). Jede Entscheidung bedeutet: Wahl einer bestimmten Erscheinungsweise. Und dies wiederum bedeutet, daß man in eine ganz bestimmte Strömung der materiellen Energie gerät, die weitere Handlungen, Gewohnheiten und innere Einstellungen diktiert.

> „Die Merkmale der Erscheinungsweise der Tugend können erfahren werden, wenn alle Tore des Körpers durch Wissen erleuchtet sind. O Arjuna, wenn die Erscheinungsweise der Leidenschaft zunimmt, entwickeln sich große Anhaftung, verstrickende Tätigkeiten, intensive Bemühung sowie unbeherrschbare Wünsche und Verlangen. Und wenn die Erscheinungsweise der Unwissenheit zunimmt, nehmen Dunkelheit, Trägheit, Verrücktheit und Illusion überhand." (Bhagavad-gītā 14.11-13)

> „Das Unterscheidungsvermögen, durch das man erkennt, was getan werden muß und was nicht getan werden darf, wovor man sich fürchten muß und wovor man sich nicht zu fürchten braucht, was bindend und was befreiend ist, befindet sich in der Erscheinungsweise der Tugend./ Das Unterscheidungsvermögen, das zwischen Religion und Irreligion sowie zwischen Handlungen, die ausgeführt werden sollten, und Handlungen, die nicht ausgeführt werden sollten, nicht zu unterscheiden vermag, befindet sich in der Erscheinungsweise der Leidenschaft./ Das Unterscheidungsvermögen, das Irreligion für Religion und Religion für Irreligion hält, das unter dem Bann der Illusion und Dunkelheit steht und immer in die falsche Richtung strebt, befindet sich in der Erscheinungsweise der Unwissenheit." (Bhagavad-gītā 18.30-32)

Die drei Guṇas existieren nie isoliert, sondern nur in Kombinationen. Sie können mit den drei Grundfarben Gelb, Rot und Blau verglichen werden. Die Guṇas können, genau wie diese Farben, in endlosen Variationen und Kombinationen gemischt werden, und jede Hinzufügung verursacht eine weitere Verfärbung und Verdichtung der Substanz. Ebenso entspricht jede Lebensform und jeder individuelle Körper einem spezifischen Mischungs- und Dichteverhältnis der drei Guṇas.

Dieses Verhältnis färbt das Bewußtsein, und die Färbung des Bewußtseins „färbt" den Körper. Beim Astralkörper ist dies sogar wörtlich zu verstehen, denn dieser ändert tatsächlich seine Farbe entsprechend den Bewußtseinsregungen (vom Weiß eines ausgeglichenen Zustandes bis hin zu „grün vor Neid“ und „rot vor Zorn“). Die feinstofflichen Energieflüsse des Astralköpers beeinflussen die Energieflüsse im grobstofflichen Körper, und deshalb gibt es einen direkten Zusammenhang zwischen den Guṇas, die uns beeinflussen, und dem Erscheinungsbild des astralen und des grobstofflichen Körpers. (Dieses Prinzip ist entscheidend bei der Reinkarnation, denn man bekommt immer einen Körper, der genau der eigenen Bewußtseinsfrequenz und dem „Guṇa-Code“ entspricht.)

Aber nicht nur jedes Individuum, auch jede Gesellschaft, jede Politik, jeder Ort, jede Epoche der Geschichte, jede Musik, jede Literatur, jede Philosophie usw. steht unter dem Einfluß der Guṇas:

> „Wenn die Sattva-Einflüsse zunehmen, nimmt die Kraft der Halbgötter zu. Wenn die Rajo-Einflüsse zunehmen, werden die dämonischen Wesen stark, und mit dem Anstieg der Tamo-Einflüsse werden die Niederträchtigsten [die Rākṣasas] stark.“ (Śrīmad-Bhāg. 11.25.19)

Solange man in der materiellen Welt lebt, wird man von den Guṇas an bestimmte Aspekte der materiellen Natur gebunden. Im Meer der materiellen Welt sind die Guṇas die Strömungen und Wellen, die mit unterschiedlichster Wirkung auftreten: reißend, verschlingend, hinabziehend (Tamo-guṇa); treibend, an der Oberfläche kreisend (Rajo-guṇa); ruhig, ans Ufer spülend (Sattva-guṇa). Solange wir uns in diesem Meer befinden, werden uns die Wellen hin und her werfen. Auch wenn wir den Bereich des Sattva-guṇa erreichen, befinden wir uns immer noch im Wasser. Sattva-guṇa bedeutet Ufernähe und bietet eine gute Möglichkeit, aus dem Wasser, d.h. aus der materiellen Welt hinauszugelangen. Wenn wir diese Gelegenheit jedoch verpassen, ist es nur eine Frage der Zeit, bis die Wellen des Rajo- und Tamo-guṇa uns wieder wegtragen.

Mit anderen Worten: Sattva-guṇa ist gut, aber nicht gut genug, um wahre Freiheit zu finden. Wenn wir vom Einfluß der Guṇas frei werden wollen, müssen wir das Meer verlassen und auch den Sattva-guṇa (das warme Wasser in Ufernähe) hinter uns lassen. Es ist möglich, diese Stufe zu erreichen, auch während man noch in der materiellen Welt lebt:

> „Wer frei von Ego-Interesse handelt und die Ergebnisse Gott hingibt, wird nicht von Sünde berührt, ebenso wie eine Lotosblume nicht naß wird, obwohl sie sich im Wasser befindet.“ (Bg. 5.10)

Selbstdefinition des Absoluten: „Ich bin der Ursprung von allem. Alles geht von Mir aus. Die Weisen, die dies vollkommen verstanden haben, beschäftigen sich in Meinem hingebungsvollen Dienst und verehren Mich von ganzem Herzen.“ (Bhagavad-gītā 10.8)

Definition von Māyā: „Was immer von Wert zu sein scheint, besitzt keine Wirklichkeit, wenn es nicht mit Mir verbunden ist. Wisse, daß es Meine täuschende Energie [Māyā] ist, jene Widerspiegelung, die sich in Dunkelheit befindet.“ (Śrīmad-Bhāgavatam 2.9.34)

Illusion: „Diejenigen, die sich von der absoluten Wahrheit abwenden, nehmen diese Wahrheit durch Sinneswahrnehmung auf unterschiedliche Weise wahr und denken daher irrtümlich, alles sei relativ.“ (Śrīmad-Bhāgavatam 3.32.28)

Sicht des Absoluten: „Wer im hingebungsvollen Dienst (*bhakti-yoga*) fortgeschritten ist, sieht in allen Dingen die Seele der Seelen, die Höchste Persönlichkeit Gottes, Śrī Kṛṣṇa. Folglich sieht er immer die Form der Höchsten Persönlichkeit Gottes als die Ursache aller Ursachen und versteht, daß alle Dinge in Ihr ruhen.“ (Śrīmad-Bhāgavatam 11.2.45)

„Eine befreite Seele mit reiner Sicht erkennt, daß die absolute Persönlichkeit Gottes transzendental ist und als Spiegelung sogar im falschen Ich manifestiert ist. Sie ist die Grundlage der materiellen Ursache, und Sie geht in alles ein, ist jenseits von Dualität (*advaya*) und ist das Auge [der Enthüller] der illusionierenden Energie./ Die Gegenwart des Höchsten kann erkannt werden, ebenso wie die Sonne zunächst als Spiegelung auf dem Wasser und dann als eine zweite und gleichzeitige Spiegelung auf einer Wand [an Land, jenseits des Wassers] erkannt wird, während die Sonne selbst [unberührt] am Himmel steht.“ (Śrīmad-Bhāgavatam 3.27.11-12)

„Du empfindest tiefe Liebe zu Kṛṣṇa, und deshalb siehst du natürlicherweise alle Dinge in diesem Licht. ... Auch ein Mahā-bhāgavata, ein Gottgeweihter auf der höchsten Stufe, sieht die materiellen Dinge, doch sieht er nicht die relativen Formen dieser Dinge. Vielmehr sieht er überall sogleich das Absolute: die Form des Höchsten Herrn, Śrī Kṛṣṇa.“ (Caitanya-caritāmṛta, Madhya-līlā 8.272-274)

„Im Grunde ist nichts von Kṛṣṇa getrennt. Wenn ein Gottgeweihter einen Baum sieht, weiß er, daß der Baum eine Verbindung zweier Energien ist – der materiellen und der spirituellen. Die untergeordnete Energie, die materiell ist, bildet den Körper des Baumes, doch im Baum befindet sich das Lebewesen, der spirituelle Funke, der ein winziges Teil Kṛṣṇas ist. ... Ein Gottgeweihter, der sein Dasein durch hingebungsvollen Dienst geläutert hat, sieht bei jedem Schritt nur noch Kṛṣṇa.“ (Erläuterung von A.C. Bhaktivedanta Swami Prabhupāda zum oben zitierten Vers 8.274)

Quellentexte: Relative und absolute Realität (I)

Vedische Psychologie (III): Ersatzbefriedigung

„Aus Unwissenheit identifiziert sich ein Lebewesen in der materiellen Welt mit vergänglichen Dingen, insbesondere mit dem Körper und allem, was in Beziehung zu diesem Körper steht, und glaubt [weil es als Seele ewig ist], das Vergängliche sei beständig./ In welcher Spezies auch immer ein Lebewesen geboren wird, es findet eine bestimmte Art von Befriedigung, und aufgrund dieser Befriedigung ist es niemals abgeneigt, unter den jeweiligen Bedingungen dieser Spezies zu leben [als Fisch, Hund, Mensch, Halbgott usw.].“

– Śrīmad-Bhāgavatam 3.30.3-4

Gottes Realität ist so unbegrenzt, daß in ihr auch das Begrenzte enthalten ist. Dies ermöglicht es den Seelen, ihren freien Willen anzuwenden, denn sie können jederzeit wählen, ob sie das Begrenzte oder das Unbegrenzte erfahren wollen.

Die Welt des Unbegrenzten ist die Welt Gottes, wo *alles* unbegrenzt ist: die „Zeit“, der „Raum“, die Aktivität, die Individualität. Dementsprechend sind auch die Erfahrungen und Beziehungen unbegrenzt, insbesondere der Austausch zwischen Gott (Kṛṣṇa) und den Gottgeweihten: unbegrenzte Liebe, unbegrenzte Hingabe, unbegrenzter Wunsch, sich gegenseitig zu dienen und zu erfreuen. Absolute Freiwilligkeit ist die Grundlage dieses unbegrenzten Spiels, in dem niemand an sich selbst denkt.

Das Dasein der Seelen in der materiellen Welt beweist, daß nicht alle bereit sind, an Gottes „Spiel“ (*līlā*) der absoluten Liebe und Hingabe teilzunehmen. Die Seelen, die in die materielle Welt fallen, wollen zuerst an sich selbst denken und ihr Leben selbst bestimmen, ohne von Gott abhängig zu sein – was natürlich eine Illusion ist. Diese Verblendung ist das charakteristische Merkmal des Ego (*ahaṅkāra:* „Ich selbst will der Handelnde sein“). Ebendieser Widerwille gegen die ego-lose Hingabe an Gott ist die Gemeinsamkeit aller Lebewesen in der materiellen Welt. Bei den einen ist der Widerwille extrem, bei den anderen gering. Auch die göttlichen Wesen sind davon nicht frei, aber sie sind dabei, den Widerwillen durch bewußte Harmonie mit Gottes Willen zu korrigieren.

Die Gottgesandten jedoch kommen nicht aufgrund von Widerwillen, sondern aufgrund von *freiem* Willen in die materielle Welt, um gemäß Gottes Willen den Ahaṅkāra-Seelen zu dienen, indem sie ihnen zeigen, daß es zum materiellen Leben eine Alternative gibt.

sattvaṁ rajas tama iti guṇāḥ prakṛti-sambhavāḥ
nibadhnanti mahā-baho dehe dehinam avyayam

„Die materielle Natur (*prakṛti*) besteht aus drei Erscheinungsweisen (*guṇaḥ*) – Tugend, Leidenschaft und Unwissenheit. Wenn das ewige Lebewesen mit Materie in Berührung kommt, o Starkarmiger, wird es durch diese Erscheinungsweisen bedingt." (Bhagavad-gītā 14.5)

„Diese Meine göttliche Energie (*māyā*), die aus den drei Erscheinungsweisen besteht, ist sehr schwer zu überwinden. Aber diejenigen, die sich Mir ergeben, können sie sehr leicht hinter sich lassen." (Bhagavad-gītā 7.14)

„In dieser höchsten Realität ist alles Begrenzte und Begrenzende ausgeschlossen (*utsadita-badhya-badhakam*). Wer weise ist, sollte deshalb die Wellen des materiellen Lebens beenden und in dieser höchsten Wahrheit Freude finden./ Diejenigen, die wünschen, alles, was nicht wahrhaft real ist, aufzugeben, nähern sich Schritt für Schritt, durch Aussonderung des Äußerlichen, der Stufe, wo sie die absolute Realität Viṣṇus erkennen. Sie überwinden Stolz und Blindheit und weihen in ihrem Herzen ihre gesamte Liebe unerschütterlich der höchsten Wahrheit und umarmen sie in reiner Meditation./ Solchen Gottgeweihten wird es möglich, Viṣṇus absolute Stellung (*viṣṇor paramaṁ padam*) zu erkennen, denn sie werden nicht mehr von den Vorstellungen ‚ich' und ‚mein' verunreinigt, die der Identifikation mit dem materiellen Körper und Zuhause entspringen./ Man sollte alle Schmähungen erdulden und nie davon abweichen, jeder Person den gebührenden Respekt zu erweisen. Man sollte jede Identifikation mit dem materiellen Körper ablegen und es vermeiden, mit irgend jemandem eine Feindschaft zu beginnen./ *Namo bhagavate tasmai kṛṣṇyākuṇṭha-medhase* ...: Ich verehre Kṛṣṇa, die Höchste Persönlichkeit Gottes, der keiner Begrenzung unterliegt. Einfach dadurch, daß ich über Seine Lotosfüße meditiere, wurde es mir möglich, diese einzigartige Offenbarung zu studieren und ihren Wert zu erkennen." (Śrīmad-Bhāgavatam 12.6.31b-35)

„Obwohl eine Wolke von der Sonne erzeugt wird und auch nur aufgrund der Sonne sichtbar ist, ist sie dennoch eine Bedeckung der Sonne für das aufschauende Auge, das ebenfalls eine Teilexpansion der Sonne ist. Ebenso ist das falsche Ich (*ahaṅkāra*) ein materielles Erzeugnis der Absoluten Wahrheit, das nur im Licht der Absoluten Wahrheit wahrgenommen werden kann, und es behindert die individuelle Seele, eine Teilexpansion der Absoluten Wahrheit, darin, die Absolute Wahrheit zu erkennen." (Śrīmad-Bhāgavatam 12.4.33)

Quellentexte: Relative und absolute Realität (II)

Kämen die gottgesandten Seelen den gefallenen Seelen nicht entgegen, würden diese nie etwas von Gott hören und hätten daher auch keine Möglichkeit, zwischen dem Relativen und dem Absoluten zu wählen, da sie nichts vom Absoluten wüßten. Denn aus eigener Kraft kann das Begrenzte das Absolute (Gott) nicht erkennen, sondern nur dann, wenn sich Gott selbst offenbart, und dies geschieht, wenn das Individuum es aufrichtig wünscht und bereit ist für die Konsequenzen im eigenen Leben.

Die ursprüngliche, absolute Zufriedenheit ist nur in bewußter Verbindung mit dem Absoluten erfahrbar. Weil diese Zufriedenheit in der materiellen Welt ein Geheimnis ist, suchen die Seelen, die dieses Geheimnis nicht kennen (weil sie es nicht kennen wollen, d.h. weil sie von Gott und Gottes Gesandten unabhängig sein wollen), ihr Glück in zahllosen Ersatzbefriedigungen. In der Tat ist die gesamte materielle Welt ein Ort der Ersatzbefriedigung. Das Problem hierbei ist, daß die ewige Seele in vergänglichen Situationen nie echtes, befriedigendes Glück finden wird. Deshalb – aufgrund von unbefriedigten Wünschen – passiert es immer wieder, daß ihre Ersatzbefriedigung in die Extreme ausartet: Verzweiflung, Sinnlosigkeit, Gleichgültigkeit, Berauschung, Frustration, Zorn, Gewalt, Perversion, Haß, Krieg. Die aktuelle Weltlage, die vom Überborden dieser Extreme gekennzeichnet ist, illustriert auf tragische Weise die Folgen des Ahaṅkāra-Irrtums: Weil man die eigene, wahre Identität nicht kennt, sucht man Zufriedenheit am falschen Ort (im Vergänglichen, in einer vermeintlichen Unabhängigkeit von Gott), und das ist von vorneherein zum Scheitern verurteilt, genauso wie ein Fisch an Land nie zufrieden sein wird. Nur unzufriedene Menschen finden keinen Frieden, und die vedische Psychologie vermag die *Wurzel* dieser Unzufriedenheit aufzuzeigen.

Verblendet durch das Ahaṅkāra und gebunden durch die Guṇas, können sich die meisten Menschen gar nicht vorstellen, daß es noch eine andere Realität gibt. Genau das ist die Wirkung des Ahaṅkāra: Wir suchen eine „andere" Realität, weil wir unsere eigene Erfahrungswelt für die eigentliche Realität halten. Aber in Wirklichkeit ist es gerade umgekehrt: Die spirituelle Welt ist die eigentliche (die absolute) Realität, und die materielle Welt ist die „andere", die abhängige (relative) Realität, in der auch die Existenz von Illusion möglich ist. In Wirklichkeit aber existiert die Illusion nur im bedeckten Bewußtsein der verkörperten Seelen.

Die vedischen Schriften illustrieren diesen Zusammenhang mit folgendem Beispiel: Wenn der Himmel wolkenverhangen ist, sehen wir die Sonne nicht mehr, aber die Sonne existiert dennoch – unabhängig davon, ob wir sie sehen oder nicht. Nicht die Sonne wird von den Wolken verdeckt, sondern unser Blickfeld, wobei die Wolken, die die Sonne scheinbar verdecken (und das ist der springende Punkt), von der Sonne selbst erzeugt werden.

In diesem Beispiel symbolisiert die Sonne Gott, der durch Seine Energie (Māyā) die materielle Schöpfung mit der wolkengleichen Ahaṅkāra-Bedeckung erschafft. Die Guṇas (aktiviert durch die Zeit) sind die Winde, die diese Wolken konstant umformen und dicht oder weniger dicht erscheinen lassen. Der Schöpfer und die Schöpfung (inkl. Ahaṅkāra und Guṇas) sind Realität. Worin besteht dann die Illusion? In der Annahme, es gebe keine Sonne, „weil *ich* keine Sonne sehe". Diese Illusion besteht jedoch nur im Bewußtsein eines blinden Menschen, der Augen hat, aber nicht sieht. Für ihn oder sie mag es Realität sein, daß es keine Sonne gibt; doch was ist die Realität dieser „relativen Realität"? Sie ist nichts anderes als Illusion, denn es ist Realität, daß es die Sonne jenseits der Wolken gibt, selbst wenn wir denken, es gebe keine Sonne oder es gebe zwar Licht, aber keine Sonne.

Ein Einwand könnte lauten: Das vedische Beispiel mit der Sonne sei verfehlt, denn die Existenz der Sonne sei für jeden Menschen beweisbar, im Gegensatz zu „Gott", dessen Existenz unbeweisbar (weder verifizierbar noch falsifizierbar) sei. Dieser Einwand ist tatsächlich gültig – für die relative, atheistische Weltsicht. Für diejenigen hingegen, die Gott entdecken *wollen*, offenbaren die vedischen Schriften konkrete Methoden von *religio/yoga*, die es erlauben, die Bedeckungen des eigenen Bewußtseins zu entfernen. Gott und die Götter sind Realität, doch um dies zu erkennen, muß man die entsprechenden Bedingungen erfüllen (genau wie man bei einem wissenschaftlichen Experiment alle erforderlichen Bedingungen erfüllen muß).

Die Realität des Absoluten zu erkennen ist einfach, aber nicht leicht. Aufgrund des ewigen freien Willens haben wir immer die Freiheit, uns für die Realität oder für die Illusion zu entscheiden. Doch Realität bleibt Realität, und Illusion bleibt Illusion, selbst wenn wir die Illusion für Realität halten.

Kapitel 4

Multidimensionale Zeit und Ewigkeit

Das Guiness-Buch der Rekorde nennt als größte Zeiteinheit das *Kalpa* der altindischen Zeitrechnung: 4 320 000 000 Jahre!

So ehrend diese Auszeichnung auch ist, aber das Kalpa ist nicht die größte Zeiteinheit. Die altindische Zeitrechnung kennt noch zwei größere Zeiteinheiten: das *Parārdha* und das *Brahmāyu*. Diese Zeitspannen sind so lang, daß man sie nicht einmal mehr astronomisch nennen kann, denn sie übertreffen das heute geschätzte Alter des Universums (10-20 Milliarden Jahre) um ein Vielfaches.

Was ist dann der Nutzen solch riesiger Zeiteinheiten? Sie beschreiben – gemäß vedischer Kosmologie – das Alter des Universums! Wann entstand das Universum? Wenn die modernen Kosmologen diese Frage zu beantworten versuchen, setzen sie das Alter des Universums mit dem Alter der Sterne gleich – und das ist unlogisch, genauso wie wenn man das Alter eines Urwaldes mit dem Alter seiner Bäume gleichsetzen würde.

Wer die vedische Kosmologie unvoreingenommen studiert, muß einräumen, daß man hier auf Erkenntnisse stößt, die der heutigen Menschheit erst seit kurzem wieder bekannt sind: daß Materie letztlich Energie ist, daß das Universum durch Ausdehnung entstand und daß die Planeten einer Evolution unterliegen.

Auch mit den besten Sternwarten der Antike wäre es unmöglich gewesen, diese Erkenntnisse zu erlangen. Wie kommt es dann, daß die vedische Wissenschaft dies alles wußte und noch viel mehr? Während die heutigen Geschichtsforscher über diese Fragen spekulieren oder sie rundweg ignorieren, äußern sich die vedischen

Schriften ohne Geheimnisse und Umschweife: In früheren Zeitaltern hatten die Menschen direkten Kontakt mit Gott und den Göttern und bekamen von ihnen den notwendigen Einblick in die Zusammenhänge des Lebens. Um sicherzustellen, daß dieses einzigartige Wissen (Veda) auch im anbrechenden Kali-Zeitalter erhalten blieb, entschlossen sich die großen Weisen vor fünftausend Jahren, allen voran Vyāsadeva, dieses Wissen schriftlich festzuhalten.

Den göttlichen Ursprung des Veda erkennt man vor allem dann, wenn man dessen Kernaussage (*religio/yoga*) verinnerlicht. Aber auch vom wissenschaftlichen Standpunkt aus erscheint der Anspruch eines göttlichen Ursprungs glaubwürdig, denn die vedischen Schriften erwähnen neben den bereits erwähnten kosmologischen Erkenntnissen, die an sich schon sensationell genug sind, noch viele andere Zusammenhänge, z.B. *die Relativität der Zeit im Universum*.

Noch nicht einmal einhundert Jahre sind es her, seit Albert Einstein mit Gedankenexperimenten die Relativität der Raumzeit erkannte und aufzeigte, daß bei hohen Geschwindigkeiten (in der Nähe der Lichtgeschwindigkeit) im Vergleich zur Erde sogenannte *Zeitdilatationen* auftreten. Um seine Erkenntnis zu veranschaulichen, gab Einstein das Beispiel von Zwillingen, von denen der eine mit einer Superrakete einen Raumflug antritt, während der andere auf der Erde bleibt. Wenn der Astronaut nach ein paar Monaten oder Jahren auf die Erde zurückkehrt, wird er erstaunt feststellen, daß sein Zwillingsbruder Jahrzehnte älter geworden ist! Aufgrund der hohen Geschwindigkeit lief die Zeit in seiner Superrakete (im Vergleich zur Erde) langsamer ab. Er selbst hatte überhaupt nichts gemerkt, denn in seinem Bezugssystem (Rakete) war die Zeit völlig „normal" weitergelaufen. Hätte man die beiden Bezugssysteme „Erde" und „Rakete" gleichzeitig gesehen, hätte sich jedoch ein ungewohnter Anblick geboten: Aus der Sicht der Rakete wäre das Weltgeschehen wie in einem Zeitraffer abgelaufen. Aus der Sicht der Erde wäre das Raketenleben in Zeitlupe abgelaufen. Je höher die Geschwindigkeit, desto langsamer erscheint der Zeitablauf!

Dieser Gedankengang schlug sich vor allem in der Atomphysik nieder. Weil viele Elementarteilchen zerfallen, bevor man an ihnen irgend etwas messen kann, wurden diese Teilchen nun beschleunigt. Kommen Protonen, Elektronen, Quarks usw. in die Nähe der Lichtgeschwindigkeit, erfolgt ihr Zerfall aus der Sicht des irdischen Bezugssystems in Zeitlupe, so daß es plötzlich möglich wird, das Atom zu analysieren, bevor es sich umwandelt.

Die vedische Wissenschaft geht über bloße Gedankenexperimente hinaus, benötigt jedoch keine destruktive Nukleartechnologie, denn sie kennt die *Ursache* der Raum-Zeit-Relativität: die Multidimensionalität des Universums. Nicht nur in superschnellen Raketen läuft die Zeit (im Vergleich zur Erde) langsamer ab, sondern auch auf den materiellen Dimensionsebenen mit höherer Schwingungsfrequenz (= geringere Verdichtung). Dies eröffnet ein vollkommen neues Verständnis von Raum, Zeit und Ewigkeit.

Bei allen nachfolgenden Erklärungen muß man sich immer wieder fragen: Wie konnten die vedischen Wissenschaftler dies wissen? Sie kannten Zeiteinheiten bis hinauf zu kosmischen Größen und bis hinunter in den atomaren Quantenbereich.

In diesem Zusammenhang schreibt Charles Berlitz, ein Sprachgenie (er sprach über zwanzig Sprachen) und einer der erfolgreichsten grenzwissenschaftlichen Sachbuchautoren, im Aufsatz *Verblüffende Funde aus der Vorgeschichte:*

> „Unerwartete Hinweise auf neueste Entwicklungen unserer technologischen Zivilisation sind in zahlreichen alten Schriften Indiens gegenwärtig, die, anders als viele Dokumente der westlichen Welt, dem Feuer und der Zerstörung entgangen sind. Als wären sie heute geschrieben und nicht vor Tausenden von Jahren, beschäftigen sie sich mit Gegenständen wie der Relativität von Zeit und Raum, kosmischen Strahlen, dem Gesetz der Schwerkraft, Strahlung, der kinetischen Energie und der Atomkraft. Die Vaiśeṣika-Schule wissenschaftlicher Philosophen im alten Indien entwickelte oder bewahrte die Theorie, daß Atome sich in unaufhörlicher Bewegung befinden. Sie unterteilen die Zeitmessung in eine Reihe unglaublicher Sekundenbruchteile, von denen der winzigste als die ‚Periode' angesehen wurde, ‚die ein Atom braucht, um seine eigene Raumeinheit zu durchqueren'."[29]

Der vedischen Kultur ging es bei diesem Wissen nicht um technologisch-kommerzielle Zwecke, sondern um die Erkenntnis der Rolle und Aufgabe des Menschen im Universum, denn diese Erkenntnis zeitigt wertvollste Ergebnisse für *alle* Menschen, im Gegensatz zu den destruktiven Konsequenzen der modernen technologischen Illusion. (Es wurde versprochen, die neuen Technologien und Computer würden das Leben der Menschen erleichtern. Aber noch nie waren die Menschen so gestreßt wie heute! Noch nie hatten die Menschen so wenig Zeit wie heute! Irgendwie hat sich in der modernen Zeitrechnung ein Fehler eingeschlichen.)

Raum- und Zeitreisen

„Einflußreiche Sterne (graha), Planeten (tārā), die leuchtenden Konstellationen (ṛkṣa) und andere (ādinā) bis hin zu den Atomen (paramānu) im gesamten Universum (jagat) folgen ihren jeweiligen Umlaufbahnen (cakra-sthaḥ, ‚spiralförmig kreisend') und vollenden mit ihren Kreisläufen eigene Jahre mit unterschiedlicher Dauer (saṁvatsara-avasānena). Doch sie alle unterstehen dem Höchsten, der von der ewigen Zeit (kāla) repräsentiert wird."

– Śrīmad-Bhāgavatam 3.11.13

Die Dimensionsebenen im Universum unterscheiden sich voneinander anhand der unterschiedlichen Verdichtung der Materie. Mit jedem Dichtegrad ist eine unterschiedliche Art des Raumes verbunden. Albert Einstein hat als einer der ersten im Westen erkannt, daß man Raum nicht unabhängig von Zeit und Zeit nicht unabhängig von Raum verstehen kann. Einstein prägte sogar den Begriff „Raumzeit", um auszudrücken, daß Raum und Zeit sich gegenseitig bedingen. Mit diesem Begriff verrät Einstein aber auch, daß er sich nur auf jene Art von Zeit bezieht, die an den Raum gebunden ist. Er ahnte nicht, daß es auch eine Qualität von Zeit gibt, die vom materiellen Raum unabhängig ist, und daß es Dimensionen gibt, die jenseits der materiellen „Raumzeit" existieren.

Dank Einsteins Relativitätstheorien und der holistischen Interpretation der Quantenphysik gibt es heute theoretische Ansätze, um die Multidimensionalität von Raum und Zeit zu verstehen, so wie sie in den vedischen Schriften beschrieben wird. Einstein erkannte, daß es physikalische Zustände gibt, in denen die Materie (Masse) und deshalb auch die Zeit nicht den Gesetzen von Newtons Physik folgen. Die Gesetze unserer alltäglichen Wirklichkeit gelten nicht im Bereich der atomaren Quanten und nicht im Bereich der kosmischen Distanzen. Atome gibt es jedoch *überall* im Raum, und die kosmischen Distanzen sind *allumfassend*. Die für die Menschen sichtbare dreidimensionale Welt ist – aus der Sicht der kosmischen und atomaren Welten – ein extremer Ausnahmezustand. Im Vergleich mit dem kosmischen Ozean von materieller Energie ist die dreidimensional-manifestierte Materie nur eine hauchdünne Eisschicht, auf der die Menschen wackelig balancieren. Immer wieder tauchen am Hintergrund die Wellen der Multidimensionalität auf; das „Eis" der dreidimensionalen Materie ist nichts anderes als der gefrorene, verdichtete Zustand des multidimensionalen „Wassers". Wer die entsprechenden Augen hat, sieht überall in der sichtbaren Welt das Wirken der höheren Energien und Intelligenzen.

Weil man also annehmen muß, daß es im Universum Materiezustände gibt, die nicht den irdisch begrenzten Gesetzen unterstehen, muß man auch den logischen Schluß ziehen, daß dort der Raum und die Zeit von ganz anderer Qualität sind als der Raum und die Zeit auf der Erde.

Genau das erfahren wir aus den vedischen Quellen. Sie informieren uns, daß es im Universum höherdimensionale Welten gibt, in denen die Zeit viel langsamer abläuft als auf der Erde. Aus der Sicht dieser Paralleldimensionen läuft auf der Erde alles rasend schnell ab, ähnlich wie im Zeitraffer. Aus der Sicht der Erde jedoch scheint in diesen Dimensionen die Zeit fast stillzustehen.

Die vedische Kosmologie erwähnt in diesem Zusammenhang einen zentralen Aspekt der universalen Struktur: den Berg Meru. Dieser Berg geht vom Zentrum des siebten Planetensystems aus und erstreckt sich senkrecht durchs Universum bis in die Dimension Brahmās. Unten hat der Berg Meru einen geringeren Durchmesser als oben, das heißt, der Berg Meru wird im Bereich der höheren Dimensionen immer breiter. Aus irdischer Sicht könnte man sagen, der Berg Meru stehe auf dem Kopf.

> „Bhū-maṇḍala [der Querschnitt durch das Universum auf der Höhe des siebten Planetensystems] gleicht einer großen Lotosblüte. Im Zentrum befindet sich die Insel Jambudvīpa, die neunfach unterteilt ist. Im Zentrum von Jambudvīpa, Ilāvṛta-varṣa, befindet sich der goldene König aller berühmten Berge, Meru (*sauvarṇaḥ kula-giri-rājo merur*). Er ist so hoch, wie Jambudvīpa breit ist ... Oben ist er doppelt so breit wie unten beim Wurzelansatz [auf der Höhe von Jambudvīpa]." (Śrīmad-Bhāgavatam 5.16.5b-7)

Der Berg Meru hat in alle vier Weltallrichtungen Ausläufer. Dadurch ist er – aus höherer Perspektive gesehen – swastika-förmig. Es könnte sein, daß das symbolische Swastika aufgrund dieses kosmischen Hintergrundes in der vedischen Kultur eine derart wichtige Rolle spielt.[30] Es braucht nicht viel Phantasie, um bei der Form des Swastika an die geschwungene Form von Spiralgalaxien zu denken. Aus den vedischen Beschreibungen geht jedoch hervor, daß der Meru nicht bloß eine Spiralgalaxie ist, sondern eine kosmische Struktur, die sich durch die höheren Dimensionen windet und von der viele „große Regionen" der Halbgötter (Devas) abhängig sind.

„Der Berg Meru ist golden, hat vier Farben, ist symmetrisch und hochragend. Er hat vier Seiten, und dort werden aus dem Unmanifestierten die grobstofflichen Daseinsformen – Wasser und die anderen Elemente – erzeugt. Aus dem Unmanifestierten geht der Lotos von Bhū-maṇḍala hervor. Dessen Fruchtknoten ist der auf alle vier Seiten auslaufende Berg Meru. ... Der Fruchtknoten dieses Lotos ist vielschichtig und breitet sich in alle Richtungen 96 000 Yojanas aus. Im Innern mißt er 84 000 Yojanas. ... Der Berg Meru umfaßt auf seinen verschiedenen Stufen die Reiche von Tausenden von Devas, die die Macht haben, [an ihre Geweihten] gewünschte Ergebnisse zu verteilen. Diese Devas beherrschen die großen Regionen [Galaxien?] des universalen Lotos." (Vāyu Purāṇa 1.34.35b-37,58,71)

Aus diesen Hinweisen geht hervor, daß sich die Planeten und Planetensysteme um den Berg Meru, das Zentrum von Viṣṇus Lotos, bewegen. In jeder der Existenzdimensionen herrscht ein eigenes Raum-Zeit-Kontinuum, und sie werden durch den Meru miteinander verbunden.

Was ist die Bedeutung dieses Berges Meru? Für die Devas, die von „oben" nach „unten" schauen, ist der Meru ein phantastischer, realer Berg. Das geht aus den vedischen Beschreibungen eindeutig hervor (z.B. Liṅga Purāṇa 1.48, Śrīmad-Bhāgavatam 5.17.5).

Der „Berg Meru" hat aber auch eine vielschichtige physikalische Bedeutung. Eine aufschlußreiche Interpretation läßt sich aus der vedischen Elementenlehre ableiten.[31] Die Form des Berges Meru erinnert, geometrisch gesehen, an den bereits in der Antike bekannten *harmonikalen Kegel* (gemäß der pythagoräisch-keplerischen „Weltharmonik"), der durch seine Struktur die Verhältnisse von Raum und Zeit in den für uns erfaßbaren drei Dimensionen aufzeigt.

Die Entfaltung des dreidimensionalen Raumes geschieht über einen Verdichtungsstrudel der materiellen Energie, der von „Feuer" (eindimensional gerichtete Energie; siehe S. 72) über „Wasser" (die zweidimensional gerichtete Materie) bis zur „Erde" (die dreidimensionale, feste Materie) reicht. Durch diese Materieanordnung entstehen sowohl in den mikrokosmischen als auch in den makrokosmischen Bereichen verschiedenartigste Spiralstrukturen (z.B. in den Atomorbitalen, in der „Geometrie des Lebendigen" innerhalb der irdischen Natur, bis hin zu den Spiralgalaxien[32]). Diese kosmische Ordnung bildet sich entsprechend höheren Impuls- und Informationsmustern („Luft" und „Äther"), in denen sich die Wirkungsweise der göttlichen Intelligenz Brahmās und letztlich das alldurchdringende Bewußtsein des Urschöpfers (Viṣṇu) widerspiegelt.

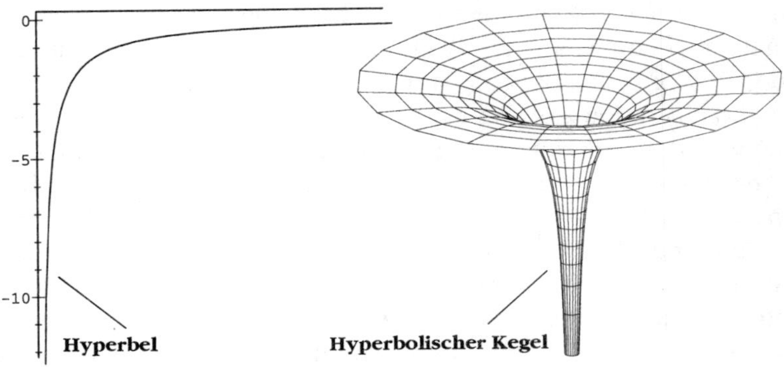

Hyperbel und hyperbolischer (harmonikaler) Kegel: Die Darstellung des proportionalen Verhältnisses von Raum und Zeit (Schwingung) stammt aus der Harmonielehre entsprechend dem „Naturtongesetz" 1/n×n = 1 (nach Viktor Schauberger). Dieses grundlegende Verhältnis läßt sich in erweiterter Form in vielen natürlichen Strukturen nachweisen: im Aufbau der Atome, in organischen Gebilden, in planetaren und galaktischen Gleichgewichten, in Klangstrukturen usw. Werden die Zahlenverhältnisse gemäß diesem Gesetz in einem Diagramm aufgezeichnet, entsteht eine Hyperbel. Dreidimensional übertragen, entsteht ein hyperbolischer Kegel, der den Makrokosmos mit dem Mikrokosmos verbindet. Die verschiedenen Abstufungen entsprechend den Oktaven der „kosmischen Harmonik" symbolisieren verschiedene Dimensionsebenen (Schwingungsebenen) des Universums. Die Menschen (und alle anderen Lebewesen) greifen mit ihrer begrenzten Sinneswahrnehmung immer nur willkürliche Ausschnitte aus dieser kosmischen Struktur heraus.

Diese verschiedenen Verdichtungsebenen existieren gleichzeitig und sind über den Spiralstrudel harmonisch miteinander verbunden. Dadurch wird auch die *Zeit* zu einer physikalisch meßbaren Größe, denn nur im Lauf der Zeit formt sich die Materie von einem Zustand in den anderen um (Aufbau, Umwandlung, Auflösung).

Aus der abstrakten, physikalischen Perspektive gesehen, hat der Berg Meru also die Form eines Raum-Zeit-Strudels entlang der zentralen Achse des Universums. Im obersten Bereich des Meru befindet sich Brahmā, und in den unteren Bereichen berührt der „Berg" das Zentrum der irdischen Dimensionsebene (siehe Śrīmad-Bhāgavatam 5.16.7,28).

In den höheren, weniger verdichteten Systemen des Universums läuft die Zeit relativ langsamer als in denjenigen, wo die Materie dichter ist. Während in einem oberen Bereich des materiellen „Verdichtungsstrudels" z.B. ein Jahr vergeht, vergehen auf der Erde während der *gleichen Zeit* Jahrtausende oder sogar Jahrmillionen. Es könnte also durchaus sein, daß höherdimensionale Wesen, die die Erde z.B. vor zehntausend Jahren besuchten, heute wieder auf die Erde kommen: Für sie sind vielleicht zehn Monate oder Jahre vergangen und für uns auf der Erde über dreihundert Generationen.

Seit das Science-fiction-Zeitalter begonnen hat, haben verschiedene Phantasten Geschichten von Zeitreisen geschrieben. (Jemand reist mit einer Zeitmaschine in die Vergangenheit, so daß plötzlich ein Bürger des 21. Jahrhunderts z.B. in Babylon auftaucht.) Einige Zeitphantasten drehen die Geschichte auch um und sagen, wir würden auch heute schon von Vertretern unserer eigenen Zukunft besucht. Wenn man sich mit mehr als Lichtgeschwindigkeit fortbewege, bewege man sich in der Zeit rückwärts. Wir würden uns in den nächsten Jahrhunderten in eine Superzivilisation entwickeln, die fähig sein werde, superluminale Raumschiffe zu bauen (Raumzeitschiffe, die schneller als das Licht sind), mit denen man dann die eigene Vergangenheit besuchen könne. Das seien die UFOs von heute – wir selbst aus der Zukunft! Alles Hirngespinste, die die wahre Natur der Zeit verkennen?

Gemäß den vedischen Schriften – ja. Diese erklären, daß die Zeit letztlich keine relative, manipulierbare physikalische Größe ist, sondern die absolute Ursache aller materiellen Umformungen. Innerhalb des Universums gibt es sehr wohl verschiedene Raum-Zeit-Ebenen, in denen die Zeit mit scheinbar unterschiedlicher Geschwindigkeit abläuft; doch in allen Ebenen findet ein Zeit*ablauf* statt, denn das gesamte Universum unterliegt ebenfalls einem Zeitablauf. Dieser absolute Zeitfluß, verursacht durch Mahā-Viṣṇus Atem, treibt das gesamte Universum und alle darin enthaltenen Körper der Auflösung und nachfolgenden Neuschöpfung entgegen.

Dieses Verständnis ist wichtig, damit man nicht den Fehler begeht, falsche Unsterblichkeitshoffnungen in die UFOs oder in die versprochene Supertechnologie der Zukunft zu projizieren.

Wer von der Erde aus in andere Dimensionen vordringt oder verschleppt wird, erlebt eine Zeitreise in dem Sinn, daß er oder sie den irdischen Zeitfluß verläßt und bei der Rückkehr feststellt, daß während der Zeit, die man selbst nur als Minuten oder Stunden empfand, auf der Erde Tage oder Monate verflossen sind. Physisch der Zeit vorauszueilen oder in die verflossene Zeit zurückzutauchen vermag man offensichtlich nicht,* denn die Zeit, so wie wir sie in der materiellen Welt erleben, zeichnet sich ja gerade dadurch aus, daß sie eine unwiderbringliche Vergänglichkeit erzeugt. Die Zeit jenseits von Zukunft und Vergangenheit – die Ewigkeit –, kann nicht mit technischen Tricks erreicht werden.

Relative Lebensdauer

„Der Vorgang der Erschöpfung der Lebensdauer gilt für jedes Lebewesen, auch für Brahmā. Die Lebensdauer beträgt immer einhundert Jahre, je nach den Zeiten auf den verschiedenen Planeten."

– Śrīmad-Bhāgavatam 3.11.33

Die Zeit (Kāla) zeichnet sich dadurch aus, daß sie alle materiellen Formen der Auflösung und Erneuerung entgegentreibt. *Kālo 'smi loka-kṣaya-kṛt:* „Kāla, das bin Ich, die Zeit, die Zerstörerin aller Welten", sagt Kṛṣṇa in der Bhagavad-gītā (11.32).

Es ist durchaus möglich, innerhalb des Universums von der einen Raumzeit-Dimension in eine andere überzuwechseln, aber das bedeutet nicht, daß man dem Zeitfluß entkommt. Im besten Fall würde es einem gelingen, in eine langsamere Strömung zu tauchen. Aber selbst wenn man scheinbar gegen die Strömung des Zeiflusses schwimmt, indem man von einer unteren in eine höhere Dimension springt, unterliegt man immer noch der Vergänglichkeit, weil sich der Fluß auch *als gesamtes* abwärts bewegt.

Das Gefühl, daß diese Vergänglichkeit Illusion ist und nicht der eigentlichen Realität entspricht, stimmt. Aber solange man sich am vergänglichen materiellen Körper festhält, schwimmt man in der Vergänglichkeit und treibt dem Tod entgegen, genauso wie jemand in einem Fluß erstens naß ist und zweitens mit dem Wasser flußabwärts treibt.

---

* Diese Aussage bezieht sich auf *reale* Zeitreisen. Das heißt jedoch nicht, daß es prinzipiell unmöglich sei, Zugang zu der Vergangenheit oder Zukunft zu finden. *Einblicke* in die Zukunft und Vergangenheit sind durchaus möglich: durch Mentalprojektionen, Visionen oder Regressionen/Progressionen, durch telepathische Kontakte mit höherdimensionalen Quellen oder sogar durch virtuelle Datenbanken und holographische Illusionen, durch die man Szenen der Vergangenheit oder Zukunft erleben kann, als sei man selbst ein Teil davon. Dies sind jedoch keine Zeitreisen, die Eingriffe in die Vergangenheit oder Zukunft erlauben, sondern bloß Bilder, die auch verzerrt oder verfälscht sein können.

Die vedische Zeitrechnung führt uns Schritt für Schritt zu einem klaren Verständnis der Realität jenseits von Raum und Zeit.

In den höheren Dimensionen des Universums verläuft die Zeit *relativ* langsamer als auf den unteren, aber den Zeitfluß nehmen alle Individuen wahr. Alle fühlen, daß die Zeit vergeht, und alle haben ein Zeitgefühl, das ihrer Zeitdimension entspricht. Im Beispiel mit der Superrakete verläuft die Zeit an Bord normal weiter. Erst im Vergleich mit der Erde merkt der hypothetische Astronaut, daß bei ihm die Zeit relativ langsamer abgelaufen ist.

Ebenso empfinden auch die höherdimensionalen Wesen einen „normalen" Zeitablauf, obwohl diese Zeit aus irdischer Sicht unendlich lang zu sein scheint. Sie jedoch empfinden diese Lebensspanne nicht als außergewöhnlich lang. Auch sie denken, daß sie etwa einhundert Jahre leben, denn das Leben in den höheren Dimensionen gehört immer noch zur relativen Existenz und ist einfach ein Teil der Vielfalt der materiellen Welt. Genau das ist die wahrhaft intelligente Einsicht, zu der auch die göttlichen Wesen in diesen Dimensionen gelangt sind. Sie teilen diese Erkenntnis auch den Menschen mit (siehe Zitat aus dem Śrīmad-Bhāgavatam, S. 95f.), um ihnen klarzumachen, daß sie sich nicht von der Illusion des langen Lebens auf den höherdimensionalen Planeten verblenden lassen sollen.

Deshalb betonen die vedischen Schriften: *puṁso varṣa-śatam*. „Jedes Lebewesen lebt einhundert Jahre." In der Erläuterung zu diesem Vers des Śrīmad-Bhāgavatam (7.6.6) schreibt A.C. Bhaktivedanta Swami Prabhupāda:

> „Alle Lebewesen – ob Brahmā, ob ein Mensch oder eine Ameise – leben hundert Jahre, doch die einzelnen der hundert Jahre dauernden Lebensspannen unterscheiden sich voneinander. Die Welt, in der wir leben, ist eine Welt der Relativität, und ihre relativen Zeitspannen sind voneinander verschieden. Die einhundert Jahre Brahmās beispielsweise sind mit den einhundert Jahren eines Menschen nicht identisch. Aus der Bhagavad-gītā erfahren wir, daß ein Tag Brahmās (zwölf Stunden) 4 320 000×1000 Menschenjahren entspricht (*sahasra-yuga-paryantam ahar yad brahmaṇo viduḥ*). Die *varṣa-śatam*, die hundert Jahre, sind also relativ und je nach Zeit, Person und Umständen verschieden. ... Obwohl man maximal hundert Jahre lebt, verschläft man fünfzig davon. Essen, Schlafen, Sexualität und Angst sind die vier Bedürfnisse des Körpers, doch wer im spirituellen Bewußtsein Fortschritt machen will, muß diese vier Tätigkeiten reduzieren, denn dadurch wird es einem möglich, das Leben voll auszunützen."

Die universalen Zeitebenen

„Alle Planeten in der materiellen Welt – von Brahmās Planeten bis hinab zum niedrigsten – sind Orte des Leids, an denen sich Geburt und Tod wiederholen. Wer aber in Mein Reich gelangt, o Arjuna, wird niemals wieder geboren./ Nach menschlicher Zeitrechnung ergeben eintausend Zeitalter zusammengenommen die Dauer eines Tages im Leben Brahmās. Und ebensolange währt seine Nacht./ Zu Beginn von Brahmās Tag werden alle Lebewesen aus dem unmanifestierten Zustand (avyakta) manifestiert (vyakta), und wenn danach die Nacht anbricht, gehen sie wieder in das Unmanifestierte ein." – Bhagavad-gītā 8.16-18

Zuoberst auf der Raum-Zeit-Spirale befindet sich Brahmā. „Brahmā" bedeutet natürlich Brahmā und seine verwandten Welten. Für die Menschen ist die Existenzdauer von Brahmās Welt völlig unvorstellbar. Erst die universalen Bereiche der nachfolgenden Dimensionen nähern sich langsam dem Vorstellungsvermögen der Menschen.

Die vedischen Quellen, vor allem die Purāṇas, weisen immer wieder auf die unterschiedlichen Zeitverhältnisse im Universum hin:

> „30 irdische Jahre sind ein Monat der Halbgötter. 100 irdische Jahre sind 3 Monate und 10 Tage der Halbgötter. 360 Jahre sind ein Jahr der Halbgötter. 3030 irdische Jahre sind ein Jahr der Sieben Weisen. 9090 irdische Jahre sind ein Jahr Dhruvas." (Liṅga Purāṇa 1.4.17-22)

> „Ein großes irdisches Zeitalter [Divya-yuga oder Mahā-yuga] besteht aus vier irdischen Einzel-yugas und dauert 12 000 Jahre der Halbgötter, worin auch die Übergangszeiten der Yugas mitgerechnet sind. Das Satya-yuga dauert 4000 himmlische Jahre, das Tretā-yuga 3000 himmlische Jahre, das Dvāpara-yuga 2000 himmlische Jahre und das Kali-yuga 1000 himmlische Jahre. Die verbleibenden 2000 Jahre entfallen auf die jeweiligen Übergangszeiten (Sandhyās). Gemäß irdischer Zeitrechnung dauern die vier Yugas zusammen 4 320 000 Jahre." (Brahma-vaivarta Purāṇa 2.54.34-38)

> „Nach menschlicher Zeitrechnung ergeben eintausend Zeitalter [Mahā-yugas] zusammengenommen die Dauer eines Tages im Leben Brahmās. Und ebensolange währt seine Nacht." (Bhagavad-gītā 8.17)

> „Die Zeitspanne, in der vierzehn Manus erscheinen und wieder vergehen, entspricht einem Tag Brahmās, des Herrn der Schöpfung. 360 solcher Tage sind ein Jahr Brahmās ... und Brahmā lebt für 100 solcher Jahre." (Brahma-vaivarta Purāṇa 1.5.9-10/2.34.57)

Zeitdilatationen im Universum

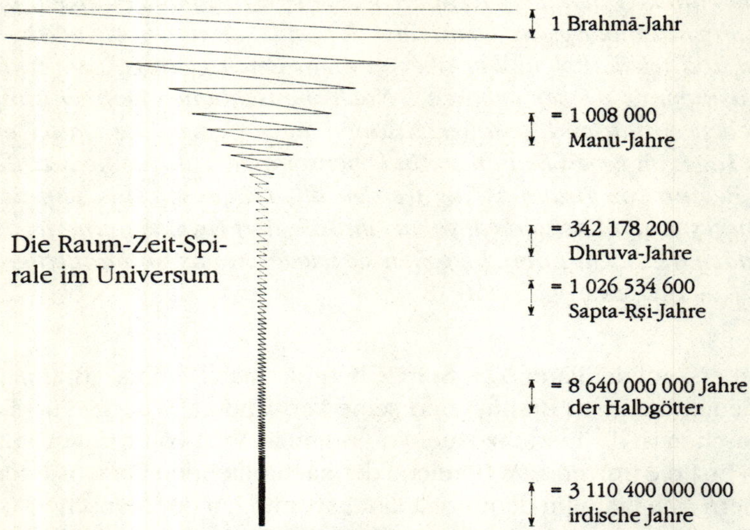

1 irdisches Jahr = 1 Tag der Halbgötter
360 irdische Jahre = 1 Jahr der Halbgötter
3030 irdische Jahre = 1 Jahr der Sieben Weisen (Sapta-Ṛṣis)
9090 irdische Jahre = 1 Jahr Dhruvas
3 100 000 irdische Jahre = 1 Jahr Manus
3 110 400 000 000 irdische Jahre = 1 Jahr Brahmās

1 irdisches Jahr = 24 Stunden der Halbgötter = knapp 3 Stunden der Sieben Weisen = knapp 1 Stunde Dhruvas = 10 Sekunden Manus = eine knappe Hunderttausendstelsekunde Brahmās

„Die 100 Jahre von Brahmās Leben (*brahmāyu*) entsprechen der Existenzdauer des Universums und teilen sich in zwei Hälften (*parārdha*), und zwar in die erste (*pūrvaḥ*) und die zweite (*aparaḥ*). Die erste Hälfte von Brahmās Leben ist bereits vorüber, und die zweite hat nun begonnen.“ (Śrīmad-Bhāgavatam 3.11.34)

Diese Zeitangaben beschreiben nicht nur die Zeitverhältnisse innerhalb der verschiedenen Dimensionen des Universums, sondern auch die relativen Distanzen, denn innerhalb der materiellen Welt ist Zeit immer vom Raum abhängig. Was aus irdischer Sicht also Jahrtausende, Jahrmillionen oder Jahrbillionen dauert, dauert für die entsprechenden höherdimensionalen Wesen bloß ein Jahr oder ein paar

Tage oder Stunden. Für die Menschen mögen also gewisse Galaxien Millionen und Milliarden von „Lichtjahren" entfernt sein, aber für die höherdimensionalen Wesen dieser Galaxien ist die Erde nur ein paar Jahre, Tage oder Stunden entfernt!

Das heißt jedoch nicht, daß alle Bewohner jener Galaxien ausnahmslos diese Distanzen derart leicht überwinden können. Auch in diesen Galaxien gibt es Wesen, die in ihrer Dimension festsitzen, und andere, die sich freier bewegen können – genauso wie in unserer Galaxie, der Milchstraße. Auch in unserer Galaxie gibt es festsitzende Wesen, z.B. die irdischen Menschen, und andere, die sich freier bewegen können, weil sie höherdimensional und deshalb – für die Menschen – unsichtbar sind.

Höherdimensionale Wesen = göttliche Wesen?

„Was Macht betrifft, so stehen die Tiere über den Pflanzen und die Menschen über den Tieren. Über den Menschen befinden sich die Pramathas [feinstofflichen Wesen], da sie keinen grobstofflichen Körper besitzen. Über ihnen befinden sich die Gandharvas [Engelwesen], über den Gandharvas die Siddhas [die ‚Vollkommenen', die Besitzer kosmischer Kräfte] und über den Siddhas die Kinnaras [Humanoide mit Verwandlungskünsten]. Ihnen überlegen sind die Gegner der Halbgötter [Asuras, die über hohe technische, magische und subtile Fähigkeiten verfügen]. Höher als die Asuras stehen die Deva-Halbgötter [Suras], die von Indra angeführt werden. Über Indra befinden sich die unmittelbaren Nachkommen Brahmās [wie Dakṣa, die großen Ṛṣis, Nārada und die vier Kumāras namens Sanat-kumar, Sanaka, Sananda und Sanātana]. Unter den Söhnen Brahmās ist Śiva der höchste. Da Śiva Brahmās Sohn ist, gilt Brahmā als höherstehend. Doch sie alle, auch Brahmā, unterstehen dem Allmächtigen [Viṣṇu]. Deshalb sind unter allen Lebewesen diejenigen, die ihr Leben vollkommen dem Allmächtigen geweiht haben (mat-paraḥ), die mächtigsten, denn Viṣṇu ist persönlich der Beschützer Seiner Geweihten (dvija-deva-devaḥ).“ – Śrīmad-Bhāgavatam 5.5.21-22

Der evolutionsgläubige Mensch, der sich für die Krone der Schöpfung hält, bekommt von den vedischen Schriften keine Positionsbestätigung. Im Gegenteil, sie erklären, daß die Menschen in der kosmischen Machthierarchie relativ weit unten rangieren.

Die Unterteilung des Universums in vierzehn Existenzdimensionen bezieht sich auf den *Entwicklungsgrad göttlichen Bewußtseins*. In dieser Einteilung befinden sich die Menschen in der Mitte, weshalb sich in ihrer Dimension die helle und die dunkle Seite überschneiden. Die Menschen befinden sich auf der Ebene des freien Willens und Entscheidens, denn sie können wählen, in welche Richtung sie sich entwickeln wollen. Die Wesen in den oberen und unteren Hälften haben sich bereits entschieden: die Wesen der oberen Dimensionen für die Kräfte des Lichts und die Wesen der unteren Dimensionen für die Mächte der Dunkelheit.

Die Bezeichnung „obere" und „untere" Dimensionen richtet sich nach dem Kriterium, wie nah oder entfernt sie von der Erkenntnis Gottes sind. Die Wesen der höheren Dimensionen sind in der Regel gottzugewandt, und die Wesen der niederen Dimensionen sind in der Regel gottabgewandt. Aber beide haben ein „gutes" Gewissen und halten sich selbst für „gut" und denken, die „anderen" seien die Bösen (falls sie noch nach Dualitätsmustern urteilen). Der Mensch in der Mitte muß entscheiden, wem er glauben will. Beide Seiten bezeichnen sich als Helfer, geben Versprechungen und warten mit wundersamen Kräften auf. Die Wesen der dunklen Seite brillieren insbesondere mit technischen Errungenschaften, die Wesen der göttlichen Seite mit spiritueller Weisheit und Gottergebenheit.

Die Purāṇas erwähnen, daß es im Universum 400 000 humanoide Lebensformen gibt. Davon leben nur ein paar wenige sichtbar auf der Erde. Alle anderen verteilen sich über die oberen und unteren Planetensysteme. Was die materielle Macht betrifft, so sind die irdischen Menschen die schwächsten von allen, denn sie leben in jenen Bereichen der Materie, wo alle Elemente völlig manifestiert sind.

Der Mensch lebt auch im übertragenen Sinn auf der „Erde". Wir erinnern uns an die Analyse der fünf Verdichtungsebenen der grobstofflichen Materie: Äther, Luft, Feuer, Wasser, Erde. Je mehr sich die Materie verdichtet, desto mehr widersetzt sie sich dem Einfluß der geistigen Kräfte. (Gedanken- und Bewußtseinsströme bestehen nicht aus Atomen, sondern *bewegen* die Atome!) Der Mensch lebt in einer vollmanifestierten „Erde"-Welt und kann deshalb die Materie nur noch mit physischer und mechanischer Gewalt bewegen.

Die irdische Welt steht in der Hierarchie der manifestierten Elemente zuunterst, und dementsprechend ist der materielle Körper der Menschen plump, schwerfällig und leicht verletzlich. Alle anderen Welten, sowohl die „oberen" als auch die „unteren", sind aus irdischer Sicht *höherdimensional*. Man könnte sie mit den beiden Schenkeln einer Parabel vergleichen, wobei die siebte Dimension, die irdische, den untersten Punkt dieser Parabel darstellt – und zugleich den Wendepunkt. Die Wesen beider Seiten verfügen über höherdimensionale Kräfte, und für den uninformierten Menschen sehen die Vorführungen beider Seiten „göttlich" aus.

Materiell gesehen, sind die irdischen Menschen die schwächsten aller humanoiden Wesen im Universum, spirituell gesehen jedoch die privilegiertesten. Die Menschen befinden sich in der Elementehierarchie *zuunterst,* also praktisch am anderen Ende, am *Ausgang*. Sie sind in der Lage, beide Seiten (die dunklen und die göttlichen) gleichzeitig zu sehen und zu vergleichen, und sie haben einen Feuer-Wasser-Erde-Körper, der sichtbar alt wird und stirbt. Nur in der irdischen Dimension ist der Tod so offensichtlich und häufig, weshalb sie von den höheren Wesen auch Martya-loka, „Ort des Todes", genannt wird. Die Menschen haben das Privileg, die Realität der materiellen Vergänglichkeit mit eigenen Augen zu sehen und dadurch eine reife Loslösung vom Ahaṅkāra zu entwickeln. Hinzu kommt, daß die Menschen nicht durch höherdimensionale Kräfte und Genüsse verblendet werden.

Die göttlichen Wesen erwähnen immer wieder, wie schwierig es ist, in einer Stellung von „himmlischer" Macht und Zufriedenheit aufrichtig bei Gott, dem Ursprung, Zuflucht zu suchen:

> „Der Eine Höchste (*yaḥ ekaḥ*), der Herrscher (*īśaḥ*), der uns durch Seine Kraft erschuf und durch dessen Barmherzigkeit wir die Schöpfung des Universums erweitern, ist stets als Überseele vor uns gegenwärtig, doch wir können Seine Gestalt nicht sehen, weil wir denken, wir seien getrennt und unabhängig (*pṛthak*), und weil wir uns selbst für Herrscher halten (*īśa-maninaḥ*)." (Śrīmad-Bhāg. 6.9.25)

Die Menschen sollten sich immer vor Augen halten, daß die Wesen sowohl der oberen als auch der unteren Dimensionen höherdimensional sind. Menschen und Völker, die über kein höheres Wissen verfügen, halten schnell einmal auch die Wesen aus den dunklen Bereichen des Universums für Götter. Tatsächlich ist es schon vorgekommen, daß solche Wesen als „Götter" oder sogar als „Gott" verehrt wurden. Daß solche Religionen auf der Erde keinen Frieden stiften können, zeigt die Religionsgeschichte.

Mit anderen Worten: Nicht alle göttlichen Wesen sind höherdimensional, und nicht alle höherdimensionalen Wesen sind göttlich.

Der Zusammenhang von irdischer und kosmischer Zeit

„Nur die großen Weisen, wie Bhṛgu und andere, sind in der Lage, alle sieben Welten zu sehen, weil sie eine göttliche Sicht haben. Sie sehen auch Brahmā während dessen Nacht." – Vāyu Purāṇa 4.38.191

Brahmā erschafft aus der Mahat-tattva-Materie auf hierarchische und devolutionäre Weise die Planeten des Universums, die sich grundlegend in vierzehn Dimensionsebenen unterteilen lassen. Brahmā vollbringt dies entweder persönlich oder dann indirekt durch seine „Kinder" und die Generationsfolgen ihrer Nachkommen innerhalb der jeweiligen Dimensionsebenen. Entscheidend für die Entwicklung der Menschheit sind die höherdimensionalen Stammväter und Weltenlehrer, die man *Manu* nennt. Innerhalb eines Tages von Brahmā (Kalpa) treten nacheinander vierzehn Manus auf. Im Rhythmus der Manu-Ablösungen ereignen sich auf der Erde, ausgelöst von entfesselten Naturgewalten, einschneidende Umwälzungen.

Sowohl für die Erde als auch für das gesamte *sichtbare* Universum ist das Kalpa die wichtigste Zeiteinheit, denn es stellt den Zeitrahmen ihrer Existenz dar. Eine der häufigsten Definitionen des Kalpas orientiert sich an den Zeitzyklen der Erde, weil die Dauer eines Brahmā-Tages direkt mit der Entwicklungsgeschichte des Erdplaneten zusammenhängt.

Die Geschichte der Erde verläuft nicht linear, sondern zyklisch, das heißt, sie unterteilt sich in Zeitalter (Yugas), die sich ablösen wie Frühling, Sommer, Herbst und Winter, worauf der gleiche Zyklus von neuem beginnt. Ebenso folgen sich periodisch die vier Yugas namens Satya-, Tretā-, Dvāpara- und Kali-yuga, wobei das Satya-yuga das höchstentwickelte und das Kali-yuga das dunkelste Zeitalter darstellt.

Die vedische Geschichtsschreibung, die die großen Yuga-Epochen in Betracht zieht, widerspricht der derzeitigen Geschichtsforschung, die sich auf eine unbewiesene, unlogische Theorie stützt, nämlich Darwins Evolutionstheorie, die besagt, alle Lebewesen seien durch eine bloße Kombination von Atomen und Molekülen entstanden. Die Evolutionstheoretiker begehen hierbei einen großen und unverzeihlichen Fehler: Sie setzen organische Materie mit dem Lebewesen gleich. Sie behaupten, ein Lebewesen sei nichts anderes als ein hochkomplizierter Roboter aus organischer Materie.

Dank neuer Erkenntnisse, die die Menschheit heute aus vielen

Quellen gewinnt – aus der Naturwissenschaft (z.B. Biophotonenforschung, holistische Quantenphysik), aus der „verbotenen Archäologie“[35], aus den vedischen Schriften, aus interplanetarischen Kontakten –, besteht eine große Hoffnung, daß viele materialistische Weltbilder bald überholt werden.

Die vedische Yuga-Zeitrechnung scheint auf den ersten Blick ein unhaltbares Weltbild zu vermitteln, doch wer sie unvoreingenommen betrachtet und ihre kosmologischen Aussagen folgerichtig ergründet, erkennt sehr bald, daß diese Erklärungen ernst genommen werden sollten.

Die Dauer der nacheinander folgenden Yugas verringert sich jeweils um ein Viertel. Beim Anfang und beim Ende eines jeden Yugas setzt eine Übergangszeit ein, genannt Sandhyā („Dämmerung“). Die Zeitangaben werden manchmal in Jahren der Halbgötter und manchmal in irdischen Jahren angegeben:

> „Ein großes irdisches Zeitalter besteht aus vier Einzel-yugas [Satya-, Tretā-, Dvāpara- und Kali-yuga] und dauert 12 000 Jahre der Halbgötter. ... Gemäß irdischer Zeitrechnung dauern die vier Yugas zusammen 4 320 000 Jahre.“ (Brahma-vaivarta Purāṇa 2.54.34-38)

Die Unterscheidung zwischen Halbgötter- und Erdenjahren wird auch an vielen anderen Stellen der Purāṇas deutlich hervorgehoben, aber dennoch werden die Halbgötterjahre in verschiedenen indologischen, astrologischen und theosophischen Kreisen mit irdischen Jahren gleichgesetzt. Tatsächlich paßt diese Spekulation besser ins Bild der modernen Evolutionstheorie, doch dieser vermeintliche Brückenschlag verfehlt und verfälscht die Aussage der vedischen Schriften.

Wenn wir uns an die Originalquellen halten und die Halbgötterjahre nicht mit irdischen Jahren verwechseln, werden wir ein paar überraschende Entdeckungen machen.

Gemäß vedischer Darstellung entwickelt sich die Geschichte der Erde in sich wiederholenden Viererzyklen: Satya-yuga (auch Kṛta-yuga genannt), Tretā-yuga, Dvāpara-yuga und Kali-yuga. Am Ende eines Kali-yugas, dem jeweiligen Tiefpunkt der Erdgeschichte, erfolgt ein Übergang zum erhabensten Yuga, indem die „natürlich“ fortlaufende Degenerierung aufgehoben wird. Dieser Übergang wird durch eine Inkarnation Gottes vollzogen, die erscheint, um die Erde persönlich zu läutern und das neue Satya-yuga einzuleiten. Diese Kṛṣṇa-

Yuga	Anfangs-Sandhyā	Länge	End-Sandhyā	Total
Satya	400	4000	400	4800
Tretā	300	3000	300	3600
Dvāpara	200	2000	200	2400
Kali	100	1000	100	1200
Catur-yuga:				12 000

Dauer eines Yuga-Viererzyklus (Catur-yuga), auch Mahā-yuga (großes Yuga) oder Divya-yuga (göttliches Yuga) genannt, berechnet in der Zeiteinheit von Halbgötterjahren.

Yuga	Anfangs-Sandhyā	Länge	End-Sandhyā	Total
Satya	144 000	1 440 000	144 000	1 728 000
Tretā	108 000	1 080 000	108 000	1 296 000
Dvāpara	72 000	720 000	72 000	864 000
Kali	36 000	360 000	36 000	432 000
Catur-yuga:				4 320 000

Dauer desselben Yuga-Viererzyklus, berechnet in der Zeiteinheit von irdischen Jahren.

Inkarnation (Avatāra) heißt Kalki und wird laut Śrīmad-Bhāgavatam aus dem Reich Śambala hervortreten, wo Er, Kalki-Avatāra, heute schon verehrt wird.*

Eine Folge dieser vier Yugas dauert 4,32 Millionen Jahre und wird Catur-yuga („Viererzyklus"), Mahā-yuga („großes Yuga") oder Divya-yuga („göttliches Yuga") genannt.

1000 solcher Viererzyklen entsprechen einem Tag Brahmās (Kalpa): 1000×4 320 000 irdische Jahre = 4,32 Milliarden Jahre.

Ebensolange wie Brahmās Tag (*brahma-dina*) dauert Brahmās Nacht (*brahma-rātra*). 24 Stunden Brahmās dauern also 8,64 Milliarden irdische Jahre.

Brahmās Leben dauert 30×12×100 solcher Tage, und diese Dauer entspricht auch der Lebensdauer des Universums, denn Brahmā stirbt, wenn die Zeit des Universums abgelaufen ist. Aus diesen Angaben geht hervor, daß das Universum, gemäß irdischer Zeitrechnung, ins-

* Die Rolle des Kalki-Avatāra und auch die einzelnen Yugas und ihre Spuren, die sie in der Erdgeschichte zurückgelassen haben, werden in Band 2 näher beschrieben werden.

gesamt 311 Billionen und 40 Milliarden Jahre lang existiert, bevor es wieder von Mahā-Viṣṇu eingeatmet wird. Dies ist die Dauer von Brahmās Leben (*brahmāyu*), die längste sinnvolle Zeiteinheit, die der Menschheit bekannt ist.

Brahmā hat mittlerweile die erste Hälfte (*parārdha*) seines Lebens hinter sich, und die zweite Hälfte hat vor „kurzem" begonnen. Dies bedeutet, daß das Universum schon seit rund 150 Billionen Jahren existiert und sich heute der Halbzeit nähert.

Während Brahmās langer Lebenszeit befindet sich das Universum in einem mehr oder weniger stationären Zustand. Im Rhythmus von Brahmās Tagen und Nächten wird das gesamte *sichtbare* Universum jedoch immer wieder erschaffen und vernichtet. Die Diskussion der Kosmologen über die verschiedenen Modelle der Entstehung und des Aufbaus des Universum beziehen sich ausschließlich auf das empirisch erfaßbare Universum, d.h. auf die Kalpa-Schöpfungen, und nicht auf das eigentliche Gesamtuniversum.

Die Kosmologen stützen sich auf fragwürdige Beobachtungen. Die entferntesten Galaxien, so heißt es, seien aus irdischer Sicht etwa fünfzehn Milliarden Lichtjahre entfernt. Das heißt, gewisse Galaxien und Quasare seien so weit entfernt, daß es Jahrmilliarden dauert, bis auch nur deren Licht auf der Erde eintrifft. Das Licht, das wir heute von diesen entferntesten Galaxien sehen, ist demnach Jahrmilliarden alt, sagt also nichts über die gegenwärtige Position dieser Himmelskörper aus. Was ist im Lauf der Jahrmilliarden mit ihnen passiert? Bei dieser Frage tappen die irdischen Kosmologen völlig im dunkeln, weil es ja noch Jahrmilliarden dauert, bis das „aktuelle" Licht bei ihren Teleskopen eintrifft. Außerdem ist es unmöglich, mit Gewißheit zu wissen, welche Ablenkungen diese Lichtstrahlen im Lauf der Lichtjahrmillionen erfahren haben. Und das wichtigste Argument: Die „entferntesten" Galaxien sind gar nicht sichtbar, da sie gänzlich höherdimensional sind.

Trotz dieser Mängel der modernen Kosmologie wird jeder, der auch nur eine geringe Allgemeinbildung hat, angesichts der vedischen Zeitrechnung ungläubig den Kopf schütteln: Das Universum 150 Billionen Jahre alt? Jedes fernsehguckende Schulkind weiß doch, daß die Erde höchstens 6 Milliarden Jahre und das Universum höchstens 20 Milliarden Jahre alt ist. „Damals", vor maximal 20 Milliarden Jahren, vielleicht auch erst vor 8 Milliarden Jahren, so heißt es, habe sich der mysteriöse Urknall ereignet, aus dem die Atome, Galaxien, Planeten und schließlich die Lebewesen hervorgegangen seien.

„Am Ende des Tages von Brahmā wird die Hitze von sieben mörderischen Sonnen durch das Weltall glühen. Alles Wasser wird verdunsten, und alle drei Welten werden eingeäschert. Bhūr-, Bhuvar-, Svarga- und Maharloka mit ihren bewohnenden Wesen, sowohl den sich bewegenden als auch den sich nicht bewegenden, werden allesamt verglüht werden.“ (Garuḍa Purāṇa 1.224.2-3)

„Das erste Parārdha, die erste Hälfte von Brahmās Leben, ist schon vorbei, und die zweite Hälfte von gleicher Dauer steht noch bevor. Wenn auch diese zweite Hälfte vorbei sein wird, wird die Auflösung des gesamten Universums beginnen.“ (Liṅga Purāṇa 1.70.108)

„Was in einem Ablauf von vier Yugas geschieht, wiederholt sich in den anderen Viererzyklen auf die gleiche Weise, zur gleichen Zeit und in der gleichen Ordnung. Die Unterschiede, die sich von Schöpfung zu Schöpfung einstellen, beschränken sich auf fünfundzwanzig, nicht mehr und nicht weniger. Genau wie die Yugas haben auch die Kalpas ihre besonderen Eigenschaften. Auch die Manvantaras zeichnen sich durch den gleichen Wandel von Eigenschaften aus.“ (Liṅga Purāṇa 1.40.90-92)

„Der Vokal A, der vierzehn Aspekte hat, repräsentiert Brahmā und heißt deshalb Prajāpati. Er ist in allen anderen Lauten enthalten. ... Aus dem siebten Aspekt ging die Silbe RI hervor, und sie repräsentiert Vaivasvata Manu, den gegenwärtigen Weltenlehrer.“ (Vāyu Purāṇa 1.26.31,39)

„Kṛṣṇa [der vor fünftausend Jahren erschien] erscheint im 28. Yuga-Umlauf des Vaivasvata Manu.“ (Vāyu Purāṇa 1.23.206-207)

„Die Weisen erklären, daß es in Bhārata-varṣa vier Yugas gibt und sonst nirgends [also nicht einmal auf den anderen acht Varṣas, ganz zu schweigen von den anderen sechs Dvīpas]. Diese Yugas sind das Kṛta-, Tretā-, Dvāpara- und Kali-yuga. O ihr großen Ṛṣis, wisset, daß es in den anderen acht Varṣas [von Jambudvīpa, dem zentralen Dvīpa von Bhūrloka] weder Sorgen noch Niedergeschlagenheit, weder Angst vor Hunger noch irgendwelche anderen Drangsale gibt.“ (Kūrma Purāṇa 1.47.45-46)

„Auf diesen [sechs] Dvīpas gibt es nirgends den zyklischen Ablauf von Yugas. Alle Bewohner dieser Dvīpas haben ein langes Leben.“ (Kūrma Purāṇa 1.49.9)

Quellentexte: Irdische und universale Zeitalter

Ist das Universum gleich alt wie seine Sterne?

„Bhūr-, Bhuvar-, Svarga- und Maharloka vergehen in der Nacht Brahmās; nur die höhergelegenen Welten bleiben bestehen."

– Liṅga Purāṇa 1.4.58

Während eines jeden Kalpas (4,32 Milliarden Jahre) lösen sich nacheinander vierzehn Manus (Stammväter der Menschheit) ab, und entsprechend ihrer Amtszeit wird ein Kalpa in vierzehn kosmische Epochen unterteilt. Aus Brahmās Sicht findet also während seines Tages alle fünfzig Minuten ein Manu-Wechsel statt. Aus irdischer Sicht ist ein Manu-Zeitalter (Manvantara) jedoch astronomisch:

1 Manvantara = 1000 Mahā-yugas : 14 = 71 $^{6}/_{14}$ Mahā-yugas

Ein Manvantara entspricht auf der Erde also rund 308 Millionen Jahren.* Die gegenwärtige Menschheit befindet sich in der Wirkungszeit des siebten Manus, genannt Vaivasvata Manu, der ein Sohn des Sonnengottes (Vivasvān) ist. Innerhalb dieses siebten Manvantaras, das insgesamt rund 71 Mahā-yugas dauern wird, befinden wir uns im Kali-yuga des 28. Mahā-yugas. Das heißt, wir nähern uns der Mitte des 7. von 14 Manvantaras, was gleichbedeutend ist mit der Hälfte von Brahmās Tag.

All diese Zahlen führen zu folgender Altersangabe für die Erde:

> „Zu Beginn von Brahmās Tag werden alle Lebewesen aus dem unmanifestierten Zustand manifestiert (*vyakta*), und wenn danach die Nacht anbricht, gehen sie wieder in das Unmanifestierte (*avyakta*) ein." (Bhagavad-gītā 8.18)

> „Wenn ein Tag Brahmās (Kalpa) zu Ende geht, setzt eine Übergangszeit ein. Immer wieder, nach jeder Nacht Brahmās, geht ein neues Kalpa von Janoloka aus. Dies ist nötig, weil die einzelnen Kalpas [durch die Nacht Brahmās] voneinander abgeschnitten sind. Mit dem Ende eines Kalpas geht [in den betroffenen Lokas] alles vedische Wissen verloren." (Vāyu Purāṇa 1.7.7-8)

---

* Die vedische Astronomie-Schrift Sūrya-siddhānta (1.18-19) erklärt, daß es während eines Kalpas fünfzehn Sandhyā-Epochen gibt, eine vor dem Beginn des ersten Manvantaras und die anderen vierzehn am Ende eines jeden Manvantaras, was auf der Erde jeweils zu vernichtenden Katastrophen führt. Die Wirkungszeit eines Manu dauert 306 720 000 Jahre, wobei die Anfangs- und Endzeiten nicht mitgerechnet sind. 14 Manu-Zeitalter dauern also 4 294 080 000 Jahre plus die Summe der jeweiligen Übergangszeiten (25 920 000 Jahre), was insgesamt der Dauer von Brahmās Tag entspricht: 4 Milliarden 320 Millionen Erdenjahre.

„Nur Jano-, Tapo- und Satyaloka bleiben bis zur endgültigen Auflösung des Universums bestehen." (Vāyu Purāṇa 4.39.15)

Das Ende von Brahmās Tag bedeutet das Ende („Tod") der unteren elf Planetensysteme des Universums, was die Erde miteinschließt. Wann ist die Erde das letzte Mal gestorben, um neu aufzuleben?

Nach all den bisherigen Ausführungen ist diese Rechnung nun sehr leicht: Wir befinden uns heute knapp in der Hälfte von Brahmās Tag. Wir müssen also einfach die Dauer von Brahmās Nacht und die abgerundete Hälfte von Brahmās Tag zusammenzählen, also:

4 320 000 000 Jahre + 2 000 000 000 Jahre = 6,32 Milliarden Jahre

Noch vor dreihundert Jahren wurde im Abendland geglaubt, die Erde und das Universum seien gleichzeitig vor siebentausend Jahren innerhalb von sechs Tagen erschaffen worden, und zwar von einem Gott, der keine Götter neben sich duldet. Heute jedoch, auf der Grundlage neuster kosmologischer Erkenntnisse, wird das Alter der Erde auf 4 bis 6 Milliarden Jahre geschätzt. Zu diesem Ergebnis kamen die Wissenschaftler dank der vereinten Bemühung von Kosmologen und Quantenphysikern. Und nun entdecken wir, daß die ältesten Schriften der Welt diese Erkenntnis schon längst enthalten: Vor rund 6 Milliarden Jahren ist die Erde in einen Daseinszustand der Erneuerung übergegangen. Aus heutiger Sicht ist dies der ferne Anfang der Erde, wo der Planet durch das Tor des letzten Kalpa-Endes in die Reichweite der heutigen Forschung trat.

Während die Wissenschaft nun an den Punkt vorgedrungen ist, wo sie mit empirischen Mitteln die vedische Altersangabe für die Erde bestätigt, unterscheidet sich ihre Interpretation dieser Erkenntnis erheblich von der vedischen. Weil die heutigen Wissenschaftler nicht über das Sichtbare hinauszusehen vermögen, denken sie, die Neuformation der Erde vor 6 Milliarden Jahren sei ein absoluter Anfang gewesen, wo es nichts anderes als Materie gegeben habe, aus der dann später organische Materie und Lebewesen entstanden seien. Diese materialistische Interpretation ist jedoch keineswegs zwingend und schon gar nicht überzeugend. Die vedische Wissenschaft ist in der Lage, die heute bekannten wissenschaftlichen Fakten in einem völlig neuen Licht erscheinen zu lassen.

Den Kosmologen gelingen heute ernstzunehmende Berechnungen des Erdalters – aus dem einfachen Grund, weil die Erde als sichtbares Studienobjekt direkt zu ihren Füßen liegt. Doch was das Alter des Universums betrifft, so tappen sie im dunkeln, weil ihre Schät-

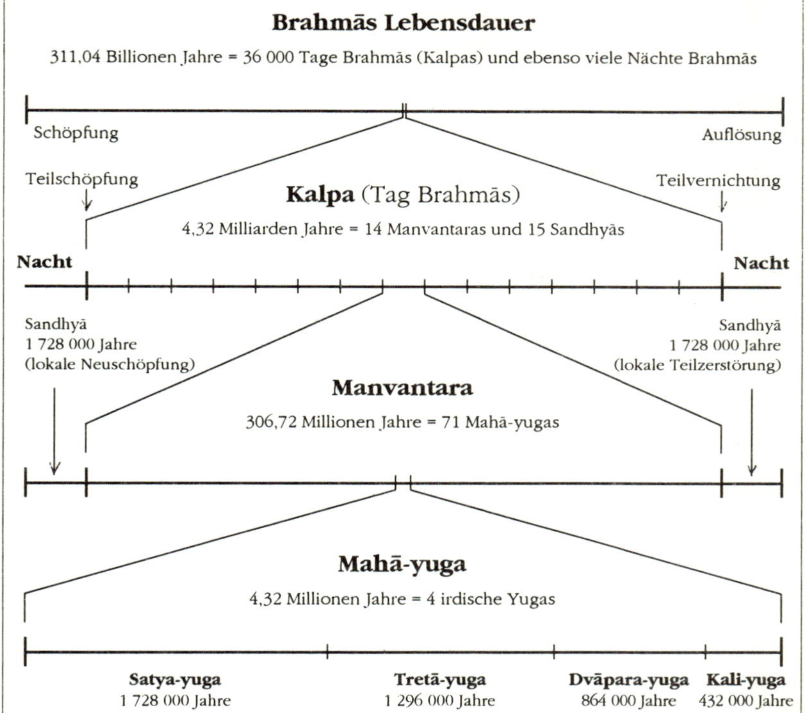

Schöpfungsepochen im Universum: Brahmās Lebensdauer entspricht der Existenzdauer des Universums. Die Universen selber werden in einem endlosen Zyklus von Mahā-Viṣṇu immer wieder erschaffen und aufgelöst. Nach der Schöpfung des Universums wird Brahmā von Viṣṇu innerhalb des Universums geboren. Brahmā vollzieht die vielen Teilschöpfungen und lokalen Neuschöpfungen, die während all seinen Tagen (Kalpas) nötig werden.

zungen von vielen unsicheren und unsichtbaren Faktoren abhängig sind. Die Altersangaben schwanken zwischen 8 Milliarden und 20 Milliarden Jahren.[33] Nach vedischen Angaben ging das gesamte *sichtbare* Universum vor rund 5 bis 7 Milliarden Jahren in eine neue Schöpfungsphase ein; aber weil diese Umwälzung (Brahmās Nacht) vor dem unsichtbaren Hintergrund eines viel älteren Universums abläuft, ist es nur natürlich, daß das Universum für viel älter als sechs oder acht Milliarden Jahre gehalten wird – was es ja auch ist, und zwar viel älter ...

Betrachten wir nun die Beschreibung eines Kalpa-Endes. Das letzte Kalpa-Ende ereignete sich vor sechs Milliarden Jahren. Wie ist es dann möglich, daß die vedischen Quellen diese Information enthalten? Damals war auf der Erde jegliches organische Leben unmöglich geworden. Eine irdische Überlieferung ist also ausgeschlossen.

> „Am Ende von Brahmās Tag kommt es zum ***kalpadāha*** (die große Hitze am Ende des Kalpas). ... Die eintausend Strahlen der Sonne ballen sich zu sieben Strahlen, von denen jeder wie eine eigene Sonne zu glühen beginnt. Allmählich wird die Sonne einhundert Mal größer und verglüht die drei Welten." (Brahmāṇḍa Purāṇa I.1.5.121,123)

> „Als die Schöpfung des letzten Kalpas vom Saṁvartaka-Feuer verbrannt wurde, schmolzen auf der Erde die Gebirge und die Gesteine." (Brahmāṇḍa Purāṇa I.2.7.9b)

Gemäß der vedischen Kosmologie ist die Hälfte des gegenwärtigen Kalpas vorbei, und in zwei Milliarden Jahren wird die Sonne wiederum (wie die vormalige Sonne vor sechs Milliarden Jahren) einhundert Mal größer werden, als Auftakt zum Kalpa-Ende.

Was sagt nun die moderne Kosmologie über die Zukunft der Erde und der Sonne? Man höre und staune:

> „Die Sonne hat im Moment etwa die Hälfte ihres Lebensweges hinter sich. Mit zunehmendem Alter wird ... sich die Sonne allmählich in einen größeren, helleren und heißeren Stern verwandeln. Im Laufe der nächsten zwei Milliarden Jahre wird sich die Sonne zu einem sogenannten Roten Riesen aufblähen und 100mal größer und 500mal heller als heute sein. ... Die aufgeblähte Sonne wird das Oberflächenmaterial der Erde schmelzen lassen."[34]

Was über neuste quantenphysische Berechnungen mit kompliziertesten Computer-Modellen erst vor kurzem herausgefunden wurde, wissen die vedischen Schriften schon seit Jahrtausenden! Sie beschreiben, daß die Erde *in einem glühenden Zustand* in die Nacht Brahmās eingeht und sich abkühlt, denn auch die Sonne verglüht am Kalpa-Ende, jedoch nicht so schnell wie die Erde. Im Lauf der Jahrmillionen (während Brahmās Nacht) kühlt sich die Erde wieder ab, ist jedoch völlig leer und öde und muß neu mit Lebewesen besiedelt werden, zuerst die Pflanzen und Tiere und die höherdimensionalen Wesen und dann erst der Mensch (siehe S. 86).

Vor zwei Milliarden Jahren begann Brahmās neuer Tag, und – wen erstaunt's noch? – die Geologie entdeckt, daß sich vor genau zwei Milliarden Jahren ein entscheidender Einschnitt in der Erdgeschichte abzeichnete: die Erdatmosphäre entstand, und die ersten Lebensformen traten auf!

Das gesamte *sichtbare* Universum, d.h. die unteren sieben Planetensysteme und Bhūr-, Bhuvar-, Svarga- und Teile von Maharloka, werden beim Kalpa-Ende durch Hitze vernichtet und zu Beginn eines neuen Kalpas wieder als bewohnte Planeten erschaffen. Diese Neuentstehung des sichtbaren Universums entspricht jedoch nicht dem Anfang des *gesamten* Universums!

Dies ist der große Denkfehler der modernen Kosmologen: Sie meinen, das Alter des Universums entspreche dem Alter der *sichtbaren* Sterne. Wie bereits erwähnt, ist diese Logik genauso unlogisch, wie wenn man das Alter eines Urwaldes mit dem Alter seiner Bäume gleichsetzt. Genauso wie ein jahrmillionenalter Urwald bereits Tausende von Baumgenerationen gesehen hat, so hat das Universum bereits Tausende von Galaxiengenerationen gesehen. Und mit jeder neuen Galaxiengeneration treten Menschen auf, die denken, das „Universum" ihrer Generation sei das einzige.

Nochmals muß betont werden: Die Übereinstimmungen zwischen der vedischen Kosmologie und der modernen Naturwissenschaft (die Relativität der Zeit, das Alter der Erde, die Zukunft des Sonnensystems) sind Berührungspunkte auf der Ebene der *Befunde*, doch ihre Ausgangspunkte sind völlig verschieden. Für die vedische Kosmologie ist die Kenntnis dieser Befunde ein Ergebnis ihres Weltbildes; die Wissenschaft leitet ihr Weltbild spekulativ von den Befunden ab. Deshalb sind ihre Weltbilder grundverschieden. Das eine ist theistisch, das andere materialistisch. Welches ist glaubwürdiger?

Die vedische Sintflut beim Manu-Wechsel

„Bṛhadaśva sprach: ‚Das Kali-yuga dauert 432 000 Sonnenjahre. O König, das Dvāpara-yuga dauert zweimal so lang, das Tretā-yuga dreimal und das Satya-yuga viermal so lang. 71 Catur-yugas entsprechen einem Manvantara. Am Ende eines jeden Manvantaras werden alle sich bewegenden und sich nicht bewegenden Schöpfungen auf der Erde vollständig vernichtet, und die ganze Erde ist ein einziges großes Meer.'" – Nīlamata Purāṇa 1.33-36a

Ein Tag Brahmās unterteilt sich in vierzehn Manu-Zeitalter (Manvantaras). Jede Manu-Ablösung zieht in den mittleren Regionen des

Universums große Umwälzungen nach sich, vor allem auf der Erde, wo sich diese Umwälzung in Form großer Vernichtungen äußert. Zu diesem Zeitpunkt ist auf der Erde kein menschliches Leben mehr möglich, weshalb die Erde durch die Dynastie des neuen Manus wieder von den höheren Dimensionen aus bevölkert werden muß. Deshalb gilt Manu als der Stammvater der Menschheit.

Heute leben wir in der Weltperiode des siebten Manus, im Kali-yuga des achtundzwanzigsten Mahā-yugas. Dies bedeutet, daß die letzte große Vernichtung vor 4 320 000 × 27 + 3 800 000 Jahren stattfand, und zwar in Form einer auflösenden, weltweiten Überschwemmung, die ausführlich im Matsya Purāṇa und im achten Canto des Śrīmad-Bhāgavatam beschrieben wird.* Die letzte Neubevölkerung der Erde wurde demnach vor rund hundert Millionen Jahren nötig. Beim Betrachten dieser unglaublichen Zeitspanne müssen folgende Faktoren berücksichtigt werden:

- Erstens: Innerhalb dieser Zeitspanne gibt es viele Unterzyklen mit „kleineren" Zerstörungen (z.B. Polsprünge, kosmische Einflüsse), die von den Zivilisationen nur wenige oder gar keine Spuren übriglassen; insbesondere die Mahā-yuga-Übergänge, wenn nach einem Kali-yuga ein neues Satya-yuga beginnt. Zu diesem Zeitpunkt wird die Menschheit von Grund auf erneuert und die Schwingung der Erde gehoben. Dies geschah das letzte Mal vor etwas weniger als 3,8 Millionen Jahren, und das war der ferne, kosmisch verwurzelte Neuanfang der *heutigen* Menschheit.
- Zweitens: Welche Spuren überdauern Millionen von Jahren? Und wenn solch vereinzelte Spuren überdauern, wie groß ist die Wahrscheinlichkeit, daß die Archäologen sie finden?
- Drittens: Und selbst wenn man eine solche Spur fände, würde sie verschwiegen. Denn es wurden tatsächlich schon in jahrmillionenalten Gesteinsschichten menschliche Spuren gefunden (z.B. Goldgeschmeide).[35]
- Viertens: Die Bildung von Versteinerungen ist nur unter außergewöhnlichsten Umständen möglich, nämlich dann, wenn die Lebensformen oder Lebensspuren schnell und luftdicht verschüttet oder überflutet werden. Sonst verwesen sie und vermischen

---

*Manchmal wird diese Stelle der Veden als Parallele zur Sintflut des Alten Testamentes und des Gilgamesch-Epos angeführt, was jedoch falsch ist, da hier verschiedene Ereignisse gemeint sind, die zeitlich weit auseinanderliegen.

sich mit den Elementen. Fossilien, vor allem solche von höheren Lebensformen, bilden sich also nur sporadisch und mit lückenhafter, ungewisser Chronologie. Bei großen Katastrophen können Erdschichten unberechenbar vermischt werden, und in vielen Erdepochen fanden gar keine großen Katastrophen statt, weshalb auch keine schlagartige, natürliche Konservierung stattfand. Die Spuren all dieser Erdepochen sind spurlos verschwunden, und es ist deshalb falsch, auf der Grundlage von Fossilien Rückschlüsse auf die Chronologie der Erdgeschichte zu ziehen.

- Fünftens: Die Altersangaben, die die Paläontologie veröffentlicht, sind sehr ungewiß, denn ihre Datierungsmethoden (radiometrische Analysen) gehen von der unbewiesenen Annahme aus, in allen Zeitaltern sei die Materie gleich verdichtet wie im Kali-yuga und man dürfe deshalb die heute gültigen Meßwerte linear und uneingeschränkt auf eine beliebig lange Vergangenheit anwenden.

Die wissenschaftlichen Kronzeugen der Erdgeschichte, die Fossilien, sind nur vereinzelt und verstreut zu finden, und sie sind im wörtlichen Sinn nichts-sagend, denn sie sind tot und stumm. Der Mensch muß sie mit seinen Theorien interpretieren, was immer der Projektion einer vorgefaßten Meinung entspricht. Insbesondere die Evolutionstheorie ist mit dieser Problematik behaftet.

Unbeachtet von den Naturwissenschaften, ruhen jedoch unermeßliche Schätze von Spuren früherer Zeitalter in unerforschten Tiefen und harren ihrer Entdeckung. Bei dieser Spur stoßen wir auf *lebende* und *sprechende* Zeugen, die uns viel mehr über die vergangenen Zeitalter sagen können als irgendwelche stummen Fossilien unbekannter Abstammung. Diese lebenden Zeugen sind *wir selbst!* Und die unerforschte Tiefe ist unser Unterbewußtsein. Dort, in den geheimnisvollen Fundamenten unserer eigenen Persönlichkeit, sind die Erinnerungen an zahllose frühere Leben gespeichert. Ein Blick in diese scheinbar vergessenen Existenzen könnte erstaunliche Einblikke in frühere Zeitalter eröffnen.

Tatsächlich liefert uns die Reinkarnationsforschung Hinweise auf das hohe Alter der Menschheit. Diese Methode der Forschung stand für lange Zeit im Schatten der sogenannt wissenschaftlichen Forschung, denn es wurde und wird immer noch behauptet, Reinkarnation sei spekulativ und sei ausschließlich von Glauben abhängig. Wer sich von dieser Propaganda nicht täuschen läßt, erkennt schnell, daß die Wissenschaft selbst von spekulativen Annahmen ausgeht, die man nur *glauben* kann (Leben entstand aus Materie; die irdischen Naturgesetze sind auf das gesamte Universum übertragbar; es gibt nichts anderes als Materie; Urknall- und Evolutionstheorie usw.).

Im Gegensatz zu diesen materialistischen Glaubenssätzen beruht die Annahme der Reinkarnation auf soliden, nachprüfbaren Grundlagen: die Erkenntnisse zahlloser Heiliger und Mystiker; Nahtod-Erfahrungen; experimentelle Astralreisen; hypnotische Rückführungen und spontane Erinnerungen an frühere Leben (insbesondere bei vier- bis fünfjährigen Kindern, die sich mit Namen und Details an ihr früheres Leben und ihre früheren Angehörigen erinnern können). Durch diese Erinnerungen kommen Informationen über frühere Situationen und Personen zu Tage, die den sich erinnernden Frauen und Männern (und Kindern!) nicht bekannt sein können, aber durch Nachprüfungen bestätigt werden.

Wohin führt die Spur der Reinkarnationforschung? Wenn Menschen (meistens unter Hypnose) in frühere Leben zurückgeführt werden, kommt es manchmal vor, daß sie Sprachen sprechen, die sie im gegenwärtigen Leben nie erlernt haben. Manchmal sprechen sie auch tote Sprachen (Latein, Altgriechisch, Altägyptisch, Sumerisch) oder sogar unidentifizierbare Sprachen (Atlantisch? Lemurisch?).

Durch diese Methoden werden aus dem Unterbewußtsein Erinnerungen an Leben aktiviert, die zehntausend, ja hunderttausend Jahre und weiter zurückliegen. Und wovon erzählen diese Menschen: von Höhlen und primitiven Menschengesellschaften? Nein, von hohen Kulturen mit fortgeschrittenen Errungenschaften, so wie es von den vedischen Geschichtsquellen (und auch von den Quellen vieler anderer Hochkulturen) geschildert wird.

Thorwald Dethlefsen, einer der Pioniere der Reinkarnationsforschung, schreibt in diesem Zusammenhang:

> „Nach der zweifellos grandiosen wissenschaftlichen Erforschung der materiellen Welt beginnt nun die Erforschung der seelischen Welt. Auf dieser Ebene haben wir offiziell noch kaum die ersten Schritte hinter uns, und deshalb warten noch viele völlig unvorstellbare Phänomene darauf, vom menschlichen Bewußtsein begriffen zu werden./ Auf diesem Weg wird man auch heutige Ansichten über das Alter des Menschen und dessen Abstammung gründlich revidieren müssen. Die Menschheit ist wesentlich älter, als heute angenommen wird, und hat rhythmisch schon manche Hochkulturen, die unserer Zeit sehr ähnlich waren, durchlaufen. Das Gesetz des Rhythmus gilt auch hier, so daß jeder Hochentwicklung auch deren Untergang und Vernichtung folgt.“[34]

Von der „Zeit" zur Ewigkeit

„Jedoch gibt es noch eine andere, unmanifestierte Welt, die ewig ist und zur manifestierten und unmanifestierten Materie in transzendentaler Stellung steht. Sie ist über alles erhaben und vergeht niemals. Wenn alles in der materiellen Welt vernichtet wird, bleibt diese Welt, wie sie ist." – Bhagavad-gītā 8.20

Die kosmologischen Altersangaben der vedischen Schriften enthüllen einen aufschlußreichen Zusammenhang: Die Lebensdauer des gegenwärtigen Erdplaneten entspricht einem einzigen Tag im Leben Brahmās. Auf diese Weise besteht ein direkter Zusammenhang zwischen der Existenz der Erde und der höchsten Existenzebene im Universum. Gleichzeitig weisen die vedischen Offenbarungen aber nachdrücklich darauf hin, daß Brahmās Existenzebene nicht ewig ist und auch nicht die höchste Realität darstellt. Brahmās Welt gehört genauso wie die irdischen und alle anderen Welten des Universums zur *materiellen* Welt.

Die vedischen Schriften beschränken sich deshalb nicht bloß auf die kosmischen Zeitangaben, sondern vermitteln auch einen Sinn für das Unvorstellbare – die Ewigkeit. Diese Einsicht ist wichtig, denn die Ewigkeit ist das einzig wahrhaft reelle Da-Sein. Im Licht dieser allumfassenden (absoluten) Realität spiegelt sich in der Materie eine vergängliche Welt der Relativität und Dualität.

In dieser materiellen Welt leben wir innerhalb von Raum, Zeit und Kausalität. Deshalb ist auch unser Begriffsvermögen an Raum, Zeit und Kausalität gebunden. Ohne diese relativen Gegebenheiten (Dreidimensionalität; Vergangenheit, Gegenwart, Zukunft; Ursache, Wirkung) können wir nichts wahrnehmen, ja uns nicht einmal etwas vorstellen.

Wir können nur in Begrenzungen denken. Wir können uns Raum an sich gar nicht vorstellen, sondern immer nur Flächen und Ausdehnungen, d.h. Zwischen-Räume zwischen Grenzen. Diese Vorstellung ist nicht falsch, weil Raum in der relativen Welt tatsächlich immer nur eine Ausdehnung zwischen Grenzen darstellt.

Dasselbe trifft für die Zeit zu. Wir nehmen Zeit nur in den Begriffen der Vergangenheit, Gegenwart und Zukunft wahr, was nicht falsch ist, denn Zeit in der materiellen Welt ist tatsächlich gleichbedeutend mit Zeit-weiligkeit (= Vergänglichkeit).

Das Absolute (das Unbegrenzte und Ewige) kann deshalb nicht mit den Maßstäben von Raum und Zeit erfaßt werden. „Unbegrenzt" bezieht sich nicht einfach auf einen sehr großen materiellen Raum, sondern auf das Raum-lose, was eine ganz andere Dimension als „Raum" ist – doch wir vermögen uns dieses Raumlose nicht vorzustellen, weil es nicht Teil unserer subjektiven Realität ist.

Ebenso bedeutet „ewig" nicht einfach die Summe von viel Zeit, sondern bezieht sich auf etwas völlig anderes, auf das Zeit-lose.

Mit diesen Begriffen (ewig, unbegrenzt, absolut) beschreibt Gott in der Veda-Offenbarung Sein eigenes Reich, das Reich der Vollkommenheit, das so vollkommen ist, daß es auch das Begrenzte umfaßt, dessen erste Grenzen Raum und Zeit sind. Diese Dimension von Raum und Zeit (die materielle Welt) ist grundlegend verschieden von der ewigen und unbegrenzten Realität Viṣṇus (Kṛṣṇas), in der alles unbegrenzt ist, auch die Vielfalt und die Individualität.

Die Veda-Offenbarung verhilft zu einem grundlegenden Verständnis von dem, was Ewigkeit in Wirklichkeit bedeutet:

Aus der Sicht des Menschen auf der Erde werden die Zeitdilatationen mit zunehmender Höhe der Dimensionen immer größer, so sehr, daß auf der Erde 9090 Jahre, 3,1 Millionen Jahre oder sogar 3,11 Billionen Jahre vergehen, während in der Welt Dhruvas, Manus und Brahmās jeweils nur ein Jahr vergeht. Aus der Sicht dieser höheren Dimensionen verlaufen alle Entwicklungen auf der Erde rasend. Generationen kommen und gehen innerhalb von Sekunden oder Sekundenbruchteilen. Deshalb wird die Erde aus höherer Sicht auch Martya-loka genannt, der Ort des Todes, denn in keiner Dimension des Universums wird so oft gestorben wie in der irdischen, weil diese sich in der Verdichtungsparabel zuunterst befindet (siehe S. 161).

Die vedischen Schriften weisen jedoch darauf hin, daß es jenseits von Brahmās Welt noch andere Welten gibt: die Schalenbereiche des Universums und jenseits davon die spirituelle Welt.

Während auf der Erde 311 Billionen und 40 Milliarden Jahre vergehen, vergehen in der höchsten Dimension des Universums nur gerade 100 Jahre. Aus irdischer Sicht scheint die Zeit auf Brahmaloka fast stillzustehen. Würden wir für 100 000 Jahre nach Brahmaloka hochschauen, sähen wir den Ablauf von nicht mehr als einer einzigen Brahmā-Sekunde.

Doch all diese Dimensionen, die oberen, die mittleren und die

Ewigkeit und ihre Widerspiegelung in der Raumzeit
Die Darstellung der Zeitebenen ist unproportional und nicht vollständig. Die Zahl 10 bei den Schichten des Universums entspricht nicht Jahren, sondern symbolisiert die Annäherung der Zeit an die Ewigkeit. Damit diese Grafik nicht den Eindruck erweckt, die spirituelle Welt sei begrenzt, muß beachtet werden, daß es gleichzeitig zahllose materielle Universen gibt, von denen die Grafik nur eines darstellt.

unteren, gehören immer noch zum Bereich der materiellen Welt, der von Raum und Zeit begrenzt ist. Auch die höherdimensionalen Bereiche – die göttlichen und erst recht die dunklen – unterliegen der Vergänglichkeit und der Relativität. Raum-zeit ist immer auf einen bestimmten Zeit-raum beschränkt, denn beides gehört in den Bereich der materiellen Dualität.

Gehen wir über Brahmaloka hinaus in die noch subtileren Dimensionen, wird die Zeit noch langsamer, bis sie am Ende des materiellen Bereiches aufhört zu existieren. Dort vereint sich die Zeit mit der Ewigkeit.

Wenn wir graphisch darstellen, wie die Zeit in den höheren Dimensionen des Universums immer mehr „schrumpft", so zeichnet sich ein Dreieck ab: Zuunterst befindet sich die irdische Ebene, weil dort die Lebensdauer des Univerums am längsten erscheint (311,04 Billionen Jahre). Für das Zeitempfinden eines Manus existiert das gesamte Universum für 100,8 Millionen Jahre (Manu-Jahre; 1 Manvantara = 100 Manu-Jahre), und für Brahmā existiert das Universum 100 Jahre (Brahmā-Jahre). Die beiden Schenkel des Zeit-Dreiecks brechen auf Brahmaloka jedoch nicht abrupt ab, sondern setzen sich fort und schneiden sich letztlich, und zwar dort, wo die Materie und die Raumzeit aufhört zu existieren. Dies ist der eigentliche Zeit-Punkt, der Zeitnullpunkt, wo es keine Vergangenheit und keine Zukunft mehr gibt, sondern nur Nullzeit. Dieser Schnittpunkt der Zeitachsen ist jedoch kein Endpunkt; es ist bloß der Punkt der Über-Setzung von relativer und absoluter Zeit.

In der absoluten Welt gibt es keine relative Existenz, auch keine Nullexistenz, sondern nur absolute Existenz: reelles, ewiges Sein in ewiger Gegenwart mit unendlicher Vielfalt. In der materiellen Welt spiegelt sich diese ewige Gegenwart in Form von unendlicher Vergangenheit und unendlicher Zukunft wider, während die Gegenwart ein flüchtiger, nicht faßbarer Moment ist. (Mehr hierüber im nächsten Unterkapitel.)

Dr. William Deadwiler, einer der wenigen vedischen Indologen der Gegenwart, von dem auch diese Dreiecksdarstellung stammt, sagt über den Zusammenhang von materieller und spiritueller Realität: „Die Spitze in der Darstellung unseres Zeitdreiecks stellt den Punkt der Ewigkeit dar. Diesen Scheitelpunkt könnte man Nirvāṇa nennen, denn er stellt die äußerste Grenze des materiellen Vorstellungsvermögens dar. Diejenigen, die sich das Absolute über den Pfad der induktiven, mystischen Spekulation vorstellen, kommen immer an den Punkt – eben genau an diesen Scheitelpunkt –, wo sie den Eindruck bekommen, das absolute Ewige befinde sich jenseits von Raum und Zeit und enthalte deshalb weder Formen noch Personen, noch Aktivität. Dies ist jedoch nur die Verneinung der materiellen Relativität und der materiellen Vielfalt. Aus den vedischen Quellen erfahren wir, daß das Absolute nicht auf diesen Nullpunkt eines ‚Nichts' beschränkt ist. Das Absolute – als Urquell und Urbild aller relativen Welten – ist eine spirituelle Dimension der Ewigkeit. Obwohl es in dieser Dimension keine Vergänglichkeit gibt, also weder Vergangenheit noch Zukunft, gibt es dennoch Sequenz.

Handlungen innerhalb dieser ewigen Realität werden im Sanskrit *līlā*, göttliche Spiele, genannt.

Wenn wir versuchen, diesen Sachverhalt irgendwie graphisch darzustellen, müßten wir die beiden Seiten des ‚materiellen' Dreiecks über den Scheitelpunkt hinausziehen. Dadurch bekommen wir ein zweites, nach oben offenes Dreieck, das die spirituelle Realität symbolisiert: die transzendentale Vielfalt jenseits des Nullpunktes des Nirvāṇa. Wenn wir die beiden Dreiecke betrachten, die sich an den Scheitelpunkten berühren, dann haben wir nichts anderes als eine Darstellung von dem, was die Bhagavad-gītā metaphorisch [bildhaft] über das Universum sagt: Das materielle Universum sei wie das Spiegelbild eines Baumes, der am Ufer eines Gewässers steht.

Nur schon beim Nullpunkt der Zeit ist unser Vorstellungsvermögen überfordert. Völlig unvorstellbar und nichtsdestoweniger real ist jene unbegrenzte Dimension, in der eine transzendentale Zeit – ohne Vergangenheit und Zukunft – spirituelle Handlungen (*līlās*) erlaubt. ... Genau diese Realität wollen die vedischen Schriften uns erschließen, und die großen Veda-Lehrer, wie Bhaktivedanta Swami Prabhupāda, und die früheren Meister wollen uns dorthin führen. Weil die eigentliche Realität hinter der relativen Welt für die materielle Logik unverständlich ist, finden wir bei diesen Schriften und Lehrern manchmal Aussagen, die sich scheinbar widersprechen. Aber diese Aussagen sind nicht widersprüchlich, denn sie beschreiben nur verschiedene *gleichzeitige*, ewige Aspekte derselben immateriellen Realität."[37]

Ewige Gegenwart – Unendliche Vergänglichkeit

„Ich, der Anfanglose, Unerschöpfliche, kenne Vergangenheit, Gegenwart und Zukunft. Ich kenne alle Lebewesen, doch Mich kennt niemand. [Denn] alle Lebewesen werden in Täuschung geboren, verwirrt von den Dualitäten, die aus Verlangen und Ablehnung entstehen." – Bhagavad-gītā 7.25b-27

„Soweit wir heute wissen, ist es nicht möglich, die Zeitlichkeit der Natur mittels Theorien auf fundamentalere Eigenschaften zurückzuführen. Die Eigenschaften der Zeit lassen sich beschreiben, aber die Zeit kann nicht erklärt werden."[38]

„Der Einfluß von Zeit (Kāla) bewirkt, daß die Seele allmählich die Identifikation mit dem Körper lockert. Durch Kāla findet man zur vorgegebenen Stunde den Tod, und es gibt keine Ausnahme." (Garuḍa Purāṇa 2.2.35)

„Viṣṇu, der Beherrscher der materiellen und spirituellen Energien, ist zweifellos der Schöpfer des gesamten Weltalls. Er erschafft den Zeitfaktor, um es der materiellen Energie und den Lebewesen zu erlauben, innerhalb der Grenzen der Zeit zu handeln. Deshalb ist Viṣṇu, die Höchste Persönlichkeit, niemals dem Einfluß des Zeitfaktors oder der materiellen Energie unterworfen./ Kāla als Vertreterin Viṣṇus vergrößert die Sattva-guṇa [denn Viṣṇu ist der Sattva-guṇa-avatāra]. Weil die Devas in Sattva-guṇa wirken, sind sie letztlich immer siegreich und vermögen die Asuras zu bezwingen, denn diese wirken in Tamo-guṇa, in der materiellen Erscheinungsweise der Dunkelheit und Unwissenheit." (Śrīmad-Bhāgavatam 7.1.11-12a)

[Nārāyaṇa Ṛṣi spricht zu Nārada:] „Die gesamte Lebensspanne Brahmās entspricht nur einem Augenblick Mahā-Viṣṇus, und Mahā-Viṣṇu ist ein Teil eines Teils von Kṛṣṇa, des Höchsten Wesens. *Kṛṣ-* bedeutet ‚Vertrauen', und *-ṇa* bedeutet ‚dienende Verehrung'. Er, der beides gibt, heißt deshalb Kṛṣṇa. *Kṛṣ-* bedeutet ‚Gesamtheit', und *-ṇa* bedeutet ‚Same'. Er, der der Same von allem ist, heißt deshalb Kṛṣṇa. Zahllose Brahmās kommen und gehen, aber Kṛṣṇa bleibt ewig bestehen." (Brahma-vaivarta Purāṇa 2.2.24-26)

„Das Materielle (*asat*) wird aufgrund seiner Ähnlichkeit mit Dir Dein Schatten (*chaya*) genannt. In der Tat, man betrachtet die materielle Welt als wirklich (*sat*), weil sie einen schattenhaften Einblick (*abhasa*) in Dein ewiges Dasein gewährt. Dich, o Viṣṇu, verehre ich mit all meiner Demut (*te namaḥ*)." (Śrīmad-Bhāgavatam 8.3.14b)

„Wer sich am Ende des Lebens, wenn er seinen Körper verläßt, an Mich allein erinnert, gelangt sogleich in Meine Dimension (*mat-bhāvam*). Darüber besteht kein Zweifel./ Was auch immer der Daseinszustand ist, an den man sich erinnert, wenn man seinen Körper verläßt, diesen Zustand wird man ohne Zweifel erreichen./ ... Nachdem die großen Seelen, die Gottgeweihten, Mich erreicht haben, kehren sie nie wieder in diese vergängliche Welt zurück, denn sie haben die höchste Vollkommenheit erreicht./ Alle Planeten in der materiellen Welt, vom höchsten bis hinab zum niedrigsten, sind Orte des Leids, wo sich Geburt und Tod wiederholen. Wer aber in Mein Reich gelangt, o Sohn Kuntīs, wird niemals wieder geboren." (Bhagavad-gītā 8.5-6,15-16)

Quellentexte: Von der „Zeit" zur Ewigkeit

Geheimnisvoll ist die Zeit. Sie ist in allen Dimensionen *gegenwärtig*, sie reißt alles den Strudel der Vergänglichkeit hinab, doch selbst scheint sie nicht zu vergehen. Was ist „Zeit" in Wirklichkeit?

Die Bhagavad-gītā sagt ganz einfach: *kālo 'smi*. „Die Zeit (*kāla*) bin Ich." Und Kṛṣṇa (Gott) erklärt, was Er damit meint. Zeit ist nicht nur eine relative, vierte Dimension im Bereich der Raumzeit. Zeit (*kāla*) ist in ihrem ursprünglichen Aspekt Gottes *sat*-Energie. Das Sanskrit beschreibt die Haupteigenschaften Gottes mit dem berühmten Ausdruck *sat-cid-ānanda* („ewig, voller Wissen und vollkommen glückselig").

Sowohl die spirituelle als auch die materielle Energie sind ewige, göttliche Energien. Die Welt, die aus der spirituellen Energie besteht, erlebt eine ewige Gegenwart, und die Welt, die aus der materiellen Energie entsteht, erlebt eine unendliche Vergänglichkeit und Zukünftigkeit. Die materielle Energie schafft ewig vergängliche Formen. Die Formen sind vergänglich, aber die Energie, die diese Formen bildet, ist ewig. In der spirituellen Welt wird die Ewigkeit direkt erfahren, in der materiellen Welt zeigt sich die Ewigkeit nur indirekt durch die ewige Vergänglichkeit.

Die Zeit hat zwei Aspekte: die Ewigkeit und die Unendlichkeit. Ersteres bezieht sich auf die spirituelle Welt (Gottes Reich), letzteres auf die materielle Welt (Māyās Reich). In der spirituellen Welt bedeutet „Zeit" Ewigkeit, eine zeitlose Gegenwart, und in der materiellen Welt bedeutet „Zeit" eine ewig lange Zeit, eine unendliche Zeitachse ohne Ende. Das Sanskrit unterscheidet klar zwischen diesen beiden Aspekten: Die spirituelle Ewigkeit wird als *sat* („Sein; Realität; das Raum- und Zeitlose") bezeichnet und der unendliche materielle Zeitfluß als *kāla* („das Berechnete; Berechnende", weil sich *kāla* aus unendlich vielen vergänglichen Schöpfungen zusammensetzt; in diesem Sinn bedeutet *kāla* auch „das Schwarze, Verschlingende" und ist ein Synonym für Vergänglichkeit).

Gottes Ewigkeitsaspekt (*sat*) wirkt in der materiellen Welt als ewig vergängliche Zeit (*kāla*). Kāla wird mit einem Rad verglichen, das sich ewig dreht. Dort, wo dieses Rad in der Materie (Prakṛti, die ebenfalls ewig ist) aufsetzt, erfahren wir das „Jetzt", das jedoch illusorisch ist, weil die „Jetzts" alle unverzüglich weggedreht werden und in der unendlichen Vergangenheit verschwinden.

Bhūtvā bhūtvā pralīyate: „Wieder und wieder werden sie geschaffen und vernichtet." (Bhagavad-gītā 8.19)

Kālo 'smi loka kṣaya kṛt: „Die Zeit bin Ich, die große Zerstörerin der Welten." Gott zerstört durch die Reibung von Kāla und Prakṛti unsere „Jetzt"-Träume, damit wir aufwachen und erkennen, daß auch wir ewig sind, ja daß *alles* ewig ist. Der Unterschied ist nur, daß sich diese Ewigkeit in der spirituellen Welt und in der materiellen Welt unterschiedlich ausdrückt.

Im Bereich der vergänglichen Formen erleben wir den Einfluß der Zeit als zerstörenden Faktor. Alles Zukünftige braust durch die unendlich kurze Gegenwart und wird sogleich zu Vergangenheit. So finden wir uns „eingeklemmt" zwischen eine unendliche Vergangenheit und eine unendliche Zukunft.

Die „Jetzt"-Momente verfliegen, bevor wir sie ergreifen können. Da wir nichts anderes kennen als die flüchtigen materiellen Formen, allen voran unseren Körper, versuchen wir, uns an diesem Körper festzuklammern, und suchen auf diese Weise etwas Trost in einer illusorischen Gegenwart, in einer erinnerten Vergangenheit und in einer ersehnten Zukunft.

Weil wir unter dem Einfluß des Ahaṅkāra vergessen haben, in welcher Form wir ewig sind, identifizieren wir uns mit einer materiellen Form und möchten diese ewig behalten, weil wir tief im Inneren spüren, daß wir ewig sind. Wir als spirituelle Seelen sehnen uns nach ewiger Gegenwart, und Kāla ist der göttliche Wegweiser, der uns zeigt, wo wir diese Ewigkeit finden können.

Kāla ist Gottes Energie der unendlichen Vergänglichkeit, und auch sie ist in ihrem ursprünglichen Aspekt eine Person. Sie ist berühmt als die furchterregende Göttin Kālī („Kāla in Person"; nicht zu verwechseln mit „Kali" im Ausdruck Kali-yuga) und ist eine Parallelform von Durgā (Māyā), der ewigen Gemahlin Śivas. Aus der Kombination von Śivas und Durgās Energie geht konkret die materielle Welt hervor, in der Durgā in Form von Kālī als allesaufreibende, treibende Kraft tätig wird.

Yogīs und Gottgeweihte überwinden den Kāla-Aspekt der Zeit, indem sie sich direkt mit der spirituellen Energie bzw. mit dem Quell der spirituellen Energie (Gott) verbinden (*religio/yoga*: „Verbindung mit Gott"). Indem sie sich vollkommen Gott weihen, überwinden sie bereits innerhalb der materiellen Welt die Vergänglichkeit und erfahren die Ewigkeit (*sat-cid-ānanda*), obwohl sie noch in einem materiellen Körper leben. Sie „vergessen" die Zeit. Dieses „Vergessen" kann nicht künstlich erzwungen werden, sondern wird von Kṛṣṇa in Seiner Barmherzigkeit gewährt: „Von Mir kommen Wissen, Erinnerung und Vergessen" (Bhagavad-gītā 15.15).

Wer in Gottes Dienst die Zeit vergißt, hat die Einheit mit der Ewigkeit (*samādhi*) erreicht. Solche Gottgeweihte er-leben die ewige Gegenwart und klagen um nichts, was vergangen ist, und sehnen sich nach nichts, was noch kommen sollte, denn sie leben vollkommen in der Gegenwart. Sie sind dem Druck der ewigen Vergangenheit und ewigen Zukunft entkommen, indem sie alle materielle Polarität transzendieren:

> „Wer auf diese Weise in der Transzendenz verankert ist, erkennt [*cit*] sogleich das höchste Brahman [*sat*] und wird von Freude [*ānanda*] erfüllt. Eine solche selbstverwirklichte Person klagt niemals und begehrt nichts und ist allen Lebewesen gegenüber unvoreingenommen. In diesem Zustand erreicht man reinen hingebungsvollen Dienst für Mich (*mat-bhaktim*).“ (Bhagavad-gītā 18.54)

Die Gegenwart – das Tor zur Ewigkeit

Die Gegenwart ist das einzig Reale. Was vorbei ist, ist vorbei und entzieht sich unserem Zugriff, und was noch aussteht, entzieht sich ebenfalls unserem Zugriff. Wir müssen warten, bis die Zukunft Gegenwart wird, aber dann entschwindet sie sogleich in die Vergangenheit. Das reale Leben findet einzig in der Gegenwart statt, und diese entzieht sich ebenfalls unserem Zugriff! Gibt es also kein reales Leben? Oder gibt es ein reales Leben, aber nicht innerhalb des materiellen Zeitflusses? Oder ist das Erleben des realen Lebens abhängig von unserem Bewußtsein?

Im materiellen Zeitfluß ist die Gegenwart der Berührungspunkt der unendlichen Vergangenheit und der unendlichen Zukunft. Dieser Berühungspunkt genannt Gegenwart ist ein mysteriöser Zeit-Punkt, der immer gegenwärtig, aber ungreifbar ist, weil er sich auf der unendlichen Zeitachse unaufhaltsam voranschiebt. Die Gegenwart ist wie ein Boot, mit dem wir auf dem Zeitfluß die Vergänglichkeit erfahren. Im Boot der Gegenwart treiben wir dem Tod entgegen. Alles in dieser Welt ist vergänglich. Nur die Gegenwart bleibt immer bei uns – *ewig*.

In der unendlichen Vergänglichkeit der materiellen Welt erleben wir die Ewigkeit (= Realität) durch die Gegenwart. *Die Gegenwart ist der Zeit-Punkt, wo die Ewigkeit (sat) die unendliche Vergänglichkeit (kāla) berührt.*

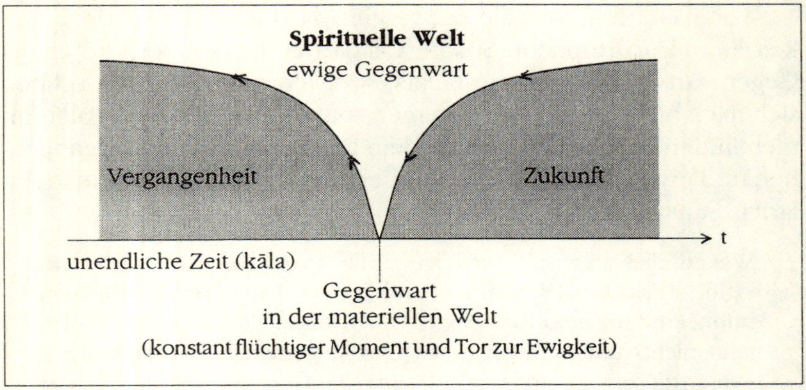

Obwohl alles um uns herum (vom eigenen Körper bis hin zum Universum, in dem wir leben) vergänglich ist, sind wir immer mit der Ewigkeit verbunden – durch die Gegenwart! Wir selbst sind ewig und leben immer in der Ewigkeit, aber können sie nicht er-leben, weil wir uns durch die Identifizierung mit dem materiellen Körper (durch das Ahaṅkāra) an den materiellen Zeitfluß binden lassen.

Die materialistische Geisteshaltung bedeutet eine freiwillige Kettung an den Zeitfluß. Man spannt sich in die Polarität von Vergangenheit und Zukunft ein und dreht sich ziellos im Kreis. Denn die Zukunft ist nur die Vergangenheit von morgen.

Auch die materialistische Wissenschaft ist in dieser Polarität der Zeit (Kāla) gefangen. Sie strebt nach „objektiver" Forschung und beschränkt sich dadurch per Definition auf vergängliche Phänomene, denn damit etwas objektiv (im wissenschaftlichen Sinn, d.h. empirisch) untersucht werden kann, muß es konkret geschehen sein oder als Objekt vorliegen. Die Wissenschaft kann also immer nur das Vergangene bzw. das Entstandene untersuchen – und deshalb nur das Vergängliche, das Materielle.

Der Aspekt der Ewigkeit (Realität) entgeht der empirischen Wissenschaft also von allem Anfang an. Sie vermag nur über vergängliche Dinge Aussagen zu machen, ja sie selbst ist Teil der Vergänglichkeit, und ihre Wahrheit besitzt nur relative Gültigkeit. Die Vertreter des Wissenschaftsglaubens sollten also vorsichtig sein, wenn sie auf der Grundlage von (scheinbarer) Objektivität und Realität behaupten, es gebe weder höherdimensionale noch ewige Welten, weder feinstoffliche noch spirituelle Faktoren, weder Götter noch Gott.

Manipulation: Die Illusion der Information

„Neuigkeiten gibt es für Menschen, die zu sehr vom Vergänglichen beansprucht sind, unendlich viele zu hören, denn sie kennen das Endgültige und Ewige nicht." – Śrīmad-Bhāgavatam 2.1.2

Die vedische Analyse von Zeit und Ewigkeit mag sehr theoretisch klingen, aber die Konsequenzen sind höchst relevant. Wir können auf einmal sehen, warum die Menschen trotz des Fortschrittes immer weniger Zeit haben und trotz der Flut von Informationen immer weniger wissen.

Wie erklärt, bedeutet spirituelle Realität ewige Gegenwart, und materielle Realität bedeutet unendliche Vergänglichkeit. Wenn man sich mit materiellen Objekten identifiziert, sieht man nur noch das Materielle und verliert sich im Unendlichen. Man verpaßt die Gegenwart und damit den Zugang zur spirituellen Realität. Genau das passiert heute. Weil die Menschen den Zugang zur Gegenwart und zur spirituellen Realität aus den Augen verloren haben, sehen sie nur noch die unendliche Vergangenheit und die unendliche Zukunft. Pötzlich herrscht die fieberhafte Überzeugung, man müsse möglichst viele, am liebsten unendlich viele Informationen haben. Was geschah wann wo? Wer hat was wann wo gesagt?

Immer mehr Hefte, Bücher, Artikel. Radio, Fernsehen, Filme. Sendungen, Dokumentationen, Diskussionen. Konferenzen, Kommunikationen, Computer-Netze. Hören, schauen, lesen.

So werden die Menschen zur irrigen Annahme verführt, die *Quantität* von Information sei ausschlaggebend. Sie sind überfordert und ertrinken in einer Flut von Infos über die neuste Vergangenheit und werden immer oberflächlicher, weil sie das ganze nicht mehr verdauen können. Egal wieviel man hört, schaut und liest, man wird nie *alle* Informationen sichten können. Man wird immer unvollständig informiert bleiben. Mehr „Information" bedeutet also nicht mehr „Wissen" – im Gegenteil! Die Informationsflut verwässert die Information. Man kann sich zwar an den Computer setzen und sich in die weltweiten Web-Konferenzen einloggen. Aber es gibt Tausende von Konferenzen mit Hunderttausenden von neuen Beiträgen jeden Tag. Jeder informiert, spekuliert, relativiert. Niemand weiß mehr, was man glauben soll. So glaubt man nichts mehr, denn „alles ist relativ", und so gehen auch die nützlichen Informationen unter. War das die Absicht von denen, die das Web („Spinnennetz") gespannt haben?

Von einem Computer aus kann man Zugang zu weltweiten Datenbanken bekommen. Wer profitiert davon wirklich? Niemanden bekümmert es, daß es nur eine Frage der Zeit ist, bis in den weltweiten Datenbanken nicht nur alle Informationen und Bankverbindungen verzeichnet sind, sondern auch *alle Menschen*.

Kreditkarten, elektronische Finanzwirtschaft, Strichcode-Gesellschaft. Die Entwicklung geht rasant in Richtung Computerisierung, Zentralisierung und Totalisierung – wer wird dann noch Zugang zu den Informationen haben?

Bis es soweit ist, werden die Massen mit Brot und Spielen und die Intellektuellen mit Spielzeugen (Computern) bei der Stange gehalten. Denn solange alle „informieren", spekulieren und relativieren, rebelliert niemand. Die Menschen merken es nicht, weil sie vor lauter Informationen keine Zeit mehr haben, zwischen den Zeilen zu lesen!

Wie weit wurde durch diese Quantität von Information die Qualität des Lebens gehoben? Wurden dadurch Elend, Krieg, Kriminalität und Korruption verringert? Nein, sie nehmen rapide zu, und zwar deshalb, weil diese Bilder und Eindrücke die Menschen – gemäß Resonanzgesetz (siehe S. 295) – nicht nur informieren, sondern auch infiltrieren. Diese negativen Dinge werden täglich stundenlang in das Bewußtsein und Unterbewußtsein der Menschen eingespeist, und Millionen von Menschen tragen diese Bilder in sich herum. So wird die Negativität multipliziert, und die Mächtigen haben gute Vorwände, ihre Kontrolle immer zu verstärken. Zur „nationalen Sicherheit". Zum „Schutz der Bürger". Informiert = programmiert?

Wer über all diese Zusammenhänge nachdenkt, reagiert nicht mehr mit kategorischer Ablehnung, wenn darauf hingewiesen wird, daß all diese Netzwerke – gemäß vedischer Diagnose – von den unteren Dimensionen des Universums kommen. Wesen aus diesen Regionen landen auf der Erde durch Geburt in einem Menschenkörper (und auch noch mit anderen Mitteln?), um durch gewisse Erfindungen die Erde gemäß dem Vorbild des Ortes, wo sie herkommen, umzugestalten. Oder sie reißen Erfindungen von arglosen Menschen an sich, um sie für ihre Ambitionen zu monopolisieren. Diese Entwicklungen sind typisch für das Kali-yuga, das „Eiserne Zeitalter", denn nur in den Kali-yugas baut die Menschheit eine eiserne Zivilisation auf.

Die Menschen werden von den wirklichen Informationen abgelenkt. Wirkliche Informationen sind diejenigen, die der Wirklichkeit entsprechen. Sie geben Einblick in die Realität, und Realität bedeutet Ewigkeit.

Wirkliche Informationen müssen sich also auf die Wirklichkeit und Ewigkeit beziehen – auf die spirituelle Realität. Sie informieren uns, daß wir ewig sind, daß wir einen spirituellen Ursprung haben und diesen Ursprung als Ziel anstreben sollten, ohne uns in der materiellen Unendlichkeit zu verlieren.

Aber wer glaubt heute noch, daß es wirkliche, d.h. ewig gültige Informationen gibt? Alles ist doch relativ! Aber wenn es keine wirklich wahren Informationen gibt, warum macht man sich dann die Mühe, unendlich viele nicht wirklich wahre Informationen über die Weltnetzwerke zu verbreiten?

Nicht Information ist wichtig, sondern Wissen. „Information" ist ein Produkt von *kāla,* der unendlichen Vergänglichkeit, „Wissen" kommt von *sat,* der ewigen Gegenwart. Information als Teil des materiellen Zeitflusses kann nie wirkliches, schlüssiges Wissen vermitteln. Doch nur wirkliches, schlüssiges Wissen ist wahrhaft nützlich, und diese Art von Wissen ist das Ziel der vedischen Forschung.

Wirkliches Wissen zeichnet sich aus durch Gültigkeit und Zeitlosigkeit: Das, was wirklich gültig (wahr) ist, ist immer gültig und bedarf keiner täglichen Flut von „Ergänzungen". Wer sich nur auf Informationen verläßt, die morgen schon wieder korrigiert werden müssen, kann leicht manipuliert werden.

Deshalb sagt Kṛṣṇa in der Bhagavad-gītā (2.52): „Wenn deine Intelligenz aus dem dichten Wald der Täuschung herausgekommen ist, wirst du gegenüber allem, was gehört worden ist, und allem, was noch zu hören ist, gleichgültig (*nirveda*) werden." Denn aus der Perspektive der Realität/Ewigkeit ist beides gleich-gültig, nämlich gleich ungültig (*nirveda*).

Ist die vedische Geschichtsschreibung chronologisch?

„Mit der Beschreibung des einen Manvantaras wurden auch alle anderen Manvantaras beschrieben; ebenso mit der Beschreibung des einen Kalpas alle anderen Kalpas." – Liṅga Purāṇa 1.40.95

Das Thema der multidimensionalen Zeit und Ewigkeit hilft auch, die Systematik der vedischen Schriften, insbesondere der vedischen Geschichtsschreibung, besser zu verstehen. Denn es besteht ein

„Man kann die Zeit anhand der ‚Bewegung der Atome' (*bhuktyā*) messen, aus denen sich die materiellen Körper zusammensetzen. Zeit (*kāla*) ist die Kraft des Höchsten (*vibhu*) und Allmächtigen (*bhagavān*), der jede physische Bewegung lenkt, obwohl Er in der physischen Welt nicht sichtbar ist./ Atomare Zeit (*kālaḥ paramāṇu*) wird anhand der Dauer der Durchmessung eines bestimmten atomaren Raumes (*paramāṇutām*) gemessen. Jene Zeit, die die unmanifestierte Gesamtheit der Atome bedeckt, wird als die ‚große Zeit' (*kālaḥ paramo mahān*) bezeichnet." (Śrīmad-Bhāgavatam 3.11.3-4)

„O Vidura, die vier Zeitalter bezeichnet man als das Satya-, das Tretā-, das Dvāpara- und das Kali-yuga. Die Gesamtdauer dieser vier Zeitalter entspricht 12 000 Jahren der Halbgötter./ Die Dauer des Satya-Zeitalters entspricht 4800 Jahren der Halbgötter; die Dauer des Tretā-Zeitalters entspricht 3600 Jahren der Halbgötter; die Dauer des Dvāpara-Zeitalters entspricht 2400 Jahren der Halbgötter, und die Dauer des Kali-Zeitalters entspricht 1200 Jahren der Halbgötter./ Die Übergangszeiten vor und nach jedem Zeitalter, die einige hundert Jahre dauern, werden von sachkundigen Astronomen als Yuga-sandhyās oder Wendepunkte zweier Zeitalter bezeichnet. In diesen Zeiträumen werden verschiedene Arten von Dharma ausgeführt./ O Vidura, im Satya-Zeitalter hielt sich die Menschheit ordnungsgemäß und vollständig an die Gesetze der Religion; doch in den anderen Zeitaltern nahm unter dem Einfluß von Irreligion (*adharma*) die Religiosität (*dharma*) nach und nach um je einen Viertel ab./ In Brahmās Welt oberhalb der drei Planetensysteme [der himmlischen, mittleren und unteren] machen die vier Yugas, mit 1000 multipliziert, einen Tag aus. Derselbe Zeitraum bildet eine Nacht Brahmās, in der sich der Schöpfer des Universums schlafen legt./ Wenn Brahmās Nacht vorüber ist, beginnt während der Tageszeit Brahmās erneut die Schöpfung der drei Welten, und sie bleibt während der Lebenszeiten von vierzehn aufeinanderfolgenden Manus bestehen./ Ein jeder Manu erfreut sich eines Lebens, das ein wenig länger dauert als 71 Folgen von vier Zeitaltern./ Nach dem Ende eines Manus folgt der nächste Manu zusammen mit seinen Nachkommen, die über verschiedene Planeten herrschen. Wenn ein neuer Manu erscheint, erscheinen auch die sieben Ṛṣis und die Halbgötter, angeführt von Indra, neu./ ... Die ewige Zeit ist die Beherrscherin verschiedener Dimensionen, angefangen mit der des Atoms bis hin zu den Hälften von Brahmās Leben; nichtsdestoweniger wird sie vom Höchsten beherrscht. Die Zeit kann nur diejenigen beherrschen, die körperbewußt sind, selbst wenn sie auf Satyaloka oder anderen höheren Planeten des Universums leben./ ... Es heißt daher, daß Śrī Kṛṣṇa, die Höchste Persönlichkeit Gottes, die ursprüngliche Ursache aller Ursachen ist. Somit ist das spirituelle Reich Viṣṇus ohne Zweifel ewig, und es umfaßt auch das Reich Mahā-Viṣṇus, des Ursprungs aller materiellen Manifestationen." (Śrīmad-Bhāgavatam 3.11.18-25,39,42)

Quellentexte: Die vedische Zeitrechnung (Zusammenfassung)

grundlegender Unterschied zwischen dem modernen und dem vedischen Geschichtsverständnis.

Viele der ersten Indologen waren rassistische christliche Missionare, die an den „heidnischen" indischen Schriften vehemente Kritik übten. So behaupteten sie z.B., diese Schriften seien so primitiv, daß ihnen jegliche Geschichtsschreibung fehle. Was sie jedoch meinten, war das Fehlen einer *chronologischen* Geschichtsschreibung.

Zuallererst muß klar gesagt werden, daß die vedischen Schriften sehr wohl einer Chronologie folgen, doch diese Chronologie führt nicht zu einer irdisch begrenzten Detailarchivierung, sondern zu einem Überblick über die Entwicklung des Universums im Rahmen des gegenwärtigen Tages von Brahmā. Dieses Kalpa mit seinen vierzehn Manvantaras ist der große Rahmen der vedischen Geschichtsschreibung, mit dem Schwerpunkt auf dem Zeitalter des ersten Manus (namens Svāyambhuva Manu) und des gegenwärtigen Manus (Vaivasvata Manu). Für das gegenwärtige Manvantara führen die Purāṇas und das Mahābhārata auch detaillierte Beschreibungen der wichtigsten Königsdynastien an, Beschreibungen, die Personen erwähnen, die vor fünftausend, fünfzigtausend und fünfhunderttausend Jahren lebten! Diese Chronologie wurde von den besagten Indologen entweder nicht erkannt oder dann als „primitive Mythologie" der Eingeborenen abgetan.

Die Feststellung, daß Chronologie für die vedische Geschichtsschreibung kein zentrales Anliegen war, ist jedoch richtig und weist direkt auf das Anliegen Vyāsadevas und der Veda-Lehrer hin: Sie haben die Illusion von Vergangenheit und Zukunft durchschaut, und deshalb war ihr Kriterium nicht eine peinlich genaue Chronologie, welche die Zeit auf einen linearen Ablauf reduziert. Denn sie wollten ja gerade diese Illusion überwinden helfen.

Die materielle Energie, die spirituelle Seele und deren Ursprung sind ewig, und auch der zyklische Rhythmus von Schöpfung und Auflösung ist ewig. Diese Erkenntnis, die in Selbstverwirklichung und Gotteserkenntnis gipfelt, ist das eigentliche Anliegen der vedischen Offenbarung.

Das vedische Zeitverständnis erübrigt letztlich auch die Frage: Was war am Anfang? Am Anfang war – das Ende! Nämlich das Ende der vorigen Schöpfung. Und jedes Ende ist ein neuer Anfang, denn der zyklische Rhythmus ist ewig, er ist nichts anderes als die Spiegelung der spirituellen Ewigkeit in der materiellen Vergänglichkeit.

Teil II

Die höheren Naturgesetze

„Wisse, wie der mächtige Wind, der überall weht, sich
immer innerhalb des Himmels befindet, befinden
sich alle erschaffenen Wesen in Mir./
Am Ende des Zeitalters gehen alle materiellen
Manifestationen in Mein Wesen ein, und
am Anfang des nächsten Zeitalters
erschaffe Ich sie durch Meine Kraft erneut./
Die gesamte kosmische Ordnung untersteht
Mir. Durch Meinen Willen wird sie
immer wieder wie von selbst geschaffen,
und durch Meinen Willen wird sie
am Ende vernichtet. ...
Doch Ich bin immer unberührt
von all diesen materiellen Vorgängen,
als wäre Ich unbeteiligt."

– Kṛṣṇa in der
Bhagavad-gītā, 9.6-9

Kapitel 5

Dualität, Einheit und Transzendenz

„Es wird gesagt, daß es einen unzerstörbaren Banyanbaum gibt, dessen Wurzeln nach oben und dessen Äste nach unten gerichtet sind und dessen Blätter die vedischen Hymnen sind. Wer diesen Baum kennt, kennt die Veden.
Nach unten und nach oben erstrecken sich die Äste dieses Baumes. Er wird durch die Guṇas genährt, und seine Zweige sind die Sinnesobjekte. Der Baum hat auch Wurzeln, die nach unten gerichtet sind, und diese sind an die Karma-Tätigkeiten der Menschen in ihrer Welt gebunden.
Die wirkliche Form dieses Baumes kann in dieser Welt nicht wahrgenommen werden. Niemand kann verstehen, wo er endet, wo er beginnt und wo sein Ursprung liegt. Doch mit Entschlossenheit muß man diesen Baum mit der Waffe der Loslösung fällen. Dann muß man den Ort suchen, von dem man, wenn man ihn erreicht, nie wieder zurückkehrt ..." (Bhagavad-gītā 15.1-4)

Kṛṣṇa vergleicht in der Bhagavad-gītā das materielle Universum mit einem Banyanbaum (*aśvattha*), der auf dem Kopf steht. Seine Wurzeln wachsen nach oben, und die Äste wachsen nach unten.

Der Banyanbaum hat einen hohen Symbolgehalt, wie schon aus der Upaniṣaden-Geschichte zu Beginn des ersten Kapitels hervorgegangen ist. In seiner feigenähnlichen Frucht befinden sich viele winzige Samen, und in jedem dieser Samen befindet sich die Anlage zu einem neuen Banyanbaum, der erneut sein Abbild in viele kleine Körner kopieren wird. So befindet sich das Große im Kleinen und das Kleine im Großen. An diesem Beispiel verdeutlicht sich ein immaterielles Schöpfungsprinzip, dessen vielschichtige Bedeutung Thema des fünften Kapitels ist.

Das Bild wird noch deutlicher, wenn man sich vergegenwärtigt, wie ein Banyanbaum aussieht: Von seinen Hauptästen wachsen Nebenäste lianenartig bis auf den Boden, wo sie Wurzeln schlagen und dadurch selbst zu neuen Stämmen werden, von denen wiederum neue Nebenäste und Stämme hervorgehen. Mit einer Höhe von bis zu 30 Metern kann ein einziger Banyanbaum einen Hain von einhundert Metern Durchmesser entstehen lassen. Viele Stämme und Äste bilden diesen kleinen Kosmos, in dem der ursprüngliche Hauptstamm manchmal verborgen und von den anderen Stämmen kaum mehr unterscheidbar ist, außer an dem einen Merkmal: daß er der Ursprung aller anderen Stämme ist. Auf diese Weise wird Gottes Wirken im materiellen Kosmos durch den Banyanbaum eindrücklich symbolisiert, so sehr, daß Kṛṣṇa in der Bhagavad-gītā (10.26) sagt: *aśvatthaḥ sarva-vṛkṣaṇām*. „Unter den Bäumen bin Ich der Banyanbaum." Ein Banyanbaum ist Śivas Ort der ewigen Meditation (in Kailāsa), und viele andere große Weise meditieren ebenfalls unter Banyanbäumen, Kṛṣṇas Hinweis und Śivas Beispiel folgend.

Das materielle Universum, sagt Kṛṣṇa, kann mit einem Banyanbaum verglichen werden. Doch dieser symbolische Banyanbaum steht auf dem Kopf. Weil der Banyanbaum aber auch Luftwurzeln hat, fällt es auf den ersten Blick gar nicht auf, daß er diametral verkehrt wächst, ebenso wie es den meisten Menschen kaum auffällt, daß sie in einer „verkehrten" Welt leben.

Der Weltenbaum erscheint in dieser Welt umgedreht: Er geht vom höchsten Bereich des Universums, von Brahmās Planeten, aus und wächst auf diese Weise von „oben" nach „unten". Seine eigentlichen Wurzeln gehen also noch höher, über Brahmās Reich, den Bereich des materiellen Universums, hinaus. Die Symbolik ist klar: Der Baum des materiellen Universums wurzelt nicht in der Materie! Deshalb heißt es auch, daß er unzerstörbar ist.

In Brahmās Dimension erscheint der Banyanbaum aus dem Mutterboden des Immateriellen und erweitert sich von dort aus in zahlreiche Äste, die den verschiedenen Planetensystemen (Existenzdimensionen) entsprechen.

Kann man im Universum überhaupt von „oben" und „unten" sprechen? Ganz bestimmt beschreiben diese Begriffe keine Himmelsunterteilung im Sinn der mittelalterlichen Planetenstockwerke oder der modernen Galaxienkarten (die sowieso nur jene Objekte ver-

Ein einziger Baum! (Der Banyabaum von Sītāmātā/Rajasthan)

zeichnen, die man „sieht", das heißt, die für uns erfaßbare elektromagnetische Strahlen aussenden). Was Kṛṣṇa hier meint, ist eine Hierarchie der Dimensionen, von denen die meisten unsichtbar sind. Und selbst bei den sichtbaren Sternen sehen wir nur das irdisch Sichtbare, ohne zu wissen oder zu ahnen, was es dort sonst noch zu sehen gäbe, hätten wir das kosmische „dritte Auge".

Der Weltenbaum wird durch die Guṇas genährt, das heißt, er wächst auf Grund der drei Guṇas (Erscheinungsweisen der materiellen Energie), da diese es sind, die konkret die Schöpfung, Erhaltung und Auflösung der materiellen Formen bewirken.

Der Baum geht von Brahmaloka aus und wurzelt – als lebendige Schöpfung – in der spirituellen Energie. Er hat aber auch Wurzeln, die nach unten wachsen, und das Karma bindet sie an die Welt der Menschen (*karmānubandhīni manuṣya-loke*), weil sich dort der freie Wille und damit die Eigenverantwortung voll entfaltet. Deshalb wird die „Welt der Menschen" (*manuṣya-loka*) auch der Ort des Karma genannt, und die Früchte des Baumes entsprechen den Karma-Ergebnissen. Diese Früchte haben alle Geschmacksvarianten, von süß bis bitter-giftig, und sie können an allen Zweigen des Baumes (d.h. auf allen Planeten) „genossen" werden. Welche Zweige und Früchte einem zugeteilt werden, entscheidet man selbst durch seine Wünsche und Taten auf *manuṣya-loka*.

Die vedischen Hymnen (Mantras) werden mit den Blättern des Baumes verglichen, denn sie sind dafür bestimmt, die Menschen auf höhere Bewußtseinsstufen zu erheben. Zu allen Dimensionen des Universums gibt es entsprechende Schlüssel-Mantras, genauso wie es an allen Zweigen eines Baumes Blätter gibt.

Das Universum wird mit einem Baum verglichen, weil es als zusammenhängender Organismus ebenfalls eine Wurzel, d.h. einen Ursprung hat. Die Wurzel symbolisiert die im Grunde wirkende, nicht direkt sichtbare Kraft, aus der alles hervorging und von der der Baum auch während des Lebens alle Lebenskraft bekommt.

Yas taṁ veda sa veda-vit: „Wer diesen Baum kennt, kennt die Veden." Als erstes sollte erkannt werden: Dieser Baum ist verkehrt. Was bedeutet das konkret? Auch in unserer sichtbaren Welt gibt es Bäume, deren Wurzeln nach oben und deren Äste nach unten zeigen. Man kann sie an den Ufern von Gewässern sehen, nämlich dort, wo sich Bäume im Wasser spiegeln. Verglichen mit dem echten Baum steht das Spiegelbild auf dem Kopf.

Der Gegenstand, der gespiegelt wird, ist immer verschieden von seinem Spiegelbild; doch im „Original" (von lat. *origo,* „Ursprung") sind das Erscheinungsbild und der Gegenstand dasselbe. Der wirkliche Baum (die wirkliche Welt) befindet sich also jenseits des Spiegelbildes. Überall, wo das Spiegelbild ist, ist nicht der wahre Baum. Das ist der Grund, warum Kṛṣṇa betont: „Die wirkliche Form dieses Baumes kann in dieser [materiellen] Welt nicht wahrgenommen werden." Innerhalb der materiellen Welt sieht man nicht, daß es sich bei dieser relativen Welt um ein Spiegelbild handelt, und man sieht nicht, daß es neben dem Spiegelbild noch etwas anderes gibt.

Wenn man diesen unzerstörbaren Baum der Illusion durchschaut, kann man aus ihm herausgelangen. So wird auch die paradoxe Aussage verständlich, man solle den Baum, der unzerstörbar ist, fällen. Möglich ist dies nur mit der „Waffe der Loslösung".

Mit wenigen Worten offenbart die Bhagavad-gītā, daß das materielle Universum ein beseeltes Energiegebilde mit fließenden, vertikalen Dimensionsübergängen ist und letztlich in der spirituellen Dimension wurzelt. Die heutige Menschheit hat diese Sicht verloren. Sie behandelt und begreift die Materie als eine isolierte Substanz und hat sich dadurch selber von der Wurzel, dem Spirituellen, abgeschnitten. Ohne die Verwurzelung im Spirituellen verliert die materielle Existenz der Menschen ihre Grundlage, ihren Halt und ihren Sinn.

Dualität – Das Hauptmerkmal der Relativität

„Die Materie, die eine Meiner Energien ist, ist unter Meiner Führung tätig, o Sohn Kuntīs, und bringt alles Sich-Bewegende und Sich-nicht-Bewegende hervor. Nach ihrem Gesetz wird diese Manifestation immer wieder geschaffen und aufgelöst." – Bhagavad-gītā 9.10

Man muß kein Philosoph sein, um zu erkennen, daß die Welt, in der wir leben, eine Welt voller Vielfalt ist. Diese scheinbar simple Feststellung kann Sprungbrett zu tiefen Erkenntnissen sein, wenn der Mensch die Mühe nicht scheut, hinter den Schein des Oberflächlichen zu blicken.

Atome, Elemente, Planeten, Landschaften, Lebewesen bilden eine aufeinander abgestimmte Existenz, eine „Natur", in der sogar Leben und Tod nichts anderes als Übergänge zu neuen Gleichgewichten sind. Wenn der Mensch sich anmaßt, das natürliche Gleichgewicht durch unnatürliche Manipulation „verbessern" zu wollen, provoziert er den Tod, der Natur allmächtiges Mittel, um jede Einseitigkeit zu beseitigen.

Die materielle Vielfalt ist nicht wirr und zusammenhangslos, wie es auf den ersten Blick erscheinen könnte. Alle Dinge und Vorgänge in der materiellen Welt – von der Schöpfung bis zur Vernichtung, von den Atomen bis zu den organischen Körpern, von den Mikroben bis zu den Halbgöttern – sind Teile derselben relativen Welt. All diese Teile sind nie unabhängig, denn ihre Existenz setzt immer eine Verbindung (Abhängigkeit) voraus: ein Gegen-Teil, eine Entgegensetzung, eine Gegenüberstellung. Die unendliche Vielfalt der materiellen Welt ist also nicht ungeordnet und chaotisch, sondern erstaunlich zusammenhängend, wie ein Organismus oder eben wie ein kosmischer Baum.

Das Hauptmerkmal der relativen Welt ist die Dualität (Zweiheit). Überall sehen wir Systeme von zusammenhängenden Gegensätzen, die sich einerseits gegenseitig ausschließen, andererseits aber auch gegenseitig bedingen. In ihrer Gegenseitigkeit bilden einzelne Dualitäten eine zusammenhängende Einheit, die wiederum Teil einer höheren Zweiheit ist, die ihrerseits wieder in eine höhere Einheit eingeordnet ist, usw. Auf diese Weise pflanzen sich Einheit und Zweiheit fort und erzeugen durch ihre Verbindung einen verflochtenen materiellen Stamm-Baum.

Es gibt die diametralen Formen der Dualität, die sich als *Pole* gegenüberstehen und sich gegenseitig bedingen, denn jedes polare Teil existiert nur mit seinem Gegenteil: Ursache-Wirkung; Vergangenheit-Zukunft; positiv-negativ; dunkel-hell; göttlich-dämonisch; Individuum-Gemeinschaft; männlich-weiblich; Geist-Materie, usw. Diese *Polarität* ist die Grundlage der materiellen Welt, weil sie bereits von ihrer Anlage her eine abhängige Welt ist.

Innerhalb dieser direkten Gegensätze entfaltet sich eine unendliche Vielfalt von Dingen, die alle Teil einer Dualität sind, denn alles geht aus irgend etwas anderem hervor. Obwohl z.B. ein „Buch" nicht direkt einen gegenteiligen Pol aufweist, ist es dennoch Teil einer Dualität, denn es ist ein Produkt und wurde produziert. Produkt und Produktion stellen eine Einheit dar und stehen als solche einem nächsten Pol gegenüber, der Natur. „Produkt-Produktion" und „Natur" sind eine Dualität, die in sich wiederum eine Einheit bilden, das heißt ein zusammenhängendes System mit vollkommenem Gleichgewicht und Energieaustausch. Dieses Gleichgewicht herrscht immer, selbst wenn die eine Seite, z.B. die Produktionsseite, die Verteilung der Energien durch Raubbau zu ihren Gunsten beeinflussen will. Weil es auf jeder Ebene einen vollkommenen Energieaustausch gibt, darf man erwarten, daß jede Aktion durch eine entsprechende Reaktion ausgeglichen wird, so daß die höhere Ordnung der Einheit wieder hergestellt wird.

Man kann jede Dualität auf eine Polarität zurückführen. Dualität ist der entfaltete, manchmal versteckte Ausdruck der Polarität. In diesem Sinn sind die Begriffe Dualität und Polarität praktisch gleichbedeutend.

Dualität/Polarität ist das Hauptmerkmal der Relativität. Nichts ist ohne sein Gegenteil vorstellbar. „Oben" definiert sich immer in Beziehung zu „unten", „innen" in Beziehung zu „außen", „klein" in Beziehung zu „groß", usw. Die materielle Welt ist auf dem Prinzip der Polarität aufgebaut. Doch diese Polarität setzt eine Einheit voraus, denn die untrennbaren Gegensätze bilden immer auch eine Einheit (Gesamtheit), und das auf jeder Ebene.

Der Weg des Menschen ist deshalb ein Weg durch die Dualität. Ziel dieses Weges, der viele Stufen hat, ist die Erkenntnis der höchsten Einheit (Gesamtheit), der höchsten Ordnung, die alle relativen Formen der Dualität in sich ver-eint.

Damit sind wir, wie schon im dritten Kapitel, nur von einer anderen Seite kommend, wieder bei der allumfassenden „absoluten" Wahrheit angelangt.

Zeitlichkeit: die Ursache der Dualität

Die Dualität existiert nie isoliert, sondern zeichnet sich ab vor dem Hintergrund ihres Ursprungs, der göttlichen Gesamtheit (Einheit mit unendlicher Vielfalt). Dieses Wechselspiel der Zweiheit innerhalb einer übergeordneten Einheit hat einen einfachen Grund und eine kosmische Bedeutung: Die Welt ist polar, weil sie eine *vergängliche Schöpfung* ist. Sie wird erschaffen und aufgelöst. Diese beiden Pole sind voneinander abhängig und lösen sich ab – gemäß dem Rhythmus von Mahā-Viṣṇus Atem, der die ursprüngliche Polarität, Erschaffung und Auflösung, auslöst.

Der Atem ist in allen Mysterienschulen das klassische Beispiel für die Polarität. Immer wieder heißt es, daß Gott der Materie den beseelenden Atem, den Odem, einhaucht: Gottes (Viṣṇus) Atem gibt den Ātmā (das Leben, d.h. die Seelen) in die Materie ein, und dadurch erst wird der Aufbau und Ablauf der Schöpfung – die Dualität – ermöglicht. *Das Entstehen und Vergehen ist die ursprüngliche materielle Dualität vor dem Hinter-Grund der Ewigkeit.*

Die Dualität existiert also nie isoliert, sondern entspringt ihrem Ursprung, der Einheit. Die Dualität und Einheit existieren gleichzeitig; aber weil der Mensch in der Dualität verfangen ist, vermag er die Realität (Ewigkeit und Gleichzeitigkeit) nur in einem *Nacheinander* zu erleben. Er lebt in einem Zeitfluß und projiziert dieses lineare Weltbild auf den vielfältigen Kosmos, und so sieht er plötzlich überall nur noch lineare Entwicklungen: in der Entstehung des Universums vom „Urknall" zu den Planeten, von Atomkombinationen zu „ersten" Lebensformen, von Einzellern zu den ersten Menschen, von den Urmenschen zur gegenwärtigen Zivilisation. Der multidimensionale, vielfältige Kosmos kann jedoch durch ein solches lineares, „einfältiges" Weltbild nie richtig verstanden werden.

Die Gleichzeitigkeit von Einheit und Vielfalt

Wenn die Menschen nur noch die Dualität sehen, verlieren sie die Sicht für die höheren Zusammenhänge. Sie sehen nur noch sich selbst und ihre eigenen Interessen und vergessen, daß ihre Existenz Teil einer Dualität (Individuum-Natur) und damit auch Teil einer höheren Einheit (Kosmos) ist. Wer diese kosmische Sicht verliert und in eine ego-zentrische Einseitigkeit fällt, wird durch die höheren Schöpfungsgesetze neutralisiert, damit das natürliche Gleichgewicht erhalten bleibt und die Gesamtheit nicht in Mitleidenschaft gezogen wird. Denn Personen, Nationen oder die Bevölkerung eines ganzen Planeten, die sich von dieser Einheit lossagen, um eigene Gesetze durchzusetzen, bleiben nichtsdestotrotz von der höheren Ordnung abhängig, nur daß sie diese Ordnung nun stören, wodurch sie letztlich ihren eigenen Untergang provozieren – wenn sie es versäumen, sich rechtzeitig zu korrigieren.

Weil die materielle Welt, die von Viṣṇu immer wieder geschaffen und aufgelöst wird, eine Welt der Dualität ist, besteht in ihr die Möglichkeit, der Einseitigkeit zu verfallen und nur noch seine Ego-Interessen zu verfolgen. Diese vermeintliche Unabhängigkeit entsteht, wenn man seine Verbindung mit der Gesamtheit (dem Absoluten) aus den Augen verliert und sich mit einem Aspekt der Dualität (z.B. mit dem eigenen Körper, mit materiellen Situationen oder Interessen) identifiziert. Dann vergißt man, daß es hinter oder über der vergänglichen materiellen Welt gleichzeitig die ewige spirituelle Realität gibt.

Die Dualität (Welt der Materie) und die Einheit (Realität Gottes) existieren gleichzeitig, genauso wie Schatten und Licht gleichzeitig existieren, aber nicht am gleichen Ort. Der Schatten ist in Wirklichkeit nur Illusion, denn er wird vom Licht gebildet und ist vergänglich, während das Licht vom Schatten vollkommen unabhängig ist.

Von der relativen Warte der Schattenwelt aus kann man das Licht nur noch im Unterschied zum Schatten erkennen, falls man das Licht überhaupt noch sieht. Weil man in der Schattenwelt lebt, hält man die Schatten (die materiellen Formen) für Realität und erkennt deren illusionäre Natur nicht mehr; man sieht die Gleichzeitigkeit von Schatten und Licht und die Abhängigkeit des Schattens vom Licht nicht mehr. Man glaubt, es gebe gar kein Licht oder das Licht sei ein Produkt des Schattens oder Licht und Schatten seien gänzlich voneinander verschieden. Man betrachtet Gott und die Schöpfung mit dem Schema des „entweder-oder", was zu endlosen philosophischen und religiösen Konflikten führt. Die absolute Realität der Ewigkeit und Gleichzeitigkeit impliziert jedoch kein „entweder-oder", sondern ein „sowohl-als auch". Gott (Kṛṣṇa) ist also nicht „entweder" verschieden von der Welt „oder" eins mit der Welt, sondern *sowohl* verschieden *als auch* eins, genauso wie das Licht sowohl verschieden als auch nicht verschieden vom Schatten ist, denn ohne Licht gäbe es keinen Schatten; dennoch ist Licht (Gott) *nicht* nur das Gegenteil von Schatten, sondern eine eigene Realität, die vom Schatten vollkommen unabhängig ist und vom Schatten auch nicht berührt oder beeinflußt werden kann.

Über viele Stufen führen die vedischen Schriften die Menschen zu dieser Erkenntnis (*tattva*): Gott ist auf unbegreifliche Weise (*acintya*) gleichzeitig verschieden (*bheda*) und nicht verschieden (*abheda*) von allem, was existiert,* ähnlich wie die Sonne – um ein anderes klassisches Beispiel zu geben – von ihren Strahlen gleichzeitig getrennt und nicht getrennt ist. Dieses Beispiel ist sehr treffend und geht über das Beispiel von Licht und Schatten hinaus. Wie das Licht ist auch Gott nicht nur das Gegenteil von Schatten (Materie), sondern ist der unabhängige Ursprung und die ewige Realität jenseits aller Schatten. Doch Gott ist nicht einfach nur „Licht" oder Energie. Wie das Beispiel mit der Sonne und den Sonnenstrahlen zeigt, gibt es auch innerhalb des Lichtes eine Differenzierung verschiedener Aspekte. Ebenso umfaßt Gott innerhalb der Licht-Realität verschiedenste Aspekte: die ursprüngliche, allesumfassende Individualität als höchstes Bewußtsein (Kṛṣṇa), das absolute, ewige Reich Gottes mit unendlicher Vielfalt (die spirituelle Welt) und die alldurchdringende, alleserhaltende Energie Gottes (das Brahman). Gleichzeitig bringt Mahā-Viṣṇu in einem ewigen Rhythmus die materiellen Universen hervor und erzeugt dadurch die ewige Vergänglichkeit der materiellen Formen. All dies sind gleichzeitige Realitäten auf verschiedenen Ebenen, und Gott (Kṛṣṇa) ist gleichzeitig verschieden und nicht verschieden von allem.

Aufgrund dieser unbegreiflichen Natur des Absoluten verwenden die vedischen Schriften des öfteren paradoxe Formulierungen. Berühmt ist Kṛṣṇas Selbstbeschreibung in der Bhagavad-gītā (9.4-5):

> „Von Mir, in Meiner unmanifestierten Form, wird das gesamte Universum durchdrungen. Alle Wesen sind in Mir, doch Ich bin nicht in ihnen./ Und dennoch ruht alles Erschaffene nicht in Mir. Sieh nur Meine mystische Größe! Obwohl Ich der Erhalter aller Lebewesen bin und obwohl Ich allgegenwärtig bin, bin Ich nicht ein Teil des Kosmos, denn Ich bin dessen Ursprung."

---

* Diese Erkenntnis der absoluten Realität wird in der philosophischen Fachsprache des Sanskrit *acintya bhedābheda-tattva* genannt und wurde vor fünfhundert Jahren wieder im ursprünglichen vedischen Sinn offenbart, als Kṛṣṇa als *Śrī Kṛṣṇa Caitanya Mahāprabhu* (kurz: Śrī Caitanya) erschien. Die Bedeutung Śrī Caitanyas wird in den folgenden zwei Kapiteln näher beschrieben.

oṁ pūrṇām adaḥ pūrṇām idaṁ pūrṇāt pūrṇām udacyate
pūrṇasya pūrṇām ādāya pūrṇām evāvaśiṣyate

„Das Absolute, Gott [repräsentiert durch *oṁ*], ist vollkommen und vollständig (*pūrṇām*), und deshalb ist alles, was vom Absoluten ausgeht, wie die erschaffene Welt, ebenfalls ein vollständiges Ganzes. Was immer vom vollständigen Ganzen hervorgebracht wird, ist ebenfalls in sich selbst vollständig. Und dennoch bleibt das Absolute [obwohl unbegrenzt viele vollständige Einheiten von Ihm ausgehen] immer *pūrṇām*, d.h. die allumfassende, unverminderte Persönlichkeit Gottes." (Īśa Upaniṣad 1a)

„Die äußeren Dinge sind nicht inexistent, denn unser Bewußtsein bezeugt ihre Existenz. [Mit anderen Worten, die Tatsache, daß wir etwas wahrnehmen, bezeugt, daß die objektive und subjektive Realität kompatibel sind, weil sie einen gemeinsamen höheren Ursprung haben und daher auch untereinander verbunden sind.]" (Vedānta-sūtra 2.2.28)

„Die Erschaffung der Namen und Formen ist das Werk des höchsten Brahmans, das die unvermischten Elemente zusammensetzt und in Dreiheiten (*trivṛt*) ordnet." (Vedānta-sūtra 2.4.20)

„Nach oben gerichtete Wurzeln und nach unten gerichtete Äste hat der zeitlose Banyan-Weltenbaum. Von ihm wird gesagt, daß er der Same ist [aus dem alles hervorgeht, was in dieser Welt existiert] und im Brahman wurzelt, im Unsterblichen (*amṛtam*), in dem alle Welten ruhen und von dem niemand unabhängig ist. Das ist in der Tat die Lehre [die uns dieses Beispiel vom gespiegelten Banyanbaum gibt].
Das gesamte Universum bewegt sich auf Grund der Existenz des ewigen Brahmans. Es ist wie ein unwiderstehlicher Blitz, der jedem Furcht einflößt [d.h. seine Gesetze sind unwiderstehlich und gelten für alle]. Wer dieses Brahman, die Grundlage der materiellen Welt, erkennt, wird unsterblich (*amṛta*)." (Kaṭha Upaniṣad 2.3.1-2)

„Der grobstoffliche und der feinstoffliche Körper sind von der Seele verschieden, denn beide werden von Gottes materieller Energie geschaffen und unterliegen einem Wandel, wohingegen die Seele ewig ist. Die Weisen, die diesen Unterschied kennen, klagen nicht.
Der Geist (Verstand) steht über den fünf Wahrnehmungssinnen. Über dem Geist steht der reine Intellekt, und über all diesem [über all diesen materiellen Bedeckungen] steht die spirituelle Seele (*mahān-ātmā*). Über der spirituellen Seele steht die unbegrenzte, spirituelle Energie (*avyakta*).
Über der [unpersönlichen] Energie steht die höchste Person (*puruṣa*), alldurchdringend und allumfassend und dennoch eine Person, aber ohne materielle Begrenzung (*a-liṅga*). Wer diese höchste Wahrheit über Gott erkennt, gelangt in das *amṛta*-Reich Gottes." (Kaṭha Upaniṣad 2.3.6-8)

Quellentexte: Dualität, Einheit und Transzendenz

Dualismus und Monismus

„Die Materie ist Meine abgesonderte Energie. Daneben, o Arjuna, gibt es eine andere Energie, Meine höhere Energie, welche die Jīva-Seelen umfaßt. ... Alle erschaffenen Wesen haben ihren Ursprung in diesen beiden Energien. Wisse, von allem, was materiell und was spirituell ist, bin Ich sowohl der Ursprung als auch die Auflösung. Es gibt keine Wahrheit über Mir. Alles ruht auf Mir, wie Perlen auf einer Schnur." – Bhagavad-gītā 7.4b-7

Weil in der materiellen Welt die Dualität allgegenwärtig ist, vertreten viele Menschen die Philosophie des *Dualismus.* Sie sind der Ansicht, daß die Zweiheit die höchste Realität darstelle und letztlich unvereinbar sei. Dies bedeutet, daß Licht und Dunkelheit, Schöpfer und Schöpfung, Gott und Welt immer getrennt und unvereinbar nebeneinander bestehen – eine Ansicht, die einleuchtet, denn würde man das Gegenteil behaupten, wäre Gott auch für alles Schlechte in der Welt verantwortlich.* Da Gott jedoch „lieb" und „gut" ist, hat er nichts mit dem Bösen zu tun. Das Böse kommt nicht von Gott, sondern von der Welt oder, genauer gesagt, vom „Fürsten der Welt", dem Teufel, der die Lebewesen zum Bösen verführt. Gott ist der Herr des Himmels und die Quelle von allem, was gut ist, und der Teufel ist der Herr der Welt und die Quelle von allem, was bös ist, und beide kämpfen miteinander. Dies ist die theistische Form des Dualismus, wie sie in vielen Strömungen der nahöstlichen Religionen (im Judentum, im Christentum und im Islam) und im Parsismus des Zarathustra zu finden ist. In dieser Überzeugung wurzeln die „heiligen" Kriege, Kreuzzüge, Völkermorde und Bekehrungsmissionen, denn es geht darum, im „Namen des lieben Gottes" die Völker des Teufels zu bekehren, zu unterwerfen oder auszurotten.

Angesichts dieser Auswüchse des sogenannt theistischen Dualismus gab es immer auch Philosophen, die einen a-theistischen Dualismus vertraten. Weil dieser Dualismus nicht grundsätzlich die Existenz einer höheren Ordnung leugnet, ist er nicht atheistisch, sondern *a-theistisch,* das heißt, er wendet sich gegen den theistischen

---

* Die Frage, welche Beziehung Gott zur Dualität hat, gehört zu den umstrittensten Fragestellungen überhaupt und wird *Theodizee* genannt, abgeleitet von den griechischen Wörtern *theos* (Gott) und *díkē* (Gerechtigkeit). Wenn Gott gerecht und gut ist, warum gibt es dann das Böse? Der Dualismus und Monismus sind unvollkommene (einseitige) Versuche, diese Frage zu klären.

Dualismus und dessen Fehlkonzepte. Der a-theistische Dualismus versucht, das Problem des „lieben Gottes" und des „bösen Teufels" zu lösen, indem er besagt, es gebe gar keinen „lieben Gott", denn die Dualität sei letztlich das ewige Wechselspiel von nicht-persönlichen Urprinzipien, die sich gegenseitig untrennbar ergänzen. Diese Philosophie widerhallt in vielen Schulen des Buddhismus (Stichworte Yin-Yang, Zen und Tao) und im abendländischen Pantheismus, der besagt, Gott sei die Welt und die Welt sei Gott (Stichworte „kosmische Harmonie", „Einheit" und „Aussöhnung der Gegensätze").

Von diesen beiden Formen des Dualismus ist es nur noch ein kleiner Schritt bis zur Philosophie des Monismus (griech. *mónos,* „eins; einzig"), die besagt, alles lasse sich auf eine *einzige* Substanz oder Urkraft zurückführen. Die Vertreter des Monismus spalten sich ebenfalls in zwei Lager. Die einen sagen, alles lasse sich auf die Materie zurückführen und mit ihren Gesetzmäßigkeiten erklären („Alles ist eine Kombination von Atomen"); ihre Schule heißt Materialismus, und zu ihr gehören alle Hauptströmungen der gegenwärtigen Wissenschaft. Diese materialistische, atheistische Schule lehrt, es gebe nur Materie; auch der „Geist" (Bewußtsein, Seele, Leben) sei nichts anderes als eine Funktion der Materie, entstanden durch eine jahrmilliardenlange chemische und biologische Evolution.

Den materialistischen Monisten stehen die idealistischen gegenüber, die sagen, die höchste Ursache sei nicht die Materie, sondern ein immaterielles Prinzip, eine unpersönliche „Idee", eine „kosmische Energie", das „Brahman" oder das „Nirwana" („Alles ist eins"); Gott sei das Nichts, und das Nichts sei alles: deshalb sei es das Ziel, Gott zu *sein,* mit Gott eins zu werden, ins Nichts einzugehen und die eigene Persönlichkeit aufzulösen; Dualität existiere nur in der Vorstellung der Menschen; letztlich sei Dualität eine Illusion.

Diese Philosophie ist weitverbreitet. Der berühmteste Monist des Ostens ist der einflußreiche Śaṅkara (9. Jahrhundert), der in Indien auftrat und dort die tausendjährige Vorherrschaft des Buddhismus brach. Seit Śaṅkara – bis zum heutigen Tag – findet man in ganz Indien fast keine Vertreter des Buddhismus mehr.

Auch im Westen ist der Monismus weit verbreitet, heute insbesondere in gewissen Kreisen der Gnosis und der Esoterik.

Es ist typisch für die Welt der Dualität, daß all diese Philosophien und Religionen mit den Dualitäten ringen und oft sogar polar entgegengesetzte Stellungen einnehmen. Dadurch verraten sie, daß sie selbst noch zur relativen Welt gehören.

Wie oben, so unten – Wie unten, so oben?

„Was unten ist, gleicht dem, was oben ist, und was oben ist, gleicht dem, was unten ist, damit die Wunder des Einen sich vollziehen. Und so wie alle Dinge aus dem Einen geworden sind durch eine Mittlerschaft, so sind sie alle aus diesem Einen geboren, durch Übertragung." – Hermes Trismegistos[39]

Die vedische Offenbarung ist universal, und so darf man annehmen, daß sich in allen Traditionen der Welt vedische Elemente finden lassen. Die Bheda-Abheda-Erkenntnis wurde immer wieder von vereinzelten Mystikern angedeutet. Das älteste Zeugnis des Westens stammt aus der altägyptischen Kultur, und zwar aus den überlieferten Geheimlehren des ebenso geheimnisvollen Hermes Trismegistos, den viele mit dem göttlichen Lehrer Thot gleichsetzen. Hermes soll das Universalgenie Imhotep, den Erbauer der Sakkara-Pyramide, in die Weisheit der Götter eingeweiht haben (2600 v. Chr.). Auf jeden Fall ist er der geistige, wenn nicht sogar der historische Vater der abendländischen Esoteriktradition. Der oben zitierte Lehrsatz des Hermes gilt bis zum heutigen Tag als der wichtigste Grundsatz der Esoterik und wird meist in einer verkürzten Formulierung zitiert: „Wie oben, so unten." Durch diese Formulierung ist die ursprüngliche Wahrheit des Hermes zu einer esoterischen Formel verkümmert und wird oft mit widersprüchlichen oder unvollständigen Interpretationen belegt.

Mit dem Vorwissen des Bheda-Abheda läßt sich dieser hermetische Hauptsatz jedoch Schritt für Schritt entschlüsseln. Dieser Satz ist nicht ohne Grund bis in die heutige Zeit in lebendiger Erinnerung geblieben, denn er enthält tiefgründige Wahrheiten und beleuchtet zusätzliche Aspekte der Bheda-Abheda-Erkenntnis.

Die unbegrenzte Vielfalt von materiellen Formen setzt sich aus Zweiereinheiten zusammen. Ausgehend von diesem Zusammenspiel von Zweiheit und Einheit lassen sich in der Schöpfungsharmonie auch Dreier-, Vierer- und Fünfereinheiten erkennen, die wiederum als Basis für noch komplexere Strukturen dienen. Diese organische Harmonie weist auf den planvollen Aufbau des Kosmos hin und spiegelt die unbegrenzte Intelligenz wider, die dem Kosmos innewohnt. Die vedische Kosmogonie (siehe Kapitel 2) identifiziert diesen Ursprung als Viṣṇu, Gottes (Kṛṣṇas) Parallelform, in Seinen drei Aspekten: Mahā-Viṣṇu, der die Universen ewig ein- und ausatmet;

Garbhodakaśāyī Viṣṇu, der in jedes Universum, und Kṣīrodakaśāyī Viṣṇu, der in jedes Atom und in jedes Lebewesen eingeht.

Alle vergänglichen Formen, selbst wenn sie nicht direkt miteinander verbunden sind, sind zusammenhängend, denn sie alle werden von der übergeordneten Kraft Viṣṇus zusammengehalten. Man könnte dies mit den Äpfeln eines Baumes vergleichen: Die einzelnen Äpfel sind voneinander getrennt, und dennoch sind sie zusammenhängend, denn sie hängen alle am selben Baum. Ebenso gehören alle Formen der Dualität (Freude-Leid, gut-böse, usw.) zum gleichen Weltenbaum und stellen nichts anderes als dessen verschiedene Früchte dar.

Das „Oben" und das „Unten" bezieht sich ursprünglich auf die Welt Viṣṇus und auf die materielle Welt. Dies wird auch vom vedischen Analogiegesetz zum Ausdruck gebracht: *oṁ pūrṇām adaḥ pūrṇām idam:* „Das Absolute (*oṁ*) ist vollkommen vollständig (*pūrṇām*); wie jenes (*adaḥ*) ist auch dieses (*idam*) vollkommen vollständig." Wie jenes, so dieses. Wie oben, so unten.

Wer das Analogiegesetz richtig versteht, vermag aus der sichtbaren Welt direkt Rückschlüsse auf die spirituelle Realität zu ziehen:

> „Der Baum der materiellen Welt ist nur eine Reflexion des wirklichen Baumes der spirituellen Welt. Die Reflexion der spirituellen Welt beruht auf Wünschen, so wie die Reflexion des Baumes auf dem Wasser ruht. Wünsche sind die Ursache aller Dinge, die sich in diesem reflektierten, materiellen Licht manifestieren. ... Da der Baum der materiellen Welt eine Spiegelung des wirklichen Baumes ist, ist er dessen genaues Ebenbild. ... Da die materielle Welt die verzerrte Spiegelung der spirituellen Welt ist, muß die spirituelle Welt die gleiche Vielfalt aufweisen; doch dort ist alles Wirklichkeit."[40]

Weil es im Ursprung Vielfalt und Individualität gibt, sehen wir diese Eigenschaften auch in der Schöpfung. Wie oben, so unten. Doch hier in der materiellen Welt erscheinen sie in vergänglichen Formen, weshalb die ewigen Seelen immer wieder Schöpfung und Auflösung, Geburt und Tod, Freundschaft und Trennung erfahren müssen. Denn „unten" ist nicht wie „oben".

Diese Gesetzmäßigkeit wird durch das Beispiel des Banyanbaumes illustriert. Wie der Baum, so die Spiegelung. Wie das Urbild, so das Abbild. Aber nicht: Wie das Abbild, so das Urbild. Diesen Denkfehler begehen viele Monisten und Esoteriker. Sie drehen die Hermes-Formel bedenkenlos um: Wie oben, so unten. Wie unten, so oben. Man kann vom „Unten" auf das „Oben" Rückschlüsse ziehen, aber man darf sie nicht gleichsetzen. Dies geht eindeutig aus dem Originalzitat des Hermes hervor: „Was unten ist, *gleicht* dem, was oben ist, und was oben ist, *gleicht* dem, was unten ist, damit die Wunder des Einen sich vollziehen." Sie gleichen sich, sind aber nicht identisch.

Der esoterische Gedanke klingt verlockend: „Das Obere ist gleich dem Unteren und das Untere gleich dem Oberen, denn alles ist relativ – auch Gott. Gott hat keine absolute Stellung, denn oben ist wie unten, und unten ist wie oben. Gott dienen bedeutet, der Welt zu dienen, und der Welt zu dienen bedeutet, Gott zu dienen. Gott ist die Welt, und die Welt sind wir."

Man kann das „Unten" und das „Oben" aber auch im relativen Sinn verstehen und auf den Mikrokosmos und Makrokosmos des materiellen Universums beziehen. „Was unten ist, gleicht dem, was oben ist, und was oben ist, gleicht dem, was unten ist" bedeutet dann, daß der Mikrokosmos und der Makrokosmos zusammenhängend sind und sich gegenseitig ergänzen. In dieser Interpretation werden „oben" und „unten" jedoch als Begriffe der materiellen Polarität verwendet; dieses „Oben" gehört – aus der absoluten Sicht – immer noch zum „Unten"!

Diese Interpretation hat ebenfalls ihre Berechtigung, denn sie zeigt auf, wie im Kosmos alle Formen zusammenhängend sind, was ahnen läßt, daß hinter der Relativität von „unten" und „oben" ein höchster (absoluter, allumfassender) Zusammenhang bestehen muß. Der Makrokosmos zeichnet sich im Mikrokosmos ab, und der Mikrokosmos läßt Rückschlüsse auf den Makrokosmos zu.

Hier wird das logische Denken ana-logisch. Mit intuitiver Sicht lassen sich zahllose Analogien in der Schöpfung entdecken, denn das Oben und das Unten haben den gleichen Ursprung (Garbhodakaśāyī Viṣṇu) und sind nur graduell voneinander verschieden.

Viṣṇu ist die Seele des Universums. Das Universum ist ein beseelter Körper, und ebenso ist die kleinste Einheit der Materie, das Atom, ein beseelter Körper, ja ein beseeltes Universum – je nach der Perspektive. Wie der oberste Planet im Universum ist auch das oberste Cakra im Körper lotosförmig (der „tausendblättrige Lotos"). Den Energiezentren (Cakras) des Körpers entsprechen bestimmte Planeten. Kosmische Strukturen spiegeln sich auf der Erde in einem Netz von Kraftorten. Die Lebensfunktionen der Lebewesen sind abhängig von den parallelen Lebensfunktionen des Planeten. Usw. Die lebendige Vernetzung der Dualität durchdringt alle Sphären.

„Wer wahrhaft gottesbewußt ist (*yoga-yukta-ātmā*, ‚eine mit Gott verbundene Seele‘), sieht Mich in allen Wesen und sieht auch jedes Wesen in Mir. Wahrlich, die selbstverwirklichte Seele sieht Mich, denselben Höchsten Herrn, überall.“ (Bhagavad-gītā 6.29)

„Obwohl die Höchste Person an verschiedenen Orten erscheinen kann, unterliegt Sie keiner Teilung oder Verminderung, weil Sie gleichzeitig allgegenwärtig ist.“ (Vedānta-sūtra 3.2.11)

„Die all-leuchtende Persönlichkeit Gottes ist außerhalb des Jīva und ist innerhalb des Jīva.“ (Chāndogya Upaniṣad 2.12.8)

„Dieses Licht, das über den himmlischen Dimensionen leuchtet, in den Welten jenseits der Welt Brahmās, in den höchsten Welten, die allumfassend und [deshalb] ohne weiteres Jenseits sind, ist dasselbe Licht, das aus dem Herzen der Menschen strahlt.“ (Chāndogya Upaniṣad 3.13.7)

„Ein Abbild des Höchsten ist in jeder Form. Durch dieses Abbild kann der Höchste überall gesehen werden. Der Höchste erscheint durch Seine Energien in zahllosen Formen. Deshalb darf gesagt werden, daß all diese Formen nicht verschieden von Ihm sind.“ (Ṛg Veda 6.47.18, Bṛhadāraṇyaka Upaniṣad 2.5.19)

[Der höchste Schöpfer, Viṣṇu, spricht zu Brahmā:] „Ich bin es, der vor der Schöpfung existierte, als es nichts außer Mir gab, weder Ursache noch Wirkung [weder die materiellen Elemente noch die daraus entstehenden Formen]. Alles, was du jetzt siehst, bin ebenfalls Ich, die Persönlichkeit Gottes, und was nach der Vernichtung bleibt, bin ebenfalls Ich, die Persönlichkeit Gottes. ... Wie die universalen Elemente gleichzeitig in den Kosmos eingehen und nicht eingehen, existiere auch Ich innerhalb von allem Erschaffenen (*praviṣṭa*, ‚immanent‘) und befinde mich gleichzeitig außerhalb aller Dinge (*apraviṣṭa*, ‚transzendent‘).“ (Śrīmad-Bhāgavatam 2.9.33-35)

„Wenn man die Wurzel eines Baumes mit Wasser begießt, werden der Stamm und die Zweige ganz natürlich ebenfalls genährt. In ähnlicher Weise dient man der ganzen Welt, wenn man sein Leben Viṣṇu weiht, denn Er ist die Überseele eines jeden.“ (Śrīmad-Bhāgavatam 8.5.49)

„O Puruṣa (Höchste Person), Du weilst im Herzen eines jeden und in allen Atomen, und jeder lebt in Dir. Du bist Vāsudeva, die alldurchdringende Persönlichkeit Gottes.“ (Śrīmad-Bhāgavatam 8.16.29)

Quellentexte: Wie oben, so unten

Auf diese Weise offenbart das kosmische Analogiegesetz die wahre Natur der materiellen Schöpfung. Alles Relative hat eine Verbindung zum Absoluten und das Absolute zum Relativen. Wer Augen hat und sieht, erkennt in allen relativen Erscheinungen das Wirken des Absoluten (z.B. im Wachsen eines Lebewesens, im eigenen Schicksal, in jedem Ereignis).

Qualitativ eins, quantitativ verschieden

„Getäuscht von den drei Erscheinungsweisen der materiellen Natur, kennt die gesamte Welt Mich nicht, der Ich über den Erscheinungsweisen stehe und unerschöpflich bin." – Bhagavad-gītā 7.13

Die einfachste Definition von „materiell" lautet „vergänglich; von Gott getrennt", und die materielle Welt bestätigt diese Definition. Die Vergänglichkeit läßt auch das Schöne zerrinnen, wie wenn es nicht schon genug des Unschönen gäbe: Aggression, Mißgunst, Brutalität, Machtsucht, Unterdrückung, Ausbeutung. Das Getrenntsein von Gott zeigt sich in schaudervollen Schattierungen.

Aber: Wenn es Gott gibt, dann ist Er allmächtig und allgegenwärtig. Wie kann dann überhaupt irgend etwas von Gott getrennt sein? Wenn Gott ewig und allgegenwärtig ist, dann dürfte es auch nichts Vergängliches geben. Dennoch sehen wir Vergängliches. Wir sehen *nur* Vergängliches! Wie kommt es, daß das allgegenwärtige Ewige etwas Vergängliches schafft?

Seit Menschengedenken streiten sich die Philosophen und Theologen über diese Frage. In der indischen Geistesgeschichte rangiert sie unter allen disputierten Fragen an vordester Stelle. Dualisten und Monisten bringen ihre Argumente vor, die alle ihre Wahrheit und Berechtigung haben, jedoch immer an ihrer Einseitigkeit scheitern. Eine langatmige Gegenüberstellung der unzähligen Argumente und Gegenargumente würde den Rahmen dieses Buches sprengen, ist aber auch gar nicht nötig, denn die Veda-Schlußfolgerung vermag aufzuzeigen, daß die unterschiedlichen Standpunkte nichts anderes als Stand-Punkte sind – relative Ansichten, die abhängig sind vom Ort, wo man steht, vom Blickwinkel und vom Bewußtsein der jeweiligen Menschen.

Im Licht des Absoluten klären sich die relativen Gegensätze und Widersprüche, und in diesem Licht (Veda) wird es möglich, die wahre

Natur der materiellen Welt zu verstehen. Um diese Erkenntnis soll es in den folgenden Abschnitten gehen.

Der Mensch sieht sich folgendem philosophischen Problem gegenüber: Wenn es Gott gibt, so muß Er allumfassend sein, denn ein Gott, der nicht alles beinhaltet, ist nicht Gott. Gott ist unwandelbar und unteilbar. Sobald Er sich wandelt oder teilt, wäre „er" nicht mehr Gott. In unserer Welt sehen wir aber viele Dinge – oder eben *nur* Dinge – und Personen, die *nicht* Gott sind. Es scheint also etwas zu geben, das *nicht* Gott ist. Aber wenn Gott etwas *nicht* ist, ist er nicht Gott. Oder sind die vergänglichen Formen und die unvollkommenen Lebewesen auch Gott? Aber warum sind sie dann vergänglich und unvollkommen?

Auf diese Weise kann man sich in endloser Philosophie und Theologie verlieren, auch dann, wenn man die vedischen Schriften durchforscht, denn diese geben verschiedenste Antworten entsprechend den verschiedenen „Schulstufen". Dennoch ist nicht zu übersehen, daß alle vedischen Schriften immer wieder auf die höchste Veda-Schlußfolgerung (*acintya bhedābheda-tattva*) hinweisen, manchmal indirekt und manchmal offen und direkt:

> „Das, was die Vedantisten als unmanifestiert (*avyakta*) und unfehlbar (*akṣara*) beschreiben und was als der höchste Bestimmungsort bezeichnet wird, der Ort, von dem man, wenn man ihn erreicht, nie wieder zurückkehrt – dies ist Mein höchstes Reich./ Der Höchste Herr (*puruṣa*) ist derjenige, der über allem steht, o Pārtha [Arjuna], und kann durch ungetrübte Hingabe (*bhakti*) erreicht werden. Obwohl Er sich in Seinem Reich aufhält, ist Er alldurchdringend, und alles ruht in Ihm." (Bhagavad-gītā 8.21-22)

In Form Seiner Energien ist Gott alldurchdringend. Diese Energien sind auf unbegreifliche Weise gleichzeitig eins mit und verschieden von ihrem Ursprung. Von relativen Standpunkten aus können wir immer nur begrenzte Ausschnitte sehen, entweder irgendwelche Aspekte der Einheit oder der Verschiedenheit. Wenn wir uns aber der allumfassenden (absoluten) Natur des Höchsten bewußt sind, können wir intuitiv nachvollziehen, wie alles untrennbar mit Gott verbunden ist (wie die Strahlen mit der Sonne) und wie Gott dennoch ein eigenes, einzigartiges Da-Sein hat (wie die Sonne jenseits der Strahlen). Wenn man sich bewußt ist, daß man immer beide Aspekte berücksichtigen muß, kann man sich vor Einseitigkeiten und Halbwahrheiten schützen.

Dies ist besonders wichtig, wenn es darum geht, unsere eigene Beziehung zu Gott zu verstehen. Die vedischen Schriften führen in diesem Zusammenhang das berühmte Beispiel vom Meer und dem Wassertropfen an: So wie das gesamte Meer flüssig, naß und salzig ist, ist auch der Tropfen aus dem Meer flüssig, naß und salzig. Das Meer und der Tropfen haben die gleichen Eigenschaften, das heißt, qualitativ sind sie eins. Doch quantitativ sind sie verschieden, denn der Tropfen ist unbedeutend im Vergleich zum Meer. Hinzu kommt, daß es im Meer viele Dinge gibt, die es im Tropfen nicht gibt.

Der Wassertropfen läßt einige Rückschlüsse auf das Meer zu, aber es wäre falsch, das Meer auf die Eigenschaften des Tropfens zu beschränken. Ebenso können wir von unseren Eigenschaften auf Gottes Eigenschaften schließen: Wir sind „Teile" Gottes, denn Gott ist der Ursprung von allem. Die Teile spiegeln das Ganze, jedoch nicht ganz, sondern nur teilweise. Weil Gott gleichzeitig Person und Energie ist, sind auch wir gleichzeitig Person (Seele) und Energie (Bewußtsein). Wir sind Personen mit Gefühlen, Wünschen und Individualität. Also muß es diese Eigenschaften auch in unserem Ursprung geben. Qualitativ sind wir eins mit Gott. Die grundlegenden Eigenschaften (Qualitäten), die Gott und deshalb auch wir haben, werden im Sanskrit mit dem bekannten Ausdruck *sac-cid-ānanda* umschrieben: ewig (*sat*), bewußt (*cit*) und glücklich (*ānanda*).

Wir haben dieselben Eigenschaften wie Gott, aber nur in einem höchst begrenzten Ausmaß, während sie bei Gott unbegrenzt sind (unbegrenztes Bewußtsein, unbegrenzte Liebe, unbegrenzte Schönheit usw.). Aber Gott hat noch viele Eigenschaften, die wir überhaupt nicht haben. Quantitativ sind wir immer von Gott verschieden. Qualitativ immer eins. Und das gleichzeitig und ewig.

Gesucht: die höchste Person

„Wer sucht, der findet." – Jesus in der Bergpredigt

Durch offenbartes Wissen (Veda) und nicht durch intellektuelle Spekulation und schon gar nicht durch bürgerliche Gleichgültigkeit erkennt man, daß Gott sowohl Person als auch Energie ist. Gott ist nicht nur Person, ein „lieber Gott", denn das würde sogleich die Widersprüche mit sich bringen, mit denen der Dualismus ringt. Gott ist aber auch nicht nur Energie, das „Unpersönliche", wie der Monismus behauptet. Die unpersönliche all-eine Energie kann nicht das Höchste sein, denn „Energie" hat weder Persönlichkeit noch Wunsch, noch Wille. Für sich allein ist sie statisch und würde nie eine Vielfalt und schon gar nicht Lebewesen hervorbringen.

Mit anderen Worten, Gott ist sowohl Person als auch Energie, wobei der persönliche Aspekt der ursprüngliche Aspekt Gottes ist. Gott als höchste, ursprüngliche Person ist die Quelle unzähliger Energien und überträgt ihnen verschiedenste Funktionen. Die materielle Energie z.B. hat die Aufgabe, ewiglich vergängliche Formen zu erzeugen, weshalb die materielle Welt eine Welt der Dualität ist. Aber jenseits der vergänglichen Dualität lebt die ewige Individualität!

Von Gott, der unbegrenzten Person, gehen unbegrenzte Energien aus, die von Ihm verschieden und nicht verschieden (*bheda-abheda*) sind. In den meisten Religionen der Welt bleibt Gott – als höchste Person – im Verborgenen. Er ist ehrfurchtgebietend, gibt Gesetze, belohnt und bestraft; aber das hat nicht viel mit der eigentlichen Persönlichkeit Gottes zu tun.

„Gesucht" ist eine höchste, unbegrenzte Person mit unbegrenzten Energien. Eine solche Person kann nicht ein Produkt der menschlichen Phantasie sein. Die Phantasie kann sich Gott nicht einmal vorstellen: Eine unbegrenzte Person, das ist unvorstellbar (*acintya*) und für die meisten Menschen, sogar für die Gläubigen, un„glaub"lich. Eine Person, die all-ein alle Energien in sich ver-eint und dennoch von diesen Energien verschieden ist und eine allmächtige Person bleibt – da bleibt nur ein „Kandidat" übrig: Gott.

Wenn wir weltweit alle Gottesoffenbarungen nach diesem Gott durchforschen, fallen sogleich die vedischen Quellen auf: eine lebende und gelebte Kultur, eine ununterbrochene Lehrernachfolge und authentische heilige Schriften, die nicht nur Gottes Gesetze, sondern auch Gottes Energien, Gottes Inkarnationen, Gottes Namen und Gottes *Person* beschreiben. Monismus und Dualismus werden vereint, indem die vedische Gottesoffenbarung den wahrhaft Suchenden das offene Geheimnis enthüllt, nämlich die gesuchte höchste Person sei *Kṛṣṇa:* Gott, der zahllose Namen besitzt, der durch zahllose Inkarnationen erscheint und sich durch zahllose Gesandte, „Söhne" und „Töchter", offenbart, der ewig in der spirituellen Welt gegenwärtig ist und gleichzeitig (durch Seine Viṣṇu-Parallelformen) die Schöpfung vornimmt, der ungeteilt und ewig ist und in Seiner Vollkommenheit auch das Geteilte und Vergängliche umfaßt, aber dennoch allem verbunden bleibt und sich auf unbegrenzte Weise offenbart – vollkommen dem Wunsch und dem freien Willen eines jeden Individuums entsprechend. Dies wird von Brahmā, Śiva und allen großen Weisen und Gottgesandten bestätigt, und jeder Mensch kann dies auch persönlich erfahren. Wie dies möglich ist, könnte anhand zahlloser praktischer Beispiele illustriert werden. Hier an dieser Stelle sei nur ein einziges herausgegriffen: die persönliche Erfahrung des Autors.

Ich war achtzehn Jahre alt, als ich zum ersten Mal von der Veda-Offenbarung hörte. Die Konsequenz für das gesamte moderne Weltbild und für mein eigenes bisheriges Leben waren offensichtlich: „Wenn das wahr ist ...“ – Gottes Herausforderung, vor der die Menschen immer wieder zurückschrecken, als hätten sie etwas zu verlieren. Die entscheidende Entscheidung, die mir niemand abnehmen kann, die ich *selbst* treffen muß. Ich zog mich in einen Wald zurück, und ich betete: „Gott oder Kṛṣṇa oder wie Du immer heißt, wenn es Dich tatsächlich gibt und wenn das alles stimmt, dann bist Du auch mächtig genug, mich von meinen Zweifeln zu befreien und mir Klarheit zu schenken. Ich fürchte mich nicht vor den Konsequenzen, aber ich will Gewißheit. Gib mir ein Zeichen, das mich überzeugt. Ich habe so viele Pläne. Ich möchte so viel tun und erleben. Ich weiß selbst nicht genau, was mich überzeugen kann. Aber Du bist allwissend. Deshalb wird es Dir möglich sein, Dich auf eine solche Art und Weise zu offenbaren, daß ich weiß, daß es nicht meine Einbildung ist, sondern Dein Zeichen.“

Und das Zeichen kam, noch während ich in diese improvisierte Meditation vertieft war. Plötzlich entschwand die Wand des Unterbewußten, und ich sah mich in früheren Leben. Ich sah, was ich einst getan hatte, und ich sah, daß ich dabei war, dasselbe wieder zu tun. „Willst du nochmals tun, was du schon getan hast?“ Ich war überwältigt von Freude und Staunen. Und ich wußte verblüffend klar, wozu die Zeit nun reif geworden war. Der nächste Schritt, obwohl von außen gesehen radikal, war für mich vollkommen natürlich und selbstverständlich. Von einem Tag zum anderen verließ ich meine weltliche Situation (Gymnasium) und wurde Mönch und Veda-Schüler. Im Rückblick erkannte ich, daß dieser Schritt schon seit langem über viele Stationen von Gottes Hand vorbereitet worden war. Was ich ohne diesen Schritt mittlerweile alles verpaßt hätte, will ich mir heute nicht einmal vorstellen ...

Mit diesem persönlichen Beispiel will ich nicht sagen, jeder Mensch müsse Mönch werden oder die Veda-Wahrheit zu studieren bedeute, radikal mit dem früheren Leben zu brechen. Das war *mein persönlicher* Weg, und der persönliche Weg sieht bei jeder Person anders aus.

Wäre Gott nicht auch eine allgegenwärtige Person, fänden Gebete an Gott keine persönliche Beantwortung. Zu beten wäre sinnlos und Gott zu lieben unmöglich, denn Liebe ist eine persönliche, individuelle Beziehung. Diejenigen, die unpersönliche oder einseitige Doktrinen vertreten, schneiden ihre Gläubigen von diesen wichtigsten Möglichkeiten der persönlichen Gottesbegegnung ab.

Die Ausführungen über Dualität, Einheit und Transzendenz sind also nicht bloß eine Sache von Philosophie und Intellekt. Gott, der hier mit vedischer Logik vorgestellt wird, ist eine Realität, die sich jederzeit jenseits von Logik auch persönlich offenbaren kann. „Wenn das stimmt ...“ – dann erscheint das Weltbild der modernen Gesellschaft plötzlich in einem ganz anderen (Zwie-)Licht.

Monismus: Die Verwechslung von materiell und spirituell

„Unintelligente Menschen (abuddhayaḥ), die Mich nicht vollkommen kennen, glauben, daß Gottes Persönlichkeit aus dem Unpersönlichen hervorgegangen sei. Sie kennen Meine höhere Natur nicht, die unvergänglich und absolut ist.“ – Bhagavad-gītā 7.24

Alle angeführten Widersprüche (Wenn Gott vollkommen und ewig ist, warum gibt es dann etwas Unvollkommenes und Vergängliches?) entstehen nur, wenn der Mensch seine begrenzte Entweder-oder-Logik auf Gott anwendet. Das Absolute ist eine ungeteilte und unwandelbare Einheit, doch in dieser Einheit gibt es Vielfalt, und diese Vielfalt ist eine Einheit. Wenn das Absolute bloß eine unpersönliche Energie wäre, hätten die Einwände der Monisten Berechtigung. Aber wenn das Absolute tatsächlich bloß eine unpersönliche Energie wäre, gäbe es keine Monisten und keine Dualisten, dann gäbe es überhaupt keine Schöpfung, keine Lebewesen und keine Vielfalt.

Weil das Absolute jedoch eine vielfältige Einheit ist, gibt es auch in der materiellen Schöpfung Vielfalt. Gottes Vielfalt ist so allumfassend und vollkommen, daß sie sogar das Vergängliche und Unvollkommene beinhaltet. Sonst wäre Gott nicht vollkommen und vollständig (*pūrṇām*), und die Jīva-Seelen hätten keine Möglichkeit, aus freiem Willen das Vollkommene oder das Unvollkommene zu wählen. Deshalb schafft Kṛṣṇa, wie Er in der Bhagavad-gītā (9.8) sagt, allein aus Seinem Willen die materielle Schöpfung. Doch Kṛṣṇa selbst bleibt unberührt und ungeteilt, weil alles durch Seine Energien „automatisch" geschieht. Sein Wunsch genügt. (Diese Kraft des absoluten Wunsches spiegelt sich in den Jīva-Seelen, weshalb auch bei ihnen der Faktor „Wunsch" entscheidend ist.)

Wie das ungeteilte Absolute durch Seinen Willen etwas erschafft, wird im Vedānta-sūtra erklärt:

- *abhidhyā-upadeśāc ca*[41]. „[Das Absolute ist sowohl die mittelbare als auch die unmittelbare Ursache der materiellen Schöpfung.] Denn wir wissen durch Offenbarung, daß die Schöpfung durch Seinen Willen (*abhidhyā*) entsteht und daß frühere Schöpfungen auch schon durch Seinen Willen entstanden sind." (1.4.24)
- *ātmakṛteḥ pariṇāmāt*[42]: „Denn das Absolute erschafft aus sich selbst heraus und transformiert sich [durch die Übertragung Seiner Energien] in das Universum." (1.4.26)

Über diesen kurzen Satz *ātmakṛteḥ pariṇāmāt,* oder genauer gesagt über das Wort *pariṇāma,* ist in der hinduistischen Theologie eine tiefgehende Meinungsverschiedenheit entstanden. Das Absolute ist unwandelbar; aber das Wort *pariṇāma* bedeutet „Umwandlung", „Transformation" oder „Übertragung". Es besteht kein Zweifel: Dieser Satz drückt aus, daß das Unwandelbare sich wandelt!

Dieser Widerspruch löst sich auf, wenn man das Wort *pariṇāma* im Sinn von Bheda-Abheda versteht: Das Absolute kann sich wandeln, ohne sich zu wandeln. Das ist die Bedeutung von absolut. Wenn im Zusammenhang mit Gott von Transformation gesprochen wird, darf man dies nicht materiell verstehen. Wenn z.B. Erde sich transformiert, hat man danach Sand und keine Erde mehr. Doch wenn Gott (Kṛṣṇa) sich „transformiert", bleibt die ursprüngliche Person unberührt bestehen. Kṛṣṇa ist mittelbar (indirekt) die Ursache der Schöpfung, nämlich dadurch, daß nicht Er persönlich, sondern Seine Parallelform Viṣṇu die Schöpfung vornimmt. Kṛṣṇa ist aber auch unmittelbar (direkt) die Ursache der Schöpfung, nämlich durch Seinen persönlichen Willen (*abhidhyā*).

Demgegenüber gibt es die monistische Schule, die diese Pariṇāma-Erklärung ablehnt, mit der einfachen Begründung, daß das Absolute eben *keine* Person sei; das Absolute sei nur unpersönlich und könne sich deshalb nicht transformieren; die gesamte materielle Schöpfung existiere gar nicht wirklich, sondern sei eine substanzlose Illusion, weshalb sich die Frage der Transformation gar nicht stelle. Diese Lehre (*vāda*) wird Māyāvāda genannt, denn sie besagt, daß jegliche Vielfalt – auch Gott, Seine Energien und die Seelen – Illusion (Māyā) sei und in Wirklichkeit gar nicht existiere. Das Problem sei das „Verwechseln", das „Eine-für-das-andere-Halten" (*vivarta*), nämlich der Glaube, Illusion sei Realität. Sie geben die Analogie vom Seil und der Schlange. In Illusion denke jemand, ein Seil sei eine Schlange, doch in Wirklichkeit existiere die Schlange gar nicht. Ebenso existierten in Wirklichkeit weder Gott noch wir, noch die Schöpfung, weil es letztlich nichts anderes als das unwandelbare Brahman gebe, das undifferenziert und ewig sei.

In diesen atheistischen Ansichten zeigt sich eine Parallele zu vielen buddhistischen Strömungen, die ebenfalls sagen, Gott, die Lebewesen und die Schöpfung gebe es gar nicht, denn letztlich gebe es nichts anderes als das Nichts (Nirvāṇa). Das monistische Brahman und das buddhistische Nirvāṇa sind in diesem Sinn identisch, denn nur im Nichts gibt es keine Vielfalt. Das Nichts ist dann alles, und alles ist nichts.

Aus der Sicht des Veda sind die Mängel dieser monistischen Ansicht leicht zu durchschauen. Die Mängel entspringen einerseits einem Denkfehler und andererseits einer Einseitigkeit.

Der Denkfehler besteht darin, daß die Monisten einerseits das Materielle für unwirklich halten und dennoch das Absolute vom Materiellen her definieren. Sie sagen, das Absolute sei nicht materiell, und deshalb dürfe es im Absoluten nichts geben, was es im Materiellen gibt. Weil man in der materiellen Welt überall Formen, Eigenschaften und Personen findet, sprechen sie dem Absoluten Form, Eigenschaft und Persönlichkeit ab, eben weil sie den Fehler begehen, das Absolute durch *Negation des Materiellen* zu definieren. Sie sagen: „Gott ist nicht Person. Gott hat keine Eigenschaften. Gott hat keine Form." Mit diesen Aussagen geben sie jedoch selbst zu, daß sie Gott nicht kennen und nur indirekt durch Negation beschreiben können. Aber wenn man nicht weiß, was Gott *ist,* wie kann man dann wissen, was Gott *nicht* ist? Wie kann man über etwas, das man nicht kennt, überhaupt irgend etwas aussagen?

Die Argumentation, die von der Negation des Materiellen ausgeht, entspringt einer materiellen Logik und übersieht, daß es jenseits der materiellen Dualität „Form/formlos" *spirituelle* Form und *spirituelle* Individualität gibt.

Gemäß dem vedischen Weltbild ist das Universum ein multidimensionaler Kosmos: Es gibt nicht nur die dem Menschen sichtbare dreidimensionale Welt, sondern zahllose höherdimensionale Welten und Wesen, die einen direkten oder indirekten Einfluß auf die Erde haben. Die Entdeckung dieser Realitäten revolutioniert die moderne Wissenschaft, Esoterik und Theologie.

Die indischen Tempel bergen auch heute noch ungelöste Rätsel. Beim Brihat-Ishvara Tempel von Tanjore z.B. befindet sich auf der Spitze in 70 Metern Höhe ein einziger Granitblock von knapp 100 Tonnen. Um dieses Gewicht zu bewegen, braucht man heute Großlastwagen mit einem Zwölf-Achsen-Anhänger, die – zusätzlich zu den 100 Tonnen – 60 Tonnen wiegen! (siehe S. 37)

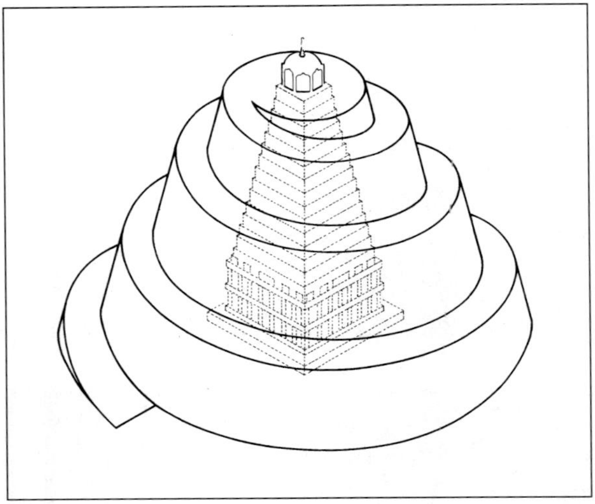

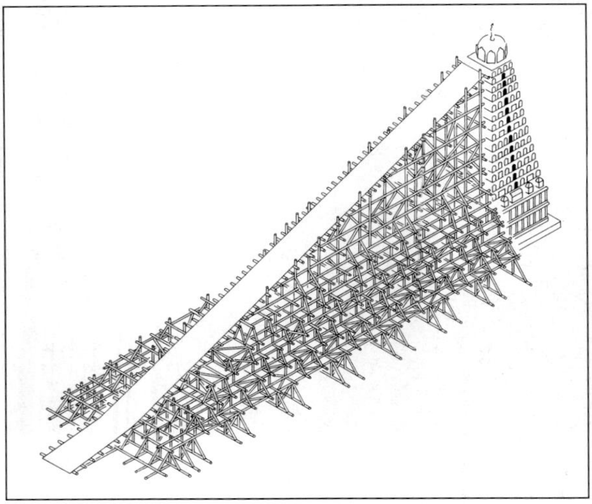

Die konventionellen Erklärungen mit der spiralförmigen Erdrampe (oben) oder mit dem Holzgestell (unten), auf denen Dutzende von Elefanten den Stein hochgeschleift haben sollen, sind nicht überzeugend.
Die heutigen Tempel stehen an jahrtausendealten heiligen Stätten und sind nur relativ späte Rekonstruktionen von viel älteren Tempeln, die noch imposanter gewesen sein sollen.

Die Gopuras (Trapez-Pyramiden) stehen an planetaren Kraftorten und erinnern die Menschen an die hierarchische Ordnung der Dimensionen. Spitze und Basis verlaufen parallel, verbunden durch breiter werdende Stockwerke: eine symbolische Darstellung der kosmischen Devolution von der spirituellen über die materiell-feinstofflichen zu den grobstofflich-verdichteten Sphären. Aber alle sind Teil desselben Tempels, in dessen Zentrum sich das Heiligtum von Viṣṇu/Kṛṣṇa befindet. (Oben: Die Tempelstätte von Madurai, Südindien)

Die höchste Tempelpyramide Indiens (120 m) in Raṅgakṣetra, Südindien.

Die materielle Schöpfung entspringt zyklisch den drei Viṣṇu-Erweiterungen Gottes (Kṛṣṇas) und umfaßt zahllose Universen. (siehe S. 66)

Vor 5000 Jahren: Kṛṣṇa offenbart Arjuna die Bhagavad-gītā („Gottes Gesang"). (S. 231)

Vor 500 Jahren: Kṛṣṇa erscheint als Śrī Caitanya, um die Bhagavad-gītā erneut in ihrer ursprünglichen Reinheit zu verkünden. (S. 241)

Bhaktisiddhānta Sarasvatī Ṭhākura (1874-1937): größter Vaiṣṇava-Gelehrter seiner Zeit und Initiator der Veda-Renaissance. (S. 249)

A.C. Bhaktivedanta Swami Prabhupāda (1896-1977): Schüler von Bhaktisiddhānta Sarasvatī und bedeutendster Veda-Lehrer des 20. Jahrhunderts. (S. 250)

Śrī Caitanya, der „Goldene Avatāra“ und ekstatische Verkünder der universalen Religion im gegenwärtigen Zeitalter. Nostradamus schreibt über ihn: „Der goldene Stern, er, [obwohl] die Zierde seiner Zeit, wird erst nach fünfhundert Jahren beachtet werden.“

Michel Nostradamus (1503-1566), der wichtigste und einflußreichste europäische Seher, war nicht nur ein Prophet der Kriege, Seuchen und Naturkatastrophen, sondern auch ein Visionär des neuen „goldenen Zeitalters“, das gegen Ende des 20. Jahrhunderts überraschend eintreten wird. Sah Nostradamus die Veda-Renaissance voraus? (siehe S. 269)
Gemalt vom Sohn, César Nostradamus.

Das höchste Ziel (sanskr. *bhakti*, „Liebe zu Gott und all Seinen Schöpfungen und Geschöpfen") wird immer wieder offenbart, so auch vor zweitausend Jahren. Jesus von Nazareth: „Liebe Gott, den Herrn, mit deinem ganzen Herzen und deiner ganzen Seele. ... Vater, geheiligt werde Dein Name!" (siehe S. 402)

Rākṣasāḥ kalim āśritya ... „Dunkle Mächte werden vom Zeitalter des Kali profitieren, indem sie die wahre Religion von innen her zerstören", sagen die altindischen Purāṇas voraus. Die Ermordung zahlloser „Ketzer" im Mittelalter ist ein Beispiel hierfür (siehe S. 232) und auch ein Beispiel für den Umgang mit den Extremen der materiellen Polarität (siehe S. 331).

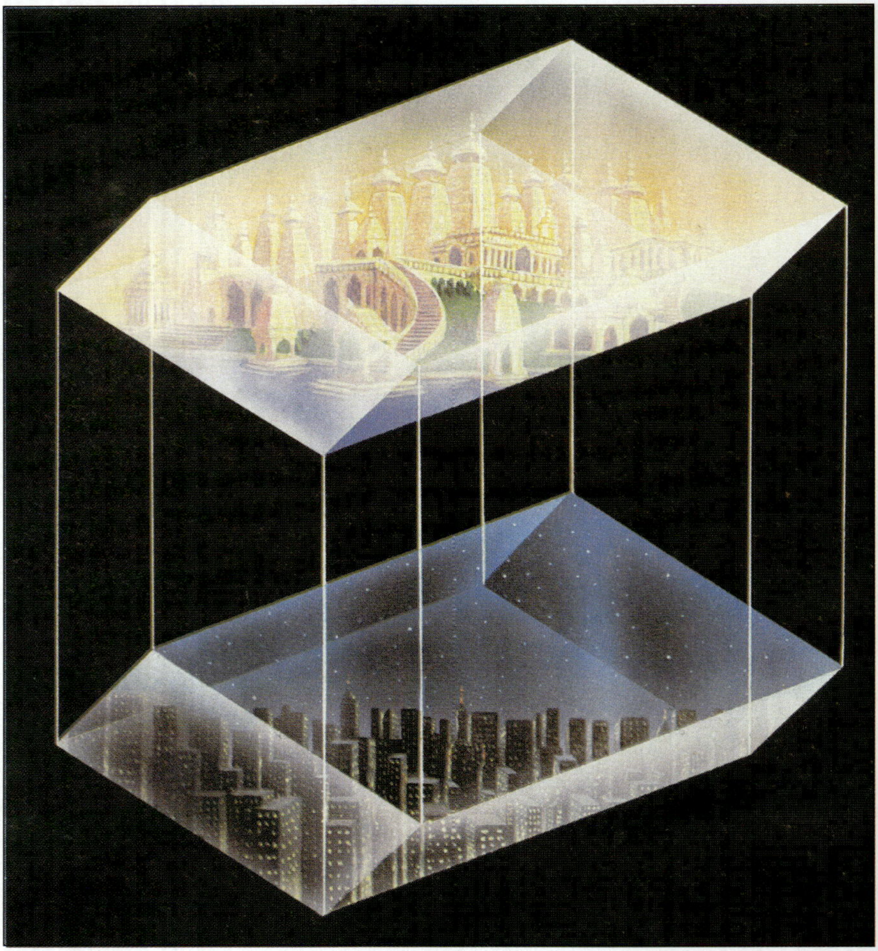

Die Materie ist von der spirituellen Energie abhängig wie Dunkelheit vom Licht. Aber das Licht ist eine Realität, die unabhängig und unberührt von der Dunkelheit existiert. (siehe S. 200)
Die materielle Welt ist eine sich ewig wandelnde Schöpfung vor dem Hinter-Grund der ewigen spirituellen Welt. Die in der materiellen Welt wirkende Polarität erinnert den Menschen immer wieder daran, daß das höchste Ziel nicht in den illusorischen materiellen Formen zu finden ist. (siehe S. 325)

Der Denkfehler des Māyāvāda-Monismus wird noch offensichtlicher, wenn man dessen Einseitigkeit erkennt. Er besagt, das Absolute sei unwandelbar und frei von jeglicher Dualität und Illusion. Das stimmt. Aber wenn es *nur* das Brahman oder Nirvāṇa gibt, warum gibt es dann Illusion? An diesem Punkt zeigt sich auch, daß die Monisten die Analogie vom Seil und der Schlange falsch verstehen. In Wirklichkeit soll diese Analogie zeigen, daß die Illusion nur im Bewußtsein eines Individuums besteht[43]; sie besagt nicht, daß es das Seil oder die Schlange nicht gibt. Im Gegenteil: *Weil* ein Seil vorhanden ist, kann man es mit einer Schlange verwechseln, und das bedeutet auch, daß es irgendwo auch tatsächlich Schlangen gibt. Denn wie wäre es sonst möglich, ein Seil mit einer Schlange zu verwechseln? Aber die Monisten wollen mit dieser Analogie beweisen, daß es nur das Seil (das Brahman), aber keine Schlange (Vielfalt) gibt.

Und es stellt sich die Frage: *Wer* verwechselt das Seil mit der Schlange? Wie kann man überhaupt ein Seil mit irgend etwas anderem verwechseln, wenn es nichts anderes als das Brahman (das Seil) gibt? Dann gäbe es nämlich weder eine Person, die der Täuschung anheimfällt, noch irgend etwas anderes, mit dem man das Brahman verwechseln könnte.

Plötzlich wird auch die vedische Tiefe der hermetischen Weisheit fühlbar: „Was unten ist, *gleicht* dem, was oben ist, und was oben ist, *gleicht* dem, was unten ist, damit die Wunder des Einen sich vollziehen. Und so wie alle Dinge aus dem Einen geworden sind durch eine Mittlerschaft [Viṣṇu], so sind sie alle aus diesem Einen geboren, durch Übertragung [Pariṇāma]."

Das Absolute ist sowohl Energie als auch Person (Energieursprung). Sobald wir diese Veda-Erklärung annehmen, müssen wir uns auch fragen, wer die Person ist. Über die Energien, die göttlichen, kosmischen, universalen, ewigen, wird in Ost und West bis zum heutigen Tag immer wieder diskutiert und meditiert. Aber in dieser Einseitigkeit wird meistens die göttliche, kosmische, universale und ewige *Person* übersehen. Gott sollte nicht nur als Energie, sondern auch als Person erkannt werden.

Die monistischen Philosophien klingen zwar „spirituell", aber sie sind einseitig, weil sie „Gott" auf eine Energie beschränken und die Individualität übergehen. Sie sind offen oder versteckt atheistisch, und sie existieren in verschiedenster Ausführung. Das Extrem dieser Philosophie wird von den dämonischen Wesen (Asuras) vertreten, die zwar auch von Reinkarnation und „höheren Energien" sprechen, aber das Höchste nur für eine kosmische Energie halten. Die Asuras sind sehr bestrebt, alles auf Energien zu reduzieren, denn Energien sind unpersönlich und haben weder Wunsch noch Wille. Energien sind per Definition nichts anderes als Kräfte, die man manipulieren kann. Solange Gott bloß Energie ist, sind die Wesen im Universum „frei" und vor niemandem verantwortlich. (Alles ist relativ; siehe S. 117.) Macht und Recht haben dann diejenigen, denen es am besten gelingt, die Energien zu beherrschen. Für die Asuras ist deshalb ihr eigener Wille maßgebend. Mit anderen Worten, sie spielen sich selbst als Gott auf. Wie die Mächtigen sich verhalten, wenn es ihnen gelingt, die Masse von dieser „Wahrheit" zu überzeugen, sieht man in der Weltgeschichte. Das Thema des vorliegenden Kapitels ist also gar nicht so exotisch und irrelevant, wie man (aufgrund von Asura-Programmierung) denken könnte.

Was ist materiell? Was ist spirituell?

„Du bist alldurchdringend, und deshalb bist Du alles." – Arjuna zu Kṛṣṇa (Bhagavad-gītā 11.40)

Spirituell bedeutet „ewig; mit Gott verbunden", und materiell bedeutet „vergänglich; von Gott getrennt". Diese Definitionen führen zur bereits erwähnten, schwierigen Frage: Wenn Gott alldurchdringend ist und wenn nichts von Gott unabhängig ist, wie kann dann etwas von Gott getrennt (= materiell) sein?

Die Monisten sagen, daß es gar nichts Getrenntes gibt; die Trennung sei nur Illusion, denn letztlich gebe es keine Vielfalt und keine Individualität; alles sei eins.

Die Dualisten sagen, die Trennung sei real, denn sie sei durch den Widersacher Gottes verursacht worden. Die einen sagen, diese Trennung sei ewig; andere sagen, die Trennung werde bei einem entscheidenden Endkampf zwischen den Mächten Gottes und der Finsternis ein für allemal überwunden. Nach dieser Endschlacht sei alles Böse ausgerottet, und es herrsche wie im Himmel so auf Erden Friede (Königreich Gottes auf Erden).

Aus vedischer Sicht sind sowohl der Dualismus als auch der Monismus einseitige Konzepte, weil sie einer begrenzten, menschengemachten Logik entspringen. Gott ist nicht einfach eine unpersönliche Energie, aber auch nicht einfach eine Person, die mit einem Widersacher kämpft. Beides sind verzerrte Vorstellungen, die ego-zentrierten Macht- und Absolutheitsansprüchen dienen.

Gott (Kṛṣṇa) ist gleichzeitig Person und Energie. Die materielle Welt ist *Gottes* Schöpfung und nicht eine Schöpfung von Gottes Widersacher. Gott hat keinen direkten Widersacher. Die einzigen Widersacher sind – wir! Wir, wenn wir rebellieren und das eigene Ego im Zentrum sehen wollen. Diese Ego-Zentrik bedeutet, daß eine Seele freiwillig aus der liebenden Einheit mit Gott heraustritt, was ein Leben in der Dualität nach sich zieht. Für diese Seelen erschafft Gott (Viṣṇu) die materielle Welt, denn dies ist der Ort, wo die Illusion der Ego-Zentrik möglich ist.

Die materielle und die spirituelle Energie sind parallele Energien. Die vedische Erklärung ist weder Monismus noch Dualismus, sondern *Parallelismus*. Gemäß der Definition in der Geometrie sind Parallelen Geraden, die sich im Unendlichen schneiden. Parallelen sind ein ideales Symbol für die Beziehung zwischen der materiellen und der spirituellen Energie, denn diese schneiden sich ebenfalls im Unendlichen – in Gott. Das heißt, sie haben einen gemeinsamen Ursprung, aber verlaufen gleichzeitig parallel und vermischen sich nie:

> „So wie sich der Äther aufgrund seiner feinen Natur mit keinem anderen Element vermischt, obwohl er alldurchdringend ist, so vermischt sich die spirituelle Seele nicht mit dem materiellen Körper, obwohl sie sich im Körper befindet." (Bhagavad-gītā 13.33)

Im Ursprung sind die parallelen Energien eins, als Parallelen sind sie verschieden. Der Aspekt der Nicht-Verschiedenheit (*abheda*) ist heikel und mißverständlich. Was *abheda* konkret bedeutet, erklärt das Vedānta-sūtra (2.1.7,19) mit einem anschaulichen Beispiel:

> „Ursache und Wirkung [Gott und Seine Energien] sind nicht dasselbe, aber [substantiell] sind sie nicht verschieden. ... Genau wie ein Stück Stoff nicht verschieden ist von seinen Längs- und Querfäden, so ist die Wirkung nicht verschieden von ihrer Ursache."

Ursache und Wirkung sind immer verschieden, aber sie sind nicht *absolut* verschieden, weil zwischen der Ursache und der Wirkung immer eine Verbindung besteht. Ein Beispiel: Wasser (H_2O) ist nicht dasselbe wie Wasserstoff (H_2) und Sauerstoff (O), aber dennoch besteht zwischen dem einen und dem anderen kein substantieller Unterschied, weil es sich immer noch um dieselben Elemente handelt. Ebenso ist die materielle Energie Gottes Energie – eine göttliche, ewige Energie –, hat jedoch aufgrund der Übertragung in eine andere Dimension eine andere Funktion als die spirituelle Energie.

Deshalb sagt Kṛṣṇa in der Bhagavad-gītā (9.9-10):

> „All diese Tätigkeiten können Mich nicht binden, o Arjuna. Ich bin immer unberührt von all diesen materiellen Vorgängen, als wäre Ich unbeteiligt./ Die materielle Energie, die eine Meiner Energien ist, ist unter Meiner Führung tätig und bringt alle sich bewegenden und sich nicht bewegenden Wesen hervor. Nach ihrem Gesetz wird diese Manifestation immer wieder geschaffen und aufgelöst."

Kṛṣṇa vereint in sich das Materielle und das Spirituelle, aber untereinander ist das Materielle kategorisch vom Spirituellen verschieden (*bheda*). Das ist der andere Aspekt der Antwort auf die Frage: Was ist materiell? Was ist spirituell?

Die materielle Welt: ein Gefängnis für Freiwillige

jīvera svarūpa haya – kṛṣṇera nitya-dāsa
kṛṣṇera taṭasthā-śakti, bhedābhedha prakāśa

jīvera: der Seele; *svarūpa:* ewige, natürliche Stellung; *haya:* ist; *kṛṣṇera:* Gottes; *nitya:* ewiger; *dāsa:* Diener; *kṛṣṇera:* Gottes; *taṭasthā-śakti:* die marginale, dazwischenliegende Energie (Gottes ewige Teile, die spirituellen Seelen, die zwischen der materiellen und spirituellen Welt wählen können); *bheda:* verschieden; *abhedha:* nicht verschieden; *prakāśa:* Manifestation.

„Der Seele natürliche Stellung ist es, Gottes ewiger Diener zu sein, denn sie ist ein ewiger Teil Gottes, gleichzeitig verschieden und nicht verschieden von Gott." – Caitanya-caritāmṛta, Madhya-līlā 20.108

Gottes unbegrenzte Energien lassen sich prinzipiell in drei Kategorien unterteilen: die spirituelle Energie, die materielle Energie und die marginale Energie. Marginal bedeutet „am Rande stehend; zwischen zwei Bereichen befindlich". Dies bezieht sich auf uns, die individuellen Seelen, Gottes Teile, die nicht Gott sind, aber qualitativ an Gottes Eigenschaften teilhaben. Als ewige Seelen gehören wir zur spirituellen Energie, aber wir befinden uns „zwischen" der materiellen und der spirituellen Welt, das heißt, wir haben den freien Willen, zu wählen, ob wir im Bereich der materiellen Welt oder im

Reich der spirituellen Welt leben wollen. Die spirituelle Welt ist die natürliche und ewige Heimat der spirituellen Seele. Gewisse Seelen wählen jedoch freiwillig die Existenz in der materiellen Welt, die für die Seele zwar unnatürlich ist, die aber (unter dem Einfluß von Māyā und Ahaṅkāra) die Illusion ermöglicht, zu denken, es gebe keinen Gott oder man selbst sei Gott. Für diese Seelen wird die materielle Welt Heimat, und das illusorische Rollenspiel im Kostüm der sterblichen Körper wird für sie zur todernsten Realität.

Die Begriffe „materiell" und „spirituell" beschreiben also zwei ewige Energien, die vom gleichen Ursprung ausgehen, aber verschiedene Funktionen haben. Die Seelen, die zum marginalen Bereich der spirituellen Energie gehören, haben die Freiheit, ein materielles oder ein spirituelles Leben zu wählen. Spirituelles Leben bedeutet, daß man direkt mit Gott verbunden ist (durch liebenden Dienst, Bhakti-yoga). Im materiellen Leben ist man von Gott „befreit", das heißt, man kann sich in der Illusion wähnen, von Gott unabhängig zu sein.

In Wirklichkeit ist jedoch nichts von Gott unabhängig. Das wird von zahlreichen Upaniṣaden-Mantras deutlich zum Ausdruck gebracht:

> *Sarvaṁ hy etad brahma:* „Alles ist in Wirklichkeit spirituell." (Māṇḍūkya Upaniṣad 2)
>
> *Sarvaṁ khalv idaṁ brahma:* „Alles ist in Wahrheit dieses Eine, das Brahman." (Chāndogya Upaniṣad 3.14.1)

Es gibt also nichts, was von Gott getrennt ist, denn alles ist Gottes Energie (Brahman). „Alles ist Brahman" heißt jedoch nicht „Alles ist eins", wie die Māyāvāda-Monisten meinen. Alles ist eine Einheit in dem Sinn, daß alles Gottes Energie ist, doch in dieser Einheit gibt es Vielfalt, und die marginalen Geschöpfe (wir) haben die Freiheit zu wählen, welche Aspekte dieser Vielfalt wir erfahren wollen, die materiellen oder die spirituellen.

Unter dem Einfluß von Unwissenheit kann man *glauben,* von Gott getrennt zu sein. Um diese Unwissenheit zu erlauben, schafft Gott die materielle Welt. *Tamāsīt tamasā gūḍham agre:* „Der Anfang (*agre*) der materiellen Existenz (*tamas*) wird bewirkt durch die Bedeckung (*gūḍham*) der spirituellen Realität mit Unwissenheit (*tamasā*)" (Ṛg Veda X.1.29.3).

Es ist also die Unwissenheit, die ein Lebewesen an die materielle

„O Parantapa [Arjuna], alle Lebewesen werden in Täuschung geboren, verwirrt von den Dualitäten, die aus Verlangen und Ablehnung entstehen." (Bhagavad-gītā 7.27)

Api saṁrādhane pratyakṣa anumānābhyām. „Durch liebende hingebungsvolle Verehrung (*saṁrādhane*) wird der Höchste sogar (*api*) direkt wahrnehmbar (*pratyakṣa*) und durch philosophisches Studium der Schriften (*anumāna*) verständlich [weil Er sich offenbart]." (Vedānta-sūtra 3.2.24)

„Ego-zentrierte Wünsche (*kāma*) sind wie Knoten im Herzen. Wenn es einem Menschen gelingt, diese Knoten allesamt zu durchschneiden, wird er sogar in der sterblichen Welt unsterblich (*atha martyo-amṛto bhavati*), weil er die ewige spirituelle Existenz erkannt hat./ Wenn ein Mensch die Knoten, die das Herz [an die materielle Welt] fesseln, durchtrennt, wird er sogar in der sterblichen Welt unsterblich. Das ist die wichtigste Unterweisung aller offenbarten Schriften." (Kaṭha Upaniṣad 2.3.14-15)

„Befreit von Anhaftung, Angst und Zorn, völlig in Mich versunken und bei Mir Zuflucht suchend, wurden viele Menschen in der Vergangenheit durch Wissen über Mich geläutert – und so erlangten sie alle spirituelle Liebe zu Mir." (Bhagavad-gītā 4.10)

„Kardama Muni, der Vorfahr der irdischen Menschen, richtete seinen Geist auf den Herrn, die Höchste Persönlichkeit Gottes, der sich jenseits von Ursache und Wirkung befindet, der die drei Guṇas manifestiert, der jenseits dieser drei Guṇas ist und der nur durch vorbehaltlosen hingebungsvollen Dienst (*eka-bhaktyā*) wahrgenommen werden kann./ So löste er sich allmählich vom falschen Ich (*nirahaṅkṛtiḥ*) und wurde von materieller Anhaftung frei. Ungestört, unvoreingenommen und ohne Dualität konnte er allmählich sein wahres Selbst erkennen. Sein Geist war nach innen gerichtet und vollkommen ruhig, wie ein Ozean, der von Wellen nicht gestört wird." (Śrīmad-Bhāgavatam 3.24.43-44)

„Der Herr, die Höchste Persönlichkeit Gottes, läßt die materiellen Wünsche Seines Geweihten, der sich mit materiellen Motiven an Ihn wendet, in Erfüllung gehen; wenn dies jedoch dazu führt, daß der Geweihte bloß um noch mehr Segnungen bittet, wird der Herr sie nicht erfüllen. Was Er Seinem Geweihten jedoch bereitwillig schenkt, ist die Zuflucht bei Seinen Lotosfüßen, selbst wenn ein solcher Mensch gar nicht danach strebt. Diese Zuflucht wird dessen Wünsche vollkommen zufriedenstellen. Das ist die wahre Barmherzigkeit Gottes." (Śrīmad-Bhāgavatam 5.19.27)

„Jemand, der alle Wünsche nach Sinnenbefriedigung aufgegeben hat, der frei von Wünschen ist, der allen Anspruch auf Besitz aufgegeben hat und frei vom falschen Ich (*nirahaṅkāra*) ist – er allein kann wirklichen Frieden erlangen." (Bhagavad-gītā 2.71)

Quellentexte: Von der materiellen zur spirituellen Welt

Welt bindet. In der spirituellen Realität gibt es keine Unwissenheit, genauso wie es im Licht keine Dunkelheit gibt. Die Unwissenheit existiert nur im Bewußtsein gewisser Lebewesen.

Durch die Erschaffung der materiellen Welt erlaubt und ermöglicht Gott die Existenz von Unwissenheit. Grundlage dieser Unwissenheit ist das Ego-Prinzip (Ahaṅkāra, das „falsche Ich"). Unter dem Einfluß des Ahaṅkāra sieht der Ātmā (das wahre Ich) Gott nicht mehr, sondern nur noch sich selbst und die eigene kleine Welt. Aber: Gott ist überall gegenwärtig, müßte also immer und überall zu sehen sein. Wie ist es dann möglich, Gott *nicht* zu sehen? Dadurch, daß Gott selbst es erlaubt und ermöglicht, daß wir Ihn nicht sehen, nämlich dann, wenn wir es wünschen. Wenn wir Gott nicht mehr sehen *wollen,* erfüllt Gott diesen Wunsch – in der materiellen Welt. Denn nur dort ist aufgrund des Ahaṅkāra Unwissenheit möglich.

Und so finden wir uns freiwillig in einer Welt, in der Geschöpfe leben, die allesamt Gott mehr oder weniger vergessen haben und alles andere für wichtiger halten.

Wenn wir denselben Gedankengang zurückgehen, wird plötzlich klar, wie diese Illusion überwunden werden kann: dadurch, daß man den Einfluß des Ego-Prinzips (Ahaṅkāra) überwindet; dadurch, daß man nicht mehr sich selbst im Zentrum sieht, sondern Gott, der sowieso schon das Zentrum ist; und dadurch, daß man sich wieder bewußt – frei von Unwissenheit – in die spirituelle Realität einfügt. Und genau das ist es, was man unter dem Einfluß des Ego-Prinzips nicht hören will: sich einfügen, sich *fügen.* Obwohl sich jedes Wesen konstant irgendeiner höheren Macht oder Notwendigkeit fügen muß, ist es nicht bereit, sich *Gott* zu fügen. Gott „muß" man sich freiwillig fügen. Hierin besteht die Freiheit des Lebewesens. Gott zwingt niemanden, die Unwissenheit aufzugeben, denn die Unwissenheit kann nur aus freiem Willen aufgegeben werden. Gott erzwingt diese Freiwilligkeit nicht, denn Freiwilligkeit ist ein Zeichen der Liebe, und Liebe ist das einzig „herrschende" Prinzip in der spirituellen Welt.

Sich Gott zu fügen würde also bedeuten, freiwillig das Prinzip der spirituellen Welt anzunehmen: Gott zu lieben. Und wenn man jemanden liebt, dient man der geliebten Person, um ihr eine Freude zu bereiten, und nicht, um einen Lohn zu bekommen. Diese selbstlose oder, genauer gesagt, ego-freie Liebe findet in Beziehung zu Gott (Kṛṣṇa) ihre Vollkommenheit. In dieser ewigen Beziehung dient man und bereitet man Freude, ohne an die eigene Freude zu denken, denn Gott zu erfreuen ist die *höchste* Freude. Die Realität dieser Liebe erfährt man, wenn man von Unwissenheit und falschem Ego frei (*nirahaṅkāra*) ist.

Nur unter dem Einfluß des Ahaṅkāra sieht die Jīva-Seele die Realität nicht mehr, nämlich: „Ich bin ein Teil Gottes, ein Jīva (‚lebender Funke'). Als Teil füge ich mich in das Ganze ein. Als Teil *will* ich dem Ganzen dienen. Das ist meine einzige Pflicht, meine natürliche Stellung und meine göttliche Erfüllung."

Gott zu dienen hat nichts mit weltlichem Dienst zu tun. In der materiellen Welt gibt der Mächtige dem Angestellten immer weniger, als dieser im Realwert produziert, und der Angestellte versucht, mit geringstem Aufwand möglichst viel zu ver„dienen". Weltlicher Dienst bedeutet Betrug und Ausbeutung – denn beide Seiten, Diener und Meister, handeln unter dem Ego-Prinzip.

Vollkommen anders ist Dienst für Gott: Gott braucht keinen Dienst. Dienst für Gott ist nichts anderes als Ausdruck von Liebe und Hingabe (Bhakti). Bhakti ist ego-frei und freiwillig, was bedeutet, daß der Einfluß des Ahaṅkāra überwunden ist – was bedeutet, daß die Unwissenheit überwunden ist, die das Lebewesen die spirituelle Realität nicht mehr sehen läßt.

Freiwillig wählen gewisse Seelen die materielle Welt (um Gott nicht dienen zu „müssen"), und freiwillig wählen gewisse Seelen die spirituelle Welt (weil sie Gott dienen *wollen*). Die Verbindung (Yoga) mit Gott durch Bhakti („hingebungsvoller Dienst") ist also die ent-scheidende Überwindung der Scheidung von Gott, die das Lebewesen selbst gewählt hat.

Bhakti bedeutet, daß man sich entscheidet, das natürliche, ursprüngliche Ziel (Gott) anzustreben und die entsprechenden Konsequenzen zu ziehen. Auf diesem Weg zurück zum Ursprung gibt es zahllose Stufen, wobei jedoch bei einem Großteil der Stufen das Ziel noch nicht klar in Sicht ist. Wer jedoch bewußt Gott, den Absoluten, als das Ziel erkennt, erreicht die Zielgerade der Bhakti und überwindet alle atheistischen und unpersönlichen Fehlvorstellungen, denn er/sie erkennt: Nicht *mein* Wille geschehe, aber auch nicht *kein* Wille geschehe, sondern „Dein Wille geschehe"!

Weil man auf dem Pfad der Bhakti im Prinzip bereits dieselben Tätigkeiten ausführt wie am Ziel, nämlich hingebungsvollen Dienst, heißt es, daß bei Bhakti Weg und Ziel nicht voneinander verschieden sind. Über diesen Verbindungsvorgang (Bhakti-yoga) wird es möglich, bereits innerhalb der materiellen Welt die Dualität und die

Trennung von Gott zu überwinden. Dies ist das offene Geheimnis der Bhagavad-gītā: *bhakti-yogena sevate ... brahma-bhūyāya kalpate*. „Wer sich ohne Abweichung im hingebungsvollen Dienst beschäftigt, transzendiert sogleich die materiellen Erscheinungsweisen und erreicht das Brahman, d.h. die Ebene des Absoluten [jenseits der materiellen Dualität]." (Bhagavad-gītā 14.26)

Dualität, Einheit und Transzendenz (Zusammenfassung)

Das materielle Universum ist eine Welt der Dualität, weil sie eine vergängliche, relative (d.h. abhängige) Welt ist; sie unterliegt der Schöpfung und Auflösung, also auch der Zeit, der Kausalität usw. Alles Relative ist vom Absoluten abhängig. Es wäre jedoch falsch, das Absolute bloß als das Gegenteil des Relativen zu definieren und zu sagen, weil es im Relativen Vielfalt und Persönlichkeit gebe, müsse das Absolute (Gott) eine monistische Einheit ohne Persönlichkeit und Vielfalt sein. Diese Definition ist bloß eine Verneinung der Dualität, ist also immer noch von der Dualität abhängig. Die wirkliche Einheit ist das Alles-Vereinende, das Absolute. Diese Realität (die Transzendenz) ist verschieden von der relativen Dualität und Einheit, obwohl diese von ihr abhängig sind. Zur Veranschaulichung: Licht ist gänzlich von Dunkelheit verschieden, umgekehrt jedoch ist die Dunkelheit gänzlich vom Licht abhängig, denn Schatten und Dunkelheit werden vom Licht gebildet, können das Licht aber nicht berühren.

Bheda-Abheda: Gott ist alles, doch nicht alles ist Gott. Mit dieser Formel könnte man Gottes Beziehung zur materiellen Welt umschreiben. Oder um die Paradoxie des Absoluten noch prägnanter auszudrücken: Gott (Kṛṣṇa) ist alles, doch nichts ist wie Kṛṣṇa (Gott). Qualitativ ist Gott eins mit allem, d.h. *abheda* („nicht verschieden"); aber quantitativ ist Gott *bheda* („von allem verschieden"), denn nichts und niemand ist gleich wie Gott (Kṛṣṇa), nicht einmal das Brahman oder der Urschöpfer, Viṣṇu.

Die materielle Welt ist wie der Schatten der spirituellen Welt, und jedes Lebewesen hat die Freiheit zu wählen, wo es sich aufhalten will. Solange wir in der materiellen Welt leben, erfahren wir immer wieder die Extreme der Polarität (Freude und Leid, gut und böse, usw.), bis wir erkennen, daß wir als ewige Seele nicht Teil der

Vergänglichkeit sind. Dies ist eine wichtige Antwort auf die Frage der Theodizee. Zur Dualität der materiellen Welt gehören auch die Einflüsse des Bösen und Gewaltsamen. *Diese Einflüsse entsprechen Gottes Gesetzen, aber nicht Gottes Willen.* Gott will, daß die Lebewesen aus ihrer Illusion erwachen und zur spirituellen Realität – letztlich in die spirituelle Welt – zurückkehren, denn das ist ihre natürliche, ewige Stellung (*svarūpa*). Einheit bedeutet also nicht Einssein (Auflösung der Individualität), sondern Einheit mit dem Willen Gottes. „Dein Wille geschehe!" Diese wahre Einheit kann jedoch nur auf der Ebene der Transzendenz erfahren werden, wenn man sich selbst als ewige Seele (Ātmā) erkannt hat.

> „Während des Lebens im Körper und damit in der Polarität herrscht aber nicht unsere unsterbliche Seele über den Körper, sondern das Ego, und das liebt Abwehr und Abgrenzung, denn nur dadurch lebt es. Ja, das Ego definiert sich geradezu durch die Grenzen, die es künstlich um sich herum aufbaut. Es unterscheidet zwischen Ich und Du, Mein und Dein und hat seine Freude daran. Es betet: ‚Mein Wille geschehe', und wann immer etwas aus dem Meer des Außen unter seinen Einfluß gerät, ist es glücklich, und wir mit ihm, sind wir doch meist ganz mit unserem Ego identifiziert. ..."[44]

Ego-Überwindung: Einheit mit Gott ist individueller Einklang mit dem Willen Gottes, und das ist die Vollkommenheit des freien Willens der Seele. Die Seele, das wahre, ewige Ich, fügt sich aus freiem Willen in die allumfassende (absolute) Ordnung Gottes ein und dient dem Willen Gottes. Diese Freiwilligkeit ist Ausdruck der natürlichen, spirituellen Liebe zu Gott und stellt die vollkommene Synthese der quantitativen Verschiedenheit und qualitativen Einheit dar. Diese Harmonie führt zur endgültigen Überwindung des materiellen Egos (Ahaṅkāra) und beendet somit die Unwissenheit, die das wahre Ich von der spirituellen Realität trennt.

> „Eine noch gewaltigere Revolution wäre jetzt fällig: das Ego aus dem Mittelpunkt der Welt zu rücken! ... das Ego braucht nicht abgeschafft zu werden, es gehört lediglich zurück an den Platz, den es schon immer einnimmt. Es [das *falsche* Ego!] ist Teil der Illusionswelt, und als solcher sollte er durchschaut werden./ Auch hierdurch würde nur ein schon immer bestehender Kreis geschlossen bzw. unserem Bewußtsein erschlossen. Aus der Einheit kommend, hätten wir die Einheit wiederentdeckt. In Wirklichkeit haben wir sie nie verlassen, wie uns die östlichen Religionen ausdrücklich versichern. Auch Christus sagt uns, daß das Himmelreich Gottes in uns liegt und daß wir das in jedem Moment entdecken können."[45]

Kapitel 6

Buddha, Śaṅkara, Caitanya

In den vorangegangenen Kapiteln wurde aufgezeigt, wie die vedischen Schriften den Menschen Schritt für Schritt zu höheren und höchsten Stufen der Erkenntnis führen. Dieses Fortschreiten ist individuell und freiwillig und kann ermutigt, aber nicht erzwungen werden. Das ist ein göttlicher Grundsatz, der von der vedischen Gottesoffenbarung nicht nur respektiert, sondern auch etabliert wird. Weil diese Offenbarung mit der Erkenntnis einhergeht, daß die Existenz des Menschen nicht auf ein einziges Erdenleben beschränkt ist, vermag sie die individuelle Entwicklungsstufe der Menschen zu berücksichtigen und zu heben, ohne deren freien Willen zu beeinträchtigen.

Dieser Grundsatz der individuellen Entwicklung prägte nicht nur die Systematik der vedischen Schriften, sondern auch die *historische Abfolge* der vedischen Offenbarung.

Der wichtigste Aspekt der Weltgeschichte ist – gemäß vedischen Kriterien – die Gottesoffenbarung. Denn durch diese Offenbarung bekommen die Menschen überhaupt erst wirkliche Freiheit, nämlich die Möglichkeit der freien Wahl. Für Gott oder gegen Gott – das ist die wahrhaft entscheidende Frage, mit der jeder Mensch und auch jede Zivilisation immer wieder konfrontiert wird. Würde sich Gott nicht offenbaren, hätte der Mensch nicht einmal die Wahl. Gottes Offenbarung zwingt niemanden, sich für Gott zu entscheiden, aber gibt die *Möglichkeit,* sich für Gott zu entscheiden. Doch diese Entscheidung wird nicht nach dem Motto „Alles oder nichts" gefordert; deshalb gibt es zu verschiedenen Zeiten verschiedene Offenbarungen mit unterschiedlichen Ansprüchen, die alle direkt oder indirekt auf dasselbe Ziel hinweisen. Und von Zeit zu Zeit wird auch das Ziel selbst in seiner gesamten Fülle und Vollkommenheit offenbart. Laut dem vedischen Kalender befindet sich die Menschheit heute wieder in einer solchen Phase:

> „Wann und wo auch immer das wahre Gottesbewußtsein verfällt und Irreligiosität überhandnimmt, zu der Zeit erscheine Ich, um ... Dharma [den Vorgang der echten *religio*] wieder zu offenbaren." (Bhagavad-gītā 4.7-8)

Wenn wir die Weltgeschichte in diesem Licht betrachten, erkennen wir völlig neue Prioritäten. Viele „Meilensteine" der Geschichte erscheinen plötzlich unbedeutend, und vieles scheinbar Unbedeutende bekommt plötzlich epochale Bedeutung.

Im sechsten Kapitel soll die historische Abfolge der vedischen Offenbarung näher untersucht werden. Was waren die wichtigsten Stationen? Wie kommt es, daß heute die ursprüngliche vedische Offenbarung „plötzlich" wieder bekannt wird, und das sogar weltweit?

Diese Entwicklung kam, wie wir sehen werden, keinesfalls unvorbereitet, sondern entspricht einer jahrtausendelangen göttlichen Planung, die von den vedischen Schriften, aber auch von einzelnen abendländischen Propheten vorausgesehen wurde.

Nur zu Zeiten erträgt göttliche Fülle der Mensch

Denn so kehren die Himmlischen ein, so steiget in Nächten
Vorbereitet herab unter die Menschen ihr Tag. ...
Denn nicht immer vermag ein schwaches Gefäß sie zu fassen,
Nur zu Zeiten erträgt göttliche Fülle der Mensch.

– Friedrich Hölderlin[46]

Im Lauf der Jahrtausende sind verschiedene göttliche Inkarnationen und Gottgesandte auf der Erde erschienen. Sie überbrachten den Menschen unterschiedliche Botschaften, die manchmal sogar widersprüchlich klangen. Viele Widersprüche lassen sich natürlich darauf zurückführen, daß die Urheber nicht wahrhaft göttliche Personen waren, sondern falsche Propheten, Scheinheilige oder bewußte Religionsverfälscher. Des öfteren entstanden Widersprüche auch deshalb, weil ursprünglich echte Offenbarungen nachträglich von irgendwelchen Mächten verfälscht wurden.

Aber selbst bei den echten und unverfälschten Quellen sind Widersprüche nicht zu übersehen. Angesichts dieser Widersprüche gibt es grundsätzlich drei Möglichkeiten der Reaktion: (1.) Man sagt, nur die eigene Religion sei gut und richtig und alle anderen seien falsch und teuflisch, und man beginnt, die Andersgläubigen zu bekämpfen. (2.) Man sagt, all diese Gottgesandten seien einfach gewöhnliche Menschen gewesen, die relative theologische Meinungen vertraten, und der Mensch solle sich nicht über die verschiedenen Meinungen ereifern, denn letztlich hätten alle gleich recht oder gleich unrecht, weil alles relativ sei, auch die sogenannten Gottesoffenbarungen. Diese Ansichten werden von weiten Kreisen der modernen Indologie, Philosophie und Theologie vertreten, aber auch von vielen nicht-akademischen Menschen, die aufgrund von (1.) verständlicherweise nichts mehr mit Religion zu tun haben wollen.

Es gibt aber auch eine dritte Alternative: Man geht davon aus, daß Gott sich tatsächlich offenbart, jedoch auf verschiedene Weise gemäß Ort, Zeit und Umständen. Die Menschheit ist nicht immer reif für die vollständige Offenbarung, und die göttlichen Inkarnationen und Gottgesandten sind sich dessen vollkommen bewußt, weshalb sie den jeweiligen Menschen nur die nächsten Schritte zeigen, wohl wissend, daß auch die längste Reise mit dem ersten Schritt beginnt. Dies ist die Erklärung, die von den vedischen Quellen selbst gegeben wird – eine Synthese, die religiösen Fanatismus unterbindet und pseudoreligiöse Fassaden entlarvt, ohne jedoch das Prinzip der Religion (im Sinn von *religio/yoga*) zu relativieren oder zu verwässern.

Die vedische Interpretation der Religionsgeschichte weist auf einen langfristigen Plan Gottes hin, der die *vollständige* Veda-Offenbarung zum Ziel hat. Moderne Religionen und akademische Schulen werden mit dieser vedischen Erklärung nicht einverstanden sein, denn sie widerspricht direkt der Grundlage ihrer Weltbilder, den absolutistischen Ansprüchen einerseits und der relativierenden Unverbindlichkeit andererseits. Es muß jedoch klar hervorgehoben werden, daß die vedische Interpretation völlig legitim ist, denn sie berücksichtigt alle historischen Befunde und Fakten; der Unterschied besteht lediglich in der Erklärung der Zusammenhänge, die nicht absolutistisch (alles ausschließend) oder unschlüssig (alles relativierend), sondern „absolut" (alles Relative verbindend) ist.

Scheinbare Widersprüche entstehen, weil die göttliche Wahrheit immer *gemäß Ort, Zeit und Umständen* offenbart wird. Dies ist ein ganz natürliches Prinzip, das auch an jeder Schule verwendet wird. In der unteren Schulstufe sagt der Lehrer: „1 - 2 kann man nicht rechnen. Wenn man nur einen Apfel hat, kann man nicht zwei Äpfel weggeben." Später heißt es dann: „Natürlich kann man zwei Äpfel weggeben, wenn man nur einen Apfel hat. Man macht einfach Schulden. Also: 1 - 2 = -1."

Der Mathematiklehrer der unteren Schulstufe hat die Schüler nicht angelogen. Er hat den jungen Schülern einfach noch nicht alles gesagt, denn das hätte sie überfordert. Durch diese ersten Rechenschritte hat der Lehrer den Schülern eine Grundlage gegeben, auf der sie später auch höhere Zusammenhänge verstehen können. Genauso verhält es sich bei den Offenbarungen der göttlichen Wahrheit: Sie wird Schritt für Schritt gelehrt. Das bedeutet jedoch nicht, daß es nicht immer auch Personen gibt, die die höheren Zusammenhänge bereits verstehen. Während den Grundschülern verboten wird, 1-2 zu rechnen oder aus -1 die Wurzel zu ziehen, leben gleichzeitig auf der Erde Mathematikgenies, die Rechnungen ausführen, die sich diese Grundschüler nicht einmal vorstellen können.

Wenn wir von einem historischen Ablauf der göttlichen Offenbarungen sprechen, müssen wir uns immer dieses Bild der gleichzeitigen Existenz von Grundschülern und Mathematikgenies vor Augen halten. Vor allem dürfen wir eines nie vergessen: Der Lehrer weiß immer mehr, als er den Schülern mitteilt.

Offenbarung im Kali-yuga

„Im Kali-yuga werden gierige und hinterhältige Wesen geboren, die Falschheiten verbreiten. Sie werden von dunklen Wünschen getrieben, fördern degradierendes Verhalten und verfälschen die offenbarten Schriften." – Liṅga Purāṇa 1.40.4

Vor dem Beginn des Kali-yugas waren sich die führenden Weisen der vedischen Hochkultur über das Ziel der vedischen Offenbarung und über die Stufen, die zu diesem Ziel führen, vollkommen bewußt. Weil sich mit dem Herannahen des Kali-yugas jedoch viele dunkle und destruktive Einflüsse auf der Erde breitmachten und weil eine allgemeine Verkümmerung des vedischen Wissens absehbar war, erschien Gott (Kṛṣṇa) vor fünftausend Jahren persönlich auf der Erde und erneuerte die Offenbarung des spirituellen Wissens durch die Bhagavad-gītā:

> „Im Laufe der Zeit ist das Wissen um *yoga* [die Verbindung zu Gott] verlorengegangen, o Parantapa [Arjuna], und deshalb offenbare Ich es dir heute wieder, weil du Mein Geweihter und Mein Freund bist." (Bhagavad-gītā 4.2b-3a)

Um ein erneutes Verlorengehen des vedischen Wissens zu verhindern, beschlossen die größten Heiligen und Weisen der damaligen Zeit, dieses Wissen schriftlich festzuhalten. Unter der Leitung Vyāsadevas, einer bevollmächtigten göttlichen Inkarnation, wurde das vedische Wissen systematisch niedergeschrieben. Die Schriften, die die höchste Schlußfolgerung (Gottes allumfassendes Wesen) offenbaren, verfaßte Vyāsadeva persönlich: das Vedānta-sūtra, das Mahābhārata mit der Bhagavad-gītā und die Purāṇas, unter denen das Bhāgavata Purāṇa (bekannt als Śrīmad-Bhāgavatam) herausragt.

In diesen Schriften wird unmißverständlich erklärt, daß Gott unbegrenzt ist und deshalb unbegrenzt viele Aspekte umfaßt. Gott ist sowohl Energie als auch Person:

> „Diejenigen, die Gott als die Absolute Wahrheit erkannt haben (*tattva-vidas tattvam*), sagen, daß Gott die nichtduale Realität (*advayam*) ist, die in drei Aspekten erkannt wird: ***brahmeti paramātmeti bhagavān iti śabdyate***, d.h. als Brahman [die alldurchdringende Energie], als Paramātmā [die immanente Überseele in allen Lebewesen und Atomen] und als Bhagavān [die transzendente, ursprüngliche Persönlichkeit Gottes]." (Śrīmad-Bhāgavatam 1.2.11)

Im Verlauf der ersten zwei Jahrtausende des Kali-yugas erlitt die vedische Gesellschaft große Rückschläge. Die Stützen dieser Gesellschaft, die Priester (Brāhmaṇas) und die Angehörigen des Adels (Kṣatriyas), begannen, ihre Stellung zu mißbrauchen. Die vedische Kultur wurde von innen her zerstört, und zwar bezeichnenderweise von jenen Positionen aus, die ursprünglich die Stützen der vedischen Kultur gewesen waren. Dies betraf vor allem die Priesterpositionen. Die vedische Kultur war so stark, daß sie nur durch allmähliche Untergrabung zu Fall gebracht werden konnte. Und genau das geschah, wie es schon das Varāha Purāṇa und andere Purāṇa-Schriften prophezeit hatten: *rākṣasāḥ kalim āśritya jāyante brahma-yoniṣu*. „Rākṣasas [macht- und blutrünstige Wesen aus den unteren Bereichen des Universums] werden von der Zeit des Kali profitieren (*kalim āśritya*) und auf der Erde als Priester auftreten (*jāyante brahma-yoniṣu,* ‚als Brāhmaṇas geboren werden').“

Wenn man diesen Schlüssel kennt, wird auf einmal vieles in der Welt- und Religionsgeschichte verständlich. Im Kali-yuga tauchen überall solche Rākṣasa-Inkarnationen auf, denn das dunkle Zeitalter entspricht ihrer Wellenlänge. Tyrannische Herrscher des Altertums, mittelalterliche Kirchenleute und Inquisitoren sowie auch moderne Machthaber und Materialisten fallen zu einem großen Teil in diese Kategorie. In Indien waren es vor allem jene „Brahmanen“, die das Geburtsrecht einführten und dadurch das berüchtigte Kastensystem ins Leben riefen, unter dem Indien für Jahrtausende zu leiden hatte und auch heute noch leidet. Sie behaupteten, daß nur jemand, der in einer Brahmanenfamilie geboren worden sei, Brahmane sein könne. Sie beriefen sich dabei auf die zahlreichen Aussagen der vedischen Schriften, die die Wichtigkeit und Heiligkeit der echten Brahmanen (*brāhmaṇas*) hervorheben und untermauern. Man muß annehmen, daß in dieser Zeit auch einige selbstherrliche Verse in die Schriften hineingeschmuggelt wurden.

Ähnliches behaupteten auch die Inhaber politischer Ämter, was dazu führte, daß diese Ämter und Privilegien zu einem unanfechtbaren, erblichen Familienbesitz wurden. Mit diesem korrupten Geburtsrecht schützte sich die klerikale und adelige Elite vor Kritik und Konkurrenz.

Diese Brahmanen erhoben auch einen Absolutheitsanspruch auf das Studium des Sanskrit und der vedischen Schriften. Hätten sie dem Volk das vedische Wissen nicht vorenthalten, wäre ihr Betrug schnell durchschaut worden. Denn die Aussage der echten Offenbarungen sind logisch und eindeutig, und sie unterstützen in keiner

Weise das Geburtsrecht-Kastensystem. Nur zwei Beispiele seien hier angeführt.

> [Kṛṣṇa spricht:] „Die Unterteilungen (*varṇa*) der menschlichen Gesellschaft richten sich nach *guṇa-karma,* nach den Eigenschaften und Fähigkeiten der Menschen [und nicht nach der Geburt].“ (Bhagavad-gītā 4.13a)

> [Brahmā spricht:] „Wenn ein Mensch in der Familie eines hochstehenden Brāhmaṇa geboren wurde, aber den entsprechenden Pflichten nicht gerecht wird, darf er nicht Brāhmaṇa-Ehren in Anspruch nehmen. Wer diesen Pflichten jedoch gerecht wird, ist verehrungswürdig wie Vyāsadeva und Vibhaṇḍaka, selbst wenn er aus einer unteren Gesellschaftsschicht stammt.“ (Padma Purāṇa 1.46.126b-127a)

Falsche Führer und verfälschtes Wissen – dies war der Niedergang der reinen vedischen Kultur, die in den ersten Jahrtausenden des Kali-yugas immer mehr zurückgedrängt wurde, aber nie ganz verschwand, sondern in kleinen Kreisen lebendig blieb (vor allem in der südindischen Alvar-Tradition).

Im Lauf der Generationen führten Brahmanen mit Rākṣasa-Mentalität blutige Tieropfer ein und behaupteten, diese seien fester Bestandteil der vedischen Rituale. So wurde das Fleischessen „im Namen Gottes“ geheiligt, und die Menschen entfernten sich dadurch noch mehr von ihrem vedischen Hintergrund, was einer wachsenden Anzahl von Rākṣasa-Wesen das Tor zur Erde öffnete.

Buddha – Der Schwer-zu-Verstehende

„In der neunzehnten und zwanzigsten Inkarnation erschien Gott (Kṛṣṇa) persönlich zusammen mit Balarāma (rāma-kṛṣṇav iti bhuvo) in der Familie Vṛṣṇis und befreite die Erde von ihrer Last. Danach, nach Anbruch des Kali-yugas, wird Er als Buddha, der Sohn Añjanās, erscheinen, um diejenigen zu überlisten, die die Gottgläubigen beneiden.“ – Śrīmad-Bhāgavatam 1.3.23-24

Die oben geschilderte Situation Indiens war das Umfeld, in dem *Gautama Buddha* erschien, zweieinhalbtausend Jahre nach dem Beginn des Kali-yugas. Obwohl Buddha („der Erleuchtete“) die Autorität der vedischen Schriften ablehnte, wird er von den vedischen Schriften als eine echte Inkarnation Gottes anerkannt. Bereits dieser eine Umstand verrät, daß Buddhas Rolle kompliziert und vielschichtig, aber nicht endgültig war. Die nachfolgenden Ausführungen stützen sich nicht auf die späteren buddhistischen Interpretationen der Person und der Lehre Buddhas, sondern auf die Informationen, die man in den vedischen Schriften findet. Diese sagten das Erscheinen des Buddha voraus (das damals noch Zukunft war), enthalten aber auch Beschreibungen von früheren Buddhas.[47]

Buddhas Aufgabe war es, den Rākṣasa-Mißständen die Grundlage zu entziehen, um zu verhindern, daß sich die Menschen noch weiter vom spirituellen Ziel des Lebens entfernten. Weil die Scheinheiligkeit der falschen Brāhmaṇas sich auf die vedischen Schriften und auf die Reinkarnationslehre stützte, wandte sich Buddha gegen beides: Er verwarf die Autorität der vedischen Schriften mit der Begründung, jeder Mensch müsse sich selbst befreien; kein Buch und kein Lehrer könne einem diese Arbeit abnehmen. Er lehrte auch, daß mit jeder Geburt ein neues Leben beginne; alle Körperformen, auch die der Götter, seien illusorisch und letztlich inexistent und hätten keinen Zusammenhang mit früheren Existenzen, außer daß sie aus den Willensimpulsen und Karma-Strukturen der Vergangenheit hervorgegangen seien. Durch diese Lehren wurde die Machtstellung der Brahmanen geschwächt, die sich jetzt nicht mehr unangefochten auf Schriften und Geburtsrechte berufen konnten.

Buddha wies darauf hin, daß die Erscheinungswelt eine Scheinwelt sei und daß der Mensch sich von dieser Scheinwelt befreien müsse. Den Weg zu dieser Befreiung wies er mit seinen „vier edlen Wahrheiten": (1.) Zuerst muß man erkennen, daß das Dasein in jeder Beziehung leidvoll ist. Was ist also der Nutzen, sich als Brahmane oder König über andere erheben zu wollen? (2.) Die Ursache solcher Wünsche sind das Ego und dessen Begierden. (3.) Deshalb müssen alle Begierden und Ego-Impulse abgetötet werden. (4.) Das Mittel, um dies zu erreichen, ist der sogenannte „achtstufige Pfad", der mit rechtem Reden, Handeln und Leben beginnt. Hierher gehört insbesondere die Forderung nach Gewaltlosigkeit (Ahiṁsā), für die der Buddhismus berühmt geworden ist. Mit dem Gebot der Ahiṁsā stoppte Buddha die vermeintlich vedischen Tieropfer und bekämpfte das Essen von Fleisch, denn das Fleisch von nicht natürlich gestorbenen Tieren ist ein Produkt von Gewalt.

Neben diesen Geboten der Sittlichkeit und Tugendhaftigkeit (in Gedanken, Worten und Taten) beinhaltet der achtfache Pfad auch das Gebot der Meditation, deren Hauptziel es sein soll, das Bewußtsein von allen Ego-Regungen zu leeren. Die Vollkommenheit dieser Versenkung ist die erlösende Erkenntnis, daß man mit nichts in dieser Scheinwelt zu tun hat. Diese Nichts-Erkenntnis wird mit dem Sanskrit-Wort *nirvāṇa* umschrieben, das wörtlich „kein Wehen des Windes" bedeutet. In diesem Zustand wird das Bewußtsein durch keine Gedanken mehr erregt, und man befindet sich nicht mehr im Bereich der Dualität (symbolisiert durch das Wehen des Windes). In diesem Sinn hatte bereits Kṛṣṇa das Wort *nirvāṇa* mehrmals in der Bhagavad-gītā verwendet, zum Beispiel in der Wendung *śāntiṁ nirvāṇa-paramam*.

> „Indem der Meditierende sich ständig darin übt, Körper, Geist und Taten zu beherrschen, erlangt er inneren Frieden (*śānti*) und höchste (*paramam*) Befreiung vom materiellen Dasein (*nirvāṇa*). ... So wie ein Licht an einem windstillen Ort nicht flackert, bleibt auch der Transzendentalist, dessen Geist beherrscht ist, in seiner Meditation über den Ātmā immer stetig." (6.15,19)

Auf diese Weise überlistete Buddha die Brahmanen und die von ihnen irregeführten Menschen. Er tat so, als ob er die vedischen Schriften zurückweise, und brachte seine Anhänger dazu, einfach ihm nachzufolgen. Aber weil er selbst eine göttliche Inkarnation war, lebten sie unter der Führung Buddhas mehr in Übereinstimmung mit der vedischen Offenbarung, als wenn sie falsch verstandenen vedischen Schriften gefolgt wären.

Buddha verglich die Welt mit einem Wald (*vana*) und wollte den Menschen klarmachen, daß es notwendig ist, aus diesem Wald herauszukommen. Er wies den Weg, wie man aus dem Wald herauskommt, aber er sagte nicht, was man antrifft, wenn man herausgekommen ist. In der damaligen Zeit war diese Perspektive für die meisten Menschen auch gar nicht relevant, und solche Diskussionen hätten nur Verwirrung gestiftet. Zuerst mußten die Menschen wieder lernen, nach den „vier edlen Wahrheiten" zu leben.

Fragte man Buddha, was denn mit dem Gott sei, der in den vedischen Schriften beschrieben werde, lächelte Buddha nur, schwieg und sagte nichts. Weil Buddha über diesen Aspekt nichts sagte, wurde von gewissen Nachfolgern die Lehre aufgestellt, Nirvāṇa bedeute ein absolutes Nichts. Es gebe weder Individualiät noch spirituelle Realität, denn letztlich sei alles leer (*śūnya*).

Trotz dieser späteren Mißverständnisse waren die Weichen für die Rückkehr des vedischen Verständnisses gestellt. Die Menschen erkannten wieder die Notwendigkeit eines tugendhaften Lebens und einer eigenverantwortlichen Meditation. Obwohl das Kastensystem weiter bestehenblieb und die elitären Brahmanen ihre Machtposition behielten, war zumindest deren Absolutheitsanspruch relativiert worden. Denn das letzte Wort Gottes war noch nicht gesprochen.

Śaṅkara – Śiva-Inkarnation mit Doppelrolle

Śiva sprach zu seiner ewigen Gemahlin Pārvatī: „Manchmal lehre ich Māyāvāda-Philosophie und berufe mich dabei auf die vedischen Schriften, aber meine Kommentare entsprechen nicht deren ursprünglichem Sinn (māyāvādam asat-śāstram). Pracchannaṁ bauddham: Auf verhüllte Weise sage ich dasselbe wie der Buddha. O Devī, dies tue ich im Zeitalter des Kali, indem ich in der Gestalt eines Brāhmaṇa erscheine."

– Padma Purāṇa, Uttara-khāṇḍha 25.7

Für ein ganzes Jahrtausend stand Indien unter buddhistischer Vorherrschaft. Dies änderte sich erst im 9. Jahrhundert, als die Zeit reif war für eine nächste Inkarnation: Śaṅkara (788-820). So wie Buddha eine Inkarnation Viṣṇus gewesen war, war Śaṅkara eine Inkarnation Śivas. Diese vedische Identifikation des großen Lehrers Śaṅkara wird glaubwürdig, wenn man sieht, was er in der kurzen Zeit seiner irdischen Präsenz vollbrachte. Er war noch nicht einmal zehn Jahre alt, als er Asket wurde und ein Wanderleben begann. Er reiste quer durch Indien und forderte die buddhistischen Lehren heraus. Seine heikle Aufgabe bestand darin, nach Buddha den nächsten wichtigen Schritt im göttlichen Offenbarungsplan einzuleiten, nämlich zu beweisen, daß die von Buddha zurückgewiesenen vedischen Schriften in Wirklichkeit echte heilige Schriften sind.

Śaṅkara verfaßte noch als Knabe sein berühmtestes Werk, den Śārīraka-bhāṣya, einen Kommentar zu Vyāsadevas Vedānta-sūtra. Genauso wie man auch heute bei den meisten Menschen nicht direkt über Gott sprechen darf, wenn man sich nicht sogleich deren Aufmerksamkeit und Offenheit verspielen will, so mußte auch Śaṅkara im buddhistischen Indien bei seiner Veda-Interpretation viele Kompromisse eingehen. Er erreichte dies, indem er die buddhistische Philosophie durch einen vedischen Monismus (in der Fachsprache *Advaita-Vedānta* genannt) ersetzte. Mit anderen Worten, was Śaṅkara vorlegte, war nichts anderes als eine vedische Version des Buddhismus. Er identifizierte das Nirvāṇa mit der unpersönlichen, alldurchdringenden Brahman-Energie. Er sagte, es gebe nur die unpersönliche Brahman-Einheit; jede Form von Vielfalt sei Illusion, auch die Vielfalt von Gott und Seele; Paramātmā (die kosmische Überseele) und Ātmā (die individuelle Seele) seien letztlich dasselbe, denn beide seien nichts anderes als Brahman; nur unter Illusion (Māyā) glaube man, man existiere als Individuum in einem Universum, das von Gott geschaffen sei.

All diese Māyāvāda-Konzepte („Jede Vielfalt ist Māyā") verfocht Śaṅkara auf der Grundlage der Upaniṣaden, des Vedānta-sūtra und der Bhagavad-gītā, die er mit bestechenden Sanskrit-Wortspielereien auslegte. Aber im engeren Kreis und sogar in seinen schriftlichen Kommentaren ließ er manchmal durchschimmern, daß er selbst nicht an diese Māyāvāda-Konzepte glaubte. In der Einleitung zu seinem Bhagavad-gītā-Kommentar mit dem Titel *Gītā-bhāṣya* schreibt er: *nārāyaṇa paro 'vyaktāt*. „Gott als Person (*nārāyaṇa*) ist jenseits (*paro*) der unmanifestierten Energie (*avyaktāt*)."

Eine der letzten Aussagen des zweiunddreißigjährigen Śaṅkara ist berühmt geworden: *bhaja govindaṁ bhaja govindaṁ bhaja govindaṁ mūḍha-mate* ... „Verehrt einfach Govinda, verehrt einfach Govinda, verehrt einfach Govinda, ihr intellektuellen Narren (*mūḍhamate*)! Im Moment des Todes werden euch eure Grammatik und eure Wortspielereien nicht mehr helfen können."

Die Veda-Lehrer kehren zurück

„Ihr göttlichen Wesen, erscheint auf der Erde durch Geburt! ... Denn bald wird Gott, die ursprüngliche, höchste Person (bhagavān puruṣaḥ paraḥ) ebenfalls erscheinen, um die Last der Erde durch Seine Kraft der Zeit zu verringern." – Śrīmad-Bhāgavatam 10.1.22b-23a

Innerhalb von zwanzig Jahren bekehrte der jugendliche Śaṅkara ganz Indien zu seiner Māyāvāda-Lehre. Diese übermenschliche Leistung bereitete den Pfad für die nächsten großen Lehrer vor, denn nun waren die vedischen Schriften wieder als Quelle göttlicher Offenbarung anerkannt, und es ging nur noch darum, zu erkennen, worin die wahre Bedeutung dieser Schriften bestand.

Die neuen Veda-Lehrer stammten anfänglich alle aus Südindien, wo die Vaiṣṇava-Tradition (die ursprüngliche Viṣṇu-Offenbarung) nie völlig untergegangen war. Dort wurde die Māyāvāda-Lehre zweihundert Jahre nach Śaṅkara vom Pionier der neuen Veda-Lehrer, dem Heiligen *Rāmānuja* (1017-1137), herausgefordert und in den wichtigsten Punkten widerlegt. Rāmānuja wies darauf hin, daß Śaṅkaras Interpretation des Begriffes Brahman nicht richtig sein könne: Wenn es nichts anderes als die unpersönliche Brahman-Energie gäbe, wie könnte dann Illusion entstehen? Auch wenn die Individualität nur eine Illusion sei, wie Śaṅkara behauptete, könne nicht „alles eins" sein, denn es gebe ja das Brahman und die Illusion. Śaṅkara vergleiche die materielle Welt mit der Illusion einer Fata Morgana; Fata Morgana jedoch bedeute, daß die luftgespiegelte Oase tatsächlich irgendwo vorhanden sei; die Wüste und die Oase existieren und vor allem auch die Person, die der Täuschung zum Opfer fällt. Illusion ist also nicht die Ursache von Individualität, sondern gerade umgekehrt: Es muß in der materiellen Welt reale Individuen geben, und diese sind der Illusion anheimgefallen, weshalb sie sich ihrer spirituellen Natur nicht mehr bewußt sind.

In einem gewissen Sinn machte Rāmānuja jedoch einen Kompromiß mit Śaṅkara, indem er vor allem die Einheit der Lebewesen mit Gott hervorhob. Er wies jedoch klar darauf hin, daß diese Einheit eine *persönliche* Einheit ist, nämlich eine Einheit der Liebe. Deshalb nennt man Rāmānujas Lehre im Sanskrit *Viśiṣṭādvaita* („differenzierter Monismus").

Rāmānujas spirituelles Erbe wurde einhundert Jahre später vom *Ācārya Madhva* (1239-1319), dem großen Exponenten der Kṛṣṇa-Brahmā-Schülernachfolge, weitergetragen. Kṛṣṇa hatte Brahmā bereits zu Beginn der Schöpfung eine direkte Gotteserkenntnis offenbart, und Brahmā hatte seinen Sohn und Schüler, den Weltenlehrer Nārada, beauftragt, dieses Wissen auf allen Planeten des Universums bekanntzumachen. Aus diesen höherdimensionalen Sphären des Universums war Nārada öfters auch auf die Erde gekommen, unter anderem vor fünftausend Jahren, als er Vyāsadeva aufsuchte, um ihm den Inhalt des Śrīmad-Bhāgavatam zu vermitteln. Madhva gilt als direkter Schüler des Vyāsa, denn er war – wie man heute sagen würde – eine interdimensionale Kontaktperson. Es sind Berichte überliefert, daß er sich entmaterialisieren konnte, um in höhere Dimensionen einzugehen. Auf diese Weise sei er von Vyāsadeva in die direkte Brahmā-Nārada-Nachfolge eingeweiht worden.

Mangels „wissenschaftlicher“ Beweise mag man diese Überlieferungen anzweifeln, doch Madhvas nachhaltige Bedeutung ist nicht anzuzweifeln. Noch heute, über siebenhundert Jahre später, stehen Klostergemeinden, die er gegründet hat, in lebendiger Blüte. In Uḍupī, seinem Geburtsort in Südindien, mittlerweile eine berühmte Pilgerstadt, wird Madhva bis zum heutigen Tag verehrt und als einer der größten Gottgesandten bezeichnet.

Madhva führte Rāmānujas Lehren weiter und verfaßte ebenfalls mehrere wegweisende theologische Werke. Mit seinem *Śuddhadvaita* („reiner Dualismus“) zeigte er auf, worin die ewigen Unterschiede zwischen Gott und den Lebewesen bestehen. Diese Erklärungen führten zu einem erneuten umfassenden Verständnis der vedischen Gottesoffenbarung. Madhva betonte, daß alle Seelen ewige Teile Gottes sind und daß deshalb auch die Individualität der Seelen ewig ist. Selbst nach der Befreiung aus der materiellen Illusion löst sich die Person nicht auf, sondern – im Gegenteil – sie verwirklicht ihre wahre Identität als ewiger, individueller Teil Gottes in reiner, unbegrenzter Liebe.

In diesen Jahrhunderten traten auch noch andere große Veda-Lehrer auf, wie Jayadeva Gosvāmī, Bilvamaṅgala Ṭhākura (Surdas), Viṣṇusvāmī und Nimbarka. Sie alle belebten und stärkten die vedische Tradition, die für Jahrtausende gelitten hatte: innere Kriege, Angriffe durch fremde Völker, buddhistische Machtkämpfe und die damals neuste Bedrohung, die Raubzüge der islamischen Heere. Auch landeten bereits die ersten Schiffe der europäischen Kolonialmächte in Indien. All dies verhieß nichts Gutes. Die Kali-yuga-Einflüsse griffen um sich. Es stehe jedoch ein wichtiges Ereignis bevor, wußten diese großen Veda-Lehrer, ein Ereignis, das auch schon von den vedischen Schriften prophezeit worden war: Kṛṣṇa persönlich erscheint nur einmal pro Kalpa, nämlich im siebten Manvantara, am Ende des Dvāpara-yugas des 28. Yuga-Zyklus. (Das ist der gegenwärtige Yuga-Zyklus.) Wenn Kṛṣṇa am Ende des Dvāpara-yugas erscheint, wird Er auch im darauffolgenden Kali-yuga erscheinen, und zwar in einer verhüllten Inkarnation (*channa-avatāra*). So lautet die geheime Prophezeiung der vedischen Schriften. Mit anderen Worten: Derselbe Kṛṣṇa, der vor fünftausend Jahren die Bhagavad-gītā offenbarte, wird nochmals erscheinen, um zu zeigen, wie man die Bhagavad-gītā *lebt,* denn Gott gibt immer beides: vollkommene Lehre und vollkommenes Beispiel.

Die prophezeite Inkarnation erschien: 1486 in Bengalen, das da-

„Kṛṣṇa wird im 28. Catur-yuga des Vaivasvata Manu erscheinen, und danach werde ich [Śiva] im Kali-yuga in der Gestalt eines jungen Asketen [Śaṅkara] erscheinen, um die Welt durch meine Māyā-Energie zu verwirren." (Vāyu Purāṇa 1.23.207-208)

„Was man im Kṛta-yuga durch Meditation, im Tretā-yuga durch Yajñas und im Dvāpara-yuga durch Tempelverehrung erlangte, wird im Kali-yuga durch das Verherrlichen von Kṛṣṇas Namen erreicht." (Nārada Purāṇa 1.41.92)

In den Geheimlehren (Upaniṣaden) der ursprünglichen Vedas findet sich ein prophetischer Abschnitt namens *Kali-saṁtaraṇa* („Überwindung des Kali") und darin ein Vers, dessen Bedeutung heute erst verständlich wird:

iti ṣodaśākaṁ nāmnām kali-kalmasa nāśanaṁ
nātah parataropayaḥ sarva vedeṣu dṛṣyate:
hare kṛṣṇa hare kṛṣṇa kṛṣṇa kṛṣṇa hare hare
hare rāma hare rāma rāma rāma hare hare

[Brahmā spricht zu Nārada:] „Folgende sechzehn Namen haben die Kraft, allen Einflüssen des Kali-Zeitalters entgegenzuwirken. Wer alle vedischen Schriften durchforscht hat, erkennt, daß es keine bessere (*paratara-*) Methode der Gotteserkenntnis (*-upayaḥ*) gibt [als das Gebet mit diesen sechzehn Namen Gottes]: Hare Kṛṣṇa Hare Kṛṣṇa, Kṛṣṇa Kṛṣṇa Hare Hare, Hare Rāma Hare Rāma, Rāma Rāma Hare Hare." (Kali-saṁtaraṇa Upaniṣad 5.6)

Nāma cintāmaṇiḥ kṛṣṇaś caitanya-rasa-vigrahaḥ ... abhinnatvān nāma-nāminoḥ: „Der Name Kṛṣṇas hat die Kraft, alles [die gesamte Welt] zu spiritualisieren (*cintāmaṇiḥ*), denn er ist nicht verschieden von Kṛṣṇas Gestalt (*vigrahaḥ*), die *caitanya-rasa* ist (der Quell allen Lebens) ... Denn identisch (*abhinnatvān*) sind auf der Ebene des Absoluten der Name (*nāma*) und die benannte Person (*nāminoḥ*)." (Padma Purāṇa; Caitanya-caritāmṛta Madhya-līlā 17.133)

[Vyāsa spricht zu Jaimini, und das ist das Schlußwort des gesamten Padma Purāṇa:] „Im Kali-yuga können die Menschen das höchste Ziel erreichen, indem sie einfach die Namen Kṛṣṇas aussprechen. In anderen Yugas erreichen die Menschen dieses Ziel nur, wenn sie [mindestens] zwölf Jahre lang strikt den Regeln der Viṣṇu-Verehrung folgen. Das Kali-yuga wird auf der Erde Einzug halten; doch Kali behelligt diejenigen nicht, die Kṛṣṇas Namen aussprechen. Das ist die Wahrheit, das höchste Geheimnis." (Padma Purāṇa 7.26.42-44)

„Die dunklen Mächte des Kali-yugas, heimtückische Lehren und falsche Versprechungen können diejenigen, deren Bewußtsein auf Kṛṣṇa (Keśava), gerichtet ist, nicht beeinflussen." (Garuḍa Purāṇa 1.230.20)

Quellentexte: Vedische Prophezeiungen und der Yuga-dharma

mals unter moslemischer Herrschaft stand. Es war Viśvambhar Miśra, der später als *Śrī Kṛṣṇa Caitanya Mahāprabhu* (kurz: Śrī Caitanya) bekannt wurde.

Viele Religionen und New-Age-Gruppen scharen heute Mitglieder um sich, indem sie versprechen, bald werde bei ihnen der versprochene Messias oder Avatāra oder außerirdische Erzengel erscheinen. Mit vieldeutigen, aber nichtssagenden Versprechungen werden in den Menschen irrationale Ängste und Hoffnungen geweckt, die meistens nur Passivität und Katastrophenerwartung schüren. Diese Visionen florieren auf dem Boden der Tatsache, daß wir heute tatsächlich in einer Zeit des Umbruchs leben, auch laut vedischer Prophezeiungen. Diese projizieren jedoch nicht irgendwelche Hoffnungen in die Zukunft, sondern informieren uns, daß der Avatāra bereits erschienen ist. Sie „spielen mit offenen Karten", indem sie die Identität des Avatāras nennen und es jedem einzelnen Menschen überlassen, für sich selbst zu entscheiden, ob die Prophezeiung durch die historische Entwicklung und die bezeichnete Person bewahrheitet wurde.

Śrī Caitanya – Der Yuga-Avatāra

„Kṛṣṇa ist die ursprüngliche Persönlichkeit Gottes (svayaṁ bhagavān kṛṣṇa) und ist der Ursprung des alldurchdringenden Viṣṇu. Er ist vollkommenes Wissen (pūrṇa-jñāna) und vollkommene Glückseligkeit (pūrṇa-ānanda), die höchste Realität (parama mahattva). Derselbe Kṛṣṇa, der im Śrīmad-Bhāgavatam beschrieben wird, ist nun auf der Erde als Śrī Caitanya erschienen."

– Caitanya-caritāmṛta, Ādi-līlā 2.8-9

Śrī Caitanya ist im Westen noch nicht lange bekannt. Auch in Indien war sich während der vergangenen drei Jahrhunderte nur noch ein relativ kleiner Kreis von Eingeweihten über Śrī Caitanyas Bedeutung bewußt. Eine lange Wirkung beginnt langsam.

Vor fünfhundert Jahren jedoch war Śrī Caitanya durch Seine außergewöhnliche Erscheinung allen aufgefallen, die Ihn sahen oder auch nur von Ihm hörten. Seine Persönlichkeit muß einzigartig gewesen sein. Sowohl die Gelehrten als auch die Massen bestaunten Ihn und bezeugten, daß Er nicht von dieser Welt war.

Dieser unmittelbaren Wirkung Caitanyas verdanken wir es, daß wir auch heute noch viel über Ihn wissen. Viele Berichte blieben aus jener Zeit erhalten: die Tagebücher Seiner persönlichen Begleiter, die historischen Quellen und die Zeugnisse von Außenstehenden. Es entstanden auch mehrere ausführliche Biographien, die das Leben und die Lehren Śrī Caitanyas aus erster Hand dokumentieren. Herausragend unter diesen Biographien sind das *Caitanya-bhāgavata* (von Vṛndāvana Dāsa Ṭhākura) und das *Caitanya-caritāmṛta* (von Kṛṣṇadāsa Kavirāja Gosvāmī), die von allen Zeugen und Zeitgenossen Śrī Caitanyas einhellig als authentische Beschreibungen anerkannt wurden.

Aus diesen Quellen erfahren wir, daß Viśvambhar Miśra bereits in jungen Jahren zu den größten Sanskritkennern Seiner Zeit gehörte. Damals war es in Indien üblich, daß die Gelehrten sich in öffentlichen Debatten herausforderten und sich in Logik, Philosophie und der Kenntnis der Schriften maßen. Ausführlich belegt ist die Begegnung des jungen Viśvambhar mit dem damaligen Dig-vijaya („Gelehrten-Champion") Keśava aus Kashmir, bei der Keśava eine solch demütigende Niederlage erlitt, daß er sich aus allen öffentlichen Debatten zurückzog. Viśvambhar beeindruckte (und besiegte) die Gelehrten mit Seiner Fähigkeit, einmal gehörte oder gelesene Texte wortgetreu auswendig wiedergeben zu können.

Er war jedoch noch keine zwanzig Jahre alt, als Er den großen Gottgeweihten Īśvara Purī traf, der Sein spiritueller Meister (Guru) wurde und Ihn in die Brahmā-Nārada-Madhva-Linie einweihte.

Mit vierundzwanzig Jahren verzichtete Viśvambhar auf eine weitere Karriere als Sanskritgelehrter. Er trat in den Lebensstand der Entsagung ein und wurde Mönch (Sannyāsī). Weil Viśvambhar wußte, wie lange Er auf der Erde weilen würde, nämlich achtundvierzig Jahre, entschloß Er sich genau in der Halbzeit Seiner Gegenwart zu diesem einschneidenden Schritt. Er reiste, nunmehr unter Seinem Sannyāsī-Namen *Śrī Kṛṣṇa Caitanya,* für mehrere Jahre durch ganz Indien. Bald war Er als Mahāprabhu („der große Meister") bekannt, denn überall, wo Er hinkam, offenbarte Er als Yuga-Avatāra den Yuga-dharma, den „für das Yuga empfohlenen Vorgang der Gotteserkenntnis".

„Im Satya-yuga war der Yuga-dharma die zurückgezogene, asketische Yoga-Meditation über Viṣṇu, im Tretā-yuga die Ausführung von Yajña-Zeremonien und im Dvāparā-yuga die Verehrung Gottes im Tempel. Denselben Nutzen, den man durch diese Vorgänge erlangte, kann man im Kali-yuga einfach durch das Lobpreisen der Namen Gottes erlangen (*saṅkīrtana*, ‚das gemeinsame Singen').“ (Śrīmad-Bhāgavatam 12.3.52)

Viele Veda-Lehrer, Propheten und Gottgesandte[48] hatten bereits auf die Wichtigkeit der Namen Gottes hingewiesen, und Śrī Caitanya offenbarte nun den Klang und die Kraft dieser Namen.

So wie Gott unbegrenzt viele Aspekte hat, hat Er auch unbegrenzt viele Namen. Mit dem bereits erwähnten *acintya-bheda-abheda-tattva* (das „unbegreifliche gleichzeitige Eins- und Verschiedensein Gottes und Seiner Energien“) erklärte Śrī Caitanya das absolute, allumfassende Wesen Gottes und vertiefte dadurch die Lehren des Rāmānuja und Madhva, indem Er konkret zeigte, was die qualitative Einheit mit Gott bedeutet: ego-freie Hingabe an die Persönlichkeit Gottes (Bhakti).

Wer war Śrī Caitanya in Wirklichkeit? Durch Seine Identität werden die vertraulichsten Aspekte des Höchsten offenbart.

Gott auf ein philosophisches Konzept des Nichts, auf eine monistische Energie oder auf eine dualistische Person zu beschränken entspricht der beschränkten menschlichen Sicht, aber nicht dem wahren Wesen Gottes. Gott ist *gleichzeitig* unpersönliche Energie (Brahman), schöpfende Kraft (Viṣṇu) und absoluter Ursprung (Kṛṣṇa). Kṛṣṇa ist die höchste, ewige Persönlichkeit Gottes mit unbegrenzten Energien, unbegrenzten Aspekten und unbegrenzt vielen Namen. In Kṛṣṇa vereinigen sich alle Gegensätze. Er umfaßt auch die Einheit der höchsten Dualität: Rādhā-Kṛṣṇa.

Dieser Aspekt Gottes ist so erhaben und so vertraulich, aber auch so mißverständlich, daß er nur sehr selten offenbart wird, und zwar nur von Kṛṣṇa persönlich und von Seinen engsten Geweihten.

Kṛṣṇa (Gott) ist der Ursprung von allem, auch von der Dualität männlich-weiblich. Diese hat ihren Ursprung in der ewigen Vielfalt der spirituellen Welt, wo eine Einheit der Liebe herrscht. Kṛṣṇas vertraulichste Geweihte in der spirituellen, absoluten Dimension sind die jungen Kuhhirtenmädchen (Gopīs), deren Liebe zu Kṛṣṇa unübertroffen und unvergleichlich ist. Die ursprüngliche Gopī ist nicht verschieden von Kṛṣṇa und heißt Rādhā oder Rādhārāṇī, „die Königin (*rāṇī*) der Verehrung (*rādhā*)“. Rādhā-Kṛṣṇa sind, philosophisch gesprochen, eine *duale Einheit*. In der spirituellen Dimension ist die Liebe zwischen Kṛṣṇa und Seinen Geweihten, allen voran Rādhā, so rein, erfüllend und ständig wachsend, daß sogar Kṛṣṇa den Wunsch

„Die alldurchdringende Überseele, die Höchste Persönlichkeit Gottes, wird in einer goldenen Gestalt (*gaura*) als großer Heiliger und großer Yogī erscheinen, der nie von den drei Guṇas berührt wird. Er ist die höchste Reinheit und wird Bhakti auf der Welt verbreiten." (Atharva Veda, Caitanya Upaniṣad 5)

„Der Höchste ist Mahāprabhu, der allen Seelen transzendentale Erleuchtung schenkt. Ihn auch nur zu sehen bedeutet, mit dem unzerstörbaren Licht in Verbindung zu sein." (Śvetāśvatara Upaniṣad 3.12)

„O Höchster Herr, im Zeitalter des Kali erscheinst Du manchmal als verhüllte Inkarnation (*channa-avatāra*), und deshalb wirst Du auch Tri-yuga genannt [weil Du nur in drei Yugas offen als Höchste Person erscheinst]." (Śrīmad-Bhāgavatam 7.9.38d)

„Kṛṣṇa erscheint in den verschiedenen Yugas mit unterschiedlichen Farben: weiß [im Satya-yuga], rot [im Tretā-yuga] und gelb [im Kali-yuga]. Jetzt [im Dvāpara-yuga] ist Er mit einer schwärzlichen Farbe erschienen." (Śrīmad-Bhāgavatam 10.8.13)

„Kṛṣṇa wird [im nachfolgenden Kali-yuga] in einer goldenen Gestalt erscheinen, leuchtend wie geschmolzenes Gold, wohlgeformt und mit Sandelholzpaste geschmückt. Er wird in den Stand des *sannyāsa* treten. Selbstbeherrscht und von Frieden erfüllt, ist Er das höchste Ziel von Frieden und Hingabe." (Mahābhārata, Viṣṇu-sahasra-nāma 127.92.75)

„Im Zeitalter des Kali werden die wahrhaft intelligenten Menschen (*sumedhasaḥ*) am gemeinsamen Singen der heiligen Namen (*saṅkīrtana*) teilnehmen, um jenen Avatāra zu verehren, der immer Kṛṣṇas Namen singt. Obwohl Er nicht schwärzlich (*kṛṣṇa*) sein wird, ist Er Kṛṣṇa persönlich (*kṛṣṇavarṇaṁ tviṣākṛṣṇam*). Seine Waffen werden Seine Geweihten, Seine Diener und Seine vertrauten Gefährten sein." (Śrīmad-Bhāgavatam 11.5.32)

„Wir erweisen unsere achtungsvollen Ehrerbietungen den Lotosfüßen des Höchsten Herrn, Mahā-Puruṣa. Er wird Sein Zuhause verlassen und sich von Seiner ewigen Gemahlin trennen, die sogar von den Bewohnern der höheren Planeten verehrt wird. ... Er wird in den Lebensstand der Entsagung treten, um in Seiner Barmherzigkeit die gefallenen Seelen zu retten, die von Māyā verblendet sind." (Śrīmad-Bhāgavatam 11.5.34)

„In anderen Inkarnationen erschien der Höchste Herr mit Seinen Armeen und Waffen, aber in dieser Inkarnation werden Seine Soldaten Seine eigenen Erweiterungen und Seine Geweihten sein." (C.-caritāmṛta, Ādi-līlā 3.65)

„Als Śri Caitanya versuchte Kṛṣṇa, Seine Identität auf verschiedene Weise verborgen zu halten, aber dennoch erkannten Ihn Seine reinen Geweihten." (Caitanya-caritāmṛta, Ādi-lila 3.88)

Quellentexte: Prophezeiungen von Śrī Caitanyas Erscheinen

hat, Kṛṣṇa zu dienen, um die Intensität der reinen Liebe Rādhās zu erfahren. Und genau dies ist die innere Identität Śrī Caitanyas: *Er ist Kṛṣṇa mit der Liebe, die Rādhā für Kṛṣṇa empfindet.* Zu dieser Liebe gehört die Liebe zu allen Teilen Kṛṣṇas, d.h. zu allen Seelen. Deshalb überflutete Śrī Caitanya alle Menschen und alle Lebewesen mit Seiner ekstatischen Gottesliebe und zeigte damit, daß vor Gott alle Lebewesen gleich sind. Niemand ist von der Verehrung Gottes ausgeschlossen. Ohne Vorbehalt vereinte Śrī Caitanya Menschen verschiedener Religionen und sozialer Schichten im Saṅkīrtana, im gemeinsamen Singen der Namen Gottes.

Nur schon Seine Erscheinung war einnehmend: Śrī Caitanya war zwei Meter groß, athletisch, schön, Seine Hände reichten bis zu den Knien, Seine Körpertönung war leuchtend und golden, weshalb Er auch Gaura* genannt wurde, und Seine Stimme war schallend und (ohne Verstärker!) weithin hörbar, wenn Er die Massen im Singen der Namen Gottes anführte:

Hare Kṛṣṇa Hare Kṛṣṇa, Kṛṣṇa Kṛṣṇa Hare Hare
Hare Rāma Hare Rāma, Rāma Rāma Hare Hare

Dieser Mantra, der in den Upaniṣaden als Essenz der vedischen Klangschwingung bezeichnet wird (siehe Kastentext S. 240), war Śrī Caitanyas Hauptgesang.

Wo immer Śrī Caitanya öffentlich anzutreffen war, versammelten sich Hunderttausende von Menschen. Dies geschah insbesondere beim alljährlichen Ratha-yātrā-Wagenfest in Jagannāth Purī, wo Er Seine abschließenden fünfzehn Jahre verbrachte. Immer ermutigte Er alle, beim Yuga-Dharma Zuflucht zu suchen, d.h. die Namen Gottes gemeinsam zu singen, weil dies die beste Möglichkeit sei, das Bewußtsein vor allen Einflüssen des Kali-yugas zu schützen und reine, ego-freie Liebe zu Gott zu entwickeln.

Śrī Caitanya stammte aus einer angesehenen Brāhmaṇa-Familie, doch Er war frei von jeder Kasten-Arroganz und nahm gemäß dem Bhakti-Kriterium Menschen aus allen Gesellschaftsschichten in Seine Gemeinschaft auf, auch Frauen und sogar Analphabeten, Kastenlose und Moslems, was in der damaligen Hindu-Gesellschaft revolutionär war. Śrī Caitanya wandte sich direkt gegen das Kastensystem, indem Er logisch, praktisch und philosophisch anhand der vedischen Schriften bewies, daß materielle Qualifikationen, wie Bildung und

* Gaura: Bengali (sprich: *gor*), „der Goldene"

sozialer Status, keine Voraussetzung sind, um die höchsten Stufen der spirituellen Erkenntnis zu erreichen. Gerade das Gegenteil ist der Fall: Nur jemand, der die Stufe der spirituellen Erkenntnis erreicht hat, darf verantwortliche Stellungen wie die von Priestern, Politikern und Erziehern einnehmen. Mit diesem kompromißlosen Auftreten entlarvte Śrī Caitanya das Geburtsrecht-Kastensystem als Betrug, was Ihm – bis zum heutigen Tag – die Ablehnung der Kasten-Brahmanen eintrug.

Orthodoxe Hindus und Vertreter der Śaṅkara-Schule gehörten zu Śrī Caitanyas heftigsten Kritikern. In den philosophischen Auseinandersetzungen jedoch bewies Śrī Caitanya immer wieder die Überlegenheit der ursprünglichen vedischen Erklärung (*acintya bhedābheda-tattva*). Zwei der Oberhäupter der Śaṅkara-Schule wurden sogar Seine Schüler: der Śaṅkara-„Papst", Prakāśānanda Sarasvatī aus Benares (Varanasi) mit seinen sechzigtausend Anhängern, und der sechzigjährige Sarvabhauma Bhaṭṭācārya, der führende Theologe des Māyāvāda-Monismus. Zu diesem Zeitpunkt war Śrī Caitanya noch nicht einmal dreißig Jahre alt.

Neben diesen Philosophen und religiösen Würdenträgern erkannten auch noch andere einflußreiche Persönlichkeiten der damaligen Zeit Śrī Caitanyas Bedeutung. Der Maharadscha von Orissa, König Prataparudra, war Śrī Caitanyas Gönner, und der berühmte indische Dichter Tukarām war ein Schüler Śrī Caitanyas. Besonders erwähnenswert sind auch die Brüder Sakar Mallik und Dabir Khas, zwei Spitzenpolitiker (erster Minister und Finanzminister) in der Regierung des moslemischen Schahs von Bengalen. Diese begegneten Śrī Caitanya zum ersten Mal, als sie auf dem Höhepunkt ihrer politischen Macht standen; dennoch wollten sie Śrī Caitanya sogleich vollzeitig unterstützen und traten von ihren Ämtern zurück. Der Schah, empört, daß sich seine beiden wichtigsten Männer einem „hinduistischen" Reformator anschließen wollten, ließ den Premierminister, Sakar Mallik, ins Gefängnis werfen, was jedoch nichts daran änderte, daß dieser und sein Bruder später Caitanyas Bewegung beitraten und unter den Namen Sanātana Gosvāmī und Rūpa Gosvāmī die führenden Schüler und Nachfolger Caitanyas wurden.

Rūpa Gosvāmī (1489-1564) und dessen Neffe Jīva Gosvāmī (1513-1598) waren profilierte Sanskritgelehrte und werden heute zu den wichtigsten Exponenten der Vaiṣṇava-Philosophie gezählt. Sie verfaßten viele Bücher und weiterführende Kommentare, in denen sie systematisch die Wissenschaft des Bhakti-yoga bis hin zu den höchsten Aspekten (Rādhā-Kṛṣṇa) beschrieben. Darüber hinaus wiesen sie auch nach, daß es in den vedischen Schriften viele Stellen gibt, die das Erscheinen eines Kṛṣṇa-Avatāra im Kali-yuga voraussagen, und es war offensichtlich, daß diese vedischen Prophezeiungen Śrī Caitanyas Identität entsprachen (siehe Quellentexte S. 244).

Śrī Caitanya, obwohl der größte Gelehrte Seiner Zeit, verfaßte – ähnlich wie Kṛṣṇa, Buddha und auch Jesus – keine Bücher. Nur acht Verse hinterließ Er der Nachwelt an schriftlichem Erbe, doch Sein spirituelles Erbe war derart bedeutend und zugleich subtil, daß man dessen Einfluß erst heute wirklich zu erkennen beginnt.

Śrī Caitanya war erschienen, um die Samen der Bhakti zu setzen. Die Saat selbst würde erst in späteren Jahrhunderten – wenn die Zeit reif ist – aufgehen, denn die Pflanze sollte erst dann für die Welt sichtbar werden, wenn sie selbst Wurzeln gebildet hatte, um allen Anstürmen gewachsen zu sein.

Vom Hinduismus zur vedischen Offenbarung

„Gegenstand unserer Betrachtung ist jenes Land, das der westlichen Welt seit grauer Vorzeit als Indien bekannt ist, ein Wort, das die Griechen von den Persern übernahmen, die den großen Fluß Sindhu (den heutigen Indus) ‚Hindu' nannten, weil sie Mühe hatten, den Anfangsbuchstaben S auszusprechen. Es war dann dieses Wort, das von den Fremden verwendet wurde, um die Religion und Kultur jener Menschen zu beschreiben, die in dem Land wohnten, das von den beiden Flüssen ‚Hindus' und ‚Ganges' bewässert wurde, obwohl die Bewohner selbst diesen Begriff nicht gebrauchten."

– Ainslee T. Embree: The Hindu Tradition[49]

Gemäß Śrī Caitanyas Auftrag verfaßten Seine Schüler und Nachfolger umfangreiche schriftliche Werke, um die Bedeutung der Bhakti-Religion zu untermauern und zu zeigen, daß sie der ursprünglichen Veda-Offenbarung entspricht. Dies war keine leichte Aufgabe, denn die Bhakti-Religion wurde meistens mit der Person Caitanyas identifiziert und erschien deshalb als eine sehr junge Religion. Hinzu kam, daß in Indien bereits seit mehr als viertausend Jahren das Kali-yuga herrschte. Eintausend Jahre lang war der Buddhismus in Indien praktisch die einzige Religion gewesen, und danach hatte der

Monismus des Śaṅkara für fast dreihundert Jahre unumschränkt die indischen Philosophien geprägt, so sehr, daß sogar heute noch viele Indien-Interpreten meinen, der Monismus des Śaṅkara stelle die ursprüngliche Lehre des Hinduismus dar.

Tatsächlich steht Śaṅkara am Anfang von jener Tradition, die man heute weltweit Hinduismus nennt, denn er rehabilitierte im 9. Jahrhundert n.Chr. die Sanskritschriften als offenbarte Schriften, und er führte wieder eine Verehrung der Götter ein, die er jedoch nur als symbolische Personifikation des Brahmans bezeichnete. Auf diese Weise beendete Śaṅkara in Indien die Ära des Buddhismus.

In der Zeit nach Śaṅkara entstanden mit dem Auftreten der Veda-Lehrer viele neue Strömungen, die eine vielfältige religiöse Landschaft bildeten. Wenn Śaṅkara mit seinem Monismus den Buddhismus konfrontierte, heißt das nicht, daß dadurch der Buddhismus aufgelöst wurde, ebensowenig wie die Veda-Lehrer mit dem „Kṛṣṇaismus" den Monismus auflösten. Die spirituelle Entwicklung läßt sich mit einer Treppe vergleichen. Buddha, Śaṅkara und die Veda-Lehrer zerstörten die Treppe nicht, sondern erweiterten sie um die jeweiligen Stufen. Die höheren Stufen ruhen auf den vorangegangenen und beinhalten deren weiterführende Kernaussagen. Śrī Caitanya zeigte auf, wie die höchste Stufe der Gotteserkenntnis alle anderen Stufen in sich vereint. Doch das bedeutet nicht, daß Śrī Caitanya die Bedeutung der anderen Stufen verneinte. Er wies einfach darauf hin, daß diese Stufen noch nicht das endgültige Ziel darstellen und daß das endgültige Ziel nicht auf diese Stufen beschränkt werden darf.

Die Bhakti-Religion konnte in Indien jedoch nicht wirklich Fuß fassen, denn die Kasten-Brahmanen beharrten bezüglich Besitz von Tempeln und Ausführung von Zeremonien auf ihrem Monopol. In dieser Zeit setzte in Indien auch die systematische Kolonisierung ein und damit die christliche Missionierung und die Diffamierung der vedischen Schriften. Gleichzeitig entstanden im Hinduismus neue Strömungen, die einen einseitigen Monismus lehrten oder sich auf Caitanya beriefen, aber dessen Philosophie verfälschten, indem sie die Rādhā-Kṛṣṇa-Beziehung als erotische Symbolik interpretierten und auch imitierten. Im 19. Jahrhundert war Caitanyas Bewegung derart in Verruf geraten, daß die meisten Hindus wieder Śaṅkaras Monismus den Vorzug gaben.

Ende des 19. Jahrhunderts wurde die vedische Bhakti-Offenbarung mit neuem Leben beseelt, als wiederum einflußreiche Veda-

Lehrer auftraten und den vielen Halbwahrheiten entgegentraten. Die ursprüngliche Brahmā-Nārada-Nachfolge, die durch Śrī Caitanya entscheidend gestärkt worden war, fand um die Jahrhundertwende in *Bhaktivinoda Ṭhākura* (1838-1914) einen engagierten, vielseitigen Verfechter. Er schrieb als erster Bücher über Bhakti in englischer Sprache, bekämpfte innerhalb des Hinduismus viele philosophische Mißverständnisse und kultische Mißstände und organisierte Caitanyas verstreute Bewegung mit neuer Systematik. Weil er als Richter und Magistrat eine hohe Stellung innehatte, war er auch beim Volk sehr angesehen und genoß dessen Vertrauen. Mit unbestechlicher Gerechtigkeit wandte er sich gegen selbsternannte Inkarnationen, gegen die Korruptheit des Kastensystems und gegen die Arroganz der Brahmanen, die auf der Grundlage des Geburtsrechtes diskriminierende Absolutheitsansprüche erhoben.

Bhaktivinoda Ṭhākuras Sohn war der berühmte *Bhaktisiddhānta Sarasvatī Ṭhākura* (1874-1937), dessen Fähigkeiten und äußere Erscheinung sehr an Śrī Caitanya erinnerten. Er hatte ein fotografisches Gedächtnis und erntete schon in jungen Jahren als genialer Gelehrter (Sprachen, Theologie, Astronomie) große Bewunderung. Er war noch keine dreißig Jahre alt, als ihm die britische Obrigkeit den Sarasvatī-Ehrentitel verlieh und ihm eine Professur für Astronomie an der Universität von Kalkutta, der damaligen Hauptstadt, anbot. Doch zu diesem Zeitpunkt entschied sich Bhaktisiddhānta, Mönch zu werden, um vollzeitig den Zielen Śrī Caitanyas dienen zu können. Während drei bewegten Jahrzehnten* gründete er in Indien, Nepal und Südostasien vierundsechzig Zentren der Bhakti-Kultur und weihte rund 60 000 Schüler ein, darunter auch einige Gelehrte aus dem Westen.

Nach Bhaktisiddhāntas Verscheiden kam es unter seinen führenden Nachfolgern zu jahrzehntelangen Zwisten, weshalb sich seine Bewegung in viele Einzelzentren aufsplitterte und zu versanden drohte. Bhaktisiddhāntas Dynamik setzte sich jedoch fort, als einer seiner anfänglich unscheinbaren Schüler hervortrat und Schritt für Schritt dessen Vision realisierte: Abhay Charan De, der später als *A.C. Bhaktivedanta Swami Prabhupāda* weltbekannt werden sollte.

Eigentlich hatte es Bhaktisiddhānta vorausgesehen. Bereits bei ihrer ersten Begegnung (1922) hatte er Abhay Charan, der damals

* Stichworte für weltbewegende Ereignisse dieser Zeit sind z.B.: Erster Weltkrieg, Mahatma Gandhi, Hitlers Aufstieg.

ein junger Familienvater war, gebeten, das vedische Wissen durch die englische Sprache weltweit bekannt zu machen, und hatte diese Bitte kurz vor seinem Verscheiden nochmals schriftlich wiederholt. Abhay Charan gab in der Folge eigenhändig ein englisches Bhakti-Magazin (*Back to Godhead*) heraus, bekam 1947 den Titel Bhaktivedanta, schloß in den fünfziger Jahren alle Familienverpflichtungen ab, wurde Sannyāsī-Mönch und lebte für zehn Jahre in Klöstern, wo er begann, das Śrīmad-Bhāgavatam aus dem Sanskrit ins Englische zu übersetzen. Nachdem die ersten drei Bände veröffentlicht waren, reiste er 1965, im Alter von 69 Jahren, allein nach Amerika, mittellos und ohne Unterstützung, um durch diese gottvertrauende „Flucht nach vorn" den Wunsch seines spirituellen Meisters in Erfüllung gehen zu lassen.

Nach scheinbar aussichtslosen Anfangsbemühungen gründete Prabhupāda in New York im Sommer 1966 die *Internationale Gesellschaft für Krishna-Bewußtsein*, die jedoch nur aus einigen wenigen jungen Hippies bestand. Ihnen, die aufrichtige Gottsucher waren, vermittelte Prabhupāda eine grundlegende vedische Ausbildung und sandte sie los, damit sie in anderen Städten und Ländern dasselbe taten wie er. Auf diese Weise entstand auf der Grundlage von *love and trust* innerhalb weniger Jahre eine Bewegung, die das vedische Wissen weltweit verbreitete. Bis zu seinem Verscheiden im Jahr 1977 reiste Prabhupāda vierzehnmal um die Welt, um seine Schüler zu besuchen, übersetzte und kommentierte die vedischen Schriften in mehr als fünfzig Bänden, eröffnete 108 Zentren (inklusive Schulen und Bauernhofgemeinschaften), schrieb rund 8000 Briefe und hielt über 3000 Vorträge auf allen fünf Kontinenten.

Daß die Menschheit heute Wissen über Śrī Caitanya, Kṛṣṇa und die Bhakti-Offenbarung bekommt, ist das einzigartige Verdienst von A.C. Bhaktivedanta Swami Prabhupāda (1896-1977). Dieser Beitrag mag den meisten Menschen heute unbedeutend erscheinen, doch die nahe Zukunft wird zeigen, daß das Bekanntwerden der vedischen Offenbarung nicht nur wichtig, sondern überlebenswichtig war, denn die menschliche Zivilisation ist nur überlebensfähig, wenn sie Gott und Gottes Gesetze kennt.

Wenn diese Gesetze mißachtet und verletzt werden, korrigiert der Schöpfer die verantwortlichen Geschöpfe nicht nur durch Strafe, sondern auch – und zuerst – durch das notwendige Wissen (Veda). Heute ist die Menschheit wieder an einem solchen Punkt angelangt.

Kapitel 7

Vedische und abendländische Prophezeiungen

Von verschiedensten Seiten bekommen die Menschen heutzutage zu hören, daß große Umbrüche bevorstehen: von Schwarz- und Hellsehern, von Endzeit- und Wendezeitverkündern, von jahrhundertealten Prophezeiungen, von brandneuen medialen Durchsagen, aber auch von Realisten, Gesellschaftskritikern und Ökologen. So unterschiedlich ihre Ausgangspunkte auch sind, in einem Punkt sind sie sich alle einig: Es kann nicht mehr so weitergehen wie bisher.

Steht die Welt vor dem Untergang oder vor einem Übergang?

Das Waffenpotential der irdischen Streitkräfte genügt, um die gesamte Weltbevölkerung Tausende von Malen auszuradieren, und zwar derart gründlich, daß die Erde danach für Jahrhunderte nicht mehr bewohnbar wäre.

Auch die zerstörte Umwelt stellt zunehmend das Überleben der Menschheit in Frage: tote Gewässer, verpestete Luft, abgeholzte Regenwälder, gestörtes Klima, zunehmende Dürren, Überschwemmungen, Vulkane, Erdbeben und die löchrige Atmosphäre, die nicht nur schädliche Strahlungen, sondern auch Meteoriten durchzulassen droht. Wie wenn diese Naturkatastrophen nicht schon verheerend genug wären, tauchen plötzlich auch noch unberechenbare neue Krankheiten auf. Die Vision von einem Ende der Menschheit ist nicht an den Haaren herbeigezogen.

Für die gegenwärtige Zeit, wo sich das Kali-yuga einem verheerenden Tiefpunkt nähert, sagen die vedischen Schriften und die Veda-Lehrer eine überraschende Wende in der Weltgeschichte voraus.

Ausgelöst werde sie durch das Erscheinen Śrī Caitanyas und realisiert durch jene Menschen, die sich aufrichtig für die Realisierung eines neuen Gottesbewußtseins einsetzen. Diese Revolution werde jedoch erst dann eine entscheidende Durchschlagskraft bekommen, wenn im Zug neuster Erkenntnisse wieder das älteste Wissen der Menschheit entdeckt werde. Das, was schon immer dagewesen sei, die zeitlose Wahrheit (Veda), werde dann erneut richtig verstanden werden, und dadurch würden sich viele Kreise schließen, so daß die Menschen in ihrer Entwicklungsspirale ungeahnte, ja höchste Stufen der spirituellen Erkenntnis erreichen werden.

Ähnliches besagt das Zukunftszenario, das im Westen schon seit Jahrhunderten von vielen Sehern und Propheten gezeichnet wird: Kriege, Katastrophen und danach die Einkehr einer neuen Friedensepoche. Die abendländischen Prophezeiungen enthalten meistens detaillierte Beschreibungen der Kriege und Katastrophen mit vagen Hinweisen auf den neuen Frieden. Die vedischen Prophezeiungen enthalten detaillierte Beschreibungen des neuen Friedens mit nur allgemeinen Hinweisen auf die Kriege und Katastrophen. Die Übereinstimmungen werden also meistens nur allgemein sein, vor allem die abendländischen Prophezeiungen über das „Licht aus dem Osten" (*ex oriente lux*) – prophetische, mediale oder intuitive Visionen, daß die Menschheit aus dem Osten, namentlich aus Indien, neues „Licht" empfangen werde. Bekannt hierfür sind die visionären Dichter, Sprachforscher und Idealisten des frühen 19. Jahrhunderts.*

Im vorliegenden Kapitel sollen jedoch Beispiele für konkrete Voraussagen angeführt werden; diese stammen von einem der besten und einflußreichsten Seher des Abendlandes, von Michel de Notredame – *Nostradamus* (1503-1566).

Obwohl in diesem Kapitel auch andere ausgewählte abendländische Seher zitiert werden (Johannes von Jerusalem, Milos Tarabic), ist der größte Teil des Kapitels Nostradamus gewidmet. Dies hat zwei Gründe: Bei ihm lassen sich die erstaunlichsten und präzisesten Veda-Prophezeiungen finden, und ihre Entschlüsselung ist eine Illustration für viele wichtige Zusammenhänge.

Nostradamus lebte zur selben Zeit auf der Erde wie Śrī Caitanya. Es ist daher nicht verwunderlich, daß er, der Ereignisse über Jahrhunderte hinaus voraussah, auch dieses wichtige Ereignis seiner Ge-

---

* Ausführlich dokumentiert in: A.Risi, *Völkerwanderung (Ex oriente lux)* und *Da ich ein Dichter war (Eine Begegnung mit Friedrich Hölderlin)*.

genwart – das Erscheinen des Yuga-Avatāras – bemerkte. Interessanterweise sagt Nostradamus selbst, daß die Menschheit erst Jahrhunderte später die Bedeutung dieses Ereignisses erkennen werde.

Im vorliegenden Kapitel wird zum ersten Mal der Versuch unternommen, Übereinstimmungen zwischen den vedischen und abendländischen Prophezeiungen zu finden. Diese Analyse eröffnet neue Einblicke in die Vorgänge unserer Gegenwart und beleuchtet auch zusätzlich die Bedeutung der Veda-Renaissance.

Weltende 3797?

„Ich habe prophetische Bücher zusammengestellt, von denen jedes hundert astronomisch berechnete, prophetische Vierzeiler enthält. Diese habe ich absichtlich etwas dunkel gehalten. Es handelt sich um fortlaufende/immer gültige Wahrsagungen (sont perpetuelles vaticinations) für die Zeit von heute bis zum Jahre 3797.“

– Nostradamus (1555)[50]

Steht die Welt vor dem Untergang oder vor einem Übergang? Wenn die Menschheit in demselben Stil weiterlebt wie bisher, muß man nicht unbedingt mit dem Untergang der Welt rechnen, aber doch mit dem Untergang der Menschheit. Sprechen neuere Prophezeiungen und mediale Botschaften deshalb von drastischen Ereignissen um das Jahr 2000? Kriege werden nicht mehr so häufig erwähnt, dafür immer häufiger Naturkatastrophen ungeahnten Ausmaßes, durch die sich die Erde von allen negativen Kräftezentren befreien werde. Die überlebenden Menschen würden aufgrund ihrer neuen Verbindung mit Gott und den Göttern höhere Ebenen des Bewußtseins und der Harmonie erreichen, was auch die Qualität der physischen Existenz heben werde. Diese Darstellungen stehen nicht im Widerspruch mit den vedischen Prophezeiungen.

Einige Interpreten (nicht Propheten!) sagen jedoch, die Menschheit werde um die Jahrtausendwende oder innerhalb der nächsten zwei Jahrtausende sich selbst vernichten, untergehen oder zumindest nicht mehr auf der Erde leben können. Kronzeuge dieser Prophezeiung sei – Nostradamus. Er habe sogar das äußerste Datum genannt: 3797 n.Chr.

Die Menschheit, die schon seit Jahrmillionen auf der Erde lebt, soll innerhalb der nächsten zweitausend Jahre von der Erdoberfläche verschwinden? Was besagen die Prophezeiungen tatsächlich?

Im Namen des Nostradamus wird neuerdings häufig das folgende Zukunftszenario präsentiert: Nach dem Jahr 2000 komme es zu einem dritten Weltkrieg. Danach entstehe eine jahrhundertelange Vorherrschaft des Islams. Der Wissenschaft (Gentechnologie) werde es gelingen, Krankheiten wie Krebs und AIDS und auch das Altwerden zu beseitigen. Nach Jahrhunderten des Geplänkels von Krieg und Frieden, gentechnologischen Mißbräuchen und religiösen Wirren sei es im Verlauf des vierten Jahrtausends soweit, daß die Sonne erlösche und daß die Menschheit (spätestens 3797 n.Chr.) aussterbe oder – laut modernsten Computer-„Entschlüsselungen" – den unwirtlich gewordenen Planeten Erde verlasse, um einen neuen Planeten zu kolonisieren oder auf einer Raumstation weiterzuleben.

Es ist zweifelhaft, ob die Behauptung, die Menschheit werde ihre politische, wissenschaftliche und religiöse Verwirrung noch mehr als ein Jahrtausend lang aufrechterhalten können, tatsächlich den Prophezeiungen und Visionen des Nostradamus entspricht, denn sie verkennt die wichtigsten *direkten* Aussagen des Nostradamus und widerspricht auch allen anderen Prophezeiungen, die wir für die heutige Zeit kennen. Sie verkennt auch die wichtigsten Zeichen der Zeit, die für die *nächste Zukunft* eine gravierende Umwälzung der Weltsituation und der Zivilisation ankünden.

Die Jahreszahl 3797 gehört zu den umstrittensten Textstellen des Nostradamus. Wollte er tatsächlich sagen, daß dieses Datum das unwiderrufliche Ende der Menschheit auf der Erde darstelle?

Nein. Erstens sagt Nostradamus, daß die Zahl 3797 nur die äußerste Zeitgrenze seiner Wahrsagungen andeutet (und nicht etwa das Ende der Welt), und zweitens darf man – aufgrund von Nostradamus' eigenen Ausführungen – annehmen, daß diese Zahl nicht kalendarisch, sondern symbolisch aufzufassen ist.

Die berühmten Prophezeiungen des Nostradamus sind in zwei ungleiche Hälften aufgeteilt, wobei den eigentlichen Prophezeiungen (in Form von verschlüsselten Versen) jeweils ein erläuterndes Vorwort vorangestellt ist. Das Vorwort zum ersten Teil ist die Vorrede an den Sohn Cäsar (unterzeichnet am 1. März 1555), und das Vorwort zum zweiten Teil ist die Epistel an Heinrich II., den damaligen König von Frankreich, aus dem Jahre 1558. Während die vierzeiligen Prophezeiungsverse (genannt Quatrains) größtenteils verschlüsselt sind, enthalten die beiden Vorwörter unverschlüsselte Informationen und erklärende Zusammenfassungen, mit denen Nostradamus das allgemeine Szenario seiner Visionen umreißt. Jede Interpretation muß also diesen persönlichen Bemerkungen des Nostradamus entsprechen.

Die Zahl 3797 erwähnt Nostradamus nur an einer einzigen Stelle in seinem Werk, nämlich im *Vorwort* zum ersten Teil seiner Prophezeiungen (siehe Zitat S. 253). In den eigentlichen Prophezeiungen taucht diese Zahl nie auf. Sie kann also nicht ein derart wichtiges Stichdatum sein wie andere, die Nostradamus konkret in seinen Prophezeiungen erwähnt (wie z.B. der siebte Monat des Jahres 1999).

Was Nostradamus mit der Zahl 3797 meint, die er im ersten Vorwort erwähnt, wird ersichtlich, wenn man das zweite Vorwort, die Epistel an König Heinrich II., konsultiert. In diesem Vorwort erklärt Nostradamus dem „allerchristlichsten König von Frankreich", wie er Heinrich den Zweiten ansprach, die Grundlage seiner chronologischen Berechnungen, und zwar in strikter Übereinstimmung mit der Chronologie des Alten Testamentes. Nostradamus, der sich insgeheim mit vielen verbotenen Künsten und Wissenschaften befaßte und einer ursprünglich jüdischen Familie entstammte, mußte gegen außen stets ausgeprägt katholisch erscheinen, um nicht der Inquisition zum Opfer zu fallen. In diesem Vorwort unterteilt Nostradamus die alttestamentarische Chronologie in verschiedene Zeiträume und sagt, daß der erste Zeitraum (*l'espace de temps de nos premiers*) von Adam bis Noah 1242 Jahre gedauert habe.

> „Der erste Mensch, Adam, lebte etwa 1242 Jahre vor Noah. ... Rund 1080 Jahre nach Noah und der weltweiten Sintflut kam Abraham."

Weil Nostradamus diese Zahlen selbst berechnet hat, erwähnt er im selben Vorwort eine zweite biblische Chronologie mit anderen Zahlen, die den Berechnungen gewisser Kirchenväter entstammen, denen Nostradamus aber, ohne es direkt zu formulieren, widerspricht. In der Zahlensymbolik greift er verständlicherweise auf seine eigenen Berechnungen zurück.

Des weiteren erwähnt Nostradamus auch eine zukünftige tausendjährige Epoche des Friedens, in Anlehnung an die eintausend Jahre, die in der biblischen „Geheimen Offenbarung" erwähnt werden. (Apokalypse 20.6: „Der Engel fesselte den Drachen für eintausend Jahre ...")

Die Zahl 1000 hat für Nostradamus offensichtlich eine symbolische Bedeutung, ebenso wie die Zahl 1242. Diese symbolisiert eine Epoche der Dekadenz, die so lange dauert, bis die Erde durch eine Naturkatastrophe geläutert wird, bei der nur wenige Menschen überleben. (Im biblischen Beispiel: Adams Vertreibung aus dem Paradies, Kains Brudermord, die „Göttersöhne“ bei den Töchtern der Menschen – und dann die Sintflut-Katastrophe).

Etwas ähnliches sah Nostradamus in seiner eigenen Zeit: eine Dekadenz, die in einer großen Umwälzung enden und dann in ein neues, goldenes Zeitalter übergehen wird, symbolisiert durch die Zahl 1000.

Nostradamus veröffentlichte den ersten Teil seiner Prophezeiungen im Jahr 1555. Diese Jahreszahl stellt eine auffällige numerologische Konstellation dar, und Nostradamus hebt sie am Ende seines Vorwortes deutlich hervor, indem er mit dem Datum *1. März 1555* signiert. In diesem Vorwort betont Nostradamus, daß seine Prophezeiungen sowohl die Gegenwart (symbolisiert durch die Zahl 1555) als auch die gesamte Zeit der Dekadenz bis hin zur großen Umwälzung umfassen. Er drückt dies aus, indem er die symbolische Zahl des Sintflutzeitalters (1242) mit der damaligen Jahreszahl zusammenzählt: 1555+1242 = 2797.

Weil Nostradamus darauf hinweisen will, daß er in seinen Prophezeiungen auch schon das nachfolgende goldene Zeitalter miteinbezogen hat, fügt er der Zahl 2797 die symbolische 1000 hinzu. Und schon haben wir die ominöse Zahl 3797!

Daß die Zahlen 1242 und 3797 nur symbolisch gemeint sind, geht unbestreitbar aus dem Gesamtwerk des Nostradamus hervor. Er erwähnt die Zahl 3797 in seinen Prophezeiungen nie und gibt keinerlei Hinweise darauf, daß die Umwälzung 1242 Kalenderjahre nach 1555 stattfinden werde oder daß das neue Zeitalter 1000 Kalenderjahre dauern werde, ebensowenig wie er sagen will, daß die Welt oder die Menschheit im Jahr 3797 n.Chr. ihr Ende finden werde. Vielmehr weist er – wie die Zitate zeigen werden – viele Male eindeutig auf das Ende des zweiten Jahrtausends hin. Dies wird die Zeit des großen Umbruchs sein, und das ist unsere Gegenwart!

Mit der Zahl 3797 (1555+1242+1000) will Nostradamus einfach sagen, daß er eine entscheidende Phase der Menschheit beschreibt, die charakterisiert ist durch eine große Umwälzung, vergleichbar mit der biblischen Sintflut, und durch ein nachfolgendes goldenes Zeitalter, das jedoch nicht ewig dauern wird, sondern nach einer „langen Zeit“ (Nostradamus nennt keine Zahl!) wieder in eine Zeit der Konflikte übergehen wird. Diese ferne Zeit des neuen Aufruhrs deutet Nostradamus nur noch schattenhaft an und sieht kein Ende mehr oder erwähnt es zumindest nicht.

Nostradamus prophezeit also keinen Weltuntergang, aber auch kein ewiges Paradies auf Erden.

Mit dieser weiten Sicht entspricht Nostradamus verblüffend genau den vedischen Prophezeiungen. Diese besagen, daß gegenwärtig auf der Erde das Kali-yuga, das „Eiserne Zeitalter", herrscht. In dieser Zeit werden erniedrigende, katastrophale und vernichtende Leiden über die Menschheit hereinbrechen. Doch dann, wenn die Situation am bedrohlichsten wird, werden in allen Religionen der Welt Menschen hervortreten und sich in einem neuen Gottesbewußtsein vereinen. Dies wird innerhalb des Kali-yugas ein goldenes Zeitalter einleiten, in dessen Verlauf alle dunklen Einflüsse des Kali-yugas verschwinden werden.

Die vedischen Prophezeiungen betonen, daß dieses Zeitalter lange, aber nicht ewig dauern wird. Versteckte Textstellen in den Purāṇas erwähnen eine Zeitdauer von 10 000 Jahren. Diese relativ lange Dauer muß in Beziehung zur Gesamtdauer des Kali-yugas (432 000 Jahre) gesehen werden, denn die zyklischen Yugas bestehen aus vielen Unterzyklen. Es war A.C. Bhaktivedanta Swami Prabhupāda, der auf diese vedische Prophezeiung hinwies und auch einen entscheidenden Beitrag zu deren Erfüllung leistete. In seinen Schriften und Vorträgen präzisierte er, was mit diesen 10 000 Jahren gemeint ist (siehe Zitat im Kastentext auf der nächsten Seite). Er berief sich hierbei auf die genannten Purāṇa-Stellen sowie auf die prophetischen Teile des *Caitanya-caritāmṛta,* einer Schrift, die in Indien fast gleichzeitig entstand wie in Frankreich das Prophetiebuch des Nostradamus. In dieser Schrift heißt es, daß das goldene Zeitalter mit dem Erscheinen Śrī Caitanyas, des „Goldenen Avatāra", begonnen habe und sich im Lauf der Zeit immer mehr offenbaren werde, um letztlich eine entscheidende Wende auf der Welt auszulösen, nämlich dann, wenn Śrī Caitanyas Gesandte jene Länder besuchen, die Śrī Caitanya nicht besuchte.

Im neuen Zeitalter wird es – laut Caitanya-caritāmṛta – keine Zersplitterung der Religionen mehr geben, sondern nur noch die universelle Religion mit individueller Vielfalt: *religio/yoga,* der vielstufige Weg der Verbindung mit Gott, auf den alle Gottgesandten und heiligen Schriften schon seit langem hingewiesen haben.

Weil im neuen Zeitalter die vedische Offenbarung eine derart

„Kurz vor Beginn des Kali-yugas – das heißt am Ende des Dvāpara-yugas – erschien Śrī Kṛṣṇa und hinterließ Seine Unterweisungen in Form der Bhagavad-gītā, in der Er alle Lebewesen bittet, Sich Ihm zu ergeben. Seit dem Beginn des Kali-yugas jedoch sind die Menschen praktisch unfähig gewesen, sich den Lotosfüßen Kṛṣṇas zu ergeben, und daher kam Kṛṣṇa nach rund fünftausend Jahren noch einmal, und zwar als Śrī Caitanya Mahāprabhu, um die gesamte Welt zu lehren, wie man sich Ihm, Śrī Kṛṣṇa, ergibt und so geläutert wird. ... Als Śrī Caitanya Mahāprabhu erschien, leitete Er die Ära der *saṅkīrtana*-Bewegung ein. Es wird auch gesagt, daß diese Ära zehntausend Jahre fortbestehen wird. Dies bedeutet, daß die gefallenen Seelen des Kali-yugas befreit werden können, wenn sie sich einfach der *saṅkīrtana*-Bewegung anschließen und den Hare-Kṛṣṇa-*mahā-mantra* chanten. Von der Schlacht von Kurukṣetra an, zu deren Beginn die Bhagavad-gītā gesprochen wurde, dauert das Kali-yuga 432 000 Jahre. Erst 5000 Jahre sind vergangen, und daher bleiben noch 427 000 Jahre übrig. Von diesen 427 000 Jahren bieten die 10 000 Jahre der *saṅkīrtana*-Bewegung, die von Śrī Caitanya vor 500 Jahren eingeleitet wurde, den gefallenen Seelen des Kali-yugas die Gelegenheit, sich der Bewegung für Kṛṣṇa-Bewußtsein anzuschließen und den Hare-Kṛṣṇa-*mahā-mantra* zu chanten, um so aus der Gewalt des materiellen Daseins befreit zu werden und nach Hause, zu Gott, zurückzukehren.“ (A.C. Bhaktivedanta Swami Prabhupāda: Erläuterung zum Śrīmad-Bhāgavatam 8.5.23)

Pṛthivīte āche yata nagarādi grāma, sarvatra pracāra haibe mora nāma: „Die Zeit wird kommen, wo überall auf der Welt (*pṛthivīte*), in jeder Stadt (*nagarādi*) und in jedem Dorf (*grāma*), Mein Name erklingen wird.“ (Śrī Caitanya Mahāprabhu, zitiert im Caitanya-caritāmṛta Madhya-līlā 8.128, Erl.)

„Śacīmātā [Śrī Caitanyas irdische Mutter] sprach: ‚Ich sehe wunderbare leuchtende Wesen, die im Weltall erscheinen, als ob sie kämen, um [Śrī Caitanya] Gebete darzubringen.‘“ (Caitanya-caritāmṛta, Ādi-līlā 13.83)

[Śrī Kṛṣṇa sprach zu Nanda Mahārāja, d.h. während Seiner Gegenwart auf der Erde vor fünftausend Jahren:] „Wenn das Kali-yuga in Indien überhand gewinnt, wird die Gaṅgā noch 5000 Jahre dort bleiben. Solange sie gegenwärtig ist, wird sich Kali die Erde nicht völlig untertan machen können. Meine Mūrtis und die Purāṇas werden für 10 000 Jahre des Kali in Bhārata bleiben. Solange wir dort sind, wird Kali keinen Einfluß auf die Menschheit haben können.“ (Brahma-vaivarta Purāṇa 4.35.41-43)

„Sogar nachdem Kali auf der Erde Einzug gehalten hat, wird der Höchste, Hari, für 10 000 Jahre auf der Erde bleiben. Während dieser Zeit werden die Tempel des Höchsten und die Verehrung des Höchsten auf der ganzen Erde gegenwärtig sein.“ (Brahma-vaivarta Purāṇa 4.90.32)

Quellentexte: Vedische Prophezeiungen eines neuen Zeitalters wichtige Rolle spielt und weil Nostradamus sagt, daß er das neue Zeitalter bereits mitberücksichtigt hat, darf man erwarten, daß er auch Hinweise auf das Bekanntwerden der vedischen Offenbarung in seine Prophezeiungen aufgenommen hat.

Die Verschlüsselungsmethoden des Nostradamus

„Die Schande der Zeiten aber, gnädigster König, macht es nötig, solche verborgenen Ereignisse bestenfalls in rätselhafter Sprache zu offenbaren, die nicht nur einen einzigen Sinn und eine einzige Aussage besitzt, was aber nicht bedeutet, daß eine zweideutige oder doppelsinnige Berechnung hinzugefügt worden ist."

– Nostradamus (1558)[51]

Das Buch, für das Nostradamus berühmt geworden ist, heißt *Les Vrayes Centuries et Propheties de Maistre Michel Nostradamus* („Die wahren Centurien und Prophetien des Meisters Michel Nostradamus") und wurde als Gesamtwerk 1568, also erst nach seinem Tod, in der heute vorliegenden Form veröffentlicht. Es besteht aus 10 Kapiteln, die Nostradamus „Centurie" (Hundertereinheit) nennt, weil jedes Kapitel (mit Ausnahme des VII.) 100 Verse à vier Zeilen enthält. Hinzu kommen kurze Ansätze einer XI. und XII. Centurie.

Nostradamus stützte seine Prophezeiungen hauptsächlich auf nächtliche Trance-Visionen, die er zunächst chronologisch in Prosa aufschrieb und dann anhand astronomischer Berechnungen überprüfte. Danach verfaßte er die verschlüsselten Vierzeiler und verbrannte die ausformulierten Prosa-Originale, um bei allfälligen Hausdurchsuchungen der Inquisitionsbehörden nicht in eine peinliche Situation zu geraten. Die Frage, wie weit und in welcher Form die Quatrains (Vierzeiler) chronologisch niedergeschrieben sind, läßt sich nicht leicht beantworten. Auf jeden Fall folgen sie keiner oberflächlichen Chronologie, und es ist auch zu bezweifeln, ob Nostradamus seine Visionen in chronologischer Reihenfolge hatte.

Wenn es z.B. in II.6 heißt: „Nahe den zwei Häfen in zwei Städten/ Werden zwei Schrecknisse geschehen, wie ihresgleichen nie gesehen wurden ...", so erkennen wir heute in diesen Zeilen sogleich die zwei Atombomben, die über Hiroshima und Nagasaki abgeworfen wurden. Vor 1945 war dieser Vers noch völlig unverständlich. Wären die Quatrains chronologisch, müßten die vorangehenden

Verse den zweiten Weltkrieg, Hitler, Mussolini usw. beschreiben. Doch diese Verse finden sich verstreut an anderen Stellen.

Neben diesem grundlegenden System verwendet Nostradamus ein ganzes Arsenal von zusätzlichen Codierungsmethoden. An einzelnen Stellen drückt er sich unverhüllt aus und nennt direkt die Namen: Pasteur (I.25), Franco und Rivera (IX.16). Meistens jedoch beschreibt er Personen ohne den Namen, weshalb nur jemand, der die Person kennt, weiß, wer gemeint ist. Zum Beispiel beschreibt Nostradamus eine Person names „Hister", die „Bestien, wild vor Hunger," (II.24) anführt und „die Republik erzürnt" (V.29: *D'Hister ... faschee la republique*). Heute ist offensichtlich, daß mit diesem „Hister" Hitler gemeint ist, der aus einem Dorf nahe der Donau (Ister) stammte.

Für eine tiefergehende Entschlüsselung muß man immer auf den französischen Originaltext zurückgehen, denn dieser enthält sehr oft Details, die keine Übersetzung wiedergeben kann. Vers V.29 zum Beispiel enthält einen phonetischen Anklang, der *heute* leicht zu erkennen ist: *... faschee la republique*. Fast vierhundert Jahre vor dem Zweiten Weltkrieg hat Nostradamus den Faschismus vorausgesehen und ihn sogar namentlich erwähnt, und erst noch mit einer typisch *deutschen* Schreibweise (*faschee* statt *fâchée*).

Um gewisse Aussagen zu verschlüsseln, arbeitete Nostradamus also mit verschiedensten Tricks: mit phonetischen Wortanklängen und Parallelbedeutungen, mit kabbalistischen Mustern und sogar mit mathematischen Schemen, um einzelne Zeilen mit vielschichtigen Aussagen zu versehen. Im Zusammenhang mit den Verschlüsselungen bekommen auch die Centurien- und Verszahlen eine wichtige Bedeutung. Zum Beispiel weisen einige Verszahlen auf die Jahreszahl gewisser wichtiger Ereignisse hin. Heute gibt es sogar Interpreten, die behaupten, *jede* Verszahl weise chronologisch auf eine Jahreszahl hin, von 1555 bis 3797, für jedes Jahr einen Vers.[52]

Diese Vielschichtigkeit der Verse erklärt, warum Interpreten mit unterschiedlichsten Schlüsseln zu sinnvollen Auslegungen gelangen. Die einen durchforsten die Verse und versuchen, sie wie Fotos, die gemischt wurden, wieder in die richtige Reihenfolge zu bringen. Andere gehen von einer verborgenen Chronologie der Verse aus und suchen nach Codes, um die Verse zu entschlüsseln. Beide kommen zu glaubwürdigen Ergebnissen, und beide liefern unentbehrliche Puzzle-Stücke, die helfen, die Botschaft des Nostradamus besser zu verstehen. Das Problem und die Verschleierung der Wahrheit beginnt – wie immer – dann, wenn jemand behauptet, den *einzig* richtigen Schlüssel zu besitzen.

Das wichtigste bei der Entschlüsselung der Verse ist immer die *wörtliche Bedeutung*. Dann muß man schauen, mit welchem Mittel man zusätzliche Informationen finden kann. Manchmal hilft die Symbolik oder die Verszahl, der phonetische Gleichklang oder die Rückwärtslesung, die Umstellung der Buchstaben oder die mathematische Decodierung, usw.

Trotz all dieser Methoden bleiben gewisse Verse immer noch unklar, vor allem die Verse mit positivem Inhalt. Quer durch die Centurien hindurch, die zum größten Teil von negativen Ereignissen handeln, finden sich immer wieder Verse, die wie Lichtblicke sind. Diese Verheißungen enthalten keine Namen, keine Zeitangaben und stehen scheinbar zusammenhangslos in der Überzahl von negativen Prophezeiungen, wie Oasen in der Wüste. Interessanterweise sind es gerade diese positiven Verse, die durch die vedischen Prophezeiungen konkrete Bedeutung bekommen.

Die Absichten des Nostradamus

„Dabei habe ich die Gebiete, Zeiträume und das genaue Datum einschränkend festgelegt, so daß die Menschen – nachdem die Dinge einmal eingetreten sind – unfehlbar die gekommenen Ereignisse als solche anerkennen werden." – Nostradamus (1555)[53]

Will man die Prophezeiungen des Nostradamus verstehen, muß man sich zuerst fragen, was Nostradamus mit seinen Prophezeiungen überhaupt bezweckte. Nur wenige Interpreten stellen sich diese Frage, und deshalb beschränken sie sich auf spekulative Voraussagen für die Zukunft.

Wäre die Zukunftsschau tatsächlich die Absicht des Nostradamus gewesen, dann hätte sich sein Werk schon längst als völlig nutzlos erwiesen. In den vergangenen fünfhundert Jahren wurde noch kein einziges katastrophales Ereignis dank Nostradamus im voraus erkannt und abgewandt. Obwohl man im nachhinein erkannte, daß Nostradamus die französische Revolution, die beiden Weltkriege, den Faschismus, die Konzentrationslager, die Nahostkonflikte und vieles mehr vorausgesehen hatte, konnte keines dieser Ereignisse verhindert, ja nicht einmal abgeschwächt werden.

Wie aus Nostradamus' eigenen Worten hervorgeht, war das Verhindern der prophezeiten Ereignisse gar nicht seine Absicht. Er wollte nicht Ereignisse *voraussagen,* sondern im nachhinein zeigen, daß die besagten Ereignisse vorausbestimmt waren. Deshalb schrieb er die Prophezeiungen absichtlich in einer verschlüsselten Formulierung nieder, denn sie sollten erst verständlich sein, *nachdem* das Ereignis eingetroffen ist.

Was bezweckte Nostradamus mit dieser ungewöhnlichen, aber auch uneigennützigen Art der Prophetie? Ein erster Grund liegt auf der Hand, und Nostradamus erwähnt ihn auch in der Einleitung zu seinen „Prophetien": Vieles von dem, was er sah, war so erschrekkend und unzeitgemäß, daß der Autor sogleich von den Machthabern beseitigt worden wäre. Bereits als junger, erfolgreicher Pestarzt hatte Nostradamus Frankreich für mehrere Jahre verlassen müssen, weil er sonst als „Hexer" und „satanischer Wunderheiler" auf dem Scheiterhaufen verbrannt worden wäre wie Tausende seiner Zeitgenossen.

> „Dabei beherzige ich auch den Lehrsatz des wahren Erlösers: ‚Wollet nicht Heiliges den Hunden geben, noch werfet Perlen vor die Säue, damit sie es nicht mit ihren Füßen zertrampeln und, sich dann umwendend, euch selbst vernichten.' Dies war der Grund, meine Zunge vor dem Volke zu zügeln und meine Feder vom Papier zurückzuhalten."[54]

Neben diesem offensichtlichen Grund für seine geheimnisvolle Zurückhaltung erwähnt Nostradamus noch zwei andere Gründe, die wahren Gründe, weil sie den *Zweck* seiner „Prophetien" darstellen. Sie zeugen von seinem hohen philosophischen Verständnis und sind im Zusammenhang mit dem vedischen Weltbild und den vedischen Prophezeiungen besonders relevant.

> „... das natürliche Licht, das den Philosophen die Gewißheit gibt: wer das Prinzip von Ursache und Wirkung kennt, hat die tiefste Tiefe der höchsten Lehre erreicht. Doch genug davon, mein Sohn, ich will mich nicht zu tiefsinnig auslassen ..."[55]

Nostradamus war der Überzeugung, daß alles vom höchsten Schöpfergott abhängig ist, den er *Dieu le Créateur* nannte. Der Mensch ist in seinen Handlungen nicht unabhängig, sondern muß sich immer entscheiden, ob er entsprechend oder entgegen Gottes Plan handeln will. Gottes Plan wird sich jedoch unter allen Umständen erfüllen, und die Verstöße gegen Gottes Gesetze werden immer durch entsprechende Reaktionen geahndet. Die Menschen, die in der Dualität und Illusion gefangen sind, sind nicht frei und unabhängig, wie sie – in Illusion – glauben. Es gibt immer wieder machtgierige Herrscher und Eroberer, doch ihr Aufstieg und ihr Fall ist bereits vorausbestimmt. Weil sie die wahren Gesetze des Kosmos nicht kennen, sind sie nur Marionetten ihres eigenen Karmas, und Nostradamus beweist das durch seine Prophezeiungen.

Die Voraussagen sollen Zeugnis ablegen für die mathematische Genauigkeit des göttlichen Gesetzes von Ursache und Wirkung (Karma). Nostradamus will sich nicht in die Ereignisse oder in die Entscheidungen (d.h. den freien Willen) der Individuen einmischen, aber er will hinterher aufzeigen, daß die *Ereignisse* bereits vorausbestimmt waren, nicht aber die Einzelschicksale, die persönlichen Entscheidungen, die ein jeder Mensch mit freiem Willen (*du liberal arbitre*) für sich selbst auf eigene Verantwortung treffen muß.

> „Dabei berücksichtige ich auch, daß die Ereignisse, die auf den einzelnen Menschen zukommen [die Einzelschicksale], letztlich ungewiß sind (*les adventures de l'humain definement incertaines*) und daß alles gelenkt und verwaltet wird von der unbegreiflichen Macht Gottes ... Den Propheten wurde die Gabe der Weissagung vom unsterblichen Gott und durch gute Engel gegeben. Mit dieser Hilfe sehen sie noch weit entfernte Dinge und können zukünftige Ereignisse vorhersehen; denn nichts kann sich ohne ihn ereignen. ... Was uns Menschen betrifft, so können wir nicht aus eigener natürlicher Einsicht oder dank geistiger Fähigkeiten etwas von den verborgenen Geheimnissen Gottes, des Schöpfers, erkennen. Denn es heißt: *Ihr werdet weder den Tag noch die Stunde kennen, etc.* ... Denn die Werke Gottes sind vollkommen absolut (*Car les œuvres divines, que totalement sont absolues*). Gott vollendet sie selbst. Mittler sind die Engel. Als dritte wirken die bösen Wesen. Aber, mein Sohn, hier spreche ich wahrscheinlich ein wenig zu dunkel ...
> Denn die Geheimnisse Gottes sind unbegreiflich, und die bewirkende Kraft [des Menschen] ist, was die Erkenntnis der wahren Natur der Dinge (*la congoissance naturelle*) betrifft, weitgehend fehlbar (*contingent:* zufällig, ungewiß). Was man erkennt und bewirkt, hat seinen naheliegendsten Ursprung im freien Willen (*prenent son plus prochain origine du liberal arbitre*).“[56]

Nostradamus ist kein fatalistischer Pessimist, der meint, das Schicksal sei unabwendbar. Er weist darauf hin, daß der Mensch und die Menschheit ihre Bestimmung ändern können, wenn sie ihr Bewußtsein ändern.[57] Das ist der zweite Zweck seiner Prophetien: Seine

Kriegs- und Katastrophenvisionen sollen die Menschen warnen und zu einem Gesinnungswandel bewegen. Und einen solchen Wandel sagt Nostradamus tatsächlich für *die heutige Zeit* voraus. Ein berühmter Vers seiner Prophetien (III.94) deutet an, daß man erst fünfhundert Jahre nach Nostradamus „große Klarheit" finden werde. Das heißt für uns: in nächster Zukunft.

Prophezeiungen eines neuen Zeitalters

Nostradamus war bereits zu seinen Lebzeiten für seine prophetische Gabe berühmt, denn er machte auch viele kurzfristige Prophezeiungen, die sich schnell als wahr herausstellten. Dieselbe Treffsicherheit findet man auch in den „Prophetien". Beispiele hierfür sind die namentliche Erwähnung von Pasteur, Franco und Hitler („Hister") oder auch die Gründung des Staates Israel (III.97): „Kraft eines neuen Gesetzes wird ein neues Land besetzt/ Bei Syrien, Judäa und Palästina."

Nostradamus vermochte aber nicht nur die Ereignisse, sondern auch den Zeitpunkt vorauszusehen. „Ich könnte für jeden Vierzeiler den genauen Zeitpunkt nennen, doch das [die Datierung], und noch weniger ihre Interpretation, wäre für keinen angenehm ..."[58]

Was das Datum betrifft, so fällt bei Nostradamus auf, daß sich für das Ende des 20. Jahrhunderts die Voraussagen häufen. Nostradamus hat anscheinend in der Mitte des Jahrtausends insbesondere das Ende des Jahrtausends beschrieben.[59]

> „Jetzt [Mitte 16. Jahrhundert] stehen wir unter der Regentschaft des Mondes. Dank der vollkommenen Macht des ewigen Gottes wird die Sonne folgen, noch bevor der Mond seinen Lauf völlig beendet hat. Dann folgt Saturn. Wenn nach den Gesetzen des Himmels die Herrschaft Saturns rückläufig sein wird, nähert sich die Welt – wie berechnet – einem zeitverändernden Umsturz (*une anaragonique revolution*)."[60]

Die besagte Saturn-Konstellation ist seit Anfang der neunziger Jahre des 20. Jahrhunderts eingetreten! Für denselben Zeitpunkt, aber mit einer anderen Zeitrechnung, sagt Nostradamus im Anschluß an das vorangegangene Zitat große Katastrophen und Umwälzungen voraus. „Dann wird sich alles vollenden." „Dann" – das ist laut Nostradamus unsere nahe Zukunft:

„[Die beschriebenen Katastrophen] werden sich wiederholen, wenn wir uns im 7. Jahrtausend befinden.[61] Dann wird sich alles vollenden. Wenn wir uns dem achten Jahrtausend nähern, wird der große Gott den großen Umsturz beenden. Die himmlischen Bilder werden zu ihrer gewohnten Bewegung zurückkehren und zur höheren Bewegung, die unsere Erde stabil und fest macht: ‚Sie soll nicht auf ewig weggedreht werden', sondern nur, bis sein Wille erfüllt sein wird. So wird es geschehen und nicht anders. Gleichwohl wird man, beeinflußt von mohammedanischen Phantastereien, widersprüchliche Meinungen darüber äußern, die jede natürliche Vernunft übersteigen. Auch wird Gott, der Schöpfer, einige Male durch die Sendboten seiner feurigen, flammenden Botschaften den körperlichen Sinnen, sogar den Augen wahrnehmbar in der Zukunft deutbare Weissagungen anbieten."

Hier sagt es Nostradamus mit eigenen, unverschlüsselten Worden: Die Erde wird nach den kosmischen Erschütterungen wieder „stabil" und „fest" sein. „So wird es geschehen und nicht anders." Also keine Evakuierung einer öde gewordenen Erde im Hinblick auf das angebliche Endjahr 3797 n.Chr., das Nostradamus ganz anders, eben nicht als Kalenderjahr, verstand.

In der Übergangszeit wird Gott auch neue Sendboten auf die Erde schicken und durch sie den Menschen *sichtbare* Zeichen zukommen lassen. Das müßte in den jetzigen Jahren geschehen oder im Ansatz schon geschehen sein (z.B. das Sonnenwunder von Fatima 1917 und die dortigen Prophezeiungen?).

In der Epistel an König Heinrich II. umreißt Nostradamus dasselbe Szenario noch einmal und geht einen Schritt weiter:

„Ich beginne mit der gegenwärtigen Zeit ... und schaue weit darüber hinaus bis zu dem Ereignis, das, gemäß sorgfältigsten Berechnungen, zu Beginn des siebten Jahrtausends [d.h. um das Jahr 2000 n.Chr.] stattfinden wird. ... Dann [nach letzten Wirren und Verfolgungen] beginnt zwischen Gott und den Menschen ein universeller Friede. (*une paix universelle*)."[62]

In den Centurien weist Nostradamus ebenfalls unmißverständlich auf die Jahrtausendwende hin, wobei er das Datum oft anhand von Sternkonstellationen mitteilt. Seine berühmteste Voraussage nennt sogar das Jahr und den Monat:

„Im Jahre 1999 und sieben Monate/ Wird der große König des Schrekkens vom Himmel herab kommen ..." (X.72: *L'an mil neuf cens nonante neuf sept mois ...*)

Der Zeitpunkt einiger dieser datierten Voraussagen ist jedoch bereits vorbei:

„Saturn steht im Zeichen Wassermann, dann,/ Wenn das Tierkreiszeichen seinen höchsten Punkt erreicht hat:/ Seuche, Hunger, Tod durch Kriegsgewalt,/ Das Jahrhundert nähert sich der Erneuerung." (I.16) In unseren Tagen war diese Konstellation im Dezember 1992 gegeben.

„Das große Heer wird die Berge überqueren,/ Wenn Saturn im Zeichen Schütze steht und Mars von den Fischen zurückkehrt./ Gift ist versteckt unter Forellenköpfen ..." (II.48) Diese Konstellation ereignete sich genau am 25. Oktober 1988.

„Wenn Saturn und Mars gemeinsam verglimmen,/ Ist die Luft lange Zeit sehr trocken./ Durch verborgene Feuer wird ein großer Ort in Glut aufgehen./ Regenmangel, Wind, Hitze, Kriege und Überfälle." (IV.67) Eine derartige Konstellation fand 1988 statt.

„Der Herrscher mit dem blauen Turban zieht in Foix [Südfrankreich] ein/ ... Sonne, Mars und Merkur sind in der Nähe des Wassermannes [Januar/Februar 1994]." (IX.73)

Was ist mit Nostradamus los? Bis zum Zweiten Weltkrieg, ja bis in die sechziger Jahre hatte er viele Ereignisse mit verblüffenden Details genau vorausgesagt, z.B. die Gründung Israels (III.97) und das genaue Datum des Ausbruchs des Zweiten Weltkrieges: „Gegen das Adlerland werden große Menschenmaßen aufgeboten./ Sie werden fast ganz Europa und die Welt heimsuchen./ Die beiden Sonnenfinsternisse lösen die Jagd aus ..." (VIII.15). Im April und Oktober 1939 fanden zwei Sonnenfinsternisse statt und wurden zu unglückverheißenden Omen. Er, der über Jahrhunderte hinweg genauste Prophezeiungen machte – irrt er sich plötzlich mit seinen Angaben?

Die genannten Ereignisse, aber auch noch andere, die Nostradamus für die vergangenen zehn oder zwanzig Jahre vorausgesagt hat, sind nicht oder nicht in dem prophezeiten Ausmaß eingetroffen.

Verschiedenste Hellseher prophezeien für die gegenwärtige Zeit Schlimmes. Gemäß vielen Voraussagen hätten schon längst verheerende Kriege und Katastrophen stattfinden müssen. Auch aus vedischer Sicht ist das Karma-Faß längst übervoll. Warum bleiben dann die prophezeiten Donnerschläge aus?

Wenn wir die abendländische Überheblichkeit („Seht ihr, das war alles nur Humbug und Schwarzmalerei") vermeiden, dann müssen wir zugeben, daß ein großes Maß von anstehendem Karma abgeschwächt, aufgehoben oder zumindest aufgeschoben worden ist. Das ist durchaus möglich – auch gemäß Nostradamus,[63] ja er weist in seinen Centurien darauf hin, daß seine Prophetien zu einem gewissen Zeitpunkt erfüllt und sogar überholt sein werden. Wann?

> „Zwanzig Jahre der Herrschaft des Mondes sind vorbei,/ Wenn zu Beginn des siebten Jahrtausends* ein anderer die Herrschaft antritt,/ Wenn die Sonne ihre dunklen Tage hat./ Dann wird sich meine Prophetie erfüllen und überholen (*... Lors accomplir et mine ma prophetie*)." (I.48)

Wieder ist es der Beginn des siebten Jahrtausends, d.h. der bevorstehende Jahrtausendwechsel.

Das vorausbestimmte Schicksal, also auch Prophezeiungen, können geändert oder überholt werden, jedoch nur dann, wenn die Menschen aus ihren Fehlern lernen und sich konsequent korrigieren, indem sie ein echtes Gottesbewußtsein entwickeln.

Tatsächlich läßt Nostradamus diese Möglichkeit ebenfalls offen. Neben allen Horror-Visionen von Hungersnöten, Dürren, neuen Seuchen, einem Dritten Weltkrieg und einem dritten Antichristen sagt Nostradamus auch einen anderen möglichen Verlauf der Dinge voraus. Im Zug der Sensationslust („Nostradamus – endlich/erstmals entschlüsselt!") wird diese Perspektive meistens völlig übersehen.

> „Nostradamus entwirft zwei Entwicklungsmöglichkeiten für unsere Zukunft, doch sie schließen einander aus: einerseits die totale Atomkatastrophe um 1999, andererseits ein goldenes Zeitalter der Erleuchtung und des Friedens ab der Jahrtausendwende."[64]

Obwohl der Übergang wahrscheinlich nicht schmerzlos vonstatten gehen wird, sehen wir heute, daß die prophezeiten Schicksalsschläge (noch) nicht eingetroffen sind. Sie wären nicht unverdient, ja sogar schon überfällig angesichts der weltweiten Gewaltakte der Menschen gegenüber ihren Mitmenschen (Kriegsinszenierungen, Ungerechtigkeiten, Ausbeutungen, unheilige Allianzen, Kriminalität, Abtreibung usw.), gegenüber der Umwelt (Regenwaldzerstörung, Gewässervergiftung, Luftverpestung, Raubbau usw.) und gegenüber

---

* Diese Zeitangabe wird im Vers zusätzlich mit einer doppelten Querverbindung bestätigt: 1999 soll tatsächlich eine lange Sonnenfinsternis oder Lichtverdunklung stattfinden, und in diesem Jahr wird auch die Herrschaft des Mondes, d.h. Islams, ein zwanzigjähriges Jubiläum feiern, denn Ayatollah Khomeini übernahm 1979 die Macht im Iran.

den Tieren (Vivisektion, Genmanipulationen, Massenhaltung, Fleischverzehr usw.).

Der erwiesenermaßen treffsichere Nostradamus hat die dazu gehörigen Karma-Reaktionen bereits vorausgesehen, doch seit den siebziger oder achtziger Jahren scheint es, daß seine Prophezeiungen plötzlich nicht mehr vollständig eintreffen. Es muß also eine Gegenbewegung entstanden sein – die Nostradamus und andere ebenfalls bereits voraussagten –, die die Kraft hat, die anstehenden verheerenden Reaktionen zu neutralisieren. In dieser hoffnungsvollen Perspektive, die eine Herausforderung an jeden einzelnen Menschen darstellt, treffen sich die abendländischen und die vedischen Prophezeiungen.

John Hogue, einer der wenigen Nostradamus-Interpreten, die sich systematisch um eine Entschlüsselung der positiven Prophezeiungen bemühen, schreibt:

> „Hier und da tauchen zwischen all den apokalyptischen Visionen auch Weissagungen auf, deren Leitmotiv ein neues religiöses Bewußtsein ist, welches, so sagt er, vor Ende des Jahrhunderts aufkommen und zur Blüte gelangen wird. ... Nostradamus kündet eindeutig eine völlig neue Religion an. Das schließt von vornherein traditionelle Religionen wie das Christentum, den Islam, Judaismus, Buddhismus und Hinduismus aus. Und was die katholische Kirche betrifft, eine der größten Religionen überhaupt, so sagt er unmißverständlich ihren Untergang voraus. Was also ist diese neue Religion?“[65]

Diese neue Religion ist nur scheinbar neu, denn sie ist älter als alle genannten Religionen und hat die Kraft, sie alle von ihren festgefahrenen Dogmen zu befreien. Nostradamus gibt in diesem Zusammenhang einen sehr wichtigen Hinweis:

> „Wenn neues Unheil naht, ... wird ein Erbe einer längst totgesagten Linie kommen, der die Menschen der Welt von einer schwächlichen und freiwilligen Sklaverei befreien wird [oder: der die Menschen der Welt wohltuend und bereitwillig aus der Knechtschaft befreien wird] und sie unter den Schutz von Mars stellen wird.“[66]

Eine neue Religion aus einer längst totgesagten oder seit langer Zeit unfruchtbaren Linie (*d'un rameau de la sterile, de long temps*), das ist ein möglicher Hinweis auf die vedische Religion, die universal ist (*delivrera le peuple univers*) und gleichzeitig jenes Wissen vermittelt, das notwendig ist, um die selbstverschuldete Misere („freiwillige Sklaverei“) zu überwinden.

Nostradamus hat eine prophetische Chronik verfaßt, die den schicksalhaften Verlauf der Weltgeschichte voraussagt, die aber plötzlich, gegen Ende des 20. Jahrhunderts, (hoffentlich) nicht mehr mit den tatsächlichen Ereignissen übereinstimmt, weil ein neues religiöses Bewußtsein das Karma der Menschheit ändert. Bei Nostradamus werden wir dann nachlesen können, wie die selbstverschuldete Karma-Zukunft ausgesehen hätte und wovon die Menschheit verschont wurde – dank dieses neuen Gottesbewußtseins.

Noch eindrücklicher als die eingetroffenen Prophezeiungen des Nostradamus werden dann die *nicht* eingetroffenen sein.

Nostradamus und die Veda-Renaissance

Nostradamus besaß ein tiefes Verständnis vom göttlichen Wirken der Karma-Gesetze und von der Möglichkeit, diese Gesetze zu überwinden, wie dies von den vedischen und gnostischen[67] Offenbarungen, nicht aber vom (damaligen) Christentum gelehrt wurde.

Darf man deshalb nicht auch annehmen, daß Nostradamus die wichtige Rolle der Veda-Renaissance vorausgesehen hat? Dann müßte er in seinen Prophezeiungen konkrete Hinweise verborgen haben, die erst heute verständlich werden, nachdem die entsprechenden Entwicklungen und Ereignisse eingetroffen sind.

Wenn man aus vedischer Sicht die Prophezeiungen des Nostradamus durchliest, fällt sogleich ein Vers auf – ein Vers, der zu den berühmtesten und rätselhaftesten Nostradamus-Versen gehört:

De cinq cens ans plus compte l'on tiendra,
Celuy qu'estoit l'ornement de son temps:
Puis à un coup grande clarté donra,
Que par ce siecle les rendra tres contents. III.94

Der größte Teil von Nostradamus' Prophezeiungen handelt von Kriegen und Katastrophen. Der obige Vers gehört zur kleineren Auswahl von Versen, die eine hoffnungsvolle Aussage beinhalten. Jedoch ist die Formulierung dieses Verses sehr delikat, und nur schon das bloße Übersetzen bereitet Mühe. Wörtlich besagt dieser Vers:

„Ab fünfhundert Jahren mehr Rechnung man wird tragen,/ Ihm, der war das Ornament seiner Zeit;/ Dann auf einmal große Klarheit wird es [er] geben,/ So daß durch dieses Jahrhundert sie wird sehr glücklich machen."

Bisher wurde dieser Vers immer nur autobiographisch verstanden und auf Nostradamus bezogen, zum Beispiel:

> „Aus dem, was ich [Nostradamus] sage, zieht man ein halbes Jahrhundert lang keine Konsequenz. Dann endlich – so nehme ich an – wird man begreifen lernen und durch Ziehen der notwendigen Folgerungen eine wahrhaft lebenswerte Zeit schaffen."[68]

Die autobiographische Interpretation war bisher die einzig plausible.[69] Bei näherer Untersuchung ist diese Interpretation jedoch nicht befriedigend. Will Nostradamus hier wirklich sagen, daß man ihn für fünfhundert Jahre lang nicht *beachten* wird? Man wird ihn vielleicht fünfhundert Jahre lang nicht *verstehen,* im Vers jedoch heißt es ganz klar „Beachtung" oder „Aufmerksamkeit schenken", und das läßt sich nicht auf Nostradamus beziehen, denn er wurde schon zu Lebzeiten beachtet und geachtet, und zwar so sehr, daß ihn der französische König Heinrich II. persönlich an den Hof einlud und ihn als Astrologe einstellte und mit einer ansehnlichen Geldsumme förderte. Auch nach Heinrichs Tod im Jahr 1559 (den Nostradamus ebenfalls mit allen Details vorausgesagt hatte, und zwar direkt in seinen Prophetien, Quatrain I.35) blieb Nostradamus bei den nachfolgenden Königen, Franz II. und Karl IX., als Leibarzt und Astrologe in hohen Ehren. Sein Buch der „wahren Prophetien" war schon zu Lebzeiten ein Bestseller. Über mangelnde Beachtung konnte Nostradamus sich also nicht beklagen.

Ein weiterer Zweifel: Hätte sich Nostradamus selbst als *l'ornement de son temps* („die Zierde seiner Zeit") bezeichnet? Nostradamus war von der Richtigkeit der Prophezeiungen, die er niederschrieb, überzeugt und machte auch keinen Hehl daraus. Aber über seine eigene Person äußerte er sich immer sehr zurückhaltend:

> „Durch die unverhüllte Inspiration bin ich als sterblicher Mensch mit den Sinnen nicht weiter vom Himmel entfernt als mit den Füßen von der Erde. ‚Ich kann mich weder irren noch täuschen, noch getäuscht werden.' Was aber mich betrifft, so bin ich ein größerer Sünder als jeder andere auf dieser Welt, unterworfen jeder menschlichen Anfechtung."[70]
>
> „Ich bekenne klar, daß alles von Gott kommt, und ihm allein gebührt Dank, Ehre und Lobpreis in alle Ewigkeit."[71]

Nostradamus hätte sich also kaum als „die Zierde seiner Zeit" bezeichnet. Es ist auch nicht ersichtlich, wie das Beachten des Nostradamus nach fünfhundert Jahren die Menschen glücklich machen soll. Die besagte Person wird jedoch genau diesem hohen Anspruch der Prophezeiung genügen: „Dann auf einmal wird er große Klarheit geben,/ So daß er sie [die Menschen] noch in diesem Jahrhundert sehr glücklich machen wird."

Mit anderen Worten, Nostradamus meint mit diesem Vers (III.94) nicht sich selbst.

Gesucht ist also eine erhabene oder sogar göttliche Person, die in Frankreich, in Europa oder allgemein im Okkzident für mehr als fünfhundert Jahre nicht beachtet wird, die aber die Zierde „seiner Zeit" war – entweder die Zierde von Nostradamus' Zeit oder einfach die Zierde jener Zeit, in der diese Person lebte. Aus vedischer Sicht kommt man nicht umhin, bei dieser Prophezeiung sogleich an Śrī Caitanya, den Yuga-Avatāra, zu denken. 1986 hörte weltweit zum ersten Mal eine breite Öffentlichkeit von Śrī Caitanya, nämlich im Rahmen Seines 500. Erscheinungstages. Śrī Caitanya war tatsächlich die Zierde Seiner Zeit und auch die Zierde von Nostradamus' Zeit, denn Śrī Caitanya und Nostradamus waren Zeitgenossen! Alle Interpreten beziehen die Wendung *son temps* auf Nostradamus' Zeit. Die Person, von der Nostradamus spricht, muß also zu seiner Zeit auf der Erde gelebt haben. Das sagt auch einiges über die Aktualität dieses Verses aus, denn fünfhundert Jahre später – also heute! – wird diese Person plötzlich Beachtung finden, was zur Folge haben wird, daß auf einmal (*à un coup*, „mit einem Schlag") große Klarheit herrschen wird und daß die Menschen noch in demselben Jahrhundert glücklich sein werden.

Es dürfte schwer fallen, unter Nostradamus' Zeitgenossen eine andere Person zu finden, die man als „Zierde seiner Zeit" bezeichnen könnte, die erst heute Beachtung findet und dadurch auf einmal Klarheit schenkt und die Menschen glücklich macht.

Eine der ersten Regeln, die man bei der Nostradamus-Forschung lernt, besagt, daß bei Nostradamus' Formulierungen nichts Zufall ist. Auf dieser Grundlage haben Nostradamus-Interpreten begonnen, den französischen Originaltext mit Zahlenmustern und Gleichklang-Varianten zu analysieren. Diese Methode führt tatsächlich zu erstaunlichen Entdeckungen, und auch im vorliegenden Vers lassen sich mit dieser Methode ein paar weiterführende Spuren entdecken, die noch eindeutiger auf Śrī Caitanya hinweisen. Die Identifikation Caitanyas hängt jedoch nicht von diesen zusätzlichen Interpretationen ab, sondern geht bereits aus der oben angeführten direkten Textaussage hervor.

Die zweite Zeile enthält den direkten Hinweis auf die gesuchte

Person: *Celuy qu'estoit l'ornement de son temps.* Als erstes fällt die scheinbar umständliche Formulierung der ersten beiden Zeilen auf. Diese Formulierung bewirkt jedoch, daß das Pronomen, das auf diese verheißene Person hinweist (*Celuy,* „derjenige"), am Anfang der Zeile zu stehen kommt, was eine Großschreibung erlaubt. Die Großschreibung verwendet Nostradamus normalerweise nur bei Adelstiteln (wie *Roy, Majesté, Prince*) und hauptsächlich in bezug auf Gott und die großen Gottgesandten: *Dieu le Créateur, notre Sauveur et Redempteur, Dieu et ses Saincts,* etc. Die Großschreibung *Celuy* hebt also hervor, daß diese Person eine göttliche Person ist.

Ein weiterer Hinweis enthält der indirekte Name *estoit l'ornement de son temps* – „der war die Zierde seiner Zeit". Gemäß dem Schlüssel des phonetischen Gleichklangs lautet eine andere Lesart dieser Formulierung: *estoile or-nement. Estoile* ist die altfranzösische Schreibweise für das Wort *étoile,* „Stern", die in Nostradamus' Texten üblich war (*prestre* statt *prêtre, estant* statt *étant, Chrestien* statt *Crétien, estrange* statt *étrange,* etc.). *Or* war zu Nostradamus' Zeiten wie auch heute noch das übliche französische Wort für „Gold" (z.B. *siècle d'or,* „goldenes Zeitalter", im Quatrain IX.17).

Hier finden wir also in nur leichter Verhüllung den Namen „Goldener Stern", was einer der berühmtesten Namen von Śrī Caitanya ist: *Gaur-candra* (wörtlich: Goldener Mond). Das Bengali-Wort für Gold – *gaur,* ausgesprochen *gor* – reimt sich sogar mit dem französischen *or,* ebenso wie das Wort *candra* mit *tiendra,* das ebenfalls durch Reim hervorgehoben wird. Der Gleichklang ist also perfekt. Sehr oft wird Śrī Caitanya im Bengali auch einfach *Gaur,* der „Goldene", genannt.

Wenn nach fünfhundert Jahren diesem „Goldenen Mond" wieder Beachtung und Achtung geschenkt wird, wird dies eine nachhaltige Wirkung haben, denn:

Puis à un coup grande clarté donra
Que par ce siecle les rendra tres contents.

Der Lehrer des neuen Gottesbewußtseins

„Großen Kreisen wird es ein dringendes Anliegen, sich im inneren und im äußeren Leben für die schöpferische Kraft, für die göttliche Intelligenz der Welt zu öffnen. Vor allem aus dem Osten empfängt diese neue philosophische Strömung wichtige Impulse. Dieses Ringen um den ‚Durchbruch zu Gott' wird laut Nostradamus das Verständnis für den Bauplan unseres Universums hervorbringen …"[72]

Aus den Prophezeiungen des Nostradamus geht hervor, daß in der Ära des neuen Gottesbewußtseins wichtige Impulse aus dem Osten kommen werden. An mehreren Stellen weist Nostradamus auch darauf hin, daß dieses neue Gottesbewußtsein von einer einzelnen Person ins Leben gerufen wird. John Hogue listet mehrere Eigenschaften auf, an denen dieser göttliche Lehrer – laut Nostradamus – erkannt werden kann: Er kommt aus dem Osten, trägt einen Stab, erneuert die verfälschten Religionen, gehört einer lange totgeglaubten Linie an, trägt weite Gewänder mit der Farbe der Rose, ist umstritten und reist viel. Die Interpreten (Hogue, Hewitt) kommen zum Schluß, damit sei der Gründer der „Bhagwan-Bewegung", der Inder Osho Rajneesh (1931-1990), gemeint.

Einer der Schlüsselverse ist in der ersten Centurie zu finden:

Celuy qu'aura la charge de destruire
Temple et sectes, changez par fantaisie,
Plus aux rochers qu'aux vivans viendra nuyre
Par langue ornée d'oreilles rassaisie. (I.96)

„Derjenige, der haben wird die Aufgabe bzw. die Anschuldigung [*charge* heißt sowohl Aufgabe als auch Anschuldigung], zu zerstören/ Tempel und Religionen*, die verändert wurden durch Phantasie [Spekulation, Willkür]./ Eher den Steinen als den Lebenden wird er etwas zuleide tun/ Durch seine Sprache, die geschmückt ist von zufriedengestellten Ohren."

Für lange Zeit wurde dieser Vers in Ermangelung einer besseren Erklärung auf eine innere Kirchenreform bezogen. Mit der genann-

* Das altfranzösische Wort *secte* darf nicht mit dem modernen Schlagwort Sekte verwechselt werden. *Secte* bezeichnet einfach (ähnlich wie auch heute noch im Englischen) eine religiöse Gruppierung, eine „Religion". Nostradamus verwendet das Wort *religion* in seinen Quatrains nur ein einziges Mal (X.96). Wenn er Religionen außerhalb der (katholischen) Kirche meint, sagt er *secte*.

ten Person sei vielleicht Ignatius von Loyola, der Gründer der Jesuiten, gemeint. Heutige Interpreten messen diesem Vers jedoch eine viel größere Bedeutung zu, weil man in ihm eine Beschreibung dieses Lehrers aus dem Osten vermutet, der in der obengenannten Liste erwähnt wird. Selbst wenn man diesen Vers I.96 für sich allein betrachten würde, käme man mit vedischem Vorwissen schnell zu einer klaren Identifikation.

Erstaunlich sind als erstes die Parallelen zum Vers III.94: der Auftakt mit *Celuy* und der Anklang an den Namen Gaura (*qu'aura*) und an das Wort „Gold" (*or, gaur*) mit dem Stabreim *or-née d'or-eilles*. Wahrscheinlich gehören diese beiden Verse zur selben göttlichen Vision, die Nostradamus gleichzeitig aufschrieb und dann (mit der Differenz 2) als Verse I.96 und III.94 in die Prophetien aufnahm.

Śrī Caitanya wurde angeklagt, den Hinduismus zu zerstören. Einige fanatische Kastensystem-Hindus verbündeten sich sogar mit den Moslems, um gegen Ihn vorzugehen. Dieselben Anklagen wurden auch gegen die Nachfolger Śrī Caitanyas erhoben, insbesondere gegen A.C. Bhaktivedanta Swami Prabhupāda.

Prabhupāda gehörte zur direkten Schülernachfolge, die von Caitanya ausgeht, und er wurde von den Vertretern des orthodoxen Hinduismus und des Kastensystems angeklagt, er zerstöre den Hinduismus, weil er Unberührbare, d.h. Menschen aus nicht-indischen, fleischessenden Familien, in die vedische Tradition einweihe. Prabhupāda selbst sah gerade darin seine Aufgabe: das hinduistische Kastensystem zu überwinden und allen Menschen den Zugang zur vedischen Gottesoffenbarung zu öffnen. Seine Ausdrucksweise war kompromißlos und manchmal steinhart. Durch seine Sprache erschütterte er Steine (die festgefahrenen Dogmen der Religionen), aber tat eher Steinen als Lebenden (*vivans*) etwas zuleide. Das Wort *vivans* bezieht sich nicht nur auf die Menschen, sondern auf alles Lebende, insbesondere auch auf die Tiere. Der beschriebene Lehrer ist demnach auch Vegetarier und vertritt eine Philosophie des Respektes vor allen Geschöpfen Gottes.

All diese Indizien (Auftrag und Anklage, Religionen zu „zerstören", die sich durch Spekulation selbst verfälscht haben; Philosophie des Respektes vor allen Geschöpfen; Vegetarier; kompromißloser, brillanter Sprecher; Nachfolger von „Gaura", Śrī Caitanya) treffen eindeutig auf A.C. Bhaktivedanta Swami Prabhupāda (1896-1977) zu. Ein zusätzlicher Hinweis liefert die Versnummer: I.96.

96 ist Prabhupādas Geburtsjahr!

Ein häufiger Einwand lautet: „Man kann doch alles in die Nostradamus-Verse hineininterpretieren!“ Wer dies sagt, sollte sich die Originaltexte vornehmen und versuchen, eine bessere Bedeutung zu finden. Für die vedische Interpretation spricht, daß sie durch die Erfüllung bereits bestätigt ist.

Laut den positiven Nostradamus-Versen und auch laut den vedischen Hinweisen stehen große Prüfungen, aber kein Weltuntergang bevor, denn: *Puis à un coup grande clarté donra,/ Que par ce siecle les rendra tres contents.* „Dann auf einmal wird er [der die Zierde seiner Zeit war] große Klarheit geben und durch dieses Jahrhundert sie [die Menschen] sehr glücklich machen.“

Die große Bedeutung Śrī Caitanyas legt nahe, daß sein Erscheinen auch von Sehern im Abendland wahrgenommen wurde, und das war tatsächlich der Fall: Nicht irgendwelche Träumer sprachen davon, sondern diejenigen, die als die größten Seher und Mystiker der damaligen Zeit bekannt werden sollten: Nostradamus, der während Caitanyas Gegenwart geboren wurde und bei dessen Verscheiden 31 Jahre alt war, und als weiteres Beispiel der Schweizer Nationalheilige *Niklaus von Flüe* (1417-1487), der ein Jahr nach Caitanyas Erscheinen verschied. Das Leben dieses erstaunlichen Asketen wurde vielfach dokumentiert.[73]

Niklaus von Flüe, der als „Bruder Klaus“ bekannt ist, hatte mehrere für sein Leben ausschlaggebende Visionen, die bereits früh schriftlich festgehalten wurden.[74]

Eine besonders rätselhafte Vision beschreibt die Erscheinung eines Wanderers aus dem Osten, vom Land des Sonnenaufgangs (Indiens?), mit dunkler Haut und aufgebundenem Hut (Turban?); der Wanderer nimmt plötzlich eine wunderbare göttliche Gestalt in blauem Gewand an und verwandelt sich daraufhin in eine Gestalt, die bekleidet ist mit einer goldgleißend leuchtenden „Bärenhaut“ (goldfarbene Seide?). Bruder Klaus sagte, die Vision dieser Gestalt habe ihn mit solch großer Liebe erfüllt, als ob diese leuchtende Person ihm alles offenbart hätte, „was im Himmel und auf Erden war“.

In diesem Zusammenhang muß man wissen, daß Śrī Caitanya nicht allein erschienen war, sondern zusammen mit seiner direkten Erweiterung mit Namen Nityānanda. In allen indischen Tempeln wird Caitanya nie allein, sondern immer zusammen mit Nityānanda abgebildet. Ihre Kleidung hat typische Farben: Nityānandas Kleidung blau, Caitanyas golden!

Der Wortlaut der aus der altschweizerdeutschen Sprache übersetzten Beschreibungen lautet: „Und ihn dünkte in seinem Geist, es käme ein Mann in Pilgers Art; er führte einen Stab in seiner Hand, seinen Hut hatte er aufgebunden und nach hinten gekrempt, und er trug einen Mantel. Und er erkannte in seinem Geist, daß er [der Wanderer] vom Sonnenaufgang kommt, oder von der Ferne her. Wiewohl er das nicht sagte, kam er von daher, wo die Sonne aufgeht. Und als er zu ihm kam, da stand er vor ihm und sang die Worte: Alleluja. Und als er anfing zu singen, widerhallte ihm die Stimme, und das Erdreich und alles, was zwischen Himmel und Erdreich war, hielt [unterstützte] seine Stimme. Und er [Bruder Klaus] hörte aus einem Ursprung drei vollkommene Worte hervorgehoben, von denen keins das andere berührte. ... Und er stand vor ihm und sah ihn an. Da hatte er [der Wanderer] sich verwandelt und ließ sich sehen mit unbedecktem Haupt und hatte einen Rock an, der war blau. ... Sein Antlitz war braun, so daß es ihm eine edle Zierde gab. Seine Augen waren schwarz, seine Glieder waren so wohlgeschaffen, daß dies eine besondere Schönheit an ihm war. ... Und sein Antlitz wandelte sich einer Veronika gleich, und er [Bruder Klaus] hatte ein großes Verlangen, ihn mehr zu schauen. Und er sah ihn wiederum, wie er ihn vorher gesehen hatte, aber seine Kleider waren verwandelt, und er stand vor ihm und war mit einer Bärenhaut bekleidet, mit Hose und Rock. Die Bärenhaut war besprengt mit einer Goldfarbe ... [und] glänzte minder oder mehr, wie einer, der mit einer wohlgefegten Waffe hantiert und deren Gleißen man an der Wand sehen kann. Und er dachte, es wäre etwas, das vor ihm verborgen wäre, ... [und] erkannte an ihm eine solche Liebe, die er zu ihm trug, daß er ganz in sich geschlagen wurde und bekannte, daß er diese Liebe nicht verdiente, und er erkannte, daß die Liebe in ihm war. Und er sah in seinem Geist, daß sein Antlitz und seine Augen und sein ganzer Leib so voll minnereicher Demut war wie ein Gefäß, das zugefüllt ist mit Honig, so daß kein Tropfen mehr darein mag. Da sah er ihn [den Wanderer] weiterhin nicht mehr, aber er war so zufriedengestellt von ihm, daß er nichts mehr von ihm begehrte. Es schien ihm, er hätte ihm kundgetan alles, was im Himmel und auf Erden war.“[75]

Überwindung des Kali-yugas

„Ich habe meine Prophezeiungen absichtlich ein wenig dunkel gehalten. Es handelt sich um fortlaufende/immer gültige Weissagungen (sont perpetuelles vaticinations) für die Zeit von heute bis zum Jahr 3797. Vielleicht wird der eine oder andere sich angesichts dieses so langen Zeitraumes abwenden. Doch zur Vollmondzeit wird es stattfinden und eingesehen werden. Und die Zusammenhänge werden auf der ganzen Welt verstanden werden, mein Sohn."

– Nostradamus[50]

Im obigen Zitat sagt Nostradamus voraus, daß eine Zeit kommen wird, in der all seine Prophezeiungen entschlüsselt sein werden, „und die Zusammenhänge werden auf der ganzen Welt verstanden werden". Als einzigen Hinweis erwähnt er, daß dies zur „Vollmondzeit" geschehen wird. Wenn es soweit sein wird, werde klar sein, was er mit seinen Prophezeiungen und mit der „Vollmondzeit" gemeint habe.

Nostradamus sah in seinen Visionen einen großen Zusammenbruch der Gesellschaft am Ende des zweiten Jahrtausends voraus, worauf die Herrschaft der Kali-yuga-Mächte und Kali-yuga-Religionen gebrochen sein würde. Er sah auch den neuen, gerechten Weltherrscher voraus, den er verschlüsselt als *Chiren* bezeichnet. Bis die Herrschaft des eisernen Zeitalters beendet sein wird, sagt Nostradamus, werde es noch zu großen Konflikten kommen. Eine der treibenden Hauptmächte werde der Islam sein. Doch danach werde „für lange Zeit" Frieden herrschen (siehe Quatrains I.63, X.42).

Ob die von Nostradamus vorausgesehenen Kriegsszenarios Wirklichkeit werden oder nicht, ist noch nicht festgelegt. Vielleicht fallen sie ebenfalls in die Kategorie der abgeschwächten oder aufgehobenen Karma-Reaktionen. Auf jeden Fall ist vorausbestimmt, daß die „barbarischen Mächte" des Kali-yugas gezwungen sein werden zu weichen und daß ein „goldenes Zeitalter" mit einem neuen Gottesbewußtsein Einzug halten wird. Diese Entwicklung ist gemäß Nostradamus und auch gemäß den vedischen Prophezeiungen unwiderruflich vorausbestimmt. *Nicht* vorausbestimmt ist jedoch, ob *wir* als Individuen Teil dieses neuen Zeitalters sein werden, denn das hängt von unserem freien Willen und von unserem eigenen Gottesbewußtsein ab.

Im Zusammenhang mit dem bereits Gesagten bekommen auch

„Der Mensch vermag sein Gottesbewußtsein nicht durch seine eigene Bemühung wiederzubeleben. Deshalb, aus grundloser Barmherzigkeit, offenbart Kṛṣṇa die vedischen Schriften und ihre Ergänzungen, die Purāṇas. Durch diese Schriften, durch den selbstverwirklichten spirituellen Meister und durch die Überseele können die Menschen zu wahrem Wissen gelangen." (Caitanya-caritāmṛta, Madhya-līlā 20.122-123)

„Von dem Tage an, da die Persönlichkeit Gottes, Kṛṣṇa, die Erde in Seiner ursprünglichen Gestalt verließ, manifestierte sich Kali, der vorher schon teilweise erschienen war, in vollem Ausmaß, um unglückbringende Bedingungen für diejenigen zu schaffen, die nur über geringes Wissen verfügen." (Śrīmad-Bhāgavatam 1.15.36)

„Sobald das Bewußtsein auf Govinda gerichtet wird, verwandelt sich das Kali-yuga in den Zustand des Satya-yuga." (Garuḍa Purāṇa 1.230.23a)

Kali-kāle nāma-rūpe kṛṣṇa-avatāra: „Im Zeitalter des Kali erscheint Kṛṣṇa in Form Seines Namens." (Caitanya-caritāmṛta, Ādi-līlā 17.22)

„Die im Kali-yuga empfohlene Religion ist das Lobpreisen der heiligen Namen Gottes (*kali-yuge yuga-dharma nāmera pracāra*). Nur zu diesem Zweck [um den *yuga-dharma* unter den Menschen bekanntzumachen] ist der Höchste Herr mit einer goldenen Körpertönung als Caitanya erschienen." (Caitanya-caritāmṛta, Ādi-līlā 3.40)

„Im Jahr 1407 der Śaka-Ära [1486 n.Chr.], am Abend des Vollmondes im Monat Phālguna [März-April], kam der ersehnte, glückverheißende Moment, und unter einer idealen Sternenkonstellation ... erschien Śrī Caitanya (*gauracandra*) wie ein makelloser Vollmond." (Caitanya-caritāmṛta, Ādi-līlā 13.89-91a)

„In der dunklen Nacht des gottlosen Lebens ist ein leuchtender Vollmond aufgegangen. In Seiner grenzenlosen Liebe und Barmherzigkeit ist Gott in einer goldenen Form (*gaura-hari*) erschienen. Er vertreibt jegliche Dunkelheit und macht alle Bewohner der drei Welten glücklich. Überall wird der Klang von Gottes Namen (*hari-dhvani*) erklingen." (Caitanya-caritāmṛta, Ādi-līlā 13.98)

„All jene Länder, die Śrī Caitanya nicht persönlich besuchen konnte, werden von Seinen Geweihten besucht werden, denen Er Seine persönliche Kraft und Hingabe verleihen wird, damit bei ihrem Anblick Menschen in allen Ländern zu Gottgeweihten werden." (Caitanya-caritāmṛta, Antya-līlā 2.13-14)

Quellentexte: Überwindung des Kali-yugas

die nachfolgenden Prophezeiungen eine klarere Bedeutung:

„Mit Feuer fliegend kommt die Maschine." (VI.34: *De feu volant la machination ...*)

„Das, was lebt und keinerlei Sinn [Leben] hat, wird seinen Erfinder in den Tod stürzen." (I.22)

„Kraft eines neuen Gesetzes wird ein neues Land besetzt/ Bei Syrien, Judäa und Palästina:/ Das große barbarische Weltreich wird stürzen,/ Noch bevor Phebes ihr Jahrhundert vollendet." (III.97)

„Nach großem menschlichem Elend kommt ein noch größeres,/ Der große Beweger (*le grand moteur*) erneuert die Jahrhunderte./ Regen, Blut, Milch, Hunger, Eisen und Seuchen,/ Am Himmel sieht man Feuer in langen Funken dahineilen." (II.46)

„Der punische Glaube wird im Osten gebrochen,/ Ganges, Indus, Rhône, Loire und Tajo werden ändern,/ Wenn des Maultiers Hunger gestillt sein wird,/ Die Flotte wird zersprengt, Blut und Leichen schwimmen." (II.60; Punier hießen die Karthager unter der Führung Hannibals. „Punischer Glaube" ist für Nostradamus der Inbegriff von fanatischer, höllischer Religion; vgl. II.30: *les dieux d'Annibal infernaux*, „die höllischen Götter des Hannibal".)

„Die Götter lassen die Menschen wissen,/ daß sie die Urheber des großen Krieges sind./ Vor dem Himmel sieht man Speere und Lanzen./ In Richtung linker Hand [Richtung Westen] wird die größte Bedrängnis entstehen." (I.91)

„Wenn die Blumen vorbei sind, ist die Welt kleiner geworden./Lange Zeit herrscht Friede auf der entvölkerten Erde./ Man reist sicher am Himmel, über die Erde und über die Wellen. Dann kommt es erneut zu Kriegen." (I.63)

„Er erscheint unter Schatten und nächtlichem Tag,/ Er wird an der Macht und in unbestechlicher Güte sein:/ Er läßt sein Blut wiedergeboren werden aus der alten Urne,/ Um das eiserne in ein goldenes Zeitalter zu erneuern." (V.41: *Renouvellant siècle d'or pour l'airain. Airain,* wörtlich: Erz)

„Die menschenwürdige Herrschaft der Engel-Herkunft/ Verschafft seinem Reich gesicherten Frieden und Einheit./ In der Mitte seiner Amtszeit wird der Krieg eingedämmt sein./ Lange Zeit wird er den Menschen den Frieden erhalten." (X.42)

„Die Religion mit dem Namen der Meere wird siegen,/ Gegen die [religiösen und politischen] Mächte der Söhne von Adaluncatif,/ Die sture, beklagte Mächte sind ..." (X.96: *Religion du nom des mers vaincra/ Contre la secte fils Adaluncatif,/ Secte obstinee deploree ...* Wieder die Zahl 96!)

Wenn viele Prophezeiungen dasselbe sagen

Parallelen zu den vedischen Prophezeiungen kann man nicht nur bei Nostradamus, sondern auch bei vielen anderen Propheten und Sehern und auch bei anderen alten Kulturen finden. Das dunkle, eiserne Zeitalter (Kali-yuga) begann, astronomisch gesehen, im Jahr 3102 v.Chr. und soll heute, nach rund 5000 Jahren, von einer zehntausend Jahre währenden Lichtepoche höchsten Gottesbewußtseins unterbrochen werden.

Diese Angaben, entnommen den Texten der altindischen Hochkultur, werden von einer anderen geheimnisvollen alten Hochkultur bestätigt, die auf der anderen Seite des Erdplaneten lebte: von den Maya-Indianern. Dieses Volk besaß ein verblüffendes astronomisches Wissen,[77] das die Menschheit erst im 20. Jahrhundert wieder erlangt hat, und kannte kosmische Zusammenhänge, die heute noch weitgehend unbekannt sind. Dies zeigt sich insbesondere bei ihrer Zeitrechnung. Sie rechneten mit zwei Kalendern, von denen einer für die „Götter" und der andere für die Menschen galt. Beide sind verknüpft über das gemeinsame Anfangsdatum, das Jahr 3113 v.Chr. (gemäß anderen Berechnungen 3114).

Aus den neusten Forschungen auf der Grundlage dieser Zeitrechnung[78] geht hervor, daß die Geschichte der Menschheit – gemäß der Ansicht der Mayas – sehr alt ist und von galaktischen Perioden bestimmt wird (vergleichbar mit der vedischen Yuga-Zeitrechnung). Der Maya-Kalender ist fokussiert auf den gegenwärtigen „Großen Zyklus", der 3113 v. Chr. begann und bis zum Jahr 2012 n.Chr. dauert. An diesem Zeitpunkt endet die Zeitrechnung, weil die Menschheit in eine neue, harmonische Schwingungsoktave trete, wodurch das Bewußtsein, aber auch die physische Existenz und die Technologie der Menschen in eine höhere Dimension gehoben würden.

Der Maya-Kalender beinhaltet viele aufschlußreiche Details. Der „Große Zyklus" von rund 5125 Jahren wird in 13 Baktuns (Unterzyklen) à 144 000 Tage unterteilt. Gegenwärtig befinden wir uns im 13. Baktun, das 2012 enden wird. Dieses 13. Baktun heißt „Phase der Transformation der Materie", und seine letzten einhundert Jahre lassen sich wie folgt charakterisieren:

> „Erster und Zweiter Weltkrieg; Atombombe und Atomzeitalter; Aufstieg der Dritten Welt (Islam, Mexiko, Indien); weltweiter Terrorismus und Zusammenbruch der technischen Zivilisation; Läuterung

der Erde und letzte Phase irdischer Regeneration; Informationszeitalter und Kristall-Solar-Technologie; Galaktische Synchronisation."[79]

Obwohl die Mayas ihre eigene Kosmologie und Weltsicht haben, sind die Parallelen zu den vedischen Prophezeiungen nicht zu übersehen. Der Fokus des „Großen Zeitalters" beleuchtet nämlich genau die Zeit vom Anbruch des Kali-yugas bis hin zum Unterbruch des Kali-yugas fünfhundert Jahre nach Caitanya. Die nachfolgende Ära soll zeitweilig sogar (für mehrere Jahrtausende) die Frequenz eines Satya-yugas entwickeln, was konkret bedeutet: Die Menschen werden länger leben, sie werden über höhere Kräfte verfügen und wieder bewußt ihre Cakras aktivieren. Vor allem werden sie in einem harmonischen Gottesbewußtsein leben und in großer Anzahl Freiheit vom Kreislauf der Reinkarnation erlangen.

Wie die Mayas kennen auch die Azteken astronomisch berechnete Prophezeiungen. Sie sprechen von sechs großen Weltzeitaltern mit unterschiedlicher Länge (jeweils rund 5000 Jahre). Das fünfte begann 3114 v.Chr. und werde mit der „Erdbeben-Sonne" enden, um dann Ende 2011 in das Zeitalter der Sechsten Sonne überzugehen. Die letzte Phase vor dem Übergang, so erfahren wir aus einer der wenigen erhalten gebliebenen Azteken-Quellen (Dresdner Kodex), beginne mit einer großen Sonnenfinsternis, die genau für den 11. Juli 1991 vorausgesagt wurde. Diese fand über Lateinamerika auch tatsächlich statt und gehört mit einer Dauer von 6 Minuten und 45 Sekunden zu einer der längsten, die je beobachtet wurden.[80] Für diesen Zeitpunkt sagten alte Azteken-Legenden die Rückkehr der „Götter" voraus. Als Hunderttausende von Mexikanern am 11. Juli 1991 unter offenem Himmel standen, wurden sie nicht nur Zeugen dieser historischen Sonnenfinsternis, sondern sahen landesweit das Erscheinen von „unbekannten Flugobjekten". Seit diesem Zeitpunkt ist Mexiko wahrscheinlich das Land mit der offensichtlichsten UFO-Präsenz. „Einmal mußte sogar der Flughafen von Mexiko City für eine Stunde gesperrt werden, weil der ‚unbekannte' Flugverkehr im Luftraum über der Hauptstadt zu dicht geworden war."[81]

All diese Phänomene und Erkenntnisse weisen darauf hin, daß der gegenwärtige Tiefpunkt menschlicher Kultur die Vorbereitung einer tiefgreifenden Umwälzung darstellt. Mittlerweile erreichen derart viele Prophezeiungen, Warnungen und mediale Durchsagen die Menschheit, daß sie unüberblickbar, aber auch unübersehbar geworden sind.

Diese Perspektive eines Zeitalters neuer Gottverbundenheit ohne Kriege, Machtkämpfe und destruktive Technologie ist nicht nur eine Modeerscheinung des New Age. Bereits Nostradamus wies in diese Richtung, und im ganzen 19. und 20. Jahrhundert traten immer wieder Menschen auf, die dasselbe weissagten – mit zunehmender Deutlichkeit. Hier an dieser Stelle sei nur ein einziger dieser Seher angeführt, und zwar einer, der im deutschsprachigen Raum nur wenigen bekannt ist: der serbische Bauer *Milos Tarabic* (1809-1854). Er ist im Zusammenhang mit diesem Kapitel besonders relevant, weil er bereits vor einhundertfünfzig Jahren nicht nur das neue Zeitalter, sondern auch das Auftauchen einer „wahren Wahrheit" aus dem Osten erwähnte.

Tarabic konnte weder lesen noch schreiben, aber in Visionen sah er das ganze 20. Jahrhundert voraus. Er erzählte seinem Dorfpfarrer von seinen Visionen, der zum Glück eine sehr aufgeschlossene Person war und die Visionen alle niederschrieb.[82]

Tarabic sah die beiden Weltkriege voraus und sagte zum Beispiel, nach dem zweiten werde in Jugoslawien ein Mann für ungewöhnlich lange Zeit an die Macht kommen. Dieser werde bis zu seinem Tod im Amt bleiben, aber er werde nicht an seinem Alter sterben, sondern sein Bein werde sein Schicksal besiegeln. All diese Voraussagen treffen bis ins Detail auf Josip Tito zu, der 1945 Generalsekretär der Kommunistischen Partei Jugoslawiens wurde und für fünfunddreißig Jahre, bis zu seinem Tod im Jahre 1980, die maßgebende Person in Jugoslawiens Politik blieb.

Zahlreiche Prophezeiungen sind mittlerweile mit all den Details, die Tarabic voraussah, eingetroffen (Kriege, Hakenkreuz, Attentate, Ermordungen usw.). Andere Prophezeiungen sind noch nicht eingetroffen, erschreckende und auch hoffnungsvolle.

Erstaunliche positive Aussagen enthält das folgende hundertfünfzigjährige Zitat, in dem Tarabic neue, geistige Energiequellen beschreibt (ähnlich wie sie im Zusammenhang mit den Menschen früherer Zeitalter beschrieben werden) und das unerwartet einen vedischen Lichtblick eröffnet:

> „Die Menschen werden Brunnen in die Erde bohren und aus ihnen Gold herausziehen, das ihnen alles bewegen wird, und dieses Gold wird ihnen auch Helligkeit, Geschwindigkeit und Kräfte geben. Dabei wird die Erde traurig weinen, denn auf ihrer Oberfläche wird sich viel mehr Gold und Helligkeit befinden als in ihrem Innern. Die Wunden dieser Löcher werden sie schmerzen.

Anstelle daß sie mähen und Garben machen, werden die Leute überall graben, wo nötig und nicht nötig. Doch verschiedene Kräfte werden überall um sie herum sein, doch werden diese nicht imstande sein, sich mitzuteilen: ‚Nehmt mich, seht ihr denn nicht, daß ich um euch bin?' Erst nach vielen Jahren werden sich die Leute dieser wahren Kräfte gewahr werden, und sie werden sehen, welch Dummheit sie durch das Graben der Löcher begangen haben. Diese Kräfte werden auch in den Menschen selbst vorhanden sein, doch wird viel Zeit vergehen, bis die Menschen sie kennenlernen und nutzen.* So wird der Mensch lange, sehr lange leben und nicht fähig sein, sich selbst zu kennen. Es wird viele Gelehrte geben, die denken, mit ihren Büchern alles zu wissen und alles zu können. Sie werden bei diesen Erkenntnissen ein großes Hindernis sein, doch wenn alles bekannt und erkannt wird, dann werden die Leute sehen, in welcher großen Verblendung sie waren, als sie diesen Gelehrten zuhörten. Wenn dies geschehen wird, werden die Leute bereuen, warum sie dies nicht früher erkannten, denn diese Erkenntnis ist ganz einfach.
Die Leute werden noch viele Dummheiten machen, und sie werden denken, sie wüßten und könnten alles, doch wissen werden sie nichts. Es werden Weise aus dem Osten kommen, und ihre Gescheitheit wird über alle Meere und über alles Dazwischenliegende gehen, aber die Menschen werden wieder auch dieser Weisheit lange nicht glauben, und sie werden auch diese wahre Wahrheit als Lüge anprangern."[83]

All die Ausführungen über Nostradamus, das neue Zeitalter und die universale Religion sollen vor allem eines zeigen: Wenn im vor-

* Die Wiederentdeckung der höheren, geistigen Kräfte des Menschen hat auch Nostradamus vorausgesehen. Dank dieser Fähigkeiten wird ein Großteil der Kali-yuga-Technologie überflüssig werden, die es zu diesem Zeitpunkt wahrscheinlich sowieso nicht mehr geben wird. Das diesbezügliche Nostradamus-Zitat (III.2) ist sehr verschlüsselt, aber worum es geht, ist klar. Das göttliche Wort wird auch eine wissenschaftliche Revolution auslösen: *Le divin Verbe donra à la substance, /Comprins ciel, terre, or occult au laict mystique/ Corps, ame, esprit ayant tout puissance, /Tant soubs ses pieds comme au siege Celique*. „Das göttliche Wort wird dem Stofflichen geben [oder: wird zum Wesentlichen beitragen],/ Verstanden sind Himmel, Erde, okkultes Gold zur mystischen Milch,/ Körper, Seele, Geist erlangen alle Kraft,/ Sie haben so viel unter den Füßen wie im himmlischen Sitz." Die letzte Zeile erinnert an das Zitat: „Ich bin als sterblicher Mensch mit den Sinnen nicht weiter vom Himmel entfernt als mit den Füßen von der Erde." (Siehe S. 270, Anm. 70)
Man wird auch an die Prophezeiungen des Johannes von Jerusalem erinnert (siehe Anm. 59), der für die Entwicklung des Menschen im nächsten Jahrtausend ähnliches vorausgesagt hat.

liegenden Buch die Bedeutung der vedischen Offenbarung nachdrücklich hervorgehoben wird, dann entspringt dies nicht der Willkür des Autors. Vielmehr geht es hier um eine seit Jahrtausenden wirksame, fortschreitende Veda-Offenbarung gemäß Gottes Plan. Die vedischen und abendländischen Prophezeiungen machen uns auf diese Entwicklung aufmerksam, und es sollte uns heute – nach den vielen eingetroffenen negativen Prophezeiungen – leichtfallen, diese hoffnungsvolle, aber auch anspruchsvolle Information ernstzunehmen.

Kriege und Katastrophen, die vergangenen wie die prophezeiten, vergegenwärtigen uns die Notwendigkeit einer individuellen und globalen Kursänderung. Die globale Neuorientierung und das nachfolgende „goldene Zeitalter“ sind bereits vorausbestimmt – gemäß göttlichem Willen. Die *individuelle* Kursänderung jedoch ist Sache des freien Willens. Es liegt an uns zu entscheiden, in welcher Art und Weise wir diesen Wandlungen begegnen werden.

Kapitel 8

Karma: Die Dualität von Ursache und Wirkung

Stellen Sie sich vor: Die Sensation ist perfekt! Die Meldung rast um die Welt. Wir haben eine Medizin entdeckt, die Krankheit, Krebs und Seuchen heilt. Der Mensch darf erwarten, ohne Zivilisationsleiden wieder einhundert und mehr Jahre alt zu werden. Wie damals in „biblischer" Zeit. Und damit nicht genug! Wir haben die perfekte Energiequelle entdeckt, die jedem Menschen sauber und billig eine natürliche Energie ins Haus liefert. Damit ist das Problem des Hungers und der Umweltzerstörung gelöst, und alle Führer der Welt haben Frieden und Freundschaft geschlossen.

Was wäre die Folge dieses Erfolges?

Als erstes könnte ich aufhören, mein überholtes Buch über den multidimensionalen Kosmos zu schreiben. „Kein Schwein" würde sich mehr für Dualität, Einheit, Wahrheit und Gottes Wille interessieren. „Sehen Sie, Sie Schwarzmaler", hieße es, „es war gar nicht so schlimm! Wir – unsere Wissenschaft, Wirtschaft und Politik – haben alles im Griff." Und damit beweisen die Menschen, daß sie für den Frieden nicht reif sind. Denn solange die Lösung von Problemen nur den Materialismus und die Selbstgefälligkeit bestärkt, hat der Mensch die Lehre des Leidens noch nicht gelernt. Und bis er's lernt, wird die beschworene Utopie Utopie bleiben.

Bereits zwei Weltkriege haben stattgefunden, aber was haben die Menschen daraus gelernt? Kriege, Katastrophen, eindeutige Warnungen und andere Zeichen der Zeit häufen sich. Aber der „zivilisierte" Mensch bleibt stur, stolz und uneinsichtig und beruhigt sein eigenes Gewissen: „Ich sehe keine Häufung von Zeichen. Kriege und Katastrophen hat es schon immer gegeben."

Mit dieser Haltung provozieren die Menschen geradezu eine gewaltsame Aufrüttelung. Freiwillig scheinen nur wenige bereit zu sein, ihre Haltung der Schöpfung und dem Schöpfer gegenüber zu ändern. Man fragt sich mit Recht: Wieviel Leid braucht die Menschheit noch, bis sie lernt? *Was* lernt? – Das soll das Thema dieses achten Kapitels sein. Der zeitlose Veda hat den Menschen der modernen Zeit viel zu sagen, auch vorauszusagen ...

Für lange Zeit fristeten die vedischen Schriften ein Schattendasein, aber unverhofft, so sagen sie, würden sie auf die Weltbühne zurückkehren, und zwar dann, wenn die Menschheit es am nötigsten hat. Plötzlich – erst seit kurzem – wird die vedische Botschaft tatsächlich weltweit hörbar. „Zufällig" pünktlich zum prophezeiten Zeitpunkt: heute, wo es die Menschen am nötigsten haben.

> *Kaler doṣa-nidhe rājann, asti hy eko mahān guṇaḥ, kīrtanād eva kṛṣṇasya**: „Im Zeitalter des Kali (‚Streit und Heuchelei'), das ein Meer von Drangsalen (*doṣa-nidhe*) ist, wird als einzig wirksame, letzte Lösung (*eko mahān guṇaḥ*) Gottes Name erklingen (*kīrtanād eva kṛṣṇasya*)."

Könnte das nicht die sensationelle Meldung sein, die wir uns oben vorzustellen versuchten? Mit dem einzigen Unterschied, daß die vedische Meldung auch das notwendige Vorwissen beinhaltet, um die Menschen auf die „Utopie" vorzubereiten. Eine bittere Ironie! Wie trostlos ist die Lage der modernen Zivilisation, daß die Überwindung der dringendsten Probleme – Zivilisationskrankheiten, Umweltzerstörung, Hunger, Krieg – schon als Utopie gilt! Denn mehr als die Lösung der *dringendsten* Probleme hat die Meldung nicht versprochen, die uns eingangs so sensationell vorkam.

Aber selbst die Lösung der dringendsten Probleme ist nicht in Sicht. Angesichts der beängstigenden Prophezeiungen, die in Kapitel 7 erwähnt wurden, drängt sich die Frage auf: Ist das Prophezeite unwiderruflich? Sind wir dem, was da kommen soll, hilflos ausgeliefert? Diese Fragen werden von den vedischen Lehren des Karma beantwortet.

* Śrīmad-Bhāgavatam 12.3.51

Die Logik des Karma

Karma ist ein Sanskritwort und bedeutet „Handlung“ oder wörtlich „das, was bewirkt ist und bewirkt“ (von der Wurzel *kri-:* tun; verursachen, bewirken; planen; ausführen).

Das Wort Karma weist darauf hin, daß man eine Handlung nie isoliert von den höheren Zusammenhängen betrachten darf. Jede Handlung ist eingewoben in eine universale Gesamtheit von Aktionen und Reaktionen, die alle einer präzisen, unfehlbaren Gesetzmäßigkeit unterstehen, dem *Gesetz des Karma*. Aus diesem Grund ist jeder, der materielle Handlungen (Karma) ausführt, dem Karma-Gesetz unterworfen. Das Karma-Gesetz wird auch das „Gesetz von Aktion und Reaktion“ genannt, denn es besagt, daß jede Aktion eine Reaktion hat, die ihrerseits wieder neue Aktionen und Reaktionen auslöst. Diese scheinbar banale Feststellung beinhaltet subtile Implikationen: Jede Handlung (Aktion), die wir ausführen, verursacht eine gleichwertige, ausgleichende Reaktion in der Zukunft, so wie auch die betreffende Handlung selbst nichts anderes ist als Teil einer gleichwertigen, ausgleichenden Reaktion auf eine Handlung, die wir früher ausgeführt haben.

Das Gesetz von Aktion und Reaktion gehört im Physikunterricht zum selbstverständlichen Grundwissen. Dort lernt man, daß jede ausgesandte Energie etwas auslöst, da Energie nie verloren geht. Das Gesetz des Karma zeigt auf, daß dieses Gesetz nicht nur auf der physischen Ebene gilt, sondern auch auf höheren Ebenen, denn Energie geht auf keiner Ebene verloren. Ja *nur weil* das Gesetz von Aktion und Reaktion auf höherer Ebene wirkt, findet man es auch im Bereich der verdichteten, mechanischen Materie vor, und so konnte der Vater der modernen Physik, Isaac Newton, 1687 in fachgerechtem Latein sein drittes Axiom der klassischen Mechanik formulieren: *actio = reactio.*

> „Karma ... bezeichnet ein universales Gesetz, nach dem das Leben eines Menschen die Folge seiner Handlungen in früheren Leben darstellt, ebenso wie seine Handlungen im gegenwärtigen Leben mögliche Ursache für die Form eines späteren Lebens sind. ... Alle Wesen, auch die Götter, unterliegen dem Karma.“[84]

Die westlichen Definitionen hinterlassen offene Fragen: Bedeutet das Gesetz des Karma, daß alles vorausbestimmt ist? Habe ich dann überhaupt einen freien Willen? Wenn ja, worin besteht er?

Welche Konsequenzen hat das Gesetz des Karma für mein tägliches Leben? Wie hängen Karma und Reinkarnation zusammen? Was ist Gottes Stellung in bezug auf das Gesetz des Karma? Warum unterliegen sogar die Götter dem Gesetz des Karma? Ist das Gesetz des Karma unerbittlich, unumgänglich, unüberwindlich?

Aus der Perspektive des Karma wird alles, was geschieht – privat und weltweit –, plötzlich sinnvoll und „logisch" (logisch im vedischen Sinn: Dem Menschen wird es möglich, mit klarer Sicht das Wirken der göttlichen Schöpfungsgesetze nachzuvollziehen).

Nichts ist Zufall

Das Gesetz der Dualität zeigt, daß nichts in dieser Welt ohne sein Gegenteil existiert und daß Gegensätze sich ergänzen. In seinen Gegensätzen ist das Materielle zusammenhängend. Dualität ist das Hauptmerkmal des Relativen, und die grundlegendste Dualität ist die Verknüpfung von Ursache und Wirkung. Es gibt keine Wirkung ohne eine Ursache, und es gibt keine Ursache ohne eine Wirkung. Das bedeutet zweierlei: (1.) Die Verstrickung in das Karma gilt nur im Bereich des Relativen. (2.) Solange man sich im Bereich des Relativen befindet, befindet man sich unausweichlich unter dem Einfluß der Karma-Verstrickung.

Wenn man den Bereich des Relativen transzendiert, überwindet man auch die Karma-Verstrickung. Solange man sich jedoch, abgewandt vom Absoluten, im Bereich des Relativen bewegt, befindet man sich immer im Kreis von Reaktion und Aktion. Denn im Bereich des Relativen herrscht ausnahmslos das Gesetz des Karma. Alles, was geschieht – das Erfreuliche wie das Unerfreuliche –, hat eine Ursache und wird seinerseits wieder Ursache neuer Reaktionen. Nichts geschieht ohne Grund. Nichts ist Zufall.

Aber das ist nur die eine Seite der Wahrheit, eine Halbwahrheit. Herrschte *nur* das Gesetz des Karma, dürfte man sagen: „Alles, was ich anderen zufüge, haben diese anderen verdient. Es ist ihr Karma, untertan zu sein, und es ist mein Karma, mächtig zu sein. Wäre es nicht ihr Karma, würde es mir nicht gelingen, sie untertan zu machen. Aber die Tatsache, daß es mir gelingt, zeigt, *daß* es ihr Karma ist. Nichts ist Zufall!"

Es gibt mehr Wesen im Universum, die so denken, als die Menschen ahnen. Dies ist die Lebensmaxime derjenigen, die glauben, die höchste Realität sei ein unpersönliches Prinzip: das Brahman, die kosmische Energie, die universalen Gesetze.

Das Gesetz des Karma ist zwar universal gültig, ist aber *nicht* das höchste oder absolute Gesetz. Es ist nicht der Mensch, der bestimmt, was die Karma-Reaktion von anderen Wesen ist. Das Lebewesen hat zwar einen freien Willen, doch dieser Wille ist nicht absolut – obwohl einige das gerne glauben und predigen. Nicht das Relative ist das Maß aller Dinge, sondern das Absolute (Gott).

Prädestination und freier Wille

Über das Gesetz des Karma kursieren zahlreiche Mißverständnisse: Karma sei ein gnadenloses Gesetz, das sowohl die Gnade Gottes als auch die Freiheit des Menschen ausschließe. Karma sei ein Glaube, der besage, der Mensch könne sich selbst erlösen, allein durch seine Werke. Oder: Das Karma-Konzept besage, alles unterliege einer unabwendbaren Vorausbestimmung (Prädestination), und der freie Wille des Menschen sei nur eine Illusion. Alles, was geschehe, sei eine vorausbestimmte Reaktion, die niemand vermeiden könne, weder das „Opfer" noch der „Täter". Die Schöpfung sei Gott; es gebe keinen „Gott" im Sinn der Religionen.

Dies sind mögliche und auch weitverbreitete Trugschlüsse, die auf Unwissenheit, falschem Verständnis oder Verfälschung der Wahrheit beruhen. Grundlegend führen diese Trugschlüsse zu folgenden vier Konsequenzen:

- Fatalismus (passive Schicksalsergebenheit): Der Mensch bemüht sich nicht mehr und wehrt sich nicht mehr, sondern akzeptiert jedes Leid und jede Repressalie als sein unabwendbares Schicksal.

- Apathie (gleichgültige Herzlosigkeit): Der Mensch stumpft angesichts des weltweiten Leids ab und denkt, man könne daran sowieso nichts ändern. Alles, was den anderen widerfahre, sei deren Schicksal oder Karma.

- Dämonie (gottloses Machtstreben): Die obenerwähnte passive Form der Apathie gibt es auch in der aktiven Form. Dämonische Wesen denken, daß alles, was den anderen widerfährt, d.h. alles, was sie anderen zufügen, deren Schicksal sei. Sie halten die

„Alle Energien vereinigen sich in Dir, denn Du bist der Ursprung von allem und kannst höchstes Heil gewähren. Erfahren die Lebewesen in der materiellen Welt Unheil, ist dies, weil sie die andere Seite derselben Energie erfahren; aber Du wirst nie von diesem Unheil berührt [bist nicht für das Unheil, das die Lebewesen erfahren, verantwortlich]." (Viṣṇu Purāṇa 1.12.69)

„Im Höchsten Herrn gibt es weder Voreingenommenheit noch Grausamkeit, denn die Freuden und Leiden der Lebewesen sind auf deren Karma zurückzuführen. Das wird auch von den offenbarten Schriften bestätigt." (Vedānta-sūtra 2.1.34)

„Zweifellos wird jeder Mensch vom unsichtbaren, unfehlbaren Schicksal (*adṛṣṭa-parama*) beherrscht, das die Karma-Reaktionen eines jeden festlegt." (Śrīmad-Bhāgavatam 10.5.30)

„Der Herr (*īśa*) beherrscht und besitzt alles Beseelte und Unbeseelte im Universum. Der Mensch soll daher nur die Dinge annehmen, die er braucht und die ihm als Anteil zur Verfügung gestellt sind, weiß er wohl, wem sie gehören. Handelt der Mensch auf diese Weise, wird er nie von Karma gebunden, selbst wenn er Hunderte von Jahren lebt. Eine andere Möglichkeit, sich von Karma zu befreien, gibt es nicht." (Īśopaniṣad 1-2)

„Ich beneide niemanden, und Ich bevorzuge niemanden. Ich bin allen gleich wohlgesinnt. Doch jeder, der Mir in Hingabe dient, ist Mein Freund, ist in Mir, und Ich bin auch Sein Freund." (Bhagavad-gītā 9.29)

„Alle Lebewesen – von Indra [dem König der himmlischen Planeten] bis zum Indragopa [einem kleinen Insekt] – stehen unter dem Gesetz des Karma. Sie alle genießen oder erleiden in materieller Bindung verschiedene Reaktionen, die von der Höchsten Persönlichkeit Gottes verteilt werden und von ebenjener Höchsten Persönlichkeit Gottes auch aufgehoben werden, wenn man sich mit Liebe und Hingabe (*bhakti*) in Ihrem Dienst beschäftigt. Diese höchste, ursprüngliche Person, Govinda [Kṛṣṇa], verehre ich mit ganzem Herzen und ganzer Seele (*tam ahaṁ bhajāmi*)." (Brahma-saṁhitā 5.54)

„Genauso wie Wasser nicht an einem Lotosblatt haften bleibt, so bleibt keine Sünde an einem Menschen haften, der dies alles in Wahrheit weiß." (Chāndogya Upaniṣad 4.14.3)

Quellentexte: Prädestination und freier Wille

Gesetze der Materie (wie z.B. Aktion = Reaktion) für die höchste Realität und sind überzeugt, jeder andere Glaube (z.B. an einen Gott und an eine immaterielle Dimension) sei Aberglaube, der letztlich die Ursache aller Kriege und allen Elends sei, weshalb dieser Glaube bekämpft werden müsse. Sie halten es für gerechtfertigt, rücksichtslos jeden „Aberglauben" zu beseitigen, denn dadurch werde ein größeres Übel durch ein kleineres bekämpft. Ihr Zweck „heilige" die Mittel.

- Absolutismus (Monopol einer Institution): Da alles von „Gott" vorausbestimmt sei, könne nur die von „Gott" auserwählte Instanz mit einer gottgegebenen Gnadenfunktion Erlösung gewähren. Außerhalb ihrer Gnadenreichweite seien alle Menschen auf ewig verdammt.

All diese Trugschlüsse führen zur Entmündigung und Verdummung der Menschen, was sich in Fanatismus einerseits und Gleichgültigkeit andererseits äußert – den zwei größten Bedrohungen der heutigen Menschheit. Deshalb ist das Thema des vorliegenden Kapitels von größter Wichtigkeit und Dringlichkeit, denn die vedische Klarstellung vermag diese universalen Gesetze widerspruchsfrei zu erklären und irreführende Halbwahrheiten aufzudecken.

Die genannten Weltbilder sind Trugschlüsse, weil sie allesamt auf materialistischen und unpersönlichen, d.h. unvollständigen Philosophien beruhen. Sie gehen von einer einseitigen Gleichung aus: *Karma = Prädestination* oder *Karma = freier Wille*. Beide Ansichten sind falsch! Karma ist nicht gleich Prädestination, und Karma ist nicht gleich freiem Willen. Das Karma-Gesetz, so wie es Gott und die Gottgeweihten in den vedischen Schriften erklären, ist die *Synthese* von Prädestination und freiem Willen:

Karma = Prädestination + freier Wille

Sobald man das „Karma" nur mit dem einen oder anderen gleichsetzt, entstehen Mißverständnisse und Irrtümer. (Sehr oft sind es die Kritiker von Karma und Reinkarnation, die diesen Fehler begehen.)

Was genau ist denn prädestiniert? Und worin besteht der freie Wille?

> „Prakṛti, die materielle Energie, ist die Ursache aller Wirkungen und Ursachen in der Schöpfung, wohingegen das Lebewesen die Ursache der verschiedenen Leiden und Freuden ist, die es in dieser Schöpfung erfährt." (Bhagavad-gītā 13.21)

Die Materie (Prakṛti) verursacht gemäß göttlicher Führung die materiellen Umstände: „Prakṛti, die eine Meiner Energien ist, ist unter Meiner Führung tätig. Die kosmische Manifestation und alle darin enthaltenen Formen werden nach ihrem Gesetz immer wieder geschaffen und aufgelöst" (Bhagavad-gīta 9.10).

Die verschiedenen physischen und psychischen Umstände, in die wir geraten, sind die vorausbestimmten Reaktionen auf bereits ausgeführte Aktionen. Was immer *eintrifft,* war vorausbestimmt (durch unsere eigene Vergangenheit); aber was *noch nicht* eingetroffen ist, kann bis zu einem gewissen Grad durch den persönlichen freien Willen noch verändert werden: verschlimmert, vermindert, aufgeschoben oder sogar aufgehoben.

Das offensichtlichste Beispiel ist unser Körper. *Karmanā daivanetrena:* „Entsprechend den Karma-Reaktionen bekommt die Seele unter der Oberaufsicht Gottes ihren Körper" (Śrīmad-Bhāgavatam 3.31.1). Der Körper und damit verbunden das Geschlecht, das Elternhaus, die Nationaliät, die eigenen Stärken und Schwächen usw. sind äußere Faktoren, die jeder Mensch von Geburt an mitbekommt. Diese Umstände sind nicht zu ändern, egal ob man an Karma glaubt oder nicht. Man kann die Vorausbestimmung und somit die Sinnhaftigkeit dahinter erkennen, oder man kann den blinden Zufall dafür verantwortlich machen. Es ändert nichts daran, daß wir uns in einer prädestinierten Situation befinden, die von der materiellen Energie inszeniert wurde. Das ist die *erste Hälfte* von Kṛṣṇas Aussage: „Prakṛti ist die Ursache aller Wirkungen und Ursachen in der Schöpfung."

Die ewige Materie hat das Potential, konstant unbegrenzt viele Situationen zu erzeugen und aus ihnen wiederum weitere Situationen hervorgehen zu lassen. Aber in *welche* der unbegrenzt vielen Möglichkeiten wir geraten, hängt von uns ab. Durch unseren freien Willen bestimmen wir, was wir aus den vorausbestimmten Situationen machen, und dies wiederum bestimmt, in welche Situationen wir zukünftig geraten werden. „...Wohingegen das Lebewesen [durch seine Entscheidungen und Handlungen] die Ursache der Leiden und Freuden ist, die es in dieser Schöpfung erfährt."

Ein Beispiel: Ist ein Mensch alt und gebrechlich, kann er diesen Umstand nicht rückgängig machen. Aber was er aus diesem Umstand macht, hängt von ihm ab. Es stehen ihm unbegrenzt viele Möglichkeiten frei, die allesamt unterschiedliche Reaktionen zeitigen werden. Man kann mit Gott und der Welt hadern, man kann resignieren oder das Alter ignorieren, man kann mit Ärzten und Chemie zum

Kampf gegen Alter und Krankheit antreten, oder man kann die Zeichen der Zeit akzeptieren und die verbleibenden Tage dafür verwenden, sich auf den Tod und das nächste Leben vorzubereiten.

Die verschiedenen Stufen der Karma-Entfaltung

Natürlich sind die Entscheidungen, die wir in einer bestimmten Situation treffen, nicht völlig frei. Wir sind beeinflußt von unserem Weltbild, von unseren Erfahrungen und von unseren Wünschen. All diese Faktoren beeinflussen unser Bewußtsein, und unser Bewußtsein bestimmt unsere Entscheidungen und Handlungen.

Handlungen und die dadurch verursachten Karma-Reaktionen entfalten sich schrittweise. Noch bevor eine Handlung überhaupt ausgeführt wird, ist sie bereits samenförmig als Wunsch vorhanden. Führt der Wunsch zur Handlung, wurde der Same gesetzt, und „wie du säst, so erntest du". Nach der Ausführung der Aktion ist die Reaktion vorausbestimmt, wobei unterschieden werden muß zwischen ausstehenden und eingetroffenen Reaktionen.

Die vedischen Schriften analysieren diese Karma-Kettenreaktion wie folgt:

1. Karma-Bīja („Karma-Same"): der Wunsch, der zur Handlung führen wird.
2. Kūṭa-stha („die Festlegung"): das Säen des Samens, d.h. das Ausführen der Handlung, wodurch eine nunmehr festgelegte Kettenreaktion ausgelöst wird.
3. Phaloṅmukha („heranreifende Früchte"): die Reaktionen, die vorausbestimmt, aber noch nicht eingetroffen sind.
4. Prārabdha („die geernteten Früchte"): die Reaktionen,die eingetroffen sind, d.h. der Erhalt eines bestimmten Körpers und (seit der Geburt) die Gesamtheit der eintreffenden Ereignisse und Ergebnisse.

Karma-verursachende Handlungen beginnen bereits auf der Stufe des Samens (Bīja), d.h. im eigenen Bewußtsein, denn es sind die samengleichen Wünsche, die einen Menschen veranlassen, Handlungen auszuführen. Das Bewußtsein bestimmt die Handlungen, und die eintreffenden Reaktionen zeigen das Ergebnis der neutralen Auswertung entsprechend den Karma-Gesetzen: Wie nützlich, segensreich oder schädlich waren unsere Handlungen? An den Früchten können wir erkennen, was die Qualität des Samens war, den wir setzten. Diese Analyse verrät auch, daß das Karma nicht die höchste Instanz ist, sondern nur eine Jury, die uns die Qualität des eigenen Handelns und somit der eigenen Bewußtseinsstufe vor Augen führt. Der Mensch bestimmt mit seinen Wünschen und Handlungen, welche Karma-Reaktionen er erntet.

Ausschlaggebend für das Schicksal sind also prinzipiell drei Faktoren: das eigene Bewußtsein (die Wünsche), der eigene Lebensstil (die Handlungen) und, davon abhängig, die prädestinierten Karma-Reaktionen.*

Mit anderen Worten: Ändert ein Mensch sein Bewußtsein und seinen Lebensstil, ändern sich auch die Karma-Reaktionen. Entscheidet sich ein Mensch, sein Bewußtsein und seinen Lebensstil zu spiritualisieren, handelt er karmafrei und untersteht sogar schon in der materiellen Welt nicht mehr dem Karma-Gesetz, denn er hat die Lehre des Karma gelernt: „Wer sich im hingebungsvollen Dienst Viṣṇus (*viṣṇu-bhakti*) beschäftigt, überwindet alle Formen von Karma-Reaktionen: die gespeicherten, die gesäten, die keimenden und die gereiften." (Padma Purāṇa) Dies wird im nächsten Kapitel näher erklärt werden.

Spiritualisiert ein Mensch sein Bewußtsein und sein Handeln nicht, bedeutet dies, daß er nach wie vor hundertprozentig den Gesetzen der materiellen Welt unterworfen bleibt: den Gesetzen der Dualität, den Gesetzen des Karma.

Das persönliche Bewußtsein hat also eine Schlüsselfunktion. Entweder sperrt es uns weiter in der materiellen Dualität ein, oder es öffnet die Tür zur Karma-Freiheit. Unser Bewußtseinsfilter bestimmt, wie wir die Welt erleben – gemäß dem Gesetz der Resonanz.

---

* Auch die Umstände des nächsten Lebens, in die man hineingeboren wird, werden von diesen drei Faktoren bestimmt. Im Rahmen der vorausbestimmten Karma-Reaktionen erlebt man Situationen gemäß den eigenen dominierenden Wünschen und gemäß den Lehren (Lernsituationen, Prüfungen), die anstehen. Auf der Grundlage dieser drei Faktoren wird vom Paramātmā die nächste Geburt eines jeden Individuums festgelegt.

Das Resonanzgesetz: Wie wir unser eigenes Leben beeinflussen

Ein Materialist sieht überall Materie, ein lüsterner Mensch sieht überall Lustobjekte, und ein gottesbewußter Mensch sieht überall das Wirken Gottes. Unterschiedliche Menschen nehmen unterschiedliche Bereiche der Wirklichkeit wahr, und zwar entsprechend der Resonanz (Empfänglichkeit) des Bewußtseins.

Das Bewußtsein eines jeden Lebewesens hat eine bestimmte Wellenlänge; es spricht auf entsprechende „Schwingungen" an, und es zieht entsprechende Schwingungen an, während es andere Schwingungen nicht einmal wahrnimmt (ähnlich wie ein Radioapparat nur auf Radiowellen und ein Fernsehapparat nur auf Fernsehwellen reagiert, wobei man das Programm selbst wählt).

Man spiegelt sich selbst in der Umwelt, weil man nur das sieht, was das eigene Bewußtsein herausfiltert. Wir empfangen das, was wir aussenden. Geben und empfangen ist eine weitere untrennbare Dualität. „Gleiches zieht Gleiches an", und: „Wer sucht, der findet" – wichtige Kernsätze, die im göttlichen Bereich genauso zutreffend sind wie in den dunklen Bereichen. Wer göttliche Erkenntnis sucht, wird sie finden (dank Gottes Hilfe), und wer irdische oder außerirdische Mächte sucht, wird auch diese finden.

Auf gewisse Menschen übt das Göttliche und auf andere das Dämonische eine Anziehungskraft aus, gemäß der Resonanz, die sie aufgebaut haben.

Die Wirkungsweise des Resonanzgesetzes zeigt sich heute mit warnender Deutlichkeit am Beispiel der weltweit um sich greifenden Destruktivität. Auffallend viele Menschen sind am Negativen interessiert. Je mehr sich die Menschen für das Negative interessieren, desto mehr Angriffsfläche finden diese negativen Kräfte, und genau aus diesem Grund gewinnt das Negative heute immer mehr an Einfluß, obwohl die offiziellen Stellen mit salbungsvollen Worten erklären, ihre Informationspolitik diene der Abschreckung und Vorbeugung.

Wie alles in der Welt, ist auch das kein Zufall. Die Verbreitung von negativen Einflüssen entspringt einer bewußten Propaganda mit Programmierungszwecken. Zeitungen, Illustrierte und Fernsehen verbreiten „Informationen" und Bilder, die von den nichtsahnenden Menschen aufgenommen werden und als Eindrücke in ihr Unterbewußtsein eingehen. Ein überwältigender Teil der täglichen Information ist wertlos/überflüssig bis negativ/überfordernd (Affären/Sport/Unterhaltung bis hin zur Flut von negativen Meldungen über Kriege, Anschläge, Kriminalität usw.).

Information „bildet" den Menschen: Je mehr ein Mensch negative Eindrücke in sich aufnimmt, desto mehr wird ein negativ programmiertes Wesen gebildet, weil der Mensch – zunehmend überfordert, gleichgültig und abgestumpft – die anhaltende Informationsflut gar nicht mehr zu verdauen vermag. Beschreibungen von Gewaltakten, Bilder von Kriegs- oder Attentatsopfern usw. enthalten geballte negative Schwingungen, und durch die Medien werden diese negativen Schwingungen in das Bewußtsein von Millionen von Menschen kopiert und dadurch multipliziert. Ob man diese Eindrücke gut oder schlecht findet, ist gar nicht wichtig, wichtig ist, daß man durch die Aufnahme dieser Schwingung zu einem Schwingungsträger geworden ist – sei es nun aufgrund von Befürwortung oder Ablehnung, Bildung oder Nachforschung oder einfach aufgrund von Neugier und täglichem Informationskonsum.

Wer sich über das Resonanzgesetz bewußt ist, warnt die Menschen eindringlich davor, sich zu eingehend mit diesen negativen Dingen zu befassen, und ich (der Autor) halte mich bewußt an diese Weisheit. Ich vermeide es, zu tief in die Details des Negativen einzutauchen, weil ich mich sonst im Element des Negativen bewegen würde und verantwortlich wäre, auch die Leser in diesen uferlosen Giftozean gezogen zu haben. Die Negativ-Programmierten werden dieses spirituelle Unterscheiden und Ausscheiden massiv kritisieren („unwissenschaftlich", „voreingenommen", „einseitig", „schlecht recherchiert"). Aber was ist der Nutzen, in der Welt- und Geheimpolitik, in Kriegsinszenierungen, Mordgeschichten, Schwarz-Magien, Verschleierungsaffären, Machtskandalen usw. zu wühlen? Diejenigen, die sich auf dieses undurchschaubare Gewirr von Details einlassen, öffnen sich den entsprechenden Einflüssen und werden für ebendiese Einflüsse anfällig, denn sie haben – naiv, neugierig oder bewußt – entsprechendes Interesse signalisiert. Dies erkannte auch schon der einflußreiche deutsche Dichter Johann Wolfgang von Goethe: „Die Geister, die ich rief, werd' ich nun nicht los."[85]

Mit anderen Worten, es ist notwendig, über die Gegenwart des Negativen aufgeklärt zu sein, aber es ist gefährlich und überflüssig, zu sehr in die ein-drücklichen Details hineinzugehen, so verlockend und „interessant" diese auch erscheinen mögen.

Gemäß der Resonanz unseres Bewußtseins sprechen wir auf gewisse Dinge an und auf andere nicht (Stichwort Guṇas). Wir verhalten uns auf eine bestimmte Weise, sprechen auf eine bestimmte Weise, denken auf eine bestimmte Weise, essen auf eine bestimmte Weise, usw. Unser Verhalten spiegelt unser Bewußtsein und beeinflußt unser Bewußtsein. Wenn wir die Resonanz unseres Bewußtseins erweitern, erweitert sich auch unser Einblick in die Welt. Dinge, die wir früher unbewußt an uns vorbeigehen ließen, fallen uns plötzlich auf – weil wir für sie eine Resonanz entwickelt haben. Auf einmal entdecken wir unsere spirituelle Identität, erkennen höhere Zusammenhänge und spüren die Aussichtslosigkeit des Materialismus. Wir stoßen auf Wissensschätze, begegnen Menschen, die uns weiterhelfen, und wir lernen – freiwillig, weil wir es *wollen*.

Lernen wir freiwillig, geschehen die Dinge, weil *wir* reif für sie sind. Wollen wir nicht lernen, geschehen die Dinge, weil gewisse Karma-Früchte reif sind. Dann geschieht gerade das, was wir nicht wollen, selbst wenn wir krampfhaft versuchen, gerade „das" zu verhindern. Wer freiwillig lernt, fürchtet sich vor nichts, weil er oder sie hinter allem, was geschieht, die höhere Lehre erkennt. Und diese Lehre ist gar nicht so kompliziert oder geheim – vorausgesetzt, man hat die entsprechende Resonanz. Sonst rennt man tausendmal gegen dieselbe Tür und merkt immer noch nicht, daß man sie nur öffnen müßte.

Resonanz in der Reinkarnation

„Das Lebewesen in der materiellen Welt trägt seine verschiedenen Lebensauffassungen von einem Körper zum anderen. So wie die Luft Düfte mit sich trägt, nimmt das Lebewesen eine Art von Körper an und gibt ihn wieder auf, um einen anderen anzunehmen."

– Bhagavad-gītā 15.9

Man kann das Leben nicht unabhängig vom Tod verstehen. Sterben ist die andere Seite des Geborenwerdens, genauso wie das Geborenwerden die andere Seite des Sterbens ist. Nur schon aufgrund des Dualitätsprinzips ist dies eine logische Einsicht.

> „Jemandem, der geboren wurde, ist der Tod gewiß, und jemandem, der gestorben ist, ist die Geburt gewiß." (Bhagavad-gītā 2.27)

Die Linie des sichtbaren Lebens hat zwei Pole: Geburt und Tod. Geburt ist ein Neuanfang, aber kein Nullanfang. Sonst wäre es absolut ungerecht, daß verschiedene Menschen verschiedene Startpositionen bekommen. Das bekommen sie aber, und das Resonanzgesetz erklärt warum. Das Umfeld unserer Geburt entspricht der „Frequenz" unseres Daseins im vergangenen Leben.

> „Was auch immer der Daseinszustand ist, an den man sich erinnert, wenn man seinen Körper verläßt, o Sohn Kuntīs, diesen Zustand wird man ohne Zweifel erreichen." (Bhagavad-gītā 8.6)

Aktionen bewirken auf mehr als nur einer Ebene Reaktionen. Sie haben direkte und indirekte, sofortige und langfristige Reaktionen. Man mag nicht wahrhaben wollen, daß jede Aktion auch indirekte, langfristige Reaktionen hat – aber diese Reaktionen werden dennoch genau gleich eintreffen, mit dem einzigen Unterschied, daß man unvorbereitet ist und denkt, es sei Zufall oder Pech, oder andere seien schuld.

Ein oft übersehener oder unterschätzter Faktor ist der Einfluß einer jeden Handlung auf das eigene Bewußtsein. Im Gedächtnis oder im Unterbewußtsein sammeln sich entsprechend unseren Handlungen Ein-drücke an und prägen die Resonanz: Auf gewisse Dinge wird man ansprechbar, auf andere nicht. Gewisse Dinge erscheinen unentbehrlich, andere belanglos. Diese Bewertung unterscheidet sich gemäß der Entwicklungsstufe des Bewußtseins.

> „Was Nacht ist für alle Wesen, ist die Zeit des Erwachens für den Selbstbeherrschten, und die Zeit des Erwachens für alle Wesen ist Nacht für den nach innen gekehrten Weisen." (Bhagavad-gītā 2.69)

Das Gesetz von Aktion und Reaktion zeigt, daß die Karma-Kettenreaktion nicht erst mit der Geburt beginnt, sondern daß die Menschen schon ein Geschick von reifem Karma – ein „Schicksal" – in ihr neues Leben mitbringen. Des öfteren wird gesagt, wenn man sterbe, könne man nichts mitnehmen. Das stimmt – bis auf *eine* Ausnahme: die Karma-Reaktionen. Diese begleiten oder verfolgen einen unweigerlich, und so erfährt man gut und bös im Kreislauf der verschiedenen Leben.

Die Gleichstellung Karma = Prädestination ist also falsch. Das vedische Weltbild hebt unmißverständlich hervor, daß Karma ein Gesetz Gottes ist, das die Synthese von Prädestination und freiem Willen darstellt. Unsere früheren Handlungen haben für uns eine prädestinierte Situation geschaffen; wir sind selbst die Ursache, daß wir gerade in eine „bestimmte", eben voraus-bestimmte Situation geraten; wir selbst sind verantwortlich. Und wir sind auch für alles verantwortlich, was wir in dieser gegebenen Situation tun.

Diese klare Herausstellung der Selbstverantwortung könnte ein Grund sein, warum gewisse Menschen es vorziehen, nicht an die Gesetze von Karma und Reinkarnation zu glauben. Materialismus und moderne Glaubenssysteme haben den Menschen verantwortungslos gemacht. Materialisten leugnen oder ignorieren die Existenz Gottes und glauben lieber an ein zufälliges, blindes Wirken von „kosmischen" Gesetzen. Demgegenüber halten zahlreiche moderne Glaubenssysteme pseudoreligiöse Dogmen hoch, womit sie jedoch derselben kurzsichtigen Haltung Vorschub leisten wie der Materialismus. Während die Karma-Lehre aufzeigt, daß alle eintreffenden Reaktionen prädestiniert sind, heißt es in diesen Dogmen plötzlich, die *Erlösung* sei prädestiniert. Man muß nur „glauben", daß man zu den Erwählten und Erretteten gehört; dann ist einem ein Fensterplatz in Gottes Reich (auf Erden) garantiert, selbst wenn das Fleisch schwach ist und der Geist auch. Der „Glaube" oder genauer gesagt die Glaubenszugehörigkeit macht selig. („Herr, schau nicht auf unsere Sünden, sondern auf den Glauben deiner Kirche", heißt es bis zum heutigen Tag im römisch-katholischen *Glaubens*bekenntnis. „Karma und Reinkarnation sind Lehren des Satans. Wir alle leben nur ein einziges Mal, und wir sind die einzigen Erlösten", sagen die Zeugen Jehovas. Und so weiter.)

Auf diese Weise delegieren die Menschen die Verantwortung: an Gott, an den Messias, an den Zufall – oder an den Teufel. Kein Wunder, daß im Namen von Wissenschaft, Realismus und oft auch im Namen von „Religion" die Veda-Wahrheit von Karma und Reinkarnation des öfteren vehement bekämpft wurde (und wird).

Freiheit ist die Grundlage der Selbstverantwortung. Nur wenn ich etwas aus freiem Willen tue, bin ich dafür auch verantwortlich. Soll den Menschen etwa deshalb das Bewußtsein der Selbstverantwortung genommen werden – damit sie nicht mehr merken, daß sie einen freien Willen haben?? Wenn dem so ist, dann muß man zugeben, daß die gottlosen Mächte tatsächlich schon beachtliche Arbeit geleistet haben: Wie viele Menschen handeln heute unfreiwillig verantwortungslos! Und die Hauptverantwortung liegt bei den materialistischen Religionen und Wissenschaften – und bei der Resonanz der Masse, die diese Unfreiwilligkeit freiwillig schluckt.

Das vedische Weltbild besagt, daß Karma und Reinkarnation in der relativen Welt absolute Wahrheiten sind, das heißt, diese Naturgesetze gelten für alle, auch für diejenigen, die nicht daran „glauben". Karma und Reinkarnation sind die einzig logischen und glaubwürdigen Erklärungen für die Polarität von Tod und Geburt. Gottes Erklärung in der Bhagavad-gītā (15.10) lautet, daß nur „törichte Menschen" dies nicht verstehen können oder nicht verstehen wollen:

> „Törichte Menschen können nicht verstehen, wie ein Lebewesen seinen Körper verläßt, und sie können nicht verstehen, welche Art von Körper es, dem Einfluß der Guṇas entsprechend, im nächsten Leben annehmen wird. Doch jemand, dessen Augen im Wissen geschult sind, kann all dies sehen."

Die notwendige Perspektive der Reinkarnation

„Die um Yoga bemühten Gottgeweihten, die in Selbstverwirklichung verankert sind, können all dies deutlich erkennen. Doch diejenigen, die im Bewußtsein nicht fortgeschritten sind und nicht selbstverwirklicht sind, können nicht sehen, was vor sich geht, selbst wenn sie sich darum bemühen." – Bhagavad-gītā 15.11

Es ist die erste und grundlegende Einsicht jeglicher Veda-Erkenntnis, daß alle Lebewesen ewig sind: ewige Seelen, die in der materiellen Welt vergängliche Körper annehmen und wieder ablegen. Dies ist keine dogmatische Behauptung, sondern eine erfahrbare Realität (die auch Sie, liebe Leserin, lieber Leser, persönlich erkennen können und wahrscheinlich schon längst erkannt haben).

Atheisten jedoch, unter dem Deckmantel von Wissenschaft, Monismus, Dualismus oder Pseudoreligion, untergraben das Wissen um Karma und Reinkarnation, weil sie aus eigennützigen Gründen die Selbstverantwortung und den freien Willen des Menschen beeinträchtigen wollen. Sie ziehen es vor, selbst festzulegen, was „gut" und „bös" ist. Sie räumen sich dieses Recht ein, denn „alles ist relativ" (siehe S. 117). Die Mächtigen bestreiten, daß es einen Allmächtigen gibt, der für alle – auch für sie – bestimmt, was wahrhaftig gut und nicht gut ist. Und deshalb versuchen die Mächtigen, selber (oder noch perfider: im Namen des Allmächtigen!) festzulegen, was „wahr" und was „falsch" ist ...

Wenn der Horizont des Menschen auf ein einziges Leben verengt wird, entschwindet auch die göttliche Gerechtigkeit aus dem Blickfeld. Denn *ein* Leben ist ein höchst unvollständiger Auszug aus dem Buch des Lebens. Herausgerissen aus dem Zusammenhang, enthält eine Buchseite unzusammenhängende Aussagen und nicht abgeschlossene Ereignisse. Ebenso erscheinen Ereignisse, herausgerissen aus dem großen Zusammenhang von Ursache und Wirkung, plötzlich grundlos/sinnlos/unverdient und gewisse Handlungen ungerecht/unbelohnt/ungestraft. In einem einzigen Leben sind nie alle Karma-Ursachen und Karma-Wirkungen sichtbar. Wird das Licht der früheren und späteren Leben ausgeknipst, sehen die Menschen nur noch ein ungerechtes, gott-loses Schauspiel. „Unschuldige" Opfer, „unbestrafte" Täter. Aber ist der Täter von heute nicht das rachesüchtige Opfer von gestern und das rachesüchtige Opfer von heute der Täter von morgen?

Ohne das Wissen über Karma und Reinkarnation sehen die Menschen weder die Selbstverantwortung der Opfer noch die Karma-Reaktion der Täter. „Warum dürfen die anderen mit Lug und Trug walten – und bleiben reich und mächtig bis zum Tod?" Oder: „Warum darf er rauchen und trinken und bleibt gesund, und ich gesund lebender Mensch bin immer krank?" Oder: „Warum durften sie Millionen von Menschen quälen und umbringen und blieben dennoch in Prunk und ‚Gottes Gnaden'?" Oder: „Ich bete zu Gott um mein tägliches Brot und bekomme keins, und andere, die nicht beten, haben's zum Verschwenden."

Die Menschen, die nur noch den winzigen Ausschnitt des einen Lebens sehen und denken, dies sei das einzige Leben, verlieren das Vertrauen in Gott. Sie resignieren und akzeptieren die Macht der Mächtigen, die da sagen, es gäbe weder Karma noch Reinkarnation. Im Licht dieser vedischen Logik wird die Absicht hinter der soeben zusammengefaßten Propaganda plötzlich verständlich: Einerseits soll die Show der Selbstherrlichen gerettet werden („Schaut, was wir tun, und kein Gott bestraft uns – denn es gibt keinen Gott!"), und andererseits sollen die Menschen das Vertrauen in Gott verlieren („So viel Ungerechtigkeit ... Es gibt keinen Gott und keine Gerechtigkeit") oder dann fanatisch werden: „*Wir* sind die Gerechten. Der Zweck heiligt die Mittel, denn *unser* Gott ist der einzige Gott!"

Der Mensch ist *nicht* das Maß aller Dinge –weder in Resignation noch in Rebellion. Durch die Eröffnung der Perspektive von Karma und Reinkarnation löst Kṛṣṇa alle vermeintlichen Widersprüche:

> „Die Lebewesen sind ewige Seelen, Meine ewigen fragmentarischen Teile. Aufgrund ihres bedingten Lebens kämpfen sie [Leben für Leben] mit den sechs Sinnen, zu denen auch der Geist [die Psyche]

> gehört./ Das Lebewesen in der materiellen Welt trägt seine verschiedenen Lebensauffassungen von einem Körper zum anderen, so wie die Luft Düfte mit sich trägt. So nimmt es eine Art von Körper an und gibt ihn wieder auf, um einen anderen anzunehmen,/ und genießt eine bestimmte Auswahl von Sinnesobjekten [... und verursacht dadurch neue Karma-Reaktionen]." (Bhagavad-gītā 15.7-9)

Auf der offenen Karma-Bühne erscheint jedes Schicksal im rechten und gerechten Licht. Plötzlich wird offenbar, wie jede Aktion durch eine Reaktion ausgeglichen wird – und zwar gemäß dem göttlichen (absoluten) Maßstab. Es gibt also sehr wohl ein Maß aller Dinge, aber das ist nicht der Mensch. Vielmehr täte der Mensch mit seinem freien Willen gut daran, freiwillig diesen Maßstab in Betracht zu ziehen und zu bedenken, welche Konsequenzen dieser Maßstab für das eigene Leben hätte.

Die Themen Karma und Reinkarnation berühren alle Bereiche der menschlichen Existenz: Naturwissenschaft, Psychologie, Theologie, Religionsgeschichte und Philosophie. Hier an dieser Stelle können nur jene Aspekte beleuchtet werden, die im Zusammenhang des Kapitels wichtig sind. Eine systematische und ausführliche Abhandlung enthält das Buch von Ronald Zürrer, *Reinkarnation – Die umfassende Wissenschaft der Seelenwanderung,* aus dem das nachfolgende Zitat stammt – als Zusammenfassung der bisherigen Gedanken:

> „Die in den Veden angegebenen Richtlinien schränken also keineswegs unsere individuelle Freiheit ein, indem sie uns verbieten, ‚schlecht' zu handeln, oder uns zwingen, irgend etwas gegen unseren Willen zu tun. Vielmehr *informieren* sie uns gleich einem wohlmeinenden Freund darüber, was eine gute und eine schlechte Handlung ist und was passiert, wenn wir uns für das eine oder das andere entscheiden; die Entscheidung aber überlassen sie uns. Sie machen uns einzig darauf aufmerksam, daß wir uns im Falle eines Verstoßes gegen die Naturgesetze strafbar machen und folglich der gerechten Bestrafung durch das Prinzip des Karma unterliegen." (S. 41)

Und es folgt ein vielsagendes Zitat des englischen Orientalisten und Indienforschers Sir William Jones (1746-1794):

> „Ich bin zwar kein Hindu, aber ich halte die Lehre der Hindus hinsichtlich zukünftiger Daseinszustände für unvergleichlich viel vernünftiger, frommer und besser geeignet, den Menschen vom Laster abzubringen, als die gräßlichen Ansichten, welche die Christen in bezug auf endlose Höllenstrafen vertreten."

Karma, Vikarma und Akarma – „Gut" und „Schlecht" im vedischen Weltbild

„Die Kompliziertheit des Handelns ist sehr schwer zu verstehen. Deshalb sollte man genau wissen, was Karma [frommes, ‚gutes' Handeln] ist, was Vikarma [verbotenes, ‚schlechtes' Handeln] ist und was Akarma [Handeln jenseits von Gut und Schlecht] ist."

– Bhagavad-gītā 4.17

In der relativen Welt erfährt man Belohnung und Bestrafung, und zwar solange, bis man das Relative durchschaut und überwindet. Jedes Individuum darf gemäß den eigenen relativen Vorstellungen selbst entscheiden, was es für „gut" und „schlecht" hält, und dementsprechend versuchen, „Gutes" zu genießen und „Schlechtes" zu vermeiden. Doch in Unwissenheit darüber, was wahrhaft, d.h. im absoluten Sinn, gut und schlecht ist, stolpert die verkörperte Seele immer wieder in Situationen, die nicht den eigenen Vorstellungen und Plänen entsprechen – bis es zu verstehen beginnt, daß sein Maßstab von „gut" und „schlecht" immer schlecht ist, weil dieser immer auf der eigenen Ego-Perspektive beruht. Es gibt jedoch auch einen göttlichen (absoluten) Maßstab, der festlegt, was in Wirklichkeit gut und schlecht ist. Der Mensch kann mit freiem Willen entscheiden, in welcher Kategorie er sich bewegen will.

Gemäß diesem göttlichen Maßstab unterteilen die vedischen Schriften die unbegrenzte Vielfalt von Möglichkeiten des Handelns in drei Kategorien:

- Karma: Handeln innerhalb der Dualität auf der guten Seite, d.h. frommes Handeln in Harmonie mit Gottes Schöpfungsgesetzen, was zu zeitweiligem, relativem Genuß innerhalb der materiellen Schöpfung führt.
- Vikarma: Handeln innerhalb der Dualität auf der schlechten, bösen Seite, d.h. vermessenes („dämonisches") Handeln entgegen Gottes Schöpfungsgesetzen, was letztlich zu Leid und Rückschlag (= Ausgleich) führt.
- Akarma: Handeln jenseits der Dualität von Gut und Schlecht, d.h. spirituelles Handeln in Harmonie mit Gottes Schöpfungsgesetzen *und* mit Gottes persönlichem Willen (offenbart durch Gottes Worte und Gottes echte Gesandte), weshalb dieses

Handeln weder „gute“ noch „schlechte“ Reaktionen zeitigt, sondern zur Befreiung aus der Welt der Dualität führt.

Karma-Handlungen scheinen belohnt und Vikarma-Handlungen bestraft zu werden. Das bedeutet jedoch nicht, daß Gott voreingenommen ist. Gott belohnt nicht die „Seinen“ im Gegensatz zu seinen Widersachern, die er aus Eifersucht und Zorn ewig verdammt, denn Gott steht über der Dualität.

Die Schöpfungsgesetze sind wie Schranken auf dem Weg zu Gott: Weicht man vom Weg ab (= Vikarma), streift man die Schranken oder erleidet sogar einen frontalen Unfall, je nach dem Grad der Abweichung. Die Karma-Belohnung hingegen soll den Fortschreitenden ermutigen, auf dem Pfad der Harmonie weiter voranzuschreiten – und nicht, sich zurückzulehnen und selbstzufrieden die „verdiente“ Belohnung zu genießen, obwohl man das darf, wenn man will.

Die Vikarma-Bestrafung bewirkt einen Ausgleich im gestörten Gleichgewicht und dient als Hinweis, daß es besser ist, auf den Pfad der Harmonie zurückzukehren; man kommt nicht um Gottes Schöpfungsgesetze herum, denn die Verletzung dieser Gesetze wird immer korrigiert. Ist es also nicht besser, die Gesetze freiwillig anzuerkennen, als gezwungen durch Bestrafung und zähneknirschend?

Belohnung und Bestrafung im Kreislauf der Reinkarnation sind beides Ausdruck von Gottes ewiger Geduld und Liebe. Gott (Kṛṣṇa) haßt die „Gottlosen“ nicht. Die Formen relativer Belohnung und Bestrafung sind nichts anderes als Wegweiser zum Ziel, das jenseits von Gut und Bös liegt.

Die Menschen handeln „gut“ und fromm, weil sie dafür als Belohnung Genuß (im Himmel oder auf Erden) erwarten. Andere Menschen handeln „bös“, weil sie den Genuß erzwingen wollen oder nach dem Genuß verbotener Früchte streben. Aber beides sind egoistische Interessen und Ausdruck eines falschen Verständnisses von Freiheit und Unabhängigkeit. Wahre Erkenntnis führt zur Loslösung vom kleinlichen Bestreben, gutes Karma zu genießen und schlechtes Karma zu vermeiden.

Karma und Vikarma entsprechen der materiellen Dualität von „gut“ und „bös“, sind also nur die Pole desselben Kreises. Dementsprechend fließend sind die Übergänge: Niemand handelt nur fromm, und niemand handelt nur bös. Das Mischungsverhältnis kann lauwarm, aber auch extrem sein.

Vor einem großen Trugschluß muß an dieser Stelle gewarnt werden: Wenn es heißt, daß „gut" und „bös" nur Pole desselben Kreises seien, heißt das nicht, daß deshalb beides gleichwertig ist, obwohl dieser Schluß sehr verlockend erscheint. „Alles ist gleichwertig, und deshalb ist es gleich-gültig, wie man handelt. Gut und Schlecht sind relative Werte, abhängig von der Sicht des Menschen. Deshalb hat mir niemand vorzuschreiben, was gut und schlecht ist."

Entweder akzeptiert man *Gottes Sicht* als Richtlinie oder dann irgendeine relative Ansicht. Von der ersten Möglichkeit wenden sich die meisten Menschen freiwillig ab und wählen die zweite, die gottlose Variante. Auf diese Weise willigen die Menschen ein, daß irgendeine relative Ansicht herrscht. Protest regt sich nur dann, wenn es nicht die eigene Ansicht ist, die herrscht.

Wenn Gut und Bös nur Pole desselben Kreises sind, könnte jemand sagen, daß letztlich alles „gut" ist. Wie oft hört man in monistisch-esoterischen Kreisen Phrasen wie: „Gott ist alles und alles ist Gott. Alles ist gut." Alles ist gut, vor allem das, was ich tue ... Das ist die offensichtliche Psychologie hinter dieser Philosophie. Eine Philosophie der feudalen Selbstherrlichkeit, die die Erschütterung durch das Karma-Gesetz provoziert.

Ist alles gut? Dies behauptet nur jemand, der die Tatsache von Kriegen, Verbrechen, Folterungen usw. verdrängt. – Wie kann in einer Welt, die polar ist, *alles* gut sein? Sie ist ja die Welt, wo Gott das Nicht-Gute erlaubt. Und der Mensch muß sich entscheiden.

In der materiellen Welt ist nicht alles „gut":

> „Das Ergebnis frommen Handelns ist rein, und es heißt, daß es sich in der Erscheinungsweise der Tugend (Sattva-guṇa) befindet. Handlungen, die in der Erscheinungsweise der Leidenschaft (Rajo-guṇa) ausgeführt werden, führen zu Leid, und Handlungen, die in der Erscheinungsweise der Dunkelheit (Tamo-guṇa) ausgeführt werden, führen zu Ajñāna (Unwissenheit, Stumpfsinn, Sinnlosigkeit)." (Bhagavad-gītā 14.16)

> „Rajo-guṇa ist besser als Tamo-guṇa, aber Sattva-Guṇa ist am besten, denn durch Sattva (Tugend, Reinheit) kann man die absolute Wahrheit verstehen." (Śrīmad-Bhāgavatam 1.2.24b)

Nicht alles, was geschieht, ist gut. Aber alles, was geschieht, ist gerecht.* Das ist der entscheidende Unterschied. Das Geschehene hat Sinn und deshalb auch Berechtigung. Alles, was geschieht – *weil*

* Was jedoch in keiner Weise das Unrecht rechtfertigt. Im Gegenteil: Die Karma-Reaktion wird gerecht sein.

es geschieht –, hat einen höheren Sinn. Auch das, was nicht gut ist, hat einen höheren Sinn, was jedoch weder die Untat noch die Täter entschuldigt. Aber das Geschehnis an sich, so wie es nun mal geschehen und nicht mehr rückgängig zu machen ist, hat einen höheren Sinn – und den gilt es zu erkennen. Das ist oft leichter gesagt als getan, wie z.B. im Fall der angedeuteten Kriege, Verbrechen und Folterungen; aber wenn das Leben weitergehen soll, ist das die einzige menschliche Möglichkeit. Oder wären etwa Selbstmord, Alkohol, verzehrendes Selbstmitleid, lebenslanger Haß oder tödliche Rachsucht eine bessere Lösung?

In der Welt der Dualität muß jede Situation immer von zwei Seiten betrachtet werden: vom *Blickwinkel der Aktion* und vom *Blickwinkel der Reaktion*. Nur so können Situationen richtig beurteilt werden.

Was immer geschieht, *mußte* geschehen und hat einen Sinn. Es war eine Reaktion, ausgelöst durch eine eigene frühere Aktion und deshalb prädestiniert, sonst wäre sie nicht geschehen. Das ist der Blickwinkel der Reaktion, der die *Prädestination* umfaßt.

Der Blickwinkel der Aktion beinhaltet den *freien Willen* und die damit verbundene Verantwortung: Wie reagiere ich in einer vorgegebenen Situation? Wie bereits erörtert, gibt es den Karma-, den Vikarma- und den Akarma-Weg mit entsprechenden Reaktionen. Die Wahl erfolgt aus freiem Willen und auf eigene Verantwortung.

Vegetarismus als Beispiel

Ein alltägliches Beispiel für die Wahl zwischen dem Karma-, Vikarma- und Akarma-Weg ist das Essen. Durch Prädestination haben wir einen menschlichen Körper bekommen. Weil es sich um einen materiellen Körper handelt, braucht er Ernährung. Was sollen wir essen? „Das ist doch egal!" sagen die einen. „Einfach das, was gesund ist, zum Beispiel Fleisch von Kühen aus Naturhaltung", sagen andere. „Überhaupt kein Fleisch", sagen wieder andere. „Meine Großmutter aß Fleisch und wurde neunzig." „Der Mensch ist ein Allesesser und kann alles Eßbare essen." „Einfach alles im Maß. Keine Extreme! Extrem viel Fleisch essen ist nicht gesund, aber das andere Extrem – überhaupt kein Fleisch essen – ist auch nicht gut."

Die Spekulationen sind endlos, weil nur relative, willkürliche

Maßstäbe gemäß dem eigenen Ego-Gutdünken berücksichtigt werden. Was besagt der Karma-, Vikarma- und Akarma-Maßstab?

Es ist nicht zu bestreiten, daß der Mensch Fleisch essen kann. Er ist in der Lage, es zu verdauen und auszuscheiden. Andererseits ist er in keiner Weise gezwungen, Fleisch zu essen. Eine typische Situation, in der jeder Mensch mit eigenem Wissen und Gewissen entscheiden muß, was er tun will und welchen Aspekt der Karma-Reaktionen er wählen will.

Der Veda-Maßstab mag für viele Menschen schockierend sein: Fleischessen ist eine Vikarma-Tätigkeit! Fleischessen bedeutet unnötige Gewalt gegen die Tiere und ist ein Zeichen der Überheblichkeit des Menschen. „Wenn ich Tiere essen *kann,* warum soll ich sie dann nicht essen? Wer hat mir vorzuschreiben, was ich essen darf und was nicht?“

Die vedischen Schriften empfehlen den Menschen mit Nachdruck, kein Fleisch zu essen. Denn das Töten von Tieren erzeugt auf verschiedenen Ebenen Vikarma-Reaktionen, die heute völlig unterschätzt werden, vor allem die kollektiven Reaktionen: „Solange es Schlachthäuser gibt, gibt es auch Schlachtfelder.“

Das Schöpfungsgesetz, daß der Mensch kein Fleisch essen sollte, ist nicht die nutzlose Schikane eines eifersüchtigen Gottes, der den Menschen jeden Genuß vergällt. Im Gegenteil: Dieses wie auch alle anderen Schöpfungsgesetze zeigen den Menschen jenen Weg, der das gesündeste und zufriedenste Leben ermöglicht und gleichzeitig das Tor zur Karma-Freiheit aufstößt.

Der Mensch lebt nämlich besser und gesünder ohne Fleisch. Fleisch ist für die menschliche Ernährung in keiner Weise nötig. Ausnahmen sind die geographischen Extremsituationen, in denen der Mensch, um zu überleben, Fleisch essen *muß*. Aber bei diesen Völkern, wie z.B. bei den Kirgisen und Eskimos, liegt das Durchschnittsalter bei knapp vierzig Jahren!

Wer die entsprechende Resonanz hat, erkennt überall in der Natur klare Hinweise, daß Fleisch gemäß Schöpfungsgesetz keine menschliche Nahrung darstellt: die eigene Tötungshemmung; die Abscheu vor Leichen; das Erfordernis, das Fleisch zu kochen, um es überhaupt in den Mund nehmen zu können; der menschliche Körperbau (das Fehlen von Krallen und Reißzähnen, die schwache Magensäure, der lange Darm) und nicht zuletzt die Aussagen zahlloser Vegetarier, Heiliger und Gottgesandter. Göttliche Erkenntnis wird durch den Akt des Fleischessens beträchtlich in Frage gestellt, denn

„Der Mensch sollte weder Fleisch essen noch Alkohol trinken. ... Dies gilt sowohl für diejenigen im Zölibat als auch für diejenigen im Familienleben." (Śrīmad-Bhāgavatam 7.12.12)

„Angesichts der Herkunft des Fleisches und der Grausamkeit des Abführens und Schlachtens fleischlicher Geschöpfe sollte der Mensch sich gänzlich vom Fleischessen fernhalten." (Manu-smṛti 5.49)

„Wie soll es jemandem, der Fleisch ißt – und selbst wenn es sich um einen Brāhmaṇa [Priester] handelt –, möglich sein, erhoben zu werden oder Befreiung zu erlangen?" (Padma Purāṇa 1.13.321)

„Du darfst deinen gottgegebenen Körper nicht verwenden, um Gottes Geschöpfe zu töten!" (Yajur Veda 12.32)

„Nahrung, die aus unberührbaren Dingen [wie z.B. aus Teilen von Tierleichen] besteht, wird von denjenigen geschätzt, die sich in der Erscheinungsweise der Unwissenheit befinden." (Bhagavad-gītā 17.10b)

„Tierschlächter und Menschen, die ihr eigenes spirituelles Leben zugrunde richten (*paśu-ghnāḥ*), versagen sich die aufrichtige Hingabe an die allglückselige Persönlichkeit Gottes." (Śrīmad-Bhāgavatam 10.1.4b)

„Die Schriften geben die Unterweisung, daß ein erleuchteter Mensch nie nach eigener Laune Nahrung, die nicht den offenbarten Empfehlungen entspricht, zu sich nehmen sollte." (Vedānta-sūtra 3.4.31)

„Reine Nahrung führt zur Klarheit des Verstandes. Klarheit des Verstandes führt zu entschlossener Meditation. Und mit dieser Entschlossenheit wird es möglich, die absolute Wahrheit zu erkennen, worauf alle materiellen Bindungen überwunden werden können." (Chāndogya Upaniṣad 7.26.2)

[Vyāsadeva spricht zu seinem Schüler Sañjaya:] „Diejenigen, die Kühe essen und deren Genuß es ist, verbotene Dinge zu sich zu nehmen, gehören zu den niederträchtigen unter den Menschen, und dementsprechend sind die Reaktionen, die sie erleiden werden." (Padma Purāṇa 1.76.17a)

„Diejenigen Menschen, die einmal Fleisch gegessen haben, dann aber aufhören, erlangen dadurch, daß sie sich von Sünde abwenden, viele Vorteile.
Diejenigen, die das Schlachten von Tieren organisieren, das Tiereschlachten gutheißen, die Tiere töten, das Fleisch verkaufen und kaufen, das Fleisch kochen und essen – sie alle gelten als Fleischesser. ...
Diejenigen, die Elend und Katastrophen verhindern wollen, sollten aufhören, das Fleisch irgendwelcher Geschöpfe zu essen." (Mahābhārata, Anuśasana Parva, 115.48-49,55)

Quellentexte: Vegetarismus

das Zu-sich-Nehmen von totem Fleisch erniedrigt die Resonanz des lebendigen Bewußtseins.

Während sich viele moderne Institutionen und Religionen nicht einmal im klaren darüber sind, ob Tiere auch ein Recht auf Leben haben, äußern sich die zeitlosen vedischen Schriften unmißverständlich (siehe Quellentexte auf Seite 308).

Aber das Thema „Fleischessen oder Nicht-Fleischessen" befindet sich immer noch im Bereich der materiellen Dualität von schlecht und gut (Vikarma und Karma). Die vegetarische Ernährung ist „gut", weil sie viel weniger Karma-belastet ist als die Fleischernährung. Im besten Fall ist sie Karma-neutral. Aber das Ziel des menschlichen Lebens sollte es sein, sich von Karma-Reaktionen zu *befreien*. Wie man das tun kann, erklärt Kṛṣṇa in der Bhagavad-gītā (4.41):

> „Wer Mir mit Liebe und Hingabe dient, wird nicht von Karma-Reaktionen gebunden."

Dieses Prinzip kann in jedem Lebensbereich angewandt werden, auch in bezug auf das Essen. Das Entscheidende ist die Verbindung mit Gott durch Bewußtsein und Tat. Der Mensch sollte seine gottabgewandte Existenz wieder Gott weihen, und dazu gehört auch das Essen, jene Tätigkeit, die man so oft und so gern tut. Gott erwartet vom Menschen höhere Einsicht in die Schöpfungsgesetze* und nimmt daher nur blut- und gewaltfreie, reine Speisen an:

> „Wenn Mir [Kṛṣṇa] jemand mit Liebe und Hingabe ein Blatt, eine Blume, eine Frucht oder etwas Wasser opfert, werde Ich es annehmen./ Alles, was du tust, alles, was du ißt, alles, was du opferst oder fortgibst, sowie alle Entsagung, die du dir auferlegst, solltest du Mir weihen." (Bhagavad-gītā 9.26-27)

Akarma-Nahrung wird im Sanskrit *Prasādam* genannt, was wörtlich „Gottes Barmherzigkeit" bedeutet. Von Prasādam zu leben ist materiell und spirituell die beste Art der Ernährung, denn Akarma-

---

* Aus diesem Grund ist es ratsam, *konsequent* kein Fleisch zu essen. Manchmal wird gesagt, daß es auf den einen Bissen nicht ankomme; diejenigen, die denken, ihr Heil hänge von diesem einen Bissen ab, seien noch weit vom Heil entfernt; man dürfe nicht fanatisch sein. – Es gibt jedoch einen großen Unterschied zwischen *fanatisch* und *konsequent*. Die Ausrede von dem „einen Bissen" kommt nur von denen, die zu schwach sind, konsequent zu sein. Gerade beim „einen Bissen" kommt es darauf an, mit der Unwissenheit keinen Kompromiß zu machen. Diejenigen, die den „einen Bissen" anbieten, verkennen das Akarma-Prinzip, und nicht diejenigen, die ihn ablehnen.

Speisen sind nicht nur gesund und vollwertig, sondern wirken auch spirituell reinigend:

> „Die Gottgeweihten werden von allen Arten von Sünden befreit, da sie Nahrung essen, die zuerst Gott geweiht wurde. Andere, die Nahrung für ihren eigenen Sinnengenuß zubereiten, essen wahrlich nur Sünde." (Bhagavad-gītā 3.13)

Akarma-Handlungen sind frei von Karma- und Vikarma-Reaktionen, die normalerweise mit jeder Tätigkeit in der materiellen Welt verbunden sind. Darüber hinaus wird man durch Akarma-Tätigkeiten auch von früher verursachten Reaktionen befreit, einfach weil man sich freiwillig, mit Liebe und Hingabe (Bhakti), mit Gott verbindet. Auf diese Weise werden für den gottgeweihten Menschen auch scheinbar alltägliche Tätigkeiten, wie Kochen, Essen, Musik und Arbeit, zu Meditation. Meditation über Gott ist „absolut" praktisch, denn durch sie wird alles Relative in Gottes Dienst gestellt und dadurch spiritualisiert.

Karma: die Synthese von Prädestination und freiem Willen (Zusammenfassung)

Das Sanskritwort Karma bedeutet wörtlich „Handlung" (Aktion) und weist darauf hin, daß jede Handlung in der materiellen Welt verschiedene kurzfristige und langfristige Folgen (Reaktionen) verursacht. Jeder Mensch führt „Karma" (Handlungen) aus und untersteht somit dem Gesetz des Karma, dem Gesetz von Aktion und Reaktion, das für jede (gute oder schlechte) Handlung eine entsprechende zukünftige (gute oder schlechte) Konsequenz festsetzt. Wenn man vom Karma einer Person spricht, meint man damit die vorausbestimmten (prädestinierten) Reaktionen auf eine aus freiem Willen ausgeführte Handlung.

Das Gesetz des Karma ist nicht bloß eine indische Theorie, sondern ist ein Naturgesetz. Auf jede Aktion folgt eine Reaktion. „Wie man sät, so wird man ernten", denn in Gottes Schöpfung herrscht eine universale Gerechtigkeit. Niemand kann das Gesetz des Karma umgehen – außer diejenigen, die verstanden haben, wie es funktioniert.

Grundlegend für das Verständnis des Karma-Gesetzes ist die Erkenntnis, daß alle Lebewesen beseelt sind, das heißt, daß sie alle unsterbliche ewige Seelen sind, die durch vergängliche Körper wandern. Die Bhagavad-gītā erklärt, daß die spirituelle Seele die Quelle des Bewußtseins ist, das den gesamten Körper durchdringt und ihn überhaupt erst lebensfähig macht. Wenn die Seele den Körper verläßt, bleibt der unbeseelte Körper zurück, und das wird „Tod“ genannt.

Nur in der menschlichen Lebensform (die es allerdings nicht nur auf der Erde gibt) haben wir – die verkörperten Seelen – die Freiheit des bewußten Entscheidens. Mit dieser Freiheit tragen wir jedoch auch die Verantwortung für all das, was wir tun. Deshalb wird von uns Menschen erwartet, daß wir die höheren Prinzipien des Lebens, wie z.B. die Gesetze von Reinkarnation und Karma, verstehen und dementsprechend handeln, denn „Unwissenheit schützt vor Strafe nicht“.

Das Gesetz des Karma gilt nicht nur individuell, sondern auch kollektiv, das heißt, es gilt auch bei Gruppen von Menschen (Familie, Nation, Bevölkerung eines gesamten Kontinentes oder Planeten und auch bei scheinbar zufällig gebildeten Reise-, Passagier- oder Schicksalsgruppen). Dieser Zusammenhang wird am Schluß des nächsten Kapitels näher erläutert werden.

Wenn die Menschen sicherstellen, daß die Schöpfungsgesetze eingehalten werden, profitiert die gesamte Gesellschaft. Wenn Menschen jedoch sündhafte, ungerechte und gewalttätige Handlungen ausführen oder diese auch nur tolerieren, werden sie unter dem entsprechenden kollektiven Karma zur Rechenschaft gezogen werden, was sich durch Unfälle, Kriege, Naturkatastrophen, Epidemien usw. äußern kann.

Kapitel 9

Die Überwindung von Dualität und Karma

Das Karma-Gesetz wirkt individuell und kollektiv. Was der einzelne tut, beeinflußt nicht nur ihn, sondern die ganze Gesellschaft. Dies trifft insbesondere für die Verantwortlichen der Gesellschaft zu, die über das Schicksal vieler Menschen bestimmen. Wie tragisch, wenn sogar diese Verantwortlichen über die höheren Naturgesetze in Unwissenheit sind! Die Gewalt und die Greueltaten, die die Menschen unter der Führung solcher „Verantwortlichen" der Natur und den Tieren gegenüber ausüben, beschwören grauenhafte Visionen für die Zukunft. Ganz zu schweigen von dem, was die Menschen den Menschen zufügen. „Blinde führen Blinde", hieß es im Śrīmad-Bhāgavatam-Zitat zu Beginn dieses Buches (S. 27).

Im Hinblick auf das kollektive Karma der heutigen Erdbevölkerung muß ebenso deutlich wie beim individuellen Karma betont werden, daß das Karma-Schicksal nicht unwiderruflich ist. Denn wer das nicht weiß, aber vom überfälligen, vernichtenden Kollektiv-Karma hört, müßte verzweifeln.

Das Karma-Schicksal stellt die momentane Summe der individuellen und kollektiven Tätigkeiten dar. Das bevorstehende Karma-Schicksal hat zu jedem gegebenen Zeitpunkt eine bestimmte Form, aber diese Form ist fließend, weil mit jeder Handlung neue Reaktionen hinzukommen. Das Karma-Schicksal kann radikal verändert, aufgeschoben oder sogar aufgehoben werden. Dies ist davon abhängig, wie sich jeder einzelne entscheidet, und diese Entscheidung beeinflußt wiederum das kollektive Karma – zum Guten oder zum

Schlechten. Der Mensch ist also bei jeder Handlung nicht nur sich selbst, sondern auch seinen Mitmenschen und der Mitwelt gegenüber verantwortlich, denn das Teil und das Ganze bilden immer eine untrennbare Einheit.

Mit anderen Worten, wir sind an unserem Schicksal immer selbst schuld! Gibt es etwas, wovor die modernen Menschen mehr zurückschrecken als vor dieser Wahrheit? Sie sind überfordert, weil sie nur noch den engen Ausschnitt des Alltages sehen und nicht mehr den Hintergrund der Reinkarnation: Bin *ich* etwa an allem, was mir zustößt, schuld? Sind alle Opfer selbst schuld? Sind die Täter dann unschuldig? Die Frage der „Schuld" ...

Schuld ist kein Wort der moralischen Bewertung im Sinn von Sünde und Höllenstrafe. Die vedische Erklärung geht viel tiefer: Schuld bezieht sich nicht auf das, was wir getan haben, sondern auf das, was wir *nicht* getan haben. Wir „schulden" etwas: die Überwindung des eigenen falschen Egos. Solange wir am falschen Ego festhalten, werden wir in dieser Welt der Dualität bleiben und immer wieder mit anderen Wesen zusammenstoßen, die ebenfalls an ihrem falschen Ego festhalten.

Das Verständnis von Karma und Akarma muß also viel weiter führen als bloß zu moralischen Werturteilen von „gut" und „schlecht" oder „sündig" und „fromm". Solange wir das falsche Ego nicht loslassen und die Dualität überwinden, sind wir selbst „schuld", wenn wir unter der Dualität von „gut" und „schlecht" oder „lieb" und „bös" zu leiden haben.

Ist das Karma-Gesetz also gnadenlos? Nein, denn „Gnade erfährt nur der, der sie erbittet. Um sie zu erbitten, muß der Mensch seine Schuld anerkennen. Karma aber ist das Gesetz, das dafür sorgt, daß der Mensch irgendwann einmal soweit kommt, seine Fehler, seine Schuld zu erkennen. Deshalb kann Gnade nur durch das Karma wirksam werden. Karma zielt auf die Einsicht des Menschen, stellt sich diese ein, ist er reif für die Gnade."[86]

Die Lösung der materiellen Verstrickung besteht nicht darin, sich einfach auf die Seite des „Guten" zu schlagen. Man muß über das „Gute" und erst recht über das „Böse" hinausgehen und wahrhaft gut – göttlich – werden.

Akarma = Bhakti-yoga: Handeln jenseits von Gut und Schlecht

„In der materiellen Welt sind alle Vorstellungen von gut und schlecht subjektiv. Zu urteilen, ‚dies ist gut, und das ist schlecht', ist deshalb beides falsch." – Caitanya-caritāmṛta, Antya-līlā 4.176

Der weltliche Maßstab von „gut" und „schlecht" ist immer schlecht, weil diese Bewertung immer auf der eigenen Ego-Perspektive beruht und nie der spirituellen Realität gerecht wird.

Gute Tätigkeiten sind besser als schlechte, aber beide befinden sich innerhalb der materiellen Dualität. Das Sanskrit nennt sie oft im gleichen Atemzug: *pāpa-puṇya*. *Pāpa* bedeutet „sündiges Handeln" und *puṇya* „frommes Handeln". *Puṇya* und *pāpa* sind verbunden wie der obere und untere Punkt eines Rades:

> „Die Reise des Lebens in der Kutsche des Körpers geschieht auf zwei Rädern, deren oberer Teil Frömmigkeit und deren unterer Teil Sünde repräsentiert." (Śrīmad-Bhāgavatam 7.15.42a)

Sowohl *pāpa* als auch *puṇya* binden den Handelnden an die materielle Welt. Man will das Erfreuliche (das „Gute") genießen und sich das Unerfreuliche (das „Schlechte") vom Hals halten. Das gute Karma ist einem willkommen, das schlechte möchte man vermeiden. Diese beiden Formen von Karma sind jedoch als polare Einheit nicht zu trennen. Deshalb lautet die spirituelle Logik: *Willst du Freiheit von schlechtem Karma, mußt du auch das gute Karma loslassen.*

Solange man Karma- und Vikarma-Tätigkeiten ausführt, bleibt man in der relativen Welt und unterliegt den verschiedenen Illusionen Māyās, denn beides sind materielle Tätigkeiten. Selbst wenn man sich Mühe gibt, „gut" zu sein und nur fromme Tätigkeiten auszuführen, bleibt man immer noch ein Materialist, einfach ein „guter" Materialist. Mit Karma ist immer auch Vikarma in der einen oder anderen Schattierung verbunden. Deshalb ist es im materiellen Leben nie möglich, den eigenen Schatten abzuschütteln. Auch gute Tätigkeiten haben immer irgendeinen Schattenaspekt, zumindest den Aspekt des ungelösten Problems der Getrenntheit vom Absoluten. Aus diesem Urproblem wächst ein dicht vernetztes Wurzelwerk von verwandten Problemen und durchdringt alle Schichten der Existenz. Psychische, sexuelle, emotionelle, psychosomatische, pathologische, soziale und zahllose andere Probleme sind die Folge.

Mit „gut" und „schlecht" bezeichnet man in der relativen Definition Glück und Leid, Erfreuliches und Unerfreuliches, Genußreiches und Mühseliges. Dies sind die Pole der Relativität und wechseln sich im Karma-Vikarma-Kreis immer wieder ab. Man kann das eine nicht ohne das andere haben, obwohl die Menschheit angestrengt versucht, das eine zu steigern und das andere zu verringern.

Echtes gottesbewußtes Leben bedeutet: Loslassen vom schlechten *und* guten Karma. Betrachtet man jedoch die modernen Religionen, fällt auf, daß es bei den meisten nur darum geht, gutes Karma zu bekommen und von schlechtem Karma erlöst zu werden. Auf das schlechte Karma will jeder gerne verzichten, aber auf das gute? Wer betet schon, um auch vom *guten* Karma erlöst zu werden? Gebetet wird meistens nur für das tägliche Brot, für Gesundheit, Schutz vor Naturkatastrophen, Erfolg, Frieden, Sieg über die Feinde, usw. Man will in den Himmel kommen und nicht in die Hölle. Bei solchen Gebeten und Religionen geht es immer noch um das eigene Ego. („Ich will! Wir wollen! Hilf uns! Gib uns! Erhöre uns!")

Diese Form der Frömmigkeit ist immer noch materialistisch und egoistisch. Solche frommen Menschen wollen in der materiellen Welt genießen, ohne zu leiden. Sie gehen zum „Gottes-dienst", aber erwarten, daß Gott *ihnen* dient. Sie wenden sich an Gott – und das ist ein wichtiger Schritt –, aber sie denken, Gott sei nichts anderes als der Erfüller ihrer Wünsche. Dieser Gottesdienst ist fadenscheinige Frömmigkeit oder sogar Heuchelei. Man dient oberflächlich ohne wahre Liebe, einfach nur, weil man sich einen persönlichen Gewinn erhofft. Es geht gar nicht um die andere Person. Wem geht es schon um Gott? Wer denkt daran, Gott zu dienen? Wer zieht in Betracht, was Gott möchte? Denn fern ist der Gedanke, auf schlechtes *und* gutes Karma zu verzichten und aufzuhören, immer nur auf den eigenen materiellen Vorteil bedacht zu sein.

> „Liebe den Herrn, deinen Gott, von ganzem Herzen, mit ganzem Willen und mit deinem ganzen Verstand! Das ist das größte und wichtigste Gebot" (Wort Jesu im Matthäus-Evangelium, 22.37-38).

Der Prüfstein für die wahre Form von *religio/yoga* ist die Freiheit von eigennützigen Wünschen; denn solange man etwas nur tut, weil man sich eine Belohnung erhofft, kann man nicht von Liebe sprechen. Wahre *religio* bedeutet reine Liebe zu Gott (= Bhakti). Reine Gottgeweihte dienen Gott, nicht weil sie etwas erwarten, sondern weil sie Gott lieben und weil sie Ihn erfreuen wollen. Das ist ein rein spiritueller Wunsch, der kein Karma verursacht. Gottes Freude ist ihre höchste Freude, neben der jede Freude der materiellen Welt verblaßt.

> „Die höchste Beschäftigung für die gesamte Menschheit ist die, durch welche der Mensch liebenden hingebungsvollen Dienst (*bhakti-yoga*) erlangt. Solch hingebungsvoller Dienst muß motivlos und ununterbrochen ausgeführt werden, um das Selbst vollkommen zufriedenzustellen./ Indem man der Persönlichkeit Gottes, Śrī Kṛṣṇa, in Hingabe dient, erlangt man durch Seine Barmherzigkeit sofort Wissen und Loslösung von der Welt." (Śrīmad-Bhāgavatam 1.2.6-7)

Wie geht man mit der Polarität um?

„Yoga bedeutet Handeln in Gleichmut. O Arjuna, halte alle abscheulichen Handlungen durch hingebungsvollen Dienst fern von dir, und ergib dich in diesem Bewußtsein Gott. Diejenigen, die die Früchte ihrer Arbeit für sich selbst genießen wollen, sind Geizhälse."

– Bhagavad-gītā 2.48b-49

Weil jederzeit unangenehme Karma-Reaktionen eintreffen können, ist materielles Glück (gutes Karma) immer getrübt und zeitweilig:

> *Duḥkhālayam aśāśvatam* ...: „Die materielle Welt ist ein Ort der Leiden (*duḥkha*), und alles in ihr ist vergänglich (*aśāśvatam*). ... Alle Planeten in der materiellen Welt – vom höchsten bis hinab zum niedrigsten – sind Orte des Leids, an denen sich Geburt und Tod wiederholen. Wer aber in Mein Reich gelangt, o Sohn Kuntīs, wird niemals wiedergeboren." (Bhagavad-gītā 8.15-16)

Materielles Glück bedeutet Verdrängen von Leid. Materieller Genuß ist nur dann Genuß, wenn man die Schattenseiten (zumindest für den Moment) vergißt. Ein Mensch, der zum Tod verurteilt ist und seine letzte Mahlzeit bekommt, vermag diese Mahlzeit nur dann zu genießen, wenn er vergißt, daß er gleich danach sterben wird. Dieses Beispiel ist gar nicht so abwegig, denn wir alle sind zum Tod Verurteilte, nur daß wir weder den Tag noch die Stunde kennen.

Wie unbedeutend erscheinen plötzlich alle Dinge der Erde, wenn man die Mutter, einen Freund oder eine andere geliebte Person zum Grab oder zum Krematorium geleitet. Angesichts des Todes verliert das Zeitweilige alles Bezaubernde und Verlockende. Erst wenn man

„Man sollte verstehen, daß die materielle Energie (*prakṛti*) und die Lebewesen anfanglos sind. Aber von dieser ewigen materiellen Energie werden [vergängliche] Formen erzeugt: Umwandlungen (*vikārāḥ*) und Erscheinungsweisen (*guṇaḥ*) der Materie." (Bhagavad-gītā 13.20)

„So folgt das Lebewesen in der materiellen Natur den Wegen des Lebens und genießt die drei Erscheinungsweisen. Das ist auf seine Verbindung mit Prakṛti zurückzuführen. So trifft es mit Gut und Schlecht in den verschiedenen Lebensformen zusammen." (Bhagavad-gītā 13.22)

„Menschen, die [mit dem Maßstab der Dualität] Unterschiede sehen, sind den Eigenschaften des materiellen Daseins – Wehklagen, Jubel, Furcht, Neid, Gier, Illusion und Verrücktheit – unterworfen. Sie werden von der unmittelbaren Ursache beeinflußt, die sie eifrig bekämpfen, denn sie wissen nichts von der im Hintergrund wirkenden höchsten Ursache, der Persönlichkeit Gottes." (Śrīmad-Bhāgavatam 10.4.27)

„Ein intelligenter Mensch schöpft nicht aus den Quellen des Leids, die aus der Berührung mit den materiellen Sinnen entstehen. O Sohn Kuntīs, solche Freuden haben einen Anfang und ein Ende, und daher erfreut sich der Weise nicht an ihnen." (Bhagavad-gītā 5.22)

„Jemand, dessen Glück im Innern liegt, der im Innern tätig ist und im Innern Freude erfährt und dessen Ziel im Innern liegt, ist wahrhaft der vollkommene Mystiker (*yogī*). Er ist im Höchsten befreit (*brahma-nirvāṇa*), und letztlich erreicht er den Höchsten." (Bhagavad-gītā 5.24)

„Das unbeständige Erscheinen von Glück und Leid und ihr Verschwinden im Laufe der Zeit gleichen dem Kommen und Gehen von Sommer und Winter. Sie entstehen durch Sinneswahrnehmung, und man muß lernen, sie zu dulden, ohne sich verwirren zu lassen./ O Arjuna, wer sich durch Glück und Leid nicht stören läßt, sondern in beidem ausgeglichen bleibt, eignet sich gewiß dazu, Befreiung zu erlangen." (Bhagavad-gītā 2.14-15)

[Der heilige Knabe, Prinz Prahlāda, sprach:] „Sogar die Gebildeten unterliegen den Auffassungen von ‚mein' und ‚dein', ‚ich' und ‚die anderen'. Aber diese Lebensauffassung haben auch die Katzen und Hunde. Sie sind von Unwissenheit überwältigt und sehen trotz der Beschwerlichkeit nicht die Vergänglichkeit ihrer Bemühungen." (Śrīmad-Bhāgavatam 7.6.16)

„In der materiellen Welt möchte man Glück erlangen und das Leid verringern, und man handelt dementsprechend. Im Grunde jedoch ist man nur so lange glücklich, wie man nicht nach Glück strebt; sowie man sich um Glück zu bemühen beginnt, stellen sich Leiden ein." (Śrīmad-Bhāg. 7.7.42)

Quellentexte: Wie geht man mit der Polarität um?

diese tiefen Eindrücke verdrängt oder zuschüttet, kann man wieder wohlgemut in den gewohnten Alltag eintauchen.

Das hat nichts mit dem oft gebrandmarkten „östlichen Pessimismus“ zu tun, sondern mit Realismus. Die Faktoren Alter, Krankheit und Tod – erfahren am eigenen Leib und auch bei Personen, die uns nah und lieb sind – erinnern uns immer an die Vergänglichkeit des materiellen Daseins.

Die materielle Welt ist zeitweilig und deshalb leidvoll (*duḥkhālayam aśāśvatam*), denn die verkörperte Seele leidet unter diesen Bedingungen, weil diese unnatürlich für sie sind. Die Seele ist ewig, aber weil sie sich mit einem materiellen Körper identifiziert, ist sie sich ihrer wahren, ewigen Natur nicht mehr bewußt. Deshalb wird sie immer wieder von der Dualität der materiellen Welt daran erinnert.

Wer die vergänglichen Formen genießen will, muß die Faktoren der Vergänglichkeit (Trennung, Krankheit, Tod, Geburt) vergessen, verdrängen oder zuschütten (mit Alltag, Arbeit, Sex, Drogen, Alkohol, Ablenkungen, Atheismus, Fernsehen usw.)

Die materielle Polarität ist nicht trennbar. Man muß das „Glück“ immer im Zusammenhang mit dem „Leid“ sehen und darf nicht nur die bevorzugte Hälfte betrachten. Die Menschen müssen lernen, mit der Polarität umzugehen, aber nicht in dem Sinn, wie viele Psychologen und Esoteriker sagen: „Man darf die Polarität nicht verdrängen, man muß beide Seiten akzeptieren und integrieren, denn Glück ohne Leid wäre langweilig. Zu jedem Hoch gehört das Tief. Deswegen: Wenn Sie sich gerade in einem Tief befinden, dann denken Sie positiv! Ohne Tief kein Hoch! Man muß lernen, Licht *und* Schatten zu integrieren.“

Diese modernen Lebensweisheiten stellen die höchste Form der Verdrängung dar, weil sie das Leid noch vergolden, nur um die spirituelle Wahrheit nicht wahrhaben zu müssen.

Lernen, mit der Polarität umzugehen, bedeutet: das Leid als das zu akzeptieren, was es ist, nämlich eine Er-innerung, daß ich als ewige Seele nicht in diese materielle Welt gehöre. Genauso wie ich das materielle Leid nicht begehre, sollte ich auch aufhören, materielles Glück zu begehren. Die Dualität muß man nicht integrieren, sondern *transzendieren!*

„Die fortwährend hingegebene Seele erlangt unverfälschten Frieden, weil sie das Ergebnis aller Tätigkeiten Mir weiht. Jemand hingegen, der nicht mit dem Göttlichen verbunden ist und gierig nach den Früchten seiner Tätigkeiten (*karma-phalam*) strebt, wird in Karma verstrickt." (Bhagavad-gītā 5.12)

Läßt man die Karma- und Vikarma-Früchte los, werden Leid und Glück von aller Krampfhaftigkeit, Bedrohlichkeit und Zufälligkeit befreit. Man erkennt, daß der „Zufall" das ist, was einem verdientermaßen zufällt. Das „Schicksal" ist geschickt, und ein weiser Mensch schickt sich darein und lernt, wohl wissend, daß das Lernen – und nicht das nutzlose Ankämpfen – der beste Weg ist, um das materielle Schicksal endgültig zu wenden. Alles, was geschieht, ist Gottes Fügung, eine weitere Gelegenheit, eine Prüfung zu bestehen. Und die wichtigste Prüfung, das Abschlußexamen, ist der Tod. Aber wer bereitet sich heute noch bewußt auf den Tod vor?

Wahre Freiheit bedeutet Freiheit von Reinkarnation (Befreiung aus dem Kreislauf von Geburt und Tod). Das Streben nach dieser Freiheit bringt eine große Prüfung mit sich, die die schwierigste Form von Mut verlangt: Demut. Wir müssen erkennen und anerkennen, daß wir *nicht* frei sind und Hilfe brauchen. Wir wissen nicht, was wirklich gut und schlecht ist. Wir wissen nicht einmal, was gut oder schlecht für uns ist. Deswegen sind wir oft unser eigener größter Feind. Schauen wir nur all unsere Sorgen und Probleme an: Wir haben sie uns selbst eingebrockt, und wir müssen sie auch selbst auslöffeln – individuell und kollektiv.

Spirituelle Freiheit

„Wer im hingebungsvollen Dienst tätig ist (buddhi-yuktaḥ: ‚sein Bewußtsein mit Gott, dem höchsten Freien, verbunden hat und dementsprechend handelt'), befreit sich schon im gegenwärtigen Leben von guten und schlechten Karma-Reaktionen. Deshalb strebe nach Yoga! Yoga ist die Kunst des Handelns (yoga karmasu kauśalam)."

– Bhagavad-gītā 2.50

Spirituell (jenseits von Gut und Schlecht) zu handeln bedeutet, daß man nicht mehr den eigenen, unvollkommenen Ego-Wertvorstellungen von „Freiheit" und „Unabhängigkeit" folgt, sondern daß man den eigenen Willen freiwillig Gottes Willen unterordnet und *Gottes* Willen dient. Dies ist die Quintessenz der Bhagavad-gītā:

„Denke immer an Mich, werde Mein Geweihter, verehre Mich und bringe Mir deine Ehrerbietungen dar. Auf diese Weise wirst du mit Sicherheit zu Mir kommen. Ich verspreche dir dies, weil du Mein inniger Freund bist./ Gib alle Arten von Dharma [‚Religion' im Sinn von ego-bedingter Frömmigkeit] auf und ergib dich einfach Mir. Ich werde dich von allen sündhaften Reaktionen (*pāpa*) befreien. Fürchte dich nicht!" (Bhagavad-gītā 18.65-66)

Menschen ohne spirituelle Resonanz können mit dieser absoluten Frequenz nichts anfangen. Sie sprechen zwar auch von Freiheit und Unabhängigkeit, aber verbinden mit diesen Begriffen nur egozentrierte Vorstellungen, nämlich niemandem gehorchen zu müssen und den eigenen freien Willen mißbrauchen zu dürfen. Freiheit und Unabhängigkeit sind beliebte Schlagwörter, aber was ist damit gemeint: Freiheit und Unabhängigkeit – wovon? In der relativen Welt, die eine Welt der Dualität ist, bedeutet Freiheit von etwas *immer* Abhängigkeit von etwas anderem (z.B. von Parteien, Partnern, Slogans, Feindbildern, Drogen, Machtverhältnissen usw.). Niemand kann die Abhängigkeit vermeiden, auch die „Freien" nicht. Man ist immer abhängig. Die einzig wirkliche Freiheit besteht darin, zu wählen, *von wem* man abhängig sein will.

Die Vollkommenheit des Relativen besteht darin, sich bewußt mit dem Absoluten zu verbinden (= *religio/yoga*). Unabhängigkeit bedeutet also Abhängigkeit vom Unabhängigen! Höchste Freiheit bedeutet Abhängigkeit vom Höchsten Freien (Gott): Die Diener Gottes sind die freisten Menschen. Dies wird von zahllosen Gottgeweihten aus allen Zeiten, Ländern und Religionen bestätigt, und auch Gott selbst bestätigt es:

„Es gibt keine Art von Karma, die Mich beeinflußt; auch strebe Ich nach keiner Art von Karma-Frucht. Wer diese Wahrheit über Mich kennt, wird ebenfalls nie in die Karma-Reaktionen des Handelns verstrickt./ Alle befreiten Seelen der vergangenen Zeiten handelten in diesem Wissen über Mein transzendentales Wesen." (Bhagavad-gītā 4.14-15a)

Gott verspricht – und die Gottgeweihten bestätigen –, daß es sehr wohl möglich ist, vollkommene Freiheit zu erreichen. Als Beispiel diene das Zeugnis des heiligen Knaben, Prinz Prahlāda:

„Ich bin Dein motivloser Diener, und Du bist mein ewiger Meister. ... Wenn Du mir eine wünschenswerte Segnung gewähren willst, dann bitte ich darum, daß es im Innersten meines Herzens keine materiellen Wünsche mehr geben möge./ O mein Herr, weil wir schon von Geburt an egoistische Wünsche haben, werden die Funktionen der Sinne (*indriyāṇi*), des Geistes (*manaḥ*), der Lebenskraft (*prāṇa*), des Körpers (*ātmāḥ*), der Religion (*dharma*), der Geduld (*dhṛti*), der Intelligenz (*matiḥ*), der Zurückhaltung (*hriḥ*), des Reichtums (*śrīḥ*), der Stärke (*tejaḥ*), des Erinnerungsvermögens (*smṛtiḥ*) und der Wahrhaftigkeit (*satyam*) zerstört. Aber wenn ein Mensch all seine materiellen Wünsche aufzugeben vermag, erwirbt er durch diese Hingabe die Eignung, an Deiner Vollkommenheit teilzuhaben." (Śrīmad-Bhāgavatam 7.10.6-9)

Es gibt keinen Teufel! – Die Funktion Māyās

Viele Menschen scheinen nicht geneigt zu sein, die von Gott gegebene Freiheit und die damit verbundene Selbstverantwortung anzunehmen. Aus dieser Abneigung sind verschiedenste Philosophien und Glaubenssysteme entstanden, die das Wissen über Karma, Reinkarnation und freien Willen verfälscht wiedergeben oder sogar direkt bekämpfen. So wird zum Beispiel in vielen Glaubenssystemen das gute Karma als Gottes Gnade hingestellt und gütlich genossen, die Verantwortung für das schlechte Karma hingegen wird abgeschoben oder auf irgendeinen Sündenbock projiziert. „Man" ist ja nicht mehr selbst schuld, denn Karma und Reinkarnation wurden abgeschafft und damit verbunden auch die peinliche Selbstverantwortung. Schuld sind nicht mehr „wir", sondern die „anderen": die Mitmenschen, die Feinde, die Dämonen, andere Nationen, andere Religionen oder sogar der liebe Gott oder dann sein Widersacher, der böse Teufel.

Auf niemanden wird so viel Schuld projiziert wie auf den Teufel. Die Menschen machen ihn schamlos zum Sündenbock für all die Untaten, die sie selbst vollbringen, und der arme Teufel kann sich nicht wehren – weil es ihn gar nicht gibt! Als Sünden-Bock wird er auch dargestellt: angeschwärzt und bockfüßig. Der Teufel sei Gottes Widersacher, heißt es. Er verursache alles Böse in der Welt, denn Gott schaffe nichts Böses und der Mensch lebe nur einmal, könne also nicht für *alles* Böse selbst verantwortlich sein – nicht für die entbehrungsvolle Kindheit, nicht für das unvorhergesehene, unverdiente Leid, nicht für die zufälligen Schicksalsschläge, nicht für die Katastrophen, nicht für die Kriege, nicht für den Hunger, nicht für die Ungerechtigkeit. Hier muß überall der Teufel* den Kopf hinhalten. Diese Menschen waschen ihre Hände in Unschuld und belassen die Perspektive von Karma und Reinkarnation geflissentlich im toten Winkel ihrer Scheuklappen.

Es gibt aber auch philosophischere Beschreibungen des Teufels, die der Realität schon näherkommen. Des Teufels typische Waffe sei die *Versuchung,* die er mit unendlicher Vielfalt einsetze, um die Menschen von Gott abzulenken, hauptsächlich durch Lust, Macht, Reichtum, Ego, Position, Stolz, Perversion, Dämonie, Magie usw.

Der „Teufel", so wie er in diesem philosophischen Steckbrief gezeichnet wird, entspricht unverkennbar der Person Māyā. In der vedischen Offenbarung wird Māyā beschrieben und identifiziert: Sie ist jedoch kein Teufel, sondern eine ergebene, ego-freie Dienerin Gottes.

> *Daivī hy eṣā guṇa-mayī mama māyā:* „Hinter der materiellen Erscheinungswelt, die aus den drei Guṇas besteht, befindet sich Māyā, Meine illusionierende Kraft (*daivī*[87])." (Bhagavad-gītā 7.14)

Māyā ist in ihrer höchsten, ewigen Gestalt die Gemahlin Śivas und heißt Pārvatī oder Umā. Genau wie ihr Gemahl, der gottähnliche Śiva, hat auch Pārvatī verschiedene Funktionen, die sie in Harmonie mit ihrem Gemahl erfüllt. Śiva erfüllt Gottes (Viṣṇus) Willen in der Schöpfung und ist der direkte Herr der materiellen Welt. Mit diesem Titel „Herr der Welt" oder „Fürst der Welt" wird oft auch der Teufel versehen. Aber das ist ein großes Versehen und Vergehen seitens der rebellischen Seelen.

Pārvatī wird als Gemahlin des Herrn der Welt zur Herrin der Welt: Sie ist die Personifikation der Materie und wird von Śiva – in unmittelbarer Vertretung Viṣṇus – mit der Gesamtheit aller Seelen befruchtet. In dieser Funktion ist sie *Durgā,* „die Herrin des materiellen Gefängnisses", und *Māyā,* „die Erzeugerin der Illusion". Wörtlich heißt Māyā „das, was nicht ist". Unter dem Einfluß Māyās halten die verkörperten Seelen die vergängliche, relative Welt (Durgās Schöpfung) für die einzige Realität, was sie nicht ist.

Mit Māyās Kraft (durch Viṣṇus Vermittlung) schafft Brahmā die

---

* Gemäß der vedischen Erklärung muß man klar zwischen dem „Teufel" und „Satan/Luzifer" unterscheiden. Einen direkten Widersacher Gottes („Teufel") gibt es nicht, doch *innerhalb der materiellen Dualität* existieren sehr wohl dunkle, „teuflische" Mächte („Luzifer-Satan"). Diese wirken im Kali-yuga als die bestimmenden Mächte und stecken oft auch hinter den genannten Übeln.

individuellen materiellen Planeten und Körper (die relativen, vergänglichen Schöpfungen). Śiva und Durgā stellen das ursprüngliche männliche und weibliche Prinzip der materiellen Schöpfung dar. Sie sind differenzierte Parallelformen von Viṣṇu und Seiner persönlichen Energie (Lakṣmī-Nārāyaṇa) und der ursprünglichen, höchsten göttlichen Einheit, Rādhā-Kṛṣṇa.

Von dieser absoluten Realität (Einheit mit unbegrenzter Vielfalt) sind die gefallenen Seelen in der materiellen Welt getrennt – aufgrund der falschen Verwendung ihres freien Willens. Sie leben in ihrer illusionären Ego-Welt und sehen alles so, wie sie es sehen *wollen*. Das ist ihr Recht, aber auch ihr Problem. Die einen haben es eingesehen und korrigieren sich freiwillig. Das sind die göttlichen Wesen, die Devas (die Halbgötter und allgemein die Gottgeweihten). Daneben gibt es auch Wesen, die das Problem mit eigener Kraft lösen wollen, indem sie die materiellen Symptome bekämpfen und die Materie gewaltsam manipulieren. Das sind die dämonischen Mächte (die Asuras, Atheisten, Materialisten).

> *Dvau bhūta-sargau loke 'smin daiva asura eva ca:* „Im materiellen Universum gibt es zwei Arten von Lebewesen: die Devas und die Asuras.“ (Bhagavad-gītā 16.6)

Zwischen diesen Fronten befinden sich die irdischen Wesen, die von beiden Seiten Beeinflussung erfahren. Der historische Aspekt dieser Beeinflussung wird in Band 2 näher untersucht werden. Hier in diesem Kapitel soll es um die psychologischen Aspekte gehen. Wie reagieren gewisse Lebewesen angesichts der zeitweiligen und leidvollen Natur der materiellen Welt? Die richtige Reaktion ist, wie bereits dargelegt, das Lernen und das Sich-abhängig-Machen vom höchsten Unabhängigen. Gott spricht, und ich entspreche.

Was Māyā betrifft, so verrichtet sie nur ihren Dienst innerhalb der materiellen Welt. Sie weiß sehr wohl, daß die Seelen von ihrem falschen Ego verblendet sind und aufwachen sollten – und sie hilft unauffällig, unbeirrbar und unerbittlich, indem sie gemäß göttlicher Verfügung jedem einzelnen Lebewesen gerechte Karma- und Vikarma-Reaktionen zukommen läßt.

Solange die gefallenen Seelen eine rebellische, nicht-demütige Haltung beibehalten, sind sie nicht imstande zu lernen. Sie werden mit Leid und Rückschlägen konfrontiert, aber sie erkennen die Lektion nicht, sondern denken, diese Niederlagen seien nur Zufall und Pech („Versuchen wir's nochmals, mit besseren Plänen und stärkeren Mitteln!") oder seien auf den Fehler von anderen zurückzuführen: „Diese dort drüben sind schuld! Beseitigen wir sie, und dann steht uns nichts mehr im Wege." Solange sie wollen, gibt Māyā ihnen immer wieder neue Anlaufmöglichkeiten. Manchmal scheinen die dämonischen Pläne tatsächlich aufzugehen, aber letztlich scheitern sie immer, und die rebellischen Seelen werden in ihrer Frustration zornig. Māyā hält ihnen in der gespiegelten Welt immer wieder neue Luftspiegelungen vor die Nase, und sie stürzen sich auf den Fata-Morgana-Genuß und bekommen nichts als einen Mundvoll heißen Sand. Aber sie lernen nicht, und sie wollen die Blamage vor sich und den anderen vertuschen. So projizieren sie die Schuld und schaffen Feindbilder und klagen Gott und die Welt – oder den „Herrn der Welt" – an. Oder sie kreieren atheistische Philosophien und Pseudo-Religionen und schüren die Angst vor dem Teufel, der an allem schuld sei, weil er die Menschen verführe. So betrügen die rebellischen Seelen sich selbst und andere.

Das Teuflische (Diabolische[88]) ist das, was uns davon abhält, aus der materiellen Illusion zu erwachen. Was oder wer hält uns davon ab? Niemand anders als wir selbst, wenn wir uns unbelehrbar am eigenen Ego (Ahaṅkāra) festkrallen. Wenn wir also unbedingt jemanden als „Teufel" bezeichnen wollen, dann fällt dieser Titel *uns* zu – die wir aus *eigenem freien Willen* von Gott abgefallen sind, und nicht, weil uns ein Kollektivverführer getäuscht hat.

Die Veda-Offenbarung unterstützt die Sündenbock-These in keiner Weise. Natürlich hat auch Māyā einen dia-bolischen Einfluß – aber nur auf jene Lebewesen, die es *wollen*. Und diejenigen, die sagen, daß sie nicht mehr wollen, werden von Māyā geprüft, ob sie die Angebote der Illusion auch tatsächlich nicht mehr wollen. Māyā selbst reagiert nur, das Lebewesen agiert.

Wie bereits gesagt, weiß Māyā sehr wohl, daß die Seelen von ihrem falschen Ego verblendet sind und aufwachen sollten. Deshalb schafft sie für jedes einzelne Lebewesen konkrete Umstände, in denen es seine Karma- und Vikarma-Reaktionen genießen bzw. erleiden kann. Was das einzelne Lebewesen dann aus diesen konkreten Situationen macht oder nicht macht, ist seinem freien Willen überlassen.

Mit Hilfe der Dualität läßt Māyā die Seelen, die sich in der materiellen Welt vor Gott verstecken wollen, nie Ruhe finden, was sowieso nur eine trügerische Ruhe wäre. Es gibt immer wieder Faktoren, die sicherstellen, daß der Mensch nicht aufhört zu lernen. Diese Perspektive zeigt, daß sogar das Dämonische und Dunkle nicht unabhängig von Gottes Plan existiert, denn es verkörpert nichts anderes als den destruktiven Vikarma-Aspekt der materiellen Polarität und bildet den Ausgleich zur ego-interessierten Frömmigkeit.

Ein angenehmes, „harmonisches" Leben innerhalb der materiellen Dualität ist also nicht das Ziel des Lebens. „Gut" ist noch nicht gut genug. Unter dem konstanten Ansturm der materiellen Umwälzungen sollte der Mensch letztlich zu dieser Erkenntnis kommen. Diese Erkenntnis ist heute für die Menschheit angesichts der bevorstehenden Prüfungen durch machthungrige Mächte, Naturkatastrophen und andere Ernüchterungen nötiger denn je.

Śiva ist kein Satan, Māyā ist kein Teufel, sondern sie sind vollkommene, bewußte Diener in Gottes Schöpfungsplan. Ihre Versuchungen sind nur so lange Versuchungen, wie es die Versuchten selbst wünschen. Diese wollen – trotz vieler Warnungen – zur Fata Morgana rennen und klagen dann die Wüste an, wenn sie nur Sand vorfinden.

Ebenso ist der Kreislauf der Reinkarnation keine moralische Bestrafung, sondern eine klare Aufforderung an jeden, sich aus der Ver-wicklung in das Vergängliche zu ent-wickeln. Dieses Ziel kann jeder aufrichtige Mensch sofort erkennen, wenn auch vielleicht nicht sofort erreichen. Doch ist das Ziel einmal erkannt, ist auch der Weg bekannt. Dieser Weg zum Ziel hat viele Stufen, doch weil das Ziel absolut ist, ist der Weg nicht verschieden vom Ziel.

Wenn Gott gut ist, warum gibt es das Böse?

„Getäuscht von den drei Guṇas [Tugend, Leidenschaft, Unwissenheit], kennt die gesamte Welt Mich nicht, der Ich jenseits aller Dualität und unerschöpflich bin." – Bhagavad-gītā 7.13

Die Frage „Wenn Gott gut ist, warum gibt es das Böse?" stellt eines der Hauptprobleme der Theologie dar. In den vorangegangenen Kapiteln ist diese Frage bereits mehrere Male aus verschiedenen Blickwinkeln beantwortet worden. Eine zusammenfassende Erklärung kann an dieser Stelle das Gesagte noch vertiefen.

Die Dualisten antworten, daß sich diese Frage gar nicht stelle, weil das Böse nicht von Gott, sondern von Gottes Widersacher, dem Teufel, geschaffen wurde. (Wenn Gott jedoch einen ebenbürtigen Widersacher hätte, der etwas tun könnte, was Gott nicht will, dann wäre Gott nicht Gott. Weil Gott jedoch absolut ist, vermag die Erklärung des Dualismus nicht zu befriedigen.)

Die Monisten antworten, daß die Konzepte von Gut und Bös nur in der Illusion, nur in der Vorstellung, existieren; in Wirklichkeit gebe es diese Unterschiede gar nicht, denn alles sei eins. (Wenn alles eins ist, wer erfährt dann die Dualität? Und warum gäbe es dann überhaupt Dualität? Wenn die undifferenzierte Einheit das ein und alles wäre, dürfte es die Illusion gar nicht erst geben. Weil es sie aber gibt, was sogar die Monisten zugeben, kann nicht alles eins sein. In der Einheit gibt es wiederum Vielfalt.)

Überraschend ist die Antwort der vedischen Gottesoffenbarung. „Wenn Gott gut ist, warum gibt es das Böse?" Gottes einfache Antwort in der Bhagavad-gītā lautet: *„Weil Gott nicht gut ist!"*

Bedeutet das etwa, daß Gott bös ist? Nein – denn Gott ist jenseits von Gut und Bös.

In Entsprechung zum freien Willen aller Wesen schafft Gott (Viṣṇu) die materielle Welt. Jedes Wesen hat die Freiheit zu wählen, ob es in der materiellen oder in der spirituellen Welt leben will. Diese Freiheit ist die Grundlage der Liebe zu Gott, denn echte Liebe ist immer freiwillig und ego-frei. Gott zwingt niemanden, Ihn zu lieben, und deshalb gewährt er jedem Wesen die Freiheit des Wählens. Wer die spirituelle Welt wählt, lebt freiwillig in Harmonie mit Gottes Wille (= Liebe), und wer die materielle Welt wählt, lebt freiwillig unter dem Diktat von eigenen und fremden Ego-Vorstellungen. Innerhalb dieser Dualität tun die Lebewesen Gutes und Böses und erfahren Gutes und Böses. Als ewige Seelen identifizieren sie sich mit vergänglichen Körpern, und so unterliegen sie dem Einfluß der Illusion (Māyā). Weil die Seelen allesamt ursprünglich mit Gott verbunden sind, in der materiellen Welt diese Beziehung jedoch vergessen, leben die Seelen in einer illusionären Getrenntheit von Gott und sind nie wirklich zufrieden, denn nur in Beziehung zum Ursprung (Kṛṣṇa) kann das ursprüngliche Bedürfnis der Seele nach ewiger, unbegrenzter Liebe erfüllt werden.

Das eigentliche Böse/Schlechte/Teuflische ist also die Getrenntheit von Gott. Innerhalb dieser Getrenntheit (= materielles Leben) erfahren die Wesen Freud und Leid und sind dem Kreislauf von

Geburt und Tod unterworfen, und zwar so lange, bis sie erkennen, was ihr wahres Wesen ist. Dieses materielle Dasein, das letztlich immer mit Leid verbunden ist, entspricht Gottes Gesetzen, aber nicht Gottes Willen. Gott möchte, daß alle Lebewesen glücklich sind, und das ist nur möglich, wenn sie sich wieder ihrer ewigen Beziehung zu Gott bewußt werden (*religio/yoga*). Um die Lebewesen an diese Realität zu erinnern, erscheint Gott manchmal persönlich in der materiellen Welt und schickt jederzeit Seine Gesandten zu den verblendeten Wesen, die in der materiellen Welt leben und sterben.

Das Böse ist also, wie das Gute, Teil der Dualität der materiellen Welt, die von Gott geschaffen wurde, um dem freien Willen jener Wesen zu entsprechen, sie sich von Ihm abwenden wollen. Die materielle Schöpfung an sich ist jedoch nur ein anderer Aspekt der absoluten Liebe Gottes, die so vollkommen ist, daß sie allen Wesen einen unantastbaren freien Willen gewährt.

Ur-teilen und ent-scheiden

„Verurteilt nicht andere, damit Gott nicht euch verurteilt. Denn euer Urteil wird auf euch zurückfallen, und ihr werdet mit demselben Maß gemessen, das ihr bei anderen anlegt.“

– Jesus von Nazareth, zitiert in Matthäus 7.1-2

Das Wirken des transzendenten Gottes macht die Welt transparent. Wer Augen hat, der sehe. Hinter jedem Ereignis wirkt nicht nur das Karma, sondern auch die Hand Gottes, die den Sehen-Wollenden einlädt, die Karma-Welt zu verlassen. Wer dieser Einladung Folge leistet, wandelt auf dem Pfad des Akarma und lebt *in* dieser Welt, aber nicht *von* dieser Welt. In der materiellen Welt, die unendlich wandelbar ist, lösen sich die Dualitäten immer wieder ab. Aber was immer geschieht, enthält auch den Ausdruck höheren Sinns.

> „Wer in der materiellen Welt von nichts, was ihm widerfährt – sei es gut oder schlecht –, berührt wird und es weder lobt noch schmäht, ist fest im vollkommenen Wissen verankert.“ (Bhagavad-gītā 2.57)

Ein Mensch mit vollkommenem Wissen (ver)urteilt nicht, gemäß dem Ratschlag: „Verurteilt nicht andere, damit Gott nicht euch verurteilt.“ Was bedeutet das? Am leichtesten ist zu sagen, was es *nicht* bedeutet, nämlich daß alles erlaubt sei oder daß es keinen göttlichen Maßstab gebe. Gerade *weil* es einen göttlichen Maßstab und eine göttliche Gerechtigkeit gibt, sollten wir nie andere verurteilen (im Sinn von verachten oder verdammen); denn wir können nie das Karma eines anderen Menschen kennen und verstehen, warum etwas gerade so geschehen mußte, wie es geschah. Warum wird jemand reich? Warum hat jemand unerwartet Erfolg? Warum verliert jemand plötzlich sein Ansehen? Warum gerät jemand auf Abwege? Wenn man bei anderen Menschen derartige Schicksale sieht, könnte man mit Verurteilung, Haß, Schadenfreude oder Neid reagieren, was allerdings nicht nur moralisch und menschlich verfehlt wäre, sondern auch karmisch, denn eine solche negative Reaktion würde für einen selbst ebenfalls negative Reaktionen verursachen. „Verabscheue die Sünde und nicht den Sünder."

Der Ratschlag „Verurteilt nicht" hat aber noch eine weitere, tiefere Bedeutung. Ur-teilen[89] bedeutet, daß man innerhalb der Dualität Stellung bezieht und dadurch selbst Teil der Dualität bleibt. Solange man mit dem Maßstab der Dualität urteilt, wird man selbst mit diesem Maßstab beurteilt, und jede Aktion löst eine weitere Karma-Kettenreaktion aus.

Der Mensch sollte deshalb nicht ur-teilen, sondern *entscheiden:* das Ur-teil rückgängig machen und sich ent-scheiden, d.h. die Scheidung von der Einheit aufheben, indem man Gottes Willen erkennt und anerkennt. Solange man nicht zu dieser Entscheidung kommt, muß man in der Polarität leben. Doch sowohl das Licht als auch die Schatten dieser Welt weisen letzten Endes immer auf dasselbe hin! Gott begegnen heißt sich entscheiden.

„Schlechte" Karma-Reaktionen haben zwei Seiten: Für die Uneinsichtigen bedeuten sie bloß ein Erleiden des Ausgleichs („Strafe"), für die Einsichtigen eine Konfrontation mit einer weiteren Lektion, die sie dankbar annehmen. Aus dieser Perspektive bekommt auf einmal sogar das Schlimme und Schlimmste seinen Sinn. Alles erinnert uns daran, daß unser Leben eine Brücke ist; wir sollten die Brücke zum Hinübergehen verwenden und nicht auf ihr unser Lager aufschlagen. Als spirituelle Seelen gehören wir nicht in die materielle, sondern in die spirituelle Welt. Diese Sicht des Lebens vermag zu erhellen, warum etwas war, wie es war, und warum etwas ist, wie es ist. Auf diese Weise wird es sogar möglich, den Feinden zu verzeihen, denn man versteht: Was immer sie uns antun, hat auch etwas Gutes. Sie sind gesandt, uns das Leidvolle zu verleiden.

„Selbst die Intelligenten sind verwirrt, wenn sie bestimmen sollen, was Handeln (*karma*) und Nichthandeln (*akarma*) ist. Ich werde dir jetzt erklären, was Handeln ist, und wenn du dies weißt, wirst du von allem Unglück befreit sein.
Die Kompliziertheit des Karma ist sehr schwer zu verstehen. Deshalb sollte man genau wissen, was Handeln (*karma*) ist, was verbotenes Handeln (*vikarma*) und was Nichthandeln (*akarma*) ist.
Wer Nichthandeln (*akarma*) in Handeln (*karma*) und Handeln in Nichthandeln sieht, ist intelligent unter den Menschen, und er befindet sich auf der transzendentalen Ebene, obwohl er verschiedensten Tätigkeiten nachgeht." (Bhagavad-gītā 4.16-18)

„O Arjuna, transzendiere die drei Guṇas. Sei frei von aller Dualität (*nirdvandva*) und von aller Sorge um Gewinn und Sicherheit, und sei im Selbst verankert (*ātmavān*)." (Bhagavad-gītā 2.45b)

„Alles, was man tut, sollte man Viṣṇu als Opfer (*yajña*) darbringen, denn sonst wird man durch Karma an die materielle Welt gebunden. O Sohn Kuntīs, erfülle daher deine vorgeschriebene Pflicht zu Seiner Zufriedenstellung; auf diese Weise wirst du immer frei von Bindung bleiben." (Bhagavad-gītā 3.9)

„Wer mit Gewinn zufrieden ist, der von selbst kommt, wer den Einfluß der Dualität überwunden hat (*dvandva-atīta*) und keinen Neid kennt und wer sowohl bei Erfolg als auch bei Mißerfolg ausgeglichen bleibt, wird niemals in Karma verstrickt, obwohl er handelt." (Bhagavad-gītā 4.22)

„Diejenigen, die ihre Pflichten nach Meinen Unterweisungen erfüllen und dieser Lehre mit Glauben folgen, ohne neidisch zu sein (*anasūyaḥ*), werden von der Fessel des Karma befreit." (Bhagavad-gītā 5.10)

Vāsudeve bhagavati bhakti-yoga ...: „Wenn man dem höchsten Alldurchdringenden [Vāsudeva, ein anderer Name Kṛṣṇas] hingebungsvollen Dienst darbringt, bekommt man von Ihm – und nicht von der Wirkung irgendeiner materiellen Ursache – sogleich vollkommenes Wissen und Loslösung von der Welt." (Śrīmad-Bhāgavatam 1.2.7)

Kecit kevalayā-bhaktyā vāsudeva ...: „Nur jene seltenen Personen, die sich mit vollkommener Liebe und Hingabe dem Dienst des Höchsten geweiht haben, können sich restlos von allen Karma-Reaktionen befreien [so daß keine Samen neuer Reaktionen, d.h. materielle Wünsche, übrigbleiben], ebenso wie die Sonne am Morgen sogleich allen Nebel vertreibt." (Śrīmad-Bhāgavatam 6.1.15)

Quellentexte: Freiheit von Karma und Vikarma

Ein philosophisches Gedankenexperiment kann helfen, diese Zusammenhänge besser zu verstehen. Stellen Sie sich eine Situation vor, wo Ihnen von der Seite des Bösen extremes Leid und Unrecht zugefügt wird. Zum Beispiel: Sie werden auf den Scheiterhaufen gestellt. Der satanische Würdenträger triumphiert, der stupide Höllenknecht legt das Feuer an, und die gaffende Menge denkt, hier geschehe etwas Gutes. Sie können Lästerungen ausrufen und der verantwortlichen Institution alles Wüste wünschen. Oder Sie können erkennen, daß dies eine radikale Möglichkeit ist, von der Anhaftung an den Körper freizuwerden und zusammen mit dem Körper viel Karma-Ballast zu verbrennen. Die anderen mögen triumphieren. Warum sie verfluchen? Sie sind schon verflucht. „Dein Wille geschehe! Und im nächsten Leben werde ich diesem Deinem Willen Karma-freier und entschlossener dienen können."

Behält man Haß oder ähnliche negativ bedrückte Gefühle, hat man die negative Situation noch nicht überwunden und wird durch ebendiese Schwingung wieder eine negative Situation hervorrufen oder anziehen. („Steck dein Schwert weg; denn wer zum Schwert greift, wird durch das Schwert umkommen." Mt. 26.52)

Wer gegen Widerstände anrennt und immer zurückschlägt, bekommt nur Schläge und Widerstände zu spüren und dreht sich unweigerlich im Karma-Karussell. Dann ist man einmal Ermordeter und ein anderes Mal Mörder: Wenn A den B ermordet, wird B – gemäß dem Karma-Gesetz – im nächsten Leben die Möglichkeit bekommen, den vormaligen Mörder zu ermorden. Diese Situation entspricht der prädestinierten Reaktion. „Aug' um Aug', Zahn um Zahn." Aber: B ist *nicht gezwungen,* A zu ermorden, denn neben der prädestinierten Reaktion gibt es gleichzeitig auch die freiwillige Aktion. Mit anderen Worten, B hätte aufgrund des Vorfalls im letzten Leben das „Recht", A umzubringen, aber B hat auch das Wissen, daß diese Handlung kriminell ist. Der Umstand, daß A in eine Situation gerät, wo er oder sie dem B als Opfer ausgeliefert ist, entspringt der Prädestination. Aber der Entschluß – „Schlage ich zu? Drücke ich ab? Oder nicht?" – entspringt dem freien Willen, und die Verantwortung geht hundertprozentig auf das Konto des Täters.

Die *Situation,* aber nicht die Aktion ist prädestiniert. Entschließt sich B, sein „Karma-Recht" einzulösen, und tötet A, dann ist B nicht etwa unschuldig, sondern einfach *genauso* schuldig wie A. Und beide bleiben im sinnlosen Karma-Strudel von Schlagen und Zurückschlagen.

„Wenn dich einer auf die Wange schlägt, dann halte ihm auch die andere hin. Wenn dir jemand die Jacke wegnimmt, dann gib ihm noch das Hemd dazu." (Luk. 6.29)

Dies hat nichts mit Feigheit zu tun, wie selbstgerechte, heißblütige oder unwissende Charaktere meinen. Allerdings machen diese Aussagen nur vor dem Hintergrund der Reinkarnation und des Karma-Gesetzes Sinn. Denn wie viele haben schon zum Schwert gegriffen, sind in diesem Leben aber nicht durch das Schwert umgekommen? Wie viele haben sich schon an Feinden gerächt und sind scheinbar ungestraft davongekommen?

„Liebt eure Feinde und betet für die, die euch verfolgen. So erweist ihr euch als Kinder eures Vaters im Himmel. ... Ihr sollt vollkommen sein, weil euer Vater im Himmel vollkommen ist." (Mt. 5.44,48)

„Verzeihe deinen Feinden!" „Verurteile nicht!" „Sei Freund und Feind gegenüber gleichmütig" – wer auf diese Weise die Dualität zu transzendieren vermag, ist der wahre Held, und nicht derjenige, der zurückschlägt und dadurch sich selbst und andere noch tiefer in den Kreislauf des Karma hineinzerrt.

Die Beendigung dieses Kreislaufes ist simpel: Man braucht nur auszusteigen – durch Akarma-Bewußtsein und Ego-Freiheit. Alle Schicksale führen letztlich zu dieser einen Einsicht. Wer diese Erkenntnisstufe erreichen darf, hat die wahre Gnade Gottes erlangt. Gottes Gnade besteht nicht im täglichen Brot, in guter Gesundheit, in irgendwelcher materiellen Belohnung oder in der Aufhebung des schlechten Karmas (damit man das gute Karma möglichst ungestört genießen kann).

„Tut Gutes und leiht, ohne etwas zurückzuerwarten! Dann bekommt ihr reichen Lohn: ihr werdet zu Kindern des Höchsten." (Luk. 6.35)

In dieser Perspektive bekommt auch das scheinbar Sinnlose höchsten Sinn. Doch diesen Sinn erkennt man erst, wenn man die eigene Verantwortung (und damit die eigene Schuld) erkennt und anerkennt. Schrecken vielleicht deshalb viele Menschen davor zurück, nach dem Sinn ihrer sinnlosen Existenz zu suchen? Doch mit dieser gleichgültigen Haltung fordern sie nur das Karma heraus: Sie müssen krank werden oder verunfallen, sie müssen sterben und immer wieder geboren werden – bis sie sich die Zeit nehmen, nach dem wahren Sinn zu fragen. Warum bin ich hier in dieser Welt? Was will mir mein Schicksal mitteilen?

Jeder Mensch muß in irgendeinem Leben die Prüfung des Leidens, der Einsamkeit und des Außenseitertums durchmachen – als Durchgang zu höherer Erkenntnis.

Schlecht im wahren Sinn des Wortes ist also nicht das „Schlechte“ innerhalb der Dualität, sondern die Dualität an sich. Beide Pole der Dualität, das Gute/Angenehme wie das Schlechte/Böse, sind Teil derselben Absonderung von Gott,[90] ebenso wie die Ufernähe und die hohe See Teil desselben Meeres sind. Wer an Land will, muß Richtung Ufer segeln und muß letztlich auch das seichte Wasser verlassen. Deshalb sind „gut“ und „schlecht“ nicht dasselbe, denn der Pol des Guten ist näher am Ufer als der Pol des Bösen, wo man immer tiefer in die Strudel des Karma gerät.

Wahres Ent-scheiden ur-teilt also nicht zwischen Pol A und Pol B der Dualität, sondern zwischen Dualität (Getrenntsein von Gott) und Nicht-Dualität (Einheit mit Gott). Die ent-scheidende Frage lautet demnach: Lerne ich, oder lerne ich nicht? Ist das, was ich jetzt zu tun gedenke, ein Schritt in Richtung Befreiung von Illusion (Māyā) oder ein Schritt tiefer in die Illusion?

> „Wer Freunden und Feinden gleich wohlgesinnt ist, wer bei Ehre und Schmach, Hitze und Kälte sowie Glück und Leid Gleichmut bewahrt – ein solcher Gottgeweihter ist Mir sehr lieb.“ (Bhagavad-gītā 12.18)

All die oben angeführten Gedanken sind essentiell, wenn man Kṛṣṇas Botschaft in der Bhagavad-gītā richtig verstehen will. Ohne dieses Vorwissen klingen Kṛṣṇas Worte – man solle in Glück und Leid ausgeglichen bleiben – einfach nur wie psychologische Ratschläge oder altindische Lebensweisheiten. Kṛṣṇas Aussagen beziehen sich jedoch auf eine vollkommen andere Dimension. Kṛṣṇa will allen Seelen, Seinen ewigen Teilen, mitteilen, daß sie nicht Teil dieser Welt der Dualität sind. Die materielle Welt ist von der spirituellen Welt geschieden und ist in sich selbst durch die Dualität urgeteilt. Der weise Mensch sollte nicht zwischen den Dualitäten urteilen (gemäß eigenen oder eingeflößten Ego-Wertmaßstäben), sondern sollte sich entscheiden, von der Dualität freizuwerden. Dies bedeutet, daß man sowohl das relativ „Schlechte“ als auch das relativ „Gute“ überwindet und wahrhaft gut, nämlich göttlich wird. Und wie das konkret möglich ist, erklärt Kṛṣṇa in der Bhagavad-gītā. (Man entscheidet sich, in Einheit mit dem Willen Gottes zu leben, d.h. Gott zu dienen. Gottes Wille zielt immer darauf ab, daß alle Wesen glücklich werden, indem sie spirituelles Wissen bekommen und sich freiwillig von Ahaṅkāra und Unwissenheit lösen. Wahre Einheit bedeutet also, diesem Wunsch zu dienen, was aber nur dann möglich ist, wenn man selbst von Ahaṅkāra und Unwissenheit frei ist. Dies äußert sich u.a. darin, daß man ego-frei jenen Personen dient, die in dieser dienenden Einheit mit Gott leben.)

Halbwahrheiten

„In tiefe Unwissenheit fallen
diejenigen, die Unwahrheit verehren,
aber noch tiefer fallen jene,
die Halbwahrheiten lehren."
– Īśa Upaniṣad 9

Das, was in der relativen Welt als gut und schlecht bezeichnet wird, ist nur *relativ* gut und schlecht. Wenn das „Gute" nur dazu führt, daß man sich in der materiellen Welt bequem einrichtet und die Lehre dieser Welt nicht lernt, ist auch das „Gute" schlecht. Und wenn das „Schlechte" dazu führt, daß man den materiellen Schein durchschaut, ist auch das „Schlechte" gut. Deshalb heißt es, daß man nicht mit einem relativen Maßstab von „gut" und „schlecht" ur-teilen und verurteilen soll.

Das soll aber nicht heißen, daß es keinen Maßstab gibt. Es ist nicht gleich-gültig, ob etwas gut oder schlecht ist. Die Erkenntnis, daß man nicht urteilen soll, heißt nicht, daß man nicht unterscheiden soll. Im Gegenteil, nur wer unterscheiden kann, kann sich richtig entscheiden.

Immer wieder hört man von Esoterikern, Agnostikern, Atheisten und Monisten die populäre Weisheit, man dürfe nicht mit „gut" und „schlecht" urteilen; damit meinen sie jedoch, man dürfe nicht unterscheiden und Wahrheit als Wahrheit und Unwahrheit als Unwahrheit bezeichnen – denn „alles ist relativ"! Sie verbieten jede Art von Belehrung, denn das sei „Missionieren", und niemand habe dem anderen zu sagen, was wahr und unwahr sei. So missionieren sie mit einem Missionsverbot.

Das Leben ist wie eine Schule, und zu einer Schule gehören Lehrer. Lehrerinnen und Lehrer missionieren nicht, sondern bieten Wissen an. Weil sie keine egoistischen Motive haben, zwingen sie niemanden, dieses Wissen anzunehmen. Kṛṣṇa als der vollkommene Lehrer betont in der Bhagavad-gita zweimal, daß „ein Weiser den Geist der Unwissenden, die die Karma-Früchte ihrer Tätigkeiten genießen wollen, nicht verwirren soll" (3.26 und 29), und am Schluß der Bhagavad-gītā zeigt Kṛṣṇa, daß Er (Gott) und alle echten Gottesvertreter den freien Willen der Geschöpfe immer respektieren:

> „Somit habe Ich dir Wissen offenbart, das höchst vertraulich ist. Denke gründlich darüber nach, und tue dann, was dir beliebt." (18.63)

Gleichzeitig weist Kṛṣṇa darauf hin, daß nicht alles, was einem beliebt, gleich gut ist, sondern daß der Mensch für seine Entscheidungen Verantwortung trägt und unterscheiden muß.* Weil Er nicht will, daß die Lebewesen leiden, informiert Er sie im voraus über die Folgen ihrer Entscheidungen:

> „Wenn du dein Bewußtsein auf Mich richtest (*mat-cittaḥ*), wirst du durch Meine Gnade (*mat-prasādāt*) alle Hindernisse des bedingten Lebens überwinden. Wenn du jedoch nicht in diesem Bewußtsein, sondern aus falschem Ego heraus handelst (*tvaṁ ahaṅkārāt*) und nicht auf Mich hörst, wirst du verloren sein." (18.58)

Die Veda-Perspektive vereint und transzendiert alle relativen und polaren Sichtweisen, indem sie aufzeigt, wie man gleichzeitig immer beide Seiten der Realität sehen kann, einerseits das Relative der materiellen Dualität und andererseits hinter dem Relativen das spirituelle Absolute. Getrennt von dieser Gesamtheit, sind alle relativen Wahrheiten immer nur halbe Wahrheiten, und halbe Wahrheiten führen zu Halbwahrheiten und Trugschlüssen.

Wie der zitierte Vers aus der Īśa Upaniṣad andeutet, sind Halbwahrheiten tückischer als Unwahrheiten, weil ihnen trotz ihrer scheinbaren Wahrheit immer etwas fehlt (nämlich die entscheidende andere Hälfte der Wahrheit).

Eine Halbwahrheit wäre z.B. zu sagen, Wasser sei flüssig, aber nicht naß, oder Feuer sei hell, aber nicht heiß. Oder: Gott sei allmächtig, aber nicht allgut; allgut, aber nicht allmächtig; Energie, aber nicht Person; Person, aber nicht Energie. Obwohl die eine Hälfte wahr ist, wird sie durch die fehlende Hälfte verzerrt.

Eine typische Halbwahrheit wurde bereits erwähnt: der Trugschluß, der nur die Prädestination, aber nicht den freien Willen der

* Siehe Bhagavad-gītā 18.30-32: die Beschreibung der drei Arten von Unterscheidungsvermögen (zitiert auf S. 140f.)

Individuen berücksichtigt. (Alles, was geschieht, sei prädestiniert, denn sonst könnte es nicht geschehen; was anderen zustoße, sei deren Karma, ebenso wie das, was man anderen zufüge, denn sie hätten es sowieso gekriegt, von uns oder dann von anderen.)

- Andere klassische Halbwahrheiten sind Aussagen wie „Alles ist Gott“ oder „Nichts ist Gott“, beides typische Philosophien, die die absolute Stellung Gottes relativieren, damit man nicht die „demütigende“ Aufforderung annehmen muß: sich unterzuordnen, d.h. sich *ein*zuordnen in die *Ein*heit (Gesamtheit) der göttlichen Ordnung.
- Oder man sagt: „Gott ist alles“, und dreht es um: „Alles ist Gott!“ Während die erste Hälfte richtig ist, ist die zweite Hälfte falsch, aber sehr populär, denn wenn alles Gott ist, bin auch ich Gott – und alles, was ich tue, ist göttlich! Diese Halbwahrheit verkennt Gottes absolutes Wesen: Gott ist *eins* mit und gleichzeitig *verschieden* von allem.
- Oder: Das Ziel des Lebens sei es, in Harmonie mit der Natur zu leben. Das stimmt, aber das tun auch schon die Tiere und die Naturgeister. Die Aufgabe des Menschen ist es, auf der Grundlage der Harmonie mit der Natur in Harmonie mit Gott zu leben und auf diese Weise Loslösung von der Materie zu entwickeln.
- Oder: Selbstverwirklichung bedeute, den eigenen freien Willen zu verwirklichen. Diese Hälfte der Wahrheit stimmt, aber verschweigt die andere Hälfte, nämlich daß Gott ebenfalls einen Willen hat und daß die Vollkommenheit des freien Willens darin besteht, in Gottes Willen einzuwilligen und somit das falsche Ich zu überwinden.
- Oder: Befreiung sei freiwillig; man erlange sie durch seinen eigenen freien Willen. Diese Halbwahrheit übersieht, daß die begrenzte Seele und ihr Wille nicht allmächtig sind. Sie kann und muß sich Befreiung wünschen, wenn sie Befreiung will, aber die Befreiung geschieht durch Gottes Gnade, der allein man es verdankt, daß man alle zur Befreiung notwendigen Hilfen bekommt: das nötige Wissen, die nötige Kraft und – am wichtigsten – die Führung eines echten Gottgesandten.
- Oder: Einzig und allein Gottes Gnade sei die Ursache von Erleuchtung und Erlösung. Einen Schritt logisch weitergedacht, besagt diese Halbwahrheit, daß Gott in der Verteilung seiner Gnade voreingenommen ist, denn es gibt so viele Menschen, die weder erleuchtet noch erlöst sind. Hat Gott ihnen seine Gnade

grundlos vorenthalten? Dies zeigt die Absurdität dieser Halbwahrheit, die jedoch weitverbreitet ist und oft schon zu dogmatischen Prädestinationslehren und Absolutheitsansprüchen geführt hat. In Wahrheit ist Gottes Gnade allen Lebewesen zugänglich, aber man muß wissen, worin Gottes Gnade tatsächlich besteht und wie man sie erhält, nämlich dadurch, daß man sie aufrichtig will und dementsprechend handelt.

- Oder: Freiheit bedeute Befreiung von der Polarität. Das stimmt, aber ohne Wissen über die andere Hälfte der Wahrheit (die spirituelle Realität) hat diese Halbwahrheit keine Konsequenzen. Im Gegenteil, unverbindliche Modewörter wie „Harmonie" und „Vereinigung der Pole" werden illustriert durch das allzeit beliebteste Beispiel des „Einsseins", den Geschlechtsakt. Das hat gegenwärtig zu einem lukrativen Tantra- und Kamasutra-Boom geführt. Aber diese Form der „Vereinigung der Pole" vereinigt die Pole nicht, sondern verknotet sie.
- Oder: „Nichts ist Zufall. Alles ist vorausbestimmt." Und deshalb wird versucht, mit esoterischen Mitteln wie Astrologie oder Prophetie das Schicksal zu betrügen und den Problemen auszuweichen, statt sich den entsprechenden Lektionen zu stellen.*
- Oder: „Materie ist nur verdichteter Geist." Und man versucht, die Materie mit übersinnlichen Mitteln für eigene Interessen zu manipulieren. Aber man kann Gott nicht mit esoterischen oder magischen Abkürzungen erreichen, sondern nur durch die Vollendung der Loslösung vom Sinnlichen und Übersinnlichen.

In der relativen Welt sind die Halbwahrheiten zahllos. Wie die aufgeführten aktuellen Beispiele zeigen, führen Halbwahrheiten in ihren Extremen zu Monismus oder Dualismus, zu Atheismus oder Pseudoreligion, zu Ego-Zentrik oder Ego-Verneinung, zu Materialismus oder Weltflucht, zu Fatalismus oder Fanatismus. Ziel ist immer ein Königreich Gottes ohne Gott – was jedoch nichts an der Tatsache ändert, daß es immer noch einen König gibt. Doch wer im gott-losen Königreich „König" wird, bestimmt das Karma-Gesetz: das individuelle Karma der König-Kandidaten und das kollektive (Vi)Karma der Bürger.

---

* Damit soll nichts gegen die echte Astrologie und Prophetie gesagt sein, die in der vedischen Kultur hochentwickelte Wissenschaften waren. Sie dienten als Hilfe, um ohne Zeitverlust eine individuelle Problematik richtig zu erkennen und befreiende Schritte einzuleiten.

Kollektives Karma: der Spiegel des individuellen Bewußtseins

Viṣṇu sprach zu den Halbgöttern, als diese einst über den Zustand der Erde besorgt waren: „Wenn jemand gegen die Halbgötter (deveṣu), gegen die offenbarten Schriften (vedeṣu), gegen die Kühe (goṣu), gegen die Weisen (vipreṣu), gegen die Gottgeweihten (sādhuṣu), gegen die wahre Religion (dharma) und damit letztlich gegen Mich (mayi) Mißgunst hegt und Vergehen begeht, wird er samt seinem Volk durch das selbstverschuldete Verderben bald zugrunde gehen."

– Śrīmad-Bhāgavatam 7.4.27

Das Gesetz des Karma ist im *höchsten* Sinne nicht-wissenschaftlich. Es hat nichts mit wissenschaftlichen „Beweisen" zu tun, denn diese bewegen sich immer nur im Denkschema der linearen Kausalität. Mit diesem beschränkten Verständnis von Ursache und Wirkung vermag man (1.) eine problematische Wirkung nie wirk-lich zu beheben, weil man die wahren Ursachen nicht erkennt, und man vermag (2.) auch nie die wahren Folgen der eigenen Handlungen zu erkennen.

(1.) Das Nichterkennen der wahren Ursachen: Die Nordsee ist nicht verseucht, bloß weil zu viel Gift in sie fließt. Das Gift ist nicht die wirkliche Ursache der Vergiftung. Krebszellen sind nicht die Ursache von Krebs, weshalb Krebs noch nie dadurch geheilt werden konnte, daß man die Krebszellen angriff. Die Börse ist nicht die Ursache der Geldentwertung. Die Wasserwoge ist nicht die Ursache des Todes der Ertrunkenen. Die Katastrophe ist nicht die Ursache der katastrophalen Folgen. Die Kriegstreiber sind nicht die Ursache des Krieges. Diese scheinbaren Ursachen sind nicht die Ur-sache der genannten Probleme, sondern nur auslösende Faktoren gemäß höheren Ursachen, die vom Karma-Gesetz abhängig sind. Sie sind Symptome einer Einseitigkeit, und die Menschen täten gut daran, ihr eigenes einseitiges Verhalten zu korrigieren, statt wie wahnsinnig die Symptome zu bekämpfen.

(2.) Das Nichterkennen der wahren Wirkung von Handlungen: Wird z.B. ein Tier geschlachtet, besteht gemäß der linearen Logik die einzige Folge darin, daß das Tier tot ist, daß es im Stall wieder mehr Platz gibt und daß man etwas Geld verdient hat. Man hofft, wenn die Schlachtbank gewaschen sei, habe man wieder einen reinen Tisch, und damit sei die Angelegenheit erledigt. Das Verbrennen von fossilen Brennstoffen, das Freisetzen von nuklearer Energie, die „Nutzung" des Regenwaldes, die Monokulturen, die Vivisektion usw. scheinen der kurzfristigen Lösung von Problemen zu dienen, aber die langfristigen Folgen werden verkannt. Diese Folgen betreffen nicht nur die direkt verursachten langfristigen Umweltschäden, sondern auch die indirekten Karma-Kettenreaktionen auf anderen, parallelen Ebenen.

Auch die scheinbar „guten" Aktionen sind nicht die direkte Ursache der „guten" Reaktionen. Wenn ein Mensch viel arbeitet und reich wird, ist nicht das viele Arbeiten die direkte Ursache seines Reichtums (denn es gibt viele Menschen, die genauso hart arbeiten und nicht reich werden). Wenn Diplomaten sich treffen und einen Krieg oder die Umweltzerstörung hinauszögern, sind diese Verhandlungen nicht die Ursache der gewonnenen Verschonung (denn es sind schon bei scheinbar viel weniger bedrohlichen Situationen Kriege ausgebrochen oder Katastrophen eingetroffen).

All diese Beispiele, die von den höheren Karma-Zusammenhängen ausgehen, klingen für Vertreter eines materialistischen Weltbildes absurd, ebenso absurd wie die Aussage, spirituelle Tätigkeiten (Meditation, Gebet, hingebungsvoller Dienst, Bhakti-yoga) hätten einen praktischen Nutzen für die Welt. Es wird vielleicht anerkannt, daß diese „Übungen" eine autosuggestive Wirkung haben können, weshalb es sehr wohl möglich sei, daß der einzelne, der diese Übungen ausführe, irgendwelche positiven (beruhigende, konzentrationssteigernde, ausgleichende) Wirkungen erfahre. Umso verwirrender muß es dann klingen, wenn die vedischen Schriften betonen, daß diese positiven Wirkungen gar nicht die wahren Wirkungen und schon gar nicht das Ziel dieser „Übungen" darstellen!

Ohne das Erkennen der vielschichtig vernetzten Kausalitätszusammenhänge liegt man immer falsch: Man verkennt die wahre Ursache von Problemen, man verkennt die wahren Folgen von Vikarma-Tätigkeiten, man verkennt die wahren Lösungen, und man verkennt die Wichtigkeit spiritueller Tätigkeiten.

> „Wesen mit einem Asura-Charakter wissen nicht, was getan werden muß und was nicht getan werden darf. ... Weil solche Asuras [‚Dämonen'] eine gottlose Weltsicht annehmen, sind sie sich selbst ausgeliefert und besitzen keine wahre Intelligenz; deshalb gehen sie unheilvollen, abscheulichen Tätigkeiten nach, die dafür bestimmt sind, die Welt zu zerstören." (Bhagavad-gītā 16.7a,9)

Jeder Mensch erfährt den Einfluß seiner selbstverursachten Karma-Reaktionen. Teil dieser Reaktionen ist es, an einem bestimmten Ort, bei bestimmten Menschen, zu einer bestimmten Zeit und unter bestimmten Umwelteinflüssen geboren zu werden. Ob man in einem reichen oder armen Land, unter Kannibalen oder Vegetariern, in Kriegs- oder Friedenszeiten, in harmonischen oder zerrütteten Verhältnissen geboren wird, ist nicht Zufall, sondern „Zu-fall" und „Schick-sal" im bereits erklärten, wörtlichen Sinn. Jede Situation bietet bestimmte Lernmöglichkeiten und Prüfungen. Ein armer, invalider oder kriegsgeplagter Mensch hat in seinem Leben vielleicht viel mehr eingesehen als ein reicher oder selbstherrlicher Mensch. Was der eine hinter sich hat, hat der andere noch vor sich.

Jene Menschen also, die sich gemeinsam an einem bestimmten Ort, zu einer bestimmten Zeit und unter bestimmten Umwelteinflüssen befinden (durch Geburt, Fügung, Verabredung usw.), haben ein gewisses Maß an ähnlichem Karma, d.h. ein gewisses Maß an ähnlichen Aufgaben und Prüfungen. Auf diese Weise gibt es einen direkten Zusammenhang zwischen *Einzelkarma* und *Massenkarma* (individuellem und kollektivem Karma): Jeder Ort, jede Zeit, jede Epoche, jede Familie und jede Person hat eine bestimmte Frequenz und zieht Individuen von entsprechender Resonanz an.[91]

Entsprechend dem individuellen Karma wird ein Mensch an einem Ort geboren, an dem ein bestimmtes kollektives Karma herrscht, denn das kollektive Karma ist die Summe der individuellen Karma-Bestimmungen. Das kollektive Karma (Zeit, Ort, Umstände) beeinflußt natürlich das Individuum; aber daß ein Individuum gerade unter diesen oder jenen Bedingungen geboren wird, ist nicht grundlos. Obwohl äußere Einflüsse eine gewichtige Rolle spielen, kann man den äußeren Einflüssen nicht die Schuld zuschieben – denn es ist kein Zufall, daß man gerade in diese oder jene äußeren Umstände gerät.

Die äußere Situation ist die Widerspiegelung des inneren Bewußtseins. Das Massenkarma spiegelt das Einzelkarma. Die Masse bekommt, was die einzelnen verdienen. Erst wenn sich die einzelnen ändern, ändert sich die Masse. Die weitverbreitete Ausrede „Was kann ich als einzelner schon verändern?" gilt deshalb nicht.

Das Gesetz des Karma weist nicht nur auf die drohenden Reaktionen hin, sondern zeigt auch gleichzeitig – durch den Hinweis auf die wahren Ursachen – praktische Lösungswege. Selbst wenn das individuelle Umsteigen auf eine positive oder spirituelle Lebensweise weltweit nicht viel zu ändern scheint, ändert dieser Schritt doch das individuelle Karma des betreffenden Menschen – und das kollektive Karma ist nichts anderes als die Summe des Karma aller Individuen. Jede einzelne zusätzliche Person also, die aufhört, Fleisch zu essen, und sonstwie positiv oder konsequent spirituell zu handeln beginnt (d.h. Akarma-Tätigkeiten ausführt), reduziert dadurch die kollektiv-destruktiven Karma-Reaktionen, die über der heutigen Menschheit schweben.

Die globalen Probleme zeigen, daß global ein falsches Bewußtsein herrscht. Muß die Menschheit zuerst das äußerste Extrem erreichen, bevor sie – als Gesamtheit – eine Wendung vornimmt? Wendung heißt im Griechischen *kata-strophé* (vom Verb *kata-strèphein*, „umkehren“, „wenden“ und auch „die Seite umschlagen“). Die Katastrophe wäre in diesem Sinn die letzte Strophe in einer Hymne der Selbstherrlichkeit, bevor ein neues Lied in einer neuen Harmonie angestimmt wird.

Mit anderen Worten: Der freie Wille der Menschen ist nicht unbegrenzt. Die Menschen können nicht ungehindert und ungestraft konstant die Schöpfungsgesetze verletzen. „Freier Wille“ bedeutet nicht Unabhängigkeit oder Freispruch von Rechenschaft, sondern gerade das Gegenteil: Freiheit der Entscheidung mit der damit verbundenen Verantwortung. Der Mensch hat die Freiheit, im Einklang oder im Widerspruch mit Gottes Gesetzen zu leben. Beides hat entsprechende Konsequenzen.

Das kosmische Gleichgewicht

„Gott, die höchste Person, ist als Beherrscher der materiellen und spirituellen Energien zweifellos der Schöpfer des gesamten Weltalls. Er erschafft den Zeitfaktor, um der materiellen Energie und den Lebewesen zu erlauben, innerhalb der Grenzen der Zeit zu handeln [das heißt, Er erlaubt verschiedenen Wesen zu verschiedenen Zeiten, zeitweilige Herrscher zu sein].“ – Śrīmad-Bhāgavatam 7.1.11

In der materiellen Welt hat jedes Individuum das Recht, ein Dämon (Asura) zu sein. Jedes Individuum hat das Recht, atheistisch und destruktiv zu handeln – wenn es will. Und jedes Individuum hat das Recht, ein göttliches Wesen zu sein, das heißt harmonisch zu handeln und sein Leben Gott zu weihen – wenn es will. Hierin besteht die Freiheit = Verantwortung eines jeden Lebewesens, insbesondere eines jeden Menschen. Das Gesetz des Karma sorgt dafür, daß im Universum immer eine Balance = freie Wahlmöglichkeit besteht: Will ich mein Leben Gott weihen oder jemand anderem? Will ich entsprechend Gottes Willen handeln oder nicht?

Niemand wird gezwungen, Gott zu dienen. Aber es darf auch niemand gezwungen werden, Gott *nicht* zu dienen oder nichts von Gott zu hören. Wenn dieses Gleichgewicht aufgrund des Einflusses von dämonischen Kräften zu sehr gestört wird, so daß die Menschen aufgrund von Diktatur, Manipulation oder Dekadenz nicht mehr die Freiheit des Wählens haben, dann greift Gott ein:

> „Wann und wo auch immer das religiöse Leben verfällt und Irreligiosität überhandnimmt, zu der Zeit erscheine Ich./ Um die Sādhus [die Gottesfürchtigen und die Gottgeweihten] zu erretten und die Gottlosen zu vernichten und um die Prinzipien des Dharma [des echten Gottesbewußtseins] wiedereinzuführen, erscheine Ich Zeitalter nach Zeitalter." (Bhagavad-gītā 4.7-8)

Gott (Kṛṣṇa) haßt die Gottlosen nicht. Er weist ihnen Länder, Imperien und Planeten zu, wo sie in ihrer eigenen Illusionswelt leben können. Er erlaubt es ihnen, reich und mächtig zu werden und viele ihrer Träume zeitweilig zu erfüllen. Manchmal triumphieren sie sogar über die göttlichen Kräfte und können versuchen, jede Form von Gottesbewußtsein auszurotten, um den Unterworfenen keine Wahl mehr zu lassen (weil sie alles Wissen über Gott verbieten oder verfälschen). In solchen Extremsituationen wird jeweils durch Gottes Fügung wieder die natürliche Freiheit der Lebewesen hergestellt, indem das kollektive Karma der gottlosen Vorherrschaft die Grundlage entzieht (durch eine Neutralisierung der Technologie, Finanzkraft, Monopolpolitik usw.). Tritt eine solche befreiende Entwicklung zutage, muß man sich immer klar vor Augen halten, daß diese nicht aufgrund einer Eifersucht oder Rachsucht Gottes geschieht, sondern aufgrund natürlicher Reaktionen, um das gerechte Gleichgewicht wieder herzustellen. Die gottlosen Mächte werden nicht ausgerottet, denn sie gehören zur materiellen Dualität. Ein göttlicher Eingriff ereignet sich nur, wenn das Gottlose *überhandnimmt*. Die gottlosen Mächte werden in ihre Schranken zurückversetzt, so daß die Menschen wieder wählen können:

> „Der Herr, die Höchste Persönlichkeit Gottes, bewirkt durch Seine materielle Energie die Schöpfung, Erhaltung und Vernichtung der

kosmischen Manifestation nur, um die Lebewesen durch Sein Mitleid zu befreien und deren Geburt, Tod und materielle Existenz zu beenden. Auf diese Weise versetzt Er das Lebewesen in die Lage, nach Hause, zu Gott, zurückzukehren.
Wenn Asuras sich als Könige ausgeben und die Herrschaft über die Erde an sich reißen und große Streitmächte ansammeln, richtet Gott es ein, daß sie gegeneinander kämpfen, denn dadurch wird die schwere Last der Dämonen auf der Erde verringert [so daß die Menschen wieder die Möglichkeit bekommen, sich für einen spirituellen Pfad zu entscheiden]." (Śrīmad-Bhāgavatam 9.24.58-59)

In der materiellen Welt herrscht zwischen den Gegensätzen ein Gleichgewicht. Man kann für einen der materiellen Pole Partei ergreifen (gemäß dem eigenen Ego-Willen), oder man kann von dieser Polarität loslassen und für Gott Partei ergreifen (freiwillig gemäß Gottes Willen). Die materielle Welt bietet immer und überall die Freiheit der Wahl. Innerhalb der materiellen Dualität kann man zwischen den Polen wählen, oder man kann sich entscheiden, sich von der materiellen Dualität zu lösen. Die wahre Freiheit ist die Wahl zwischen einer materiellen und einer spirituellen Lebensweise.

Wenn eine gottgewollte Fügung die dämonischen Elemente verringert, werden diese nicht gänzlich vernichtet, sondern nur bis zum Punkt des Gleichgewichtes reduziert, damit beide Wahlmöglichkeiten wieder „gleichwertig" nebeneinander bestehen. Diese göttliche Grundstruktur der materiellen Welt wird von Gott immer beschützt und aufrechterhalten.

Gegenwärtig haben die dunklen Mächte auf der Erde überhandgewonnen. Das Gleichgewicht ist extrem gestört, und ausgleichende Reaktionen stehen bevor. Diese Tatsache ist während der letzten Jahrzehnte so offensichtlich geworden, daß niemand mehr sagen kann, er oder sie hätte nichts gewußt. Die Probleme der Gegenwart und auch die sich häufenden Warnungen sind offensichtlich. Die dringlichste Frage lautet deshalb: „Wie reagiere ich in dieser Situation? Suche ich den Fehler bei anderen? Mache ich andere verantwortlich? Resigniere ich angesichts der Übermacht von Staat und Masse? Oder lese ich die Zeichen der Zeit und beginne, an mir selbst zu arbeiten?"

Die aufgewühlte Gegenwart ist eine Phase, in der kein Mensch mehr umhin kommt, sich zu entscheiden. Sich *nicht* zu entscheiden ist auch ein Entscheid ...

Mutter Erde hat sich bereits entschieden

„Nichts ist sündhafter als Unwahrheit. Aus diesem Grunde sagte Mutter Erde einmal: ‚Ich kann alle schweren Dinge tragen [Berge, Meere usw.], aber nicht einen Menschen, der lügt.'"

– Śrīmad-Bhāgavatam 8.20.4

Der freie Wille der Menschen ist begrenzt. Freier Wille bedeutet nicht Freipaß, sondern *Freiheit, den göttlichen Gesetzen zu folgen oder nicht.* Wenn die Menschheit oder eine überwältigende Mehrheit sich entschließt, die göttlichen Gesetze zu ignorieren, häuft sich ein geballtes kollektives Karma an. Für eine gewisse Zeitspanne scheint alles „gut" zu gehen. Es sieht so aus, als ob die Menschen tun und lassen könnten, was ihnen beliebt. An einem gewissen Zeitpunkt jedoch überläuft das Karma-Faß, und der freie Wille der Menschen, der in sture Arroganz und Ignoranz ausgeartet ist, zählt nicht mehr. Die selbstverschuldeten, destruktiven Reaktionen nehmen überhand und bestimmen den nächsten Abschnitt der Geschichte. Dieser Punkt ist heute, fünftausend Jahre nach dem Kali-yuga-Beginn, erreicht. Mutter Erde ist nicht mehr in der Lage und kann es nicht mehr länger verantworten, eine gottlose Menschheit in ihrem gottlosen Treiben zu unterstützen.

Mutter Erde ist ebenfalls eine Person mit freiem Willen, und ihr Wille ist es, Gottes Willen zu entsprechen und eine gottesbewußte Zivilisation zu fördern. Das obige Zitat aus dem Śrīmad-Bhāgavatam ist höchst aktuell. Heute gibt es auf der Erde nicht nur *eine* Person, die lügt, sondern ein ganzes Netz von politischen, pseudoreligiösen und wirtschaftlichen Imperien, die einzig auf Lügen aufgebaut sind. Diejenigen, die ihre Freiheit verantwortungslos mißbrauchen, liefern sich ihrem selbstverschuldeten Schicksal aus. Da jedoch nicht alle Menschen mit einem solchen destruktiven Kurs einverstanden sind, wird durch höhere Fügung immer wieder das gerechte Gleichgewicht hergestellt, so daß alle Wesen die Möglichkeit bekommen, zu wählen: Gott zuliebe oder Gott zuwider zu handeln. Wenn nur noch das letztere propagiert wird und das erstere mit dämonischen Mitteln unterdrückt wird, greifen Gott und die Götter ein – unsichtbar, aber unübersehbar. An einem gewissen Zeitpunkt, wenn die Menschen das Konto des freien Willens zu sehr überzogen haben, zählt nur noch das (kollektive) Karma.

Aus freiem Willen jedoch kann jedes Individuum jederzeit „aussteigen" und im eigenen Leben einen spirituellen Kurswechsel vollziehen – was das individuelle Karma verändert und die kollektive Katastrophe verringert. Tatsächlich können schon wenige spirituell wirkende Menschen das Massenkarma nachhaltig beeinflussen:

> „Wann auch immer und wo auch immer Meine reinen Geweihten erscheinen, die von Frieden erfüllt und ausgeglichen sind, unvoreingenommen, großmütig und geschmückt mit allen guten Eigenschaften, läutern sie den gesamten Ort und die Dynastien, die dort leben, selbst wenn diese der Dekadenz anheimgefallen sind." (Śrīmad-Bhāgavatam 7.10.19)

Viele Menschen denken, sie seien allein im Kosmos und niemand beobachte sie bei ihrem Treiben. Das ist eine kindische Illusion. Es gibt viele nicht-physische Wesen, die wir nicht sehen, die aber uns sehen. Einige sprechen sogar zu den Erdbewohnern, und diejenigen, die medial begabt sind, vernehmen ihre Botschaften.

Wie bereits erwähnt (S.94), sind telepathische Verbindungen mit höherdimensionalen Wesen durchaus möglich. Wenn man die Botschaften aus den niederen Astralbereichen und die Phantasieprodukte beiseite läßt, bleiben aufschlußreiche Mitteilungen übrig, die glaubwürdig sind und möglicherweise von hohen kosmischen Ebenen stammen, wie z.B. die folgenden Worte:[92]

„Als Menschen habt ihr eine einzigartige Möglichkeit bekommen, auf dem Pfad eurer Entwicklung eine Vielzahl von Erfahrungen zu wählen. Ihr bekommt diese Möglichkeit nicht nur zu eurem eigenen Nutzen, sondern auch zum Nutzen aller Energien, die euch zu leben erlauben: Mutter Erde, die Pflanzen und die Tiere, die Welt des Meeres, die Vögel und Insekten, die Elfen, Gnome und alle anderen unscheinbaren Wesen und in der Tat die gesamte Schöpfung, in der ihr lebt.

Nun habt ihr als Menschheit gewählt, die Sicht eurer eigenen spirituellen Position zu verlieren. Ihr strebt nach der Erfahrung, selbst das Zentrum des Universums zu sein, und vergeßt, daß ihr genauso Teil der Schöpfung seid wie das Universum. Ihr wollt erfahren, wie es ist, wenn man mit der Erde auf höchst unnatürliche und schädliche Weise umgeht. Das ist euer freier Entscheid. Ihr kennt euer wahres spirituelles Selbst nicht und erkennt deshalb die Impulse nicht, die in euch selbst sind, um euch anzuregen, mit Gottes Schöpfung in Harmonie zu leben. Wenn ihr euer inneres Bewußtsein aus den Augen verliert, verliert ihr auch die Verbindung mit

Gott. Gottes Liebe ist vollkommen und vollständig. Aber ihr müßt euer wahres Selbst lieben, um der Liebe Gottes gewahr zu werden. Wenn ihr euch für diese Erfahrung entschließt, erkennt ihr, daß es nicht nötig ist, dem Erdplaneten und dem Leben, in dem ihr lebt, Schaden zuzufügen.

Die Erde ist ein lebendes, atmendes Wesen wie ihr. Mutter Erde reagiert auf Liebe und das Gegenteil von Liebe genauso wie ihr. Die Erde, die ihr Heimat nennt, ist sehr mächtig und liebt euch ohne Bedingungen. Aber ihre Fähigkeit, Schaden zu ertragen, ist begrenzt. Sie dient in Liebe den Bedürfnissen aller, aber sie muß auch an ihre eigenen Bedürfnisse denken, denn sie hat die Fähigkeit, sich spirituell zu entwickeln, genauso wie ihr. Ihr Menschen aber habt gewählt, dies zu verkennen und zu denken, die Erde und alles Leben auf ihr sei zu euren Diensten bestimmt.

Alle Lebewesen haben einen freien Willen, nicht nur ihr, auch Mutter Erde. Vergeßt das nicht, und ihr werdet vieles, was in Zukunft geschehen wird, besser verstehen. Mutter Erde hat darum gebeten, in eine höhere Schwingung von Bewußtsein erhoben zu werden. Das ist ihr freier Wille und auch eine Notwendigkeit des Ausgleichs, denn lange hat Mutter Erde den freien Willen der Menschen geduldet. Nun zählt der freie Wille der Erde ... Mutter Erde entspricht mit ihrem Willen nur dem höchsten Willen. Auch sie bekommt, was sie verdient, und sie verdient die Gemeinschaft von Menschen mit höherer Schwingung. Aber dies bedingt, daß sie sich befreit von den unnötigen Lasten, die den niederen Schwingungen entsprechen. Die Erde hat die Erlaubnis bekommen, sich vorzubereiten und sich zu reinigen. Das bedeutet große Veränderungen und wahrscheinliche Veränderungen. Was die Erde tut, ist nicht ‚schlecht', sondern eine Befreiung, die ihr und allen Wesen, die auf ihr leben, dient. Das mag als Weltuntergang oder Bestrafung aufgefaßt werden, aber das ist es nicht. Wer das denkt, versteht nicht die Gesetze des Kosmos und versteht nicht die Liebe Gottes, des höchsten Schöpfers, dessen Energie allein es ist, die es der Erde und der Menschheit ermöglicht, ein höheres Bewußtsein zu erleben ...“

Wer das Gesetz des Karma kennt, erkennt die eigentliche Ursache der Gefahren, die heute die Menschheit bedrohen, nämlich das unwissende und gottlose Handeln der einzelnen Menschen und der verantwortungslosen Mächtigen. Niemand darf sich Hoffnungen machen, daß die ständig wachsenden Probleme gelöst werden können, solange die Menschen nicht individuell und kollektiv bereit sind, den Lebensstil zu ändern, ihr Bewußtsein zu läutern und sich spirituellen, karmafreien Tätigkeiten („Akarma") zuzuwenden.

Die leidende Mutter Erde wankt nicht unter einer zu großen Anzahl von Menschen, sondern unter der zu großen Anzahl von Menschen, die sich falsch verhalten. Gesundheit, Gerechtigkeit und Friede, ganz zu schweigen von spiritueller Erkenntnis, bleiben Utopie, wenn nicht etwas unternommen wird, um die Handlungen, die Unwissenheit fördern, einzudämmen. Die Wissenschaftler, die Politiker und auch die heutigen Religionen haben darin offensichtlich versagt, denn ihnen scheint das Wissen über Gott und die Götter und die höheren Naturgesetze unbekannt zu sein.

Die Quellen hingegen, die dieses Wissen offenbaren – die vedischen Schriften –, weisen einen konkreten Weg zur Lösung, indem sie die Menschen informieren, was die Gesetze Gottes genau sind und wie man sie gemäß Ort, Zeit und Umständen befolgen kann. Auf diese Weise wird die Voraussetzung geschaffen, über die materielle Dualität hinauszugelangen und ein echtes spirituelles Leben zu erreichen.

Schlußwort

Das Wirken der höheren Naturgesetze zeigt, daß im Kosmos nicht der Zufall herrscht, sondern eine allumfassende Ordnung. Ein Kosmos, der voller Lebewesen ist und göttlichen Gesetzen untersteht, kann nicht das Produkt von Materie und zufälliger Evolution sein. Die Faktoren des Lebens (freier Wille, Karma, Dualität, Individualität) entziehen sich jeder materialistischen Erklärung.

Seit beträchtlicher Zeit jedoch (seit Kali-yuga-Beginn) verkennt die Menschheit diese Zusammenhänge und vertraute sich zunehmend materialistischen Religionen, Philosophien und Wissenschaften an. Daß die Weltbilder, die auf deren Grundlage entstanden, in wichtigen Bereichen falsch sind, ist heute an deren Früchten erkennbar. Die Schäden und die Leiden, die von ihren Vertretern verursacht wurden, sprechen für sich.

Ein grundlegendes Umdenken ist notwendig geworden, erzwungen durch die sich anbahnenden Krisen und Umwälzungen, aber auch durch neuste Erkenntnisse, wie z.B. die Wiederentdeckung der Multidimensionalität (durch die holistischen Wissenschaften und durch die Parapsychologie, Reinkarnationsforschung, Ufologie und andere Grenzwissenschaften), durch die zunehmenden Kontakte mit nicht-physischen Lebensformen und nicht zuletzt durch die Wissensquellen der alten Hochkulturen.

Das vedische Weltbild, das im vorliegenden Buch zusammengefaßt wurde, könnte eine kopernikanische Wende in der modernen Wissenschaft, Esoterik und Theologie einleiten. In jeder dieser Sparten steht die Überholung von Halbwahrheiten oder Unwahrheiten an, sei es die Evolutionstheorie und der Glaube an die materielle Ursache des Lebens, sei es die Reduzierung des Spirituellen auf abstrakte, esoterische Konzepte, sei es die Forderung eines kritiklosen Glaubens von dubiosen Dogmen und Absolutheitsansprüchen. Die Menschen sind in einer Phase angelangt, wo sie erkennen, daß das Materielle nicht die einzige Realität ist, daß sie nicht allein im Universum sind und daß die Vergangenheit ganz anders war, als die Schulbücher heute erzählen.

Das Buch „Der multidimensionale Kosmos" soll allen Interessierten die Möglichkeit geben, das vedische Weltbild aus erster Hand kennenzulernen. Gleichzeitig ist es ein Aufruf an alle aufgeschlossenen Menschen in der Wissenschaft, Esoterik und Theologie diese neue, alte Spur ernstzunehmen und in ihren Fachbereichen zu erforschen.

Ich bin überzeugt, daß die revolutionärsten Entdeckungen und Enthüllungen noch bevorstehen. Sie werden uns neue Einblicke in den multidimensionalen Kosmos gewähren – und auch in das vedische Weltbild.

Anhang

UFOs und das vedische Weltbild

Außerirdische und ihre heimlichen und unheimlichen Einflüsse

Ein Vortrag von Armin Risi
am Esoterischen Kongreß Zürich, 11. März 1995

Seit Jahrzehnten schon sprechen die Menschen von „Unidentifizierten Flugobjekten", sogenannten UFOs, aber landläufig ist dieses Phänomen bisher kaum ernstgenommen worden. Im Gegenteil, es wurde von den Medien, der Wissenschaft und anderen offiziellen Stellen meistens lächerlich gemacht. Wer an UFOs glaubte, galt bei seinen Mitbürgern schnell einmal als Spinner. Hat der nicht mehr alle Untertassen im Schrank?

Ist es nun nicht merkwürdig, daß dieselben Medien, die das Thema „UFO" bis vor kurzem noch verspotteten oder totschwiegen, plötzlich ihre Meinung ändern? „Man kann nur feststellen: UFOs gibt es tatsächlich." So lautete die Schlußfolgerung in einem offiziellen „UFO-Report", den das Schweizer Fernsehen am 19. April 1994 ausstrahlte. Insgesamt acht UFO-Reports wurden zwischen dem 19. April und 7. Juni ausgestrahlt: jeweils Dienstag abends um 19 Uhr im Magazin „Schweiz aktuell", was die größtmögliche Einschaltquote garantierte. Sollte dem Schweizer Volk schonend beigebracht werden, daß Änderungen im Weltbild bevorstehen?

Ein Phänomen so alt wie die Menschheit

Die UFO-Sichtungen haben seit 1947 massiv zugenommen. Das kann viele Gründe haben – und ich werde auf einige mögliche Gründe im Verlauf des Vortrages näher eingehen –, aber UFOs gibt es nicht erst seit 1947. Wenn wir die schriftlichen Überlieferungen der alten Kulturen betrachten, begegnen wir immer wieder Göttergestalten, Wesen, die vom Himmel kamen, und irgendwelchen mysteriösen fliegenden Kutschen. Je ausführlicher die Überlieferungen sind, desto mehr Einzelheiten erfahren wir über Phänomene, die das Weltbild der heute herrschenden Mächte tief erschüttern könnten. Das UFO-Phänomen wird das Weltbild der materialistischen Wissenschaften, aber noch mehr das Weltbild der abendländischen Religionen erschüttern. Ich werde mich heute nicht scheuen, auch auf dieses heikle Thema (Außerirdische und die abendländischen Religionen) einzugehen, denn die Erkenntnisse in diesem Bereich könnten noch epochaler sein als im Bereich der Wissenschaft.

Je ausführlicher die Überlieferungen sind, desto mehr Einzelheiten erfahren wir über diese revolutionären Aspekte, denn es ist erstaunlich, aber wahr: Alle alten Kulturen berichten von Götterwesen, von Lehrmeistern, Besuchern oder Dämonen, die vom Himmel kamen.

Die Kultur, die die umfangreichsten Quellen hinterlassen hat, ist unbestreitbar die altindische Kultur. Diese Quellen vermitteln uns wertvolles Wissen über alle wichtigen Bereiche der menschlichen Existenz. Auch im Bezug auf das Thema UFOs, Außerirdische und die Abstammung des Menschen lassen sie uns nicht im Stich.

Die erste wichtige Information, die wir erhalten, besagt, daß in früheren Zeitaltern der Kontakt mit höherdimensionalen Wesen normal war, also nicht einmal paranormal! Aus dem Śrīmad-Bhāgavatam (1.16.3) erfahren wir, daß die Halbgötter noch vor 5000 Jahren offen auf der Erde erschienen:

> „Nachdem Mahārāja Parīkṣit [3138-3042 v.Chr.] Kṛpācārya als spirituellen Meister angenommen hatte, führte er am Ufer des Ganges drei Aśvamedha-Zeremonien durch. Bei diesen Opferfestlichkeiten waren auch die Halbgötter (Devas) anwesend, und selbst die gewöhnlichen Menschen konnten sie sehen."

Rūpa Gosvāmī, ein maßgeblicher Veda-Lehrer des 16. Jahrhunderts, erwähnt in seinem Buch namens *Bhakti-rasāmṛta-sindhu,* daß die Halbgötterbesuche bis in die Zeit kurz vor Buddhas Erscheinen andauerten. Wenn wir diesen Aussagen Glauben schenken, dann bedeuten sie zweierlei: Bis vor knapp dreitausend Jahren kamen noch vereinzelt Halbgötter auf die Erde, und die Wesen, die *danach* erschienen, waren keine Halbgötter mehr. Diese Information ist auch wichtig im Zusammenhang mit dem heutigen UFO-Phänomen.

Natürlich kann man all diese Beschreibungen für pure Phantasie halten. Die Existenz von außerirdischen Lebensformen paßt nicht zu den heutigen Ansichten vom Aufbau und Ursprung des Universums, ebensowenig wie die vedische Aussage, daß das gesamte Universum bewohnt sei und daß die meisten dieser Wesen höher entwickelt seien als der Mensch. Mit außerirdischem Leben meinen die vedischen Schriften, im Gegensatz zur zeitgenössischen Kosmologie, also nicht nur Mikroben und Flechten. Nein, sie sagen, daß einige dieser höherentwickelten Zivilisationen auch eine fortgeschrittene Technologie benutzen, die der irdischen bei weitem überlegen ist.

Ein berühmtes Beispiel hierfür finden wir wiederum im Śrīmad-Bhāgavatam. Im Zehnten Canto wird ein metallenes, außerirdisches Flugobjekt beschrieben, das vom Planeten Talātala stammt. Ein berühmter Ingenieur dieses Planeten, namens Maya Dānava, hatte dieses Flugobjekt für einen irdischen Verbündeten, den machtgierigen König Śālva, konstruiert, und dieser Śālva setzte es im Kampf gegen Kṛṣṇas Stadt Dvārakā ein. Die Beschreibung lautet wie folgt:

> „Śālva wünschte sich eine Flugmaschine (*yāna*), die weder von den Halbgöttern noch von den Asuras, Menschen, Gandharvas, Uragas, noch von den Rākṣasas zerstört werden konnte. Es sollte ***kāma-gam*** sein [fähig, nach der Willenskraft des Piloten zu fliegen], und es sollte die Vṛṣṇis vor Schreck erstarren lassen. ‚So sei es', sagte Śiva und beauftragte Maya Dānava. Dieser schuf ein Saubha-Flugzeug [‚Sabhā-ähnlich', eine kleine Sabhā-Kopie] aus Metall und übergab es Śālva. ... Das Flugzeug, mit dem Śālva seine Angriffe führte, war so mysteriös, daß man manchmal meinte, es flögen mehrere identische Flugzeuge am Himmel, und manchmal, es sei überhaupt keines vorhanden. Manchmal war es sichtbar und dann wieder unsichtbar. So wußten Śālvas Gegner nie genau, wo es war. Manchmal stand es am Boden, im nächsten Moment flog es am Himmel, dann wieder verharrte es kurz auf dem Gipfel eines Berges und tauchte plötzlich aus dem Wasser auf. [Die angegriffene Stadt Dvārakā lag auf dem Meer.] Wie ein wirbelnder Feuerstab blieb es nie an einem Ort." (Śrīmad-Bhāgavatam 10.76.6-7, 21-22)

Diese Beschreibung der Flugeigenschaften von Śālvas Flugzeug (Baujahr 3000 v.Chr., made in Talātala) stimmt bis in die Details mit heutigen UFO-Augenzeugenberichten aus aller Welt überein: das plötzliche Auftauchen und Verschwinden, das Schweben, die Zickzack-Kurse, das Verdoppeln des Objektes oder die Vermehrung in mehrere Objekte (neue Objekte gehen aus dem anderen hervor).

Mittlerweile sind auch militärische Radaraufzeichnungen zu Tage gekommen, die auf die Existenz von solchen Flugobjekten hinweisen. Ende achtziger, anfangs neunziger Jahre gab es in Belgien eine

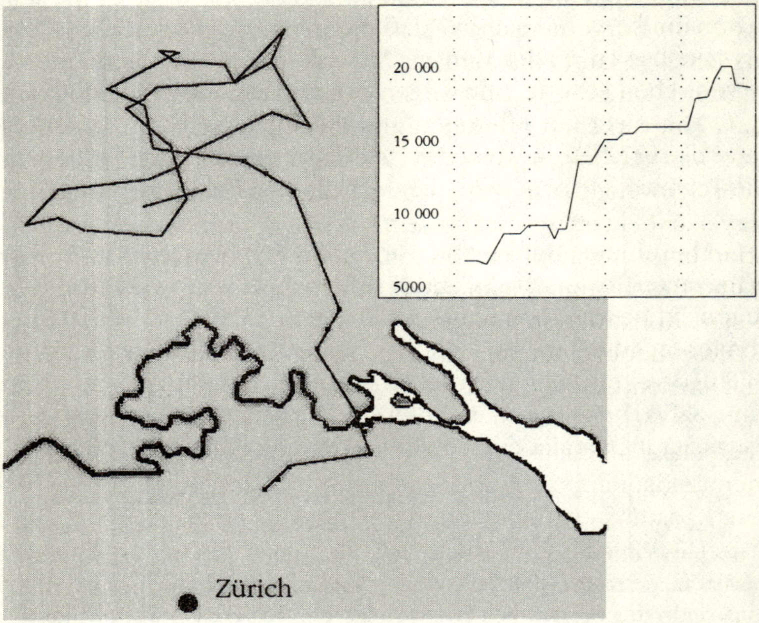

So ungefähr sahen die Radaraufnahmen aus, die aus dem UFO-Dossier der Schweizer Armee stammen und am 26. April 1994 vom Schweizer Fernsehen gezeigt wurden. Die obigen Skizzen sind unverbindliche Nachzeichnungen [von Armin Risi]. Die gezeigten Radaraufnahmen beweisen: Es gibt „Unidentifizierte Flugobjekte" (UFOs). Der Fernsehkommentar lautete: „In diesem Dossier fanden sich rätselhafte Radaraufzeichnungen aus der Nacht. Zivile Radars und auch militärische Radars, die nachts nur stundenweise im Einsatz sind, zeigen Radarechos wie von Flugzeugen, obwohl zu dieser Zeit gar keine Flugzeuge in der Luft sind. Ein Flugobjekt muß mindestens drei Radarumdrehungen lang in der Luft sein, bis es registriert wird. Es muß eine minimale Größe und eine bestimmte Geschwindigkeit haben. Wetterballons oder ähnliches werden nicht erfaßt. Sind es vielleicht elektronische Störungen? Aber diese machen kaum solch deutliche Flugwege wie dieses Objekt am 2. August 93 nördlich von Schaffhausen, zwischen 23 und 23 Uhr 15. Meteoriten fliegen kein Zickzack, und Vogelschwärme sind nie so schnell. [Skizze rechts:] 13. Juni 93, südlich von Thun. Dieses UFO flog keine weiten Distanzen, aber unglaubliche Höhendifferenzen. Bestimmt kein Helikopter. Ein superschneller Aufstieg bis auf 20 000 Meter. Weder Radarspezialisten noch die militärische Führungsspitze haben eine Erklärung."

regelrechte UFO-Welle, bei der Hunderte von Polizisten und Tausende von Bürgern solche Objekte sahen, fotografierten und filmten. Seit 1991 läuft eine ähnliche Welle in Mexiko ab [siehe S. 281]. Aufgrund von hoher UFO-Tätigkeit mußte dort sogar einmal der *irdische* Flugverkehr für eine Stunde eingestellt werden! Und wer dachte: So was Verrücktes gibt es nur im Ausland, aber nicht bei uns hier in der Schweiz, der täuscht sich. Auch auf den Radarschirmen des Schweizer Militärs sind schon derartige Flugobjekte aufgetaucht und haben eine unglaubliche Demonstration vorgeführt: Höhenwechsel und Beschleunigungen mit Geschwindigkeiten, zu denen keine irdische Konstruktion fähig ist.

Diese Beobachtungen werden heute auch von den offiziellen Militärstellen bestätigt. In der eingangs erwähnten Serie von UFO-Reporten des Schweizer Fernsehens hörte die Öffentlichkeit zum ersten Mal, daß das Schweizer Militär UFO-Akten führt, und bekam einen (zensurierten?) Einblick in diese Unterlagen, zu denen auch diese Radaraufzeichnungen gehören (siehe Skizze S. 354).

Im UFO-Report vom 26. April 1994 sprach sogar einer der ranghöchsten Vertreter des Schweizer Militärs, Hansruedi Fehrlin, der Divisionär der Schweizer Luftwaffe (offiziell: „Flieger- und Fliegerabwehrtruppen"). Er dementierte die UFO-Beobachtungen nicht, drückte sich aber sehr vorsichtig aus: „Es ist schwierig, UFOs wissenschaftlich zu erklären. Aber vielleicht müssen wir neue Wege suchen. Auf jeden Fall handelt es sich hier für mich als Verantwortlichen der Operation der Flieger- und Fliegerabwehrtruppen *nicht* um eine Erscheinung, die mich beunruhigt."

Die Existenz dieser Flugobjekte läßt sich nicht mehr bestreiten. Aber was oder wer verbirgt sich in diesen runden und dreieckigen Superraumschiffen? Was oder wer auch immer es ist, aus irgendwelchen Gründen müssen sie Interesse an der Erde haben.

Konsequenzen des UFO-Phänomens

Viele UFO-Berichte sind bloß Falschmeldungen, Sensationsgeschäft, Spekulation oder Desinformation, und oft ist es schwierig, das Wahre vom Falschen zu trennen. Doch dies ändert nichts an der Tatsache, daß es UFOs und außerirdische Lebensformen gibt, wie es auch schon die jahrtausendealten vedischen Schriften bestätigen. Damit will ich jedoch nicht sagen, daß alles, was heute als UFO „identifiziert" wird, außerirdischen Ursprungs ist. Es gibt noch andere Möglichkeiten des Ursprungs, die wir ebenfalls im Auge behalten müssen.

Viele Vertreter in der modernen UFO-Forschung sind überzeugt, daß in den UFOs außerirdische, interplanetarische oder sogar interdimensionale Raumfahrer sitzen. Das kann aus der vedischen Sicht durchaus bestätigt werden. Die wenigsten dieser UFO-Forscher überlegen sich jedoch die wissenschaftlichen Konsequenzen dieser Erkenntnis. Angenommen, diese gesichteten Flugobjekte kommen tatsächlich aus anderen Welten oder Dimensionen, dann muß man in Betracht ziehen, daß nicht nur eine, sondern mehrere Gruppierungen für das UFO-Phänomen verantwortlich sind, denn die einzelnen Kategorien von Erscheinungen sind zu unterschiedlich, als daß sie auf eine einzige Mannschaft oder Rasse zurückgeführt werden könnten.

Wenn es also unterschiedliche planetare Rassen gibt, fallen die irdischen Theorien „Evolution" und „materieller Ursprung des Lebens" in sich zusammen. Natürlich lautet die wissenschaftsgläubige Antwort, daß dies einfach Zivilisationen seien, die uns in der Evolution etwas voraus seien. Wenn die Lebensentwicklung auf dem anderen Planeten nur um ein Promill früher eingesetzt habe, dann mache das auf eine Milliarde Jahre eine Jahrmillion aus. Diese Wesen besäßen einfach eine Technik, die der unseren um eintausend Jahrtausende voraus sei. Außerirdische Lebensformen seien also in keiner Weise eine Widerlegung der Evolutionstheorie.

Das Leben ist kein Produkt von Materie, sondern gerade umgekehrt: Das Leben beseelt die Materie, so daß diese überhaupt erst fähig wird, sich aus scheinbar eigener Kraft zu formen und zu entwickeln. Der materialistische Glaube, das Leben sei zufällig aus einer Kombination von Atomen entstanden, ist der größte Trugschluß unserer Gegenwart. Betrachten wir diese materialistische Theorie einmal etwas näher.

Zuallererst muß betont werden, daß die Kombination von Atomen nie Leben und Bewußtsein erzeugt, sondern im besten Fall *organische* Materie! Der fatale Irrtum der modernen Naturwissenschaft besteht darin, daß sie Leben mit organischer Materie gleichsetzt. Aber selbst die Wahrscheinlichkeit einer zufälligen Entstehung von organischer Materie aus Atomen ist so klein, daß sie unwahrscheinlich ist. Wenn nun an vielen Orten im Universum Lebewesen mit einer hohen Entwicklungsstufe existieren, dann würde dies bedeuten, daß dieser unwahrscheinliche Zufall nicht nur einmal – auf der Erde – stattgefunden hat, sondern viele Male, und das zu behaupten ist absurd. Und nun stoßen die Menschen plötzlich auf Wesen, deren Körper nicht aus organischer Materie bestehen. Wie sollen diese Körper zufällig aus Atombausteinen entstanden sein?

Diese Gedankengänge lassen die ohnehin schon unglaubwürdige Evolutionstheorie noch unglaubwürdiger erscheinen. Wenn nicht Urknall, abiotische und biotische Evolution – was dann? Das ist die große Frage. Die vedischen Schriften haben auch hierfür eine fundierte Erklärung, aber dies ist nicht das Thema des Vortrages.

Weil das Thema des außerirdischen Lebens das Gefüge der modernen Wissenschaften, Religionen und Machtstrukturen empfindlich erschüttern könnte, setzten die Regierungen alles daran, dieses Thema tabu zu halten.

Dann bleibt natürlich die Frage, warum sie heute auf einmal so viele Informationen herausrücken. Was die neusten Science-fiction-Filme und Fernsehserien den Leuten mitteilen, vermischt mit schlauer Desinformation, ist erstaunlich. Mittlerweile sind auch zahlreiche schriftliche Originaldokumente bekanntgeworden, die zeigen, daß die amerikanische Regierung und andere Regierungen sich sehr wohl der außerirdischen Besucher bewußt sind, dieses Wissen jedoch über Jahrzehnte hinweg bewußt und systematisch verheimlichten.

Neben dem Schutz der Machtstrukturen durch Verheimlichung gibt es bestimmt auch ganz handfeste militärische Interessen. Erhoffen sich gewisse Kreise von diesen außerirdischen Kontakten Einblick in neuartige Technologien, und halten sie ihr Wissen über die außerirdischen „Freunde" geheim, um es nicht mit den irdischen Feinden teilen zu müssen?

Außerirdische verschiedenster Herkunft

Um das Phänomen der außerirdischen Zivilisationen verstehen zu können, brauchen wir ein erweitertes Weltbild. Das materialistisch-empirische Weltbild kann uns nicht weiterhelfen, denn es kann nur dank der Ausgrenzung und Unterschlagung vieler Fakten leben.

Das vedische Weltbild erklärt auf einfache Weise, daß die Existenz von andersartigen menschlichen Wesen durchaus plausibel ist. Wenn die vedischen Schriften sagen, daß die meisten Planeten des Universums bewohnt sind, heißt das nicht, daß es sich dabei überall um Wesen mit irdischen Körpern handelt. Der irdische Menschenkörper ist höchst grobstofflich und besteht zu rund 90% aus dem Element „Wasser". Logischerweise darf man deshalb annehmen, daß es auch Wesen gibt, deren Körper vorwiegend aus Feuer, Luft oder Äther besteht. Wesen mit energetischen, ätherischen, astralen oder feinstofflichen Körpern sind für unsere Augen nicht sichtbar, da wir nur grobstoffliche, dreidimensionale Objekte sehen können. Andere Wesen wiederum haben einen grobstofflichen Körper von feinerer Beschaffenheit, weshalb es ihnen möglich ist, mysteriöse Aktionen durchzuführen, wie zu schweben, durch Wände zu gehen, Menschen zu hypnotisieren und zu teleportieren, usw. Weil die Grenzen zwischen den Dimensionen fließend sind, ist es durchaus möglich, daß gewisse Wesen, die eine höhere Entwicklung oder zumindest eine höhere Technologie aufzuweisen haben, mit der Erde Kontakt aufnehmen.

Höherentwickelt heißt jedoch nicht automatisch, daß diese Wesen ein höheres, d.h. göttliches Bewußtsein haben. Nur schon die verschiedenen Körperformen, die im Zusammenhang mit UFO-Begegnungen der 3. und 4. Art erwähnt werden, weisen darauf hin, daß nicht alle vom selben Ort oder aus derselben Dimension kommen. Dementsprechend unterschiedlich sind auch deren Mentalität und deren Motivation.

Unterschiede erkennt man auch, wenn man die Botschaften dieser „Außerirdischen" hört, die auf telepathischem Weg empfangen werden: Prophezeiungen, philosophische Ausführungen und esoterische Enthüllungen über die Vergangenheit der Menschheit. Bei diesen Botschaften – ob sie irdischer oder außerirdischer Herkunft sind, sei dahingestellt – handelt es sich oft um Halbwahrheiten, Māyāvāda-Philosophie und Pseudospiritualität. Zum Beispiel:

> „Die Wahrheit ist, wenn ihr eure Erde liebt, dann kauft ihr keinen Hamburger verpackt in Styropor. Einen Burger in Styropor verpackt zu kaufen bedeutet, von der Wahrheit getrennt zu sein. Mit der Wahrheit eins zu sein bedeutet, einen Burger zu kaufen und ihn in eure Hand legen zu lassen. Schaut eure Hände an. Sie sind abwaschbar. Ihr müßt sie niemals wegwerfen ... Das ist ein kleines Beispiel, aber es ist ein Beispiel dafür, nicht von der Wahrheit getrennt zu sein. Es ist ein Beispiel für das Einssein im Bewußtsein ..."[93]

Göttliche Mitteilungen?

Auffällig ist, daß die UFO-Sichtungen gerade seit dem Jahr 1947 extrem zugenommen haben. Einer von mehreren möglichen Gründen ist der folgende: 1945 wagte es eine irdische Macht zum ersten Mal, Atombomben zu zünden, was einen tragischen Meilenstein in der Selbstzerstörung der Menschheit darstellte. Neben all den irreführenden und mißverständlichen Botschaften finden sich auch göttliche Worte, denn „positive Lichtwesen" gibt es glücklicherweise nicht nur auf der Erde.

Diese göttlichen Mitteilungen – im Gegensatz zu den „dämonischen" – besagen, daß es einen höchsten Schöpfer gibt, der den Menschen einen freien Willen gegeben hat, und daß die Menschen wieder lernen müssen, aus freiem Willen (= Liebe) Gottes Gesetze zu befolgen. Die „Lichtwesen" respektieren den freien Willen der Menschen und mischen sich deshalb nie manipulierend in die irdischen Machtverhältnisse ein (im Gegensatz zu den dunklen Mächten, die das des öfteren tun).

Das folgende Beispiel ist eine Botschaft, die von der UFO-Kontaktperson Carl Anderson (angeblich) telepathisch empfangen wurde. Sie stammt aus dem Jahr 1957, war also eine der ersten Botschaften dieser Art, von denen es heute zahllose gibt:

> „Sehr bald werden auf der Erde die negativen Kräfte, die in den letzten 7000 Jahren tätig waren, gestürzt werden. Der Abprall dieser schlechten Kräfte wird jeden Zentimeter dieses Planeten treffen, den ihr Erde nennt, der aber von den anderen Wesen im Universum SHAN genannt wird. Diese Kräfte bringen eine große Verwüstung mit sich. Ich muß es euch sagen: ein Drittel der Erdbevölkerung wird dabei umkommen. Die Zeit der Saat ist vorbei, jetzt kommt die Ernte. Die größeren Teile Eurer Kontinente werden ausgekehrt. Aus dem Ozean werden sich neue Länder erheben. Die Erde wird schwanken während der Geburtswehen des Neuen Zeitalters und wirbeln, während die Pole ihren Platz tauschen. Euer Planet wird eine neue Bahn einschlagen mit den neuen Schwingungen des dauernden Friedens und Glückes. Es wird dieselbe Reinigung sein wie vor Jahrtausenden. Die Legenden über die versunkenen Kontinente stimmen."

Es folgt die Prophezeiung, daß gewisse Menschen diese Katastrophen überleben werden. Wie bereitet man sich am besten darauf vor?

> „Viele von euch haben eigentlich richtig gelebt und trotzdem ihre positive Schwingung herabgesetzt durch den Mißbrauch ihres physischen Körpers, durch Alkoholmißbrauch, Rauchen und Fleischessen. Dies führt zur Schwächung der positiven Schwingungen, die dem Kraftfeld des Körpers entströmen. Darum ist es jetzt wichtig, frische Früchte, Gemüse usw. zu essen, um euer Kraftfeld und eure Aura zu reinigen."[94]

Weil außerirdische telepathische Botschaften von ungewisser Herkunft sind, können sie nicht als autoritativ gelten. Dennoch sehen wir, daß einige dieser höheren Quellen Botschaften übermitteln, die mit der vedischen Offenbarung in vielem übereinstimmen. Der Vergleich zeigt aber auch, daß die vedischen Schriften, insbesondere die Bhagavad-gītā – Gottes *direkte* Botschaft an die Menschen –, weit über die außerirdischen Botschaften hinausgehen. Gottes Wissen übertrifft das der Götter immer, und im vedischen „Kanal" (Paramparā) wird es von sichtbaren, *identifizierten* Lehrern durch alle Zeiten hindurch vollständig überliefert. Aus den vedischen Schriften geht also hervor, daß interplanetarische Kontakte zur multidimensionalen Realität des Universums gehören. Dies war in der Vergangenheit so und ist in der Gegenwart nicht anders.

Höherdimensionale Welten und Wesen

Wenn wir davon ausgehen, daß es im Universum nicht nur die irdisch manifeste Dimension, sondern noch viele andere, höhere Dimensionen gibt, dann müssen wir das Universum plötzlich mit ganz anderen Augen sehen. Eine solche multidimensionale Sicht verleihen uns die vedischen Schriften.

Was den Aufbau des Universums betrifft, so beschreiben die vedischen Schriften vierzehn verschiedene Dimensionsebenen (im Sanskrit *loka*). Alle vierzehn Dimensionsebenen sind bewohnt. Die höchste ist die Welt Brahmās, des ersten und höchsten Halbgottes innerhalb dieses Universums. Wir Menschen befinden uns im siebten Loka, also in der Mitte. Die Purāṇa-Schriften erwähnen an mehreren Stellen, daß es im Universum insgesamt 400 000 humanoide Lebensformen gibt: die hohen Halbgötter, die Lichtwesen, die Engelwesen, die Wesen aus den dunklen Welten, die Astralwesen, die Elementarwesen, die irdischen Menschen usw.

Der Veda-Lehrer A.C. Bhaktivedanta Swami Prabhupāda erklärt in diesem Zusammenhang:

> „Menschen leben sowohl auf der Erde als auch auf ähnlichen Planeten der Bhur- und Bhuvar-Gruppe, wohingegen die Halbgötter auf den Svar-Planeten, den himmlischen Planeten, leben." (Śrīmad-Bhāgavatam 1.9.45, Erl.)

Diese genannten Wesen sind höherdimensional, das heißt, sie bewegen sich in Welten, in denen andere, weniger verdichtete materielle Elemente vorherrschen. Das Element „Erde" ist das am meisten verdichtete Element, und deshalb haben Geschöpfe, die einer solchen „Erde"-Welt angehören, keinen Zugang zu den höheren Dimensionen. Wieder muß ich betonen, daß nicht alle Wesen, die zu den „höheren Dimensionen" gehören, göttlich oder positiv sind. Die materielle Welt ist eine Welt der Polarität, und zur Polarität gehört auch des Negative. Diese Polarität spiegelt sich in den vierzehn Dimensionsebenen des Universums: Die sieben oberen stellen die positiven, lichterfüllten Welten dar, und die sieben unteren die negativen, dunklen Welten. Die Dimension der Erde befindet sich in der Mitte, im Schnittbereich dieser beiden Hälften, und deshalb finden wir hier auf der Erde Einflüsse von beiden Seiten, von der dunklen und von der göttlichen.

Beide Hälften des *bewohnten* Universums sind aus der irdischen Sicht höherdimensional. (Ein großer Teil des Universums, im Klartext: die Hälfte, ist laut vedischer Kosmologie nicht bewohnt.) Ebenso sind die Wesen und die Technologien dieser Welten höherdimensional. Sie sind nicht so sehr an die grobstoffliche, inerte Materie gebunden wie die irdischen Menschen, und dies drückt sich darin aus, daß sie sich viel ungehinderter bewegen können als die Menschen. Die vedischen Schriften erwähnen oft fast nebenbei Raumfahrt, interdimensionale Verschiebungen und Materialisationen. Die Fortbewegung dieser höherdimensionalen Wesen ist also nicht auf Raumschiffe beschränkt. Die Siddha-Wesen zum Beispiel zeichnen sich gerade dadurch aus, daß sie ohne jegliches Fluggefährt andere Planeten besuchen können. Der berühmteste unter ihnen ist der große Heilige und Gottgesandte Nārada Muni, der ein direkter Sohn Brahmās ist. Von ihm wird gesagt, daß er des öfteren auch die Erde besucht.

In den höherdimensionalen Welten herrschen andere Naturgesetze als auf der Erde, wie aus dem folgenden Zitat hervorgeht. Es stammt aus der wichtigsten Philosophie-Schrift Indiens, aus dem Vedānta-sūtra (1.3.27):

> „Wenn gesagt wird, daß ein Deva kein verkörpertes Wesen sein könne, denn sonst wäre es ihm nicht möglich, an vielen Zeremonieorten gleichzeitig gegenwärtig zu sein, so lautet die Antwort: Doch! Denn es wird gesehen, daß ein solches Wesen viele Körper annehmen kann, um gleichzeitig an vielen Orten zu erscheinen."

Fliegende Kutschen, Hallen und Städte

Die vedischen Schriften erwähnen auch detaillierte Beschreibungen von Raumschiffen, die sich grundlegend in fünf Kategorien unterteilen lassen: Pura, Sabhā, Vimāna, Ratha, Pūrva.

Pūrvas sind raketenähnliche Raumschiffe, vergleichbar mit Space-shuttles. Aus den Beschreibungen, die ich bis jetzt gesehen habe, bekomme ich den Eindruck, daß Pūrvas sich mit einem mechanischen Antrieb fortbewegen und keinen Zugang zu den höheren Dimensionen haben.

Verwirrend sind die Beschreibungen der *Rathas*. Laut der wörtlichen Bedeutung handelt es sich hierbei um „Wagen" oder „Kutschen", die von Pferden gezogen werden und *samt den Pferden* auch fliegen können – über die Erde und durchs Weltall. Das klingt unglaublich, aber nicht unmöglich. Auf den höheren Ebenen des Universums, bei den Halbgöttern, ist alles leuchtend, lebend und beseelt, sogar die intergalaktischen Träger dieser Wesen. So heißt es zum Beispiel immer, daß Brahmā, wenn er am Firmament erscheint, von einem Schwanenflugzeug getragen wird. Rathas sind anscheinend ebenfalls nicht nur mechanische Konstruktionen.

Der Ausdruck Vimāna bedeutet wörtlich „Objekt, das sehr/in jeder Hinsicht [*vi-*] beweglich/den Raum durchmessend [*-māna*] ist" und ist der allgemeinste Sanskritbegriff für „Flugobjekt". Unterschiedlichste Raum- und Dimensionsschiffe werden als Vimānas bezeichnet: z.B. jene Raumschiffe, die Zugang zu den höheren Dimensionen haben, aber auch leicht in einen materialisierten Zustand übergehen können; die Raumschiffe der Götter und Dämonen und sogar die spirituellen Transraumschiffe. Als Vimānas werden oft auch jene Raumschiffe bezeichnet, die, verglichen mit den nächsten beiden Kategorien, klein sind und in Erdnähe verkehren.

Im Zusammenhang mit den Vimānas werden oft *Sabhās* erwähnt. Wörtlich bedeutet Sabhā „Versammlungshalle". Dieser Begriff vermittelt bereits einen Eindruck der Größe dieser Objekte. Sabhās können auf Planeten stationiert sein, aber sie sind fähig, sich zu bewegen und zu fliegen, tragen manchmal viele Vimānas.

Ein Beispiel hierfür finden wir im Śrīmad-Bhāgavatam. Dort wird beschrieben, wie die Heere der unteren sieben Welten das fünfte Planetensystem angreifen.

> „Bali Mahārāja, der König der Daityas und Asuras, bestieg seinen Streitwagen (Ratha) und versammelte seine Heere um sich. Es sah aus, als würden sie den Himmel verschlingen und alle Himmelsrichtungen mit ihren Blicken verbrennen. Mit seinen Heerscharen machte sich Bali Mahārāja auf den Weg nach Indrapuri, zur Hauptstadt auf Indras Planeten. Als sie aufbrachen, schien es, als ließe er den gesamten Boden erbeben. ... In König Indras Stadt gab es zahllose Gebäude, weite Straßen und Sabhā-Versammlungshallen und nicht weniger als einhundert Millionen Flugzeuge (*vimānair nyārbudair*). ... Bali Mahārāja, der Befehlshaber zahlloser Soldaten, versammelte seine Leute außerhalb der Stadt und griff Indras Reich aus allen Richtungen an." (Śrīmad-Bhāgavatam 8.15.8a, 10-11,16,23a)

Wenn die Sabhā-Raumschiffe sich im Weltall stationieren, würde man sie heute wahrscheinlich als Mutterschiffe bezeichnen. Aber die Sabhā-Raumschiffe oder -Raumstationen sind noch nicht die höchste Kategorie von Raumschiffen, die in der Sanskritsprache bekannt sind. Die größten sind die *Puras,* die „fliegenden Städte".

Das berühmteste Pura-Beispiel aus den vedischen Schriften betrifft eine ganze Pura-Flotte – die drei Puras der Söhne des mächtigen Dämons Tāraka. Diese Begebenheit, ein vedischer *star war,* wird in den meisten der achtzehn Purāṇas erwähnt und zum Teil sogar detailliert beschrieben, wobei wiederum viele Parallelen zu modernen Phänomenen auffallen:

Einst besiegten die Halbgötter, angeführt von Śivas Sohn namens Skanda, den kosmisch-imperialistischen Asura Tāraka, der mit seinen Raumschiffen bereits zahlreiche Planeten unterworfen hatte. Als dies geschah, waren seine drei Söhne derart bestürzt, daß sie voller Rachegefühle asketische, magische Rituale auszuführen begannen, um ein Höchstmaß an Energien zu mobilisieren. Durch die Macht ihrer Entsagung zwangen sie Brahmā, ihnen eine Gunst zu erteilen, und gelangten so in den Besitz einer noch nie dagewesenen Raumflotte mit Basis auf der Erde.

Die drei Daitya-Brüder [Tārakas Söhne] sprachen zu Brahmā: „Wir wollen die Segnung erhalten, daß uns kein Lebewesen zu keiner Zeit töten kann." Brahmā, der Großvater des Universums, sprach zu den drei Brüdern, die ihre Bitte gemeinsam vorgetragen hatten: „O ihr Asuras, in diesem Universum gibt es für niemanden Unsterblichkeit. Wählt eine andere Segnung, die euch ebenfalls zufriedenstellt."
Die Brüder hielten eine Unterredung und wandten sich dann mit folgendem Wunsch an Brahmā: „Durch deine Gnade, o Herr der Welten, o Lehrer des Universums, wird es uns möglich sein, die Erde in Besitz zu nehmen und uns mit Hilfe von drei fliegenden Festungen (Puraṣ) ungehindert im All zu bewegen. Einmal alle eintausend Jahre werden wir uns versammeln, und dann sollen diese drei Festungen in eine verschmelzen. Nur wenn der große Herrscher, Śiva, uns in genau jenem Moment, wo die drei Festungen vereint sind, angreift und mit einem einzigen Pfeil trifft, sollen wir besiegt werden können." Mit den Worten „So sei es" entschwand Brahmā ihren Augen.
Darauf konstruierte der heldenmütige Maya kraft seiner Konzentration drei Puras. Diese Asura-Festungen nahmen folgende Positionen ein: Die goldene Festung schwebte in den himmlischen Regionen; die silberne am Firmament, und die eiserne Festung befand sich auf der Erde. Jede dieser Festungen war 1200 km lang und breit. Tārakākṣa übernahm das Kommando über die goldene Festung, Kamalākṣa das Kommando über die silberne Festung, und Vidyunmāli übernahm das Kommando über die irdische Festung aus Eisen. In diesen Festungen verehrten die Daitya- und Dānava-Dämonen den Dānava-Zauberer Maya, der sich selbst in jeder dieser drei Festungen einen besonderen Verehrungsraum errichtet hatte, in denen er lebte. Auf diese Weise, o heilige Gottgeweihte, entstanden die drei uneinnehmbaren Festungen. Sie waren so ausgestattet wie eigene Planeten. Die Daityas der drei Welten versammelten sich in diesen Festungen und gewannen mit deren Hilfe die Überhand in diesen drei Planetensystemen. ... In diesen Festungen gab es zahllose kleinere Luftgefährte (Vimānas), die der Sonnenscheibe glichen und auf jeder Seite Fenster hatten. (Liṅga Purāṇa 1.71.11-26)

Diese Festungen waren so gut gebaut, daß niemand eindringen konnte, nicht einmal mit mentalen Kräften, denn Mayas magische Kräfte waren unübertrefflich. Diese Festungen, in denen sich zahlreiche Daityas versammelt hatten, wurden oft von unverheirateten Frauen besucht. Obwohl diese Daityas sich in vielen sündhaften Tätigkeiten ergingen, hielten sie durch die Verehrung Śaṅkaras (Śivas) die Reaktionen von sich fern. O Brāhmaṇas, diese hochstehenden Daityas, zusammen mit ihren Frauen und Kindern, genossen höchste

> Segnungen, denn sie hielten sich strikt an die Ritualregeln der Śruti- und Smṛti-Schriften. Sie widmeten sich gänzlich der Verehrung Mahādevas (Śivas). Diese Daityas hatten eine breite Brust und Schultern wie Stiere. Sie waren immer bewaffnet und hungrig. Ihre Augen funkelten wie Waldbrände. Unter ihnen gab es aber auch stumme Wesen ohne eigene Bewegung [bioroboterähnliche Wesen]; sie waren wie Zwerge und hatten unnatürliche Körperproportionen; ihre Körper hatten eine bläuliche Tönung; ihr Haar war dunkel und kraus. (Liṅga Purāṇa 1.71.31-35)

Die Tyrannei der Tāraka-Söhne endete, als Śiva ihre drei Puras zerstörte, und zwar genau zu jenem Zeitpunkt, als die drei (einmal alle 1000 Jahre) sich vereinigten und zu einem einzigen riesigen Objekt wurden.

Im Droṇa Parva des großen Epos Mahābhārata wird die Zerstörung der fliegenden Tripura-Festung wie folgt beschrieben:

> Als die drei Puras am Firmament zusammentrafen und ineinander eingingen, ergriff Śiva, der größte Halbgott, seine Waffe, die als einzige die Tripura-Festung zerstören konnte, und feuerte einen unwiderstehlichen Strahl mit drei Windungen los. Die mächtigen Dānavas, die sich in diesen Puras befanden, vermochten diesen Strahl, der wie das Yuga-Feuer glühte und mit der Kraft Viṣṇus und Somas beseelt war, nicht einmal anzuschauen [ganz zu schweigen von bekämpfen oder abwehren]. Die drei Puras verglühten in einer Flamme, während Durgā [Śivas Gemahlin], die ebenfalls schnell herbeigekommen war, zuschaute. (Droṇa Parva, 203.80-82a)

Wenn die mächtigen Halbgötter des Universums in derartige Konfrontationen verwickelt werden, zieht dies auch einschneidende Veränderungen in der Konstellation der Planeten nach sich, denn mit jedem Halbgott sind bestimmte Planeten verbunden. Diese Götterschlachten – als kosmisches Kräfteringen und direkter Schlagabtausch der polaren Mächte – haben auch etwas mit dem Kräfteverhältnis der Planeten zu tun. Es wäre faszinierend, wenn es gelänge, die kosmologische Bedeutung dieser Ereignisse zu identifizieren, denn dadurch bekäme man völlig neue Einblicke in die Vergangenheit der Erde, des Sonnensystems und des Universums. Nur eine von vielen Textstellen, die eine Verschiebung der Konstellationen andeutet, sei hier erwähnt:

> „Indra kämpft mit Vṛṣa-parva, die Sonne mit Vipracitti, der Mond mit Dambha, Saturn mit Raktasa, Yama (Pluto) mit Samhara." (Brahmavaivarta Purāṇa 2.19.1-10)

Außerirdische Einflüsse im Kali-yuga

Der Tripura-Vorfall enthält viele wichtige Aspekte. Ich kann hier nur einen herausgreifen, der jedoch ein wichtiges und heikles Thema anschneidet. Diese Tripura-Mächte waren erpicht, unbezwingbare Raumschiffe zu bekommen, weil sie sich auf der Erde einrichten und allesgebietenden Einfluß verschaffen wollten, denn sie waren überzeugt, die rechtmäßigen Besitzer dieses Planeten zu sein.

Gleichzeitig verfügten sie über unwiderstehliche Kräfte, weil sie schwarzmagische Techniken pflegten. Maya, der Gott dieser Dānavas, der die Raumschiffe geschaffen hatte, richtete in allen drei Festungen einen besonderen Ort ein, wo er residierte und zugleich verehrt wurde – auch auf der Erde.

Die echten Götter lassen sich nie als Gott verehren, zumindest monopolisieren sie die Hingabe ihrer Verehrer nie mit Absolutheitsansprüchen; aber hier bekommen wir den Eindruck, daß der Ober-Dānava Maya eine eigene Religion gründete und seine Untergebenen mit großen Wundern beeindruckte und einschüchterte.

Ich kann nicht verheimlichen, daß man aus vedischer Sicht dem heutigen UFO-Phänomen mit gemischten Gefühlen begegnet. Wenn man die Vielfalt außerirdischer und höherdimensionaler Wesen undifferenziert als göttlich gute Heilsbringer bezeichnet und denkt, physischer und technologischer Fortschritt sei gleichbedeutend mit spirituellem Fortschritt, dann ist das ein zu gutgläubiger Glaube. Ich bin zwar auch überzeugt, daß ein großer Teil der sogenannten „Außerirdischen" göttliche Impulse verkörpert und in der geistigen Evolution der Menschen eine wichtige Rolle spielt; aber wir dürfen nicht vergessen, daß wir schon seit fünftausend Jahren im Kali-yuga leben, im dunklen Zeitalter, das den dunklen Kräften die Möglichkeit gibt, ihren Einfluß auf der Erde zu verstärken, ein Einfluß, der schon seit Jahrtausenden währt. Die vorhin zitierte Channeling-Botschaft von Carl Anderson sprach von siebentausend Jahren. Das Kali-yuga begann vor fünftausend Jahren, aber die Übergangszeit hatte bereits Jahrtausende zuvor eingesetzt.

Es würde zu weit führen, hier auf die Yuga-Erklärung der vedischen Schriften einzugehen. Nur so viel: Die Yugas sind zyklische Zeitalter, die sich wiederholen. Wenn Sie es unglaublich finden, daß es hier auf der Erde schon früher ähnliche Zeitalter gegeben hat wie das heutige, dann können sie diese Beschreibung der früheren Kali-yugas einfach als Prophezeiung für das gegenwärtige Zeitalter auffassen, denn als das sind sie auch gedacht. Das Śrīmad-Bhāgavatam gibt uns hinsichtlich des Kali-yugas eine wichtige Information. Ich möchte ein Zitat von einem der bedeutendsten Veda-Lehrer der Gegenwart, Harikeśa Swami Viṣṇupāda, anführen, der diese Kali-yuga-Prophezeiung wie folgt erläutert:

> „Die vedischen Schriften enthalten nicht viele detaillierte Informationen über frühere Kali-yugas, denn sie beziehen sich hauptsächlich auf das gegenwärtige, aktuelle Kali-yuga. Allerdings bekommen wir sehr wohl gewisse Einblicke, wie es in früheren Kali-yugas ausgesehen haben muß. Zum Beispiel erfahren wir, daß damals gewisse atheistische außerirdische Rassen mit ihren Raumschiffen auf die Erde kamen und diesen Planeten vollständig unterwarfen, so daß auf der Erde ein atheistischer ‚Friede' herrschte. In einer solchen Situation, so erfahren wir aus dem 2. Canto des Śrīmad-Bhāgavatam, erschien eine Inkarnation Buddhas, der jedoch nicht mit jenem Buddha verwechselt werden sollte, der erst vor relativ kurzer Zeit erschienen ist. Der Buddha, von dem im 2. Canto des Śrīmad-Bhāgavatam die Rede ist, erschien in einem früheren Kali-yuga, und seine Mission war es, diese atheistischen Mächte zu neutralisieren – was er auch tat. Das ist, was uns das Śrīmad-Bhāgavatam über die früheren Kali-yugas mitteilt."[95]

Wer sich nicht mit dem UFO-Phänomen beschäftigt, könnte meinen, bei diesem Szenario handle es sich bloß um billige Horror-Science-fiction. „Serie V – Die Außerirdischen kommen". Vielleicht ist an diesen Darstellungen mehr wahr als man denkt. Einige Spuren, die die UFOs heute zurücklassen, passen zumindest genau zur Wellenlänge der genannten dunklen Mächte. Auf jeden Fall ist eines sicher: Die wahren Götter, die positiven Lichtwesen, würden nicht Kühe, Pferde und andere Wesen zerstümmeln und bis auf den letzten Bluttropfen leersaugen, wie das seit bald dreißig Jahren in Tausenden von *bekanntgewordenen* Fällen vorgekommen ist. Die Dunkelziffer und die Frage, seit wann diese Dinge tatsächlich geschehen, müßte noch ergründet werden, denn offensichtlich sind diese Fälle nur deshalb bekanntgeworden, weil diejenigen, die dafür verantwortlich sind, wollen, daß wir auf sie aufmerksam werden. Gleichzeitig beweisen sie, daß sie fähig wären, das ganze auch spurlos und unentdeckt zu vollbringen. Aber irgendwie gefällt es ihnen, den schockierten Bauern die zerstümmelten, blutleeren Tierleichen vor die Nase zu werfen, ohne jede weitere Spur.

Das mag in unseren Augen wie die Machenschaft von negativen, destruktiven Wesen aussehen, aber fairerweise müssen wir hier erwähnen, daß die heutige Menschheit kein Recht hat, mit den Fingern auf diese „Negativen" zu zeigen, denn sie selbst sind noch negativer und destruktiver. Wie viele Tiere verstümmeln die Menschen täglich? Damit denke ich nicht nur an die Vivisektion, sondern auch an die arglosen Eßgewohnheiten von 80 oder 90% der Menschheit, die die Tiere nicht nur zerstümmeln, sondern die zerstümmelten Leichen auch noch aufessen. Es ist die Negativität der Menschen, die es negativen Kräften erlaubt, ihren Einfluß auszubreiten.

Neben den Verstümmelungen sind mittlerweile auch viele Fälle bekanntgeworden, in denen Männer und Frauen von grauen Ufonauten entführt und für genetische und experimentelle Zwecke verwendet wurden. So unglaublich diese Berichte sind, eines ist sicher: Die göttlichen Wesen würden nie Menschen entführen und Hybridmischwesen züchten – auch wenn die Menschheit in Gefahr ist, denn sie haben ganz andere Mittel, um zu helfen –, und sie würden auch nicht die irdischen Mächte mit Technologie ködern.

All diese Dinge, die heute jedoch geschehen, passen zur Aussage des Padma Purāṇa (1.76.118-119, 123):

> „Im Satya-yuga leben auf der Erde nur die göttlichen Wesen. Es gibt weder Asuras noch andere Menschenformen. Im Tretā-yuga sind diese zu einem Viertel und im Dvāpara-yuga zur Hälfte gegenwärtig. In der Übergangszeit vom Dvāpara- zum Kali-yuga vermischen sie sich (erscheinen in derselben Dynastie). In dieser Phase fand die große Schlacht von Kurukṣetra statt. ... Im Kali-yuga erscheinen auf der Erde göttliche und dämonische Wesen, und die restlichen sind die Menschen. In dieser Zeit erscheinen auch die Gewaltwesen [Rākṣasas] auf der Erde, die von Menschen und Tieren leben."

Nicht alle Wesen und Flugobjekte, die sich in Erdnähe herumtreiben, kommen von anderen Planeten. Einige könnten auch von der Erde selbst stammen, oder sie könnten aus der Vergangenheit kommen. Noch nicht so lange ist es her, wo gewisse Gruppierungen mit höherer Technologie auf der Erde lebten und aus irgendwelchen Gründen gehen mußten oder sich zurückzogen. Heute könnten sie zurückkommen, weil ihr Planet nun von der Menschheit existentiell bedroht wird, oder weil sie die Erde immer noch als ihren Besitz betrachten.

Das Kräfteringen dauert schon lange und scheint heute wieder ausgeprägt zu sein. In diesem Licht bekommen auch die Legenden der alten Hochkulturen plötzlich einen neuen Sinn. Eines der ältesten Epen der Welt, das Gilgamesch-Epos aus Sumer, berichtet ausführlich über die Aktivitäten und Affären der „Götter“, die vom Verfasser dieses Epos „Anunnaki“ genannt werden. Dieser Ausdruck erinnert direkt an die Begriffe Anakim und Nephilim im ersten Buch Moses (Genesis). Nephilim bedeutet im Hebräischen dasselbe wie Anunnaki im Sumerischen, nämlich „diejenigen, die vom Himmel auf die Erde kamen“. Das Gilgamesch-Epos beschreibt ebenfalls eine Sintflut, und die Parallelen zum biblischen Sintflut-Bericht sind offensichtlich, nur mit einem großen Unterschied.

Ein Sumerologe faßt die diesbezüglichen Stellen des Gilgamesch-Epos wie folgt zusammen:

> „Die Geringschätzung des Dichters für die Götter ist besonders in der Sintflutgeschichte auffallend, wo die Götter große Gier zeigen, den Geruch des langentbehrten Räucheropfers zu riechen. Was die Göttin Ischtar betrifft, so keift sie wie ein altes Weib und richtet gnadenlos Unheil an, das nur dank Eas Schlauheit abgewendet wird. Die Götter sind zwischen zwei Parteien verteilt, zwischen denen der Gott Enlil eine willkürliche Vermittlerrolle spielt. Der einzige Gott, für den der Dichter Achtung zeigt, ist der Sonnengott, der Gilgamesch leitet.“[96]

Die Parallelstelle aus der Bibel lautet:

> „Noah baute [nach der Sintflut] einen Opferaltar für den Herrn, nahm von allen reinen Tieren und Vögeln je eins und brachte sie darauf als Brandopfer dar. Der Herr freute sich über den Duft des Opfers [... roch den lieblichen Duft des Opfers (Zwingli-Bibel)] und sagte zu sich selbst: ‚Ich will die Erde nicht noch einmal bestrafen und alles Leben auf ihr ausrotten, nur weil die Menschen so schlecht sind. Ihr Denken und Tun ist nun einmal böse von Jugend auf. Solange die Erde besteht, folgen in stetem Wechsel Aussaat und Ernte, Frost und Hitze, Sommer und Winter, Tag und Nacht. Diese Ordnung ist unumstößlich.‘“ (Gen. 8.20-22)

Ist „Gott“ Gott?

Die Szene, die der Sintflut vorangegangen ist und (laut Genesis) zu diesem Strafgericht geführt hat, wird wie folgt beschrieben:

> „Als die Menschen anfingen, sich auf der Erde zu mehren, und ihnen Töchter geboren wurden, sahen die Gottessöhne, daß die Töchter

der Menschen schön waren, und sie nahmen sich, welche sie nur wollten." (Genesis 6.1-3, Zwingli-Bibel)

Im hebräischen Originaltext lautet das Wort für „Gottessöhne" *bene elohim,* wörtlich: „Söhne der Elohim", „Söhne der Götter". Man fragt sich, was das für Söhne waren. Und wer waren die Väter, die solche Söhne hatten? Elohim wird immer als „Gott, der Herr" übersetzt.

Dieser Gott bereitet vielen Menschen Mühe. Die einen verbieten jedes Hinterfragen und fordern gedankenlosen Glauben an „Gottes Worte" und sind sogar bereit, auf Gewalt zurückzugreifen, um die Fragenden zum Schweigen zu bringen. Andere bekommen Zweifel und wenden sich von Gott ab.

Der bekannte Historiker Will Durant schreibt in seiner *Kulturgeschichte der Menschheit:*

„Dieser neue Gott erhebt keinen Anspruch auf Allwissenheit; er verlangt von den Israeliten, daß sie ihre Wohnungen durch das Besprengen mit dem Blute des Opferlamms erkennbar machen sollen, damit er nicht aus Unachtsamkeit ihre Kinder zusammen mit den Erstgeborenen der Ägypter vernichte (2. Mose 12.7-13). Er kann sehr wohl Fehler begehen, und sein schlimmster Fehler war, den Menschen erschaffen zu haben. Zu spät bedauert er, daß er Adam den Lebensodem einhauchte und daß er es zuließ, daß Saul König wurde. Ab und zu ist er gefräßig, jähzornig, blutdürstig, launisch und eigensinnig. Er billigt die Arglist Jakobs, um Rache an Laban zu nehmen (1. Mose 31.11-12), sein Gewissen ist so biegsam wie das eines politisch tätigen Bischofs. Er ist gesprächig und liebt es, lange Reden zu halten. Aber er ist scheu und gestattet nicht, daß die Menschen sein Antlitz zu sehen bekommen (2. Mose 33,23). Noch nie zuvor gab es einen so völlig vermenschlichten Gott."[97]

Wir erinnern uns an die oder den Elohim, deren Söhne die Töchter der Menschen heimsuchten, und lesen eine der detailliertesten Elohim-Beschreibungen, die in der Bibel zu finden ist:

„Er neigte den Himmel tief auf die Erde und fuhr hernieder auf dunklen Wolken. Er ritt auf einem geflügelten Kerub und schwebte herab auf den Flügeln des Sturms. Er hüllte sich ein in Finsternis, in Regendunkel und schwarzes Gewölk. Sein strahlender Glanz verscheuchte die Wolken mit Hagelschlägen und glühenden Wolken." (Psalm 18.10-13)

„Zehntausende von blitzenden Wagen hat Elohim, in ihrer Mitte der Herr selber, der Heilige in seiner Herrlichkeit. Der Herr ist vom Sinai gekommen ins Heiligtum. Du bist emporgestiegen zur Höhe und hast Gefangene weggeführt." (Psalm 68.18-19)

Nach der Sintflut, nachdem Noah Elohim mit dem Fleischopfer besänftigt hatte, wurden die Menschen jedoch wieder hochmütig. Sie wollten in Babel einen Turm bauen, der „bis an den Himmel reicht" und die Erbauer „in aller Welt berühmt" machen sollte.

Gott ist alarmiert:

„Wohin soll das noch führen? Sie sind ein einziges Volk und sprechen alle dieselbe Sprache. Wenn sie diesen Bau vollenden, wird ihnen nichts mehr unmöglich sein. Sie werden alles ausführen, was ihnen in den Sinn kommt. Ans Werk! Wir steigen hinab und verwirren ihre Sprache, damit keiner mehr den anderen versteht." (Genesis 11.6-7)

Wer ist „wir"? Wer spricht hier? Einige Autoren haben bereits gewagt, eine unverhohlene Antwort zu geben, z.B. Zecharia Sitchin, Peter Krassa und Erich von Däniken.* Sie alle mutmaßen: „Dieser Gott ist gar nicht Gott!"

Das ist der umwerfende Schock, den das UFO-Phänomen für die abendländischen Religionen darstellt. Wie werden die Religionen darauf reagieren? Dieses Hinterfragen, das bis vor kurzem noch Folterung und Ausmerzung nach sich gezogen hätte, führt heute bei verschiedenen Menschen zu unterschiedlichsten Schlußfolgerungen: Fanatisches Festhalten am „Glauben", Aggression und Nicht-hören-Wollen, Atheismus und Gleichgültigkeit, Hohn und Schadenfreude oder dann einen neuen Glauben an den anderen, „unbekannten Gott".

Ganz mutig drückt sich Erich von Däniken aus, und beruft sich dabei sogar auf die Sanskritschriften:

„Das Alte Testament überliefert den Gott der Israeliten als einen eifersüchtigen Gebieter: ‚Du sollst keinen anderen Gott neben mir haben!' Dieser Gott hat sich ein Volk ‚auserwählt', obwohl er wußte, daß es auch ‚andere Völker auf dem Erdboden' gab (2. Mose 33.16). Gott ließ mit sich handeln, bereute sogar seine Maßnahmen: ‚Da ließ sich der Herr das Unheil gereuen, das er seinem Volk angedroht hatte.' (2. Mose 32.14)

Zieht man die Sanskrittexte hinzu, wird erahnbar, warum der gar nicht so göttliche Gott des Alten Testaments so handelte, wie er handelte. Gott und die Götter waren Außerirdische ...(!)"[98]

* Siehe Literaturverzeichnis

Wer kann an einen unglaubwürdigen Gott glauben? Aber wie kann Gott – falls es Ihn gibt – unglaubwürdig sein? Hier zeigt sich ein weiterer Grund, warum die vedischen Schriften so wichtig sind. Sie erscheinen gerade zur richtigen Zeit, um uns vor einer „Glaubenskrise" zu bewahren. In den heiligen Schriften der Veden offenbart sich ein Gott, der nicht eifersüchtig ist, ein Gott, der allumfassend ist, ein Gott, der nicht gegen die Götter predigt – Gott, in dessen Schöpfung es eine ungeheure Vielfalt gibt. Nach über fünftausend Jahren Kali-yuga und Kali-yuga-Religionen stehen wir heute an einer entscheidenden Schwelle. Wir müssen viel lernen, vor allem das Unterscheiden.

In diesem Sinn fasse ich kurz zusammen: Aus den vedischen Schriften geht hervor, daß interplanetarische Kontakte zur multidimensionalen Realität des Universums gehören. Das war in der Vergangenheit so und ist in der Gegenwart nicht anders. Wer die vedischen Schriften kennt, wird nicht verwirrt sein, wenn sich in Zukunft immer mehr göttliche und weniger göttliche Stimmen an die Menschheit wenden.

Wie die indologischen Lehrmeinungen entstanden

Zusammenfassung: Die ersten Gelehrten, die sich eingehend mit der indischen Religion und Kultur auseinandersetzten, waren englische Akademiker und Missionare im 18. und 19. Jahrhundert. Diese waren vom britischen Imperium beauftragt worden, im Interesse der Kolonisation das indische Volk von seiner Kultur und Religion zu entfremden. Zu diesem Zweck wurde eine zweifache Taktik angewandt: Erstens sollte in Indien das Christentum eingeführt werden, und zweitens sollte die einheimische Religion als primitiv und heidnisch „entlarvt" werden, damit das indische Volk und vor allem die indischen Intellektuellen beschämt ihre eigene Kultur zurückweisen würden. Später kam noch eine dritte Taktik hinzu, nämlich das Schüren der Konflikte zwischen den Religionen (Hindus, Sikhs, Moslems). Nachdem im 18. und 19. Jahrhundert die ersten beiden Programmpunkte das Feld vorbereiteten, schien im 20. Jahrhundert der dritte Programmpunkt Indien den Rest zu geben.

Anfangs des 19. Jahrhunderts kamen, im Zug der britischen Propaganda, vermehrt indische Texte in den Westen. Die aktuellen Berichte von den Mißständen in Indien (Kastensystem, Götzenverehrung usw.) sollten durch diese Textbeispiele noch untermauert werden.

Als jedoch in Europa, vor allem in Deutschland, unvoreingenommene Gelehrte mit den vedischen Schriften und mit der Sanskritsprache in Berührung kamen, entsprach deren Reaktion nicht den Erwartungen der christlichen Imperialisten. Statt angesichts der „primitiven" Mythologie der indischen Götter empört und entsetzt zu sein, waren diese Gelehrten, Philosophen, Dichter und Sprachforscher von der Entdeckung dieses geistigen Reichtums höchst beeindruckt und bewegt, ja sogar begeistert. Viele kamen in unabhängigen Studien zum Schluß, daß das Sanskrit die Muttersprache der modernen Sprachen sei und daß das alte Indien ein älterer und höherstehender Ursprung der menschlichen Zivilisation und Religion sei als der alttestamentarische Orient.

Dieser neue Wind löste in den Kreisen des christlichen Abendlandes große Besorgnis aus, denn eigentlich sollte Indien vom Christentum missioniert werden, und nicht umgekehrt. Gewisse kirchentreue Gelehrte bemühten sich in der Folge noch eifriger, die indische Religion, Kultur und Sprache zu relativieren und in Verruf zu bringen. Aus dieser Bemühung entstanden diejenigen Theorien, die heute in allen indologischen Schulbüchern kritiklos als historische Wahrheit dargestellt werden, insbesondere die Theorie von der Arier-Invasion in Indien und die Sprachtheorie von der angeblichen indogermanischen Ursprache.

Es lohnt sich, diese schon bald vergessenen Zusammenhänge zu kennen, denn dadurch wird es möglich, verschiedene indologische (ideologische?) Behauptungen differenzierter zu beurteilen.

Ex oriente lux*

Geographisch gesehen, liegt eine halbe Welt zwischen Bhārata (Indien) und Europa, historisch aber eine noch viel größere Distanz – ganze Welten, ja Zeitalter. Die historische Distanz ist so einschneidend, daß sie sogar Indien selbst, nicht nur den „Rest der Welt", von der epochalen vedischen Vergangenheit trennt.

Trotzdem haben sich die Überlieferungen des Veda und auch andere Spuren der einstigen Hochkultur lebendig erhalten. Richtig zu lesen und zu deuten vermag man diese Zeugnisse jedoch nur unter fähiger Führung, und diese wurde in Indien nicht mehr gefördert (aufgrund der allgemeinen Abwendung und Dekadenz, verursacht durch den Einfluß des Kali-yugas), und dem Westen fehlte sie gänzlich. Erst vor dreißig Jahren zeichnete sich eine Wende ab, als A.C. Bhaktivedanta Swami Prabhupāda, einer der letzten, aber auch kraftvollsten Vertreter des vedischen Ursprungs, aus Indien und der dort herrschenden Starre heraustrat und in den Westen reiste, um diese Kluft zu überbrücken. Sein Erscheinen, seine Erklärungen und sein persönliches Beispiel ließen die vedische Botschaft wieder in ihrer ganzen spirituellen Kraft und Harmonie aufleben, was ungeahnte dynamische Folgen nach sich zog. Weltweit fanden sich auf einmal Menschen, die das Śrīmad-Bhāgavatam zu studieren begannen und die darin vorausgesagte spirituelle Revolution „im gottlo-

*lateinisch: „Aus dem Osten kommt das Licht"

sen Dasein einer irregeleiteten Zivilisation“ zumindest im persönlichen Bereich vollzogen.

Auch vor zweihundert Jahren, als zum ersten Mal schriftliche Zeugnisse Indiens den Westen erreichten, gab es faszinierte Empfänger, die sich in diese „fremden“ heiligen Schriften vertieften. Viele von ihnen sahen im Auftauchen dieser Schriften ein Zeichen der Zeit und sahen mit Hoffnung dem Umbruch entgegen, den diese Schriften auszulösen versprachen. Aber aufgrund des Mangels an spirituellen Kenntnissen und Vorbildern wurden die vedischen Schätze nur unvollständig und ohne das erforderliche Grundwissen erforscht, weshalb das damalige Indien-Engagement bald von der antiindischen Gegenströmung überspült oder zumindest verwässert werden konnte. Die ehrfürchtige Hinwendung zu Indien, das man als „Ursitz der Menschheit“ erkannt hatte, endete in Resignation oder Akademisierung. Das Thema Veden und Indien wurde in die Schranken wissenschaftlicher Distanziertheit gewiesen und zur elitären Universitätsdisziplin stilisiert: „Indologie“, ein pragmatisches, theoretisches Schulfach unter vielen. Europa hätte hören können, mußte aber fühlen.

Die europäische Ausbeutung und Missionierung Indiens

Bis gegen Ende des 18. Jahrhunderts war der Westen dem indischen Kontinent ausschließlich mit wirtschaftlichen oder dann mit christlich-missionarischen Interessen begegnet. Indien gehörte zu den reichsten Ländern der Welt und lockte den profitwittrigen Europäer. Kolumbus wollte dann auch einen schnelleren Weg nach Indien finden, stieß dabei auf Amerika, aber glaubte bis zuletzt, er sei in einem unbekannten Landstrich Indiens gelandet, weshalb er die Eingeborenen „Indianer“ nannte. Erst sechs Jahre später (1498) wurde der Seeweg nach Indien entdeckt, vom Portugiesen Vasco da Gama. Die Erschließung des Seeweges um das „Kap der guten Hoffnung“ nach Indien hatte sich für die europäischen Handelsmächte aufgedrängt, da der Landweg nicht an den arabisch-osmanischen Barrieren vorbeikam. Danach entbrannte ein wirtschaftlicher und auch politischer Krieg um Indien, und abwechslungsweise machten sich die Portugiesen, Franzosen, Dänen, Holländer und Engländer die Vorherrschaft streitig (bis ab Mitte des 18. Jahrhunderts die Engländer diesen Kampf für sich entschieden).

Über diese kolonisierenden und missionierenden Mächte drangen die ersten Indien-Beschreibungen nach Europa. Das siegreiche königliche England brachte auch die ersten einflußreichen Indologen und Sanskritforscher hervor, Sir William Jones (1746-1794) und Charles Wilkins (1749-1836) gelten als die Väter der Indologie. Sie und ihre Schüler erstellten die ersten Übersetzungen und ermöglichten das Lernen des Sanskrit. Diese *scholars* besaßen durchaus einen akademischen Respekt vor der indischen Kultur und Literatur, wohingegen gleichzeitig und kurz nach ihnen die Vertreter der wirtschaftlichen und religiösen Interessen Indien undifferenziert für primitv und ausbeutungswürdig befanden. So schrieb zum Beispiel *Marquis von Hastings,* der im Jahre 1813 als Hauptgouverneur nach Indien kam:

> „Der Hindu scheint ein Wesen zu sein, das fast nur auf die tierischen Funktionen beschränkt ist, und selbst diese scheinen ihm gleichgültig zu sein ... intellektuell auf keiner höheren Stufe als ein Hund."[99]

Die diplomatische Toleranz, die die britischen Kolonisatoren anfänglich der indischen Kultur und Religion gegenüber gezeigt hatten, wurde in der ersten Hälfte des 19. Jahrhunderts von den christlichen Missionaren in eine aggressive Schmähkampagne umgewandelt, mit dem erklärten Ziel, alle Inder zum Christentum zu bekehren. Diese destruktive Arroganz der britischen Kolonisatoren führte zum Sepoy-Aufstand 1857, der blutig niedergemacht wurde.

Während die christlichen Missionare die indischen Religionen mit ignoranter Polemik verteufelten, entwickelte sich immer mehr eine Zunft von gelehrten Missionaren, die der anti-indischen Propaganda eine akademische Basis verleihen wollten.

Ein typisches Beispiel eines solchen Indologen ist *H.H. Wilson* (1786-1860). Er reiste im Auftrag der East Indian Company nach Indien, war während mehr als zwanzig Jahren der Sekretär der Britisch-Asiatischen Gesellschaft von Bengalen und wurde 1833 Professor für Sanskrit an der renommierten Universiät von Oxford. 1837 wurde er auch zum Direktor der Königlich-Asiatischen Gesellschaft ernannt. Er widersetzte sich den fanatischen Bekehrungsmissionen in Indien, weil er als Gelehrter und Indien-Kenner eine wirkungsvollere Strategie verfolgen wollte:

> „Anhand des Überblicks, den ich Dir geschickt habe, wirst Du feststellen, daß die praktische Religion der Hindus keineswegs ein konzentriertes und kompaktes System ist, sondern ein heterogenes Ge-

misch aus verschiedenen und häufig unvereinbaren Bestandteilen, und daß ein paar uralten Fragmenten ausgedehnte und unautorisierte Teile hinzugefügt wurden, von denen die meisten von äußerst niederträchtiger und barbarischer Art sind. Es ist jedoch noch nicht ratsam, schon jetzt zu versuchen, diesem Unsinn den Kampf anzusagen; ihr Aberglaube basiert auf Unwissenheit, und solange nicht die Grundlage fortgenommen ist, wird der Überbau, ganz gleich wie verrückt und verfault er sein mag, zusammenhalten.“[100]

Wilson und seine Nachfolger gaben ihr Bestes, um die Ansicht, die indischen Schriften seien bloß eine wirre Zusammenstellung von ein paar alten Fragmenten und zahllosen neuen Hinzufügungen, als Tatsache zu etablieren. In seinen Oxford-Vorlesungen setzte Wilson sogar eine Belohnung von 200 Pfund Sterling aus, „für die beste Widerlegung des hinduistischen religiösen Systems“.[101]

Wilsons Nachfolger auf dem Sanskrit-Lehrstuhl in Oxford war *Sir M. Monier-Williams* (1819-1899). Er ist berühmt geworden für das große Sanskrit-Englisch-Wörterbuch, das er verfaßte. Mit diesem Wörterbuch und seinen Vorträgen wollte er den Missionaren das nötige Rüstzeug verleihen, um Indien nachhaltig erobern zu können:

„Es scheint mir, daß unsere Missionare bereits genügend davon überzeugt sind, daß es notwendig ist, diese Arbeiten zu studieren und sich mit ihren falschen Glaubensinhalten vertraut zu machen, um sie dann bekämpfen zu können. Wie könnte eine Armee von Eroberern irgendeine Möglichkeit des Erfolges im Feindesland haben, ohne die Position und die Stärke des Feindes zu kennen und ohne zu wissen, wie sie die besiegten Einheiten des Feindes gegen diese wenden können? ... All diese nichtchristlichen Bibeln [die vedischen Schriften] sind Entwicklungen in die falsche Richtung. Sie alle beginnen mit einigen Blitzen wahren Lichts und enden in völliger Finsternis.“[102]

Der wahrscheinlich einflußreichste Indologe war *Max Müller* (1823-1900). Er profilierte sich durch zahlreiche Sanskrit-Übersetzungen, und noch heute berufen sich viele Indologen, sogar indische Indologen, auf seine Publikationen und Ansichten. Er verhalf der Propaganda zum Durchbruch, die vedischen Schriften seien nur Mythologie und die glorreiche Vergangenheit Indiens, die in diesen Schriften beschrieben wird, sei bloß historische Phantasie. Diese Ansichten, die noch heute von einem Großteil der Indologen geteilt werden, sind allesamt der britischen bzw. christlichen Arroganz des letzten Jahrhunderts entsprungen.

Max Müller schrieb 1876 in einem Brief: „Indien ist für das Christentum viel reifer, als es Rom und Griechenland zur Zeit des heiligen Paulus waren.“[103]

Müller zog es sogar in Erwägung, an der Mission in Indien teilzunehmen, „deren Ziel es ist, die alte niederträchtige indische Priesterschaft zu zerstören und das Tor für die einfachen christlichen Lehren zu öffnen.“[104]

Parallel zu dieser imperialistischen Indologie, die auf dem englischen Boden wuchs, entstand in Deutschland ein anderer Forschungszweig, die mit der Ideologie der britischen Indologie ideal zusammenpaßte: die Linguistik.

Die damalige Indologie und Linguistik wurden zu mächtigen Mitteln, um den Inhalt der vedischen Schriften völlig zu verzerren. Diese Bemühung war nötig geworden, weil gleichzeitig zur antiindischen Propaganda bei einer ganzen Generation von jungen Intellektuellen, vor allem in Deutschland, ein Indien-Enthusiasmus erwacht war, der den christlichen Absolutheitsanspruch direkt in Frage stellte.

Eine Auswahl literarischer Zeugnisse von Deutschlands ersten Begegnungen mit dem vedischen Indien

Barrieren der Unkenntnis und Vorurteile versperren auch heute noch vielerorts den Zugang zum eigentlichen Wert der vedischen Kultur. Es ist daher aufschlußreich und auch eindrücklich, zu sehen, wie vor der Etablierung gewisser westlich-indologischer Lehrmeinungen kompetente, unvoreingenommene Sprachforscher, Philosophen und Dichter die indischen Quellen beurteilten.* Obwohl ihnen die vedischen Schriften nur auszugsweise – in eigener und/oder unauthentischer Übersetzung – zur Verfügung standen und ihr Wissen über die vedische Kultur gewiß nicht frei von Mißverständnissen war, gelang es ihnen, diese ersten indischen Wegweiser zu lesen und zu erkennen, in welche Richtung die europäische Horizonterweiterung gehen mußte. Ihnen fehlte zwar ein umfassendes vedisches Textmaterial, um schlagende, historisch differenzierte Argumente vorbringen zu können, aber nur schon die Vertiefung in das Vorhandene ließ sie dank ihrer umfassenden Sprachkenntnisse zur

* Eine ausführliche Auswahl entsprechender Zitate findet sich im Buch *Völkerwanderung* (von Armin Risi).

Überzeugung gelangen, daß die gegenwärtigen Zivilisationen im Osten wurzeln und dort, insbesondere in der altindischen Kultur, nicht nur ihren Anfang nahmen, sondern wahrscheinlich auch einen frühen Höhepunkt erlebten.

> „Warum sollte nicht wieder von neuem werden, was schon gewesen ist? Auf eine andre Weise, versteht sich. Und warum nicht auf eine schönere, größere? ... Sie [die Menschheit] muß, wie die Sachen stehn, untergehn oder sich verjüngen. Was ist wahrscheinlicher, und was läßt sich nicht von einem solchen Zeitalter der Verjüngung hoffen? – Das graue Altertum wird wieder lebendig werden ...“[105]

Diese Hoffnung auf ein bald anbrechendes besseres Zeitalter verhalf der damaligen Generation zu einer mutigen Stimmung des Aufbruchs in Richtung Natur, Ursprung und Gott. Als gleichzeitig, also um die Wende vom 18. zum 19. Jahrhundert, die ersten Sanskritwerke auftauchten, kam dies der Entdeckung eines gelobten Landes gleich. Schon lange hatte man vermutet – aufgrund verschiedener Hinweise im Alten Testament –, daß die Forschung nach den Ursprüngen der Menschheit nach Indien führen wird:

> „Es hatte aber alle Welt einerlei Sprache und einerlei Worte. Als sie im Osten aufbrachen, fanden sie eine Ebene im Lande Sinear, und ließen sich dort nieder.“ (1. Mose 11.1-2)

Die alten Vorfahren waren also im Osten aufgebrochen und ließen sich dann im Lande Sinear, im Gebiet der beiden großen Ströme Euphrat und Tigris, nieder. Der Ort ihres Aufbruches lag also weiter im Osten, jenseits von Mesopotamien. Auch in den Worten des Propheten Josua fand man die Bestätigung, daß die Väter Abrahams in einer früheren Zeit aus dem Osten über die mesopotamischen Flüsse gekommen waren:

> „Vor langer Zeit wohnten eure Vorfahren jenseits des Stromes und verehrten fremde Götter.* Das ging so bis zu Tarach, dem Vater Abrahams und Nahors.“ (Josua 24.2)

Aus dem Alten Testament wußte man also, daß vor dem Turmbau zu Babel, auf den sich das Zitat aus 1. Mose 11 bezieht, die Welt dieselbe Sprache gesprochen hatte, und zwar in einem östlichen

* Sie verehrten verschiedene Formen von dunklen Mächten oder bestenfalls Halbgöttern (Devas) und nicht mehr den einen, höchsten Gott. Solche Abweichungen traten seit Beginn des Kali-yugas nicht nur im Land des Alten Testamentes auf, sondern offensichtlich auch weiter im Osten, in Indien.

Land jenseits von Mesopotamien. Als nun die Schriften Indiens und die Sanskritsprache bekannt wurden, drängte sich der logische Schluß auf, daß das Sanskrit die Muttersprache und das Indische demnach die Urkultur sein mußte. Zu jenen, die diese Ansicht vertraten, gehörten Herder, die Gebrüder Schlegel, Humboldt, Hölderlin, Novalis, Rückert und Schopenhauer, ganz zu schweigen von denen, die die indische Kultur einfach lobten und wertschätzten, angefangen bei Immanuel Kant.

Der Vorkämpfer der deutschen Orient-ierung war *Johann Gottfried Herder* (1744-1803). Er bekleidete kirchliche Ämter, konnte sich aber nie mit der christlichen Arroganz anfreunden. So war er zeit seines Lebens hin- und hergerissen zwischen den Dogmen, die er vertreten mußte, und seinen persönlichen Interessen, die ihn in ganz andere geistige Gefilde trugen. Er diskutierte mit Sympathie den Reinkarnationsglauben und wandte sich gegen die Verteufelung anderer Kulturen und Religionen. In diesem Bestreben setzte er sich eingehend mit der Thematik der Menschheitsgeschichte auseinander. Bereits 1774 schrieb er: „Morgenland! die Wiege des Menschengeschlechts, menschlicher Neigungen und aller Religion."[106] Sein Blick nach Osten ist emphatisch, wie in einer Vision, und reicht bis an den Ganges:

> „Die Vorsehung leitete den Faden der Entwicklung weiter – vom Euphrat, Oxus und Ganges herab, zum Nil und an die Phönicischen Küsten – große Schritte!"[107]

Obwohl Herder, beeinflußt vom Alten Testament, damals noch vermutete, der Ursprung dieser Entwicklung sei in Palästina zu suchen, korrigierte er sich später und schrieb, der Ursprung sei zweifelsohne in Indien zu finden. In seinem Buch *Ideen zur Philosophie der Geschichte der Menschheit* (1784/91) analysiert er im Kapitel 10.VI/VII („Schluß der ältesten Schrifttradition über den Anfang der Menschengeschichte") die alttestamentarische Beschreibung der Sintflut und erkennt die religiös und geographisch eingeschränkte Sicht der christlichen Geschichtsforscher:

> „Die vielfache Mühe, die man sich gegeben hat, sämtliche Nationen der Erde nach diesem Stammbaum [der Überlebenden nach der Sintflut] zu Abkömmlingen der Hebräer und zu Halbbrüdern der Juden zu machen, widerspricht nicht nur der Zeitrechnung und der gesamten Völkergeschichte, sondern dem Standpunkt dieser Erzählung

selbst ... Da ist wohl kein Zweifel, daß dieser Ursitz ihm [dem Verfasser des Alten Testaments] eine Gegend zwischen den indischen Bergen sein sollte. Das gold- und edelsteinreiche Land, das er nennet, ist schwerlich ein anderes als Indien, das von alters her dieser Schätze wegen bekannt war... Das Urgebirge Asiens hat dem Menschengeschlecht den ersten Wohnplatz bereitet und sich in allen Revolutionen der Erde fest erhalten. Mitnichten erst durch die Sündflut aus dem Abgrunde des Meeres emporgestiegen, sondern sowohl der Naturgeschichte als der ältesten Tradition zufolge das Urland der Menschheit, ward es der erste große Schauplatz der Völker."

Dieselbe Vision hatte der Dichter *Friedrich Hölderlin* (1770-1843), allerdings nicht aufgrund kulturhistorischer Forschung, sondern durch mythische Intuition. In seinen hymnischen Gedichten erwähnte er des öfteren, daß der Ursprung seiner geliebten griechischen Kultur im Osten, namentlich in Indien, zu suchen sei und daß sich von dort aus „der Genius" im Laufe der Zeit westwärts bewegt habe:

Doch, wie der Frühling, wandelt der Genius
Von Land zu Land. (aus: Gesang des Deutschen)

... so kam das Wort aus Osten zu uns,
Und an Parnassos Felsen und am Kithäron hör ich,
O Asia, das Echo von dir ... (aus: Am Quell der Donau)

Des Ganges Ufer hörten des Freudengotts
Triumph, als allerobernd vom Indus her
Der junge Bacchus kam, mit heilgem
Weine vom Schlafe die Völker weckend. (aus: Dichterberuf)

Mein Vater ist gewandert ...
Zu dem Olympos und Hämos,
Wo den Schatten der Athos wirft,
Nach Höhlen in Lemnos.
Anfänglich aber sind
Aus Wäldern des Indus,
Starkduftenden,
Die Eltern gekommen. (aus: Der Adler)

Jetzt komme, Feuer!
Begierig sind wir,
Zu schauen den Tag,
... vom Indus her
Fernangekommen ... (aus: Der Ister)

Der deutsche Philosoph, Dichter und Sprachforscher *Friedrich von Schlegel* (1772-1829) begann im Jahre 1803 eigene Sanskritstudien und veröffentlichte fünf Jahre später das Buch *Über die Sprache und Weisheit der Indier* (1808). Im Vorwort zu diesem Werk betont er nachdrücklich, wie sehr der Westen vom indischen Studium profitieren kann:

> „Und so mußte ich mich denn fürs erste darauf beschränken, durch den gegenwärtigen Versuch nur einen Beweis mehr zu liefern, wie fruchtbar das indische Studium dereinst noch werden könne, die Überzeugung allgemeiner zu verbreiten, welche reichen Schätze hier verborgen seien, die Liebe für dieses Studium wenigstens vorläufig auch in Deutschland anzufachen, und für die Aussicht des ganzen einen festen Grund zu legen, auf welchem sich nachher mit Sicherheit weiter fortbauen ließe."

Er vertrat dann auch offen die Ansicht, daß die Spuren der europäischen und hellenischen Vorfahren nach Indien führen. In einem Brief an Ludwig Tieck (1803) schreibt er:

> „Hier ist eigentlich die Quelle aller Sprachen, aller Gedanken und Gedichte des menschlichen Geistes; alles, alles stammt aus Indien ohne Ausnahme. Ich habe über vieles eine ganz andere Ansicht und Einsicht bekommen, seit ich aus dieser Quelle schöpfen kann."

August Wilhelm von Schlegel (1767-1845), der „erste deutsche Brahmine", wie Friedrich von Schlegel, sein Bruder, ihn nannte, war der Begründer der Indologie in Deutschland. Er erlangte insbesondere als Shakespeare-Übersetzer Berühmtheit, denn er zeichnete sich durch hervorragende Sprachkenntnisse aus und beherrschte das Französische, Englische, Italienische, Spanische, Lateinische, Griechische, Persische und Arabische, lernte später auch Sanskrit und wurde im Jahre 1818 Professor für Sanskrit und Indologie an der Universität von Bonn, die als erste in Deutschland diese Fakultät schuf.

> „Ich glaube, es ist den Deutschen vorbehalten, alles ans Licht zu fördern, was die Werke der indischen Weltweisen und Dichter für die Theorie und Geschichte der Sprachen, für die Aufklärung des Zustandes der Urwelt, ihrer religiösen und philosophischen Begriffe, nebst den ersten Anfängen der Wissenschaft, zu einer so unendlich ergiebigen Quelle macht." (Brief an den Kronprinzen Ludwig von Bayern, 12.10.1817)

Schlegel gründete die Zeitschrift *Indische Bibliothek,* in der er Ausschnitte von übersetzten Sanskrittexen veröffentlichte und Kommentare dazu verfaßte. Dank seiner Bemühung hörte in Deutschland zum ersten Mal ein breiteres Publikum von Kṛṣṇas Bhagavad-gītā, vom Rāmāyaṇa und von anderen klassischen Sanskritschriften. Mit der Unterstützung durch die preußische Regierung konnte er als Indologie-Professor in Bonn, das er in ein „zweites Benares" verwandeln wollte, die erste indische Druckerei errichten, die in der Lage war, Originaltexte mit den Devanagari-Lettern des Sanskrit zu drucken.

In einem Brief an August Böckh (19. Sept. 1837) stellt er klar: „Ich habe gar keine einseitige Vorliebe für die Indier", aber weist im selben Brief mit Nachdruck auf folgende Tatsache hin:

> „Wir Indianisten stehen eigentlich im Nachteil gegen negative Köpfe, die kein Sanskrit wissen. Denn es wird schwer halten, ihnen Erscheinungen anschaulich zu machen, die in der ganzen Geschichte des menschlichen Geistes unvergleichbar bleiben. ... Bei der kritischen Betrachtung jedes alt-indischen Geisteserzeugnisses wird man wie in einer Spirallinie gegen ein unerschwinglich hohes Altertum hinaufgewunden."

Ohne Sanskritkenntnisse hatte Herder bereits zwanzig Jahre vor Schlegel ein überraschend treffendes und einfühlendes Indien-Bild entworfen. In seinem umfangreichen Werk *Ideen zur Philosophie der Geschichte der Menschheit* (1784/91) vergleicht er unter anderem die verschiedenen Völker und deren Sprachen, um Hinweise auf einen gemeinsamen Ursprung und, davon abgeleitet, auf mögliche zukünftige Entwicklungen zu finden. In diesen Abhandlungen kommt er immer wieder zum Schluß, daß die Völker des Abendlandes dem Morgenland entstammen und daß die Kultur und Religion der Brahmanen der westlichen überlegen ist und deren Ursprung darstellt; dabei bedauert er sehr den Einfluß des (christlichen) Westens in Indien:

> „Die Stämme der Brahmanen haben vom Anfange der Welt her weder Fleisch noch Wein gekostet. ... Alle grobfühlenden Völker in einem wilden Zustande oder harten Klima leben gefräßig ... Unsere Üppigkeit, um deren willen wir alle Weltteile beunruhigen und berauben, was will, was suchet sie? Neue und scharfe Gewürze für eine gestumpfte Zunge, fremde Früchte und Speisen, ... berauschende Getränke, die uns Ruhe und Geist rauben." (Achtes Buch, I. Kapitel)

Was Herder zum Ausdruck bringt, ist nicht eine blinde Idealisierung Indiens, denn er kannte sehr wohl auch die dortigen Mißstände (Kastensystem, soziale Unterdrückung nach Geburtsrecht, usw.). Er war sich jedoch bewußt, daß dies nur die Zerfallserscheinungen einer früheren Hochkultur waren; er wies daher auf die Größe der ursprünglichen Kultur Indiens hin, betonte aber, daß Indien auch heute noch – trotz der gegenwärtigen Mängel und der Leiden aufgrund fremder, machtgieriger Einflüsse – eines der reichsten Länder der Welt ist und an Charakter, Sittlichkeit und Friedfertigkeit den Europäern nach wie vor ein würdiges Vorbild liefert:

> „Die Frage, ob etwas gut oder übel sei, ist bei allen Einrichtungen der Menschen vielseitig. Ohne Zweifel war die Einrichtung der Brahmanen, als sie gestiftet war, gut; sonst hätte sie weder den Umfang, noch die Tiefe und Dauer gewonnen, in der sie dasteht." (11. Buch, IV. Kapitel, Indostan)

Herders Werk, das ja noch im 18. Jahrhundert erschien, war wegbereitend für das Indien-Interesse der nachfolgenden Generation, denn er behandelte als erster in Deutschland die Frage nach dem Ursprung der Menschheit mit ausführlichem Hinweis auf Indien:

> „Mehr als die Bildungen aber sagen uns die Sprachen der Völker; und wo auf der ganzen Welt gibt es die ältest-kultivierten Sprachen? In Asien. ... Die bengalische Sprache hat 700 Wurzeln, gleichsam die Elemente der Vernunft, aus denen sie Zeitwörter, Nennwörter und alle andren Redeteile bildet ... so daß das Flickwerk der meisten europäischen Sprachen mit ihren unnützen Hilfsworten und langweiligen Flexionen sich nie mehr verrät, als wenn man sie mit den Sprachen Asiens vergleichet. Daher fallen diese auch, je älter sie sind, dem Europäer zu lernen schwer; denn er muß den nutzlosen Reichtum seiner Zunge aufgeben, und kommt in ihnen wie zu einer fein durchdachten, leise geregelten Hieroglyphik der unsichtbaren Gedankensprache. ... So auch die Astronomie und die Zeitrechnung; ... Der Brahmane rechnet ungeheure Summen im Gedächtnis, die Einteilungen der Zeit sind ihm vom kleinsten Maß bis zu großen Himmelsrevolutionen gegenwärtig, und er trügt sich, ohne alle europäischen Hilfsmittel, darin nur wenig. Die Vorwelt hat ihm in Formeln hinterlassen, was er jetzt nur anwendet; denn auch unsre Jahrrechnung ist ja asiatisch, unsere Ziffern und Sternbilder sind ägyptischen oder indischen Ursprungs.
>
> (Zehntes Buch, III. Der Gang der Kultur und Geschichte gibt historische Beweise, daß das Menschengeschlecht in Asien entstanden sei)

All diese Aussagen konnte Herder jedoch nur mit eigenen philosophischen, ethnologischen und linguistischen Gedankengängen nachweisen. Er bedauerte, daß zusätzliches Beweismaterial aufgrund des Mangels an Quellen und aufgrund des Mangels an echtem Kontakt noch fehlte:

> „Mit dem Bedauern eines Wanderers, der ein Land verlassen muß, ohne daß ers nach seinen Wünschen kennenlernte, verlass ich Asien. Wie wenig ists, was wir von ihm wissen! Und meistens wie aus späten Zeiten, aus wie unsichern Händen!" (Dreizehntes Buch, Einleitung)

Die „unsichern Hände", durch welche die Informationen über Indien nach Europa drangen, waren die kolonisierenden und missionierenden Mächte, insbesondere das königliche England. Im Jahre 1785 wurde die Bhagavad-gītā zum ersten Mal in eine moderne Sprache übersetzt (von Charles Wilkins ins Englische), und in den folgenden Jahrzehnten erschienen allmählich erste Texte aus den Vedas, den Upaniṣaden, dem Hitopadeśa, dem Rāmāyaṇa und dem Mahābhārata und aus den Purāṇas.

Der Begründer der deutschen Universität, Wilhelm von Humboldt (1767-1835), der über diese englische Vermittlung die Sanskritliteratur Indiens kennenlernte, schrieb über die Bhagavad-gītā:

> „Das schönste, ja vielleicht das einzig wahrhaft philosophische Gedicht, das alle uns bekannten Literaturen aufzuweisen haben ... Das Tiefste und Erhabenste, was die Welt aufzuweisen hat. Ich danke Gott, daß er mich so lange hat leben lassen, daß ich dieses Buch noch lesen konnte."

Die Sanskrittexte waren in Deutschland anfänglich nur einem kleinen Kreis von Gelehrten bekannt; ein erster Durchbruch feierte die indische Literatur, als Georg Forster (1754-1794) im Jahre 1791 das Drama *Sakuntala* des indischen Dichters Kalidasa (um 450-500 n. Chr.) nach der englischen Vorlage von William Jones ins Deutsche übersetzte. Das Erscheinen dieses indischen Dramentextes löste in Deutschland eine erste Faszination für Indien aus. Herder, dem Forster das Buch zugesandt hatte, empfahl es dem jungen Goethe, der ebenfalls beeindruckt war.

Johann Wolfgang von Goethe (1749-1832) lobte dieses Drama sehr, sowohl den Inhalt als auch die Form. Die von Kalidasa konzipierte Eröffnungsszene gab ihm sogar die Idee zu seinem „Vorspiel auf dem Theater" (1797) des *Faust*. Für dieses nachchristliche indische Werk hatte Goethe aufrichtige Lobesworte übrig (obwohl er sich sonst, insbesondere in seinem Alter, sehr abschätzig über Indien äußerte; siehe S. 392ff.).

Der erste deutsche Dichter, der die indische Inspiration direkt in sein Werk einfließen ließ, war *Friedrich Rückert* (1788-1866). Als universaler Dichter und virtuoser Reimkünstler befaßte sich Rückert mit den unterschiedlichsten Aspekten und Epochen der Dichtung, über Alltagsdichtung (Biedermeier) und antike Themen bis hin zu Übersetzungen aus dem Arabischen, Persischen, Chinesischen und vor allem auch aus dem Sanskrit. Als Professor für orientalische Sprachen suchte Friedrich Rückert nach dem Zusammenhang der Weltsprachen, was ihn letztlich zum Sanskrit führte:

Die Unvollkommenheit der Sprach' hab' ich verachtet,
Und nach vollkommener, die ehmals war, geschmachtet.
Das göttliche Sanskrit ist im Prakrit gebrochen;
Demütig stammelt dies, wo jenes kühn gesprochen.
(Weisheit des Brahmanen, Erste Stufe: Einkehr, 77)

Das Studium des Sanskrit und der indischen Philosophie regte Friedrich Rückert zu seinem umfangreichsten Werk an: *Weisheit des Brahmanen (Ein Lehrgedicht),* entstanden in den Jahren 1835-39 aus 2788 Spruchdichtungen. Rückert bemühte sich aufrichtig um die Verständigung der Menschen und sah die Grundlage hierzu in der indischen Weisheit, die er zu diesem Zweck ins Deutsche übersetzen wollte:

Weltpoesie

Was vor Jahrtausenden gerauscht
Im Wipfel indischer Palmen,
Wie wird es heut' von dir erlauscht
Im Strohdach nord'scher Halmen!

Ein Palmenblatt, vom Sturm verweht,
Ward hergeführt von Schiffern,
Und seinen heil'gen Schriftzug, seht,
Ihn lernt' ich zu entziffern. ...

Daß über ihrer Bildung Gang
Die Menschheit sich verständ'ge,
Dazu wirkt jeder Urweltsklang,
Den ich verdeutschend bänd'ge.

Rückert wandte sich in der *Weisheit des Brahmanen* ausdrücklich gegen die Missionierung in Indien und verurteilte „die Glaubenseiferer, gesendet aus dem Westen,/ Um zu erschüttern hier uralte Glaubensfesten“ (IX.48). Er bezeichnete sich im gleichen Werk als „europischer Bekannter“ der Brahmanen (I.35) und setzte sich als solcher für eine ungeheuchelte religiöse Toleranz ein.

Rückert nahm konkrete Lehren der vedischen Philosophie in sein Werk auf, was damals in der Phase der christlichen Missionierungseuphorie nicht unproblematisch war. So vertrat er in der *Weisheit des Brahmanen* zum Beispiel offen die Lehre der Seelenwanderung:

> In diesem Arme, wo ein Sterbendes mir lag,
> Wieg' ich mit Lust ein Neugebornes manchen Tag.
> Doch kann ich keinen Blick auf das Geborne senken,
> Ohn' ans Gestorbene, das vor ihm war, zu denken.
>
> (Zehnte Stufe: Vom Totenhügel, 19)

Durch die Übersetzung der Gīta-govinda und verschiedener Stellen aus dem Zehnten Canto des Bhāgavata Purāṇa (Śrīmad-Bhāgavatam) stellte Friedrich Rückert den deutschsprachigen Lesern zum ersten Mal *Kṛṣṇa* vor:

> Krischna, nachdem er sich der Welt als Gott verkündet,
> Hat eine Himmelsstadt in Dwaraka gegründet,
>
> Aus deren goldnem Tor der Ruhm ist ausgezogen,
> Der die vier Gegenden der Welt hat überflogen.
>
> (Brahmanische Erzählungen, I.75)

Man könnte noch andere und spätere Dichter und Denker anführen, die sich um eine Integration des östlichen Gedankengutes bemühten. Einer der einflußreichsten war der Philosoph *Arthur Schopenhauer* (1788-1860), der sagte:

> „In Indien fassen unsere Religionen nie und nimmermehr Wurzel: die Urweisheit des Menschengeschlechts wird nicht von den Begebenheiten in Galiläa verdrängt werden. Hingegen strömt indische Weisheit nach Europa zurück und wird eine Grundveränderung in unserm Wissen und Denken hervorbringen.“[108]

Doch all diese Vorkämpfer erlitten dasselbe Schicksal. Sie konnten ihr eigenes Leben nicht wandeln und deshalb auch nicht die Gesellschaft, in die sie integriert blieben. Kaum einer konnte, trotz Herders Hinweis (siehe S. 383), auch nur vom Fleischessen Abstand nehmen, sie verstrickten sich selbst weiterhin in Karma, währenddem sich das Interesse an den indischen Schriften immer mehr auf das Übersetzungstechnische und Philologische reduzierte.

Weder Poesie noch Philosophie reichten aus, um der schnellen materialistischen Entwicklung etwas Substantielles entgegenhalten zu können. Europa hatte andere Interessen, und übermächtige Stimmen hatten sich bereits gegen die Berufung auf die Indien-Weisheit gewandt: Goethe, Hegel, die christlichen Indologen sowie die Vertreter der kapitalistischen Entwicklung und der frühkommunistischen Philosophien (Feuerbach, Marx, Engels usw.). So wurde das 19. Jahrhundert nicht das Zeitalter der erhofften Wende zum Besseren, sondern das Zeitalter der Kolonisierung, Industrialisierung und Militarisierung.

Die Legende von der Arier-Invasion in Indien

Mit dem Erscheinen der Sanskritschriften in Europa verbreitete sich die Überzeugung unter vielen Gelehrten, die altindische Kultur sei der historische und auch geistige Ursprung der später entstandenen antiken und europäischen Kulturen. Um die bisherige Monopolstellung des Christentums zu verteidigen, wollten christliche Missionare und Indologen anhand der Quellentexte beweisen, daß die indische Kultur der christlichen bei weitem unterlegen sei. Die bereits angeführten Zitate der berühmtesten Indologen des 19. Jahrhunderts, wie Wilson, Müller und Monier-Williams, legen einen zum Teil erschreckenden christlichen Rassismus an den Tag.

Die christlich-indologische „Aufklärungsarbeit" sollte einerseits die Inder von der Minderwertigkeit ihrer eigenen Kultur überzeugen, um sie so zum Christentum zu bekehren; andererseits sollte sie in Europa die Wertschätzung für diese fremde, heidnische Kultur beseitigen. Heute sieht man, daß ihnen ersteres besser gelungen ist als letzteres.

Aber nicht nur die westliche Missionierung in Indien führte zu Trugschlüssen, sondern auch die akademischen Sprachforschungen in Europa, die angestellt wurden, als das Sanskrit am Schulzimmerhorizont erschien. Im 19. Jahrhundert wurde plötzlich – als Schlag gegen die von der „indischen Urkultur" faszinierten Gelehrten – verkündet, Sanskrit sei gar nicht die älteste Sprache, es gäbe viele andere, gleich alte Sprachen, die alle (inklusive das Sanskrit) auf eine verlorene „Ursprache" eines verschollenen „Urvolkes" zurückzuführen seien. In dieser Zeit entstand die indologische Theorie, die behauptet, Indien sei ein primitives Land gewesen, bis von außen etwa 1400 v. Chr. ein „arisches" Volk in den Subkontinent eingedrungen sei, was durch Rassenvermischung zur Entstehung der vedischen Kultur geführt habe. Die vedische Kultur und die vedischen Schriften seien also nicht etwa fünftausend Jahre alt oder sogar noch älter, wie behauptet werde, sondern jünger, d.h. nicht älter als etwa dreitausend Jahre, also jünger als die semitischen Wurzeln und Schriften des Christentums.

Diese Theorie wird heute ausnahmslos in jedem Lexikon und Schulbuch als Tatsache verkündet. Es ist jedoch äußerst aufschlußreich zu erfahren, wie es überhaupt zu dieser Ariertheorie kam. Sie entstand nicht auf der Grundlage von historischen Funden oder Überlieferungen, sondern entsprang der ehrgeizigen Phantasie des deutschen Sprachforschers *Franz Bopp* (1791-1867). Franz Bopp, ein voreingenommener Christ, wollte beweisen, daß das Sanskrit keine Sonderstellung in der menschlichen Sprachentwicklung einnehme, sondern – wie alle anderen Sprachen auch – von einer Ursprache abstamme. Diese Theorie wäre interesseant, wenn es eine solche Ursprache und ein entsprechendes Urvolk gäbe. Es gibt sie aber nicht, und deshalb konstruierte Franz Bopp am Schreibtisch eine eigene Ursprache und verkündete, dies sei der Beweis, daß die heute bekannten Kulturen, auch die indische, von einer älteren abstamme. Bezeichnenderweise wird bis heute – vergeblich! – nach diesem angeblichen „Urvolk" gesucht:

> „Als der Aschaffenburger Franz Bopp 1813 bemerkte, daß z.B. das deutsche Wort *Mutter* im Germanischen *modar,* im Schwedischen *moder,* im Englischen *mother,* im Französischen *mère,* im Spanischen *madre,* im Lateinischen *mater,* im Griechischen *meter* und im altindischen Sanskrit *matar* hieß, schuf er durch diese vergleichende Betrachtung der Wörter, dann der Grammatik, nicht nur einen neuen Wissenschaftszweig, die ‚Vergleichende Sprachwissenschaft', sondern stieß auch das Tor zur Frühgeschichte Europas ... auf. Mit sprachlichen Mitteln konnte er historische Vorgänge erschließen, von denen man sich bis dahin wegen des Fehlens einer direkten schriftlichen Überlieferung und einer archäologischen Forschung kein einheitliches Bild hatte machen können. ... [Er] schloß auf eine diesen Völkern zugrundeliegende ‚Ursprache' eines ‚Urvolkes', das zehn Jahre nach Bopps ersten Überlegungen nach den äußersten Punkten seiner sprachlichen Erstreckung von Indien bis in den germanischen Raum ‚Indogermanen' genannt wurde ... Im weiten Raum zwischen Ostsee und Innerasien, im eurasiatischen Steppengürtel, sucht die Forschung bis heute die Heimat der ‚Indoeuropäer'."[109]

Wenn eine Theorie genehm ist, wird sie gern willkommen geheißen, selbst wenn sie der erforderlichen wissenschaftlichen Grundlage entbehrt. Es gab damals jedoch viele Gegner dieser Theorie, die sogleich erkannten, daß hier einfach spekulativ eine sogenannte „indogermanische Ursprache" konstruiert wurde, die in der Folge mit einem imaginären „Urvolk" verbunden wurde, das angeblich im 2. Jahrtausend vor Christus in Indien eingewandert sei.

Diese kritischen Stimmen werden heute nicht mehr erwähnt, genausowenig wie die fragwürdigen Umstände des Entstehens dieser Theorie. Der bereits zitierte August Wilhelm von Schlegel, der erste Indologe Deutschlands, charakterisiert die Qualifikation des Franz Bopp in Sachen Sanskrit und vergleichende Sprachwissenschaft wie folgt:

> „Ich schenke ihm [Bopp] gern sein schülerhaftes Latein und seine kauderwelschen Übersetzungen ins Deutsche; aber er ist wirklich schwach in der Interpretation, und zur philologischen Kritik hat er vollends kein Talent. Dies kommt von dem Mangel an klassischer Bildung. Am meisten Wert haben seine grammatischen Arbeiten. Indessen sucht er auch hier Originalität anzubringen, wo sie nicht hingehört. Er macht Neuerungen in gleichgültigen Dingen, und wiederholt immerfort seine Lieblingshypothesen. Er spricht am Eingange seiner Vorrede mit Geringschätzung von den indischen Grammatikern, die er doch gar nicht kennt. Er hält dieses freilich sehr schwere Studium für entbehrlich. Ich habe ihm an einigen Beispielen bewiesen, daß er viel von ihnen hätte lernen können. Darüber ist er böse geworden, und hat mir einen ganz ungehörigen Brief geschrieben, so daß ich höflichst den ferneren Briefwechsel ablehnen mußte. So stehen wir nun miteinander, und es tut mir leid. Was ich früher für ihn getan, scheint Hr. Bopp ganz vergessen zu haben.
> Sie, mein verehrtester Herr Geheimrat, kennen meine literarische Laufbahn zu gut, als daß Sie der Eifersucht irgend einigen Einfluß auf mein Urteil zuschreiben sollten."[110]

Nach der Konstruktion der angeblichen Ursprache wurde versucht, diese Theorie durch eine entsprechende Interpretation gewisser historischer Spuren zu untermauern. Die Ariertheorie wurde als Grundlage akzeptiert, die niemand, der sich in indologischen Kreisen zu etablieren wünschte, in Frage stellen durfte. Sogar viele indische Historiker glauben mittlerweile an die „arische" Geschichte. Bis zum heutigen Tag hält die Sprachforschung an dieser Theorie fest, und man mutmaßt neuerdings, die Spuren dieses Urvolkes seien am ehesten in der Region des Schwarzen Meeres zu finden.[111]

Wissenschaftliche Theorien wie die Ariertheorie (oder die Evolutionstheorie) scheinen alle dieselbe Entstehungsgeschichte zu haben: Es wird eine Theorie ausgedacht, und im nachhinein werden krampfhaft Beweise gesucht, um die Theorie glaubwürdig zu machen, wobei man die gegenteiligen Indizien gerne übersieht.

Die anti-indische Strömung im 19. Jahrhundert

Die Wertschätzung Indiens in Deutschland zu Beginn des 19. Jahrhunderts war mehr intuitiv als wissenschaftlich begründet, und deshalb waren diejenigen, die diesen Enthusiasmus trugen, nicht in der Lage, der aufkommenden Kritik die richtigen Argumente entgegenzuhalten. Sie hatten eine richtige Ansicht mit falschen oder ungenügenden Beweisen vertreten.

Das Alter einer Kultur ist nicht das wichtigste, und deshalb ging es bei der Indien-Diskussion nicht bloß um die Frage der Altersbestimmung, sondern um die grundlegende Frage der Stellung der Kulturen, die das christliche Europa bis dahin eindeutig zu seinen Gunsten entschieden hatte. Deshalb galt das Erscheinen Indiens am östlichen Horizont als Bedrohung und Gefahr, insbesondere da die indische Kultur, Philosophie und Religion sehr fortgeschritten zu sein schien, und diesen Eindruck wollten viele unterbinden. Als z.B. ein deutscher Missionar im 17. Jahrhundert in einem Buchmanuskript eine positive Meinung über die indische Religion äußerte, wurde ihm die Drucklegung verweigert, da es „Aufgabe der Missionare sei, das Heidentum in Indien auszurotten, nicht aber heidnischen Unsinn in Europa zu verbreiten."[112]

Die Ansicht der ersten Indien-Enthusiasten, alles sei aus Indien gekommen, wurde bald relativiert und überholt, denn sie stimmt gar nicht. Die Menschheitsgeschichte verläuft nicht linear, und deshalb ist es nicht richtig, wenn man undifferenziert behauptet, alles komme direkt aus Indien. Der indische Ursprung ist der modernen Geschichte weit entrückt, und viele spätere Zwischenstationen der Menschheit außerhalb Indiens wurden zum Entstehungsort neuer Sprachen und neuer Kulturen.

So wurde der mangelhaft begründete Indien-Enthusiasmus im Verlauf des 19. Jahrhunderts mit noch mangelhafteren Einwänden untergraben. Indien war tatsächlich nicht das Land der Ideale und

Sehnsüchte, wie die Missionare und Kolonisatoren leicht beweisen konnten. Indien galt mehr und mehr als ein Land, von dem man zwar materielle Bereicherung bekommen konnte, aber keine geistige oder religiöse, da es in dieser Hinsicht primitiv, abstrus und götzendienerisch sei.

Ein frühes Beispiel für diese abendländische Haltung ist Johann Wolfgang von Goethe (1749-1832). Wie bereits erwähnt, war für ihn Indien ein Land, das in seiner Wichtigkeit und Weisheit überschätzt wurde. Indien war für Goethe nie das Land der Sehnsucht gewesen, sondern bloß eine reizende Variationsmöglichkeit der Symbolik und eigenen Erbauung. In diesem Sinn hatte er auch das Drama Sakuntala des Kalidasa wertgeschätzt. Er wandte sich aber entschieden gegen jede Indienbegeisterung, die über einen solchen unverbindlichen Kulturgenuß hinausging, und stand der indischen Kunst, Philosophie und „Mythologie" höchst ablehnend gegenüber.

Goethes Hinwendung zum Orient (mit dem *West-östlichen Divan,* 1814-1819, als diesbezüglichen Höhepunkt) führte ihn nicht nach Indien, sondern in die islamische Welt. Durch diesen Kontakt wurde sein Urteil über Indien nur noch geringschätziger:

Und so will ich, ein für allemal,
Keine Bestien in dem Göttersaal!
Die leidigen Elefanten-Rüssel,
Das umschlungene Schlangen-Genüssel,
Tief Urschildkröt' im Welten-Sumpf,
Viel Königs-Köpf' auf einem Rumpf,
Die müssen uns zur Verzweiflung bringen,
Wird sie nicht reiner Ost verschlingen. ...

Nehme sie niemand zum Exempel,
Die Elefanten- und Fratzen-Tempel!
Mit heiligen Grillen treiben sie Spott,
Man fühlt weder Natur noch Gott.

Auf ewig hab ich sie vertrieben,
Vielköpfige Götter trifft mein Bann,
So Wischnu, Kama, Brahma, Schiwen,
Sogar den Affen Hannemann.[113]

Goethe bekundete auch Sympathie für die islamischen Invasoren, die diese „indischen Ungeheuer" schändeten und zerstörten. Dies geht aus seinen *Noten und Abhandlungen zum besseren Verständnis des West-östlichen Divans* (1819/1827) hervor.

In dem Kapitel „Mahmud von Gasna“ schreibt er:

„Mahmud ... machte sich berühmt wie Alexander und Friedrich. ... dringt sodann auf Indien los, mit großer Kraft und besonderem Glück. Als eifrigster Mahomedaner beweist er sich unermüdlich und streng in Ausbreitung seines Glaubens und Zerstörung des Götzendienstes. ... Noch jetzt sind die indischen Ungeheuer jedem reinen Gefühle verhaßt; wie gräßlich mögen sie den bildlosen Mahomedaner angeschaut haben! ... Billigen wir nun den Eifer des Götzenstürmers Mahmud, so gönnen wir ihm die zu gleicher Zeit gewonnenen unendlichen Schätze und verehren besonders in ihm den Stifter persischer Dichtkunst und höherer Kultur.“

Im selben Kapitel verkündete der siebzigjährige Goethe auch offen seine Meinung über die „indische Lehre“:

„Die indische Lehre taugte von Haus aus nichts, so wie denn gegenwärtig ihre vielen tausend Götter, und zwar nicht etwa untergeordnete, sondern alle gleich unbedingt mächtige Götter, die Zufälligkeiten des Lebens nur noch mehr verwirren, den Unsinn jeder Leidenschaft fördern und die Verrücktheit des Lasters, als die höchste Stufe der Heiligkeit und Seligkeit, begünstigen.“

Goethes Äußerungen stießen bei den Kennern der indischen Kultur auf große Empörung. „Was sagst Du zu Goethes ‚Divan‘? Wirst Du es ihm so ausgehen lassen, daß er draußen unverständig und wie ein Rohrsperling auf alles Indische schimpft? Eigentlich bist Du doch jetzt als erster Deutscher Brahmine verpflichtet, Dich dieser Sache anzunehmen“, schrieb Friedrich von Schlegel, der mittlerweile zwar zum Katholizismus konvertiert war, am 13. November 1819 an seinen Bruder August Wilhelm.

Dennoch waren Goethes Äußerungen sehr einflußreich. Dies illustriert ein Aufsatz von Friedrich Hebbel (1813-1863) aus dem Jahre 1848, in dem er Goethe als denjenigen würdigt, der Deutschland vor dem „neuen Evangelium“ aus Indien beschützte:

„Glücklicherweise fehlte es in Deutschland dem neuen Evangelium gegenüber nicht an einer protestierenden Stimme von hinlänglichem Gewicht. Goethe, der treue Hort der Zeit, ... ward endlich ungeduldig und erklärte, daß er ein für allemal mit Kühen und Affen, mit Elefanten und Schlangen in keine verwandtschaftlichen Beziehungen treten wolle, und mit ihm wandte sich ganz Deutschland von Indien wieder ab.“[114]

Neben Goethes Einfluß und Franz Bopps Arbeit, aus der die Ariertheorie entstand, trug auch der Philosoph *G.W.F. Hegel* (1770-1831) sehr zum Umschwung des Indienbildes in Deutschland bei. Er als Exponent des europäisch dialektischen Denkens kehrte alle positiven Urteile über Indien ins Gegenteil um und zitierte aus den zeitgenössischen Erlebnisberichten der englischen Indienfahrer allerlei Schauergeschichten, um die Indienillusionen zu zerstören – als ob das Indien des Kali-yugas repräsentativ für die vedische Kultur sei.

> „So zeigt sich denn der sittliche Zustand der Inder ... als der verworfenste. Darin stimmen alle Engländer überein. Man kann sich in seinem Urteil über die Moralität der Inder leicht durch die Beschreibung der Milde, der Zartheit, der schönen und empfindungsvollen Phantasien bestechen lassen, doch müssen wir bedenken, daß es in ganz verdorbenen Nationen Seiten gibt, die man zart oder edel nennen dürfte ... List und Verschlagenheit ist der Grundcharakter des Inders; Betrügen, Stehlen, Rauben, Morden liegt in seinen Sitten; demütig kriechend und niederträchtig zeigt er sich dem Sieger und Herrn, vollkommen rücksichtslos und grausam dem Überwundenen und Untergebenen."

In seinen „Vorlesungen über die Philosophie der Weltgeschichte" äußerte er die Meinung, daß in Asien tatsächlich die Wurzeln zu finden seien, daß aber in der fortschreitenden Entwicklung das Geistige und Kulturelle gewachsen sei. Europa sei demnach von der natürlichen Entwicklung der Menschheitsgeschichte her dem Osten überlegen, weshalb auch die Kolonisierung und Ausbeutung Asiens zu rechtfertigen sei, „denn es ist das notwendige Schicksal der asiatischen Reiche, den Europäern unterworfen zu sein, und China wird auch einmal diesem Schicksale sich fügen müssen."[115]

Durch solche Argumente wurde die Hoffnung des Menschen des 19. Jahrhunderts, aus Indien Licht zu empfangen, zerstört, und auch die Illusionen hinsichtlich des baldigen Anbruchs einer besseren Zeit wurden durch die Verdüsterung der Weltgeschichte bitter enttäuscht.

Wer heute irgendwelche indologischen Quellen konsultiert, tut gut daran, sich an die Zusammenhänge, die in diesem Kapitel aufgezeigt wurden, zu erinnern.

Bemerkung bzgl. der Sanskrit-Übersetzungen und der Auswahl der Quellentexte

Ich wollte es vermeiden, das Buch mit Zitaten aus den Sanskritschriften zu überladen. Aber gleichzeitig wollte ich nicht gänzlich auf Zitate verzichten und durfte es auch nicht, denn gemäß der akademischen und auch gemäß der vedischen Regel muß man die Authentizität seiner Darstellung mit Quellentexten belegen. Diese Forderung war mir mehr als recht, denn vedische Quellenzitate vermitteln einen direkten Einblick in die Tiefe des gesamten Originals und zeugen von dem göttlichen Umfeld, dem sie entstammen. Nur schon deshalb wollte ich möglichst viele Schätze der Sanskritliteratur mit der Leserschaft teilen, stieß dabei aber immer wieder an die begrenzte Belastbarkeit des Buchtextes. So blieb mir nichts anderes übrig, als aus der unendlichen Fülle von vedischen Schriften ein paar wenige Verse auszuwählen. Um jedoch nicht allzu viele Zitate der engeren Auswahl streichen zu müssen, entschied ich mich, Zitate nicht nur in den Text einfließen zu lassen, sondern auch thematisch geordnet in Form von Kastentexten anzuführen. Diese Anordnung ermöglicht es, den laufenden Text ohne Unterbrüche zu lesen und das Gelesene nach Belieben anhand der Originalzitate zu repetieren und zu vertiefen.

Das Übersetzen von spirituellen Sanskrittexten ist ein sehr schwieriges Unterfangen, weil das Sanskrit in diesem Zusammenhang mehrere Bedeutungsebenen in sich birgt. Die wörtliche Übersetzung ist dabei meistens die oberflächlichste; ähnliches kann man über die akademischen, theoretischen Übersetzungen sagen.

Die Schwierigkeit des Übersetzens besteht darin, daß die vedischen Texte (1.) nicht mit westlicher Logik oder Systematik aufgebaut sind, (2.) meistens in Form von Gebeten oder Versen abgefaßt sind, die gewisse Aspekte des Veda-Wissens nicht vermitteln, sondern *voraussetzen,* und (3.) in einer kompakten Sprache formuliert sind, die nicht nur übersetzt, sondern auch *übertragen* werden muß. Das scheint den meisten Übersetzern bisher nur selten richtig gelungen zu sein.

Wer mit der natürlichen Vielschichtigkeit von Klang und Sprache nicht vertraut ist, kann sich keinen Begriff von der erwähnten Schwierigkeit des Übersetzens machen. Deshalb möchte ich versuchen, an einem Beispiel aus der Physik zu erhellen, was ich unter Übersetzen und Übertragen verstehe. In der Physik werden Informationen meistens durch Formeln vermittelt, die einem Uneingeweihten völlig unverständlich erscheinen. Ebenso verwendet auch das Sanskrit des öfteren eine philosophische Formelsprache. Man kann deshalb beim Übersetzen ohne das entsprechende Vorwissen über das gesamte Thema (Sprache, Philosophie, beabsichtigter Sinn) die Bedeutung der einzelnen Sätze und Wörter nie richtig erfassen, ebenso wie es unmöglich ist, ohne Vorwissen eine physikalische Formel zu entschlüsseln.

Als Beispiel diene eine der berühmtesten Formeln der Physik: $E=mc^2$. Was bedeuten diese fünf Zeichen? Man kann es mit der wörtlichen Übersetzung versuchen: „E gleich m mal c im Quadrat." Für Physiker ist diese Übersetzung selbstverständlich und überflüssig, Laien oder Anfänger verstehen immer noch genausowenig wie vorher. Das Formelhafte muß ausformuliert werden: „*E* bedeutet Energie, *m* Masse, *c* Lichtgeschwindigkeit, *Quadrat* bedeutet: mit sich selbst multipliziert."

Aber was bedeutet Energie? Masse? Lichtgeschwindigkeit? Dieses Vorwissen ist für den Physiker, der die Formel erklären muß, unentbehrlich, ja er muß bereits von allem Anfang an wissen, was diese Formel bedeutet, sonst kann er sie weder erklären noch übersetzen (nämlich aus der Code-Sprache der Physik in eine allgemein verständlichere Sprache*).

Ebenso muß ein Übersetzer von spirituellen Sanskrittexten schon vor dem Übersetzen wissen, welche Botschaft der Verfasser oder Sprecher mitteilen wollte und was dieser unter den betreffenden Wörtern verstand. Was bedeutet Brahman? Brahmā? Viṣṇu? Śiva? Māyā? Kṛṣṇa? Deva? Asura? Ātmā?

Bevor man richtig übersetzen kann, muß man also in das Geheimnis der Bedeutung eingeweiht sein. Das trifft insbesondere beim vedischen Sanskrit zu, das sich oft ebenfalls mit Formeln, sogenannten Sūtras und Mantras, ausdrückt – komprimiert, konzentriert und für den Außenstehenden undurchschaubar kompliziert.

Die Sanskrit-Übersetzungen, auf die ich mich stütze, entstanden mit Hilfe einer solchen Übertragungstechnik gemäß der ursprünglichen

* Eine sinngemäße Übertragung würde etwa wie folgt lauten: „Unter gewissen Umständen darf man Masse mit Energie gleichsetzen, nämlich dann, wenn die Masse mit der quadrierten Lichtgeschwindigkeit multipliziert wird. Dies bedeutet, daß Masse potentiell immer Energie ist und umgekehrt."

Veda-Tradition. Der bedeutendste Meister dieser Tradition im 20. Jahrhundert ist *His Divine Grace A.C. Bhaktivedanta Swami Prabhupāda* (1896-1977), der die Bhagavad-gītā, das Śrīmad-Bhāgavatam, die Īśa Upaniṣad und zahlreiche Ausschnitte anderer vedischer Schriften ins Englische übersetzte. Die Übersetzungstechnik, die Prabhupāda einführte, war völlig neuartig, aber auch aufwendig. Er entfaltete die Bedeutung der Sanskrittexte auf *vier Ebenen* gleichzeitig! Als erstes führte Prabhupāda den Sanskrittext im Originalwortlaut an, denn nur schon als Klangschwingung birgt das Sanskrit eine eigene Bedeutung in sich. Die zweite Ebene der Übersetzung ist die Wort-für-Wort-Übersetzung, die jedoch aufgrund der kompakten Syntax und Diktion des Sanskrit für den modernen Leser nur selten einen zusammenhängenden Sinn ergibt. Dann erweiterte Prabhupāda die wörtliche Übersetzung in die sinngemäße Übersetzung (Übertragung) und führt auf der vierten Ebene Erläuterungen an: zusätzliche Worterklärungen und Kommentare von früheren Veda-Lehrern, Parallelstellen aus anderen vedischen Schriften, Paraphrasierungen der wörtlichen Übersetzung und Hinweise auf die *praktische* Bedeutung dieser vedischen Aussagen.

Sanskrit kann, wie erwähnt, auf verschiedenen Stufen übersetzt werden, und Prabhupāda wählte mit dieser vierstufigen Methode jeweils die höchste und anspruchsvollste. Dadurch jedoch gelang es ihm, trotz des „Übersetzens" den ursprünglichen Sinn und Zusammenhang der Sanskrittexte in die modernen Sprachen hinüberzuretten.

Leider war es mir im vorliegenden Buch aus Platzgründen nicht möglich, die ausgewählten Zitate in einer solchen vierstufigen Übersetzung anzuführen.* Ich mußte deshalb öfters eine zugänglichere Übersetzung vornehmen, damit das Zitat auch außerhalb des vierstufigen Kontextes verständlich blieb. Ich achtete dabei streng darauf, daß die deutsche Formulierung die inhaltliche Prägnanz des Sanskrit-Originals wiedergibt. Ich folgte hierbei Prabhupādas Methodik, so wie ich sie als Übersetzer seiner Bücher (aus dem Englischen ins Deutsche) erlernt habe.

Die Textvorlagen der Zitate und der Übersetzungen sind im Literaturverzeichnis unter dem *Titel* der jeweiligen Schrift aufgeführt.

---

* Manchmal führe ich Originalwendungen aus einem zitierten Sanskritvers an (oder sogar den ganzen Vers im Originalwortlaut), und zwar dann, wenn diese Wendungen im Buchtext erklärte Wörter oder sonstwie bekannte Wörter oder Wortwurzeln enthalten.

(1) नासतो विद्यते भावो नाभावो विद्यते सतः ।
उभयोरपि दृष्टोऽन्तस्त्वनयोस्तत्त्वदर्शिभिः ॥१६॥

nāsato vidyate bhāvo nābhāvo vidyate sataḥ
ubhayor api dṛṣṭo 'ntas tv anayos tattva-darśibhiḥ (16)

(2) *na* – nie; *asataḥ* – des Inexistenten; *vidyate* – es gibt; *bhāvaḥ* – Beständigkeit; *na* – niemals; *abhāvaḥ* – wechselnde Eigenschaften; *vidyate* – es gibt; *sataḥ* – des Ewigen; *ubhayoḥ* – der beiden; *api* – wahrlich; *dṛṣṭaḥ* – beobachtet; *antaḥ* – Schlußfolgerung; *tu* – in der Tat; *anayoḥ* – von ihnen; *tattva* – der Wahrheit; *darśibhiḥ* – von denjenigen, die sehen.

(3) **Diejenigen, die die Wahrheit sehen, haben erkannt, daß das Inexistente [der materielle Körper] ohne Dauer und das Ewige [die Seele] ohne Wechsel ist. Zu diesem Schluß sind sie gekommen, nachdem sie das Wesen von beidem studiert hatten.**

(4) Der sich wandelnde Körper ist nicht von Dauer. Daß sich der Körper in jedem Augenblick durch die Aktionen und Reaktionen der verschiedenen Zellen verändert, wird von der modernen Medizin bestätigt, und so finden im Körper Wachstum und Alter statt. Aber die spirituelle Seele besteht fortwährend und bleibt trotz aller Wandlungen des Körpers und des Geistes dieselbe. Das ist der Unterschied zwischen Materie und spiritueller Natur. Von Natur aus wandelt sich der Körper ständig, wohingegen die Seele ewig ist. Dies ist die Schlußfolgerung all derjenigen, die die Wahrheit sehen, sowohl der Unpersönlichkeits- als auch der Persönlichkeitsanhänger. Im Viṣṇu Purāṇa (2.12.38) heißt es, daß Viṣṇu und Seine Planeten alle von selbstleuchtender spiritueller Existenz sind (*jyotīṁṣi viṣṇur bhuvanāni viṣṇuḥ*). Die Worte „existent“ und „inexistent“ beziehen sich ausschließlich auf die spirituelle Natur bzw. auf die Materie. Dies ist die Ansicht all derjenigen, die die Wahrheit kennen [*tattva-darśibhiḥ*] ...

(aus: Bhagavad-gītā, 2.16)[116]

Originalbeispiel für Prabhupādas vierstufige Sanskrit-Übertragung:
(1) Originaltext mit Umschrift; (2) wörtliche Übersetzung;
(3) singemäße Übersetzung und (4) Erläuterung.

Anmerkungen

1) Die Schlußzeilen aus der zweistrophigen Ode „Menschenbeifall" von Friedrich Hölderlin, geschrieben 1797.

2) Für die Definition des Begriffes „Götter" siehe Glossar.

3) Frei nacherzählt aus der *Chāndogya Upaniṣad*, 6. Kapitel

4) Innerhalb von Zitaten markieren eckige Klammern [...] *Anmerkungen des Autors*, und runde Klammern enthalten Formulierungen aus dem originalen Sanskrittext oder direkte Übersetzungen eines zitierten Sanskritwortes.

5) Brief an August Böckh (19. September 1837)

6) zitiert z.B. in: David H. Childress: *Ancient Indian Aircraft Technology; Vimana Aircraft of Ancient India*. Prof. Dr. Dileep Kumar Kanjilal: *Vimana in Ancient India; Fliegende Maschinen im Alten Indien*. Walter-Jörg Langbein: „Heilige Texte" in: *Das Sphinx-Syndrom*.

7) Wahrig, *Deutsches Wörterbuch*

8) Albert Einstein, „Naturwissenschaft und Religion" (1941), in: *Aus meinen späten Jahren*, S. 26.

9) Aus dem großen Sanskrit-Englisch-Wörterbuch von Sir M. Monier-Williams, S. 1015 (*veda*) und S. 963 (*vid*):

   वेद *veda*, m.: (from the root *vid*–, to know, understand, perceive, learn, become or be acquainted with, be conscious of, have a correct notion of, etc.) knowledge; true or sacred knowledge or lore.

10) Harald Fritzsch: *Vom Urknall zum Zerfall – Die Welt zwischen Anfang und Ende*.

11) 1 Mose 2.2.

12) Siehe Artikel von Dr. H. Arp und Dr. W.G. Tifft sowie Prof. Dr. Hans-Jörg Fahr: *Der Urknall kommt zum Fall – Kosmologie im Umbruch* und *Urknall oder Ewigkeit? – Neue Messungen schüren die Zweifel am Modell des Urknalls*, oder Prof. Dr. Bruno Thüring: *Alternativen zur Expansion des Weltalls und zum Urknall*. Siehe Literaturverzeichnis.

13) Die Theorie der vedischen Elementenlehre wird vom österreichischen Physiker Wolfgang Wiedergut erforscht. Siehe: Wiedergut, Wolfgang: „Moderne Naturwissenschaft und die Elementenlehre des Altertums", in: Marcus Schmieke, *Das letzte Geheimnis – Naturwissnschaft und Bewußtsein*, S. 127ff.

14) Wenn Sanskritworte die Transzendenz beschreiben, mag dies kompliziert klingen, weil dieser Klang die gleichzeitige Gleichheit und Verschiedenheit von Gott und Gottes „Energien", die in ihrer ursprünglichen Form ebenfalls Personen sind, wiedergibt.

15) K. Schmidt: *Die Götter des Sirius – Ein Bericht über interstellare Kontakte*. S. 51ff.

16) Barbara Marciniak: *Boten des neuen Morgens – Lehren von den Plejaden*. S.55f.

17) Erwähnt z.B. in: Michael Hesemann: *Geheimsache UFO*. Vincente-Juan Ballester Olmos, „Die UFO-Akten der spanischen Luftwaffe", in: *UFO-Kurier* 8/Juni 1995 (Kopp-Verlag, Rottenburg). Luc Bürgin: „Verschlußsache EMD [Eidgenössisches Militärdepartement]", in: *Götterspuren – Der neue UFO-Report*.

18) Michael Hesemann: *Botschaften aus dem Kosmos*. Ralph Noyes: *Die Kreise im Korn – Erklärungsversuche zwischen Naturwissenschaft, Kulturgeschichte und Esoterik*. Jürgen Kröning (Hrsg.): *Spuren im Korn*. Jürgen Kröning (Hrsg.): *Und wieder Kornkreise – Die Suche nach Fakten*
19) Erwähnt z.B. in: A.von Rétyi: *Das Alien-Imperium – UFO-Geheimnisse der USA*. Helmut Lammer/Oliver Sidla: *UFO-Geheimhaltung*. Timothy Good: *Sie sind da*
20) David M. Jacobs: *Geheimes Leben – Dokumentierte Berichte über Entführungen durch UFOs aus erster Hand*. Prof. Dr. John Mack: *Entführt von Außerirdischen*. Budd Hopkins: *Fehlende Zeit – Von UFOs entführt*
21) John Wheeler, bedeutender Atomphysiker, Raum-Zeit-Theoretiker und H-Bombeningenieur. Zitiert in: Guitton, *Gott und die Wissenschaft*, S. 38
22) In diesem Sinn ist auch die vedische Menschheitsgeschichte nicht nur eine Anthropologie, sondern eine Anthropo*gonie*, weil sie den Ursprung und deshalb auch das Ziel des menschlichen Daseins erklären kann.
23) Steven Weinberg (Nobelpreisträger): *Die ersten drei Minuten – Der Ursprung des Universums*, S. 212. Dieses Buch wurde in zwanzig Sprachen übersetzt.
Das angeführte Zitat gehört zum Schluß und somit zu den Schlußfolgerungen dieses Buches: „Je begreiflicher uns das Universum wird, um so sinnloser erscheint es auch. Doch wenn die Früchte unserer Forschung uns keinen Trost spenden, finden wir zumindest eine gewisse Ermutigung in der Forschung selbst. Die Menschen sind nicht bereit, sich von Erzählungen über Götter und Riesen trösten zu lassen ... Das Bestreben, das Universum zu verstehen, hebt das menschliche Leben ein wenig über eine Farce hinaus und verleiht ihm einen Hauch von tragischer Würde." [Schlußsatz des Buches]
24) Immanuel Kant Werkausgabe (Weischedel), Band III: *Kritik der reinen Vernunft* (1787), Einleitung, S. 46
25) William Shakespeare: *Hamlet* (I.5: *There are more things in heaven and earth, Horatio,/ Than are dreamt of in your philosophy.*) Übersetzung von August Wilhelm von Schlegel und Ludwig Tieck.
26) Friedrich Hölderlin: *Mnemosyne* (Dritte Fassung, 1804)
27) Berühmter Ausspruch von Bhaktivinoda Ṭhākura
28) Übersetzung von A.C. Bhaktivedanta Swami Prabhupāda, in: *Śrīmad-Bhāgavatam* 2.6.39, Erläuterung.
29) In: Charles Berlitz, *Das Bermuda-Dreieck*, S. 194
30) Liṅga Purāṇa 1.24.28 (Fußnote). Das heilige Symbol des Swastika (heute fälschlicherweise oft mit dem Hakenkreuz gleichgesetzt) wurde später von den Nazis übernommen, aber in spiegelverkehrter Form und um 45° gedreht. Das Swastika ist also kein Hakenkreuz, sondern geometrisch und inhaltlich gerade das Gegenteil.
31) Pioniere dieser Forschung sind die Physiker Wolfgang Wiedergut und Marcus Schmieke (siehe Fußnote 13).
Wiedergut, W.: „Die Kosmologie der Purāṇas", in: *Tattva Viveka* Nr. 3/Sept. 1995, und seine zahlreichen Vorträge über vedische Physik und freie Energie, z.B. „Das Weltbild der vedischen Wissenschaft", 8. Februar 1995 an der Eidgenössisch Technischen Hochschule in Zürich (Transkription des Vortrags erhältlich beim Autor).
32) Siehe z.B. Edwards: *Geometrie des Lebendigen;* Haase: *Der meßbare Einklang;* Kleefeld: *Die kosmische Oktave;* Krüger: *Die Atom-Harmonik;* Russel: *Atomic Suicide* (mit vielen guten Grafiken); Schwenk: *Das sensible Chaos*.
33) Siehe z.B. „Die Fehde der Astronomen" und „Die drei Probleme der Kosmologie – Ungelöste Fragen bei der Suche nach dem Alter der Welt" in: *Bild der Wissenschaft* 4/95

Daß das gegenwärtige sichtbare Universum vor dem Hintergrund älterer Galaxiengenerationen existiert, wie die vedische Kosmologie sagt, wird von der modernen Kosmologie nach der Entdeckung einer „unbekannten Galaxie" im September 1995 in Betracht gezogen: „Die *Europäische Organisation für astronomische Forschung in der südlichen Hemispähre* (ESO) hat eine bisher unbekannte Galaxie am Rande des Universums entdeckt. Diese Galaxie ist mit 13 bis 17 Milliarden Lichtjahren weiter von der Erde entfernt als jede andere bisher entdeckte. Wie die Organisation in Garching mitteilte, enthält die Galaxie Elemente, die von Sternen stammen. Dies beweise, daß schon vor dieser sehr frühen Epoche Sterne in normalen Galaxien entstanden seien." (Tele-Text ARD/ZDF, 17. September 1995)

34) Kendrick Frazier: *Das Sonnensystem* (S. 54)

35) Eine umfassende Zusammenstellung von „anomalen" und deshalb meist verdrängten oder vergessenen archäologischen Funden wurde vom Autoren-Team Dr. Richard Thompson und Michael Cremo des Bhaktivedanta-Institutes San Diego veröffentlicht, und zwar im aufsehenerrenden Buch *Forbidden Archaeology,* das in der Originalausgabe einen Report von über 800 Seiten darstellt. Die gekürzte Fassung, der amerikanische Bestseller *The Hidden History of the Human Race,* existiert auch in der deutschen Übersetzung bereits in der zweiten Großauflage (Verbotene Archäologie. Siehe Literaturverzeichnis).
Über dieses Buch schrieb Dr. William W. Howells, einer der bedeutendsten Anthropologen des 20. Jahrhunderts: „Die meisten von uns sehen die Evolution des Menschen – zu recht oder zu unrecht – als eine Folge von sich verzweigenden Entwicklungsstufen, die von frühen zu fortgeschrittenen Primatenformen führt, woraus der Mensch relativ spät hervorgeht. ... Wenn moderne Menschenformen viel früher erschienen, ja sogar zu einer Zeit, wo es nicht einmal die einfachen Primaten als mögliche Vorfahren gab, so wäre das ein vernichtender Schlag, nicht nur gegen das bisher akzeptierte Modell, sondern gegen die Evolutionstheorie als ganzes ... Diese Hypothese setzt einen Entwicklungsvorgang voraus, der in keiner Weise zur Evolutionstheorie paßt, so wie wir sie heute kennen, und ich denke, dieser Aspekt bedarf noch einer Erklärung. Aber auch die wissenschaftlichen Kreationisten hätten einiges daran zu kauen!" (persönlicher Brief an Dr. Thompson)

36) Thorwald Dethlefsen: Schicksal als Chance – Das Urwissen zur Vollkommenheit des Menschen, S. 227f.

37) Vortrag vor Mitgliedern der Internationalen Gesellschaft für Krishna-Bewußtsein in Philadelphia, zusammengefaßt im Artikel „On Conceiving the Inconceivable" by Ravindra Svarūpa Dāsa (Dr. William Deadwiler), in: *Back to Godhead – The Hare Kṛṣṇa Magazin,* July/August 1995

38) Brockhaus Enzyklopädie in 24 Bänden, Bd. 24, Stichwort „Zeit". 19., völlig neu bearbeitete Auflage, Mannheim 1994.

39) Zitiert in: J. van Rijckenborgh, *Die ägyptische Urgnosis und ihr Ruf im ewigen Jetzt,* Band I, S. 20

40) A.C. Bhaktivedanta Swami Prabhupāda: *Bhagavad-gītā wie sie ist* 15.1 (Erl.)

41) *abhidhyā:* Wille (Jedes Sanskritwort birgt in sich eine Etymologie, die auf die Verbindung zum Absoluten hinweist. Im Wort *abhidhyā,* „Wille", klingt das Wort *abheda* an! Der Wille ist das, was die Nichtverschiedenheit ausdrückt. Deswegen ist Gottes Wille so mächtig wie Gott selbst.); *upadeśāt:* aufgrund von Unterweisung, Offenbarung; *ca:* und auch (aufgrund des Rückschlusses auf frühere Schöpfungen).

42) *ātmakṛteḥ:* weil aus sich selbst heraus getan; *pariṇāmāt:* aufgrund von Transformation bzw. Übertragung oder Umwandlung.

43) Ein Vers mit der ursprünglichen Bedeutung dieser Seil/Schlange-Analogie findet man im Śrīmad-Bhāgavatam (6.9.37): „Ein Seil verursacht bei einem verwirrten Menschen, der es für eine Schlange hält, Furcht, nicht aber bei einem Menschen mit ausreichender Intelligenz, der weiß, daß es sich nur um ein Seil handelt. Ebenso erzeugst Du [es beten hier die Halbgötter zum höchsten Schöpfer, Viṣṇu] als Überseele im Herzen aller Lebewesen, je nach deren Intelligenz, Furcht oder Furchtlosigkeit; doch in Dir gibt es keine Dualität."

44) Ein Zitat aus der neuen Esoterik, um zu zeigen, wie nah die esoterische Suche an die „Einheit" herankommt. Aber ohne Erkenntnis des persönlichen Aspektes dieser Einheit bleibt auch die esoterische Verbindung mit Gott immer einseitig und unpersönlich – und unverbindlich. Das Zitat stammt aus dem Buch von R. Dahlke: *Der Mensch und die Welt sind eins – Wie oben, so unten: unsere Existenz zwischen Mikrokosmos und Makrokosmos*, S. 351

45) ebd. S. 399

46) Friedrich Hölderlin: *Brot und Wein*, Zeilen 71-72,113-114. Die Zeilen 71-72 stammen aus der ersten Fassung dieses Gedichtes.

47) z.B. Śrīmad-Bhāgavatam 2.7.37

48) Während in Indien in einem weiten Bogen die Wiederoffenbarung der Bhakti vorbereitet wurde, erschien im Westen ein Gottgesandter, der von allem Anfang an – als Indien noch unter buddhistischer Herrschaft stand – Bhakti offenbarte, um auf das höchste Ziel hinzuweisen: Jesus von Nazareth. „Liebe Gott, den Herrn, mit deinem ganzen Herzen und mit deiner ganzen Seele und mit deinem ganzen Denken. Das ist das erste und wichtigste Gebot, und das zweite ist ihm gleich [ist im ersten enthalten]: Liebe deinen Nächsten wie dich selbst!" (Mt 22.37-39) „Wenn ihr alles getan habt, was euch von Gott befohlen wurde, dann sagt: Wir sind nur Diener. Wir haben nichts als unsere Schuldigkeit getan." (Lk 17.10) Mit diesen Sätzen lehrte Jesus reine Bhakti, und er wies bereits auf den Yuga-Dharma hin: „Geheiligt werde Dein Name! Dein Reich komme! Dein Wille geschehe!"
Aber das Erbe von Jesus wurde von Rākṣasa-Einflüssen verzerrt, noch schlimmer als das vedische Erbe in Indien. Jesus sah es voraus und warnte die Menschen, aber erwähnte dabei deutlich, aus welcher Richtung der Menschensohn zurückkehren werde: unerwartet aus dem Osten! „Denn mancher falsche Christus und mancher falsche Prophet wird auftreten ... glaubet ihnen nicht! Denn der Menschensohn wird plötzlich und für alle sichtbar kommen, so wie der Blitz vom Osten ausfährt und bis zum Westen leuchtet. Wo aber das Aas liegt, da sammeln sich die Geier." (Mt 24.24-27)

49) Ainslee T. Embree: The Hindu Tradition, zitiert in: Satsvarūpa Dāsa Goswami: Die vedische Literatur in ihrem eigenen Licht, S. 105

50) „Vorwort des M. Michel Nostradamus zu seinen Prophezeiungen – An Sohn Cäsar Nostradamus". Zitiert mit Originaltext und übersetzt von Kurt Allgeier: *Die Prophezeiungen des Nostradamus*, S. 13

51) Epistel an König Heinrich II., ebd. S.373

52) z.B. Manfred Dimde. Wäre diese Interpretationsmethode der ausschließliche und unfehlbare Schlüssel, dann hätte 1994 eine künstliche Weltwirtschaftskrise stattfinden müssen (vorausgesagt in: *Nostradamus – Das apokalyptische Jahrzehnt*, S. 85), und 1995 hätte ein neuer Papst gewählt werden müssen (ebd. S.103, und *Nostradamus Total*, S. 465).

53) Vorwort an Cäsar, Übersetzung von E. Ernst, in: *Nostradamus – Astrologe, Magier, Wunderheiler*, S. 126

54) ebd. (Nostradamus zitiert Matthäus 7.6)

55) Vorwort an Cäsar, gestützt auf die Übersetzung von K. Allgeier (S.19)

56) ebd. (Allgeier S. 9-13)

57) „Man muß auch in Betracht ziehen, daß die Ereignisse letztlich ungewiß sind ... Die vollkommene Einsicht in die Ursachen allerdings kann ohne göttliche Inspiration nicht erworben werden. Denn jede prophetische Inspiration erhält ihren ersten Anfang und Impuls von Gott, dem Schöpfer. Danach erst folgen Horoskop und natürliche Begabung. Weil aber die Ursachen unterschiedlich sind und unterschiedliche Ergebnisse hervorbringen, ist es auch möglich, daß sich die Vorhersage nur zum Teil so verwirklicht, wie sie angekündigt worden ist." (Vorwort an César. Allgeier, S. 9, 15)

58) Epistel an König Heinrich II. (Allgeier, S. 383)

59) Daß sich die entscheidenden Ereignisse um die Jahrtausendwende ereignen (und nicht erst im Verlauf des 3. Jahrtausends oder erst 3797), geht auch aus den neuentdeckten Prophezeiungen des Johannes von Jerusalem (1042-1119) hervor, der ein Mitbegründer des legendären Templerordens war. Es ist sehr wahrscheinlich, daß Nostradamus dieses Buch kannte und anhand von dessen Prophezeiungen seine eigenen Zukunftsvisionen überprüfte.

In dreißig Versen beschreibt Johannes von Jerusalem, was geschieht, „wenn das Jahrtausend beginnt, das nach dem Jahrtausend kommt". Zum Beispiel:

„Wenn das Jahrtausend beginnt, das nach dem Jahrtausend kommt, werden Blick und Geist des Menschen Gefangene sein. Sie werden trunken sein und es nicht bemerken. Sie werden Bilder und Spiegelungen für die Wahrheit halten ..." (14)

„Wenn das Jahrtausend beginnt, das nach dem Jahrtausend kommt, werden die Menschen auf der Welt so zahlreich sein, daß sie einem Ameisenhaufen gleichen, in den ein Stock getrieben wird. Sie werden umherrennen, und der Tod wird sie mit dem Absatz zermalmen, wie verwirrte Insekten ..." (16)

„Wenn das Jahrtausend beginnt, das nach dem Jahrtausend kommt, wird es eine dunkle und geheime Ordnung geben. Ihr Gesetz wird der Haß sein und ihre Waffe das Gift. Sie wird immer mehr Gold wollen und ihre Herrschaft über die ganze Erde verbreiten. Und ihre Diener werden untereinander durch einen Kuß des Blutes verbunden sein ..." (19)

„Wenn das Jahrtausend beginnt, das nach dem Jahrtausend kommt, wird die Erde an mehreren Stellen erbeben, und die Städte werden untergehen. Alles, was ohne Rat der Weisen gebaut wurde, wird bedroht und zerstört werden. Der Schlamm wird die Dörfer unter sich begraben, und der Boden wird sich unter den Palästen öffnen. Doch der Mensch wird starrköpfig sein, denn er ist vom Stolz besessen. Er wird die Warnung nicht hören, die ihm die Erde immer wieder zuruft ..." (22)

Diese Katastrophen werden jedoch nicht das Ende der Menschheit bedeuten, sondern einen Übergang in eine neue Dimension der Existenz. Die Menschheit wird die Erde *nicht* verlassen, sondern – so wie es Nostradamus, die vedischen Prophezeiungen und auch andere voraussagen – höhere Kräfte entwickeln und in Harmonie mit der Schöpfung leben. Johannes von Jerusalem betont dies in den letzten zehn seiner insgesamt vierzig prophetischen Strophen. Zum Beispiel:

„Wenn das Jahrtausend, das nach dem Jahrtausend kommt, zu Ende geht, werden die Menschen endlich die Augen geöffnet haben. Sie werden nicht mehr in ihren Köpfen und ihren Städten gefangen sein[!]. Sie werden von einem Ende der Erde zum anderen sehen und einander verstehen können. Sie werden wissen, daß, was den einen schlägt, den anderen verletzt. Die Menschen werden einen einzigen großen Körper bilden, von dem jeder von ihnen ein winziger Teil ist. Gemeinsam werden sie das Herz sein, und es wird eine Sprache geben, die von allen gesprochen wird, und so wird es endlich geboren werden, das große Menschliche." (31)

„Wenn das Jahrtausend, das nach dem Jahrtausend kommt, zu Ende geht, wird der Mensch wissen, daß alle Lebewesen Träger des Lichtes sind und daß sie Geschöpfe sind, die Respekt verlangen. Er wird neue Städte gründen im Himmel, auf der Erde und auf dem Meer. Er wird sich erinnern an das, was einst war, und er wird zu deuten wissen, was sein wird. Er wird keine Angst mehr haben vor seinem eigenen Tod, denn er wird mehrere Leben in seinem Leben gelebt haben, und er wird wissen, daß das Licht niemals erlöschen wird." (40)

Dies schrieb ein Mönch und Ritter vor fast 900 Jahren, 400 Jahre vor Nostradamus!

60) Vorwort an Cäsar (Allgeier S. 21)

61) In der Epistel an König Heinrich II. führt Nostradamus zwei biblische Chronologien an. Gemäß der einen, mit der Nostradamus die Zahl 3797 berechnete, war das Jahr von Jesu Erscheinen das 4758. Jahr nach Adam. Demnach befindet sich die Menschheit seit 1758 im 7. Jahrtausend. Gemäß der anderen Chronologie ist das Jahr 0 der christlichen Zeitrechnung das 4173. Jahr nach Adam. Im ersten Vorwort, aus dem das angeführte Zitat stammt, bezog sich Nostradamus offensichtlich auf die erste Chronologie, weshalb er auf die Zahl 3797 kam und im Zusammenhang mit der großen Umwälzung sagt, diese finde statt, „wenn wir uns *im* siebten Jahrtausend befinden."

62) Epistel an König Heinrich II. (Allgeier S. 369, 391)

63) Siehe Zitate unter Anmerkung 57

64) John Hogue: *Nostradamus – Jahrtausendwende,* S. 188.

65) ebd. 170f.

66) Epistel an König Heinrich II. (*Et estant proche d'une autre desolation ... iusques à ce que naistra d'un rameau de la sterile, de long temps, qui delivrera le peuple univers de celle servitude benigne et volontaire, soy remettant à la protection de Mars ...*) Übersetzung gestützt auf Hogue (S. 175) und Allgeier (S.379)

67) Die gnostische Offenbarung des Hermes kannte Nostradamus sehr gut. In Vers X.75 sagt Nostradamus sogar voraus, daß in Asien eine einflußreiche Persönlichkeit erscheinen wird, die aus der Linie des Hermes stammt: „In Asien wird erscheinen/ Jemand aus dem Bund des großen Hermes,/ Und über alle Könige des Ostens wird er wachsen."

68) Paraphrase von Ernst (S. S.281)

69) Neuerdings gibt es auch eine futuristische Interpretation: „Für 500 Jahre mehr berechnet als man halten wird./ Derjenige, welcher gewesen war die Zierde seiner Zeit./ Dann auf einmal es große Klarheit geben wird./ Die diejenigen dieses Jahrhunderts sehr aufrichten wird."

Die entsprechende Erläuterung lautet: „Wenn wir diesen Vers statt für das Jahr 2394 für 3394 zuordnen (was legitim ist) und wenn wir beachten, daß laut Nostradamus die Prophezeiungen für die Zeit von 1555 bis 3797 niedergeschrieben wurden, dann steht hier, daß Nostradamus für fünfhundert Jahre länger Weissagungen hinterlassen hat, als nötig wären. Wir Menschen werden von 3797 minus fünfhundert, somit ab 3292, praktisch nicht mehr auf der Erde leben." Die Menschheit sei dann, in der Endzeit der Erde, fähig geworden, auf einem anderen Planeten weiterzuleben. (M. Dimde: Nostradamus Total. S. 94f.)

Die futuristische Interpretation findet im französischen Originaltext keine direkte Bestätigung, ja der Originaltext muß ziemlich gebogen werden, um auch nur einen Hinweis herauszuwringen: *De cinq cens ans plus compte l'on tiendra* heißt nicht „Für 500 Jahre mehr berechnet, als man halten wird". Der Komparativ „mehr

... als" müßte im Französischen (auch im Altfranzösischen des Nostradamus) mit *que* angezeigt werden (*plus compte que l'on tiendra*). Hinzu kommt, daß *compte* hier kein Partizip ist (das wäre *compté,* „berechnet", oder *comptez,* wie Nostradamus die Partizipien manchmal schrieb), sondern eine Wortverbindung mit *tiendra* (von *tenir,* „tragen, halten"). Auch heute noch ist im Französischen die Wendung *tenir compte* gebräuchlich und bedeutet „Rechnung tragen; berücksichtigen; beachten".

70) Vorwort an Cäsar (Allgeier, S. 17)

71) Epistel an König Heinrich II. (Allgeier, S. 373)

72) Dimde: *Nostradamus – Das apokalyptische Jahrzehnt,* S. 192

73) z.B. in: Walter Nigg, *Große Heilige,* Zürich 1947; Diogenes [3]1994

74) zusammengetragen z.B. von Marie-Louise von Franz: *Die Visionen des Niklaus von Flüe,* Einsiedeln 1980, [5]1998

75) von Franz, S. 70f., 81

77) Erich von Däniken: „Maya kannten Vorgänge am Himmel, die sie nicht gesehen haben konnten", in: *Der Tag, an dem die Götter kamen,* S. 120ff.

78) Insbesondere Dr. José Argüelles und Johann Kössner

79) Argüelles: *Die kosmische Ordnung – Der Maya-Faktor,* S. 71 (Deutsche Sonderausgabe von Johann Kössner, Waidenhofenerstr. 1, A-3860 Heidenreichstein)

80) M. Hesemann: „Die sechste Sonne – Die Götter des alten Mexiko kehren zurück", in: *Magazin 2000,* Nr. 103 (Februar/März 1995)

81) Lt. Col. Wendelle Stevens: „Größte UFO-Welle der Geschichte – Hunderttausende sahen UFOs über Mexiko", in: *Magazin 2000,* Nr. 103 (Februar/März 1995)

82) Veröffentlicht in: D. Golubovic, Dejan Malenkovic (Hrsg.): *Kremansko Prorocanstvo – sta je bilo, sta ce biti* (Kremner Prophezeiungen – Was war und was kommen wird), AMG commerce, Belgrad, [10]1993. Herzlichen Dank an Miroslav Cucuz, der mich auf Milos Tarabic aufmerksam gemacht hat und diese Textstelle übersetzte.

83) ebd. 178f.

84) Brockhaus Enzyklopädie Band 11, „Karman"

85) Aus dem Gedicht „Der Zauberlehrling"

86) Thorwald Dethlefsen: *Schicksal als Chance – Das Urwissen zur Vollkommenheit des Menschen,* S. 232

87) Vom Sanskritwort *daivi,* „göttliche Energie", läßt sich sogar eine etymologische Verbindung zum Wort Teufel erkennen. Während die Bedeutung von *daivi* in den griechischen und lateinischen Wörtern *theos/deus* (Gott) und *divinus* (göttlich) erhalten geblieben ist, ist sie im sumerisch-babylonischen Umfeld umgepolt worden und bekam die Bedeutung des Dämonischen (*daiva/deva* → Teufel). Das ist nur eine von mehreren möglichen etymologischen Interpretationen des Wortes Teufel.

88) Das Wort diabolisch („teuflisch") versteht man am besten *symbolisch.* Das Wort *Symbol* wurzelt im griechischen Verb *sym-ballein* und bedeutet wörtlich: zwei ursprünglich zusammengehörende Dinge „zusammenfügen". Im vedischen Sinn ist ein Symbol eine materielle Erscheinungsform, die mit ihrer ursprünglichen spirituellen Bedeutung vereint ist. Dies ist jedoch nur in der individuellen Betrachtung möglich. Symbole existieren also immer nur in der subjektiven Wahrnehmung. (Dinge, die landläufig als „Symbol" bezeichnet werden, sind meist keine Symbole und sollten deshalb richtigerweise als Signet, Emblem, Zeichen, Sinnbild, Metapher, Parabel, Allegorie oder Personifikation bezeichnet werden.) Wer eine spirituelle Sicht hat, erkennt in jedem materiellen Eindruck einen sym-

bolischen Ausdruck, d.h. einen Hinweis darauf, daß jede relativen Erscheinung mit dem Absoluten verbunden ist. Das *Sym-bolische* wird verdeckt durch das *Diabolische*. Die Vorsilbe *sym-* heißt „zusammen", „harmonisch", „entsprechend" (wie z.B. in Symmetrie, Synthese, Symptom), und die Vorsilbe *dia-* heißt „entgegengesetzt", „auseinander", „trennend" (wie z.B. in Diagonale, Dialektik, Diagnose). Das Diabolische ist also „das, was auseinanderreißt, trennt, absondert", und genau hierin besteht die Funktion des falschen Egos (Ahaṅkāra).

89) Der erste, der dieses Wortspiel „Urteil/Ur-Teil" verwendete, war – gemäß meinem Wissen – Friedrich Hölderlin. Im Jahre 1795 schrieb er: „*Urtheil* ist im höchsten und strengsten Sinne die ursprüngliche Trennung des ... vereinigten Objects und Subjects, diejenige Trennung, wodurch erst Object und Subject möglich wird, die Ur-Theilung. Im Begriffe der Theilung liegt schon der Begriff der gegenseitigen Beziehung des Objects und Subjects ... und die nothwendige Voraussetzung eines Ganzen, wovon Object und Subject die Theile sind." (Fragment „Seyn, Urtheil, Modalität", Hanser-Ausgabe Bd. II, S. 50)

90) In diesem Zusammenhang läßt sich auch die Etymologie des Wortes „Sünde" philosophisch erklären: Es stammt vom Wort „abgesondert". Im Althochdeutschen hieß ein Sünder *sundâre*, sündig hieß *sunt[a]haft*, abgeleitet vom damaligen Wort *suntar*, „sonder-, abgesondert, abgewandt". Dieser Wortstamm läßt sich zurückverfolgen bis zur indogermanisch-sanskritischen Wurzel *sn-tér*, „für sich; abgesondert". (Duden-Herkunftswörterbuch, Stichworte „sonder" und „Sünde". Der Duden stellt die Querverbindung zwischen diesen beiden Wörtern jedoch nicht her und sagt, die Herkunft des Wortes *Sünde* sei „dunkel".)

91) Es ist eine vieldiskutierte Frage, wie weit die äußeren Einflüsse den Menschen prägen bzw. wie weit die Menschen durch äußere Einflüsse geprägt werden können (z.B. im chinesischen Massenkommunismus). Zwei Menschen, die unter denselben Verhältnissen aufwachsen, können sich völlig verschieden entwickeln. Gleichzeitig kann aber auch nicht abgestritten werden, daß äußere Umstände, wie Elternhaus, Freunde und Gesellschaft, einen nicht zu unterschätzenden Einfluß haben. Ist das Individuum nun frei in seiner Entwicklung, oder ist es ein Produkt seiner Umgebung? Sowohl als auch: „Wenn es heißt, die Unterschiede zwischen den Menschen seien allein auf die unterschiedlichen Einflüsse der Umwelt zurückzuführen, so lautet die Antwort: Nein, denn die unterschiedlichen Umwelteinflüsse sind ebenfalls auf das Karma zurückzuführen." (Vedānta-sūtra 2.3.51)

92) Übersetzt und zusammengefaßt aus dem Buch *Earth Changes – As Channeled from the Sun-god* von Tom Smith (1942-1993). [Aus der persönlichen Bekanntschaft mit Tom Smith und aus der Qualität der Botschaften habe ich den Eindruck bekommen, daß seine telepathischen Kontakte echt und hochstehend waren.]

93) Ramtha: *UFOs und die Beschaffenheit der Wirklichkeit*, S. 169

94) Zitiert in: Michael Hesemann: *UFOs: Die Kontakte*, S. 70

95) Vortrag vor Mitgliedern der Internationalen Gesellschaft für Krishna-Bewußtsein, Ljubljana, 11.5.1994

96) B. Landsberger, zitiert in: P. Garelli (Hrsg.), *Gilgamesh et sa légende*, S. 34

97) Will Durant: *Kulturgeschichte der Menschheit – Das Vermächtnis des Ostens* (Bd. II – Judäa, S.24f.)

98) Erich von Däniken: *Habe ich mich geirrt? – Neue Erinnerungen an die Zukunft*, S. 240

99) Zitiert in R.C. Majumdar: *History and Culture of the Indian People*, Band 10, S. 337

100) Zitiert in: Satsvarūpa Dāsa Goswami, *Die vedische Literatur in ihrem eigenen Licht*, S. 125

101) ebd. S. 127
102) Monier-Williams: *Religious Thought and Life in India,* S. 10
103) Zitiert in: Satsvarūpa Dāsa Goswami, S. 128
104) ebd. S. 128
105) Friedrich Schlegel: *Gespräch über die Poesie,* „Rede über die Mythologie"
106) Johann Gottfried Herder: *Auch eine Philosophie der Geschichte zur Bildung der Menschheit,* (Dritter Abschnitt)
107) ebd., Erster Abschnitt
108) Arthur Schopenhauer: *Die Welt als Wille und Vorstellung,* Bd. 1.4. §63
109) Bertelsmann Lexikothek: Band „Panorama der Weltgeschichte" Band 1, Artikel Indoeuropäer und Germanen – Frühe Kulturen Europas (S. 304).
110) Brief an Johannes Schulze, 2. August 1829
111) Sogar die Titel dieser neusten Werke geben zu, daß es sich nach wie vor bloß um „typologische Analysen", „Puzzle" und „Suche" handelt, z.B.:
Gamkrelidze, Thomas: *The Indo-Europeans: A Reconstruction and Historical Typological Analysis of a Proto-Language and Proto-Culture* (Staatsuniversität Tbilissi, 1984)
Renfrew, Colin: *Archaeology and Language: The Puzzle of Indo-European Origins* (Cambridge University Press, 1988)
Mallory, J.P.: *In Search of the Indo-Europeans: Language, Archaeology and Myth* (Thames and Hudson, 1989)
112) Zitiert in Helmuth v. Glasenapp: *Das Indienbild der deutschen Denker,* S. 167
113) Goethe: *Zahme Xenien II,* 1821
114) Hebbel: *Indische Sagen von Adolf Holzmann,* 1848
115) Aus: *Hegels sämtliche Werke,* Glockner, Stuttgart 1928, Band 11, S. 196
116) A.C. Bhaktivedanta Swami Prabhupāda: *Bhagavad-gītā wie sie ist,* S. 89f.

Literaturverzeichnis

Agni Purāṇa, 4 Vol., Translated and annotated by N. Gangadharan, Ancient Indian Tradition and Mythology Series Vol. 27-30. Delhi (Motilal Banarsidass) 1984

Aitareya Upaniṣad, in: Sri Bhakti Prajnan Yati, Vol. 2, Madras (Gaudiya Math) 1983

—: in: *Upanishaden – Die Geheimlehre der Inder,* München (Diederichs) 1977

Allgeier, Kurt: *Die Prophezeiungen des Nostradamus – Erstmals vollständig übersetzt, kommentiert und neu gedeutet,* München (Heyne) [24]1988

Arp, H.: „Observational Paradoxes in Extragalactical Astronomy", in: *Science,* Vol. 174/1971 (p. 1189-1200).

Berlitz, Charles: *Das Bermuda-Dreieck – Fenster zum Kosmos?* München (Knaur) 1977

Bhagavad-gītā, A.C. Bhaktivedanta Swami Prabhupāda, vollständige Ausgabe mit Originaltext, Synonymen und Übersetzung, Vaduz (The Bhaktivedanta Book Trust) [11]1995

Bhāgavata Purāṇa. Siehe Śrīmad-Bhāgavatam

Brahma-saṁhitā, translated by Bhaktisiddhānta Sarasvatī Ṭhākura, Los Angeles (The Bhaktivedanta Book Trust) 1985

Brahma Purāṇa, Ancient Indian Tradition and Mythology Series Vol. 33-36. Delhi (Motilal) 1986

Brahmāṇḍa Purāṇa, Ancient Indian Tradition and Mythology Series Vol. 22-26. Delhi (Motilal) 1984

Brahma-vaivarta Purāṇa, The Sacred Books of the Hindus, Vo. 24 (2 parts), Translated by Rajendra Nath Sen, Allahabad 1920, reprinted 1974 by AMS Press, New York.

Bibel – Die Heilige Schrift des Alten und Neuen Testaments, Zürich (Zwingli-Bibel) 1957

Die Bibel in heutigem Deutsch – Die Gute Nachricht des Alten und Neuen Testaments mit den Spätschriften des Alten Testaments, Stuttgart (Deutsche Bibelgesellschaft) 1984[2]

Bṛhad-āraṇyaka Upaniṣad, in: Sri Bhakti Prajnan Yati, Vol. 3, Madras (Gaudiya Math) 1983

— : in: *Upanischaden,* Paul Thieme, Stuttgart (Reclam) 1966

Bürgin, Luc: *Götterspuren – Der neue UFO-Report,* München (Herbig) 1993

Buttlar, Johannes von: *Gottes Würfel – Schicksal oder Zufall,* München (Herbig) 1992

Caitanya-caritāmṛta, A.C. Bhaktivedanta Swami Prabhupāda, vollständige Ausgabe mit Originaltext, Synonymen und Übersetzung, 11 Bände, Vaduz (The Bhaktivedanta Book Trust) 1977-1982

Caitanya Upaniṣad, in: *The Glories of Śrī Caitanya Mahāprabhu – A Compendium of Vaiṣṇava Texts,* translated Kuśakratha dāsa, New York (Bala Books) 1985

Chāndogya Upaniṣad, in: Sri Bhakti Prajnan Yati, Vol. 3, Madras (Gaudiya Math) 1983

— : in: *Upanischaden,* Paul Thieme, Stuttgart (Reclam) 1966

Childress, David Hatcher: *Vimana Aircraft of Ancient India and Atlantis (incl. the complete Vimaanika Shastra Text),* Stelle, Illinois (Adventures Ultd. Press) 1991

— : „Ancient Indian Aircraft Technology", in: *The Anti-Gravity Handbook*, Stelle, Illinois (rkrouse@netcom.com 11.11.1993)

Dahlke, Rüdiger: *Der Mensch und die Welt sind eins – Wie oben, so unten: unsere Existenz zwischen Mikrokosmos und Makrokosmos*, München (Heyne) 1994

Däniken, Erich von: Der Tag, an dem die Götter kamen – 11. August 3114 v.Chr., München (Bertelsmann) 1984

— : *Habe ich mich geirrt? – Neue Erinnerungen an die Zukunft*, München 1985

Dethlefsen, Thorwald: *Schicksal als Chance – Das Urwissen zur Vollkommenheit des Menschen*, München (Goldmann) 1981

Dimde, Manfred: Nostradamus – Das apokalyptische Jahrzehnt, München (Heyne) 3., überarbeitete Auflage 1993.

—: *Nostradamus Total – Seine letzten Geheimnisse entschlüsselt*, Essen (Bettendorf) 1994

Duden: Das Herkunftswörterbuch – Etymologie der deutschen Sprache, Duden Bd. 7 (Drosdowski) Mannheim 1989[2]

Durant, Will: *Kulturgeschichte der Menschheit – Das Vermächtnis des Ostens*, (3 Bände, Ex Libris, ohne Jahresangabe)

Edwards, Lawrence: Geometrie des Lebendigen – Vom Erleben gestaltbildender Naturkräfte. Stuttgart (Verlag Freies Geistesleben) 1986

Einstein, Albert: *Aus meinen späten Jahren*, Stuttgart (Deutsche Verlags-Anstalt) 1952

Ernst, Ernst R.: *Nostradamus – Astrologe, Magier, Wunderheiler*, München (Heyne Sachbuch 348) 1994. Erstausgabe Wien/Köln/Weimar (Böhlau) 1986

Fahr, Hans-Jörg: *Der Urknall kommt zum Fall – Kosmologie im Umbruch*, 1992

Fahr, Hans-Jörg, und Ehlers, Jürgen: „Urknall oder Ewigkeit? – Neue Messungen schüren die Zweifel am Modell des Urknalls", in: *Bild der Wissenschaft*, 6/1994

Frazier, Kendrick: *Das Sonnensystem*, in der Reihe Time-Life Bücher: *Der Planet Erde*, Amsterdam 1988[5]

Friedmann, Herbert: *Blick in die Unendlichkeit – Astronomie auf neuen Wegen*, München (Knaur) 1991

Fritzsch, Harald: *Vom Urknall zum Zerfall – Die Welt zwischen Anfang und Ende*, München, Zürich (Piper) 1983

Garelli, P. (Hrsg.): *Gilgamesh et sa légende*, Paris 1960

Garuḍa Purāṇa, Ancient Indian Tradition and Mythology Series Vols.12-14: Delhi (Motilal) 2-1990

Glasenapp, Helmuth von: *Das Indienbild der deutschen Denker*, Stuttgart 1960

Good, Timothy: *Sie sind da*, Frankfurt a.M. (Zweitausendeins) 1992

Guitton, Jean; Bogdanov, Grichko und Igor: *Gott und die Wissenschaft – Auf dem Weg zum Metarealismus*, München (Artemis) 1993

Haase, Rudolf: *Der meßbare Klang – Grundzüge einer empirischen Weltharmonik*. Stuttgart (Klett) 1986

Hesemann, Michael: *Geheimsache UFO – Die wahre Geschichte der unbekannten Flugobjekte*, Neuwied (Silberschnur) 1994

— : *Botschaften aus dem Kosmos – Die Rückkehr der Außerirdischen*, Neuwied (Silberschnur) 1993

— : *UFOs: Die Kontakte*, Düsseldorf (Verlag 2000) 1993

Hewitt, V.J.: *Die unglaublichen Weissagungen des Nostradamus 1995-2010*, München (Goldmann) 1994

Hogue, John: *Nostradamus – Jahrtausendwende*, Baar (Weltrundschau Verlag) [5]1993. (engl. Original 1987)

Friedrich Hölderlin – Sämtliche Werke und Briefe (herausgegeben von Michael Knaupp), München (Hanser) 1992

Hopkins, Budd: *Fehlende Zeit – Von UFOs entführt*, Rottenburg (Endzeit) 1993

Īśa Upaniṣad, A.C. Bhaktivedanta Swami Prabhupāda, vollständige Ausgabe mit Originaltext, Synonymen und Übersetzung, Vaduz (The Bhaktivedanta Book Trust) [10]1988

— : in: Sri Bhakti Prajnan Yati, Vol. 1, Madras (Gaudiya Math) 1982

— : in: *Upanishaden – Die Geheimlehre der Inder*, München (Diederichs) 1977

— : in: *Upanischaden*, Paul Thieme, Stuttgart (Reclam) 1966

Jacobs, David: *Geheimes Leben – Dokumentierte Berichte über Entführungen durch UFOs aus erster Hand*, Rottenburg (Kopp) 1995

Johannes von Jerusalem: *Das Buch der Prophezeiungen – Zukunftsvisionen eines großen Sehers für das dritte Jahrtausend*. Deutsche Erstausgabe, München (Heyne Nr. 19/391) 1995

Jungk, Robert: *Die Zukunft hat schon begonnen*. Reinbek, rororo 6653

Kanjilal, Dileep Kumar: *Vimana in Ancient India*, Calcutta (Sanskrit Pustak), 1985

— : „Fliegende Maschinen im Alten Indien“, zitiert in: Erich von Däniken: *Habe ich mich geirrt? – Neue Erinnerungen an die Zukunft* (S. 225ff.)

Kant, Immanuel: *Werkausgabe in 12 Bänden* (herausgegeben von Wilhelm Weischedel), Frankfurt/M (Suhrkamp) 1974

Kaṭha Upaniṣad, in: Sri Bhakti Prajnan Yati, Vol. 1, Madras (Gaudiya Math) 1982

— : in: *Kaṭha & Kena Upaniṣads*, Karṇāmṛta dāsa, Washington 1989

Kena Upaniṣad, in: Sri Bhakti Prajnan Yati, Vol. 1, Madras (Gaudiya Math) 1982

— : in: *Kaṭha & Kena Upaniṣads*, Karṇāmṛta dāsa, Washington 1989

Kleefeld, Cousto und Bernhard: *Die kosmische Oktave – Der Weg zum universellen Einklang*. Essen (Synthesis) 1984

Krassa, Peter: *Gott kam von den Sternen – Die phantastische Lösung der biblischen Rätsel*. Frankfurt (Ullstein 35571) 1995

— : (und Viktor Farkas) *Lasset uns Menschen machen – Schöpfungsmythen beim Wort genommen*, Frankfurt (Ullstein 34428) 1987

Kröning, Jürgen (Hrsg.): *Spuren im Korn*, Frankfurt a.M. (Zweitausendeins) 1992

— : *Und wieder Kornkreise – Die Suche nach Fakten. Und Begegnungen der dunklen Art*, Frankfurt a.M. (Zweitausendeins) 1993

Krüger, Wilfried: *Das Universum singt – Atome offenbaren das kosmische Geheimnis der Musik*. Trier (Atom-Harmonik-Verlag) [4]1991

— : *Die Atom-Harmonik – Der Auftakt einer neuen Forschung*. Trier [2]1988

Kūrma Purāṇa, Ancient Indian Tradition and Mythology Series, vols. 20-21: Translated by Ganesh V. Tagare, Delhi (Motilal) 1982

Langbein, Walter-Jörg: *Das Sphinx-Syndrom – Die Rückkehr der Astronautengötter*, München (Langen Müller) 1995

Liṅga Purāṇa. Ancient Indian Tradition and Mythology Series Vol. 5, Delhi 1973

Mack, John: *Entführt von Außerirdischen*, Essen (Bettendorf) 1995

Mahābhārata (12 Vol.), translated by Kisari Mohan Gaṅguli, Delhi (Munshiram Manoharlal) 5. Neuauflage 1990

— : (7 Vol.) translated by M.N. Dutt, New Delhi (Parimal) 1988

Matsya Purāṇa, translated by a Taluqdar of Oudh 1916, Delhi (Oriental Books Reprint) ²1980
Māṇḍūkya Upaniṣad, in: Sri Bhakti Prajnan Yati, Vol. 1, Madras (Gaudiya Math) 1982
Marciniak, Barbara: *Boten des neuen Morgens – Lehren von den Plejaden*. S.55f. Freiburg im Br. (Bauer) 2/1995
Monier-Williams, Sir Monier-Williams: *A Sanskrit-English Dictionary*, Oxford University Press 1899; 10. Neuauflage Delhi (Motilal) 1990

Nārada Purāṇa, Ancient Indian Tradition and Mythology Series, vols. 15-19: Translated by Ganesh V. Tagare, Delhi (Motilal) 1980
Nīlamata Purāṇa, Ved Kumari, J&K Academy of Art, Srinagar 1973 (Ein vedisches Nebenpurāṇa, das insbesondere die Geschichte Kaschmirs beschreibt)
Nostradamus, Michel: *Les Vrayes Centuries et Propheties de Maistre Michel Nostradamus*, in: Allgeier, Kurt, *Die Prophezeiungen des Nostradamus*, München (Heyne) ²⁴1988
Das Nostradamus-Jahrbuch 1996, München (Goldmann) 1995
Noyes, Ralph (Hrsg.): *Die Kreise im Korn – Erklärungsversuche zwischen Naturwissenschaft, Kulturgeschichte und Esoterik*, München (Heyne) 1991

Prabhupāda, A.C. Bhaktivedanta Swami: *Bhagavad-gītā wie sie ist*, Vaduz (The Bhaktivedanta Book Trust, BBT) 1987
—: *Jenseits von Raum und Zeit*, Vaduz (BBT) 1987
—: *Śrī Caitanya-caritāmṛta*, 11 Bände, Vaduz (BBT) 1977-1982
—: *Śrī Īśopaniṣad*, Vaduz (BBT) 1982
—: *Śrīmad-Bhāgavatam*, 1.-10. Canto (12 Bände), Vaduz (BBT) 1976-1983

Ramtha: *UFOs und die Beschaffenheit der Wirklichkeit*, Burggen (In der Tat Verlag) 1990
Rétyi, Andreas von: *Das Alien-Imperium – UFO-Geheimnisse der USA*, München (Langen Müller) 1995
Ṛg Veda, in: Frawley David: *Wisdom of the Ancient Seers – Mantras of the Rig Veda*, Salt Lake City (Passage Press) 1992
Risi, Armin, „Über das vedische Geschichtsverständnis" und „Ex oriente lux" in: *Völkerwanderung – Epische Galerie*, Zürich (Govinda) 1992
—: *Vegetarisch leben – Die Notwendigkeit fleischloser Ernährung*, Zürich ⁴1995
Russell, Walter: *Atomic Suicide*. University of Science & Philosophy, Swannanoa, Waynesborro, Virginia ²1981

Satsvarūpa Dāsa Goswami: *Die vedische Literatur in ihrem eigenen Licht*, Vaduz (The Bhaktivedanta Book Trust) 1979
Schmidt, K.: *Die Götter des Sirius – Ein Bericht über interstellare Kontakte*. S. 51ff. Füssen/Allgäu (Samsara Verlag)
Schmieke, Marcus: *Das letzte Geheimnis – Naturwissenschaft und Bewußtsein*, Frankfurt a.M. (INES-Verlag) 1995
Schwenk, Theodor: *Das sensible Chaos – Strömendes Formenschaffen in Wasser und Luft*. Verlag für Geistesleben ⁸1991
Sitchin, Zecharia: *Der zwölfte Planet – Wann, wo, wie die Astronauten eines anderen Planeten zur Erde kamen und den Homo Sapiens schufen*, München (Knaur) 1989
—: *Und die Annunaki schufen den Menschen. (Wer war der biblische Gott?)*, Essen (Bettendorf) 1995
Smith, Tom: *Earth Changes – As Channeled from the Sun-god*, Louisville 1992

Śrīmad-Bhāgavatam: A.C. Bhaktivedanta Swami Prabhupāda, vollständige Ausgabe mit Originaltext, Synonymen und Übersetzung, Cantos 1-10 (Kap. 13), 12 Bände. Vaduz (The Bhaktivedanta Book Trust) 1977-1983

— : Cantos 10 (Kap. 14) bis 12, translated by disciples of Prabhupāda. Los Angeles (The Bhaktivedanta Book Trust) 1982-1988

— : *Bhāgavata Purāṇa,* Ancient Indian Tradition and Mythology Series, vols. 7-11, Delhi (Motilal) 1980

Stierlin, Henri (Hrsg.) und Volwahsen, Andreas: *Architektur der Welt, Bd. 9, Indien,* Köln (Benedikt Taschen Verlag)

Sūrya-siddhānta, translated by Shastrin Bapu Deva, Calcutta 1860

Śvetāśvatara Upaniṣad, in: Sri Bhakti Prajnan Yati, Vol. 4, Madras (Gaudiya Math) 1984

— : in: *Upanishaden – Die Geheimlehre der Inder,* München (Diederichs) 1977

Tattva Viveka, Frankfurt a.M. (INES-Verlag), halbjährlich erscheinendes spirituell-wissenschaftliches Magazin

Thompson, Richard: *Vedic Cosmography and Astronomy,* Los Angeles (The Bhaktivedanta Book Trust) 1989

— : (mit Michael Cremo) *Forbidden Archaeology – The Hidden History of the Human Race,* Badger (Govardhana Hill) 1993

— : (mit Michael Cremo) *The Hidden History of the Human Race – A Major Scientific Cover-up Exposed,* Badger (Govardhana Hill) 1994

— : (mit Michael Cremo) *Verbotene Archäologie – Sensationelle Funde verändern die Welt,* Essen (Bettendorf) 1994

Thüring, Bruno: *Alternativen zur Expansion des Weltalls und zum Urknall,* (Haag & Herchen) 1985

Tifft, W.G.; „Absolute Solar Motion and the discrete Redshift", in: *Astrophysical Journal,* Vol. 221/1978 (p. 756-775)

Van Rijckenborgh, J.: *Die ägyptische Urgnosis und ihr Ruf im ewigen Jetzt – Erneut verkündet und erklärt an Hand der* Tabula smaragdina *und des* Corpus hermeticum *des Hermes Trismegistos,* Haarlem (Rozekruis Pers) 1982

Varāha Purāṇa, Ancient Indian Tradition and Mythology Series, vols. 31-32: Translated by S. Venkitasubramonia Iyer, Delhi (Motilal) 1985

Vāyu Purāṇa: Cultural History from the Vāyu Purāṇa, Devendrakumar Rajaram Patil, Delhi (Motilal) First Edition 1946, Reprint 1973

The Vedānta-sūtras of Bādarāyana with the Commentary of Baladeva, translated by Rai Bahadur Srisa Chandra Vasu 1912, Delhi (Oriental Books Reprint) ²1979

Wahrig, Gerhard: *Deutsches Wörterbuch,* München (Mosaik) 1986/1987, Neuausgabe

Weinberg, Steven: *Die ersten drei Minuten – Der Ursprung des Universums,* Zürich, München (Piper) 1977. Titel der amerikanischen Originalausgabe: *The first three Minutes – A Modern View of the Origin of the Universe,* New York (Basic Books) 1977.

Zürrer Ronald: *Reinkarnation – Die umfassende Wissenschaft der Seelenwanderung,* Zürich (Govinda) ³1994

Glossar der Sanskritbegriffe

Abkürzungen: Bg. = Bhagavad-gītā; ŚB. = Śrīmad-Bhāgavatam; → = Hinweis auf das entsprechende Stichwort im Glossar.

Ācārya: „jemand, der durch sein eigenes Beispiel lehrt"; Bezeichnung für einen echten spirituellen Meister (→Guru).

A.C.: Abkürzung für Abhay Caraṇāravinda, Name von →Prabhupāda vor seiner Einweihung zum →Sannyāsī.

Acintya: „unbegreiflich, unvorstellbar"; Eigenschaft der unendlich vieldimensionalen Wirkungsweise Gottes und Seiner Energien.

Acintya bhedābheda-tattva: „das unvorstellbare gleichzeitige Eins- und Verschiedensein"; die Einsicht (*tattva*), daß Gott nicht verschieden (*abheda*) von Seinen Energien und Schöpfungen ist, weil alles eine Emanation Seinerselbst ist, und gleichzeitig dennoch verschieden (*bheda*) von allem ist, weil Er als absoluter Ursprung eine von allem verschiedene, eigene Individualität („unteilbare Natur") hat. Dieses absolute, unbegrenzte Wesen Gottes ist unvorstellbar (*acintya*) und kann deshalb nicht durch eigene unabhängige Bemühung erkannt werden. Diese universale Gotteserkenntnis ist die höchste Schlußfolgerung aller vedischen Schriften und wurde von →Caitanya mit aller praktischen und philosophischen Konsequenz offenbart.

Ahaṅkāra: das „Ego" oder „falsche Ich"; die Haltung der spirituellen Seele, durch die sie sich fälschlicherweise mit dem materiellen Körper identifiziert und ihr wahres Ich (ihre ursprüngliche, natürliche Stellung als ewiger Teil Gottes) vergißt.

Akarma: „Handlungen, die keine →Karma-Reaktionen verursachen"; befreiende, spirituelle Tätigkeiten in Verbindung mit Gott (→Bhakti-yoga) jenseits der Dualität von →Vikarma und →Karma (3.).

Ānanda: spirituelle Glückseligkeit.

Asura: (1.) „Dämon", „Feind der →Suras"; (2.) atheistischer Mensch, der sich bewußt der Oberhoheit Gottes widersetzt und gegen die Gottgeweihten kämpft.

Ātmā: das „Selbst"; die ewige, individuelle spirituelle Seele, die in der materiellen Welt durch verschiedenste Körper wandert und deren Bestimmung es ist, in die spirituelle Welt zurückzukehren.

Avatāra: der „Herabgestiegene"; Inkarnation Gottes, die in der materiellen Welt erscheint.

Bhagavad-gītā: der „Gesang Gottes", die „Worte Gottes"; die ewigen Unterweisungen →Kṛṣṇas, die Er u.a. vor fünftausend Jahren auf dem Schlachtfeld von Kurukṣetra offenbarte; die Bhagavad-gītā, enthalten im →Mahābhārata, ist das zentrale und zusammenfassende Werk der vedischen Schriften und enthält die Essenz der vedischen Gottesoffenbarung.

Bhagavān: „derjenige, der alle Vollkommenheiten besitzt"; Bezeichnung für →Kṛṣṇa, der alle sechs Aspekte Gottes in Vollkommenheit besitzt: Schönheit, Kraft, Ruhm, Reichtum, Wissen und Entsagung.

Bhāgavata: der oder das „Göttliche"; Bezeichnung für (1.) →Kṛṣṇa, (2.) Kṛṣṇas Geweihte oder (3.) das Buch, das Kṛṣṇa und Seine Geweihten beschreibt (→Śrīmad-Bhāgavatam).

Bhakti: „dienende Liebe"; ego-freie Hingabe an Gott.

Bhaktivedanta: „Lehrer von *bhakti*, der Schlußfolgerung (*anta*) der Veda-Philosophie"; Titel für herausragende Exponenten der →Vaiṣṇava-Tradition. Siehe auch: Prabhupāda, A.C. Bhaktivedanta Swami.

Bhakti-yoga: der Vorgang der Verbindung (*yoga*) mit der Höchsten Persönlichkeit Gottes durch hingebungsvollen Dienst (*bhakti*); wird von den vedischen Schriften in ihrer Schlußfolgerung als höchste Form des Yoga gelehrt.

Bheda-Abheda. Siehe: Acintya bhedābheda-tattva.

Brahmā: das erste erschaffene Wesen im Universum; ist als Halbgott für die interne Schöpfung des Universums zuständig.

Caitanya: = Śrī (Kṛṣṇa) Caitanya Mahāprabhu (1486-1534); Kṛṣṇa in der Rolle eines Gottgeweihten; erschien in Navadvīpa-Māyāpur, Westbengalen, um das gemeinsame →Chanten des →Mahā-mantra als Yuga-Vorgang der Gotteserkenntnis (→Yuga-dharma) im gegenwärtigen →Kali-yuga einzuführen.

Chanten: vom engl. *to chant*, „singen, liturgisches Rezitieren"; Übersetzung für das Sanskritwort *kīrtanam;* eingedeutscht von den Übersetzern der Werke →Prabhupādas, bezieht sich auf das Erklingenlassen von →Mantras, das gesungen oder gesprochen sein kann.

Dämon: Prabhupādas Übersetzung des Sanskritwortes →Asura.

Deva: „leuchtendes Wesen", „Halbgott"; bezieht sich auf die universalen Herrscher der höheren Dimensonsebenen. Siehe auch: Götter; Sura.

Dharma: das „Feststehende"; (1.) religiöse Pflichten; (2.) die ewige, wesensgemäße Pflicht und Eigenschaft der spirituellen Seele (→Ātmā), die darin besteht, freiwillig Gottes Willen zu dienen

Durgā: anderer Name für →Pārvatī in ihrem Aspekt als →Māyā; (1.) die Wesenheit der materiellen Energie; (2.) die Illusion, die durch das Wirken der materiellen Energie erzeugt wird.

Dvārakā: Kṛṣṇas goldene Stadt im Meer (in der heutigen Bucht von Kutch beim indischen Staat Gujarat, Küstenstadt Dwarka).

Falsches Ich. Siehe: Ahaṅkāra.

Gaura: der „Goldene"; anderer Name für →Caitanya.

Gaurābda: die Epoche der Zeitrechnung nach dem Erscheinen Caitanyas (1486). 2000 n.Chr. ist das Gaurābda-Jahr 514.

Geist: Übersetzung für das Sanskritwort *manas*, das als Wurzel z.B. noch im lateinischen Wort *mens*, im englischen Wort *mind* und im deutschen Lehnwort *mental* erkennbar ist; gemeint ist der denkende, fühlende und wollende Mentalkörper des Menschen, der „Verstand" oder die „Psyche"; „Geist" entspricht in dieser Definition der Verwendung dieses Wortes in Wendungen wie Geisteshaltung, Geisteszustand, geistesabwesend, geisteskrank.

Gosvāmī: „jemand, der seine Sinne zu beherrschen vermag"; (1.) Titel eines →Sannyāsī; (2.) die sechs Gosvāmīs von →Vṛndāvana: die wichtigsten direkten Nachfolger Caitanyas, angeführt von →Rūpa, Sanātana und Jīva.

Govinda: (*go:* Kuh, Sinnesorgan, Land; *vinda:* freudespendend) „derjenige, der den Kühen/den Sinnen/dem Land Freude spendet"; ein Name →Kṛṣṇas.

Götter: (1.) Synonym für Halbgötter (→Deva, →Sura); weil diese göttlichen Wesen auf harmonische Weise Gottes Schöpfung und Schöpfungsplan dienen und höherdimensionale, universale Vertreter von Gottes Willen sind, repräsentieren sie innerhalb des Universums Gott und werden deshalb – obwohl es vom Wort „Gott" im absoluten Sinn keinen Plural geben kann – als „Götter" bezeichnet; weil sie sich in der Hierarchie des Universums zwischen den Menschen und Gott, dem Urschöpfer, →Viṣṇu, befinden („auf halbem Weg"), werden sie in den Sanskritübersetzungen meistens als „Halbgötter" bezeichnet; (2.) undifferenzierter Modeausdruck für alle Arten von höherdimensionalen, astralen, elementaren, inner- und außerirdischen Wesen.

Guṇa: „Seil"; Erscheinungsweise/Eigenschaft/Wirkungsweise der materiellen Natur, die die Schaffung, Erhaltung und Zerstörung der materiellen Formen bewirkt und die Lebewesen beeinflußt und bindet: Tamo-guṇa („Erscheinungsweise der Unwissenheit"), Rajo-guṇa („Erscheinungsweise der Leidenschaft") und Sattva-guna („Erscheinungsweise der Tugend").

Guru: „Lehrer"; Titel für spirituelle Meister; dieser Titel wird denjenigen verliehen, die einer authentischen Schülernachfolge (→Paramparā) angehören, sich nicht im Widerspruch mit den heiligen Schriften und den vorangegangenen Heiligen verhalten und auf diese Weise das Wort Gottes sichtbar verkörpern.

Hinduismus: moderner, undifferenzierter Sammelbegriff für alle Arten von indischen Religionen, Schulen, Philosophien und Theologien; der Begriff Hindu wurde von den arabischen Invasoren geprägt und bezog sich auf alle nicht-mohammedanischen Menschen auf der anderen Seite des Grenzflusses Sindu (heutiger Indus).

ISKCON: Abkürzung für *International Society for Krishna Consciousness;* die Hare-Kṛṣṇa-Bewegung, gegründet im Jahre 1966 in New York von His Divine Grace A.C. Bhaktivedanta Swami →Prabhupāda.

Kāla: „Zeit", die unendliche Vergänglichkeit; der allesvernichtende Aspekt Gottes in der materiellen Schöpfung (siehe Bg. 11.32).

Kālī: Personifikation von →Kāla.

Kali: Sanskritausdruck für „Streit, Heuchelei".

Kali-yuga: das „Zeitalter von Streit und Heuchelei", das vor fünftausend Jahren begann. Siehe auch: Yuga.

Kalki: die Inkarnation Kṛṣṇas, die am Ende des Kali-yugas erscheint und den Übergang zum Satya-yuga einleitet (siehe ŚB. 1.3.25; 2.7.38; 12.2).

Karma: „Handlung"; (1.) Handlung, die immer eine materielle – gute oder schlechte – Reaktion nach sich zieht und den Ausführenden dadurch an den Kreislauf von Geburt und Tod bindet; (2.) das Gesetz des *karma:* Gesetz von Aktion und Reaktion; (3.) fromme, materiell erhebende Handlungen als Gegenpol zu →Vikarma-Handlungen.

Kṛṣṇa: „der Allanziehende"; Sanskritausdruck für Gott, die höchste, unbegrenzte Person, der Ursprung sowohl der individuellen Seelen als auch der unpersönlichen, alldurchdringenden Energien; ist durch diese Seine Energien in der Schöpfung immanent allgegenwärtig und weilt gleichzeitig →transzendent in Seiner ursprünglichen, persönlichen Gestalt in Seinem ewigen spirituellen Reich, →Vṛndāvana. Siehe auch: Acintya bhedābheda-tattva.

Kṣatriya: (1.) wörtl.: „jemand, der vor Übel beschützt"; politischer oder militärischer Beschützer der vedischen Kultur; (2.) allg.: Krieger, Kämpfer.

Kumāras: die vier großen Weisen (namens Sanat-kumāra, Sananda, Sanaka und Sanātana), Brahmās erste Söhne.

Mahābhārata: „die Geschichte des Königreiches von Bhārata [Indien]"; mit über 110 000 Doppelversen das längste Epos der Welt.

Mahā-mantra: der „große Mantra", bestehend aus den Sanskritnamen Gottes; ist die persönliche Klanginkarnation →Kṛṣṇas; von den vedischen Schriften überliefert und von →Caitanya als wirkungsvollste spirituelle Klangschwingung offenbart (→Yuga-dharma):
Hare Kṛṣṇa, Hare Kṛṣṇa, Kṛṣṇa Kṛṣṇa, Hare Hare
Hare Rāma, Hare Rāma, Rāma Rāma, Hare Hare

Mahārāja: „großer König"; Titel der indischen Könige.

Mahā-Viṣṇu. Siehe: Viṣṇu.

Mantra: (*mana:* →Geist; *tra:* befreien) (1.) allg.: heilige Wortformel oder Gebet, die sich an einen Halbgott oder direkt an Gott richtet; (2.) transzendentale Klangschwingung mit den Namen Gottes, die das Bewußtsein von materiellen Einflüssen befreit und auf Gott richtet.

Manu: Titel der Stammväter und Gesetzgeber der Menschheit.

Māyā: die illusionierende Energie Gottes, die es ermöglicht, daß die Seelen in der materiellen Welt Kṛṣṇa vergessen. Siehe auch: Durgā.

Mūrti: „verehrungswürdige Bildgestalt"; die dreidimensionale Form Kṛṣṇas im Tempel.

Nārada Muni: großer Gottgeweihter und Inbegriff des Bhakti-yoga; erschien als Sohn Brahmās; ist der spirituelle Meister vieler großer Persönlichkeiten, z.B. →Vyāsadevas (siehe ŚB. 1.4-6).

Oṁ: (1.) die heilige Silbe der Veden, die als Hinweis auf die absolute Wahrheit ausgesprochen wird; (2.) die unpersönliche Klangrepräsentation der Höchsten Persönlichkeit Gottes (siehe Bg. 17.23-27).

Paramātmā: die „höchste Seele"; die Überseele in allen Atomen und im Herzen aller Lebewesen; begleitet als immanente Viṣṇu-Erweiterung alle Seelen in der materiellen Welt. Siehe auch: Viṣṇu.

Paramparā: „auf die Höheren/Vorangegangen zurückgehend"; die jahrtausendealte vedische Nachfolge von echten Meistern (→Guru) und Schülern.

Prabhupāda: Titel für spirituelle Meister auf der höchsten Stufe des Bhakti-yoga: „derjenige, der bei den Lotosfüßen (*pāda*) Mahāprabhus Zuflucht gefunden hat" bzw. „derjenige, bei dessen Lotosfüßen alle anderen Meister (*prabhu*) Zuflucht suchen".

Prabhupāda: = His Divine Grace A.C. Bhaktivedanta Swami Prabhupāda (1896-1977). Bedeutendster Sanskrit-Übersetzer des 20. Jahrhunderts und Gründer von →ISKCON; der herausragende spirituelle Meister in der Nachfolge Caitanyas; eingeweiht von Bhaktisiddhānta Sarasvatī Ṭhākura, den er in Kalkutta im Jahre 1922 zum ersten Mal traf; empfing von ihm den Auftrag, die vedische Botschaft in englischer Sprache zu verbreiten; die folgenden Jahrzehnte waren dem Studium und dem Familienunterhalt gewidmet; damals schon zahlreiche Publikationen und erste Übersetzungen; trat 1959 in den Lebensstand der Entsagung und reiste im Alter von 70 Jahren als mittelloser Mönch (→Sannyāsī) allein und ohne Unterstützung nach Amerika, um in konsequenter Ausführung seines Auftrages →Kṛṣṇa weltweit bekannt zu machen.

Pradhāna: die ungeteilte, potentielle Form der materiellen Energie (→Prakṛti).

Prakṛti: das „Hervorgebrachte und Hervorbringende", „Energie"; (1.) allg.: Energie, im Gegensatz zu Gott (Puruṣa), dem Energieursprung; (2.) die materielle, untergeordnete Energie, Materie (im Gegensatz zur höheren, spirituellen Energie, Para-prakṛti).

Purāṇa: „alter (zeitlich weit zurückreichender) Text"; Sammelbegriff für die historisch-philosophischen Schriften der vedischen Literatur.

Ṛṣi: „Weiser"; (1.) die großen Weisen auf den höheren Planeten, direkte Söhne Brahmās; (2.) Titel der großen Weisen und Gottgeweihten in der vedischen Zeit.

Rūpa Gosvāmī: (1489-1564) großer Heiliger Indiens; Bruder von Sanātana Gosvāmī; einer der direkten Schüler und Nachfolger Caitanyas; war vormals ein Minister Bengalens.

Sac-cid-ānanda: Die drei Eigenschaften Gottes und der spirituellen Energie: *sat* (ewig), *cit* (bewußt) und *ānanda* (glückselig).

Sannyāsī: ein Mönch im Lebensstand der Entsagung mit lebenslangem Zölibatsgelübde.

Śiva: „der Glückspendende"; mächtiger Halbgott und Gottgeweihter; ist für die Zerstörung des Universums zuständig.

Śrī: = Śrīla, der „Segenspendende"; respektvolle Anrede für →Kṛṣṇa und Seine reinen Geweihten.

Śrīla: respektvolle Anrede, die man Kṛṣṇas reinen Geweihten gegenüber verwendet.

Śrīmad-Bhāgavatam: (auch Bhāgavata Purāṇa) das zentrale Werk unter den Purāṇas und die Essenz der vedischen Schriften; von Śukadeva Gosvāmī gesprochen und von →Vyāsadeva niedergeschrieben; offenbart in 12 Cantos (insgesamt 18 000 Verse) die Taten und die Lehren der wichtigsten Gottgeweihten und Inkarnationen Gottes; der Zehnte Canto beschreibt direkt das Erscheinen und die Taten →Kṛṣṇas vor fünftausend Jahren auf der Erde.

Sura: „Halbgott"; (1.) göttliches Lichtwesen der höheren Dimensionen, im Gegensatz zu den →Asuras; (2.) allg.: ein göttlicher Mensch. Siehe auch: Deva; Götter.

Swami: „jemand, der seine Sinne zu beherrschen vermag"; Ehrentitel für einen →Sannyāsī-Mönch. Siehe auch: Gosvāmī.

Tapa: die erste Klangschwingung im Universum, von Viṣṇu gesprochen, als Hinweis auf den wahren Zweck der Schöpfung (→Tapasya).

Tapasya: das freiwillige Aufsichnehmen von Entsagung, um ein höheres Ziel zu erreichen; Buße, Läuterung des eigenen Daseins

Transzendent: „jenseits der Materie"; Eigenschaft der Existenz Gottes jenseits der Materie (sanskr. *apraviṣṭa*), während Er gleichzeitig als →Paramātmā in der Materie gegenwärtig ist (immanent; sanskr. *praviṣṭa*, „[in die Materie] eingegangen"); sowohl in Seinem transzendenten als auch in Seinem immanenten Aspekt ist Gott →transzendental.

Transzendental: „unberührt von Materie"; nie den materiellen Grenzen und Gesetzen unterworfen; sanskr. z.B. *divya*, „göttlich; spirituell", oder *nirguṇa*, „nicht den Guṇas unterworfen".

Vaiṣṇava: „Viṣṇu-geweiht"; ein Geweihter der Höchsten Persönlichkeit Gottes.

Veda, Veden, vedisch: Siehe Definitionen S. 40.

Vedānta-sūtra: theologisch-philosophisches Werk, das die Schlußfolgerungen der Veden in Aphorismen (Sūtras) zusammenfaßt.

Vikarma: Handlungen, die die Schöpfungsgesetze verletzen; führen (individuell) zu Erniedrigung und (kollektiv) zu Zerstörung; Gegenpol zu →Karma (3.).

Viṣṇu: „der Alldurchdringende"; (1.) die vierarmigen Erweiterungen Kṛṣṇas zur Schöpfung und Erhaltung der materiellen Welt, insgesamt drei: Mahā-Viṣṇu (von dem die Universen ausgehen), Garbhodakaśāyī Viṣṇu (der in jedes der Universen eingeht) und Kṣīrodakaśāyī Viṣṇu (→Paramātmā). (2.) allg.: Sanskritausdruck für Gott, den Schöpfer.

Vṛndāvana: (1.) das Reich →Kṛṣṇas in der spirituellen Welt; (2.) der Ort, wo Kṛṣṇa vor fünftausend Jahren auf der Erde erschien (in Uttar Pradesh, Indien).

Vyāsa: = Vyāsadeva.

Vyāsadeva: die literarische Inkarnation Gottes; unterwiesen von →Nārada; schrieb das bis vor fünftausend Jahren mündlich überlieferte vedische Wissen in Form der vier Veden (inkl. Upaniṣaden) systematisch nieder und verfaßte das Vedānta-sūtra, das Mahābhārata und die Purāṇas.

Yajña: „Opfer"; (1.) rituelle Feuerzeremonie; (2.) Opfer, das man auf sich nimmt, um Gott oder die →Götter (1.) zu erfreuen (siehe Bg. 3.10, 4.25-34).

Yoga: „Verbindung"; Pfad zur Verbindung mit Gott.

Yogī: (1.) allg.: jemand auf einem der vielen möglichen Yoga-Pfade; (2.) mystischer Yogī auf dem Pfad des Aṣṭāṅga-yoga; (3.) der höchste Yogī, ein Gottgeweihter, Bhakti-yogī (siehe Bg. 6.47; 11.54; 18.55).

Yojana: vedisches Längenmaß mit unterschiedlicher Definition (9 oder 12 km).

Yuga: „Zeitalter"; die vier Zeitalter auf der Erde, die sich zyklisch wiederholen: Satya-yuga (1 728 000 Jahre), Tretā-yuga (1 296 000 Jahre), Dvāpara-yuga (864 000 Jahre) und Kali-yuga (432 000 Jahre). Angefangen vom Satya-yuga, dem „goldenen Zeitalter", nehmen die guten Eigenschaften und das Gottesbewußtsein der Menschen immer mehr ab.

Yuga-dharma: der für ein bestimmtes →Yuga empfohlene, wirksamste Vorgang der Selbstverwirklichung und Gotteserkenntnis. Der Yuga-dharma für das gegenwärtige Yuga ist das →Chanten der Namen Gottes (→Mahā-mantra) und wurde von →Caitanya offenbart.

Anleitung zur Aussprache des Sanskrit

Das Sanskrit-Alphabet besteht aus achtundvierzig Silben, nämlich dreizehn Vokalen und fünfunddreißig Konsonanten (mit vielen zusätzlichen Ligaturvarianten). Die im vorliegenden Buch verwendete Schreibweise entspricht dem international anerkannten System der Sanskrittransliteration.

Der kurze Vokal **a** wird wie das **a** in h**a**t ausgesprochen; das lange **ā** wie das **a** in h**a**ben und das kurze **i** wie das **i** in r**i**tten. Das lange **ī** wird wie das **i** in B**i**bel ausgesprochen, das kurze **u** wie das **u** in B**u**tter und das lange **ū** wie das **u** in H**u**t. Der Vokal **ṛ** wird wie das **ri** in **ri**nnen ausgesprochen. Der Vokal **e** wird wie das **e** in **e**wig ausgesprochen; **ai** wie in w**ei**se und **o** wie in h**o**ch. Der *anusvāra* (**ṁ**), der ein reiner Nasallaut ist, wird wie das **n** im franz. bo**n** ausgesprochen, und der *visarga* (**ḥ**), der ein starker Hauchlaut ist, kann innerhalb einer Verszeile als weiches **k** und am Zeilenende (bei vollständiger Silbenzahl) mit Wiederholung des vorangegangenen Vokals ausgesprochen werden. So wird also **aḥ** wie **aha** ausgesprochen und **iḥ** wie **ihi**.

Die Silbe **jña** wird als **gja** ausgesprochen, z.B. **Jñā**na als **gja**na oder Ya**jña** als ja**gja.**

Die gutturalen Konsonanten – **k, kh, g, gh** und **ṅ** – werden in ähnlicher Weise wie die deutschen Kehllaute gebildet. **K** wird ausgesprochen wie in **k**ann, **kh** wie in E**ckh**art, **g** wie in **g**eben, **gh** wie in we**gh**olen und **ṅ** wie in si**ng**en. **C** wird ausgesprochen wie das **tsch** in **Tsch**eche, **ch** wie im engl. staun**ch-h**eart, **j** wie das **dsch** in **Dsch**ungel, **jh** wie im engl. he**dge-h**og und **ñ** wie in Ca**ñ**on.

Ṭ wird ausgesprochen wie in **t**önen, **ṭh** wie in Sanf**th**eit, **ḍ** wie in **d**ann, **ḍh** wie in Sü**dh**älfte und **ṇ** wie in **N**uß.

P wird ausgesprochen wie in **p**ressen, **ph** wie im engl. u**ph**ill, **b** wie in **B**utter, **bh** wie in Gro**bh**eit und **m** wie in **M**utter. Die Halbvokale – **y, r, l** und **v** – werden ausgesprochen wie in **y**oga, **r**eden, **l**ieben, **V**ene.

Die Zischlaute – **ś, ṣ** und **s** – werden ausgesprochen wie in **sch**warz, **sch**ön und fa**s**ten.

Quellennachweis

Stichwortverzeichnis

ARMIN RISI IM GOVINDA-VERLAG

Epische Galerie.

Armin Risi

VÖLKER-WANDERUNG

ISBN 3-906347-10-9
260 Seiten, Paperback
DM / Fr. 18,–

Die vergangenen Hochkulturen der Welt waren ursprünglich eng miteinander verwandt. In einem früheren Zeitalter vertrieb Sri Parashurama, eine mächtige, göttliche Inkarnation, zahlreiche Kriegervölker aus Indien, die in der Folge an verschiedenen Orten der Welt ihre eigenen Kulturen gründeten. In der gegenwärtigen Wendezeit schließt sich der Kreis dieser Wanderung, da sich ferne Nachkommen jener Völker erstmals wieder weltweit der vedischen Kultur zuwenden.

Entscheidende Stationen dieser Völkerwanderung werden von Armin Risi wie verschiedene Leben einer Seelenwanderung dargestellt. Verborgene Erinnerungen erscheinen in Form von epischen Gedichten, die sich wie Bilder in einer Galerie aneinanderfügen. Zusätzlich findet sich im Anhang eine systematische Darstellung der vedischen Kosmogonie und Menschheitsgeschichte.

Lyrische Meditationen.

Armin Risi

DER KAMPF MIT DEM WERTLOSEN

ISBN 3-906347-11-7
380 Seiten, Paperback
DM / Fr. 22,–

«Wären uns nur die Schätze des Orients zugänglich wie die des Altertums! Welche neue Quelle von Poesie könnte uns aus Indien fließen!» (Friedrich von Schlegel, 1800)

Die Schätze des Ostens sind uns mittlerweile genauso zugänglich wie des des Altertums. Doch bis heute ist aus dieser Quelle kaum geschöpft worden, obwohl sie für jeden Bereich des Lebens faszinierende, ja revolutionäre Dimensionen eröffnet.

Dieser Gedichtband ist eine Rückbesinnung auf diese ursprünglichen Quellen und Werte und beweist in ihrem Licht, daß der Mensch heute, am Ende des 20. Jahrhunderts, in einer Wert-losen Existenz gefangen ist.

Über 700 Gedichte, Hymnen und Epigramme, formuliert mit geistreicher Sprache, tiefem Gedankengang und erstaunlicher Vielseitigkeit des Stiles.

ARMIN RISI IM GOVINDA-VERLAG

Der multidimensionale Kosmos,
Band 2:

Armin Risi

UNSICHTBARE WELTEN

Astrale und außerirdische Wesen im Hintergrund des Weltgeschehens.

ISBN 3-906347-31-1
2. Auflage, 384 Seiten, gebunden
DM / Fr. 44,–

Irdische Ereignisse werden erst dann durchschaubar, wenn man die überirdischen Einflüsse mit in Betracht zieht. Denn die Erde existiert nicht isoliert im Weltall, sondern ist Teil eines multidimensionalen Kosmos: Sie ist verbunden mit astralen und außerirdischen Dimensionen. Die Realität ist nicht auf die sichtbare Materie beschränkt.

Wie dieses Buch zeigt, ist es nur im Licht einer solchen Welteinsicht möglich, materialistische Propaganda, religiöse Falschheit, die dahinter stehenden Mächte und ihre geheimen Hierarchien zu durchschauen. – Ein Grundlagenwerk für die Wegfindung im multidimensionalen Kosmos.

Der multidimensionale Kosmos,
Band 3:

Armin Risi

MACHTWECHSEL AUF DER ERDE

Die Pläne der Mächtigen, globale Entscheidungen und die Wendezeit.

ISBN 3-906347-44-3
2. Auflage, 596 Seiten, gebunden
DM/Fr. 44,–

Was auf der irdischen Bühne vor sich geht, wird erst verständlich, wenn man *hinter* die Kulissen der sichtbaren Materie blickt. Denn alles hat seine Hinter-Gründe. Nichts geschieht aus Zufall.

Erfahren Sie in diesem Buch, wie die Weltlage aussieht, wenn man sie aus dieser kosmischen Perspektive betrachtet! Was sind die Pläne der Mächtigen? Was ist die Wahrheit hinter den vielen Theorien um Geheimgesellschaften, Verschwörungen, UFOs und bevorstehende Umwälzungen? – Aufrüttelnde Erkenntnisse, die nicht mehr länger verheimlicht, verharmlost oder ignoriert werden dürfen!

RONALD ZÜRRER IM GOVINDA-VERLAG

Die Notwendigkeit fleischloser Ernährung.

Ronald Zürrer / Armin Risi

VEGETARISCH LEBEN

ISBN 3-906347-43-5
5. Auflage, 48 Seiten, geheftet
DM / Fr. 4,50

Diese Broschüre informiert über die wichtigsten Argumente für eine lakto-vegetarische Ernährung.

Seit Jahren die beliebteste Broschüre zum Thema – jetzt in vollständig überarbeiteter Neuauflage!

Aus dem Inhalt:

Die natürliche Ernährungsweise des Menschen • Die Zusammenhänge zwischen Fleischessen und Krankheiten • Das traurige Los der Tiere • Die falsche Propaganda der Fleischproduzenten • Die Zerstörung der Lebensgrundlagen durch Fleischproduktion • Die Warnungen der ethischen Vegetarier • Die Religionen heute: Verrat an den Tieren • Die höheren Naturgesetze von Aktion und Reaktion (Karma) • Die aktuelle Weltsituation: Ohnmacht und Macht des einzelnen.

Eine Auswahl aus 10 Jahren Govinda-Verlag.

Ronald Zürrer

EINBLICKE

ISBN 3-906347-46-X
322 Seiten, Taschenbuch
DM / Fr. 14,80

Dieses Jubiläumsbuch zum zehnjährigen Bestehen des Govinda-Verlages präsentiert eine Auswahl aus den wichtigsten bisherigen Veröffentlichungen.

Ronald Zürrer stellt in einfühlsamer Weise die einzelnen Autorinnen und Autoren vor und führt anhand von Auszügen aus ihren Werken durch die Geschichte des Govinda-Verlages.

Die Textauswahl umfaßt philosophische und esoterische Essays, belletristische Erzählungen und erfrischende Erlebnisberichte sowie eine Anzahl medial empfangener Botschaften von höherdimensionalen Lichtwesen. Einige bisher unveröffentlichte Gedichte und poetische Reflexionen runden diesen Band harmonisch ab.

Mit Beiträgen von:

Savitri Braeucker • Susanne Osswald / Karl Schnelting • Armin Risi • Werner E. Risi • Tom H. Smith • Bruno Würtenberger • Ronald Zürrer.

RONALD ZÜRRER IM GOVINDA-VERLAG

Esoterische Vorträge und Essays.

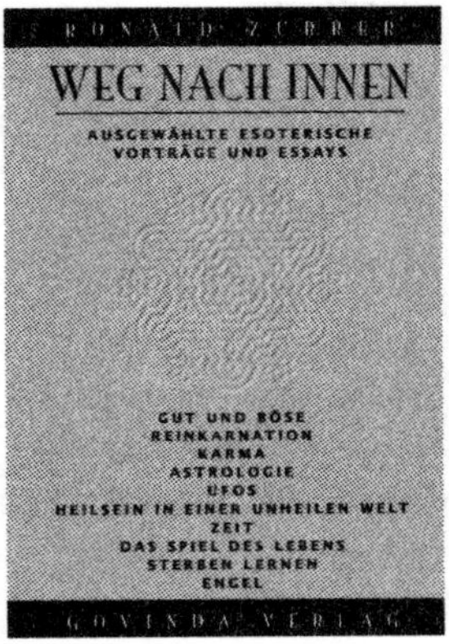

Ronald Zürrer

WEG NACH INNEN

ISBN 3-906347-16-8
2. Auflage, 440 Seiten, Taschenbuch
DM / Fr. 19,80

Das beliebte Einführungsbuch von Ronald Zürrer, jetzt in einer erweiterten Neuauflage – mit bisher unveröffentlichten Texten.

Die für dieses Buch ausgewählten Vorträge und Essays behandeln Themen wie:

Gut und Böse • Reinkarnation • Karma • Prophetie und Wahrsagerei • Astrologie • Ufos und außerirdische Zivilisationen • Heilsein in einer unheilen Welt • Hermann Hesses «Siddhartha» • Das Zeit-Phänomen • Das Spiel des Lebens • Die Wahrheit in den Religionen • Vom Sinn der Existenz • Sterben lernen • Über Engel.

Die umfassende Wissenschaft der Seelenwanderung.

Ronald Zürrer

REINKARNATION

ISBN 3-906347-51-6
4., aktualisierte Auflage
624 Seiten, gebunden
DM/Fr. 44,–

Das Standardwerk zum Thema, jetzt in einer vollständig überarbeiteten und aktualisierten Neuauflage – mit neuesten Erkenntnissen aus der Reinkarnationsforschung.

Dieses Buch vermittelt einen vollständigen Überblick über alles, was man über die Wiedergeburt wissen muß und was darüber bis heute bekannt ist. Zugleich ist es eine Herausforderung sogar für diejenigen, die an Reinkarnation glauben.

«Ein Muß für jeden, der sich ernsthaft mit der Wissenschaft der Seelenwanderung und ihren Konsequenzen für das menschliche Dasein beschäftigt.»

EMPFEHLENSWERTE BÜCHER

Prophezeiungen
zur Lage des Planeten.

Tom H. Smith / Savitri Braeucker

MUTTER ERDE WEHRT SICH

ISBN 3-906347-36-2
2. Auflage, 274 Seiten, gebunden
DM / Fr. 38,–

Die Erde ist ein bewußtes, fühlendes Wesen. Sie fühlt die physische Gewalt gegen die Natur und gegen die Tiere und das Leid, das sich die Menschen gegenseitig zufügen.

Mit großer Geduld ertrug Mutter Erde diese Schmerzen und hoffte auf die Einsicht der Menschen. Doch nun will und kann sie unserem rücksichtslosen Treiben nicht mehr länger zuschauen. Sie hat sich entschieden, sich zu wehren …

Aus dem Inhalt:

Kommende Erdveränderungen • Die Zukunft der Menschheit • Die Gegenwart von positiven und negativen Außerirdischen • Bevorstehende göttliche Interventionen • Die Kraft der Liebe, des freien Willens und des Massenbewußtseins.

Ein Projekt für die Menschheit.

Johannes Georg Landolt

ABENTEUER APOKALYPSE

ISBN 3-906347-50-8
288 Seiten, gebunden
DM / Fr. 38,–

Neun Menschen aus neun Nationen haben erkannt, daß die Zeit reif ist für einen grundlegenden Wandel im menschlichen Bewußtsein. Sie arbeiten an individueller Transformation und suchen einen Ausweg aus den alten Denk- und Lenkstrukturen, die unsere Zivilisation seit langer Zeit beherrschen und uns in scheinbar ausweglose Sackgassen geführt haben.

So schließen sie sich zu dem Projekt Apokalypse zusammen, um ganzheitliche Denkanstöße, Visionen und Handlungsansätze für Kultur, Wirtschaft und Politik zu suchen, anzuregen und bekanntzumachen.

Ihr Wirken bleibt jedoch nicht unbemerkt und ruft Kräfte auf den Plan, die sich von solchen Initiativen bedroht fühlen…

Abenteuer Apokalypse – ein Projekt für Menschen, die gewillt sind, ihr Schicksal selbst in die Hand zu nehmen und damit zum Wandel in Mitwelt, Umwelt und Nachwelt beizutragen. Ein aufrüttelndes Buch, das Mut macht.

EMPFEHLENSWERTE BÜCHER

Die Menschheit vor der globalen Transformation.

Susanne Osswald / Karl Schnelting

DEIN WILLE GESCHEHE JETZT!

ISBN 3-906347-40-0
3. Auflage, 280 Seiten, gebunden
DM / Fr. 38,–

Wir leben heute in einer Zeit, in der sich vieles scheidet und entscheidet.

Welche Entscheidungen stehen bevor? Wessen Wille wird geschehen? Wie schützt man sich vor negativen Einflüssen? Wie können wir auch in Zeiten extremer Bedrohung die höhere Sicht, die göttliche Liebe und das Gottvertrauen bewahren?

Erfahren Sie in diesem Buch, was Lichtwesen aus hohen und höchsten Dimensionen uns über die gegenwärtigen und zukünftigen Vorgänge auf der Erde mitteilen.

Ihre Botschaften enthalten nicht nur einzigartige Perspektiven, Enthüllungen und Prophezeiungen, sondern sind auch eine unerschöpfliche, lebendige Quelle von persönlicher Kraft und Inspiration.

Wegweiser zur Transformation.

Susanne Osswald / Karl Schnelting

WEIL ICH DICH LIEBE

ISBN 3-906347-42-7
2. Auflage, 340 Seiten, gebunden
DM / Fr. 44,–

Die Erde und mit ihr die Menschen befinden sich in einer tiefgreifenden Transformation, die sich unaufhaltsam beschleunigt.

Was bedeuten diese Veränderungen für uns? Wie reagieren wir im Hinblick auf das Kommende?

Wer mehr als nur menschlichen Rat sucht, findet in diesem Buch Zugang zu neuen Quellen der Erkenntnis und der Wahrnehmung. Die Lichtwesen teilen uns mit, wie die künftige Entwicklung der Erde vor sich gehen wird und wie der Mensch sich individuell darauf vorbereiten kann.

Ihre von Weisheit und Liebe erfüllten Botschaften sind auf unserem Weg in die neue Zeit einzigartige Wegweiser und eine unerschöpfliche Quelle der Kraft und Zuversicht.

EMPFEHLENSWERTE BÜCHER